NEW HUMAN
RESOURCE MANAGEMENT

21世纪管理类核心课程教材

新编
人力资源管理

主　编　安应民
副主编　郝冬梅　吴　菁

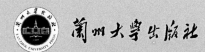

兰州大学出版社

图书在版编目(CIP)数据

新编人力资源管理/安应民主编. —兰州:兰州大学
出版社,2004.2 (2022.5 重印)
ISBN 978-7-311-02349-2

Ⅰ.新… Ⅱ.安… Ⅲ.劳动力资源—资源管理
Ⅳ.F241

中国版本图书馆 CIP 数据核字(2004)第 013157 号

策划编辑 陈红升
责任编辑 郝可伟
封面设计 张友乾

书　　名 新编人力资源管理
作　　者 安应民　主编
出版发行 兰州大学出版社 （地址:兰州市天水南路 222 号　730000）
电　　话 0931-8912613(总编办公室)　0931-8617156(营销中心)
　　　　　0931-8914298(读者服务部)
网　　址 http://press.lzu.edu.cn
电子信箱 press@lzu.edu.cn
印　　刷 西安日报社印务中心
开　　本 787 mm×1092 mm　1/16
印　　张 26.75(插页 4)
字　　数 610 千
版　　次 2009 年 11 月第 2 版
印　　次 2022 年 5 月第 11 次印刷
书　　号 ISBN 978-7-311-02349-2
定　　价 49.00 元

(图书若有破损、缺页、掉页可随时与本社联系)

前　言

　　人力资源管理是一门新兴的交叉学科,从它诞生的那天起就受到了西方各国学术界、企业界和政府管理部门的高度重视,并很快成为国际性的热门学科,引起了世界各国的极大关注。那么,为什么人们会如此关注这门新兴的学科呢?最重要的原因就是由于在世界经济发展中人力资源的作用越来越重要,与物力资源相比,人力资源已成为经济发展的关键性因素。当今,在竞争日益加剧的国际经济环境中,求生存求发展的核心问题就表现在人力资源的获取及其素质的竞争上。谁拥有不断发展的高质量的人力资源,谁就会拥有未来。欧盟组织曾在一份报告中谈到了一个非常重要的新概念,这就是以知识为基础的经济。而人作为掌握、创新和发展知识的载体,我们完全可以说现代经济就是以知识人为基础的经济,知识的获得、创新和发展是推动新兴的工业化力量的决定性因素。

　　胡锦涛同志在最近召开的全国人才工作会议 (2003 年 12 月 19 至 20 日) 上明确提出:当前和今后一个时期,加强和改进人才工作重点要抓好四个方面:第一,着眼于人才总量的增长和人才素质的提高,大力加强人才资源能力建设;第二,坚持改革创新,完善人才工作的体制和机制;第三,以培养和造就高层次人才带动整个人才队伍建设,促进各级各类人才协调发展;第四,紧密配合国家重点发展战略的实施开发和配置人力资源,促进人才资源和经济社会发展相协调。因此,对我们这个经济文化比较落后的发展中国家来说,要全面建设小康社会,实现现代化建设的宏伟目标,就必须高度重视人力资源的开发与管理。要充分认识到,"两个转变"的实现和"两大战略"的推行关键在人,没有高素质的人力资源以及科学的管理都会是一句空话。要懂得知识和人结合在一起所形成的这种人力资本,并非遵循物力资本的市场规律,而是有其特殊的聚合效应和价值规律的。人常言物以稀为贵,商品就遵循这条价值规律。但人力资本则是以知识为资本形态的特殊资本,知识越多就越有价值,知识越是交叉与聚合,就越能创造价值。我们所讲的国际交往能力与国际竞争能力,表面上看是经济实力的竞争,但本质上却是知识人的竞争。

　　我们编写的这本《新编人力资源管理》就是在多年教学实践的基础上,对 1998 年出版的《人力资源管理学》进行了系统全面的充实和修订,增加了大量的最新资料和内容,将原来的九章扩充为十六章。本书内容涉及人力资源管理导论、供给与需求、人力资源配置、人力资本投资、计划与控制、工作分析与工作设计、招聘与选择、培训与发展、人力资源保障、考评管理、工资薪酬管理、激励管理、劳动关系管理、跨文化人力资源管理、战略性人力资源管理和网络化人力资源管理等方面。总的看,我们试图使本书尽可能体现出以下几个方面的特点。

第一,体系结构力求比较新颖。人力资源管理的理论性和实践性都非常强,要在体系结构上真正有所突破难度非常大。尽管目前国内翻译出版了多本国外的人力资源管理教材,也编写出版了多本这方面的著作,但似乎都偏重于各自的研究所长,体系结构也各有特点,难以满足教学的需要。因此,从人力资源管理的学科特点和基本要求出发,我们尽可能使本书既要体现学科体系的完整性,又要使框架结构符合逻辑层次的规定性,同时也能够使理论与实践有机结合,并体现出比较强的可操作性。

第二,理论观点力求正确完整。我们认为,人力资源管理作为一门新兴学科也同任何其它学科一样,都有其理论基础和学科本身的理论体系和理论观点。从这门学科的理论基础看,我们明确指出了马克思主义关于人的本质、个性和价值等学说是人力资源管理理论的哲学基础, 组织行为学或管理心理学以及现代管理理论中的权变观念和系统观念等是人力资源管理理论的管理学基础,人力资本理论则是人力资源管理理论的经济学基础。从这门学科本身的理论体系和理论观点来看, 体现于整个人力资源管理的全过程, 即在供给、需求、配置、计划、控制、工作分析、工作设计、招聘、选择、培训、发展、保障和有效利用等各个方面所构成的有机的理论体系和理论观点。

第三,逻辑层次力求严谨分明。人力资源管理本身的逻辑性就非常强,因而要把它作为一个体系完整的学科来建设其逻辑层次就更为严谨了。在编写中,我们一方面尽可能从宏观与微观的相互关系的角度来把握人力资源管理的逻辑层次, 做到先论述和发掘宏观层面的管理内涵,然后再阐述和探讨微观层面的管理实务与操作技能。另一方面,我们侧重于从微观角度进一步探索人力资源管理涉及的不同侧面, 并把这些侧面按照逻辑层次有机地揉合成一个完整的体系。

第四,实践应用力求易于操作。不论我们研究人力资源管理的目的出于怎样的考虑,但着眼于实践应用恐怕是最重要的目的。为此,我们在分析和探讨每一个具体问题时都始终从指导实践和立足应用出发,尽可能使理论的阐述和实际的运用有机地结合起来,把落脚点放在操作应用这个基点上。

但是,由于我们的水平所限,上述的写作目的和特点能否真正得以体现,还有待于专家学者和读者们的评判,特别是有待于实践的检验。另外,书中的疏漏、问题和错误肯定也不少,热诚期望各位同行专家和广大读者给予指正。

本书由安应民主编,安应民、郝冬梅和吴菁合作编写。安应民承担了前言和第一、二、三、四、九、十、十一章的编写任务和五、六、七、八、十二章的框架重新设计与补充编写及修订;郝冬梅承担了十三、十四、十五和十六章的编写任务;吴菁曾承担了第五、六、七、八和十二章的资料收集和最初编写任务;全书由安应民统稿和审定。本书编写过程中,曾参考了国内外有关专家学者的研究成果,有关书目将附录于后。同时,还得到了吴敏、秦书华、陈朝阳、郑刚、汪雯、李伟、李辛、阎彩琴、胡树红等同志鼎力协助,参与了部分资料的收集与整理工作。兰州大学出版社也给予了热情支持,付出了辛勤的劳动。在此,我们一并深表诚挚的谢意。

安应民

2003 年 12 月 18 日

目　录

<h2 style="text-align:center">第三篇　发展篇</h2>

第一篇

基础篇

第一章

人力资源管理导论

人力资源管理是现代管理的重要内容和组成部分，它有自己的特定内涵和活动规律，与物力资源管理相比更为重要，更具有决定意义。现代管理强调以人为中心的管理，也就是强调对人力资源的管理与开发。本章拟就人力资源的基本概念与主要特征，人力资源管理理论的发展，以及有关人力资源管理的学科基础问题分别作以论述。

第一节　人力资源的概念与特征

实践证明，人的素质是决定一个国家、地区或一个企业发展的最重要的因素。可以认为，竞争实际上就是人力资源素质的竞争。

一、人力资源的基本概念

（一）从两类资源的划分谈起

一般认为，企业活动中的基本资源有五种，即人、财、物、信息和时间。这说明企业活动中需要耗费的主要是这五种要素，这五种要素也就是我们所说的资源。然而，我们把这五种要素（即资源）按其本质加以归类，又可以分为两个大类，即物力资源和人力资源。其中物力资源包括各种物质资源，如土地、水力、矿产……以及进行加工的各种生产资料和原材料；还包括生产过程中派生出来的各种信息，以及作为经济活动媒介的货币和占用的时间（或投入）等。可见，物力资源是经济活动的前提条件和物质基础，没有物力资源，经济活动就无法进行。因此，物力资源的特点表现为被动的、物理性的和硬性的，或者可以说是"死"的，是服从于纯理性规律的。

而人力资源是指一定社会组织范围内人口总量中所蕴含的劳动能力的总和。与物力资源相比，它的特点又表现为能动的、感性的和软性的，或者可以说是"活"的。事实上，对人力资源定义的认识和概括，国内外学者仍不尽一致，大体上主要有三种观点。一是狭义论,认为人力资源是指全部人口中以合法劳动创造财富、推动社会发展的那部分人口,又称劳动力资源。二是广义论,认为人力资源是包括从出生到死亡的所有人口,即把人力资源等同于全部人口资源。三是中间论,即认为人力资源是包括从出生到依法退休前的全部人口资源。

（二）管理就是管人,人力资源管理就是管人的一门学问

毛泽东同志曾深刻地指出:"一切物的因素只有通过人的因素才能加以开发利用。"这说明,在一定的生产力条件下,在人与物这一对因素中,只有人才是决定性的因素。因此,现代管理学强调"以人为中心"的管理,就是把"管理"主要看作"管人"来认识的。为什么如此?这就是毛泽东同志所论述的道理。从这个意义上看,我们所讲的"人力资源管理"就是研究"管人"的一门学问。即如何通过多种途径不断地获取人力资源,再把获取的人力资源整合到组织中并融为一体,保持和激励他们对本组织的忠诚与积极性,控制他们的工作绩效并不断作出相应的调整,尽可能开发他们的创造潜能,以保证组织目标的实现。这种观点已成为学者们比较一致的看法。

（三）要正确把握人力资源的概念和人力资源管理的性质

关于人力资源的概念目前有许多种定义,这里之所以把人力资源的概念定义为"是指一定社会组织范围内人口总量中所蕴含的劳动能力的总和",主要是基于以下几点考虑。

第一,这里所说的一定社会组织范围内,既可以从一个国家、一个地区来理解,也可以从一个企业、一个单位来理解,还可以从一个系统来理解。

第二,人力资源是存在于特定的物质实体的。这就是说,一定数量和质量的劳动人口是构成人力资源的物质基础和前提。需要注意的是:人力资源并不是劳动人口,而是劳动人口所蕴含的劳动能力,即人的体力和智力。劳动人口只是构成人力资源的物质基础和前提,但并不是人力资源本身。正如马克思所说的:"我们把劳动力或劳动能力理解为人的身体,即活的人体中存在的、每当人生产某种使用价值时就运用的体力和智力的总和。"[①]

第三,生产要素是包括人的要素在内的,因此人力作为一种资源,是能够完全作为生产性要素而投入到经济活动中的特殊资源。所以,从严格意义上讲,人力资源就是指适龄劳动人口中具有劳动能力的人口资源,或者也可以包括行将进入适龄劳动人口的那一部分非劳动人口,如在学、在培的非劳动人口。

第四,人的劳动能力是人的自然属性和社会属性的综合体现。马克思也曾指出:"劳动首先是人和自然之间的过程,是人以自身的活动来引起、调整和控制人和自然之间物质交换的过程。人自身作为一种自然力与自然物质相对立。"[②] 因而,作为人力资源的人的劳动能力首先表现为一种自然力,具有自然属性,与风力、水力、机械力是一样的。但是,人的劳动能力,特别是人力资源本身,总是在一定的社会环境中和社会条件下表现出来的,所以又具有明显的社会属性。正是那样一种社会环境、社会条件、社会系统、社会组织等等,才使个体的能力可以整合为群体能力,成为社会生产力中最活跃最具革命性的力量,成为"1+1>2"的现实生产力。正如马克思在《资本论》中所论述的那样,一个骑兵连的进攻力量

---

①《马克思恩格斯全集》第 23 卷,第 190 页。
②《马克思恩格斯全集》第 23 卷,第 201~202 页。

或一个步兵团的抵抗力量,同单个骑兵的进攻力量的总和,或单个步兵的抵抗力量的总和是有本质差别的,这就是"1+1>2"的道理。因此,从上述的分析中不难看出,人力资源管理同样具有两种属性,即自然属性和社会属性。人力资源管理就是把这两种属性有机地统一起来的艺术。按照马克思主义的基本原理,人们的生产劳动等任何经济行为,首先反映的是人们之间的社会联系,即社会性关系的发生,其次才反映着自然属性的那种关系。虽然社会属性必然会受到自然属性的影响和制约,但我们不能离开人的社会属性去谈所谓人的自然属性。从这个意义上看,社会属性无疑是人的本质属性。

既然如此,人力资源管理就必须在充分考察人的社会属性的同时,也要注意人的自然属性的考察与研究。所谓充分考察人的社会属性,就是指要从人们所处的各种社会关系中去把握对人力资源的开发与利用,要考虑人们所处的社会经济、政治、文化、教育、科技等各种因素,注意考察职工的各种需要及其满足的程度与方式,注意分配方式的调控和分配关系的调节,注意对人的各种相关的社会因素的调节,等等。所谓注意人的自然属性的研究,主要是指对人的生理因素和心理因素的协调,注意职工的心理调适,注意心理因素的研究对管理的重要作用等。

(四)要注意分清人力资源与人才的区别

"人才"的概念在我国管理界使用得非常普遍,是指有才能的人。实际上,是把人分为有特殊才能与资质的人和普通的、平常能力与资质的人两大类,人才是指前者。因而,人才与人力资源的概念相比,其含义和覆盖面比人力资源要狭窄得多。特别是很难判断什么样的人才是有才能的人,才算是人才,其标准难以确定。从日常工作中的实际情况看,人各有所长,也各有所短,关键是如何发挥所长,回避所短,如何用人。正像拿破仑所说的,世上没有愚蠢的士兵,只有愚蠢的将军。所有的士兵都必有所长,就看将军善于不善于发现和发挥各人的所长。

因此,人力资源是涵盖了所有劳动人口的,无论对一个国家、一个地区、一个民族,还是对一个行业、一个系统或一个企业,都是反映着蕴含在这个特定范围内的劳动人口总量中的劳动能力的总和。比如,对一个企业而言,是包括了全体职工的,即包括了从最高管理层到最基层的工作人员在内的所有员工。它的概念比"人才"更准确、更实际、更合理一些。特别是"人力资源"的概念是国际通用的,有利于对外开放的深入进行,有利于加强国际间经济技术的多向交流与合作。

二、人力资源的主要特征

如前所述,人力资源本身既是一种自然现象,又是一种社会现象。这说明,人力资源与其它资源相比,有其独特的鲜明的特征。

(一)人力资源的双重性——生产性和消费性

生产性和消费性是人力资源的重要特征之一,也是不同于其它非人力资源的重要区别。人力资源的生产性强调其首先是物质财富的创造者,而且是有条件的创造。比如,人力资源必须与自然资源等其它非人力资源相结合,有足够的活动空间与时间,有相应的活动条件,才能进行。而人力资源的消费性则强调人力资源的保持与维持需要消费一定量的物质财富,并且是无条件的消费。以上说明,人力资源的双重性是相辅相成的,生产性能够创造出物质财富,为人类的生存和发展提供条件;消费性则能够为人力资源的维持和发展创造条件,推动社会生产的进一步发展。同时,消费性也是人力资源本身的生产和再生产的条件。如能够维持人的生计,满足需要,提供教育与培训,包括专门的技术训练等。但是,就生产性与消费性相比,生产性总是大于消费性的,否则社会就不会发展了。

当然,当人力资源的数量过剩,质量、结构与现行经济结构以及社会需求相互脱节或不匹配时,就会造成人力资源和物力资源的双重浪费,有碍于社会的发展。

(二)人力资源的能动性

人力资源的能动性是区别于物力资源的一个重要特征。所谓能动性,就是指人的体力与智力结合在一起,具有主观能动性,而且还有不断开发的潜能。因此,人力资源的这种能动性可以从以下几方面来理解和把握。一是说明人具有意识性,知道活动的目的性,这样就可以有效地对自身活动作出抉择,调节自身与外部的关系;二是说明人在生产活动中处于主体地位,是支配其它一切资源的主导因素,包括可以创造、使用和改造生产工具;三是说明人力资源具有自我开发性,在生产过程中,人一方面是对自身的损耗,但更重要的是在劳动中通过自身行为的合理化,从而使自己的劳动能力得到补偿、更新和发展,其它资源则没有这种特性;四是说明人力资源在活动过程中的可激励性,即通过对人的工作能力的提高和工作动机的激励来提高工作效率。正如有的学者提出的效率公式,即"工作效率等于工作能力乘以工作动机"($E=A \times M$,E 为效率,A 为工作能力,M 为工作动机或激励的力量)。

(三)人力资源生成过程的时代性

人力资源的时代性,是指组成人力资源的人都是生活在一定的历史条件下和社会环境中的,而不同时期社会经济发展的总体水平必然决定了人力资源的整体素质与水平。因此,人力资源是具有时代性的,它本身反映了不同时代的社会生产力发展水平,决定和影响人们的认识能力、创造能力;同时,又反作用于现实社会,决定着现实社会的发展能力。

(四)人力资源开发过程的持续性

所谓人力资源开发过程的持续性,是指人力资源是可以不断开发的资源,它不像物质资源那样,通过一次开发,二次开发,再次开发,以至形成最终产品之后,就不能再继续开发下去了。这种持续性说明,不仅人力资源的使用过程是开发的过程,而且培训、积累、提高、创造的过程也是开发的过程,它是一个可以"多次开发"的资源。就是对一个具体的人来讲,直到他的生命终结之前,或者更准确地说直到他的职业生涯结束之前,都是一直可以持续开发的资源。根据这一特征,完全可以认为人力资源管理就是不断开发这一资源的管理行为。

(五)人力资源使用过程的时效性

人力资源的时效性,是指人力资源不同于其它的物力资源,物力资源可以长期储存,如矿产资源长期储存其品位、质量一般不会下降。但是,人力资源不同,储而不用,则会荒废和退化。这是因为人从事工作的自然寿命和时间是有限的,而且人在每个时期(如青年、中年、老年等)其工作能力都会有所不同,不使用,不开发,就会失去其固有的作用与能力。之所以这样,就是由于人生是有限的,劳动能力是可以衰减的,智力、知识和技能也是会发生变化的。实践证明,日常生活中,特别是人现有的知识技能若得不到使用和发挥时,必然会挫伤其积极性,造成心理压力,使其应有的社会价值无法实现。这些都清楚地说明了人力资源使用过程具有非常明显的时效性。

第二节　人力资源管理理论的发展

人力资源管理理论的萌芽、产生和发展是有一个历史过程的,当然有关对人的心智的启蒙和管理思想可以追溯到更为遥远的古代。大体上,我们可以从以下几个方面来探索人力资源管理理论的形成和发展线索。

一、从古典政治经济学家的思想中看人力资源的思想萌芽

人力资源的思想最早是由古典政治经济学家提出来的。重农主义代表人物魁奈是最早研究人的素质的经济学家,他认为人是创造财富的第一因素,并指出"构成国家强大因素的是人"。[①] 古典政治经济学家的鼻祖威廉·配弟,首先提出了劳动创造价值的观点。他指出:"土地是财富之母,劳动是财富之父"。[②] 他对劳动在生产过程中的作用给予了很高的评价。特别是配弟还看到了由于人的素质的不同,从而使劳动能力也有所不同。"有的人,由于他的技艺,一个人就能够做许多没有本领的人所不能做的许多工作"。[③] 配弟基本勾画出了一条明确的线索,即素质不同,劳动能力就不同;而劳动能力不同,则创造的价值也有差异。

亚当·斯密继承和发展了配弟劳动创造价值的理论,他进一步肯定了劳动在各种资源中的特殊地位;同时,明确提出了劳动技巧的熟练程度和判断能力的强弱必然要制约人的劳动能力与水平;而技巧的熟练程度是需要经过教育培训才能获得的,教育培训又需要化费时间和付出学费。因而,人获得的技巧与才能是可以得到补偿,并获取利润的。亚当·斯密在其《国民财富的性质和原因的研究》一书中,曾这样写道:"学习一种才能,要进学校才能学到,所费不少。这样花费去的资本,好像已经实现并且固定在学习者身上。这些才能,对于他个人自然是财富的一部分,对于他所属的社会,也是财富的一部分。学习的时侯,固然要花费一笔费用,但这种费用可以得到偿还,赚取利润"。[④] 亚当·斯密的观点可以说是最早关于人力资本投资的思想萌芽,至今仍有重要的理论价值和实践意义。

李嘉图同样进一步发展了劳动创造价值的理论。他认为,自然资源如矿产、阳光、空气、气压,以及作为生产产品的机器,尽管都可以增加商品的使用价值,但却不能增加商品

---

① 《魁奈经济著作选集》第 103 页。
②③ 配弟著《政治算术》第 12 页。
④ 亚当·斯密《国民财富的性质和原因的研究》上卷第 257–258 页。

的价值,只有劳动才能使商品的价值增值。李嘉图还非常明确地强调了人的劳动是创造价值以及使价值增值的源泉,比较细致地分析了人的复杂劳动和简单劳动的差别,他用宝石匠一天的劳动与普通劳动者一天的劳动的价值差异,论述了复杂劳动可以创造更高的价值。实际上,简单劳动与复杂劳动本质上反映的是人们在个人才能上的差异,实质是有关人力资源管理方面的问题。

法国经济学家萨伊的经济学体系,尽管曾经受到过马克思的严厉批评,但他的某些观点却是人力资源管理的重要思想基础。他认为,科学知识是生产力的一部分,人们花费在教育与培训上的费用总和称为"累积资本",这些受过教育与培训的人的工作报酬,不仅包括劳动的一般工资,而且还应包括培训时所垫付的资本的利息。那么,为什么如此支付劳动报酬,就是因为"教育是资本",这种资本应当生产与一般劳动报酬没有关系的利息。萨伊的观点对人力资源管理理论的形成具有重要作用。

马歇尔作为19世纪末英国著名的经济学家,是古典政治经济学的集大成者。他认为,知识与组织是最有力的生产力,是资本的重要构成部分,甚至资本的大部分是由知识和组织构成的;知识和组织的重要性日益增大,应该把它们作为一个独立的生产要素来看待。马歇尔的这些思想与观点,无疑是现代人力资源管理思想的重要源泉。

二、马克思关于人力资源管理的基本观点

尽管马克思没有专门研究和论述人力资源管理的问题,但是,他的许多理论观点却是研究人力资源管理的指导思想。马克思的主要理论观点有以下几个方面:

(一)马克思继承和发展了古典政治经济学关于劳动创造价值的理论

马克思最早提出和研究了在生产过程中人的主导地位与作用的问题,即人的劳动要素不同于其它任何形式的生产要素,劳动是创造社会财富的主要源泉。他认为,商品都具有价值和使用价值,但它们都是劳动的产物。事实上,人类的具体劳动生产商品的使用价值,抽象劳动则形成商品的价值。那么,为什么人的劳动能够创造价值,就是因为人的劳动是最能动的要素,它能够使用物质资料,改造客观对象,满足人的需要。可见,马克思的这一基本思想正是现代人力资源管理要研究的基本问题。

(二)马克思论述了复杂劳动比简单劳动可以创造更多的社会财富

马克思认为,之所以复杂劳动可以创造更多的社会财富,或者说能够创造更多的价值,主要是由于复杂劳动的能力是通过教育与培训而获得的。复杂劳动"是这样一种劳动力的表现,这种劳动力比普通劳动力需要较高的教育费用,它的生产要花费较多的劳动时间,因此它具有较高的价值。"[1] 所以,马克思认为"比较复杂的劳动只是自乘的或不如说是多倍的简单劳动。"[2] "少量的复杂劳动等于多量的简单劳动。"[3] 在此基础上,马克思把科学技术和教育看作生产力,因为科学技术和教育可以提高人的智力和技巧。在此基础上,马克思进一步深刻指出,生产力的发展归根结底来源于三个方面的动力。一是来源于社会性质,二是来源于社会内部的分工,三是来源于智力劳动,特别是自然科学的发展。[4]

---

[1]《马克思恩格斯全集》第 23 卷第 223 页。

[2][3]同上书,第 58 页。

[4]见《马克思恩格斯全集》第 25 卷第 97 页。

（三）马克思提出了劳动力的价值构成理论

马克思认为，劳动力的价值就是生产和再生产劳动力所耗费的生活资料的价值，其中包括劳动者恢复体力和智力所必需的生活资料，维持家庭及子女生活所必需的生活资料，以及教育和培训劳动者所必需的生活资料的价值。因而，教育与培训是提高劳动者劳动能力的基本途径，而要进行教育与培训，就必然要有人力和物力的耗费，这种耗费又是构成劳动力价值的重要部分。正像马克思所论述的："要改变一般人的本性，使他获得一定劳动部门的技能和技巧，成为发达的和专门的劳动力，就要有一定的教育或训练，而这就要花费或多或少的商品等价物。"① 马克思又指出："劳动力的教育费随着劳动力性质的复杂程度而不同。"② 进而将劳动划分为生产性劳动与非生产性劳动，但这些劳动都是构成劳动力价值的来源。这里讲的生产性劳动无疑比较好理解一些，它必然要创造价值；但非生产性劳动就难以理解了，实际上主要是指劳动者受教育、培训以及保持劳动能力的那部分劳动，这部分劳动的费用应纳入劳动能力的生产费用或再生产费用，同样是构成劳动力价值的重要因素。

三、从西方管理理论的发展中看对人与社会因素研究的发展演变

西方管理理论的发展大体经历了四个阶段：

第一阶段为"经验管理"阶段，大体上在 19 世纪后期以前。由于当时的企业组织形式主要是简单的家庭手工作坊，生产主要以被雇用的工匠的手艺为基础，所以管理上也主要是经验型管理，赋予手工工匠一定的自主权。

第二阶段为"古典管理理论"阶段，大体上在 19 世纪末期到 20 世纪初期。这一阶段的管理理论以泰罗的"科学管理"和法约尔的"古典组织理论"为代表，开创了资本主义企业实施科学管理的先河。其中泰罗的科学管理原理是最有影响的管理理论，主要包括"工时定额原理"和"标准化原理"。特别是泰罗提出的两次分工的理论，从而第一次把管理作为一种独立的职能活动。即在提出管理职能与作业职能分离的基础上，进而提出了管理职能中各个不同的职能也要分离。法约尔的"古典组织理论"则主要包括管理理论、管理原则和组织理论。其中管理理论把组织的活动特别是企业的活动看成是一种经营活动，包括技术、营业、财务、保养、会计和管理六种职能，其中的管理职能是最重要的自成体系的一个职能，又包括计划、组织、指挥、调节和控制五大要素。法约尔提出的管理原则共有十四项，但最重要的有命令的统一性原则和等级系列原则两项。他的组织理论主要研究了组织的外部形态、内在因素和参谋机构。可以看出，第二阶段从管理理论上还没有很好地注意到人力资源的开发与管理等方面的问题，只是法约尔的理论中提出了组织的内在因素问题，认为组织的内在因素就是组织成员的技能和创造性，这算是与人力资源管理有关的一个问题。

第三阶段为"人际关系学说和行为科学"阶段，大体上在 20 世纪 20 至 40 年代形成，盛行于四、五十年代。实际上，到现在这些方面的研究和运用也非常盛行，其中"人际关系学说"是美国哈佛大学心理学教授戈尔顿·梅奥提出的，其重要贡献在于提出了工人不是"经济人"，而是"社会人"的观点，是复杂的社会系统的成员，有包括心理与社会等方面的

①②《马克思恩格斯全集》第 23 卷第 195 页。

各种需要。特别是梅奥还提出了企业的正式组织中还存在非正式组织等一系列重要见解。而"行为科学"是在"人际关系学说"的基础上形成的，它侧重于对人的需要和动机的研究，探讨了对人的激励问题，分析了与企业有关的"人性"问题，并且提出了调节与控制群体行为及其关系的理论与实践问题。这一阶段在理论上已经从过去那种只重视对具体工作和组织的研究，转向重视对人的因素的研究，这是从重视"物"转向重视"人"的一种观念上和理论上的飞跃，是这一阶段最重要的一个特征。当然，促使这一转变的原因是多方面的。我们认为，这一阶段在理论上的所有创新，应该说都与人力资源管理有直接关系，从而也奠定了人力资源管理的理论基础。

第四阶段为"现代管理理论"阶段，大体上从第二次世界大战结束后开始，其特点是学派林立，观点众多。其中主要有社会系统学派、决策理论学派、经验主义学派、系统管理学派、权变理论学派和管理科学学派，以及人际关系学说和行为科学学派等。在这众多学派中，特别是社会系统学派和系统管理学派更为突出，各具特色。社会系统学派是以现代管理理论之父巴纳德为首创立的，它强调整个社会是一个协作的系统，其中由人的系统、社会系统、物质系统和组织系统所构成，而其中的组织系统是整个协作系统中起核心作用的系统，在这个系统中的任何组织，都包含着三个最基本的要素，这就是组织的目的、有协作愿望的成员和信息。系统管理学派则是由美国著名的管理学家卡斯特和罗森茨韦克创立的，主要是研究组织内部的各个管理系统及其构成的，正好与社会系统学派形成了全方位的研究视野，即一个侧重于社会大系统，一个侧重于组织内部系统。这个学派认为，任何组织都是由五个子系统构成的，即目标价值系统、组织结构系统、技术系统、心理社会系统和管理系统，其中管理系统是核心系统。这五个子系统相互联系、相互影响、相互作用，从而构成了一个整合的系统，能够使组织有效运行，达到组织目标，实现组织目的。现代管理理论阶段，实际上有两个重要特点，这就是强调系统观念和权变观念，强调人的能动性和主导作用，避免和克服了第二阶段和第三阶段在理论上的那种偏激状态，即第二阶段只强调工作和组织本身的研究，不注意职工的思想感情和人格意识的研究；第三阶段又只强调对人的因素以及由人的因素所构成的社会因素的研究，从而忽视了对工作和组织的研究。

四、人力资源管理理论的形成与发展

从上述分析中可以看出，无论是古典政治经济学家的一些思想观点，还是马克思的有关研究和论述，以及西方管理理论的发展和演变，其中都非常深刻地蕴含着对人的因素的研究和广泛关注。我们认为，这些理论成果有的为后来的人力资源管理理论提供了思想基础和理论前提，有的成为重要的指导思想和理论基础，有的已经成为人力资源管理学科体系的重要构成部分和研究的基本内容。总的看，这些理论成就已为现代人力资源管理与开发的理论建构和应用研究提供了思想上和理论上的准备，对这门新兴学科的形成创造了基本条件。

(一)人力资源管理理论的形成

人力资源管理理论的形成与管理心理学或组织行为学的形成与发展有直接关系，管理心理学或组织行为学奠定了人力资源管理的理论依据和学科基础。一般认为，管理心理学作为一门新兴的学科形成于五六十年代，它与人际关系学说和行为科学等学科有直接的理论渊源关系。当然,管理心理学从产生到形成的过程也体现了自身的发展规律。这一学科的形成一般是以1961年美国著名学者弗鲁姆在美国有名的《心理学年鉴》发表的"工业社会心理学"为标志的。1964年,另一位美国著名的管理心理学家莱维特也在《心理学年鉴》上发表了"组织心理学"的综述报告,完善了这门学科的框架结构和学科体系。特别是莱维特早在1958年就正式出版了《管理心理学》一书,为这门新兴学科的形成奠定了基础。实际上,管理心理学与组织行为学是通用的,两者研究的内容和理论体系基本一致。只是有的学者习惯于使用前者名称,强调心理对行为的决定和影响作用;有的学者则习惯于使用后者名称,强调从行为出发来探寻行为规律,特别是行为对心理活动的外显作用与实现功能。从这门学科的发展趋势看,似乎更加强调从行为角度探索人的心理活动规律,使用组织行为学这一名称也随之比较普遍。

第二次世界大战结束后,随着管理理论界、经济学界、企业界、心理学界等方面对人的研究的逐步深入,特别是有关管理心理学和组织行为学的广泛研究,西方的许多学者首先意识到教育在社会与经济发展中的重要地位。他们从发达国家经济增长过程中物质投入与教育投入的关系,教育对经济增长的作用,以及教育水平的提高对社会和个人收益的关系中发现,教育的投入不是简单的成本,而是可以带来利润的资本投入。1961年,美国著名经济学家舒尔茨发表了《人力资本投资》,1963年又发表了《教育的经济价值》。1962年,美国另一位著名经济学家丹尼森也发表了《美国经济增长的因素和我们的选择》。舒尔茨和丹尼森基本确立了人力资本投资的理论框架,论证了人力资本投资比物质资本投资可以带来更多的经济效益,所有这些都为人力资本投资理论和人力资源管理理论的形成奠定了基础。1988年,美国学者罗伯特·维卡和富兰克林·斯克伯兹又进一步提出了"组织科学"的概念,从微观到宏观、理论到应用两个方面进行了深入的研究。他们指出,人力资源管理是组织行为学在微观层次上应用研究的一个重要方面。

(二)人力资源管理的学科体系

国内外关于人力资源管理的学科体系有不少不同看法和观点。国外学者特别是西方学者(主要是美国学者)中,有的非常强调人力资源管理主要是指员工培训问题,即如何使培训的资本投资增值的问题。有的强调人力资源管理的学科体系是用系统工程的方法来发展人的行为系统,以及如何分割所产生的效果(益),并达到组织与个人的目的。有的学者则认为,人力资源管理就是成人教育问题,即继续教育和终身教育的问题,等等。但最有权威和影响的是美国培训和发展协会的观点,这个组织在1989年承担了国家的相关专门研究课题,把人力资源管理的学科体系概括为十一个方面,即培训与发展、职业开发、组织发展、组织设计与岗位设计、人力资源计划、运行管理系统、人力资源配置、补偿与救济、雇员关系、劳资关系以及人力资源研究与信息系统。然而,由于国内对人力资源管理的研究起步较晚,到目前为止仍处于引进介绍和结合我国实际运用创新阶段,总体上还在探讨和发展过程之中。但是,国内外学者们对人力资源管理学科的框架结构和基本内容的认同正在不断地趋于一致,即比较接近于美国培训与发展协会的观点,且有所创新和发展,更加符合人力资源管理理论与实践发展的实际。

第三节 人力资源管理的学科基础

关于人力资源管理的学科基础主要包括哲学基础、管理学基础和经济学基础三个大的方面。

一、人力资源管理理论的哲学基础

人力资源管理理论的哲学基础是马克思主义关于人的基本理论和学说，其中主要包括人的本质学说、人的个性学说和人的价值学说。因此，人力资源管理就是首先要正确理解和把握人的本质、人的个性和人的价值等基本问题。假若没有马克思主义这个哲学基础，人力资源管理就失去了研究的意义。

（一）马克思主义关于人的本质学说是理解人的理论基础

人力资源管理离不开对人的本质的认识，更确切地说是以科学地理解人为基础的。那么，什么是人的本质呢？马克思主义的科学世界观和方法论为我们提供了认识的基础和基本途径。马克思主义认为，人是自然实体和社会实体的统一。所谓自然实体，是指人作为生物界的一个分支，就具有与生物界其它分支相似的或相同的自然本质和生物属性。比如，都有一定的结构和形态，要有食物、运动、睡眠，要有吸收、排泄、同化、异化的过程，等等。所谓社会实体，这是人与一般动物之间最本质的区别所在。比如，人能够从事劳动，可以制作劳动工具，因而产生了意识，而其它动物则没有这种可能，它们只有自然属性，没有也不可能有社会属性。还如，人能够从自然界分化出来，组成社会，以社会成员参加劳动与社会活动，并可以凭借自己的体力和智力，改造客观，改造自然，为人类自身服务，其它动物却没有这种可能性，只能被动地适应自然。特别是人在社会生活中，既有自然需要，也有社会性需要，低级动物却没有社会性需要，这是人作为高级动物而与其它动物的重要区别。因此，可以认为人的社会属性是人的本质属性，人的本质离不开个人与社会的关系，人力资源管理必须以此为思想理论的基础。

（二）马克思主义关于人的个性学说是用人的基本依据

马克思主义认为，人的个性是一个社会范畴的概念，既表现着个人意识的倾向性，又体现着个体之间的差异。事实上，要搞清人的个性，首先要搞清什么是人？什么是个体？关于人的概念，上面已多处谈到人是自然实体与社会实体的统一，是一个"种"概念和"类"概念。所以，人既能够以概念的形式反映客观世界，揭示自然规律，又能够根据自己的需要、兴趣和理想来利用自然规律，改造客观世界以及自己的主观世界。而个体则是指某个具体的个人，既可以指成年人，也可以指未成年人，还可以指白痴和精神不正常的人。然而，个性就不同了。人的个性只能体现在具体的个体身上，但并不是每个个体都是有个性的，比如婴儿、精神分裂症患者、白痴等就没有个性。这些说明，个性更多地体现着人的社会属性，特别是社会群体、社会环境的各种因素对人的影响非常强烈。正如马克思曾经说过的，一个人的发展取决于他直接和间接交往的其他一切人的发展。人的个性只有在集体中才能得到全面的发展，才能真正受到保护。因此，马克思主义关于人的个性学说是人力资源管理中如何用人的指导思想和基本依据。

（三）马克思主义关于人的价值学说是发展人的价值取向原则

按照马克思主义的基本原理，人的价值是社会价值与个人价值的统一。所谓人的社会价值，是指以社会为价值主体，以个人为价值客体。在这一价值关系中，主要强调个人通过自己的劳动，充分发挥主观能动作用，对社会有什么贡献，应该负什么责任，应该尽什么义务，即强调个体对社会的责任和贡献。所谓人的个人价值，则是以个人为价值主体，以社会为价值客体。在这一对价值关系中，则主要强调个人通过自己的劳动及其成果，社会对个人的贡献以多大程度的回报，即社会对个人需要的满足状态。但是，作为人的社会价值与个人价值并不是各自孤立的和相分离的，它们是同时体现在个人的劳动过程及其劳动成果上的，是体现人的价值的两个相互联系方面。因此，人的价值的实现，个人自由的追求，个性的发展和完善，都离不开丰富多彩的社会生活实践，脱离社会生活实践，个人就没有什么价值可言。人力资源管理正在于最大限度地发挥人的才能，挖掘人的潜能，实现人的价值。反过来讲，衡量人力资源管理的效果如何，在很大程度上要看人的价值的实现程度，这也是衡量社会发展质量的一条重要标准。

二、人力资源管理理论的管理学基础

在第二节中，我们曾经论述了管理心理学或组织行为学作为人力资源管理的理论与学科基础的问题，即人力资源管理是在组织行为学的基础上形成的。因此，包括组织行为学在内的行为科学、人际关系学说以及现代管理理论中的有关学派等，都是人力资源管理理论形成的管理学基础。

（一）行为分析理论对人力资源管理理论的意义

组织行为学、行为科学等学科关于人的行为规律的研究及其理论，都非常着眼于行为的主观因素和客观因素的分析。而主观因素又涉及到人的心理因素和生理因素两个大的方面，主要包括体格、体力、智力、需要、动机、抱负、兴趣爱好、理想信念、人生哲学等。客观因素则主要涉及到组织环境、群体气氛、社会环境以及物质与自然环境，包括社会政治、经济、文化、教育、管理体制、领导方式、人际关系、工作条件等方面。正如"群体动力理论"的创立者勒温所指出的，无论个体的行为还是群体的行为，都是个体或群体内在需要的张力和环境因素的相互作用所导致的，即内部力场和情境力场相互作用的结果。所以，他提出了行为等于内部力场与情境力场相互作用的函数。用公式表示为：$B=f(P·E)$，其中 B 为行为，P 为内部力场，E 为外部力场，f 是函数。所有这些对行为规律的分析研究及其成果，为人力资源管理提供了管理学依据，使人力资源管理可以直接运用这些理论成果进行人力资源的管理与开发。

（二）激励理论对人力资源管理理论的意义

人力资源管理在很大程度上就是要有效地激励员工努力工作，取得最佳的工作成绩和管理效果，这一点与管理学的许多学科是非常一致的。激励的许多理论是组织行为学、行为科学等许多管理学科的重要贡献，从多方面、多角度、多途径地研究了对人的激励管理问题。比如期望理论、双因素理论、行为主义激励论、公平理论、强化理论等。这些理论无疑是人力资源管理的重要的科学理论营养,是实施人力资源开发和激励员工的理论依据。可以认为,人力资源开发与管理的目的,就在于努力提高员工的素质,调动员工的积极性,,激发员工的工作动机和热情,取得良好的管理功效。事实证明,人拥有的知识和技能并不等于工作结果。或者说,拥有知识和技能是一回事,而知识与技能的运用则是另一回事。人力资源管理既在于通过教育与培训提高人的知识与技能,又在于充分发挥人的知识与技能的作用,其中最重要的问题就是如何激励的问题。

(三)组织理论对人力资源管理理论的意义

组织理论是组织行为学研究的重要内容,也是了解组织心理活动规律的一把钥匙。组织理论的内容非常丰富,其成果也非常丰盛。这一理论在对组织目标与价值观的分析中,注意到了员工个体目标、群体目标及其价值观念对组织目标与价值观的重要作用;在对组织有效性的分析中,充分考虑到了员工的工作效率对组织效率的影响,而员工的工作效率的高低和工作质量的好坏,又与其满足感的状况有直接的关系;在对组织的工作设计分析和提出的基本理论中,特别强调了与员工的心理和行为有关的设计思想与基本内容,无论对工作内容、职能和工作关系的设计都要与员工的心理和行为活动规律以及未来的发展趋向有机地结合起来;在对行为分析的组织理论中,对权限接受、组织决策、组织平衡、组织权变以及正式组织与非正式组织的统一等方面都进行了深入细致的分析研究,提出了新思想和新理论;在对组织变革与发展的分析中,对组织变革的程序与模式、基本变量与对策方法,以及变革的动力与阻力等问题都作了全面的探讨,创立了新的理论框架与体系结构。所有这些都为人力资源管理理论与实践的探索与创新提供了充分的组织理论准备和实践指南,对人力资源管理最终达到有效地解决提高组织效率问题,具有非常重要的理论与实践意义。

(四)现代管理理论强调的系统观念和权变观念对人力资源管理理论的意义

现代管理理论具有两个最大的特征,这就是非常强调管理的系统观念和权变观念。所谓系统观念,就是强调管理是一个庞大的系统,无论考虑和解决管理过程中的任何问题,都必须从系统观念出发,从全局观念出发。要考察点与面的关系,节点与网络的关系,绝不能只顾其一,而不顾其余。实际上,系统观念是强调战略性、全局性和长远性的观念,注重系统的整体功效。所谓权变观念,则主要在于强调管理的动态性、多变性和适应性,要解决的是技术性和行动性的问题,其实是系统观念指导下的权变观念。这些重要的观念正是人力资源管理所需要的科学营养和理论来源,既有理论指导性,又有广阔的实践意义。就人力资源管理而言,必须全面地把握宏观环境和管理对象的各种因素,细致地分析研究对个体、群体、组织的多种影响因素,实施有效地管理对策和措施。只有这样,才能见到实效,避免某些不应出现的挫折和失误,取得最佳的管理功效。

三、人力资源管理理论的经济学基础

从经济学角度看,人力资源管理理论的经济学基础就是人力资本理论。西方学者提出的人力资本理论,比较好地论证了体现在劳动者身上的、以劳动者的数量和质量所表示的资本形态及其构成,以及人力资本投资的基本概念等一系列问题,这正是人力资源管理学科的重要的理论基础。且人力资本理论的内容和观点很多,但择其要者有以下两个大的方面。

(一)人的知识和能力是一种特殊的资本,这种资本是通过投资形成的

关于人的知识和能力是通过投资而形成的一种特殊的资本——人力资本的观点,在美国学者舒尔茨的《论人力资本投资理论与经验分析》以及丹尼森的《美国经济增长因素和我们面临的选择》等著述中都得到了充分的论述。概括地说,人力资本就等于人的知识和技能(即"人力资本=知识+技能")。这是因为人的知识和技能可以创造更多的财富,一个国家、一个地区或一个企业有没有竞争力的关键国素,就是看职工有没有良好的知识素养和技能条件。正如英国著名经济学家哈比森在《作为国民财富的人力资源》一书中所论述的,人力资源是国民财富的最终基础,一个国家如果不能发展人民的知识和技能,就不能发展别的任何东西。只有重视并采取切实可行的措施,努力提高国民的知识和技能水平,才能真正促进经济的发展。然而,作为财富的这种人力资本即人的知识和技能,却是需要一定的投资才能形成,我们所讲的人力资本就是指对人的知识和能力过去投资的现行价值,是为提高人的知识和能力所进行的各种投资而形成的一种资本。比如教育、培训、医疗保健、就业安置、人力资源流动等所需的费用。这说明,人力资源的获取是要付出代价的,需要一定的资本来投入,否则就形不成可供利用的人力资本。

(二)人力资本的作用大于物力资本,人力资源是最重要的生产力

美国著名经济学家和人力资源管理学家舒尔茨在《论人力资本投资》中深有感触地说,以前我们缺乏一个完整的资本概念,并且没有探讨和论述人力资源及其在社会经济发展中所发挥的重要作用,人们比较看重于"非人资本",或者说比较看重于物力资本。舒尔茨在进一步的研究中发现,很难从自然资源、实物资源和一般劳动力的角度,来解释清楚经济增长的全部原因。事实证明,二次世界大战后的许多统计数字已经表明,国民收入的增长一直比国家投入的自然资源、实物资源和劳动人口的增长要快得多。特别是一些在战争中物力资本遭到严重破坏的国家,战后其经济恢复却非常惊人,创造了经济增长的奇迹,如日本和德国,还有亚洲的"四小龙"都创造了经济发展的奇迹。这些事实说明,在经济增长中除了物力因素之外,还有非常重要的生产要素,这就是人力资本这一要素。这是已经被目前世界上许多国家的经济发展和经济增长的事实证实了的一条真理。

四、人力资源管理与人事管理的区别

总的看,人力资源管理是在人事管理的基础上发展和形成的,无论从学科的发展演变看,还是从管理思想的变革看,都表现出许多新思想、新职能和新内涵,是对人的管理理论与实践的一次新飞跃。

(一)人力资源管理与人事管理的时代背景有所不同

人事管理是随着社会工业化的出现与初步发展应运而生的,大体上在本世纪初人事管理部门开始出现,并经历了一个从简到繁的发展过程。由于社会工业化的发展在前期总是以物力资源的作用为基本力量的,人是附属于物的一种"物",更形象地说人只是"会说话的工具"而已。正如科学管理之父泰罗所说的,人如同机器上加满了油的"齿轮"。因此,在这种情况下,对人的管理实质上无异于"物"。尽管随着社会经济的不断发展和科学技术的不断进步，工业化的步伐也在不断加快，但人事管理的基本功能和作用并没有多大变化，只是比原来越来越细致一些、严密一些而已。然而，在这个漫长的过程中，对人与物的认识已经逐步发生了一些变化，重视了对人的研究和人的作用的发挥，但这种变化并没有导致从理论到实践上把人的因素放在高于物的因素这个基点上。

从人力资源管理产生的社会背景看，它是在社会工业化发展迅猛，竞争与合作加强，科学技术高度发展，作用越来越明显和突出，特别是社会经济有了相当发展的历史条件下形成和发展起来的，一般认为在70年代以后开始形成。这种变化表现在对"人"与"物"的认识上，人不再是附属于物的一种"物"。或者说人与物不再是单纯地作为一种资源了，人是特殊的资源，是人力资本。这种资本性质的特殊资源，不同于任何物力资源，因为人有思想、有知识、有技能，人有主观能动性，而物力资源则没有。总之，科技、经济、社会发展的状况不同是两者区别的一个重要标志。

（二）人力资源管理与人事管理对人的认识有所不同

本质地讲，人事管理是把人的劳动作为一种在企业生产过程中的耗费或支出的"成本"来认识的。这就是说，产品的成本除了物的成本之外，还有人的成本。若仔细推敲一下，这种认识似乎很有道理，但这种认识是把人等同于物的，在观念上人与物没有什么两样。所以，人事管理就在于如何降低人的成本，择准人，少用人，多出活，以免增加人力成本的支出。

然而，人力资源管理是把人看作"人力资本"的，这种资本通过有效的管理和开发是可以创造更高的价值的，是能够长期为企业带来利润的特殊资本，即能够增值的资本。这种认识与人事管理对人的认识的区别在于，人事管理是把人看成被动地适应生产，适应物质运动的一种因素而已；人力资源管理则是把人作为主动地改造物质世界，推动生产发展，创造财富和价值的一种特殊的可以带来增值的活性资本。

（三）人力资源管理与人事管理的基本职能有所不同

人事管理的职能基本上是操作性很强的具体事务性管理，如招聘、选拔、考核、录用、调进调出、工资奖金、福利待遇等方面的管理，以及人事档案记录与管理，人事管理规章制度的贯彻执行，晋升与处罚及其相关的其它人事管理职能，等等。总的看，人事管理的职能都是一些具体的技术性很强的管理事务。人力资源管理的职能则有所不同，可以说它是一项比较复杂的社会系统工程。既有战略性的管理职能，如规划、控制、预测、平衡、长期开发、教育与培训策略等；又有技术性的具体的管理职能，如选拔使用、考核评价、工资报酬、调进调出、奖惩管理，等等。总的看，人力资源管理的职能及其发挥更具有全局性、系统性、战略性和远程性。

当然，人力资源管理与人事管理的区别还表现在管理视野、职能地位和运行方式等方面的不同与差异上。

本章思考题

1.人力资源的五个重要特征说明了什么问题？
2.如何认识人力资源管理理论产生的历史必然性及其意义？
3.你理解马克思有关人力资源管理的基本观点吗？
4.怎样认识和理解人力资源管理的学科基础？

案例分析

案例：人力资源管理与"皮格玛利翁"效应

希腊神话里的雕刻家皮格玛利翁钟情于自己雕刻的女神，在他虔诚的守护下，这个雕像竟真的变成了活人，并做了他的妻子。心理学家借用这个神话故事，把对别人寄予深切的期望，使之成为对方的内在动力，从而收到变期望为现实的神奇效果，称作"皮格玛利翁"效应。

在一个企业中，如果管理人员对下属的期望高，其下属的表现就可能是优秀的；反之，其表现将是不佳的。这就是"皮格玛利翁"效应在管理中的应用。一些精明的管理者十分注重利用皮格玛利翁效应来激发员工的斗志，从而创造出惊人的效益。

一、用小马来拉大车

皮格玛利翁效应能促使受激励者化压力为动力，快速适应岗位需要。士光敏担任日本东芝会社社长时，坚持"尊重人就得委以重任"的用人原则。有十分之才，交给十二分的重担。正是这种信任式的管理法，使东芝获得了快速发展。

在我国的联想集团，有一个"小马拉大车"的用人理论，也是充分发挥了皮格玛利翁效应。不管你才大才小，你都能获得略大于自身能力的舞台。小马拉大车，使"小马"感受到集团的信任，自然会不断地追求进步，以便更快地适应所从事的工作。而当业务成熟了，长成"大马"了，很快又会有更大的车要拉。

二、增强员工的归属感

皮格玛利翁效应传达了管理者对员工的信任度和期望值。被管理界誉为"经营之神"的松下幸之助，就是善用皮格玛利翁效应的管理高手。他首创了"电话管理术"，经常给下属，包括新招的员工打电话："也没有什么特别的事，就是想问一下你那里最近的情况如何?"当下属回答说还算顺利时,松下又会说:"很好,希望你好好加油。"这样使接到电话的下属每每感到总裁对自己的信任和看重,精神为之一振。松下从不对员工进行技术保密。即使是新招进来的工人,也是毫无保留地把制造工艺和技术传授给他们,有人担心这样做会造成技术泄密,但松下却不担心。他说,技术只应对外保密,而不能对员工保密。这样做使员工的归属感得到增强,自愿自发地维护公司的技术和商业秘密,因而从未出现技术泄密事故。

皮格玛利翁效应还体现于团队精神的培养中。丰田汽车公司实施"PT"活动,即就每月规定的一个题目,上司与下属进行一对一的个别谈话制度。例如,在新职工被分配到工作岗位上来的四个月后,就以"一个前辈要帮助新职工做什么为题进行谈话"。在丰田,教育的范围不仅限于职业教育,而且还进一步深入到个人生活领域。对这方面经营管理者都非常认真努力,所做的就是所谓"非正式教育"。这种非正式教育使员工普遍得到了"信任暗示",从而激发了创造力。这也是公司在60多年间能经受各种经济危机的考验,保持长盛不衰的原因所在。

三、激励别人首先要自信

优秀的管理人员能够不断地创造出使下属去实现的高绩效期望,其原因在于对自己能力的自信。优秀的管理人员的高期望主要建立在他们对自己认识的基础上,即对自己选拔、培训、激励下属的能力的基础上。如果他们自信有能力去开发和激励下属达到很高的绩效水准的话,他们就会对下属寄予期望,并以相信下属能够实现其期望的自信态度对待下属。

"斯威尼奇迹"就是一种管理与教育的自我实现预言。斯威尼是图兰大学教精神病学的教授,他认为他甚至能将受教育程度很低的人培养成合格的计算机操作员。他请医院看大门的人协助完成这个实验,当看门人在学习大量计算机知识和技术时,该校某些人认定看门人学不会这些,并给他作了智商测试,其结果是不可能学会打字,何况使用计算机。但斯威尼不相信,并且提出如果不让看门人学习计算机,他就辞职。结果斯威尼成功了,看门人不仅学会了计算机,还成为计算机房的主管,并负责培训新雇员和编程工作。斯威尼的期望基于对自己传授能力的信任,而非对看门人学习能力的信任。显然,管理人员对自己培训和激励下属人员能力的信任,是他们能够建立可实现的高管理期望的基础。

四、不因失败而放弃

而当下属出现失误时,更需要皮格玛利翁效应的激励,因为失败是有教导性的。真正懂得思考的人,从失败中学到的东西和成功一样多。美国石油大王洛克菲勒的助手贝特福特有一次因经营失误使公司在南美的投资损失了40%,贝特福特正准备挨骂,洛克菲勒却拍着他的肩膀说:"全靠你处置有方,替我们保全了这么多的投资,能干得这么出色,已出乎我们意料了。"这位因失败而受到赞扬的助手后来为公司屡创佳绩,成为公司的台柱子。

五、选出最优秀的主管来管理新职员

一个年轻人遇到的第一位经理很可能就是对其职业生涯最有影响力的人。如果经理人不能够或者不愿意教给年轻人必须的工作技能的话,其结果就会使年轻人确立比自己实际能力低的个人标准,他们的自我形象也就降低,自然会对工作、同事以及企业的职业

生涯的各方面都产生消极影响。因此,必须由企业中最好的管理者担任来自校园的新雇员的最初上司。但遗憾的是,大多数公司的做法正好相反。很多事实证明,管理人员就是"皮格玛利翁"。

分析讨论题

1.这个案例说明了什么问题?你能从人力资源管理的角度深入分析一下吗?

2.怎样培育人力资源管理的"皮格马利翁"?

3.你对案例提出的观点是否认同?为什么?

第二章
人力资源的供给与需求

人力资源的供给与需求涉及到多方面的问题,本章主要就人力资源量、人力资源的供给、人力资源的需求等问题作以论述和说明,并提供一些常规的管理方法。

第一节 人力资源量

人力资源量是人力资源供给与需求的一个基本问题,无论需求还是供给,都必须考虑人力资源量这个首要问题。所谓人力资源量,就是指一个国家、一个地区或社会组织所拥有的人力资源的数量和质量的综合。

一、人力资源的数量

人力资源的数量是构成人力资源量的基础性指标,它既包含着劳动力的数量和劳动的数量,也包含着人力资源数量的绝对量和相对量的概念。

(一)劳动力的数量和劳动的数量

1.劳动力的数量

关于劳动力的概念尽管有各种不同的界定,但我们还是可以简明地界定为是指一个国家、一个地区或社会组织中具有劳动能力的人的总和。假如我们把人力资源作为通过市场配置的一种资源,则可以作出这样的界定,劳动力是由所有为自己工作和为取得报酬而为他人及各类组织工作的人以及准备工作的人组成的。这里有一个重要的概念,即劳动力与非劳动力的基本区分就在于看他是否进入市场,不进入市场配置的就是非劳动力。比如,母亲抚养婴儿,不算劳动力,而若雇保姆的话,保姆就得算劳动力,因为保姆是从市场上雇到的,并要支付一定的劳动报酬。因此,可以这样认为,劳动力包括全体就业者和失业者;非劳动力主要指家庭妇女、不工作的离退休人员、16岁以下的未成年人,以及不愿劳动的那些人,如懒汉和食利族等。

实际上,劳动力数量是一个动态的概念,不可能一成不变。比如,每年都有大量的大学毕业生需要择业,也会出现许多劳动者暂时失业,还有一部分自然损耗和人为的损耗,等等。特别是劳动力数量还会受到各种因素的影响,比如受到人口数量、人口年龄结构和劳动力参与率等因素的影响。

实践证明,人口数量中的自然增长率的高低要影响劳动力数量的变化。所谓自然增长率,就是指出生人数超过死亡人数的比率。若自然增长率越高,劳动力数量的变化就会越大。还有人口数量中移民数量的多少,也要影响到劳动力数量的变化,移民数量越多,劳动力的数量变化也就越大。而人口的年龄结构对劳动力数量的影响就更大了。若婴儿及老年人所占比例较大,那就必然会使劳动力的数量减少。据分析老龄化问题已成为世界上许多国家的共同问题,在日本有一个小岛,老年人非常多,有关报道小学已无人上学。

然而,影响劳动力数量的还有一个非常重要的因素,这就是劳动力的参与率。一般说来,劳动力参与率越高,其数量就相对多一些。所谓劳动力参与率,即指劳动力数量在16岁以上劳动人口中(即潜在劳动力)所占的比例,用公式表示为:劳动力参与率=劳动力数量/潜在劳动力数量。可见,劳动力参与率是影响劳动力数量的重要指标。比如,妇女的劳动力参与率从第一次世界大战以来持续增长,对妇女劳动力的数量影响很大。其原因主要有五个方面:一是由于男性劳动力主要参加战争,使妇女有机会有可能参加工作;二是由于生育率下降,妇女有时间有可能去工作;三是由于工作时间缩短,因而使妇女既可工作,又可安排家务;四是由于家务劳动自动化,解放了妇女的家务劳动;五是由于家庭收入不断增加,生活水平不断提高,也需要妇女共同去工作。

那么,是什么因素影响劳动力参与率的变化呢?根据国外学者的研究,有两个重要的原理可以解释这种影响,即"补充劳动者原理"和"失望劳动者原理",这两个原理主要是影响第二劳动者的行为。比如,在一个家庭中,赡养者为第一劳动者,被赡养者就可能会成为第二劳动者,如父母是第一劳动者时,被赡养的子女(未成年的)也可能在某种情况下成为第二劳动者。所谓"补充劳动者原理",就是指在经济情况不好、劳动力需求下降时,第一劳动者有可能收入降低,或可能面临失业,这就需要第二劳动者出去工作,以增加收入,成为补充劳动者,从而使社会的劳动力参与率提高。反之,在经济情况比较好时,劳动力需求上升,第一劳动者会有足够的收入,可以不需要第二劳动者参加工作,这样又会使劳动力参与率出现下降。

所谓"失望劳动者原理",就是指在经济情况不好时,劳动力需求就会下降,这样就会导致劳动力失去找工作的信心和机会,成为"失望劳动者",劳动力参与率就必然会下降。反之,当经济情况好转时,劳动力需求便会上升,同时,劳动力也会有更多的就业机会,劳动力的参与率必然就会提高。

这两个原理反映了劳动力数量变化的基本经济规律,其中"失望劳动者原理"更加切合实际一些,更能反映劳动力参与率变化的规律性。

2.劳动的数量

实践证明,由于每个人参与劳动的方式不同,因而所提供的实际有效劳动量也是不一样的。西方经济学认为,在劳动市场上,劳动供给曲线是一条两头向后弯曲的曲线,如图

2.1 所示。这说明，劳动的供给先随着劳动价格的提高而逐步增加，然后又随着劳动价格的提高而逐渐减少。由此可见，劳动供给不仅是工资率的函数，而且也是闲暇愿望的函数。而工资率的提高会对劳动供给带来两种可能的效应，这就是替代效应和收入效应。

所谓替代效应，就是指工资越高，劳动者就越愿意增加劳动供给以替代闲暇。换句话说，闲暇的成本高了，劳动者愿意以工作代替闲暇，以增加工资收入。所谓收入效应，是指由于工资越高，劳动者在减少工作时间后仍能够保持相当高的工资收入和生活水平时，还是愿意并且乐于享用更多的闲暇。这两种效应都说明，收入和闲暇都会带来效应，两者之间存在着替代关系，都是由于工资提高的结果。但是，当替代效应大于收入效应时，劳动供给曲线就会呈正斜率（如图2.1 所示），表明随着工资率的提高，劳动供给也同时增加了。然而，当替代效应小于收入效应时，劳动供给曲线则呈负斜率（如图 2.1 所示），表明随着工资率的提高，劳动供给却越来越少了。

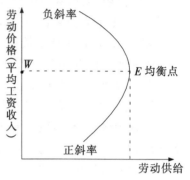

图 2.1　劳动供给曲线

正是由于劳动供给的这种正、负斜率特征，有的西方学者认为，劳动的需求曲线和一般要素的市场需求曲线是一样的，都有个均衡点。比如，图 2.1 中的 E 点就是劳动市场的均衡点，这一点所决定的劳动工资 W 就是市场供求关系所决定的工资水平。在西方经济学中，也用这种方法来解释工资的行业差异和职业差异。当然，我国工资的行业、职业差异还不是完全受市场供求关系来决定的，还有其它许多非经济因素的影响，如制度的、观念的、区域的、民俗的等许多因素。

根据以上论述，用数学公式来表示劳动供给曲线方程为：

$$U = (L \cdot y)$$

其中 U 为劳动效用，L 为闲暇时间，y 为工资收入。由于一天为 24 小时，用公式表示为：$24 = L + y/W$。在这种约束条件下，若求闲暇时间 L，则可得到 L 与平均工资收入 W 之间的关系；若求劳动时间 H，即为 $H = 24 - L$，又可求得 H 与平均工资收入 W 之间的关系。

（二）人力资源的绝对量和相对量

人力资源的绝对量和相对量是与劳动力数量相关联的两个概念。

1.人力资源的绝对量

人力资源的绝对量是指在法定年龄人口中具有劳动能力和在法定年龄以上仍在进行劳动的人口。这个概念实质上包含年龄和健康状况两个因素。我国规定的法定年龄，男为16 岁至 60 岁，女为 16 岁至 55 岁。实际上，法定年龄人口中也有一部分人是不能从事劳动的，比如精神病患者和严重残疾者并不能参加劳动，因此这些人都不应包括在劳动人口之内。同时，也有一部分已经离退休的人员中（即法定年龄以上）还有一部分人仍在继续从事劳动，特别是文化教育界、科技界知识层次较高的那部分已经离退休或已超出法定年龄的人，这部分人应当包括在劳动人口之内。

2.人力资源的相对量

人力资源的相对量又称人力资源率,是衡量一个国家、一个地区或特定组织中人力资源量的重要指标。所谓人力资源率,就是指人力资源的绝对量在总人口中所占的比例,用公式表示为:

$$人力资源率 = \frac{人力资源绝对量}{总人口数}$$

$$= \frac{法定年龄中具有人口 + 法定年龄以上仍在劳动的人口}{总人口数}$$

可见,一个国家、一个地区或特定社会组织中人力资源的相对量越大,人力资源率就越高,相应地属于纯消费的人口就必然越少,这样有利于社会经济的发展。因此,年龄结构不够合理,或人口增长过快,或人口衰减过快,都会影响到人力资源率(相对量)的变化,影响到人力资源的绝对量,不利于社会经济的发展。

二、人力资源的质量

人力资源的质量是反映人力资源素质特征的重要问题,它是指人力资源所具有的劳动能力的综合水平,或者更确切地说,是指劳动力所具有的知识和劳动技能的综合。

(一)人力资源质量的构成

关于人力资源质量的构成,目前还没有比较一致的说法,但基本上都是围绕劳动者的知识和能力展开探讨的。根据我国学术界的有关研究,大体上可以概括为身体素质、文化素质、能力素质和思想素质四个方面。

1.身体素质

身体素质是形成劳动者劳动能力的物质基础,一个国家或地区劳动者身体素质的平均状况,是反映劳动能力的重要指标。一般认为,身体素质的衡量指标包括体质、营养构成、精神状态、抗病力、忍耐力、对环境的适应能力(包括自然环境和社会环境)等六个方面。

2.文化素质

文化素质是指劳动者受教育的程度及其文化科学知识的修养状况,它是衡量人力资源质量的重要指标。受教育的形式无非有学校教育和自学两种形式,学校教育又有学历教育和非学历教育两种形式。对一个人来说,受教育的程度是反映其文化科学知识素养的基本尺度,当然还需要实践的检验。

3.能力素质

能力素质是指一个人具有从事某种(或某几种)职业劳动的专门技能与能力,这是劳动者素质以及选择就业的主要指标。一般来说,专门技能都是事先通过职业培训或专门训练而获取的,当然也有自学成才的,自学也是一种事先的积累和获取。

4.思想素质

思想素质主要是指劳动者的思想意识和道德品质,它是劳动者做人与干工作的基本素质。在社会化大生产中,劳动者不仅是一个具体的工作任务的执行者,而且还是一个需要协调各方面关系、具有社会生活能力的人。比如,要与周围的人发生各种各样的联系,要处理好个人与组织的关系,要协调好与相关方面的工作关系。同时,对个人来说,还应尽可能处理好工作与获取之间的关系,要努力的持续的发挥自己的优势和才能,等等,所有这些都需要具备良好的思想素质和道德情操。

国外学者把人力资源的质量基本上与人力资本投资等同起来,这种认识既有合理的成份,也有不够全面、不够准确的偏颇。事实证明,单纯地用投资的多少来说明人力资源的质量,并不一定能够说明人的素质的全部,投资无疑是非常重要的一个因素。

(二)人力资源质量的衡量

从一般意义上说,人力资源的质量没有什么单位,因而难以直接衡量它。然而,由于影响和决定人力资源质量的因素是多方面的,这里主要从教育与培训投资、专业技能结构、社会风尚、经济发展状况与潜力等方面作以分析探讨。

1.从教育与培训的投资多少来衡量

对一个社会来讲,人力资源的质量首先要受教育与培训状况的影响与制约,而教育与培训又需要一定的投资,因而教育与培训的状况就成了反映人力资源质量的一个重要衡量指标。从教育与培训投资的实践看,这方面的投资应包括教育与培训的条件投资(如房舍、仪器设备、实验基地、教育与管理人员等)和运行投资(如人员的工资奖金、管理费、办公费、教材费、教学费、设施维护费等)两个大的方面。

2.从人力资源的专业技能结构的状况来衡量

一般认为,专业技能的结构比较合理,人力资源的使用就会趋于合理,其结构质量就比较好。反之,质量就比较差。当然,专业技能的结构与一个国家、一个地区或一个社会组织的经济发展状况、社会发展状况有直接关系,专业技能结构必须适应这种状况的需要,否则谈不上什么质量。因此,可以认为,专业技能结构是与特定社会的经济社会发展状况相联系的一个问题,脱离特定国家、特定社会的实际来谈专业技能的结构是没有意义的。这里所谈的专业技能结构是指特定社会组织所需要的(包括现实需要和未来需要的)各类专业人才的数量结构和技能水平。

3.从社会风尚状况来衡量

一个国家、一个地区或一个特定社会组织的社会风尚是衡量其人力资源质量的重要指标。所谓社会风尚,就是指在思想观念、道德水准、人际关系、风俗习惯等方面的综合体现,反映了一个社会的精神风貌。这一条实际上是人力资源质量的环境指标,一个社会的风尚日趋衰败,很难说其人力资源的质量是好的。

4.从经济发展状况与潜力来衡量

经济发展的质量本身就反映着特定社会的人力资源的质量状况,人力资源的质量是应该与经济发展的质量成正比关系的。特别是这两者之间还表现为相互决定的关系,即经济发展的状况决定人力资源的发展状况(即决定人力资源的质量),而人力资源的质量又反过来决定经济发展的质量,社会的发展、经济的发展就是这样运行的结果。因此,经济发展水平是衡量一个社会的人力资源质量的基本尺度,而且是其它各种衡量指标中最核心最基础的指标。

西方学者也提出了对人力资源质量的衡量方法。如从用于劳动力教育与培训的费用多少来衡量,从劳动力的职业构成的变化来衡量。前者与我们前面谈到的第一条看法基本相同,后者则是从职业构成来分析的,如工人、职员、大学教师、律师的职业构成表明,对人力资源的质量有不同要求,其报酬也相差甚远。

第二节　人力资源供给

一、人力资源供给的概念、特点及影响因素分析

(一)人力资源供给的概念与特点

人力资源供给有广义和狭义之分。广义的供给是指整个社会的劳动力供给,包括各个地区、各个行业的各种类型的劳动力供给。狭义的供给则可以分为一个企业的人力资源供给,一个行业的人力资源供给,或一个地区的人力资源供给。从单个企业可以得到的人力资源的供给来看,主要取决于企业的规模、经营分布、产品的多样性,以及厂区位置的差异等因素。从一个行业可得到的人力资源的供给来看,如果某个行业需要使用的技术工人相对缺乏时,说明供给则是有限的。这里的行业就是指大致生产同类产品的企业群。那么,从一个地区可以得到的人力资源的供给来看,主要取决于劳动力流动的程度,以及本地人口可以被吸引就业的程度。同时,地区劳动力供给对人员的层次的要求就要更多一些,对技能的种类的要求同样也更多一些。

人力资源供给不仅有其特定的概念,而且也有自身的特点,这就是作为劳动力的人力资源所提供的劳动的异质性。我们知道,一个社会的职业种类繁多,岗位则更多,作为人力资源的不同劳动力就分布在这些不同的职业和大量的不同工作岗位上。就是在相同的岗位上,两个劳动者的劳动能力和劳动状况也是不可能相同的。但是,这并不是说没有一个劳动力替换另一个劳动力的可能性。然而,劳动的异质性却使劳动力的供给呈现出不平衡。这就是一方面表现为大量的人员失业,呈现出供过于求;另一方面则表现为大量专业技术人员相对短缺,呈现出供小于求。这种状况是人力资源管理中存在的一个突出问题,需要有效地加以解决。以上这些情况都说明了劳动力劳动的异质性是一大特点,如果劳动力的劳动是同质的,那就不可能出现供给短缺的问题,除非人力资源的供给发生流动不畅。

(二)影响人力资源供给的主要因素

影响人力资源供给的因素是多方面的,这里主要就工资因素和非工资因素两个方面的影响分别作以分析。

1.工资因素的影响

实践证明,工资的多少与变化是影响劳动力供给的最基本的因素,无论从全社会来看还是从单个组织来看都是如此。从全社会来看,人力资源的供给总是配置到(或者更形象地说总是流向)工资高的行业和职业。如果是通过行政计划配置,而不是通过市场来配置,那么对每个人来说,仍然还是想往被配置到工资较高的行业、单位和岗位。若从单个企业来看,工资高低的影响则更大,谁愿意到拖欠工资甚至发不出工资的企业去工作呢?当然,总的看工资因素与一个国家的经济发展水平直接相关。我国是发展中国家,经济发展还相对落后,工资因素的影响就比较大;美国是发达国家,经济发展水平比较高,工资因素的影响就相对要小一些。比如,美国的钻井、伐木、采矿等工作工资很高,但仍然很难满足其对劳动力的需求,因为人们可以找到更加舒适、更加适合的工作,尽管工资比上述工作可能要低一些,而我国的情况与美国就不同了。

2.非工资因素的影响

非工资因素主要包括工作因素和劳动者自身因素两个方面。工作因素是指工作性质、工作条件等因素。比如,职业的声望和受社会关注的程度,就说明了工作性质的好坏以及职业地位的高低;工作条件的好坏和工作环境的优劣,同样是劳动者择业时要考虑的主要因素。西方有位学者提出了一个似乎不完全正确的观点,认为人的本性就是好逸恶劳,人不必在自己投资的地方工作,但人必须在自己工作的地方生活。所谓这种观点不完全正确,就是指它认为人的本质是好逸恶劳;所谓这种观点还算正确,就是指后面接着讲的那句话还是对的。这说明工作因素对人力资源供给的影响还是非常明显的。

那么,自身因素的影响也是多方面的,比如身体状况和工作愿望等。一般情况下,身体状况会影响人对职业的选择,或者反过来说,职业一般对人的身体还是有特定要求的。比如,人的身体有无残缺,有无某种疾病等,这些都会影响职业选择,不可能让一位患有高血压的人去从事高空作业的职业。工作愿望则是指个人的理想和抱负,或者也可以说是对职业的态度,这些当然要影响对职业的选择,并要影响到人力资源的供给。

二、人力资源的供给来源

人力资源的供给来源是人力资源供给要研究的一个重要问题,实际上,主要包括组织外部的人力资源供给来源和组织内部的人力资源供给来源。对具体组织来说,人力资源的供给来源还包括对现有人力资源的有效管理和利用。

(一)组织外部的人力资源供给来源

组织外部的人力资源供给来源,实际上就是社会供给来源,既包括从一个国家角度的宏观的人力资源供给问题,也包括从一个地区角度的中观的人力资源供给问题。

从一个国家角度看,人力资源的供给要受到整个社会经济发展状况和人口结构因素等多方面的影响,特别要受教育政策和劳动、人事政策的影响。因此,国家的劳动、人事、信息管理、统计、教育等部门,应就国家宏观的人力资源供给情况进行全面详实的掌握,包括人力资源的专业分布、学历结构、行业划分、特殊人才概况、供给数量等情况,按年度予以公布,并就供给情况与需求情况进行综合平衡,作出宏观决策与制定调控措施。同时,要从政策环境和运行机制上努力培育劳动力市场的形成,完善劳动力市场体系,健全各项管理制度,充分发挥劳动力市场对人力资源的基础性配置作用。

从一个地区角度看,人力资源的供给既有与宏观管理相似的共性,也有其特殊性。实践证明,一个地区范围内(比如一个省或自治区)人力资源的供给有其难以克服的缺陷,比如不可能什么人才本地区都可以培养,但人力资源的实际需求状况应该是比较清楚的。所以,从我国的实际情况看,地区的人力资源供给只有纳入到全国的人力资源供给系统,才能使供给来源更为全面,更加切合人力资源的实际需要。特别要结合地区的特点和实际,努力完善劳动力市场体系,让市场在人力资源配置上发挥其独到的作用。总之,从我国的实际国情看,人力资源供给的宏观管理必不可少,而且要对市场配置难以发挥作用的地方有专门的宏观调控政策,否则,就难以对全国性的人力资源供给进行有效地调节和平衡。

(二)组织内部的人力资源供给来源

组织内部人力资源的供给来源,就是指组织对现有人力资源的有效使用和开发,主要包括对现有工作人员的年龄分布、专业结构、岗位结构、离退休情况、人员流动以及培训开发等方面的分析与管理。对具体组织来讲,比如一个企业,在考虑企业内部人力资源的供给时,就必然既要考虑社会劳动力市场供求关系变化的影响,又要考虑其它企业的竞争对本企业的影响。一般来说,企业员工要受到两种力量的作用。一种是要受到企业外部的各种吸引力所产生的“拉力”的作用;另一种是要受到企业内部的各种因素所形成的“推力”的作用。比如,企业外部的就业机会、高收入机会、良好的发展机会(即施展个人才能的机会)等都可以形成外部的“拉力”;而企业内部的用人办法、管理方式、人际关系、奖酬分配以及对人力资源的开发利用等方面,又都可以形成某种“推力”。不少人从企业内部流出,本身就是这两种力量相互作用的结果。因此,对这类企业来讲,如何有效地减弱“拉力”和消除“推力”,是搞好内部人力资源供给的基本问题。其中首要的问题就是如何把现有人力资源配置好和使用好的问题,也就是如何“用人”的问题。那么,要用好人,又涉及到两个问题,一个是怎样把现有员工用好,另一个是如何不断地有效克服人力损耗的各种因素。关于如何把现有人力资源用好的问题,既涉及到组织设计、工作设计和岗位设计的问题,又涉及到对现有劳动力的个人情况和特殊能力的全面把握,以及使用情况和可能去向的把握。总的要求是用其长,避其短,增其能,稳其心,展其才。关于不断有效地克服人力损耗的各种因素问题,实际上就是企业如何改进管理方式,完善管理制度,协调人际关系,创造良好工作环境的问题。管理者尤其要懂得工资高具有吸引力,环境好更具吸引力,现实生活中的许多例子充分说明了这个道理。以下内容还将专门论述这个问题。

(三)对人力损耗的有效处理也是人力资源供给的重要来源

对人力损耗的有效处理主要有以下几种方法:

1.常规管理方法

常规管理方法就是利用常规的管理资料进行人力资源使用情况的分析研究,提出改进管理的措施和内部人力资源调配供应的计划与方案。所谓常规的管理资料,一般主要包括个人资料和管理库存资料。个人资料包括年龄、性别、婚姻状况、健康状况、学历、专业及技术训练记录、工作经历、工作职务、工作范围、职务升迁记录等。管理库存资料主要包括工资及变动情况,测评考核结果,执行纪律记录以及考勤情况、使用范围、潜能、优点及弱点等内容。通过对这些资料的分析研究,提出人力资源调配供给的计划与方案,以便消除因此而带来的人力损耗问题。

2.马尔可夫链模型

“马尔可夫链模型”主要是分析一个人在某一阶段内由一个职位调到另一个职位的可能性,即流动的概率。该模型提出了一个基本假设,即过去内部人事变动的模式和概率与未来趋势大体相同。实际上,这种方法是要分析出组织内部人力资源的流动趋势和概率,如升迁、转职、调配或离职等方面的情况,以便为内部人力资源的调配供给提供依据。

马尔可夫链认为,一般人力损耗的模式是用一条曲线来表示的,即表示了任职时间的长短与离职的关系,这就是"人力损耗曲线",如图 2.2 所示。因此,在人工作的最初一段时间内,人力损耗会比较多一些,并会随着时间的推移出现人力损耗的高峰。但当这一阶段过后,离职率便开始递减,直至员工不会轻易地提出离职请求。在这个总的过程中,之所以会出现离职高峰,主要是由于对新工作岗位还不够适应,对管理方式、工作要求以及人际关系等也不适应造成的。而出现离职率下降的原因,主要还是由于逐步适应了工作要求,直至胜任了工作以后,就不再会轻易地提出调动的要求了。实际上,在这种情况下人力损耗现象就处于正常状态,比如自动离职、退休、解雇等。

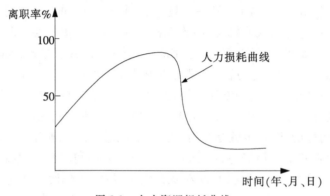

图 2.2　人力资源损耗曲线

马尔可夫链模型常用以下几种人力损耗指标进行分析:

(1)人力损耗指数。人力损耗指数即为离职率,用公式表示为:

$$人力损耗指数 = \frac{在同一年内离职的人数}{在某一年内的平均员工人数} \times 100\%$$

这说明,职工的离职率越高,组织的人力损耗就越大,人力资源的供应就越差。根据这种分析,组织在考虑未来的人力资源供应时,就必须考虑离职率这个实际,保证人力供给有充分余地。一般来说,经济发展比较好,失业率相对低,劳动力短缺时,工作机会就会相应增加,这时的离职率也会提高。

(2)人力稳定指数。这个指数只计算出组织在某一时间内员工任职的人数比例,但没有考虑到人力资源的流动问题。用公式表示为:

$$人力稳定指数 = \frac{现时供职满一年或以上的人数}{一年前任职的总人数} \times 100\%$$

(3)服务期间分析。即分析员工职位、服务时间与离职等情况的相互关系,来预测离职趋势。这种方法主要是要观察并详细记录员工离职的情况,并进行横向或纵向分析。

(4)留任率。留任率如图 2.3 所示,横坐标表示服务时间,纵坐标表示留任比率,这样可以画出留任曲线。留任曲线表示了过去一段时间内,人力资源留任的变化趋势,为未来内部人力资源的供给提供参考依据。若留任率低,说明企业各方面的状况比较差,必然要导致产量下降,效益下滑,人力成本增加。若留任率太高,也说明企业难以形成新陈代谢的机制,对企业未来发展不利。因此,企业组织通过分析留任率的高低,要决策最佳的留任比

率,形成人力资源的有效配置和流动,这样才有利于企业的发展。留任率用公式表示为:

$$留任率 = \frac{一定期间后仍在职的人数}{原在职人数} \times 100\%$$

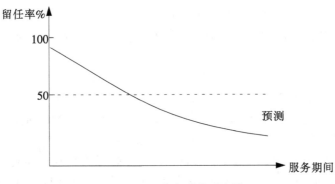

图 2.3　留任曲线示意图

三、人力资源供给预测方法

人力资源供给的预测方法分为外部人力资源供给预测和内部人力资源供给预测两个方面。

(一)外部人力资源供给的预测方法

外部人力资源供给的预测是对具体组织来讲的, 比如对一个企业需求的外部人力资源的供给预测。同时,外部供给预测也是指一个国家或社会组织的人力资源的需求与供给预测。这种预测一般是以国家的统计数字和社会总需求量来进行分析的。国外有专门机构定期对外部劳动力市场的变化等进行分析预测,并对人力资源的供给量作出估算。比如,美国的劳工部劳工统计局、工程人力委员会和卫生与公众服务部公共卫生署,就是专门从事人力资源需求与供给预测的机构。实际上,外部人力资源的供给预测,就是对人力资源的需求与供给进行分析平衡的一种方法,既要努力解决总量平衡问题,即总供给与总需求的平衡问题;又要解决结构性供给与需求的平衡问题,即专业、行业、特殊职业等人力资源供给与需求的平衡问题。比如,我国每年各类大中专院校毕业生的供给与社会对人力资源总需求的平衡问题,这是总量平衡问题;而按专业门类的人力资源供给量与对各类人员的需求的平衡问题,则属于结构性平衡问题。然而,对我国来讲,随着社会经济的不断发展,人力资源的结构性供给与需求之间的矛盾将会长期存在, 这是人力资源供给预测应认真解决的一个问题。正如人们经常议论的,供给的并不一定是社会所需要的,即供非所需的问题。这说明,在人力资源的供给与需求方面,我们既存在着"消化不良"的矛盾,又存在着"吃不饱"的矛盾。

(二)内部人力资源供给的预测方法

内部人力资源的供给预测是组织内部通过对现有人力资源的供给测算和流动情况来进行的。在发达国家的大多数企业里,都建立了人力资源信息管理库,并利用网络模型,分析和预测未来的人力资源供给。这种人力资源信息管理库一般包括人员数据、工作历史数据、培训与发展数据、个人发展资料与数据,以及目前各个岗位所需要的技能、有关人员的数量及年龄、学历、专业等情况。这种信息管理库对人力资源的供给与需求分析大有好处，从而使人力资源的开发与管理更为科学。内部人力资源供给预测的方法目前主要有马尔可夫分析预测法。

马尔可夫分析预测法的基本思路是通过找出过去人事变动的规律性，来分析推测未来的人事变动趋势，从而预测出人力资源的供给数量，以及有关对人力资源供给与需求的平衡。下面我们以一个公司人事变动的例子来加以说明。①

这种分析预测的第一步是先作一个人员变动矩阵表，表中的每一个元素表示从一个时期到另一个时期(如从某年到下一年)在两个工作岗位之间调动的人员数量的历史平均百分比(以小数来表示)。一般以 5~10 年为周期来估计年平均百分比。周期越长，根据过去人员变动的情况所推测的未来人员变动的趋势就会越准确。

如表 2.1(A)所示，在任何一年里，平均 80%的高层领导人仍在本企业任职，而有 20%的人退出。同样，在任何一年里，大约有 65%的会计员留在原工作岗位，有 15%的会计员被提升为高级会计师，有 20%的会计员离职。一般用这些历史数据可以来代表每一种工作岗位中人员变动的概率，并可以预测到未来的人员变动情况(即供给量的情况)。特别是把计划初期每一种工作岗位的人员数量与每一种工作的人员变动概率相乘，然后再纵向相加，即可以得出企业内部未来的人力资源净供给量，如表 2.1(B)所示。根据表 2.1(B)所示，如果下一年与上一年相同，可以预测出下一年将有同样数量的高层领导人(即 40 人)，以及有同样数量的高级会计师(即 120 人)。这说明，高层领导人和高级会计师这两个层次的人员数量可以保持原来的数量，离职的与提升的人员数量相持平。但是，基层领导人将减少18 人，会计员将减少 50 人，说明下一年这两个层次人员的供给量为 68 人。

表 2.1 某公司人力资源供给情况的马尔可夫分析

(A)	人员变动概率				
	G	J	S	Y	离 职
高层领导(G)	0.80				0.20
基层领导(J)	0.10	0.70			0.20
高级会计师(S)		0.05	0.80	0.05	0.10
会计员(Y)			0.15	0.65	0.20

(B)	初期人数	G	J	S	Y	离职数
高层领导(G)	40	32				8
基层领导(J)	60	8	56			16
高级会计师(S)	120		6	96	6	12
会计员(Y)	160			24	104	32
预计各类人员供给量		40	62	120	110	68

①参看余凯成等著《现代人力资源管理》，东北大学出版社 1994 年 8 月版。

第三节 人力资源需求

人力资源需求是与人力资源供给相对应的一个问题，可以说没有需求就不会有供给，从这个意义上看，需求决定供给。本节主要就人力资源需求的概念、需求量的确定、影响人力资源需求的因素，以及有关人力资源需求的预测方法作以重点论述。

一、人力资源需求的概念分析及其确定

（一）对人力资源需求的概念分析

一般说来，一个国家对人力资源的需求包括总量需求和个量需求两个大的方面。所谓总量需求，是指一个国家在某一阶段或时限内对人力资源的需求总量，包括数量、质量和结构等方面的需求量。所谓个量需求，则是指某一组织在某一阶段或时限内对人力资源的需求量，同样包括数量、质量和结构等方面。

英国经济学家马歇尔认为，实际上，对人力资源的需求是一种派生的需求，它取决于对商品和有助于生产的劳务的需求等四个条件。第一，取决于这种劳动力是否是商品生产的必不可少的要素，即企业主不能以资本或其它劳动力来取而代之；第二，取决于对产品需求的弹性程度，弹性大，工资率的提高会使产品的价格上升，销量下降，从而可以减少企业主对劳动力的需求；第三，取决于人工成本构成产品总成本的比重，比重小，对产品价格的影响就小一些，就不会明显地影响到产品的销量和对劳动力的需求；第四，取决于其它生产要素供给的弹性程度，弹性小，工资率的提高则可以用其它生产要素价格的降低来补偿，这样就不会影响对劳动力的需求和产品的销量。马歇尔的分析是很有道理的，特别对生产性企业来讲是有很强的针对性的。但是，就是对企业而言，对人力资源的需求要受多方面因素的影响，马歇尔所分析的只是与生产过程相联系的一些最基本的因素，实际上还有非生产过程的许多因素的影响，如管理状况、企业规模、发展期望、经济实力等方面。

（二）人力资源需求的确定

1.单个企业人力资源需求的确定

对一个具体企业来讲，人力资源需求的确定与整个社会的人力资源需求的确定有所不同，一般应用"边际生产率理论"来进行确定。

边际生产率理论是西方经济学中的一个重要的经济理论。这一理论认为，企业对劳动力的需求不只是由工厂生产产品的需要所决定的，还要根据对增加劳动力所花费的成本和其所能增加的收入进行比较后才能决定。这说明，只要劳动力的边际收入（MRP）大于劳动力的边际成本（MLC），企业就会增加劳动力，因为增加的劳动力所带来的利润大于为其所支付的成本。因此，边际生产率理论的核心是要把某种生产要素的边际收入同它的边际成本作以比较，并且是以追求最大限度的利润为基本前提和出发点的。

从图2.4中可以看出某个企业劳动力需求曲线的变化。DD线表明这个企业在不同的工资水平上愿意雇用劳动力的不同数量。工资水平越低,越愿意多雇用一些劳动力,需求量就越大。比如,工资为 5 元时,企业就愿意雇用 *OQ* 个;而工资水平为 4 元时,则愿意雇用 *OR* 个。边际生产率理论认为,这种变化是沿着既定的需求曲线进行的,曲线本身反映了所需劳动力数量的变化情况。但是,当整个社会经济发展比较好,企业的营业额增加时,这一劳动力需求曲线还会移位,如移至图中的 *D′D′* 线。这一变化说明,工资水平在 5 元时,企业愿意雇用 *OS* 个,*OS* 个大于 *OQ* 个。因此,这种劳动力需求曲线的移位,表明了企业对劳动力需求的增加。那么,仅仅由于工资水平下降所引起的就业增加,只能表明对劳动力数量需求的增加。

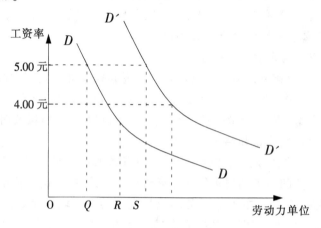

图 2.4　企业劳动力需求曲线

为了加深对这一理论的理解,下面再举例说明边际生产率理论对企业劳动力需求的分析原理。(我们假设这个企业是生产扫帚的,以把为单位。)

表2.2　边际生产率对劳动力需求的影响举例

劳动单位	总产量	边际产量	单价(元)	边际产品价值(元)	总收入(元)	边际产品收入(元)
1	20	20	5	100	100	100
2	50	30	4	120	200	100
3	70	20	3.5	70	245	45
4	85	15	3	45	255	10
5	95	10	2	20	190	−65
6	100	5	1	5	100	−90

根据表 2.2 的分析,反映了总产量和边际产量的递减规律。按照西方经济学家的理论假设,在"垄断竞争"的市场条件下,边际产品只能以较低的价格出卖,只有这样才能与其

它同类企业进行竞争,卖出更多的产品,获取更多的收益。我们假设劳动力的工资是用扫帚支付的,且市场的工资率为16把扫帚。那么,这时只能雇用3个劳动单位,总产量为70把,第三人的边际产量为20把,因而企业主只有4把扫帚的收益(即20-16=4)。若雇用第四个劳动单位,边际产量则为15把,而支付的工资为16把,这时企业主就要亏损一把扫帚的利益。我们若假定工资率为30元的话,这个企业也只能用3个劳动单位,因为第三个劳动单位的边际收入为45元,这时企业主可以得到15元的收益(即45元-30元=15元)。若雇用第四个劳动单位,则要亏本20元(10元-30元=20元)。

当然,边际生产率理论从一个侧面反映了企业对人力资源需求变化的情况。从我国的实际情况看,单个企业的人力资源需求是由多种因素决定的,必须根据企业实际,综合考虑多方面的因素来确定。

2.整个社会人力资源需求的确定

整个社会人力资源需求的确定不同于单个企业,也不是单个企业劳动力需求曲线的简单汇总。所以,可以认为边际生产率理论并不能解释一个国家的人力资源的需求,它只能说明工资水平的高低对不同国家人力资源需求的影响。由于工资水平是由劳动力相对于其它生产要素的稀缺程度所决定的,劳动力的稀缺程度越高,工资水平便会越高(因为劳动力稀缺,这就是"物以稀为贵"的道理),反之则越低。比如,美国的劳动力供给相对于资本和土地等生产要素来说是不足的,因而边际产量较高,所以工资水平也就高。而中国、印度等国的劳动力供给相对充足一些(比其它生产要素而言),所以边际产量较低,工资水平就必然要低一些。这说明,如果一个国家或地区的劳动力资源比较丰富,相对于其它生产要素的供给就更充足一些,边际产量就越低,工资水平同样也越低。那么,到底如何确定一个国家的人力资源的需求呢?

首先,一个国家人力资源需求的确定,与现有使用的人力资源的总的状况有直接关系,现有人力资源的投入状况是确定人力资源需求的基础。从现在已经投入的人力资源的状况来看,既有数量多少的问题,也有质量优劣的问题,还有结构是否合理的问题。因而,根据现有人力资源投入的状况来确定未来的人力资源的需求量,就包括数量、质量、结构、自然损耗等多种因素所要求的需求要素在内的。

其次,还要据一个国家未来发展的需要来确定人力资源的需求。一个社会的发展需求的确定要以国家宏观的经济社会发展规划为依据,人力资源的需求既要满足现实发展中的实际需要,又要有计划的满足未来发展中的每一步需要。从社会意义上看,人力资源的需求确定既有现实需求的要求,又有潜在需求储备的要求,还要有弹性需求的要求。

再次,要把国家对特殊人才的需求作为人力资源需求确定的基本依据之一。所谓特殊人才是指特殊领域的未来发展所需要的人力资源,比如航空航天、宇宙探测、登月、其它星球探索等领域。因而,特殊人才的储备也是人力资源需求的一个重要方面。

最后,一个国家人力资源需求的确定,还要充分考虑与人力资源供给的平衡,这是把需求确定放在现实可能性基础上的一个前提。一个国家或一个社会的人力资源供给是有其特殊性和规律性的,不考虑自身实际的需求是不现实的需求,必然会导致需求搁浅无法实现。所以,要通过分析预测人力资源供给的未来变化,决策和制定人力资源未来的需求计划,基本保持供需的平衡。

二、影响人力资源需求的主要因素

从整个社会角度看,尽管影响人力资源需求的因素是多种多样的,但仔细分析一下,主要有以下几个方面。

(一)经济发展水平对人力资源需求的影响

社会经济发展的历史表明,在经济发展的早期阶段,国家一般会偏重于第一产业的发展。同时,由于第一产业在早期发展中属于劳动密集型产业,因而可以吸纳大量的非熟练劳动力就业。而在工业化的过程中,随着社会的发展和机械化程度的提高,第一产业对劳动力的需求会逐渐减少,从而使多余劳动力逐渐转向第二产业。我国农业的发展和乡镇企业的出现与蓬勃发展,正好说明了这一论断的正确性。由于工业生产需要大量技术,从而使第一产业向第二产业的转移也改变了对劳动力需求的构成,即不再是需要非熟练的没有技术的劳动力。然而,随着国民经济的进一步发展,进而又促进了第三产业的发展,人力资源也随之向第三产业转移,这样又使得对劳动力的需求构成发生了再一次重大变化,使知识人的就业机会进一步增加,妇女等劳动力的就业机会也有了明显的变化。因此,在未来的经济发展中,其对人力资源需求的多方面影响将会进一步增强。

(二)产业结构对人力资源需求的影响

产业结构对人力资源需求的影响是巨大的、多方面的。首先,产业结构的状况要影响到人力资源需求的结构状况和比例,人力资源需求的结构本身就是由产业结构、行业特点、地区特点等方面的因素决定的。其次,产业结构以及行业构成的变化要影响人力资源需求的变化,因为这种变化是人力资源需求变化的依据。第三,产业结构的变化还会引起行业之间工作技能的转移,从而影响人力资源需求结构也发生许多变化。比如,食品行业技术水平的提高,必然会使其它行业(如计算机管理、自动控制、机械化等)的技能向食品行业转移,进而引起人力资源需求结构也发生了明显变化。第四,产业和行业结构的变化还会引起现有职工队伍结构的变化,从而再影响到未来人力资源需求的变化。比如,据有关统计分析表明,食品行业就业人数占全社会就业人数的 2.8%,机器制造业占到 2.4%;而食品业中专业人员只占 2.6%,工人占到 47.1%;机器制造业中专业技术人员要占 9.4%,工人只占 35%,可以看出两个行业的人力资源构成有明显不同。

(三)技术水平对人力资源需求的影响

在众多的影响因素中,技术水平对人力资源需求的影响看来是非常大的,既有正向的影响,也有反向的影响。比如,有了新技术,一方面会生产出新产品,从而扩大对劳动力的需求;另一方面,由于新技术使生产效率大大提高,从而又可以减少对人力的投入。实际上,技术水平或者说技术因素对人力资源需求的影响并不局限在这一点,上面提到的经济发展水平和产业结构的变化等因素也是技术发展所引起的变化,也是技术水平对人力资源需求的多种影响的体现。

(四)国家对人力资源需求的发展规划也是重要的影响因素

一般说来,国家对人力资源的发展规划总是与人力资源的现实与潜在需求的状况结合在一起的,因而一旦规划实施,就会影响到人力资源需求的变化。比如,政府决策规划中所要优先发展的行业和领域、重要技术开发与推广等,就会对人力资源需求产生直接或间接的影响。而国家人力资源发展规划的调整、修改与变化,也会带来新的影响和变化。

当然,除了以上分析的影响因素外,还有经济波动、人口增长与年龄构成以及新思想、新观念等也会对人力资源的需求产生影响。

三、人力资源需求的预测方法

人力资源需求的预测是一项难度较大的工作,涉及到许多相关因素的分析与综合,既有定性分析预测方法,也有定量分析预测方法。这里主要介绍几种常用的简单方法。

(一)主观判断预测法

这是一种通过意见征询来进行综合分析预测的方法。一般需要首先走访有关部门来了解人力资源利用的现状和需求情况,了解征询者应事先对调查内容有所考虑,最好设计出调查提纲,以便有目的有计划的进行,并达到调查征询和分析预测的目的。然后,要根据调查获取的各种数据、素材以及统计分析结果,根据以往的经验进行主观判断,预测出人力资源的需求量。这种方法比较适合对近期人力资源需求的预测分析,而且简便、快速、易行,能够比较有效地达到预测目的。

(二)德尔菲法

德尔菲法也称专家判断法,是美国兰德公司在40年代末创立的,最初是专门用于技术预测的,后来应用于许多领域的预测。这种方法主要依赖于专家的知识、经验和分析判断能力,对人力资源的未来需求作出预测。

这种方法的步骤主要有:

第一,选择20~30名专家,向他们提供预测的背景材料,以及设计好的调查问题与表格。

第二,请各位专家分析背景材料和问题,填写调查表。

第三,对专家意见进行统计分析和处理,得出第一轮结果,一般用统计平均法或加权平均法进行处理。

第四,把第一轮结果制成第二轮调查表,并划分为若干档次,请各位专家评价和选择。

第五,对第二轮评价结果进行处理,一般用总分值或等级和来统计处理,总分值越高、等级和越低即为最佳方案。

第六,再把第二轮结果统计处理为第三轮调查方案与表格,请各位专家再来进行评价和选择,然后再进行统计处理,便可得到比较满意的方案和结果。如果有必要的话,还可进行第四轮、第五轮评价、选择以及统计处理。

采用这种方法应注意以下问题:一是专家相互之间不能见面,各自单独进行;二是要给专家提供充分的信息和背景材料,以便使专家能够作出准确的判断;三是允许专家主观估计数字,但要让他们说明估计的依据;四是提出调查的问题要明确,且确有必要,不应问哪些关系不大的问题,以免分散注意力。

(三)数学预测方法

数学预测方法主要是通过对过去的变化趋势来预测未来变化趋势的一种方法,需要掌握大量的相关因素及数据资料才能进行。比如,通过对一个企业几年来的离职率的平均

统计,就可以预测未来的人员需求量。常用的数学方法主要有以下几种:

1.时间序列分析法

运用这种方法的前提是要收集到过去一段时间内的历史数据,然后利用这种数据制做变化趋势图,以此来分析其未来变化的趋势。然后,再对变化的趋势曲线进行分析,并采用数学方法来修正,这样便可以得到未来的变化趋势曲线,这就是对未来变化的预测。这种方法用于人力资源需求预测时同样如此。它的局限性是没有考虑到未来的重大变化的影响,即重大变化对未来趋势曲线的直接影响。也就是说,这种曲线只把未来的状况与现在形成的曲线相对静态地进行了对比与分析,所以对未来变化的适应性就减弱了。

2.回归分析法

运用回归分析法,首先要找出组织中哪一种因素与人力资源量(包括数量、质量和结构)的关系最大。然后,再分析这一因素随人员多少的变化趋势,由此推测出未来的变化趋势与需求量。运用这种方法一般分为三个步骤:

第一步:确定与使用人数有关的合适的组织因素。一般来讲,组织因素必须满足两个基本条件:一是确定的组织因素应与其基本特性直接相关,以便利于根据这一因素制定组织计划;二是所选因素的变化必须与所需人员数量的变化成比例。因而,这一步所选择的组织因素必须准确,符合实际,否则难以进行预测。比如,生产性企业的年产量,商业企业的销售收入,医院的住院病人数量和门诊病人数量等,都是比较合适的组织因素。但如劳动力数量与产量不成比例,或没有规律性的行业,若要选择合适的组织因素就比较困难一些。

第二步:找出历史上组织因素与劳动力数量变化之间的关系,计算出每人每年的劳动生产率(即劳动的年人均量)。比如,根据一个企业前几年劳动生产率与劳动力数量之间的关系和变化,就可以分析认识两者之间相关的一些规律性,把握劳动力数量与劳动生产率的相关性和规律性。实际上,这一步的主要工作是要把这一期间每年的劳动产量与劳动力数量的有关数据掌握清楚,有了这些数据就可以计算出年人均量和年平均劳动生产率的变化趋势,以便预测下一年或以后几年的变化趋势和人力资源需求的变化趋势。

第三步:分析与修正过去的变化趋势,预测以后的人力资源需求量。这一步要求在分析认识过去的数据及过去的劳动生产率变化的原因时应特别仔细,要做到准确、实际、恰当,充分把握这些因素对以后发展的影响程度,并依据这种影响程度的大小对过去的变化趋势作出修正。因此,只要我们对这些因素的影响与变化特点搞清楚了,对以后的预测就相对容易了。特别对生产经营性企业而言,可以根据产量、产值、劳动生产率、净收入等与劳动力数量的相互关系,预测出未来的人力资源需求情况。

另外,数学方法中还有数学模型预测方法,如回归模型、经济模型等,这里不再一一列举了。

本章思考题

1. 有关人力资源量的概念和内涵你都搞清楚了吗？
2. 为什么说对企业内部人力损耗的有效处理是人力资源供给的重要来源？
3. 什么是"补充劳动者原理"？什么是"失望劳动者原理"？
4. 什么是"替代效应"？什么是"收入效应"？
5. 如何确定企业的人力资源需求？
6. 怎样理解影响人力资源需求的各种因素？

　案例分析

案例：赛马不相马——海尔的人力资源开发

　　1995年某月，海尔人力资源开发中心丁主任的办公桌上放着职工汪华为的辞职申请书，他是刚进集团工作不久的大学生。在集团下属的电冰箱厂工作时，他表现突出，提出了一些有创造性的工作意见，被评为"揭榜明星"。领导看到了他的发展潜力，于是集团将其提升为电冰箱总厂财务处干部。这既是对其已有成绩的肯定，也为其进一步磨炼提供了一个更广阔的舞台。汪华为作为年轻的大学生，在海尔集团有着良好的发展前途，缘何要中途辞职？丁主任大惑不解。

　　经了解，汪华为接受了另一家用人单位的月工资高出上千元的承诺，他正准备跳槽。仅仅是因为更高的物质待遇吗？事实看来，并非如此简单。虽然汪华为在海尔的努力工作得到了及时肯定，上级赋予他更大的权力和责任，但他仍认为一流大学的文凭应是一张王牌和优势之上的通行证，理所当然，他可以进厂就担当要职，驾驭别人而非别人驾驭他。而海尔提出的"赛马不相马"的用人机制更注重实际能力和工作努力后的市场效果，人人都有平等竞争的机会，"能者上，庸者下"；岗位轮流制更是让人觉得企业中的"仕途漫漫"。作为刚步入社会的大学生，汪华为颇有些心理不平衡。另外，海尔有着严格的内部管理，员工不准在厂内或上班时间吸烟，违反者重罚；员工不准在上班时间看报纸，包括《海尔报》；匆忙之间去接电话，忘了将椅子推回原位，也要受到批评，因为公司有一条"离开时桌椅归回原位"的规定；《海尔报》开辟了"工作研究"专栏，工作稍一疏忽就可能在上面亮相；每月一次的干部例会，当众批评或表扬，没有业绩也没有犯错误的平庸之辈也归入批评之列；海

豚式升迁,能上能下的用人机制更让人感到一种无处不在的压力。当另一家用人单位口头承诺重用他时,他便递上了辞职申请书。

刚上任的丁主任认为这件事情非常重大,因为任何事情都能以小见大。不能"一叶障目",而忽略了海尔人力资源开发中或许比较重大的隐患的解决,或者这也是一个更好的完善现有的人力开发思路的一个契机。丁主任望着办公大楼的外面,今年新招进的一批大学生正在参加上岗前的军训,与草地浑然一色的橄榄绿让人真正感受到这些年轻人的活力和朝气。究竟一个企业应如何为刚走出校门的大学生提供一个施展才华的空间?企业如何才能争得来人才、留住人才,并保持合理的人员流动性?丁主任很想找汪华为谈谈,或者和这群刚入集团的大学生聊聊,充分了解他们的想法,或许沟通的不足是问题的症结所在。这时,丁主任反反复复地思索着海尔人力开发的各项政策和思路。

一、海尔的用人理念

企业管理一般主要管四样东西:管人、管财、管物、管信息。后三者又都要由人去管理和操作,人是行为的主体,可以说,人的管理是企业管理的核心。因此,现代的企业总是把人力资源开发放在相当重要的位置,每个企业都有自己的一套用人理念,海尔当然也不例外。

古人曰:"用人不疑,疑人不用",韩愈曰:"世有伯乐,然后有千里马"。而作为中国家电行业排头兵的海尔集团在市场经济形势下,却明确提出:所谓"用人不疑,疑人不用"是对市场经济的反动,主张"人人是人才,赛马不相马",即为海尔人提供公平竞争的机会和环境,尽量避免"伯乐"相马过程中的主观局限性和片面性。

海尔总裁张瑞敏就干部必须接受监督制约时指出:所谓"用人不疑,疑人不用"在市场经济条件下是一种反动理论,是导致干部放纵自己的理论温床。《海尔报》上也曾撰写专文讨论此问题。该文指出,通过赛马赛出了人才就用,但用了的人不等于不需要监督。封建社会靠道德力量约束人,如忠义、士为知己者死,市场经济则靠法制力量,目前法规还不健全,需要强化监督。市场是变的,人也会变。必要的监督、制约制度对于干部来说,是一种真正的关心和爱护,因为道德的力量是软弱的,不能把干部的健康成长完全放在他个人的修炼上。"无法不可以治国,有章才可成方圆",在市场经济条件下,权力在失去监督的情况下,就意味着腐败。所谓的道德约束,自身修养、素质往往在利益面前低头三尺。"将能君不御",但权力的下放并不等于监督制约的放弃。越是有成材苗头的干部,越是贡献突出的干部,越是委以重任的干部,越要加强监督。总之,只要他们手中有权、有钱,就必须建立监督制约机制。

海尔集团总裁张瑞敏认为,企业领导者的主要任务不是去发现人才,而是去建立一个可以出人才的机制,并维持这个机制健康持久的运行。这种人才机制应该给每个人相同的竞争机会,把静态变为动态,把相马变为赛马,充分挖掘每个人的潜质,并且每个层次的人才都应接受监督,压力与动力并存,方能适应市场的需要。

在以上人力思路的指导下,海尔建立了系列的赛马规则,包括三工并存、动态转换制度,在位监督控制,届满轮流制度,海豚式升迁制度,竞争上岗制度和较完善的激励机制等。

二、张瑞敏的领导风格

张瑞敏,一个和新中国同龄的山东莱州人,1984年接管青岛电冰箱厂,引进了德国利勃海尔公司的冰箱技术,幸运地搭上了当时轻工部定点电冰箱厂的末班车。近20年的发展,今天的海尔集团已成为中国民族企业的优秀代表,张瑞敏也获得了许多殊荣。1985年,为了提高工人的质量意识,张瑞敏带领工人亲手砸毁了76台质量不合格的冰箱;1989年,张瑞敏逆市场而行,在同行业都降价的情况下,宣布产品涨价10%,这些在家电市场上传为佳话。张瑞敏给许多采访记者的印象是,他有着丰富的哲学思维,很有在谈笑间让对手魂飞烟灭的现代儒商风范。关于人力资源开发方面,张瑞敏曾说:"给你比赛的场地,帮你明确比赛的目标,比赛的规则公开化,谁能跑在前面,就看你自己的了。""兵随将转,无不可用之人。作为企业领导,你的任务不是去发现人才,而是建立一个出人才的机制,给每个人相同的竞争机会。作为企业领导,你可以不知道下属的短处,但不能不知道他的长处。""每个人可以参加预赛、半决赛、决赛,但进入新的领域时必须重新参加该领域的预赛。

三、海尔的系列赛马规则

1.在位监控

在位监控,海尔集团提出两个内容:一是干部主观上要能够自我控制,自我约束,有自律意识;二是作为集团要建立控制体系,控制工作方向、工作目标,避免犯方向性错误;控制财务,避免违法违纪。

海尔集团建立了较为严格的监督控制机制,任何在职人员都接受三种监督,即自检(自我约束和监督)、互检(所在团队或班组内互相约束和监督)、专检(业绩考核部门的监督)。干部的考核指标分为五项:一是自清管理,二是创新意识及发现、解决问题的能力,三是市场的美誉度,四是个人的财务控制能力,五是所负责企业的经营状况。这五项指标赋予不同的权重,最后得出评价分数,分为三个等级。每月考评,工作没有失误但也没有起色的干部也归入批评之列,这使在职的干部随时都有压力。《海尔报》上引用过一句名言"没有危机感,其实就有了危机;有了危机感,才能没有危机;在危机感中生存,反而避免了危机。"

戈风钰担任海尔运输公司的总经理,1997年初运输公司一直成为员工抱怨和投诉的对象。1997年1月8号《海尔报》登出文章:"对员工说不的运输公司赶紧刹车";4月2日"工作研究"栏目里又是批评运输公司的文章,"运输公司:切莫再吃这等家常便饭";5月14日点名批评总经理:"戈风钰:真不好意思再说你"。这种严格的监控制度使运输公司不得不重新调整工作,包括设立职工意见箱、投诉电话和便民服务车。

在这种严格的监控机制下,海尔的员工无时不感受到一种巨大的压力,许多刚踏入社会的大学生可能受不了这种约束。

2.届满轮流

海尔集团的另一特色性的人力开发思路就是届满轮流。集团的经营在逐步跨领域发展,从白色家电涉足黑色家电,产品系列越来越大,但是海尔集团内部的发展并不平衡,企业与企业之间不仅有差距,有的差距还很大,而且集团整体高速的发展并不等于每个局部都是健康的发展。那些不发展的企业的干部没有目标,看不到自己的现状与竞争对手之间的差距,头脑跟不上市场的变化,于是就原地踏步。市场原则是不进则退。随着集团的逐步壮大,越来越需要一批具有长远眼光,能把握全局,对多个领域了如指掌的优秀人才。针对这种情况,海尔集团提出"届满要轮流"人员管理思路,即在一定的岗位上任期届满后,由集团根据总体目标并结合个人发展需要,调到其他岗位上任职。届满轮流培养了一批多面手,但同时也被许多年轻人认为是"青云直上"的一种客观障碍。

3.三工转换

海尔集团实行"三工并存、动态转换"制度。三工,即在全员合同制基础上把员工的身份分为优秀员工、合格员工、试用员工(临时工)三种,根据工作态度和效果,三种身份之间可以进行动态转化。"今天工作不努力,明天努力找工作"。三工动态转换与物质待遇挂钩,在这种用工制度下,工作努力的员工,可及时地被转换为合格员工或优秀员工,同时也意味着有的员工只要一天工作不努力,就可能有十天、百天甚至更长时间来弥补过失,就会由优秀员工被转换为合格员工或试用员工,甚至丢掉岗位。另外,海尔生产车间里通常有一个S形的大脚印,每天下班时,班组长工作总结,当天表现不好的职工都要当着大家的面站在S形的大脚印上,直到下班。

另外,海尔内部采用竞争上岗制度,空缺的职务都在公告栏统一贴出来,任何员工都可以参加应聘。海尔建立了一套较为完善的激励机制,包括责任激励、目标激励、荣誉激励、物质激励等,这对于处处感到压力的海尔员工来说,无疑是一种心理调节器。

海尔的用人机制可以概括为"人人是人才,赛马不相马"。海尔管理层的最大特色是年轻,平均年龄仅26岁,其中海尔冰箱公司和空调公司的总经理都才31岁,松下电器公司到海尔参观时,曾戏称此为"毛头小子战略"。《经济日报》、《中国商报》等许多报纸对海尔的人力资源开发思路作了报道。丁主任的办公桌上正放着公司编辑的长篇文章:"赛马不相马及海豚式升迁",全面介绍海尔集团的人力资源管理。

"正步走!"场上教官的声音打断了丁主任的思路。望着那群斗志昂扬,对明天满怀憧憬的年轻人,丁主任禁不住又拿起了那份让人感觉沉甸甸的辞职申请。虽然汪华为可能是一时受了蝇头小利的诱惑,但丁主任深知,这件事非同小可,许多问题摆在了丁主任的面前:是否海尔的管理过严?怎样培养职工尤其是刚进入社会的大学生的"市场无情"意识?如何完善现有的人才机制,特别是激励机制?如何在放权与监控机制之间找到一个最佳的结合点?如何使各层次的人才责、权、利有机地相结合?

分析讨论题

1.有人认为海尔的管理制度太严、管理方法太硬,很难留住高学历和名牌大学的人才,你的看法呢?

2.对于传统的"用人不疑,疑人不用"、"世有伯乐,然后才有千里马"的用人观念,你怎样看待?如何全面评价海尔的人力资源开发思路?

3.一位美国企业家曾说:"你要想搞垮一个企业很容易,只要往那里派一个具有40年管理经验的主管就行了。"如何解决好海尔管理层的年轻化问题?

4.分析"届满轮流"制度主要是为了培养人,还是防止小圈子,或防止惰性?

5.从人力资源部丁主任的角度如何处理这件事情?如何为刚进入社会的大学生提供充分发展的空间,并帮助他们实现从学校到社会的心理转化和角色转化?

6.如何看待《海尔报》上对干部直点其名的严厉批评?

第三章

人力资源配置

人力资源配置是人力资源管理的重要问题。一般来说,人力资源配置比较科学合理,并能形成良好的机制,就有利于均衡人力资源的供给与需求,有利于发挥劳动者的积极性和创造性,提高工作效率和组织效率。本章主要就人力资源配置的基本问题、就业与失业问题、人力资源流动问题等作一些分析与论述。

第一节　人力资源配置的几个基本问题

一、人力资源配置的基本形式

人力资源配置就是根据经济社会发展的客观要求,通过一定的形式和机制科学合理地调配人力资源的管理行为,从而使人力资源与其它资源合理有效地结合,产生最佳的工作结果。从现实生活中的配置形式来看,人力资源的配置主要有宏观配置和微观配置两种形式。

(一)宏观配置

所谓人力资源的宏观配置,是指一个国家对其范围内人力资源的配置。宏观配置的基本依据主要有以下几个方面:

一是要把各个产业、行业、部门、地区等对人力资源的需求情况作为人力资源进行配置的基本依据,这是最重要的一条。有了这一条,才能作到心中有数。

二是要把国家对经济社会发展的总体规划作为人力资源宏观配置的重要依据,特别是总体规划中对人力资源未来需求的发展规划,这是动态配置人力资源的宏观基础。

三是要把人力资源供给的能力和未来变化作为宏观配置的基础和依据,从而使人力资源配置形成良性的配置机制,不至于出现配置失调与其它突出问题。

四是要把包括自然资源在内的其它资源的分布情况作为人力资源配置的重要依据,

这是因为人力资源总是要与其它资源形成合理有效地配置所要求的，否则就失去了配置人力资源的意义。

五是要把国家的重要发展领域、地区和行业作为人力资源配置的重要依据，以便使人力资源能有效地被配置到这些领域、地区和行业。另外，还应注意从宏观上调节人力资源的地区差异和布局，促进落后地区的经济与社会发展。

(二)微观配置

所谓人力资源的微观配置，是指一个具体的组织系统内部对人力资源的科学合理的配置。当然，微观配置涉及到许多问题，诸如组织的机构设置、管理层次、管理幅度、工作设计、岗位设计、运行机制、管理方式、人员素质要求等许多方面。因此，微观的人力资源配置实际上就是合理用人的问题，发挥出组织内部人力资源的总能量，以提高工作效率和组织效率。

二、人力资源的配置机制

人力资源的配置机制主要有两种，即计划配置机制和市场配置机制。根据西方国家和国外其它国家提供的实践经验来看，特别是我国改革开放以来的实践来看，在社会主义市场经济条件下，对人力资源的两种配置方式缺一不可，只有形成两种方式有效配合的配置机制，才能对人力资源的配置起到有效地调节作用，促进经济与社会的协调发展。

(一)计划配置与国家宏观政策的调节

计划配置在人力资源配置中起着重要作用，而且还会随着计划配置的程度与范围使其作用发生相应的变化。所谓计划配置，简单地说就是指国家有计划地分配和使用全国的人力资源。因而，计划配置能否有效地发挥作用，确实有一个程度和范围的问题，而配置的程度与范围又与社会历史条件有关。在计划经济体制下，我国的全部人力资源都是由计划配置的，计划配置成为唯一的基本的配置方式。企事业单位的人员定额、工资总量与水平、工资提升计划与比例等都是通过国家计划来控制的。然而，在社会主义市场经济体制条件下，尽管对过去那种计划体制进行了全面改革，但计划配置对人力资源调节的作用仍不可缺少。比如，特殊行业、国家重点发展领域、高新技术、军事等方面以及有关地区都需要通过计划配置来满足其对人力资源的需求。或者说，对于市场配置难以调节到的地方，计划配置有其独到的作用。因此，对人力资源配置方式的选择必然与现行的经济体制有直接关系。在计划经济条件下，必然实行计划配置方式；在社会主义市场经济条件下，也必然会实行市场配置方式，并利用计划配置来辅助调节。但是，这种计划配置与在计划经济条件下的计划配置方式已有很大的不同，主要是通过国家法规和有关政策来进行调节的，如产业政策、行业政策、地区政策以及特殊调节的有关政策，等等。尽管如此，计划配置的程度和范围与市场配置相比已处于次要的地位，只是一种辅助方式而已。

(二)市场配置与劳动力市场建设

市场配置也是人力资源配置的重要方式。所谓市场配置，就是指人力资源是通过市场这个中介来进行分配和调节的，而不是通过计划配置方式来进行调节。再通俗一点讲，劳动力就业与流动是通过市场调节来进行与实现的。因此，市场配置对人力资源的调节作用是以单位和劳动者个人的双向选择为条件的，即单位有权选择合适的人选，劳动者个人也有权选择理想的单位和工作。这种相互选择是依据国家法律规定来进行的,并以劳动合同的形式确定双方的劳动关系,以及有关的权利与责任。实践证明,在市场经济条件下,当市场对人力资源的需求量大于供给量时,劳动者个人对工作岗位的选择余地就比较大,工资水平也相对高一些,反之则相反。同样,若在供求关系平衡的情况下,高工资的单位求职者就多一些,单位选择劳动者的余地也就大一些,可以聘用到高素质的劳动者,反之也是同样的道理。可以看出,市场配置是要把人力资源配置到最需要、最有效益、最能发挥劳动者作用的地方去,无论是对劳动单位还是对劳动者个人都有好处,特别是能够最大限度地发挥劳动者的积极性和创造性。

由于市场经济体制客观上要求要有劳动力市场的存在,所谓的市场配置就是通过劳动力市场的调节而实现的。大家知道,市场经济体制的运行有其基本的特征,这就是经济活动的市场化,企业行为的自主化,宏观调控的间接化,以及经营管理的法制化。这些基本特征表明,市场经济条件下,全部生产要素都是通过市场来流动和配置的,这样可以实现资源的优化配置,获得最佳的经济与社会效益。那么,人力资源作为资源的重要形式,它也具有通过市场来配置的特性,是完全可以进行市场配置的。正鉴于此,市场经济就需要大力发展劳动力市场,不断完善运行机制,实现对人力资源的优化配置。

这里我们还要明确这样一个问题,在我国社会主义初级阶段的历史条件下,特别是在社会主义市场经济条件下,除了生产资料的国家所有这个主体形式之外,一部分生产资料的个人所有、私人所有仍不可避免,公有制为主体的多种经济成份将长期存在。因此,劳动者仍然是劳动力的所有者,劳动力要与生产资料相结合,仍然需要通过劳动力市场来进行有效地配置。从这个意义上看,劳动力市场是劳动力的所有者为让渡自己的劳动力使用权,从而与生产资料所有者的法人代表为取得劳动力的使用权而建立各种劳动契约关系的交易场所。这种场所保证了劳动者与用人单位双方各自的自主权,与其它所有被配置的资源一样,受供求规律、价值规律和竞争规律的制约,调节着劳动力配置的流向和劳动价值。那么,从人力资源的供求规律来看,它是最基本的起基础作用的一个规律,价值规律和竞争规律都受其制约。当人力资源的供求关系出现供大于求时,竞争便主要局限于劳动者之间的竞争,用人单位之间的竞争处于次要地位,因为用人单位有更多地选择余地;同样,劳动力的价值(只指工作报酬)也相对低一些。然而,当人力资源的供求关系出现求大于供时,竞争便主要体现在用人单位之间,劳动者(劳动力的所有者)之间的竞争则处于次要地位,因为劳动者可以有更多地选择余地;在这种情况下,劳动力的价值也就相对高一些。因此,这种供求规律、价值规律和竞争规律表明,人力资源特别是高素质的人力资源,总是会被配置到最能发挥作用、最有效益的地方去,实现与生产资料等资源的优化配置。

第二节 就业与失业分析

就业与失业问题是人力资源配置的重要问题之一。若供求基本平衡时,就业就比较合理一些,社会压力就比较小,人力资源的配置也会趋于合理;若供求不平衡时,要么导致失业加剧,要么导致就业不足。所以,无论是就业问题,还是失业问题,都是人力资源配置方面表现出来的突出问题。

一、就业分析

(一)就业的基本概念与形式

关于就业的基本概念,国内外有不同的理解和看法。在美国,就业是指劳动者在一周内干一个小时以上的有报酬的工作,或在一周内干 15 个小时以上的无报酬的工作。那么,按照这种说法,凡是在一周内从事任何 1 小时以上有报酬工作的,或者已有工作,但由于某些原因而暂时停止工作的,比如由于气候原因、劳资争议、个人其它考虑等原因而暂时停止工作的,都算就业。美国之所以还把在一周之内从事 15 个小时以上无报酬工作的人算作就业,就是因为这些人虽然从事无报酬的工作,但这种工作对社会是有贡献的,所以也算为就业。比如有些老人、妇女义务为社会或他人所做的一些工作。

在我国,就业的概念比改革开放以前有了非常大的变化。所谓就业,一般是指有相对稳定的工作和收入,并以此来维持生计和个体发展的职业。在我国改革开放不断深入的今天,人们对就业概念的界定已有了质的飞跃。过去人们把就业只认定为正式参加工作,有正式的工作单位,有稳定的工资来源,否则都不能算就业。现在人们却认为,无论是全民所有制单位,还是集体所有制单位,或是个体、私人开办的企业,也不管是固定工、临时工、季节工、小时工等,都可以算作就业。因此,从就业的形式看已经多样化了,特别还出现了第二职业这种形式,甚至多头兼职的状况也不少见。

(二)求职与就业渠道

一般说来,求职者可以通过两种渠道来获取有关就业的信息。一是正式信息网络,如政府的安置部门(我国的劳动人事部门)和职业介绍机构,私人开办的职业介绍所,高等院校的分配与就业指导机构,企事业单位的有关职能管理部门,以及官方举办的各种人才市场和各种媒体的招聘广告等。二是非正式的信息网络,如朋友、亲戚介绍或提供有关信息,其它偶然机会所获得的信息,还有自己找用人单位自荐或打听情况而获得的有关用人信息,等等。对我国来说,尽管就业渠道和形式已有很大的变化,特别是就业门路越来越宽,但是人们仍然十分关注正式就业渠道的地位,热衷于正式职业和工作的寻找。值得注意的还有这种情况,在我国的求职者中除了绝大多数原来没有工作的之外,也有一部分求职者已有了工作或正在工作(即已经就业),但却也在寻找着新的合适的工作,尤其是青年在业者比较突出一些。

然而,在美国人们的就业信息渠道主要是通过自己自由求职而找到的,而且主要是靠非正式的信息网络获得有关信息的。根据有关研究表明,美国70%的人是通过这种渠道而找到工作的。当然,这与美国人的价值观、人生观、个性以及他们对生活的态度有直接关系,他们崇尚个性自由,突出个人的作用,同时也与民族特点有关。总之,就业渠道的宽窄,择业自由的程度,本质上反映的是一个民族、一个国家、一个社会的经济发展水平以及社会文明的程度。只有经济与社会的高度发展,才能为就业渠道的拓展提供前提条件。

(三)就业问题分析

有关就业的问题而言,主要有两个方面,一是就业有无保障的问题,二是就业能否满足人们的个性需求和长远发展的问题。

拿第一个问题来说,就业有无保障的问题已成为一个重要的社会问题,这对我们国家来说显得更为突出。实践证明,当待业者的数量超过正常限度的时候,必然会给就业形成很大压力,引发许多社会问题,甚至危及社会的稳定。分析这一问题形成的原因无疑是多方面的,但最重要的有两点:第一,国家难以甚至不可能连续保持人力资源总需求与总供给的平衡与适应。这个问题既是个理论问题,也是个实践问题,而且主要是个实践问题。为什么呢? 就是因为人力资源的生成过程是动态运动的一个过程,既有它生成的客观规律性,也有其它各种主客观因素的影响,因而只能做到基本相适应或者基本平衡。第二,在某一特定的历史时期内,对人力资源的结构性需求与结构性供给进行有效地协调存在很大的难度。因而,在这一时期内即使人力资源的总需求大于总供给,往往也会出现人力资源的剩余现象,即也会有待业者,甚至大量的失业者。当然,就业有无保障的问题,最根本的还是依赖于社会经济的发展程度,不断地拓展就业门路,从而能够吸纳更多的人力资源(即更多的劳动者就业)。

第二个问题即就业能否满足劳动者的个性需求和长远发展的问题,这是比第一个问题更难解决的一个问题,涉及到就业的质量。按照人力资源管理的宗旨,就是要把每个劳动者的独特的劳动能力(知识和技能)配置到最能发挥其作用,有利于展现其才能,发掘其潜力的工作中去,否则,谈不上什么人力资源的管理与开发。但是,要使每个劳动者都能达到这一点,满足其个性需求与长远发展是难以完全做到的事情,只能是比较而言。这是因为,从全社会角度都要做到这一点,有许多难以把握的不确定因素,如对每个人的个性特点和劳动能力的把握,对所有工种、层次、岗位要求的把握等,何况人自身是在不断发展变化的,其知识、才能、工作能力、兴趣爱好、人生志向等也会不断地发生新变化。因此,即使对人的个性需求认识把握得比较好,对人的使用做得比较合理的社会,恐怕这方面的问题多少也会存在和出现的。从我国对劳动力资源的利用情况看,这方面的问题仍然比较突出。对大多数就业者而言,能有一份称心的工作干就可以了,还谈不上对个性需求与长远发展的考虑。特别是就业压力仍然是我国社会的一大问题,如何不断地吸纳闲置的、待业的劳动力资源还是第一位的问题。当然,我国对高层次人力资源的利用以及潜力的发挥还是比较重视的,在某种程度上已经发挥了重要作用。

关于就业问题特别是就业有无保障的问题,有的学者曾提出了独到的见解。认为对一个社会而言,在竞争性经济中,没有保障是效率的基础,或者说也是社会运行和发展的基础。但是,没有保障是有条件有限度的,同任何事物一样,超过它能够承受的限度就必然会走向它的反面。

二、失业分析

（一）失业率与失业分布

1.失业与失业率

通俗地说,失业就是指有劳动能力的人找不到工作或失去了原有的工作,这是世界性的一个问题。失业不仅会给失业者家庭生活和心理状态产生极大的不良影响,而且会使其失去很多收入,造成经济困难,甚至还会损害失业者的自信心和自尊心,从而改变他们的生活习惯与方式,或失去生活的希望。特别是当失业率达到一定程度时,还会造成社会的动荡,带来许多社会问题,给社会发展造成一定后果。因此,失业率的高低及其效应就成为研究的一个重要问题。

所谓失业率,就是指失业的人数与社会劳动力总量的比例,用公式表示为:

$$失业率 = \frac{失业人数}{劳动力数量} \times 100\%$$

现在,人们已经把失业率广泛地用于衡量劳动力市场状况的一个非常重要的指标,国际间也把失业率作为衡量一个社会的经济发展状况和社会发展状况的重要指标。根据美国的研究统计,当失业率为3%至4%时,大多数失业者都能很快找到合适的工作;而当失业率大于7%时,需要用人的部门则能很快地找到满意的劳动者(即工作人员或雇员)。美国社会失业率最高时达到25%,最低时为1%,如30年代经济萧条时期。但是,一般来说失业率高于10%时,就会引发一系列突出的社会问题。

2.失业分布

失业分布是有许多特点的,一般表现为年龄分布、性别分布、行业与职业分布等方面。从年龄分布看,一般青少年失业率高于中老年,其原因是由于青年人游离性强,职业生涯处于发育阶段,有的尚未定型,还有比较强烈的选择愿望和选择余地。而中老年人则不同,他们的资历和经验使他们一般不易被解聘或解雇,然而一旦解聘或解雇,就比较难于重新就业。从性别和婚姻分布看,妇女的失业率比男子要高一些,单身职工比已婚职工的失业率高一些。这是因为用人单位在裁减人员时一般会较多地考虑对女性职工的裁减,其次才考虑裁减男职工;而单身职工由于没有家庭责任,加之单身职工的流动性强,所以失业率高于已婚职工也是自然的。事实上,我国失业者中的女职工数量明显大于男职工,在某种程度上已成为严重的社会问题。从行业与职业的分布看,一般认为工作性质相对稳定的单位比工作性质周期性、流动性强的单位失业率要低一些。比如,政府、银行、保险、邮电、铁路、高等学校以及公共事业单位和大型企业单位的失业率就比较低,而流动性强、周期性波动强的服务业、商业、建筑业以及中小企业单位的失业率就相对高一些。而从失业者的身份看,有技术的人员比没有技术的人员失业率低,管理层比操作层失业率低,即西方的白领比蓝领失业率低。

（二）失业的类型分析

根据中外学者的研究,失业的类型主要有以下几种。

1.摩擦性失业

摩擦性失业也称障碍性失业,是指由于劳动力市场运行的不完善而引起的失业,比如供需信息障碍,沟通不够,市场调节能力较差等,都可能出现摩擦性失业。同时,也包括劳动者由一个职业、行业或地区向另一个职业、行业或地区流动的费用昂贵,以及寻找工作的劳动者与需要雇员的单位之间在市场上进行相互沟通的过程中所发生的摩擦而造成的障碍等情况,都属于摩擦性失业的表现。因此,摩擦性失业的程度取决于劳动力市场体系的完善程度,以及供需双方的沟通程度。当市场发育比较完善,双方沟通比较充分时,就可以减少这种失业的程度,反之亦然。比如,求职者可以把自己的求职书及个人简历送(寄)到有关用人单位,用人单位也可以通过有关媒体刊登用人广告,或通过有关市场招聘,这样可以比较快地使双方实现各自的目的,有利于减少摩擦性失业,但费用是比较高的。作为各级政府也可以通过提供准确的劳动市场信息,并根据市场需求有计划有预见地培训有关人员,甚至为有关人员的合理流动提供条件和方便,这样做也可以减少摩擦性失业。

2.周期性失业

周期性失业是指与经济活动的周期性相联系的失业,即经济波动的周期性所引起的失业。从现实生活中表现出来的有关情况来看,这种失业既表现在整个经济活动的周期性波动上,如经济的周期性萧条、疲软等,也表现在产业性、行业性、地区性的经济波动上,如在某个产业、行业或地区出现的周期性失业。实践证明,一个国家的周期性经济波动对不同产业、行业或地区的影响是不同的,因而周期性失业的表现也有较大差异。比如,耐用消费品制造业,因周期性波动较大,受经济波动的影响也较大,对人力资源的需求同样波动较大,所以失业的波动性也就大一些。而非耐用消费品生产企业的周期波动性较小,如食品生产业,所以受经济波动的影响就比较小,周期性失业就不太明显。

3.季节性失业

季节性失业是指在一年内定期反复发生的失业,如建筑业、农业、服装业等行业都存在着明显的季节性失业。比如,就农业和建筑业而言,有的季节不能工作,如冬季的一段时间,必然要歇业休息,其员工就会出现季节性的失业;对服装业等有关的商业企业来说,随着季节的变化也会出现"经营淡季",当有某种规律时,同样要出现季节性失业。

4.技术性失业

技术性失业是指由于技术的变化而引起的失业现象,或是由于技术资本的变化,从而代替了一部分劳动力的劳动,并使这部分劳动者失业。因此,随着科学技术的高速发展,以及社会经济活动的丰富化,一方面是技术资本的扩大引起了一部分劳动力失业,另一方面又扩大了劳动者就业的渠道和门路,这种既导致失业又开拓了广阔的就业门类的技术变革,在尔后的社会发展中仍将越来越突出和明显。可以肯定,技术的发展将对那些没有技术,或不掌握新技术,或技术单一的劳动者来说,失业的危险将一直存在着。

5.需求不足性失业

需求不足性失业主要是指在工资和价格水平一定的情况下,对劳动力的总需求水平太低,造成整个经济活动实际需要的劳动力数量小于劳动力的社会总供给数量时,而形成的失业现象。这种失业还可分为短期需求不足性失业和长期需求不足性失业。所谓短期需求不足性失业,也就是上面所讲的周期性失业,是由于周期性的经济波动所引起的。所谓长期需求不足性失业,则是由于国家经济增长率长期低下所导致的。如美国 30 年代经济萧条时期和我国的"文化大革命"时期,都会出现这种长期需求不足性失业。因此,要解决长期或短期的需求不足性失业,最根本的是国家应采取有效地政策措施,激活市场,繁荣经济,增加对劳动力的实际需求。

6.结构性失业

结构性失业是指由于经济结构发生变化后而引起的失业现象,这是失业现象中最严重的失业问题。因为这种失业既存在着人力资源的某种浪费,又存在着一些职位空缺而又没有合适人选可用的双重问题。因此,结构性失业与技术性失业有一部分是重叠的,即有些劳动力需求的下降是由于劳动力受到技术本身的排挤,从而造成了结构性失业的。但结构性失业并不完全由技术变化所引起,还有政策变化、人们的消费习惯变化、经济结构和产业结构发生变化等,都会导致结构性失业的发生。同样,结构性失业也与摩擦性失业有某种相同之处,即劳动市场的不完善,或获取信息的代价太高,或异地流动的费用昂贵等原因而导致失业。但是,所不同的是结构性失业并不局限于这些原因,而且最主要的原因是由于劳动者所拥有的技术(或没有什么技术)与空缺职位所需要的技术不一致(或不具备)所导致的。

根据有关研究表明,决定结构性失业严重程度的因素主要有以下几点:

一是与对劳动力需求转变的快慢有关。若转变较快,就会使许多劳动者面临结构性失业的问题;若转变较慢,则这种失业的压力就会小一些,人们就有比较充足的时间去调整自己,充实自己。比如,新产业和新行业的不断出现,人们还来不及调整适应时,就会出现结构性失业,这种现象实际生活中不乏其例。

二是与技术替代的灵活性大小有关。一般来说,假若某种技术的短缺可以由其它相近技术来替代,甚至替代的余地较大时,就可以避免或减少结构性失业,反之也是一样。

三是与劳动者重新掌握一门新职业所要求的技术的速度快慢有关。如果掌握较快,就容易被配置到新岗位、新职业中去,反之则容易引起结构性失业。

四是与劳动力供给能否适应需求的变化有关。当然,供给的这种适应能力与对劳动力未来需求预测的准确程度有直接关系。准确度高就可以避免或减少结构性失业,反之亦然。

五是与地理环境的差异有关。若地理环境的差异大,则需要有较长的适应时间,还要花费较多的精力,因而就容易形成结构性失业;若差异比较小,就可以很快适应环境,造成失业的可能性也就非常小。

六是与用人单位的非经济要求有关。比如高中生就可以干的,非要专科生或本科生去干;女同志可以干的,非要男同志去干,等等,这些都可能会导致结构性失业的发生。

7.隐性失业

隐性失业是一种特殊的失业类型,目前在我国还表现得比较突出。所谓隐性失业,是指从形式上看并没有失业,还是在业(岗)者,但实质上是与失业没有多大差异的劳动者。造成这种失业的直接原因是由于不少企事业单位的劳动力过剩所导致的。然而,在这种情况下仍要不断地追加劳动力(通过计划分配、就业渠道、子弟招收安置等),其后果是许多企事业单位超出其劳动力消化能力,从而养活了一定数量的多余劳动力。在我国改革开放不断深入的历史条件下,这种隐性失业(或称内部失业)也在逐步地趋于外显化,待岗、脱岗的劳动力已不少见,有的单位限期仅发 50%左右的工资,过期不再发放工资,这部分多余劳动力的重新就业的压力也日益突出,隐性失业也将不断地转变为显性失业的各种形式。

(三)失业与通货膨胀率的关系分析

从上面的分析中我们可以看出,失业已是越来越被关注的一个社会问题和经济问题。尽管人们主观上十分希望社会的失业率能为零,但事实上是不可能的。正鉴于此,经济学家们提出了一个"自然失业率"的概念,意思是说只要社会的失业率不超出自然失业率就是正常的。那么,到底什么是自然失业率?它应是多大的百分比为宜?对此学者们没有明确一致的说法。比如,有的学者认为摩擦性失业与结构性失业之和构成自然失业率;有的认为摩擦性失业与自愿待业者之和是自然失业率;还有的学者认为,一段足够长的时期的平均失业率为自然失业率,如美国 1950 年至 1984 年间工人的平均失业率为 5.5%,即为自然失业率。这里我们暂且不去评论那种界定正确与否,但他们对自然失业率的认识却基本一致,即失业率等于或小于自然失业率时,一般不会引发社会与经济问题。由此学者们引出了一个"充分就业"概念,即当失业率等于或小于自然失业率时,就等于"充分就业"。这是因为即使有较多的职位空缺,失业率也永远难以等于零。因此,到底怎样才能把失业率控制在合适的限度(如自然失业率)以内,就成为学者们重点研究的一个突出问题。然而,在西方经济学的许多著作中,对这个问题的研究几乎都涉及到"菲利普斯曲线",这是由英国伦敦经济学院的菲利普斯教授最早提出的。

菲利普斯曲线对失业率与通货膨胀率之间的关系作了很深刻的表述,认为两者之间存在着彼此消长的关系。大家知道,通货膨胀是指人们手中的购买力(即持有的货币量)总量超过了社会所能提供的商品和服务的价值总量,从而引起商品和服务的总的价格水平上涨,使货币贬值。那么,通货膨胀率与失业率之间到底是一种什么样的关系呢?根据菲利普斯曲线的分析,由于通货膨胀率的高低主要与价格上涨水平的高低和工资增长水平的高低有直接关系,所以主要应从这两个方面来看其与失业率的关系,如图 3.1 所示。

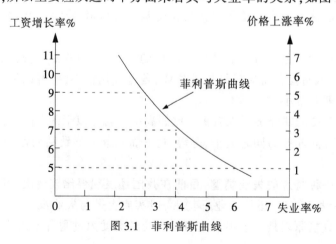

图 3.1 菲利普斯曲线

　　从图中可以看出,菲利普斯曲线的斜率为负数(即负斜率),这表明工资增长率上升,价格上涨率也上升时,失业率下降,反之失业率则增大。这是为什么呢?我们先分别作以分析,然后再综合起来加以概括。

　　从工资增长率与失业率之间的关系看,两者之间此消彼长的替代关系非常明显。当失业率较低时,由于劳动力市场供需平衡或求大于供,劳动力往往比较短缺,而对劳动力的需求又较强烈,因而工资增长率就较高。而当失业率较高时,由于劳动力市场供需失调或供大于求,从而使劳动力往往过剩,需求比较疲软,待业队伍扩大,所以工资增长率就会下降或不变。

　　从价格上涨率与失业率之间的关系看,道理也基本与上述情况相似。在失业率较低时,由于劳动力供给紧张,工资增长的可能性就大,增长率必然会高一些。那么,在工资增长率较高的情况下,就会进而引起劳动力的每一元工资的边际产品减少,从而又会引起产品价格上涨,使低失业与高物价并存。同样,在失业率较高时,工资的增长率就会低一些,进而导致产品的价格上涨率也低,从而又会出现高失业与低物价并存的现象。

　　从失业率高低与工资增长率和价格上涨率之间的关系中可以看出,工资增长率的提高可能会引起劳动的边际产品减少,从而使产出价格上涨。但事实上是否会真正引起边际产品减少和价格上涨,同时还要取决于在工资增长时是否也同时提高了劳动生产率。假若劳动生产率提高的幅度所创造的价值大于工资增长额时,并不会引起劳动的边际产品减少,也不会导致产品的价格上涨。因此,菲利普斯曲线所描述的失业率与价格上涨之间的关系,只在于说明当工资增长率超过了劳动生产率的增长幅度时才会引起价格水平的上涨。我们从图 3.1 中可以发现,价格上涨率和工资增长率总是相差 4%,这个 4% 则说明只要在此范围内,就不会引起价格上涨。而只有当工资增长率达到 5% 时,才表明有 1% 的价格上涨率,因为 4% 是专家们通过大量研究后而概括出的劳动生产率提高的一般规律的指数。

　　然而,菲利普斯曲线并不能解释清楚所有的失业现象。比如,有时在失业率不变的情况下,也会出现工资和价格上升较快的现象;有时就是尽力把失业率降在自然失业率以内,但仍然会引起无止境的通货膨胀。而当这些现象发生时,菲利普斯曲线的负斜率性质(即此消彼长)也并不明显。鉴于这种情况,有的学者为该曲线提供了一种新的解释,认为菲利普斯曲线反映的只是短期的菲利普斯曲线,该曲线还有长期的菲利普斯曲线,上面分析的特殊现象就是长期菲利普斯曲线的表现。这说明短期的菲利普斯曲线为负斜率,长期的菲利普斯曲线为无穷大斜率,即斜率为垂直的。根据图 3.2 所示,可以看出 F 线为长期菲利普斯曲线,F_1、F_2 两条曲线为短期菲利普斯曲线。由于在短期菲利普斯曲线上,失业率与工资增长率、价格上涨率有明显的替代关系,即此消彼长,而当失业率为 4% 的自然失业率时,工资增长率则为 6%。若国家要进一步降低失业率为 2.3%,并且是通过扩大需求来降低时,这时的工资增长率为 8%。但是,又由于这种工资增长是因通货膨胀因素所造成的,劳动者终会发现他们的工资实际上并没有增加多少,还会提出更高的工资增长要求。这时,要么增加工资,要么工资保持在 8% 的增长率,失业返回到原来的 4%。F_2 曲线就是上移了的 F_1 曲线,表明了上面所陈述的道理。而长期菲利普斯曲线(即图 3.2 中的 F 垂直线),则表明了若失业率控制不变,而工资增长率却不断扩大的必然趋势。

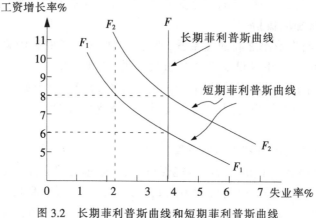

图3.2 长期菲利普斯曲线和短期菲利普斯曲线

第三节 人力资源流动分析

人力资源流动是有关人力资源配置的一个重要问题,假若没有人力资源的流动,或流动不够,或流动太大等,都会影响到人力资源的有效配置。

一、人力资源流动的类型与特性

(一)人力资源流动的类型划分

关于人力资源流动的类型,学者们有许多看法,既有相似的类型划分,也有不同的划分标准和类型,这里大体作以下几种划分。

1.职业内部流动和职业之间流动

按照流动是否改变职业的性质,可以把人力资源的流动分为职业内部流动和职业之间流动两大类。所谓职业内部流动,是指流动后并不改变原来的职业特征,仍从事原职业或性质相似的职业。如某人是教师,从这个学校流动到另一个学校,或相关的各种教育单位;或是律师流动到其它政法部门或法律咨询服务等部门;或者工人流动到其它工厂做工等,都是这种类型的流动。也不管是本单位内部流动还是单位之间的流动,或是本地流动还是异地流动。所谓职业之间的流动,是指流动后改变了原来的职业特征,从事了与原职业性质不同的新职业。比如,有人从教师职业流动为公务员职业,有人从律师职业流动为经营管理职业,有人从军人职业流动为工人职业,等等,都属于这种类型的流动。这种流动的特点是需要重新掌握新职业的技能和要求,并需要一定的投资。

2.本地流动和异地流动

按照流动的地区(域)差异,可以把人力资源的流动又分为本地流动和异地流动两大类。所谓本地流动,是指人力资源的流动只发生在本地范围之内的流动,也不管是本地的职业内部流动还是职业之间的流动,都可以划归为这类流动。如在一个县范围内的流动,一个大中城市范围内的流动,其特点是不需要花费多少流动费用。所谓异地流动,则是指发生在两地之间的人力资源的流动,并需要花费一定的(或较多的)流动费用,甚至还会改变原来的生活习惯。如两县、两市、两省甚至两国之间的流动,都是异地流动。

3.就业流动和失业流动

按照流动对就业与失业的影响和后果,还可以把人力资源的流动分为就业流动和失业流动两大类。所谓就业流动,就是指流动带动了就业人员的增加,如大学毕业生在流动中找到了理想的工作,待业者通过流动找到了工作,农民通过流动进城做了工,等等。所谓失业流动,则是指因流动而失去了原来的职业,包括暂时的、短期的或长期的失业者。如有的人因流动暂时或短期内找不到新工作,却失去了原来的工作;有的人甚至在相当长的一段期间没有工作可干,成为失业者。当然,这种情况发生的比较少,因为流动本身主要还是促进就业的重要途径,一般不会带来大量的甚至长期的失业,否则就失去了流动的意义。

(二)人力资源流动的两面性

人力资源流动的效应与劳动力市场的健全与完善与否直接相关。假若劳动力市场体系比较健全和发达,调节能力比较强,加上国家的宏观政策也调控的比较适度,人力资源的流动就具有明显的积极作用,否则又会带来消极的影响。因此,人力资源流动的两面性,就是指它的积极作用和消极影响这两个方面。

1.人力资源流动的积极作用

人力资源流动的积极作用与其可能产生的消极影响相比,是首先的、第一位的,是其最基本最明显的一个特征。尽管人力资源的流动有时带有某种程度的盲目性,但它与劳动力市场的发育程度有直接关系。若发育程度越高,市场固有的那种盲目性就容易被克服,反之则会导致较多的盲目性。那么,如何认识人力资源流动的积极作用呢?

首先,流动是市场固有的一种特殊功能,是"活"的一种表现。劳动力市场作为整个市场经济的一个重要构成部分,本身就是一个动态的过程,若没有这种流动性,那就不是什么市场了,只能是死水一潭。因此,人力资源流动本身就具有积极的功能和作用。

其次,流动在市场规律的作用下,有利于人力资源的合理配置。也就是说,通过流动可以把有关的人力资源配置到最需要、最有效益、最能发挥其作用的环节中去。同时,通过流动还可以把能力弱的甚至不太合格的劳动者从原岗位淘汰,使其流动到合适的岗位上去,有利于对人的劳动能力进行再次配置。

再次,流动有利于用人单位和劳动者个人之间的双向选择,避免"口袋买猫"或者"一分定终身"的现象发生。这样,就改变了计划体制下那种双方都无法"关心"或者都不关心的状况,而为双方都关心,并且都能实现各自的目的。

最后,流动有利于劳动者个性的充分发展,是完善和发展人的个性的重要途径。现代管理强调"以人为中心"的管理,人力资源管理更是如此。所谓"以人为中心",就是要把人作为所有资源中最重要最能动的特殊资源,信任人,理解人,发展人,使工作能够成为人的第一需要,成为发展个性的途径和条件。

2.人力资源流动的消极作用

如上所述,流动是市场固有的一种现象,但也带有某种程度的盲目性,加之市场发育过程中也会存在许多不完善的地方,这些都会使人力资源的流动产生一定的负面效应。

首先,由于人力资源的流动带有某种程度的自发性,所以在市场体系尚不完善的情况下,也会对人力资源的有效配置产生消极的影响。比如,非常急需某种人力资源的组织,并不一定就能够选择到合适的人选,急于改换"门庭"的劳动者也未必能找到合适的工作岗位。因此,鉴于这种流动的自发性,国家和地方政府应进一步加强宏观调控的力度和效能,通过可行的政策措施实现对市场的指导、调节和均衡作用,减轻或消除这种负面作用的影响。

其次,由于人力资源的流动有时表现出明显的盲目性,加之市场体系发育的不完备,运行机制不够健全,也会使人力资源的配置出现某种程度的无序现象。比如,会出现人力资源配置上的某种失调状态,像全民经商、农民进城、内地人力资源向特区流动失控等,就是这种盲目性的体现。可见,盲目性是人力资源配置方面的一个需要高度重视和认真克服并解决好的大问题。

再次,由于人力资源流动有时还带有明显的逐利性,因而容易使一些人产生拜金主义、个人享乐主义的思想,进而对人力资源配置和职工队伍建设产生不良的影响。我们知道,在人力资源流动的队伍中,人们的想法各种各样,目的也有不同,但有相当一部分人的逐利性目的还是比较明显的。按理而论,逐利目的人之常情,何况是在市场经济条件下的经济行为,但若逐利目的成为一些人的唯一目的,并形成一种势力,就必然会对人力资源的流动带来消极的影响,不利于人力资源的优化配置。

最后,人力资源流动的周期性、波动性有时也会影响到对人力资源的有效配置。人力资源流动的周期性和波动性主要表现在流量、流向、结构等方面的动态变化上,从而会影响到人力资源与其它物力资源配置的质量,最终影响到经济发展的质量。因此,人力资源的配置除了主要依靠市场机制配置外,还应通过有效地计划配置来调节。

二、人力资源流动的原因与合理性分析

(一)人力资源流动的原因分析

一般认为,人力资源的流动与社会化大生产是联系在一起的,只要存在社会化大生产,就不可避免地会出现劳动力的流动。这种流动还会随着社会化大生产的不断发展,不仅会表现得越来越明显和正常,而且会越来越必要。马克思曾明确指出:"大工业的本性决定了劳动的变换、职能的更动和工人的全面流动性。"[①]因此,可以认为,人力资源的流动也是社会化大生产的一种规律,一般能够实现人力资源与物力资源的重新组合和优化配置。那么,到底是什么原因在推动人力资源的流动呢?

首先,从大的方面看,社会经济的发展是推动人力资源流动的基本原因。由于经济的发展必然会促进经济结构、产业结构、生产技术结构与构成等方面的转变,特别会促进"朝阳工业"对"夕阳工业"的取代,因而这种变化又必然会引起劳动职业的转换,促进了人力资源的流动。从这个意义上看,经济发展是人力资源流动的基本推动力量,没有经济的发

---

① 《马克思恩格斯全集》第 23 卷,第 534 页。

展,就没有真正意义上的人力资源流动。

其次,竞争是人力资源流动的直接推动力量。由于竞争使企业之间的均势发生了变化,所以使有的企业在竞争中站稳脚跟,迅速发展;有的企业则竞争失利,甚至破产。这样,就必然要引起一部分劳动力产生重新就业的需求,还有一些劳动力也试图改换"门庭",从而促使了人力资源的流动与配置。同样,由于竞争,也使各地区之间经济发展出现不平衡,有的地区发展较快,有的地区发展较慢。这样也必然会引起劳动力从发展较慢的地区向发展较快的地区流动。同样由于竞争,也会引起劳动力从效益较差的行业、部门流向效益较高的行业和部门,从传统产业流向新兴产业,等等。

第三,劳动者个人的一些原因是推动人力资源流动的直接原因。一般来说,每个人都希望自己能从事与自己的爱好、能力、抱负相称的职业,这样会有比较满意的成就感、实现感和发展感。这说明,人力资源的流动不仅仅是劳动者个人择业自由的一种表现,而且是劳动者展现个人才能、挖掘个人潜能的心理需求。当然,劳动者的个人考虑也是多种多样的。比如,有的出于经济上的考虑,主要是为了多挣一些钱;有的出于健康上的考虑,为了流动到自己认为有利于身体健康的地区;有的还会出于对人际关系环境因素的考虑,想换个舒心的人际环境;有的则出于居住状况的考虑,流动后能有比较好的居住条件和环境;还有的出于对家庭、朋友等方面因素的考虑。但是,就大多数人的流动而言,主要还是出于对工作、对前途和事业的考虑,希望自己流动后能更好地发挥自己的长处,或者能够获得更多的合格条件。

(二)人力资源流动的合理性分析

人力资源的合理流动,是指流动后能产生良好的效益,包括经济效益和社会效益两个方面。因此,人力资源的流动是否合理,主要就看流动带来的效果怎么样,包括对社会、对组织和对个人的综合效益。美国学者曾提出过一个计算公式,似乎也很有道理。其公式为:

$$净收益现值 = \sum_{(t-1)}^{t} \frac{Bjt - Bot}{(1-r)^t} - C$$

其中:Bjt 指在第 t 年从新职业(j)所取得的利益;

　　　Bot 指在第 t 年从老职业(O)所取得的利益;

　　　T 指在新职业(j)预期工作年限;

　　　r 为增益率;

　　　C 为流动本身失去的直接和间接利益(费用);

　　　$\sum$ 为每年净收益的总和。

下面我们结合有关流动的合理性的一些基本问题再作以具体分析。

首先,人力资源流动的合理性如何,与因流动而付出的代价高低直接有关。分析认为,人力资源流动的代价包括两个方面:一是流动者个人的代价。包括因流动要花费的直接流动费用,如差旅费、接待费、活动费、转移的有关手续费等等,有的也包括流进地的增容费。同时,还有因流动所引起的一些间接的费用,如因流动而失去或减少的一部分收入,以及因流动而付出的某些精神代价,如失去了原有的人际关系环境,放弃了已积累多年的工作经验,甚至因改换新工作而放弃了原来熟悉的工作,等等,这些往往都会给流动者精神上带来各种压力。二是社会方面的代价。所谓社会方面的代价,就是社会在人力资源流动上付出的各种费用之和,主要包括国家对人力资源流动的各种投资,如推动人力资源合理流动的有关政策性费用,劳动力市场、人才市场建设的有关费用,供给与需求预测的管理费用,其它管理费用,管理人员费用,以及流出单位因流出而暂时损失的利益,等等。事实上,社会代价的高低是很难精确计算的。但尽管如此,人们还是能够作出一个大概的框算,并可以估算出花费在每位流动者身上的社会代价。因此,人力资源流动的代价(包括个人和社会两种代价)愈高,其合理性就越差;代价较低,合理性也相对好一些。相信在我国社会主义市场经济不断发展的条件下,对人力资源流动的合理性费用,必然会有更精确的核算办法,不仅能够准确地核算出人力资源流动的个人代价和社会代价,而且也可以核算出流动所带来的效益与流动所支付的费用之间相对合理的比例关系,为人力资源的合理流动提供科学的依据,促进人力资源的合理流动和有效配置。

其次,人力资源流动的合理性如何,与流动对人力资源配置的积极效应有如何直接的关系。按理而论,人力资源流动的本意就在于促进对人力资源合理有效的配置,即流动是达到有效配置的形式。那么,人力资源的流动能否达到这个目的,关键在于流动机制,而流动的机制又与劳动力市场的发育程度和国家的宏观调控能力有直接的关系。反过来说,在劳动力市场体系尚不健全,发育比较差,国家的宏观调控能力也比较弱的情况下,就表明人力资源的流动机制还不够好,从而也就谈不上流动会对人力资源的配置发挥积极的效应。因此,人力资源流动对人力资源配置的积极效应起码应包括以下几点含义:一是人力资源的流动可以促进人力资源结构的配置比较合理,能有效改变原来结构上存在的一些明显的问题,如专业结构、年龄结构、职务(称)结构、余缺调剂等。二是人力资源的流动对人力资源布局的配置有明显的促进作用,可以改变原来布局上存在的一些突出问题,如行业布局、地区布局、特殊布局等。三是人力资源的流动有利于国家对人力资源配置和开发的基本方向,即流动不应有碍于更不应有背于这个方向,要有利于人力资源规划的有效实施,有利于人力资源发展的战略要求(如人力资源开发与国家经济结构、产业结构、技术结构的有效配合)。人力资源的流动只有在以上几个方面都能产生积极的效应,就表明了其具有合理性,若积极效应愈明显愈突出,合理性也就愈强,否则合理性就差,甚至有害。

第三,人力资源流动的合理性如何,还要看对劳动者的个人才能发挥得怎么样,对劳动者的愿望、需要满足得怎么样。我们讲人力资源的流动要有利于对人力资源的合理配置,其中就包含着对个人才能的有效发挥,对个人需要的有效满足在内。假若人力资源的流动达不到这个目的或者实现的比较差,那么都会影响到整个人力资源配置的效果,影响到人力资源流动的合理性。因此,人力资源的流动不仅要有利于劳动者个人才能的有效发挥,而且要有利于个人获得新的知识和才能,有利于调动和激发劳动者的积极性和创造性。当然,并不是每个人通过流动都可以实现这种效应,但对人力资源流动的管理起码要朝着这个目标来努力。

三、影响人力资源流动的因素分析

影响人力资源流动的因素多种多样,这里主要就个人因素、职业因素和环境因素三个方面作以分析。

(一)个人因素的影响

劳动者的个人因素的影响,主要是指年龄因素和个性因素两个方面的影响。拿年龄因素来说,年龄越大,流动的可能性越小;而年龄越轻,流动的可能性就相对大一些。这是因为年长的人家庭责任感强,对流动可能对家庭带来的影响考虑较多,同时因流动所带来的精神损失也比较多,所以一般不太愿意流动。年轻人则不同,有的无牵无挂,没有家庭负担;有的家庭负担较轻,比较多的人是考虑到年龄上的优势才设法想通过流动闯一闯,见一见世面,试图有所作为。

然而,个性因素对劳动者的影响就更大了。所谓人的个性,包括个人的能力、气质、性格、兴趣爱好、理想抱负、信念、态度等许多因素,它们对人的影响更直接、更内在和更强烈。比如,由于气质不同,比较外向的人倾向于向外探索,愿意接受流动的需要,或主动提出流动的要求,而内向的人则有所不同。还如能力、抱负对人的影响就更大了。有能力的人或能力比较强的人,一般比能力一般或较差的人接受流动的可能性要大;抱负较高、追求较多的人,同样要流动的可能性大一些。总之,从个人因素来看,对劳动者流动的影响是明显的,也是非常直接的。

(二)职业因素的影响

影响劳动者流动的职业因素是多方面的,也是劳动者考虑较多的因素,这里主要包括职业评价、职业技术水平以及劳动者对职业的投入等因素。

1.职业评价因素对人力资源流动的影响

所谓职业评价,就是指公众对社会各类职业的基本看法和从业态度,反映了一个社会的一般的劳动意识和职业观念。当然,具体到每一个人,也未必都与整个社会的职业评价完全一致,但这种对职业认识上的差异并不能消除社会职业评价对每个人的影响作用,只是影响有大有小而已。从职业评价因素对人力资源流动所产生的影响作用来看,人们一般都对评价较高的职业产生向往和倾慕的心理,并会在有可能的条件下采取一定的行动,希望成为从事这种职业的一员。日常生活中出现的请调、改行、兼职等"跳槽"行为,都是这种心态和行为的表现。因此,从社会的角度看,首先应该确立正确的职业评价观和劳动观,教育和引导职工树立敬业、爱业、兴业的新型职业道德观念,干一行,爱一行;其次,又能形成良好的用人机制,切实用人所长,扬人所长,实现人的社会价值与个人价值的统一。

2.职业技术构成与水平对人力资源流动的影响

实践证明,人力资源的流动率与职业的技术水平成反比关系。即技术水平越高的职业,流动率则越低,反之则越高。这说明,职业的技术构成越复杂,水平越高,对工作人员的要求就越高,对人的工作需要的满足也越高,人们发挥才能和进一步掌握新技能的余地也越大,所以可能提出要求流动的比率就要相对低一些。而在技术构成比较简单、技术水平比较低的职业工作,由于人们能够较快的掌握这类职业所要求的劳动技能,容易产生心理上的满足感和不足感,进而产生单一感、枯燥感,使人的进取心衰减,厌恶感上升,缺勤率和离职率就会提高。

3.劳动者对职业投入的多少对人力资源流动的影响

我们这里所讲的投入多少,是指劳动者在时间、精力、感情等方面的投入。假若职工对职业的投入比较多,比如工作时间较长,精力投入很多,感情上也非常投入和好感,那么提出工作调动的可能性就非常小,相反比率就大一些。前面我们曾谈到老年人比青年人流动的可能性要低得多,实际上年龄大小只是问题的一个方面,更重要的还是对职业的投入比较多,有感情,一般不会轻易地提出调动的请求。

(三)环境因素的影响

环境因素主要包括一般的社会环境因素和具体的工作环境因素两个方面。

就一般的社会环境因素而言,主要包括社会政治、经济、科技、文化、教育、卫生等许多环境因素对人的影响。比如,经济发展的状况对人的影响就比较大,当经济增长的速度比较快时,由于对人力资源的需求量会相对增加,所以人力资源流动的比率就相对高一些。反之,流动的比率就相对低一些。同样,随着科技的发展,新的产业也会不断地涌现,这对人力资源的需求无论在量上还是在质上都发生了一定变化,必然也会推动人力资源的流动。

就具体的工作环境因素而言,对人力资源流动的影响就更加直接,更加有力。比如,人们工作所处的人际环境就是重要的影响因素。若人际环境比较融洽,员工之间的相似性就多一些,感情上就接近一些,依恋性也就强一些,因而提出离开这个环境的想法就必然会少一些。若人际环境较差,员工之间在思想感情上的距离就大一些,内聚力就比较弱,离心力却相对强一些,因而提出调动的可能性自然就要大一些。还如,管理环境也是重要的工作环境因素,若管理制度、管理方式、领导风格比较好一些,职工的认同感就相对强一些,提出脱离这种工作环境的想法就非常少,反之"思走"的可能性就非常大。

第四节　微观配置分析——企业人力资源配置

人力资源是企业各项资源中最宝贵、最重要的资源,是物质资源的主宰,是企业发展的"第一资源",企业中其它资源的组合、运用都要靠人力资源来推动。因此,企业必须对人力资源进行有效合理的配置,才能发挥其最大效益。实际上,企业人力资源的配置,就是通过考核、选拔、录用和培训,把符合企业发展需要的各类人才及时、合理地安排在所需要的岗位上,使之与其他资源相结合,形成现实的经济活动,使得人尽其才,提高人力资源生产率,最大限度地为企业创造更多的经济效益与社会效益。

可见,企业人力资源配置既是人力资源管理的起点,又是人力资源管理的终点,其最终目的是要达到个人与岗位的合理匹配,提升组织的整体效能。而人力资源配置效益的高低直接影响企业其它资源的合理利用程度和整体配置效果,是决定企业能否持续、稳定、快速发展的关键因素。

一、企业人力资源配置存在的主要问题

许多企业都或多或少的存在人力资源配置不合理的现象，只是严重程度不同而已。概括企业人力资源配置的突出问题，主要有以下几个方面。

（一）人力资源短缺与人力资源浪费并存

我国企业由于受传统计划体制和政策因素的影响，企业生存的内外环境差，效益低下，企业发展所需要的人才难以引进，现有人才留不住的问题也比较突出，从而造成企业发展所需要的人力资源相对短缺。同时，在人才配置上发挥人才的聪明才智不够，使得人才学非所用或者用非所长，甚至被闲置，因而也造成了企业对现有人力资源的极大浪费。因此，在不少企业人力资源短缺与浪费并存的问题已严重制约着企业的发展。

（二）不良的人力资源配置导致企业内耗严重

我国企业普遍存在着这方面问题，如组织结构不合理，管理水平不高，有些企业领导班子成员之间不团结，工作上不是互相支持，而是互相拆台，部门与部门之间的工作相互脱节或相互扯皮。尤其是实行家族化管理的企业，人力资源配置存在的问题更大，往往是用亲人而不是用强人，因人设岗而不是因事设岗，急功近利而缺少长期规划。这些人力资源配置问题的存在和蔓延，大大削弱了企业内部的凝聚力，使人力资源利用效率普遍低下。

（三）计划配置或领导主观配置比较盛行

计划配置跟不上经济结构变化，导致人力资源布局的结构性过剩与短缺并存，以及不同单位和部门人力资源与生产设施过剩，许多国营企业都存在这样的缺陷。而在有的企业人力资源的配置完全由领导说了算。在计划配置与领导主观配置的情况下，岗位的硬性搭配与许多部门的职位空缺并存，往往使得应该配置人员的岗位和部门得不到所需人才，而已经达到人员饱和的岗位和部门却又不得不接受某些被指派的人才。

（四）员工能力与岗位要求不够匹配

由于国内许多企业缺少科学的工作分析和人才测评手段，使得工作职责、任务及岗位对人员的要求不够清楚。同时，对应聘者不能够从其知识、技能、能力、个性等方面进行全面和整体的把握，使得在招聘阶段就很难达到人员与岗位的有效匹配。同样，当把人才招聘进来后，又往往对其实行静态管理，忽视了对现有人才的培训与开发，从而使得员工与岗位不匹配的问题持续存在，消极影响扩大。

实际上，企业人力资源配置上存在的这些问题是在多种因素的综合作用下形成的。既有宏观因素的影响，如传统计划体制的某些因素的影响；也有微观因素的影响，如企业自身在制度与管理上的某些负面因素的影响，尤其是企业缺乏系统、科学的人力资源规划、工作分析与人才测评手段等。尽管宏观体制因素是企业自身不能控制的，但从企业的微观因素着手，并在一定的原则指导下，选择最适当的配置形式，企业人力资源的配置将会朝着有利于企业发展的方向变化。

二、企业人力资源配置应坚持的原则

无疑，人力资源配置是要做到人尽其才，才尽其用，人事相宜，最大限度地发挥人力资源的作用。但是，对于如何实现科学合理的配置，这是人力资源管理长期以来亟待解决的一个重要问题。怎样才能对企业人力资源进行合理有效的配置呢？我们认为必须坚持以下的几个原则：

（一）能级对应原则

一般来说，合理的人力资源配置应该使人力资源的整体功能强化，使人的能力与岗位要求相对应。企业岗位有层次和种类之分，员工们占据着不同的位置，就表明处于不同的能级水平。因为每个人都具有相应水平的能力，在纵向上处于不同的能级位置。岗位与人员的配置，应做到能级对应，即每一个人所具有的能级水平与所处的职务层次和工作岗位的能级要求是相对应的。

（二）优势定位原则

人的发展既要受某些先天因素的影响，更要受后天实践的制约。而后天形成的能力不仅与本人的努力程度有关，也与实践的环境有关。因此，人的能力的发展是不平衡的，其个性也是多种多样的。每个人都有自己的长处和短处，且有其总体的能级水准，同时也有自己的专业特长及兴趣爱好。坚持优势定位原则，有两个方面的内容：一是指人自身应根据自己的优势和各个岗位的要求，选择最有利于发挥自己优势的岗位；二是指管理者也应据此将人力资源配置到最有利于发挥其优势的工作岗位上。

（三）动态调节原则

动态调节原则是指当人员或岗位要求发生变化的时候，要适时地对人员配备进行调整，以保证始终使合适的人员工作在合适的岗位上。岗位或岗位要求是在不断变化的，人也是在不断变化的，人对岗位的适应也有一个实践与认识的过程。但由于种种原因，使得能级不够对应，用非所长等问题时有发生。尤其是过去那种一次定位，一职定终身的观念与做法，既要影响工作，又不利于个人的成长。因此，必须坚持动态调节原则，以适应各种变化对人力资源配置的要求，保证人力资源始终处于最佳的工作状态，取得最佳的工作成效。同时，能级对应原则、优势定位原则也只有在不断调整的动态过程中才能实现。

（四）内部为主原则

一般来说，企业在使用人才，特别是高级人才时，总觉得人才不够，抱怨本单位人才不足。其实，每个单位都有自己的人才，问题是"千里马常有"，而"伯乐不常有"。因此，关键是要在企业内部建立起人才资源的开发机制以及使用人才的激励机制。这两个机制都很重要，如果只有人才开发机制，而没有激励机制，那么本企业的人才就有可能外流。因此，从内部培养人才，给有能力的人提供机会与挑战，造成良好的激励气氛，是促成企业发展的重要动力。但是，这并不是排斥引入必要的外部人才，当企业确实需要从外部招聘人才时，就不能"划地为牢"，死死的盯住企业内部的员工，而看不到丰富多彩的人力资源市场。

三、企业人力资源配置方式选择

企业人力资源配置不仅涉及到企业外部的有关因素，但更多的更困难的工作存在于企业内部。从我国企业人力资源配置的实际表现来看，主要有以下三种配置形式可供选择。

（一）人—岗关系型配置方式

这种配置类型主要是通过人力资源管理过程中的各个环节，保证企业内各部门各岗位的人力资源质量，是根据员工与岗位的对应关系进行配置的一种形式。就企业内部来说,目前这种类型中的员工配置方式大体有如下几种:招聘、轮换、试用、竞争上岗、末位淘汰(当企业内的员工数多于岗位数,或者为了保持一定的竞争力时,在试用过程或竞争上岗过程中,对能力最差者实行下岗分流,这就是一种末位淘汰配置方式)、双向选择(当企业内的员工数与岗位数相当时,往往先公布岗位要求,然后让员工自由选择,最后以岗选人,这就是一种双向选择的配置方式)。

(二)移动配置方式

这是一种从员工相对岗位移动而进行配置的类型,它是通过人员上下左右岗位的相对移动来保证企业内部的每个岗位人力资源的质量。这种配置的具体表现形式大致有三种:即晋升、降职和调动,这些形式在日常工作中都比较常见。实际上,这种配置方式的效果主要取决于企业对变动着的员工素质和能力的准确把握,以及对各类工作岗位性质、能力要求、技术发展的科学管理和准确定位。

(三)流动配置型方式

这是一种从员工相对企业岗位的流动进行配置的类型,它是通过人员相对企业的内外流动来保证企业内每个部门与岗位人力资源的质量。这种配置的具体形式有三种:聘用安置、岗位调整和辞退。

结合以上人力资源配置的三种形式,要合理地进行企业内部人力资源配置,就应以个人—岗位关系为基础,对企业人力资源进行动态的优化与配置,并可遵循以下的"个人—岗位动态匹配模型"来有效配置。

(四)个人—岗位动态匹配模型

个人—岗位动态匹配模型主要包括以下一些主要步骤与成分:

1.人力资源规划

企业目标只能通过配置合格的人力资源来实现,而人力资源的配置需要有周密的人力资源规划。人力资源规划是企业人力配置的前期性工作,是一个对企业人员流动进行动态预测和决策的过程,它在人力资源管理中具有统领与协调作用。其目的是预测企业的人力资源需求和可能的供给,确保企业在需要的时间和岗位上获得所需的合格人员,实现企业的发展战略和员工个人的发展目标。任何组织或企业要想形成合格、有效的人员结构,就必须事先进行人力资源规划。

2.职位空缺申请与审批

人力资源规划更多的是对企业所需人员数量以及企业内部所能提供的人员数量的一种预测,至于具体哪些部门、哪些岗位存在空缺,则需由各部门主管提出职位空缺与申请,并由人力资源管理部门进行仔细严格的审批,如果没有比较严格的审查,或是形式上设立这个审查环节,而实质上根本不起作用,那就很有可能导致企业整体的人力膨胀,并引发许多严重问题。因此,严格的职位申请与审批,是有效的人力资源规划以及有效进行人力资源利用与配置的基础。

3.工作分析

当确定了所需招聘人员的岗位,以及各个岗位空缺人员数量后,就应对这些岗位进行岗位分析,以确定职位的工作任务、职责及任职资格条件等。事实上,工作分析是作为人力资源管理的一项基础性工作,并不是等到有招聘需求时才临时来进行。如果工作分析做得比较好,形成了规范的工作描述和工作说明书,那么当有招聘需求时,就只需根据企业内外环境的变化,分析该岗位的职责要求和任职资格等是否发生了新的变化。

4. 人才测评

有了工作分析后,就明确了岗位对人员在知识、技能、个性等方面的要求,并可据此来设计人才测评的指标,选用相应的测量工具。一般情况下,对求职者所进行的科学的人才测评可让企业了解他(她)们是否胜任某一职位的要求,从而为人才合理配置提供依据。由于企业人力资源配置很多是在企业内部完成的,因此,通过人才测评与绩效考评等手段,对企业人力资源进行普查,并在此基础上建立企业的人才库,这将非常有利于企业进行人力资源的配置。

5. 招聘与合理配置

进行了工作分析与人才测评后,就要对从企业内部或外部招聘来的人员进行合理配置,将合适的人安置在合适的岗位上,达到个人与岗位匹配。实际上,个人与岗位匹配包含着两层意思。一是岗位要求与个人素质要匹配;二是工作的报酬与个人的能力要匹配。可以这样说,招聘和配置职员的所有活动,都是要实现这两个层面的匹配,而且不能偏颇,这其中的道理并不复杂。例如,若一家企业想招聘一名研究开发部经理,强调应聘者一定要具备什么样的知识、技能、才干和经验,而应聘者当中也的确有具备这种素质的人。那么,这是不是意味着可以实现个人与岗位匹配呢?不一定。如果招聘企业给这个职位定的报酬标准与应聘者的期望有差距,个人与岗位匹配照样无法实现。

6. 动态优化与配置

把人员招聘进来并进行了合理有效的配置后,还必须通过调配、晋升、降职、轮换、解雇等手段对人力资源进行动态的优化与配置。因为随着企业内外环境的变化,岗位的任职资格势必会有新的要求,而随着时间的推移,在该岗位上工作的人员,也可能变得不再适合这个工作岗位的要求,或其能力已远远超出该岗位的要求。因此,有必要重新进行工作分析与人才测评,对岗位责任、岗位要求及现有人员的知识、技能、能力等进行重新的定位。该升的升,该降的降,使人力资源的配置在动态中趋于合理,这是企业人力资源持续达到优化配置的关键因素。因此,企业领导者尤其是人力资源管理部门,应跟踪企业内外环境的变化,及时更新工作分析文件,各级管理者对岗位与下属也应有全面、正确的了解,这样才有可能使企业整体的人力资源持续达到优化配置。

7. 产出

企业采取正确的措施和手段对人力资源进行合理配置后,合适的人工作在合适的工作岗位上,这会使员工的工作绩效、工作满意度、出勤率等得到提升,从而提高组织的整体效能。可见,人力资源配置是否合理,无论是对企业的短期绩效,还是长远发展都有重大影响,因此企业应给予足够的重视。同时,企业在完成人才招聘后,还应遵循人力资源配置的有关理论与方法,使人才达到人—岗匹配,尽量做到事适其人,人尽其才,才尽其用,人事相配,这样才能减少内耗,最大限度的发挥人力资源的作用,促进企业持续、稳定、健康的发展。

本章思考题

1.如何分析和认识市场供求关系的变化对人力资源配置的影响？

2.什么是失业率？你对失业率与通货膨胀率之间的关系搞清楚了吗？

3.如何认识人力资源流动的两面性？

4.你对人力资源流动的合理性是如何认识的？

5.企业人力资源配置如何坚持正确的原则？

案例分析

案例：长虹的人力资源管理与开发

这几天，在商贸中心四楼的一位高鼻子蓝眼睛的洋人引起了大家的兴趣。大家也纷纷猜测这位洋人加盟长虹背后的原因。其实，这是公司在打造世界级企业的新形势下采取的大胆之举。众所周知，打造世界级企业，需要国际化的人才。近来，在打造世界级企业的征程上，公司在人才战略上采取了不少的行动。今天，我们走近几位出色的外聘员工，通过寻访这些发光的金子，来探索公司在打造世界级企业形势下的人力资源管理与开发。

一、积极探索　引进外脑

上面提到的这位高鼻子蓝眼睛的洋同事虽然感觉似乎与周围的人很不相称，但他确实是一名普通的长虹员工。这位洋同事名叫乔纳森，来自美国，法学硕士。"因为长虹正在成长为全球性的跨国公司，他是全球最大的消费类电子产品生产商之一，对我而言，长虹提供了在多种法律领域工作的机会。"乔纳森一见面就向记者道出了他来长虹的原因。

当前，随着我国迅速地融入到世界的经济圈，故公司里的洋同事、飞机上的洋空姐已经不是什么新鲜事了。据统计，目前在华就业的外国人已超过6万。洋打工抢占中国劳动力市场正成为一种潮流，国内企业在进一步参与全球竞争的过程中，有所选择的引入外脑同样是一个必然趋势。据有关人员介绍，近两年长虹在海外出现了相应的法律支持跟不上市场拓展的矛盾，而国内又缺乏真正掌握世贸法规的人才，公司引入外籍专业人员正好弥补了这方面的不足。

据了解，作为普通的长虹员工，目前在公司的除了乔纳森外，还有高桥三郎等其他两名日本专家。虽然来公司的时间都不是很长，但是这几位洋同事对自己的工作感到很满意。"我的同事给了我很多帮助，我们合作很愉快，今后我们一起努力，将长虹发展成更好的公司。"乔纳森的说法真诚而自信。

二、不拘一格　唯才是举

作为一个有四十多年历史的国有企业，长虹努力打造世界级企业并主动引进外脑，客观地讲，这种胆识与胸襟并不是所有国企都能够做到的。事实上，从1989年长虹率先实行招聘制开始，公司就在不停地完善着市场竞争规则下的用人机制。从计划经济向市场经济初步转轨的20世纪90年代初，长虹在川内率先引进社会劳动力，与劳动者签定用工合约，一步步探索和完善了自己独特的符合市场经济规律的用工制度。到目前，在公司工作的劳务合同制员工达到了员工总数的70%以上。事实也证明：这支劳务合同制员工队伍在公司近十年特别是目前的规模化生产过程中起到了举足轻重的作用。

公司用人制度的改革一年比一年深入，当初只能在生产线上看到的劳务合同制员工，如今在不同层面的管理岗位上也随处可见，李军就是其中之一。李军是刚实行招聘制的第一年进入公司的，在生产一线一干就是13年。他回顾从操作工人走到喷涂厂副厂长这段路时告诉记者，自己与他人最大的区别就在于，能突破传统思想的束缚，真正视厂如家，边工作边学习，利用平时积累的大量的实际操作经验，大胆创新。木器加工厂的副厂长蒋毅与李军不同的是来自同行企业，去年招聘进入公司。他说，在公司感受最深的是长虹没有当自己是外人，就凭这一点，自己或许就应该干得更努力。成立不久的木器加工厂，从事着背投彩电这一公司拳头产品的木制底座生产，技术新、问题多、任务重，但蒋毅积极努力，与大家通力合作，将自己多年积累下来的丰富的宝贵经验运用到工作之中，使木器厂很快走上了正轨。

三、人才选拔　公平竞争

在采访这两位员工时，让我们感受最深的是从一名普通工人做到中层管理干部，关键需要有一个公平竞争的环境。常言道：是金子都会发光，但金子永远也不会自己从地里跳出来，总要让人们去发现。国有企业从计划经济到市场经济、从国内发展到全球经营的转变，离不开人才观念的转变。同中国电信目前大刀阔斧的用人体制改革一样，长虹正在一步步打破员工的身份界限。首席执行官倪润峰曾多次提出：在公司工作的都是长虹的员工！近几年，在这个公平竞争的舞台上，每年都有一大批一线员工通过培训充实到工艺和管理队伍中，并成为长虹打造世界级彩电大王过程中提升产品做工的生力军。

在记者快要完稿时，培训中心一批从基层选拔出来的优秀人才正在接受全面的工艺培训。他们将是今后为公司发挥重要作用的又一批人才。我们也从培训中心张小林主任处了解到，培训中心以后也将为大批有能力有本领的员工提供更多的培训提高机会。

前不久，国务院发展研究中心研究员陈淮在谈到国有企业的国际竞争力时，认为岗位竞争的国际化是我国未来五到十年突出的就业特征。但他同时也指出，现有的企业员工面临更多的不是压力，而是机遇，不论是洋打工还是土打工，在长虹都可以公平竞争，有真才实学的员工很容易找到自己的用武之地，同时也能更大范围地学习提高。

分析讨论题

1.这个案例对你有什么启示？为什么？

2.你认为怎样才能给员工提供一个公平竞争的舞台？

3.你认为长虹的人力资源开发与管理还有什么不足之处？

第四章

人力资本投资

人力资本投资是人力资源管理的一个非常重要的理论与实践问题，也是与人力资源的供给与需求直接相关的一个重要问题，目前已引起了国内外学术理论界和企业管理界的极大关注。所谓人力资本投资，就是指为了提高人的知识和能力而进行的基础性投资，主要包括对人的体力和智力两个方面的投资。这说明，人力资本实际上就是通过投资而形成的。那么，为什么要进行人力资本投资？人力资本投资到底包括哪些内容？怎样实施对人力资本投资的有效管理呢？这些正是本章要论述的问题。

第一节　人力资本投资理论的提出及其意义

人力资本是现代经济学的一个重要概念，它是相对于物质资本(也称物力资本或非人力资本)而言的。过去人们一提到资本，往往会把它和物质资本以及其它能够带来剩余价值的价值联系起来，这是非常不全面的一种认识。其实，资本应该包括人力资本和物力资本两种基本的形态，是这两种形态的统一。资本的完整概念无疑也是这两个方面的有机统一。

一、人力资本投资理论的提出与基本观点

(一)人力资本投资理论的提出

第二次世界大战结束后，随着科技、经济、社会的飞速发展，西方发达国家的许多学者已经意识到教育与培训在经济增长和发展中的重要地位与作用。特别是许多学者研究发现，教育的投入不是成本，而是可以带来利润的资本投入，在经济发展中教育投入与物质投入相比更为重要。1961 年，美国著名经济学家、诺贝尔经济学奖获得者舒尔茨发表了《人力资本投资》的论著，接着又于 1963 年发表了《教育的经济价值》等研究成果。大约与此同时，美国经济学家丹尼森也发表了《美国经济增长的因素和我们的选择》，另一位诺贝尔经

济学奖获得者贝克尔也出版了《人力资本——特别是关于教育的理论与经验分析》一书。所有这些研究成果的问世,标志着人力资本投资理论的正式形成。

人力资本投资理论首先对人力资本投资的概念与范围进行了科学界定,认为人力资本投资包括所有增加人的资源从而导致未来货币和物质收入增加的活动。即为了提高人的素质所进行的投资,包括对人的体力、智力和能力等方面的投资,其投资范围主要包括正规教育、培训学习、医疗保健、变换就业机会的迁移等方面的费用支出。其次,提出了人力资本投资比物质资本投资可以带来更多的经济效益,即"投资人"比"投资物"更合算,对经济增长的作用更持久、更重要。再则,特别强调了教育培训在人力资本投资体系中的重要地位,指出教育是重要的资本形式,人接受了教育就会拥有这种资本,而拥有了这种资本才具有使人力资本增值的前提。

可见,人力资本投资理论的提出是有关人的理论研究的重要突破,是对人的认识的一大飞跃。首先,这一理论所阐述的核心问题人力资本投资及其目的就是为了提高人的素质,即提高人的体力、智力和能力水平。这种观点打破了把人力投资作为生产成本的传统观点,论述了人力资本投资是对人的素质的投资,而人的素质本身就是一种特殊的资本形式。特别在投资体系中,与其它物力投资相比,它对经济社会发展的作用远远大于物力因素,因为物力因素最终还是要通过人的因素起作用的,人的因素是至关重要的,是社会生产力中最活跃的一个因素。正是由于人的因素特别是人的素质是靠投资提高的,所以素质本身就是一种资本形式,而且是一种特殊的资本形式。其次,把医疗保健费用作为对人力资本的投资形式,是人力资本投资理论的重要贡献。传统理论把这方面的花费不是作为投资来看待的,特别不是作为资本投资的形式。事实上,人的健康状况,包括人的寿命长短本身就标志着人的质量状况,这方面的投资无疑应是一种健康资本储备。所以在这方面的花费不是消费,而是一种重要的资本投资行为。第三,这一理论所论述的人力资本投资与物质资本投资应保持适当的比例关系具有重要和广泛的现实意义。实践证明,人力资本投资存在着边际效应,并非投资越多就越有效,应该根据生产力发展水平、经济社会发展状况、科技教育发展的实际等诸多因素来综合考虑,动态地确定与物质资本投资的比例关系,以保证人力资本与物质资本的最佳配置,促进经济的持续增长与发展。第四,人力资本投资的成本是由直接成本和间接成本构成的。其中直接成本就是指为人力投资所支付的各种实际费用,如教育、培训、生活、保健等直接费用。而所谓间接成本则是指为进行人力资本投资而放弃的、丢失的其它相关收入,或者称为人力资本投资的机会成本。

当然,人力资本投资理论也存在着明显的缺陷。如没有注意到人力资本投资对不同的人而言会产生很大差异;投资数量的多少并不一定都能说明投资质量的高低;素质高的人并不一定都有好的工作效率,也不一定都有高的工作报酬,等等。

(二)人力资本投资理论的基本观点

1.人力资本投资就是人口质量的投资。

人力资本投资就是人口质量的投资,这是上面提到的美国芝加哥大学教授舒尔茨的代表性观点。他认为,这种投资包括五个方面的内容:一是用于教育的支出,包括正式建立的初、中、高各层次的学历教育;二是用于医疗与保健的费用支出,这是保障身体素质的需要;三是用于组织在职人员培训的费用支出(如各种专门培训),以提高职工的工作技能,增强劳动能力;四是用于不是由企业组织的那种为成年人举办的学习项目而支付的费用(即社会组织的);五是用于劳动力就业机会而支付的搬迁费用等。

2.人力资本投资就是教育投资。

人力资本投资就是教育投资,这也是上面提到的美国学者贝克尔等人的观点。贝克尔认为,教育是资本的形式之一,人接受了教育,就等于拥有了这种资本,因而成为人力资本。特别是人拥有了这种资本以后,既是今后富足的象征,也是今后工作效益的重要源泉。波兰学者巴耶斯特也认为,人力资本就是用于教育、进修提高、扩大人的知识等方面的费用。

3.人力资本投资就是就业前到就业后的投资总和。

人力资本就是指从就业前的投资,包括生育、成长和教育等费用,到就业后劳动力的训练和提高等费用之和。如罗马尼亚学者克·戈里科列斯库曾写了一篇"人力资本是发展的基本因素"的文章,详细地阐述了这种观点。实际上,这种观点与第一种观点还是有许多相同的地方。

4.人力资本投资收益的计算。

关于人力资本投资收益的计算问题,国外学者也作了许多探索,提出了一些核算的观点。如有的学者提出了人力资本投资收益的计算公式,用 r 表示年利率,Y 表示投资金额,C 表示收益金额,t 表示投资年限。其人力资本投资收益的计算公式为:

$$C = Y(1+r)^t$$

净收益公式为(用 W 表示净收益):

$$W = Y(1+r)^t - Y$$

整体效益计算公式为:

$$C = Y(1+r)^t + (MRP - MLC)$$

MRP 表示边际收入,MLC 表示平均成本。

(三)人力资本投资理论的不足与问题

1.人力资本投资理论的不足与弱点

人力资本理论认为,人力资本投资能够增加人力资本储备,从而可以提高人的生产劳动潜力,所以投入人力资本较多的人一般能获得较多的工资收入。也正是由于这一点,人力资本投资理论的弱点与其优点是联系在一起的,主要有这样几点:其一,由于教学质量很难精确地比较和衡量,因而教育投资很难精确地说明人力资本投资的质量;其二,由于在职培训的非正规性,因而培训质量的差异就比较大,投资的数量也未必能说明人力资本投资的质量;其三,受过教育培训的人是不是生产效率一定就高呢?这是很难用一个尺度来衡量的,而且现实生活中也表现得非常殊异;其四,人力资本投资多,生产效率高,是否一定就能获得高收入呢?一般来说,接受正规学历教育者,还可以用法制来调节收入的高低,但接受非学历的教育与培训者怎么办呢?如自学成才的人,谁来保证其工资收入高于没有自学成才者呢?

因此,从以上几个方面的弱点看,人力资本投资理论有其局限性,它需要整个社会的相关的方方面面的共识、配合与支持,并能与这种特殊的资本投资形成良好的运行机制,使其全面发挥出其应有的效力。

2.对人力资本投资理论的评价与争论

正是鉴于人力资本投资理论上述的这些不足与弱点,西方理论界的一些学者也对这一理论提出了不同看法和批评,有的甚至给予严厉的抨击。这里主要介绍两种不同的观点,即双重劳动市场理论和激进派对人力资本投资理论的批评,以便在学习时能全面把握。

一是双重劳动市场理论的观点。双重劳动市场理论认为,人力资本投资理论只适用于传统的劳动市场,并非适用于非传统的劳动市场,如非白人工人市场、少数民族劳动市场。在这些市场中,教育水平同就业与收入之间的正向关系并不明显,所以应对两类市场加以严格区分,制定不同的政策。尽管人力资本投资理论认为,教育水平可以保证劳动者从非传统的劳动市场向传统的劳动市场过渡,但双重劳动市场理论认为实际上难以保证这种过渡。

二是激进派的观点。激进派认为,"阶级"和"阶级斗争"决定劳动市场的作用和性质及其变化。劳资双方就工资高低的谈判,取决于劳资双方之间的力量对比。如劳方力量大于资方,就能使工人的工资接近于边际产品的收入,反之则会使资方的剩余价值增多。因此,激进派认为,要改变劳动者的收入和地位不能靠教育,而只能靠改变社会力量的对比关系。

然而,尽管人力资本投资理论受到了如此多的批评与争论,但它还是得到了许多学者的充分肯定,特别是人力资本与经济增长的关系已经得到了社会各界的极大关注和研究运用。

二、人力资本投资理论的实践效果认识

(一)从美国学者的研究来看

美国经济学家丹尼森和美国劳工部曾经对1948年至1989年41年间美国经济增长的原因进行了专题研究,指出教育和知识进步对经济增长的贡献率达到了42%,超过物质资本的贡献率(37%)达五个百分点。但若把投入生产的劳动力数量的贡献也包括进去,那么人力资本的贡献率便会高达63%[①]。另一位美国经济学家巴罗在一项跨国研究中,运用初、中等学生入学率作为人力资本的指标,对98个国家和地区1960年至1985年这25年间入学率与人均GNP增长率的关系作了多项回归分析。结果发现,一个国家或地区的经济增长率与初、中等学生入学率的正相关系数已高达0.73。由此巴罗认为,不同国家经济增长率的差异并不是主要由资源禀赋和物质资本等方面的差异所引起的,而是主要由各国所拥有的人力资本的数量和质量的差异所引起的[②]。美国著名经济学家舒尔茨和丹尼森在一项研究中,进一步论证了人力资本投资比物质资本投资对经济增长的正相关影响。他们通过大量分析研究后认为,在经济增长的初始阶段,物质资本投资对经济增长的贡献比

---

①②赖德胜:人力资本与可持续发展,《北京师范大学学报》1997年第四期。

教育等人力资本投资的贡献要大一些。但在经济增长达到一定水平后,教育、培训等人力资本投资对经济增长的贡献就要超过物质资本的贡献。比如,英国在 1909 年至 1929 年,物质资本投资对经济增长的贡献是教育资本投资贡献的二倍,但在 1929 年至 1957 年,教育等人力资本投资对经济增长的贡献却超过了物质资本投资的贡献,已占到经济增长的20%~21%[1]。美国经济在 20 世纪 90 年代一直处于稳定增长的状态中,形成了战后持续增长时间最长的一个时期,就是由于重视人力资本投资及其管理的结果。从以上的分析中不难看出,物质资本投资对经济增长的贡献总是有限的,而且达到一定程度后其贡献率将增长缓慢或不再增长,但人力资本投资的贡献及其潜力却是巨大的,是推动经济增长和持续发展的源动力,特别在知识经济条件下更是如此。

(二)从世界银行专家的有关研究和韩国的发展实践来看

世界银行专家的有关研究结果表明,增加教育投资、使劳动者受教育的时间平均每增加一年, 创造的 GDP 就会增加 9%,这样劳动者在连续头三年受教育的条件下, 就能使GDP 增加 27%。其后三年的教育投资也可使 GDP 平均每年增加 4%,后三年共可增加 12%[2]。另据世界银行专家研究,日本、韩国、新加坡、印度尼西亚、马来西亚、泰国和中国的台湾、香港等亚洲八个国家和地区(缩写为 HPAEs),在 1960 年至 1985 年这 25 年间,经济增长的速度要比东亚其它国家和地区快一倍,比拉美和南亚国家快近二倍,比撒哈拉以南非洲国家快五倍[3]。那么,这种极为罕见的大范围的区域性经济持续增长的原因是什么呢?根据有关研究,最根本的一点就是对人力资本投资的高度重视,特别是初等和中等教育的普及对人力资源基础素质的不断提高是一个基本原因。

拿韩国的发展来说,就非常具有典型意义。韩国从六十年代以来一直非常重视对教育和职业培训的投资,而且依据经济发展进程的不同阶段采取了相应的策略和措施。比如在20 世纪 60 年代,韩国为了适应"出口立国"的经济发展战略,在人力资本投资主要放在大力普及初、中等教育的同时,狠抓了一般技术工人的培训,以适应劳动密集型产业发展的需要,收到了良好的效果。1970 年,韩国教育投资已占 GNP 的 2.9%。20 世纪 70 年代开始韩国的经济发展战略转移到重化工业,由于资本、技术密集型产业的发展需要大量的技师和工程师,所以人力资本投资则重点适应对这类人员的教育与培训,从而使重化工业以年均 20%左右的速度增长,其产值占 GNP 的比重由 70 年代初的 30%提高到 60%。据统计,20 世纪 70 年代韩国的小学入学率已高达 100%。进入 80 年代,韩国又提出了"贸易立国"和"科技立国"的经济社会发展战略,并制定了详细的发展规划。人力资本投资则主要围绕知识和技术密集型产业发展的需要,特别是高科技产业、尖端产业领域对人才的基本需要而展开卓有成效的工作,从而使电子工业年增长 20%左右,汽车工业增长了 50 倍,并重点研究和开发了微电子、新材料、光纤等七个高科技领域。同时,由于韩国非常重视人力资本投资与经济、社会的协调发展,从而大大推动了产业结构的调整,使产业结构更趋合理。1979 年,韩国的第一、二、三产业在 GNP 中所占比重为 24%、32%和 44%。到 1990 年,则发

①西奥尔多·W·舒尔茨:《论人力资本投资》,北京经济学院出版社 1992 年版。
②世界银行《1991 年世界发展报告:发展面临的挑战》,中国财经出版社 1991 年版。
③世界银行《东亚奇迹——经济增长与公共政策》,中国财经出版社 1995 年版。

展变化为 11%、32.1% 和 56.9%,其三大产业的比重已与发达国家接近。据统计,20 世纪 80 年代韩国初中入学率已超过 95%,高中入学率已超过 82%。1995 年教育投资已占 GNP 的 3.89%,1998 年已达到 5%。目前,韩国 40% 的高中生可以进入大学深造,每千人中有研究生 5.4 人,名列世界前茅[①]。

(三)几点结论

从以上分析中可以看出,人力资本投资对经济增长与发展乃至整个社会发展的作用与影响都是非常明显的。

首先,各国的实践表明人力资本投资是提高劳动力素质的最基本的途径。这是因为人力资本投资的主要部分是投在教育和培训上的,而教育与培训的基本功能就在于提高人的基本素质和技能。对于接受过教育与培训而具有一定文化素养并掌握了一定技能的劳动者来说,他们既是与社会生产要求相适应的现实生产力,也是进一步推动生产力发展的重要力量。正是由于生产质量与效率的不断提高,才促进了经济的不断增长和持续发展。

其次,人力资本投资是推动科技发展的重要战略措施,而科技发展则是经济增长和不断发展的基本动力。因为教育是科技发展的基础工程,没有一流的教育,就不会有一流的科技,这是众所周知的道理。因此,教育是人才之本,人才是科技发展之本,科技发展则是经济发展之本。各国之所以都非常强调人力资本投资的特殊重要性,原因就在于此。

再次,人力资本投资只有不断适应经济社会发展的实际需要,才能与物质资本及其它资本形成有效的配置,进而不断促进经济的增长与发展。实践已经证明,人力资本投资可分为长期投资和短期投资两种形式,必须根据经济社会发展的实际,有效且适时地实施这两种投资形式。教育作为对人力资本长期投资的一种形式,国家必须在经济发展的同时不断增加对教育的投资力度,形成规范有序的投资体系,使教育始终既能适应经济社会发展的需要,又能持续有效地促进经济社会的发展。而培训作为对人力资本的一种短期投资形式,更能适应经济社会发展的现实需要,更易收到实效。因而,只有根据经济发展、产业结构调整、新技术与新工艺等方面的发展实际,及时有效地实施对职工的在职或脱产、半脱产培训,必然会对经济的增长产生直接地促进作用,这是发达国家和许多发展中国家经济发展的实践已经证明有效的策略和做法。

最后,人力资本投资是一种比物质资本投资更为复杂的投资形式,其对经济增长的作用具有不可替代性。这是因为人力资本投资主要在于解决经济社会发展的主观因素的质量问题,即人的素质问题。因而,它比客观的物质资本投资要复杂的多,难度也更大。我们之所以强调各国经济竞争的实质是人力资本的质量竞争,就是因为人具有理性思维和能动性、创造性,人能够主宰物质的创造以及经济与社会的协调发展。经济社会越发展,对人力资本的依赖性就越强,而且对人力资本的要求也就越高。

三、人本管理与人力资本投资

既然"以人为中心"的人本管理是现代企业管理的核心问题,那么企业管理就不能不研究对人的有效管理,不能不探索如何更好地调动人的积极性、挖掘人的创造性潜能等问

[①]张义忠、张义华:韩国经济增长与人力资源开发,载《石油大学学报》社科版 1997 年 1 期。

题。从现代经济学的角度看,人力作为与其自身不可分割的一种特殊的资本,与物力资本一样是需要进行一定的投资才能形成的,因而对人的管理包括对人的科学投资在内。企业要坚持"以人为中心"的人本管理思想,就必须坚持对人力资本的有效投资,不断发挥这种投资的实际效用。

首先,企业是否重视对人力资本的投资,既是反映企业是否坚持"人本管理"思想的具体体现,也是企业战略管理思想的重要体现。世界上许多成功企业的一条基本经验就是把员工作为战略性资源来实施管理的,应该说这本身就是"人本管理"思想的具体反映。实践证明,就物力资本与人力资本的投资而言,人力资本的投资更为重要,更具有长远性、战略性和开拓性,企业只有重视对人力资本的投资,才能使企业持续保持良好的竞争实力,始终立于不败之地。

其次,人本管理思想客观上要求企业必须尊重人,完善人,不断开发人的智力资源,而对人力资本的投资本身就是企业适应这种要求的体现。长期以来,我国企业投资基本上是围绕物力资本来进行的,很少考虑对人力资本的投资。当然,这种状况与我国经济发展的总体水平和实力有关,比较脆弱的经济实力,落后的生产力发展水平和相对粗放的经济增长方式,还难以使投资的重点从物力方面转向人力方面。因此,在我国经济发展水平总体迈向小康的前提下,特别是已经实施可持续发展战略和科教兴国战略的条件下,企业如何有效实施对人力资本的投资就显得非常重要。这不仅是人本管理思想的进一步深化,而且也是中国特色的人本管理思想的重要体现。

再次,人本管理思想要求企业人力资本的投资必须结合企业人力的实际,符合企业发展的实际需要。这就是说企业人力资本投资是与本企业的实际状况联系在一起的,并非人云亦云,一哄而起,一哄而散。应该说,任何投资都与投资主体和投资对象的实际需要相联系,都是为了获取一定的投资收益,包括经济与社会效益的实现。因而,人本管理思想在不同群体、不同企业的体现是有层次与差异的,是与不同层次的员工群体相联系的,脱离企业员工实际的投资是很难产生效益的,也是对人本管理思想的歪曲。西方发达国家企业人力资本投资在很大程度上就是兼顾了企业发展的实际需要与人力实际的,其中包括职员个人发展的实际要求。

最后,人本管理思想强调企业人力资本的投资必须以开发人的创造力资源、不断完善人的个性为基本出发点。根据许多学者的研究发现,人的创造力资源是巨大的,且具有不断开发的可能性。有的学者甚至认为,在现代科技与工业化水平条件下,人的创造力资源仅仅被发掘了很少的一部分,随着科技的不断发展,人的创造力潜能还会进一步迸发出来。为此,企业人力资本投资既要着眼于本企业的实际,也要着眼于职工个人的未来发展;既要不断丰富和增加员工工作的内容,使工作更富于挑战性,也要尽可能为员工提供更多的发展机遇和工作轮换机会,使职工有更大的发展余地。

四、知识经济与人力资本投资

知识经济是相对于农业经济和工业经济而言的一个全新的经济形态,发展知识经济已成为世界各国普遍关注的新课题。按照世界经济合作与发展组织(OECD)的有关研究报告,知识经济是指以知识(或智力)资源的占有、配置、生产和使用(或消费)为最重要因素的经济。因此,知识经济与人力资本及其投资是密切联系在一起的,没有高素质的人力资本,就不会有高质量的知识生产,更谈不上知识经济。而现代企业作为市场主体和法人实体,必然要重视知识的生产、使用和消费,重视对人力资本的投资。可见,知识经济与企业人力资本投资息息相关。

第一,知识经济的基本问题是知识生产,知识生产的质量就集中表现在企业的生产能力和技术水平上。发达国家之所以经济发达,就是因为非常重视知识的生产与创新,而且最终体现在企业的生产能力和技术水平上。实践证明,一个国家是否重视对企业人力资本的投资,就集中表现在企业吸纳知识生产与创新成果的能力上,也即产业化的水平上。从一个国家的创新体系来看,尽管知识与科技的创新非常重要,但其对创新成果的吸纳、扩散与转化能力则更为重要,因为这一条涉及到创新成果转变为现实生产力的能力上,而且这种能力就表现在企业的生产水平上。因此,要迎接知识经济的挑战,就必须在重视知识生产与创新的同时,更加重视企业人力资本的投资,增强企业吸纳、转化和创新科技成果的综合能力。否则,谈知识经济只能是一句空话。

第二,人力资本投资既是知识经济条件下企业的一项战略性措施,也是企业日常性管理的一项基本职能。我们谈企业的技术和产品创新,实际上就是指企业的生产能力创新,而生产能力的创新其基础就是企业的人力资本投资。只有人力资本的储备能够不断适应企业生产能力创新的要求,企业才能始终保持良好的生产能力,才能在激烈的竞争中立于不败之地。可以说,人力资本投资是企业生存与发展的应有之意,在一定意义上比物力资本投资更为重要。现代企业与传统企业最重要的不同就在于:传统企业是靠物力资本的数量与质量竞争的,现代企业是靠人力资本的数量与质量竞争的,特别是动态的人力资本质量。

第三,知识经济更强调企业人力资本投资的结构与质量。应该说任何投资都有一个结构与质量问题,不讲究结构与质量的投资是低效或无效的投资,人力资本投资也不例外。当然就人力资本投资的结构而言,既包括人力资本投资的内部结构,也包括人力资本投资与物力资本投资之间的结构,只有两个方面的结构都是合理的,才能有力地促进企业的发展。否则,结构不合理,企业发展就会受到影响。同样,人力资本投资的质量也是非常重要的。所谓人力资本投资的质量,实际上包含两个方面的涵义:一是指这种投资是与企业发展的需要相适应的,是可以促进企业发展的;二是指这种投资可以提高企业的整体技术水平,能够把现实需要与长远发展结合起来。总的来说,企业人力资本投资的结构与质量问题非常重要,企业是否重视这个问题其结果大不一样。

第四,知识经济条件下对企业人力资本投资的要求是很高的,必须重视这种投资的一些基本问题的研究。首先是企业人力资本投资范围、内涵和管理决策的研究,要在明确投资范围与内涵的基础上,注重投资项目的论证与决策,加强对投资项目的执行与监控。其次是投资结构的优化管理研究,既要分析研究人力资本投资项目内部的结构优化问题,又要探索与物力资本投资以及其它投资的结构优化问题,研究和运用优化投资结构的有效方法,注意解决存在的各种问题。第三是研究和解决好对人力资本的优先投资问题,要明确优先投资的必要性及其重大意义,制定好优先投资计划,协调好与其它投资的关系,建立良性的企业人力资本优先投资机制。第四是要研究企业人力资本投资效益的核算问题，要探讨核算的依据与原则，摸索企业人力资本投资效益与其它投资效益的分割与均衡，建立企业人力资本投资效益核算体系，探讨和总结出可行的核算方法。第五是要研究企业人力资本投资的合理性问题，要对企业的各种投资进行比较分析，认识各种投资在企业总收益中的作用，重点要研究投资比例、投资结构和投资管理问题，并提出加强投资管理的对策措施。

第二节 企业人力资本投资结构

在现代经济学的研究中，对结构的研究越来越受到重视。实践证明，投资对于经济增长的作用，不仅取决于投资的总体规模，而且取决于投资结构的合理与否，人力资本投资也是如此。

一、企业人力资本投资结构的研究对象

(一)分析企业人力资本投资结构的必要性

1.人力资本的稀缺性决定了分析企业人力资本投资结构的必要性。

同其它形式的资本一样，人力资本也是一种稀缺的资源。这种稀缺性一方面是由于无论在何等优越的条件下，一个人所能获得的人力资本及其维持的时间终究是有限的。另一方面是因为人力资本的形成和存量的增加需要投入劳动、时间和金钱等稀缺性资源。所以存量水平越高的人力资本，其稀缺性也就越大。一般而言，在其他条件一定的情况下，人力资本水平越高，其拥有者的人数也就越少，因而人口按人力资本存量的分布呈金字塔形状。当然，在不同的社会经济条件下，金字塔的坡度会有所不同。正因为人力资本是稀缺的，所以不可能满足所有企业无限的需要。现代经济学的研究表明，生产要素的投入产出，存在边际收益递减的规律。所以企业进行投资时要考虑企业人力资本与其他形式资本的结构与匹配。

2.不同形式人力资本的互补性决定了分析企业人力资本投资结构的必要性。

人力资本是存在于人体之中的，与其承载者不可分离。由于人的体力、精力和生命等自然条件的约束，一个人所能拥有的人力资本相当有限，而且不同的人还会拥有不同的人力资本，即就是同一个人，其拥有的人力资本也是多样的。不同的人力资本有些是互补的，在生产过程中必须同时使用。由于人力资本效能的发挥需要彼此互补的各种不同类型的人力资本的共同作用，因此其效能发挥的最大化并非取决于存量水平最高的人力资本，而在很大程度上制约于存量水平最低的人力资本，即受制于"短边人力资本"的存量水平。例如，一个具备较高技术资本存量的人，如果其健康状况很差或者健康资本存量很低，那么，其技术资本效能发挥的程度必定低于健康资本存量较高条件下的发挥程度。鉴于不同人

力资本效能发挥的互补性与"短边效应"的存在,对人力资本投资结构的研究就非常必要。

3.企业人力资本投资对象的复杂性决定了分析企业人力资本投资结构的必要性。

企业人力资本投资的对象是企业内的全体员工,他们在专业背景、文化水平、个人经验、学习态度以及个人的年龄、性格、爱好等诸多方面都存在着不同程度的差异,这种差异决定了企业人力资本投资对象的复杂性。那么,进行人力资本投资就要根据不同人员的不同需要选择不同的投资内容与投资形式。比如,对经理级别的高级管理人员,投资的时候应侧重在决策能力、人际交往能力以及根据企业内外环境变化而及时决策的应变能力等方面;对中层管理人员,侧重于技术能力、行政能力等方面的投资;对工人的投资则主要应侧重于生产技能的培训。所以,企业人力资本投资对象的复杂性决定了企业不能搞"齐步走"式的人力资本投资。只有对企业人力资本投资的结构进行研究,才能规划好不同方面的人力资本投资。

4.企业人力资本投资主体的多元化特性决定了分析企业人力资本投资结构的必要性。

由于人力资本投资的多样性和人力资本投资的有限性,使得人力资本投资主体具有多元性和广泛性的特点。具体来讲,人力资本投资者包括:个人、家庭、企业、政府以及各种社会团体,其中最主要的投资者是个人与家庭、企业、政府。由于人力资本的形成具有相继性,所以具体到企业的人力资本的形成,同样与这三方投资主体密不可分,也就是说,企业人力资本的形成,是个人、企业、政府共同投资形成的。这种多元性一方面使人力资本投资资金来源多样化,同样也使人力资本投资行为多样化。这种多样化一方面有利于企业人力资本存量水平的提高,另一方面也使企业人力资本投资关系变得复杂。例如,对在职培训的投资者一般包括企业和个人,那么,这种投资的成本如何分担,收益如何分配与保障就成为一个比较复杂的问题。所以,对企业人力资本投资的主体结构问题的研究也显得十分必要。

(二)企业人力资本投资结构的研究对象

企业人力资本投资结构的研究对象的确定,既要考虑到它的理论意义,又要关注它的实践意义。所谓对其理论意义的关注,是指对企业人力资本投资结构的研究对象的确定,要从人力资本理论出发,具有理论上的清晰思路。所谓对其实践意义的关注,是指要从企业人力资本投资管理的实际出发,具有很强的可操作性。我们对企业人力资本投资结构的研究对象的确定就是本着这一原则,从企业人力资本投资的含义出发,结合企业经营管理的实际情况,考虑到企业发展的生命周期和环境因素对企业行为的影响,从内部结构、外部结构和主体结构三个方面来对企业人力资本投资结构的研究对象进行探讨。

1.企业人力资本投资的外部结构。

无疑,企业投资可以划分为人力资本投资和物力资本投资两大类,无论那种投资形式,都是为了提高企业的生产能力和盈利能力。一般来说,在企业投资活动中,资金能够充裕地供给企业的一切投资需求的情况极为罕见。而不论企业的人力资本投资,还是物力资本投资,都是需要资金支持的。并且,企业人力资本的存量与企业物力资产的合理配置无论对企业人力资产边际效用的最大化,还是对企业物力资产边际效用的最大化,都至关重要。有限资金转化成人力资产、物力资产的时机和比例,对企业的经营具有非常重要的意义。所以,外部结构理所当然的就成为企业人力资本投资结构的研究对象。

2.企业人力资本投资的内部结构。

若对企业人力资本投资行为进行考察,可以发现企业用于人力资本投资的形式主要有以下几个方面:一是职工招聘投资,这是企业对所需的劳动力、技术人员、管理人员招聘时的投资。采用招聘办法是企业取得人力资源的一条捷径,但需要支付必要的费用。二是职工培训投资,这是企业对在职人员进行技术培训,以满足企业自身经营特点需求的投资,既包括对在职职工的培训,也包括对新聘人员的培训。三是医疗保健投资,这是国家法律规定的投资,一方面可以给企业带来间接收益,另一方面也是为了保护劳动者的利益。四是职工福利和社会保障投资,即企业用于人力资源福利及社会保障方面的投资。这种投资一部分是国家法律规定的,另一部分是企业为了增加其凝聚力和吸引人才流入的能力而对职工福利进行的投入。因此,根据企业人力资本投资形式的不同,可以将企业人力资本投资划分为不同的投资项目,而不同投资项目之间的协调配合问题就成为企业人力资本投资结构的又一研究对象。

3.企业人力资本投资的主体结构。

在前面的分析中,我们谈到了企业人力资本投资主体的多元化特性,并且在企业人力资本的形成过程中存在相继性的特点,这就使得企业人力资本投资关系变得复杂化。企业人力资本投资的多元主体在不同阶段对企业人力资本存量的形成起不同的作用,并且在企业人力资本存量形成过程中,这种不同的作用是必须的和难以相互替代的。如果某一投资主体的投资行为出现偏差,就将影响企业人力资本存量的形成。特别是某些人力资本存量的形成是需要各投资主体的投资行为同时进行的。也就是说,在此时对于企业人力资本存量的形成来说,各投资主体的投资是互补的。因此,在各投资主体的投资行为共同进行时,相互之间的投资关系是复杂的,也是需要协调的。对企业人力资本投资的主体结构进行研究,就是要使相关投资主体的投资行为合理配置,以便形成高质量的企业人力资本存量。

二、企业人力资本投资与物力资本投资结构的优化

(一)注意人力资本与物力资本互补关系的性质及其变化

人力资本与物力资本之间的互补关系的本质特征是这种互补具有较高的弹性,并且有提高的趋势。所谓互补弹性是指一种要素的边际投入所引起的另一种要素边际投入的变化。就人力资本与物力资本而言,该弹性是指每增加一个单位的物力资本投入,需要增加的人力资本投入单位数量的变化。一些研究结果表明,人力资本与物力资本的互补弹性要大大高于普通劳动力与物力资本的互补弹性。其中的道理很简单,因为在现代经济中所应用的技术绝大多数都是劳动节约型,或者是"非中性技术"。因此随着物力资本投入的增加,并不一定能够带来对普通劳动力需求的相应增加,甚至有可能使这种需求保持不变或减少。所以,普通劳动力与物力资本的互补弹性一般小于一,甚至等于零或小于零。但人力资本与物力资本的互补关系的动态则相反,越是在技术进步的条件下,物力资本投入的增加会引起对人力资本需求的更快增长。人力要素功能的作用使人力资本与物力资本的互补弹性可能等于一,甚至大于一。并且人力资本与物力资本之间不但具有较高的互补弹性,而且随着科学技术的发展和经济的增长,这种互补弹性还有逐渐提高的趋势。我们可以用以下两个方面的事实来证明这个趋势的存在。其一是发达国家的产品和服务结构经历了从劳动密集型到资本密集型,再到人力资本密集型的发展过程。其二是美国和其他一些发达国家的人力资本投资增长速度大大快于物力资本增长的速度。在知识经济浪潮涌动的今天,企业更应重视人力资本所蕴藏的巨大生产力,实现人力资本投资与物力资本投资的优化配置。

(二)要坚持人力资本优先投资的原则

与物力资本投资相比,人力资本投资在经济发展中具有明显的超前性特征,即先投资人,后投资物。假如我们把生产过程简单地看作物力资本与人力资本这两种主要因素所形成的一个运行过程,那么人力资本因素则要起主导作用,是决定生产过程状态和质量的关键因素。对人力资本的投资不仅是提高人力资本投资回报率的有效途径,而且也是提高物力资本投资回报率的基本途径。在物质条件一定的前提下,一般来说人的素质比较高,劳动生产率就比较高,反之亦然。既然劳动生产率的高低与人的素质直接相关,那么对人力资本的优先投资就成为极为重要和迫切的问题。我国在对人力与物力的投资上,既有成功的经验,也有投资不力、发展不平衡的沉痛教训,特别是固定资产投资效益不高,包袱沉重已成为突出问题。固定资产投资收益率比较低的基本原因在于对人力资本的投资力度不够,并制约着物力资本投资,没有形成有效合理的投资结构。在企业的投资结构的优化管理中,人力资本的优先投资是必要的。因为人力资本的形成需要教育培训的投入,而这些投入形成有效的人力资本则需要一个过程,这是由人的学习曲线决定的。在人学习掌握某种新技能、新知识时,其接受速度是比较慢的,只有他具有了一定程度的相关知识、技能的储备,才能很快地接受企业所需的技能和知识,而这部分知识技能的储备,则需要优先投资,这样才能在企业战略转移或上新项目时使人力资本投资形成资产的速度与物力资本投资形成资产的速度相匹配,不致于使一段时间物力资本投资处于闲置状态。这在劳动力或人才较紧缺的时期就显得尤为重要。

(三)保证适宜的物力资本投资规模

一般来说,人力资本投资发挥效用,必须有一定的物质资产基础。并且,由于物力资本投资所形成的物质资产,通常总是在一定程度上凝结着人力资本的投资(其他企业所投入的)。因为社会生产是一个连续不断的过程,并且社会分工使得单个企业处在一个类似于食物链的社会生产链条中。企业总是不断利用其他企业的成果或产品,然后生产出自己的产品或成果供另外的企业或个人使用。尤其在社会分工越来越细的现代社会里,企业投入资金形成的物力资产,通常凝结着许多不同企业的人力、物力资本投资的成果。这种对别人成果的利用是必须的。否则,企业的人力资产将难以产出更富有技术含量的产品。例如现代社会中的高新技术产品,技术附加值很高,但如果不利用前几代人在计算机、信息技术上的成果,企业即使投资引进再高级的技术人才,其人力资本的效用将无法发挥。这样就会出现人力资产的闲置,将会给企业增大成本,尤其机会成本的增加将难以估计。在我国,这种情况的出现主要是由于企业盲目追求高学历人才、高技术人才所导致的。结果由于没有适宜的物力资本做保障而造成人才的闲置,专业人员不能做与自己专业对口的工作,就是人力资产的闲置。因此我们认为,企业人力资本投资结构的优化管理要重视企业的"基础设施建设",要有适宜的物力资本投资作保障。

(四)企业人力资本投资与物力资本投资合理配置原则

企业人力资本投资与物力资本投资作为促进企业生产能力提高的两个主要方面,对企业目标的实现有极其重要的意义。增加企业投资,是促进企业生存与发展的有力手段,但是只重视企业投资总量的增加,而忽视投资结构的优化,必然会导致企业资产的闲置或浪费。从上述分析中可以看出,假设一种投资保持不变,另一种投资增加到一定程度会产生边际效用下降的情况,这时多投入的资产就会处于闲置状态。无论对物力资产还是人力资产而言,这种投资效用的递减问题是普遍存在的。在现实生活中,这方面的例子也是比比皆是的。诸如有些企业引入先进的生产技术设备,却没有合适的人去操作使用,导致设备的闲置;而有些企业盲目引进高学历人才,却因无合适工作岗位,导致学非所用,这就是人力资产的闲置与浪费。所以,企业人力资本投资与物力资本投资的合理配置就显得尤为重要。因为这时,企业的物力资本已有了相当的积累,进行新项目的投资时人的因素就显得特别重要。另外,企业人力资本投资与物力资本投资的合理配置,总是因企业所处的行业不同会有很大的差异。一个制造业企业与一个服务业企业对人力资本投资与物力资本投资是怎样的比例为适宜,必然有不同的看法。比如注册会计师事务所,其物力资本投资可能与人力资本投资相比显得微不足道,而一个固定资产庞大的传统制造业企业,企业资产的价值可能更多的体现在物力资产上。所以,企业人力资本投资与物力资本投资的均衡配置,是要因时因企业而宜的。

三、企业人力资本投资内部结构的优化

(一)人力资本投资形式的多样性

力资本是以不同的形式存在于人体之中的,或者说人力资本具有不同的形式。一般而言,人力资本的类型主要有教育资本、技术与知识资本、健康资本以及迁移与流动资本等。

1.教育资本投资

教育资本一般是指通过正规教育而获得的人力资本。这种资本是人力资本最基本的形式之一。因为教育资本不仅能够作为生产要素直接投入到产品生产和服务的过程中,而且更为重要的是,它还是许多其他形式人力资本形成的投入要素。或者说,这种资本是一种能力资本。利用这种资本可以获得其他形式的人力资本,如专业技术和知识等。正因为如此,许多国家把小学和中学视为基础教育。当然,正规教育还包括大学教育。但是大学教育已经进入专业学习阶段,因此与小学和中学相比,在大学中所获取的人力资本更具有直接的生产性或经济价值,因此可将其归入技术和知识类型的人力资本。

2.技术和知识资本投资

技术和知识资本是人力资本的核心,它是指一个人所具有的可以直接用于生产产品与服务的人力资本。当然,这种资本也可以进一步促进一个人的人力资本存量的提高,但其主要作用在于前者,这是其与教育资本在功能上的最主要的区别。技术与知识资本的取得主要通过专业学习(大学教育)、在职培训以及"干中学"等途径。这类资本也可以按技术与知识的差异分为更具体的类型。美国学者贝克尔曾做过通用技术与专用技术的区别。所

谓通用技术是指可以适用于不同的生产过程或企业的技术；而专用技术则是指只限于某一特定企业或生产过程的技术。这两种技术的区别对于人力资本投资及其收益具有重要影响。

3.健康资本投资

由于人力资本存在于人体之中,因此人的体能、精力及健康状况与寿命长短可以直接影响到一个人的人力资本的收益率,以及人力资本生产效率的发挥。无论是从其提供的工作总量来看,还是从单位时间内的工作数量与质量来看,都是如此。所以,人的健康也是一种重要的人力资本。健康资本的取得主要是通过医疗、保健、营养和体能锻炼,以及闲暇与休息等途径获得。健康资本的意义在于它是其他形式人力资本存在与效能正常发挥的先决条件。例如,在身体健康、精力充沛的条件下,一个人所具有的人力资本的效能才能得到最大程度的发挥。人的寿命的延长可以降低人力资本的折旧率,延长收益期,进而提高人力资本的收益率,因而也可以减少人力资本投资的风险,刺激对人力资本的投资。但是,健康资本存量的变化最终要受到人的年龄变化的影响。一个人在壮年之后,随着年龄的增长其健康资本存量将逐渐消减,健康资本投资的边际收益率也会下降。一般而言,一个人的健康资本存量与年龄的关系呈现一种倒"U"形状。健康资本的这种年龄效应比其他形式的人力资本的年龄效应更为明显。也正因如此,许多人一般在成年或壮年后人力资本投资开始下降,进入老年后大多数人都将会停止人力资本投资行为。

4.迁移与流动资本投资

在许多学者看来,人口迁移与职业流动也属于人力资本范畴,因为这类活动需要投入成本(包括直接成本和间接成本),并且可以带来收入的增加。库兹涅茨认为,美国工人收入水平的提高在很大程度上是由于劳动力从低收入产业向高收入产业的转移。据他估计,美国在20世纪三、四十年代的工人平均工资的增长中有40%是来自这种转移。可见,迁移与流动资本实际上是一种资源配置资本,因为它可以通过人力资本所有者位置(地理位置和职业位置)的变化带来收益的增加;或者说,迁移与流动资本可以带来积极的配置效应。但是如果说教育资本、技术与知识资本、健康资本在形态上有些使人难以捉摸的话,那么迁移资本与流动资本就真正是一种"影子资本"了,因为一旦迁移或流动过程结束,其本身就失去了独立存在的形式。与其他形式的人力资本所不同的另一个特点是,迁移与流动资本存在于人体之外,它只是改变人的空间或社会位置。

实际上,以上投资形式还可以依据投资性质归纳为以下几种类型:

(1)对人的学习能力的投资。这类投资的主要作用是增加人的教育与知识资本存量,提高人们接收与收集、分析与处理各种信息的能力。这类投资的主要形式是学校正规教育。

(2)对人的技术能力或生产能力的投资。这类投资主要是通过职业与技术教育和在职培训,提高人的生产技术或工作技能,增强人的生产能力。这种投资形式具有十分重要的意义。

(3)对人的工作效能的投资。所谓人的效能,在这里是指人的体力与精力。因为具有同样形式和存量水平人力资本的人,如果其体力与精力上存在着明显的差别,那么他们的人力资本效能发挥程度则会不同。从这个意义上来讲,人的体力和精力,或者说健康状况是一种效能资本。这类投资主要是通过医疗、保健、体育锻炼等形式实现的。

(4)对人的能力空间配置的投资。如同物力资本一样,人力资本也有一个空间配置问题,空间配置的调整或变化也需要投入一定成本。就物力资本而言,这种投入表现为运输成本。就人力资本而言,则表现为人的迁移与流动成本。人力资本的配置形式主要是地域性的迁移和职业的流动,或者是两者的结合。因此,这类投资主要包括迁移与流动及有关的信息成本。

(二)企业人力资本投资内部结构的优化

一般来说,人力资本主要是技术与知识资本,它是通过教育与培训的投资取得的,这部分投资对企业人力资产生产能力的形成具有非常重要的作用。所以,教培投资是企业人力资本投资中的重要项目。而人的健康状况则是其他形式人力资本存在与效能正常发挥的先决条件,并且人的体能、精力及健康状况与对人的医疗、保健的投入具有直接的影响。所以,人的健康也是一种重要的人力资本,企业的医疗、保健投入必不可少。企业人力资本之所以成为企业的资产,就是因为企业获得对员工人力资本的使用权,是需要与员工确立劳动合同关系的。那么,吸引员工必须进行人员的招聘和选择,与之相关的费用支出也是企业取得人力资产的一项重要投资。并且人员的招聘、选择是企业人力资产形成的第一步,招聘到具有成长潜力的员工对企业以后的人力资源开发具有重要意义。这一步工作的成效如何也会影响到企业教培、医疗、保健投入的效果,所以企业的人员招聘、选择工作越来越受到企业的重视。

1.企业人力资本投资项目间的结构优化应遵循重视人力资本的开发,加强教培投入的原则。

企业的教育培训主要是指在职培训,是对已经受过一定学校教育,并已经在工作岗位上从事有酬劳动的各类人员进行的教育培训活动。在职教育的内容往往与受教育者所在的企业发展有密切的关系。从理论上看,在职培训和学校教育一样,都是为了提高人力资源的知识和技能存量。然而,学校教育更侧重于知识的提高,而在职培训则更侧重于职业技能的提高。在职培训对企业来说,具有正规教育所不可替代的作用。尤其在知识更新换代加快的形势下,解决员工知识老化的问题,只有由企业组织进行有效的在职培训。故在职培训对企业来说,尤其具有短期实效性。根据美国宾州大学的研究,一家投资1元于员工教育的公司所获得的效益,甚至高于投资2元于新机器的效益。摩托罗拉公司曾经就培训的投资回报进行了专门调查,发现培训的投资回报率是1:30(当然要达到这样的回报率,需要从体制和操作两个方面来确保培训的质量和实效)。据有关分析,一个企业投资于员工教育的成本不低于员工薪金成本的2%,而且提高员工素质后,为防止员工跳槽就要使员工所提高的红利不少于薪金的10%,那么我国企业用于教培的投入是远远不够的。在市场竞争日益激烈的今天,企业加大教培投入的程度,是提高员工素质,增强企业生产经营能力的重要途径。企业教培投入要在企业整体的人力资本投资中占较大的份额。

2.重视招聘选择工作,适当提高招聘选择投资的比重。

企业在发展的任何时期都会需要不同类型、不同数量的人才,这是企业持续发展的保证。即使在企业生命的成熟期,也要调整人力资源的结构,以保证人力与物力和财力的最佳配置。因此,招聘工作是确保职员素质的重要手段。招聘过程有很多步骤,每一步实际上都有选择,经过层层的选拔,最后被录用的总是企业相对满意的人员。这些人员的文化素养、所掌握的技能等都是企业所需要的,故有效的招聘可在一定程度上保持职工队伍的稳定。每一个企业都不希望自己所招聘的人员经常出现"跳槽行为",所以在招聘过程中,招聘人员一般都会注意审查申请人的背景和经历,以断定他们不会很快离开并给企业造成损失。因而,招聘工作一开始就有可能部分地消除某些不稳定因素。招聘和录用职工的过程中所发生的直接劳务费用、直接业务费用、间接费用(如行政管理费、临时场地及设备使用费)等构成了企业人力资本投资的一些重要项目。在传统的会计核算中,这部分费用往往被纳入管理费用中,使得难以评价企业招聘选择的投资效益状况。而把这项工作作为一项投资项目来进行管理,对其进行投资效益核算,是企业人力资本投资内部结构优化管理的重要方面。

3.克服医疗保健支出比重的畸形化是人力资本投资内部结构优化的重要方面。

根据我们调查的几个国企的情况看,职工医疗保健支出在企业人力资本投资中占相当大的比重,大多数企业这部分投资的比重超过了 60%(我们采用的人力资本总投资数据是招聘选择投资、教培投资、医疗保健投资三种之和)。根据人力资本理论的分析,健康资本也是人力资本的一种形式,对其他形式人力资本作用的发挥影响很大。但是,学者们对教育培训在人力资本形成中的作用是公认的。贝克尔等经济学家都对教育培训在人力资本形成中的作用进行过分析说明。在企业人力资本的形成中,教育培训更是一种主要的人力资本投资形式,而医疗保健支出,对企业人力资产生产能力的形成起着一种间接的作用。医疗保健支出对人力资产生产能力的作用是建立在教育培训投资已形成的知识技能的基础上。因此,医疗保健支出占企业人力资本投资绝对大的比重是一种不正常的现象,这与我国企业曾长期实行公费医疗、且公费医疗制度中漏洞较多有直接关系。所以,保持合理的保健医疗支出,是实现企业人力资本投资结构优化的一个重要方面。

4.形成各人力资本投资项目之间的互补互动关系是企业人力资本投资结构优化的关键。

在企业人力资产的形成过程中,人力资本投资各项目的作用是相互联系的,存在着一种互补性关系。例如,企业在招聘、录用员工时,工作做的细致充分一些,员工的基本素质就可能比较好,在进行教育培训时,就可以起到事半功倍的效果。并且,在招聘录用人员时,多考虑人员的健康状况对企业人力资产健康资本存量的影响,那么,在企业尔后的医疗保健支出中也可能节省费用,保持企业员工的工作效能不受健康状况的影响。而如果形成一套行之有效的培训办法,加大教培投资,那么既可以培养适合企业需要的人才,又可以免去高昂的人才引进成本(假定人力资本是稀缺的,外部供给一般不能满足企业的需求量)。而若员工的健康状况良好,工作态度端正(可通过保健支出加强),对于具有一定知识技能的员工效能的充分发挥也具有不可忽视的作用。综上所述,企业各人力资本投资项目之间的互补互动作用是非常明显的,在优化人力资本投资内部结构的过程中应予以高度重视。

(三)企业人力资本投资主体结构的优化

企业人力资本投资的多元主体。

首先是个人投资者。个人是人力资本最主要的投资者,也是所有形式的人力资本的投资者。个人进行人力资本投资的最终目的是提高自己及家人的生活质量。也就是说个人进行人力资本投资并不仅仅是以收入增加为最终目的。个人进行人力资本投资遵循的原则是效用最大化或收益最大化。一般来说,个人可以从人力资本投资中获得经济和非经济两个方面的收益。经济收益包括收入、职业保障、职位升迁和就业机会、消费效用等。非经济收益则更为广泛,包括精神和心理方面的满足,社会地位的提高,生活环境的改善,婚姻市场上的优势等,这些效益是其他投资者所不能获得的。个人人力资本投资需求受到两方面条件的约束:一是受个人投资资源条件的约束,例如收入水平和时间等;二是受市场供给条件的约束,例如教育、职业训练等供给条件。因此,个人对人力资本投资的实际水平如同其他投资一样,最终要取决于人力资本投资市场的条件。个人作为人力资本投资者,其经济收益取决于职业生涯的长短。但是,其收益的实现还是取决于人力资本市场的供求状况。

其次是企业投资者。一般来说,企业所需要的人力资本,可以通过两种途径来获得:一是直接从人力资本市场购买或租用;二是自己直接进行人力资本投资,或者说自己投资生产所需的人力资本。因此除了个人之外,企业也是人力资本的重要投资者。但是与个人投资者相比,企业对人力资本投资的范围要小的多,主要集中于在职培训上。通过这样的投资所获得的人力资本可以更直接服务于企业的特殊需要。当然,在在职培训的投资上,企业与个人是合作伙伴,企业也就成为人力资本的生产场所之一。在这种情况下,人力资本的生产过程与产品和服务的生产过程是结合在一起的。与个人投资者相比,企业进行人力资本投资主要以赢利为目的,以利润最大化为原则。企业之所以要对人力资本进行投资,主要有两方面的考虑:其一是通过技术培训可以提高受训者的生产效率,从而可以带来更多的利润;其二是由于物质资本与人力资本的互补,人力资本的增加可以提高物质资本的边际产出,进而也可以带来利润的增长。由于企业不仅是人力资本的投资者,而且还是人力资本的直接需求者,所以企业进行人力资本投资的选择将更符合实际需要,即需要什么就培训什么。因此,与个人投资者相比,企业对人力资本投资来自市场的风险要小的多,企业投资风险主要来自于其合作伙伴,即受训者。员工通过在职培训可以大大提高生产效率,为企业带来更多的利润。但是一旦其脱离该企业就将使企业蒙受经济损失。除了直接的经济损失之外,如果受训者流动到其他企业就业,那么,也就增加了该企业竞争对手的实力,从而使其蒙受进一步的经济损失。无论何种情况,企业对人力资本的投资必须伴随个人对同一形式人力资本的投资,这样,对该种人力资本的所有权也就构成了一种实质性的经济关系。在人身自由的社会条件下,个人在这种所有权关系中居于更有利的位置。这是因为企业人力资本是存在于个人体内的,所以个人是否愿意留在原来的企业,是否愿意使用该人力资本将取决于他的意志,而不是企业的愿望。企业为了避免职工离开带来的损失,一般会在培训前就与个人达成某种契约。即确定一个双方同意的期限,在这个期限之前个人如果离开该企业就必须补偿由此造成的损失。对个人来说,这种补偿也构成其迁移或流动的成本。

再则是政府投资者。在人力资本投资与形成过程中,政府可以发挥巨大的作用。事实上在许多国家,政府是人力资本最主要的投资者之一,并且具有个人或企业不具备的特殊作用。虽然在不同的政治和经济制度下不同国家政府的职能和范围存在很大的差异,但相同的是政府对人力资本进行投资的领域是相当广泛的。政府进行人力资本投资所形成的人力资本是一种社会的基础设施,这种基础设施不仅具有重要的经济意义,而且还具有更为广泛的社会意义。换言之,政府的人力资本投资有利于国民素质的提高,并因此会引起一系列积极的经济和社会后果,因而政府人力资本投资可以更大限度地开发人力资源。由于个人和企业的投资水平要受到其资源供给条件的限制,在这些条件的限制下,有许多人力资源不能达到最大限度的开发,或者说不能获得所期望的人力资本存量水平。

因此,企业人力资本投资主体结构的合理化,要求企业人力资本投资的相关主体的投资行为具有有效性,并且各投资主体的投资行为之间应该形成良性互动。

第三节　企业人力资本投资管理

一、投资环境分析

环境是相对于特定分析对象的外部系统而言的。投资作为一种特殊的经济活动,总是在特定的环境中进行的。企业人力资本投资环境是指决定和影响企业人力资本投资活动的相互联系、相互影响、相互制约的外部条件、因素及状况的总和,这种环境是与企业人力资本投资活动密切相关的。投资环境的优劣将直接或间接地影响人力资本投资运行的各个环节与各个方面,如投资管理、投资规模、投资形式、投资收益等。可见,企业作为人力资本投资主体要想取得投资的预期目标,使人力资本投资更趋合理,就必须了解和掌握具体的投资环境。

(一)企业人力资本投资环境的特征

一般认为,企业人力资本投资环境具有如下特征:

(1)客观性。环境是客观存在的事实和条件,它不以处于企业人力资本投资系统中的人的主观意愿为转移,并客观地制约着投资活动的全过程。这一特征要求企业人力资本投资要实事求是,符合人力资本投资的客观规律性。

(2)系统性。企业人力资本投资环境也是一个系统,是一个由与企业人力资本投资系统相关的各种外部事物和条件相互作用而形成的有机整体。故企业人力资本投资要注意对环境因素的系统性分析,具有前瞻性和预测性。

(3)动态性。企业人力资本投资环境系统本身总是处于不断运动变化之中的。因而人力资本投资要不断根据变化的情况,调整投资的形式、内容和管理方式。

(4)区域性。企业和企业人力资本投资系统所处的地理区域,由于是在特定的自然和社会条件基础上,经过社会发展历史过程的长期积淀,它的政治、经济、社会、文化教育、风俗习惯、社会心理、消费偏好等因素也逐渐形成了相对稳定的结构和特征,这种状况有着很强的继承性,并且在整体上表现出与其他区域的明显区别,这正是进行企业人力资本投资要考虑和分析的重要外部因素。

以上这些特征说明了企业人力资本投资环境本身是一个有着复杂结构的动态系统。正确科学地分析企业面临的人力资本投资环境的各种构成要素及其变化趋势,是任何一个企业人力资本投资主体成功进行投资活动不可或缺的先决条件。

(二)企业人力资本投资环境的构成要素

既然企业人力资本投资环境是由不同要素所组成的复杂系统,因而不同企业人力资本投资环境的构成要素、各种要素的相对重要性以及相互作用方式也是不同的。但是,对某一区域内的任何企业而言,其人力资本投资环境又有一些共同的构成要素,这些共同要素有如下几种:

(1)政治要素。政治要素主要是指影响企业人力资本投资活动的社会政治、政策、法律制度、政府机构和社会团体及其行为、政治氛围等构成的综合性要素群。

(2)经济要素。经济要素主要表现为经济形势、社会经济体制、社会生产力的发展水平和基本经济结构等。

(3)文化要素。文化要素主要指历史背景、文化教育、道德规范、心理习惯、价值观念、思维方式、社会准则及意识形态等。

(4)法律要素。法律要素指由法律完备性、仲裁公正性、法制严肃性等因素所构成的系统,主要包括政府颁布实施的各种法规以及这些法规的稳定性与执行的严格程度。

(5)自然要素。自然要素是企业生存和发展的基础,也是企业人力资本投资活动得以顺利进行的基础,是各种自然条件的总和。

(6)人口要素。人口要素主要包括社会可向市场和企业提供的人力资源的数量与素质。

(7)技术要素。技术要素是由一个特定社会的科学与技术发展的水平、科技体制及政策、社会普遍应用科技成果的程度、科技成果转化为现实生产力的速度等因素组成的。

以上各种要素之间存在着永恒的相互作用,并共同制约和影响着这一环境中的任何个体及企业。就企业人力资本投资环境而言,这些要素共同制约和影响着企业人力资本投资活动的内容、方式、方向和投资效果等方方面面。

二、宏观管理分析

人力资本的宏观管理是一个国家推进本国的社会经济发展,提高国际综合竞争力的一项重要内容。国家对人力资本的宏观管理可归纳为如下三个方面。

(一)构造制度框架

任何国家的人力资本,其生成、扩充、使用和增值过程都是在一定的制度环境下发生和进行的。在计划经济体制下,国家实行的是高度集中的计划型人力资本管理模式。而在市场经济体制下,国家实行的是开放式的、以市场机制为主、政府宏观调控为辅的人力资本管理模式。上述两种人力资本管理模式所产生的效果是完全不一样的,后者不但比前者更具科学性,更具活力,而且可以产生更大的效益。因此,体制因素对人力资本能否有效发挥作用是一种重要的基础性条件。

国家在实行市场型人力资本管理体制时, 主要是通过构造一系列在相应的制度框架下,具有实际操作意义的法律、法规和各种管理条例来实现的。国家构造制度框架的意义在于,明确人力资本管理体制发展的方向和所选择的发展道路,规范人力资本市场运作的各种行为, 为促成各种有利于人力资本扩充、提高和发挥作用的市场机制的形成创造条件。

由于社会是在不断进步,经济是在不断发展的,因此,国家在构造制度框架的过程中,其方向的选择也在不断地进行调整。从一个国家完整的人力资本管理制度框架的层次结构来看,国家一级的法律位于框架结构的第一层次,这一层次应该在时间上具有较强的稳定性。国家制度的有关法规属于制度框架的第二层次,这一层次在时间上也应该具有相对的稳定性,但允许在一定范围内进行适当调整。国家制定的各种管理条例位于制度框架结构的第三层次,这一层次的管理涉及的问题比较具体,而且很可能在时间上带有阶段性,因此允许有较大的适应性。对于国家的制度框架来说,无论哪一个层次的内容在本质上都是有着内在联系的,在整体上对国家的人力资本管理起着指导性作用,引导其向积极、健康的方向发展。

(二)实行宏观调控

国家以宏观调控的方式对本国人力资本的数量、质量和结构的发展,以及人力资本的宏观运作进行管理,目的在于保证人力资本的变动和变化能够更好地适应社会经济发展以及产业结构调整所引起的对人力资本的需求,同时也是为了从各方面促进人力资本更好地发挥作用。例如,不少发展中国家在开放人力资本市场后,大批低素质的剩余人力资本盲目地从农村涌入城市,给某些城市和地区带来很大的人力资本配置压力,同时也使得人力资本配置结构的变化不符合产业结构调整的要求,导致人力资本配置的无序化和人力资本的浪费。为了避免这种情况的出现,国家应通过宏观调控来解决就业总量和结构失衡问题,以防止由此而引起的社会不稳定。实践证明,一个国家在一定时间内对人力资本的数量需求总是有限的,但对人力资本的质量需求却是无限的。国家对人力资本管理进行宏观调控的主要目的之一,就是要设法改变人力资本结构,不断提升人力资本的质量。但为了避免以人力资本数量对人力资本质量的劣质替代,国家必然要在财政上加大教育投资力度,调整教育结构,大力培养人才,进而平衡和调节人力资本总量中所包含的数量和质量两方面的问题。一般来说,国家的人口多,并不等于人力资本的总量大,因为若干个较低素质的劳动者身上所包含的人力资本量,并不一定能够达到一个较高素质的劳动者所具有的人力资本量。例如,我国的劳动人口比美国劳动人口多,但我国人力资本总量并不一定比美国大。之所以出现这种状况,就是因为两国在整体人力资本质量方面存在着巨大差异。这种矛盾状况在发展中国家是普遍存在的,因此国家在人力资本的宏观管理上要下大力气对这些问题加以解决,才能保证本国人力资本水平和质量的不断提高。

(三)进行信息引导

市场经济的发展,推动了人力资本市场的发展,也改变着政府在人力资本管理方面的行为模式,使政府从对人力资本的直接管理逐步转变为间接管理,其中部分管理工作将通过信息引导方式来体现。由于市场经济条件下,市场本身所具有的相对自由性,也使市场信息往往是片面的、不完全的,再加上人力资本供求双方之间往往缺乏相互了解,故人力资本流动就存在许多盲目性。因此,政府有责任对整个宏观经济和人力资本市场的运行动态进行经常性的跟踪预测,定期预报,通过向社会发布各类有关信息,引导人力资本供求双方的交易行为,这对改变人力资本供求状况,改善人力资本与产业、行业之间的结构性矛盾有重要作用。例如,政府通过向社会提供宏观的人力资本流向,以及区域间人力资本差异状况的信息,可以提示和引导人力资本投到合适的地方。政府还可通过定期向社会公布产业结构调整动态和行业发展动向,以及与之相关的人力资本供求和余缺情况等信息,以便引导人力资本的流动和调整,等等。

三、企业人力资本管理系统

企业人力资本的管理是属于人力资本微观管理的范畴,是对企业特定组织范围内的人力资本进行的管理。企业人力资本管理包括人力资本供需分析、人力资源规划、人力资源的吸引、招聘、培训、职业计划、绩效考评、薪酬管理、激励及创造良好的企业文化等,其目的在于使企业拥有能长期保持高增值的人力资本和能长期保持高绩效水平的员工。图4.1是对人力资本管理、实现人力资本增值过程的描述。

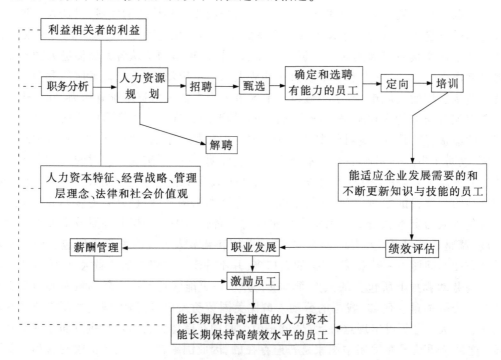

图 4.1　人力资本管理示意图

（一）人力资源规划

人力资源规划是人力资产获取过程中最初的正式投入。其主要任务是：对员工现在的状况作出说明；对员工未来的需求和条件进行预测。规划部门的工作是将业务规划、战略规划和市场需求结合在一起，以达到组织机构的需要，如同其他方面一样，规划的作用或多或少的也受组织机构管理风格和价值观的影响。

规划有若干目标，比较重要的目标是为组织在对未来的发展方向进行决策时提供所需的数据，提供有关未来的适当信息使不确定性和风险减少，使获取人力资源的效率及有效性提高。如果不对工作作出预测，那么工作将逐渐变得失去时效，或变得多余和不切实际。而规划可以提供将业务计划转化为人员配置计划的方法，一般不能被直接描绘为明确的商业上的成效。虽然在考察普通的用工规划时不能马上看出人力规划能够创造价值的证据，然而一项精密的规划有助于在管理上降低成本，使生产力达到最佳，并在市场上战胜竞争对手。

人力资源规划中采用的统计方法很多。规划人员可以从员工的历史资料中收集数据，也可以统计某类特定的员工群体人员离职和晋升的数据，还可以统计中层管理人员提升与招聘的情况。如果规划者了解了这些情况，那么找到度量他们工作效率和有效性的方法就容易得多。

规划和预测的目的是使组织机构能够获得更多的选择，以减少由于不适当的行动所造成的损失。成功的预测取决于系统所使用的数据的可靠性，取决于所选择的模型和使用的方法，最重要的是规划者、预测者和实际执行者之间的配合。在一般情况下，获得成功要满足三个条件：一是规划者在专业上有足够的能力将深奥的模型和大量数据转换为有用的管理信息；二是一线的管理者需要这样的规划系统，并且热心于让它发挥作用；三是市场稳定，并且是可预测的。如果以上这些条件不确定，规划就很不可靠。规划周期通常在5年之内，也有不超过一年的。

（二）人力资源的吸引、招聘和选用

现代市场经济的不断发展和所形成的激烈竞争，迫使企业和组织都要千方百计地吸引能为本单位所用的人力资本，特别是高层次的人力资本，这是保证一个企业或组织更好地生存和发展的基础。人力资源吸引活动的内容所涉及的程序主要有：一是确认单位或组织中各类工作对人力资本的要求；二是决定做这些工作以及高质量地达到确定的工作目标所需要投入的人力资本情况；三是为符合上述要求的人力资本提供各种必要和均等的竞争机会。

人力资源的招聘就是通过各种信息途径寻找和确定工作候选人，以满意的质量和数量来满足企业或组织对人力资源的需求。通过人力资源的招聘满足了企业发展对人员的需求，确保了较高的员工素质，在一定程度上保证了员工队伍的稳定。同时，招聘工作也是一项树立企业形象的对外公关活动。招聘的任务主要有三个方面：制定招聘计划；准备招聘信息，实施招聘计划；评价招聘效果。招聘的方法很多，从企业内部招聘看，有提升、内部调动、内部招标等。从外部招聘看，有由组织内的职员介绍推荐；利用外部的职业介绍机构；大学和院校招聘；广告公开招聘等。

人力资源的选用就是从候选人中挑选最有可能有效胜任工作的人员的过程。选用是招聘的进一步延伸。人力资本是一种主体资本,具有主动性,而且有较为复杂的关系和层次结构。因此,在人力资本的选用过程中必须仔细地考察与人力资本有关的各方面因素,并结合本单位的具体情况,对可能获得的人力资本有条件地进行取舍,以便有利于形成企业内部合理的人力资本结构。

(三)人力资源的培训

在知识经济条件下,最重要、最紧迫、最热门、最核心的工作是学习,终生接受教育成为成功之本。"学无止境"这句话已被 IBM 刻在美国纽约市 IBM 教育中心入口处的石碑上。在这个多倍速变动的时代,永续经营的关键就是不断地学习与创新。这个时代的生存法则已不再是"工业经济"的"发展或死亡",而是"学习或死亡"!在这种条件下,个人将变成学习的单位,企业将成为学习的组织,社会将变成学习的世界,知识将成为新世纪的决定力量。因此,对于企业来说培训是保证技术人员和管理人员掌握新技术、学习新方法的有效途径。可以说培训是向企业输送新鲜空气的一个重要窗口,常呼吸新鲜的空气,企业才能健康的发展。

人力资源的培训可以有很多方面,例如学习新技术、掌握新方法,也可用培训来规范职员的行为,转变他们的态度,等等。可见,培训无论对国家、企业和个人都有不可低估的作用。培训是一个相当复杂的体系,它涉及培训的对象、目标、内容、方法、形式、时间表、组织结构、主持机构等各方面,它们之间是相互联系的互动关系,任何一个部分的微小变化都会放大为对整个体系的连锁影响。可见,企业要搞好培训工作不是一件容易的事,应该综合考虑培训的各个方面,建立新型的培训体系,以期使培训的效果得到充分的发挥。

(四)人力资本的保值与增值

由于人力资本具有人和资本的双重属性,因此,人力资本的保值涉及到以下两方面的问题:

1.保持人力资本的载体——人的工作积极性和不断创造效益的热情,这实际上就是人力资源的激励。人力资源的激励是指通过各种有效的激励手段,激发人的需要、动机、欲望,形成某一特定目标并在追求这一目标的过程中保持高昂的情绪和持续的积极状态,发挥潜力,达到预期的目标。可见,通过对人力资源的激励,充分调动人的积极性,最大限度地挖掘人的潜力,对人力资本的保值是有重大作用的。

2.保持人力资本的载体——人能够有一个安全的工作环境和健康的身躯,以便能持续地工作。这就涉及到对人力资本的医疗保健和劳动保护。可见,一个企业如果不搞好员工的医疗保健和劳动保护工作,员工没有一个安全的工作环境和健康的身躯,就谈不上人力资本的保值。

大家知道,人力资本在使用过程中会不断消耗,作为人力资本主体的知识,有相当部分会随时间的推移而过时、陈旧,甚至失去价值。因此,从发展的角度出发,对于人力资本不但要保值,更要使其增值。这种增值的过程就是根据工作需要,对人力资本的载体——人不断进行知识更新、技能培训的过程,使其能力得到增强和提高,可见,培训是保持人力资本增值的重要途径。

（五）人力资本评价

人力资本的评价是作为对人力资本管理工作过程的全面分析和把握所必须进行的一种信息反馈。它可以对人力资本本身的情况，以及配合人力资本现状所采取的人力资本管理方法的有效性等作出测评和鉴定。

对于企业来说，企业人力资本投资评价，是企业人力资本投资项目完成一段时间后，以实际情况为基础，依照一定的标准，对企业人力资本投资活动的项目决策、设计实施、生产运营效果等全过程进行系统评价的一项经济活动，是投资项目管理的一个重要内容，也是投资项目管理的最后一个环节。通过投资项目评估，判定是否达到了预期目标，计划、组织、实施与调控工作的绩效如何，各部门、各环节的协调状况如何，以及投入产出状况等，以便总结经验和教训，提出建议和改进工作，不断提高项目决策水平和投资效果，更好地做好企业人力资本的管理与运营工作。

上述五个方面所具有的连贯性和相互关联，构成了组织内的整个人力资本管理系统，这个系统的工作成效如何是直接影响整个组织发展的关键因素。

四、企业人力资本的运营管理

要从根本上解决实际工作中可能存在的人力资本的闲置和浪费，就要提高对人力资本运营的效率，挖掘人力资本的潜在能量和发展动力。事实表明，增加人力资本投资只是解决问题的一个方面，而通过科学的管理和运营，提高人力资本的使用效率，则是另一个不容忽视的方面。人力资本的科学运营可以有效地提高人力资本的效益，从而直接促进劳动生产率的提高，推动经济持续稳定地发展。

对人力资本的运营能否成功和有效，受宏观和微观因素的影响，因为人力资本作为生产要素是异质的，具有内涵价值与外延价值的两重性。在不同的环境因素和回报效应影响下，其价值表现程度存在很大差异，具有很强的伸缩性。因此，对人力资本的运营只有讲究物质回报与精神回报相统一，才有可能使人力资本的价值得到更充分的发挥和体现。

（一）企业人力资本的层次构成

人力资源是具有层次的立体结构。一个国家或地区中具有劳动能力的人口构成其人力资源的基础层次，这就是人口资源层。在具有劳动能力的人口资源层次中，符合就业年龄已参加社会劳动的人口和符合就业年龄但尚未参加劳动的人口，构成劳动力资源层，是人力资源的主体部分。而这一层次中，有一部分德才兼备、进行创造性劳动、贡献较大的人，即通常所讲的人才，就构成了这一层次的最上层，即人才资源层次。

那么，企业中的员工就属于符合就业年龄已参加了社会劳动的人口。结合企业的具体特点，可以把企业人力资本分为三个层次。一是未发育层次，指一些智力水平、知识技能未达到一定要求，不能满足工作需要的员工；二是一般层次，符合工作要求，学历在高中或高中以下，没有专业技术职务且不在专业技术岗位上工作的员工，一般指企业操作层的工人和普通行政人员；三是人才层次，指具有中专或中专以上规定学历者，拥有技术员或相当于技术员以上专业技术职务者，以及虽不具备以上两条所规定的学历和专业技术职务，但在专业技术和管理职位上工作的员工。

但是，不同地区、不同企业在其人力资本层次构成上是存在差异的。总的来说，我国企业在人力资本构成上存在一些共同的特点,主要表现在:员工人数较多,但整体素质不高;人才层次密度低,即人才数量与员工总数的比例偏低;高层次的技术和管理人才太少;员工平均文化程度不高;人才资源的地区、产业和在不同所有制单位之间的分布不够合理。

(二)人力资本的物质价值利用

对于一个人来说,从出生到走上工作岗位,直至退休和去世,都在进行人力资本积累。虽然在人生的各个阶段,人力资本积累的内容有所不同,其中包含的体力、智力、知识力、创造力、技能等成分的比例会不断有所变化,但一般说来,新知识总是会不断被添加到个人的人力资本里的。因此,人力资本的投资是一个漫长的、连续的过程,往往贯穿于人的一生。在人力资本的积累过程中,个人的投资是相当巨大的,所以每当劳动者所具有的人力资本被用来为社会、他人进行服务时,他就应该获得相应的物质回报,以抵偿劳动者本身对自身人力资本预付的前期投资。因此,当企业或组织利用员工的人力资本创造物质财富时,就必须为所使用的人力资本支付报酬,也就是支付劳动者的工资,这本身就是人力资本的物质价值,企业或组织在其人力资本的运营过程中应充分了解这一点。

(三)人力资本的精神价值利用

精神价值是人力资本所独有的。对于人力资本的运营必须注重其物质价值和精神价值的统一,提倡物质回报与精神回报并重,缺一不可。目前,国际上盛行的"以人为本"的管理已发展成为一种主流趋势。人本管理提倡注重和发挥精神的作用,奉行将管理程序由过程管理转变为目标管理,将人从严密的过程控制下解脱出来,使人力资本蕴藏的潜能得以充分发挥。

美国管理学家理查德·帕斯卡尔曾指出,职业除了以劳力交换金钱的合约外,还包括心理的合约。如果企业与员工的关系只是建立在相互利用的基础上,就难怪许多人除了赚取薪水外,丝毫不肯多做贡献。而企业与员工一旦建立起心理合约,员工就会认为企业利益和自身利益是一致的,他们就愿意为企业做出更大的贡献。因此,在人力资本的运营中要特别注意发挥思想引导的基本职能,以员工的精神引导和价值整合手段塑造企业文化和企业价值观。

(四)加强对人力资本投资的管理

首先,树立"以员工为中心"的思想。职工是企业的主体,决策及执行质量的高低就取决于这个主体。因此,企业必须尽快转变观念,真正树立"以员工为本"的管理思想,树立职工主人翁的观念,树立只有依靠全体职工的努力才能成功地参与竞争的意识。在经营管理中,明确责、权、利与分工协作关系,建立和严格执行奖惩制度,保证职工个人才能的充分发挥和组织活动整体效果的优化。同时,要运用各种管理技巧,充分调动全体员工的积极性和主动性;让员工参与企业或部门目标的制定;尽可能消除职工的不公平感;采用宽严适度的领导方式;提倡管理者与职工之间的双向沟通。总之,企业只有树立了"以人为本"的管理思想,才有可能真正做到对人力资本的重视和有效管理。

其次,要建立完善的吸引、选拔、激励、开发和竞争机制。企业在激烈竞争的市场经济中,应根据自身人力资源规划,在全社会范围内建立统一的选才标准,积极引入公开竞争机制选择人才,并采用量化测评技术。一方面要主动向市场要人才,另一方面必须依靠企业自身的吸引力,吸引人才。在激励方面,企业在运用精神激励的同时,应发挥物质激励的作用,根据员工能力和业绩拉开报酬档次。在住房、晋升等重大问题上,增加工作透明度,体现公平、公正的原则。在人力资本的开发上,企业应进行一系列有计划的培训、教育和开发活动,努力提高员工的素质和技能,使职工的发展适应企业的发展需要。同时,应建立职工个人开发、职业生涯开发和企业自身开发的三位一体的开发机制;实现职工个人需要、职业抱负和企业目标的三位一体。企业内部应依靠竞争机制,加速人才流动,使企业内部人力资本得到合理的配置和利用。

最后,企业应培育并强化"企业文化"。一个企业应在长期的实践中形成全体成员普遍认同、遵守和奉行的共同价值观念、经营理念和与此相适应的企业行为准则、道德规范及规章制度,这是企业具有强大凝聚力和向心力的基础和保证。这种组织环境有利于从根本上激励和调动全体员工的积极性和工作热情。

本章思考题

1.怎样认识人力资本投资理论提出的划时代意义?

2.你对人力资本投资的范围和内容还有什么深入的考虑?

3.你对企业人力资本投资结构的含义搞清楚了吗? 如何优化企业人力资本投资结构?

4.何谓企业人力资本管理系统? 怎样加强对人力资本投资的管理?

案例分析

案例:人力资本管理新趋势

现代国际企业人力资本管理的实践自20世纪90年代以来有了新的进展,其中最突出的转变是把公司的经营战略与人力资本的系统政策紧密结合起来,其工作的范畴和复杂性正在日益增加。不仅外涵渗透至组织、工作方式的变革和企业文化等领域,传统的招聘政策、培训计划、工作发展、福利政策等也由于同步于公司的经营战略而被赋予了新的内涵,管理之妙,存乎一心,用才留才,各显神通。

一、培训:变"费用"为投资

许多国际企业已认识到:培训不是一项"费用",而是高报酬率的"投资",是培养人才专用性资本与企业最佳契合的途径,并前瞻性地实施。20世纪90年代后,跨国公司的培训开发呈现以下最新趋势：

1.培训内容与企业面临的问题和发展战略直接相联系。界定企业所处的外部竞争环境及内部员工素质和发展方向,找出思想与现实之间的差距,并根据企业实际情况来确定是否可以通过培训及怎样通过培训解决问题,实现企业战略。美国贝尔大西洋公司20世纪90年代之后战略立足于突破电信企业的传统经营管理体制,自1992年以来先后将200多位经理送到沃顿商学院进行"体制与观念变革"培训。在这里,学员研究电信事业的新发展,探讨如何破除制度和观念上的陈规陋习,包括如何向包括总裁在内的上司提意见。

2.培训的提出和运转完全以市场为导向和制约,以能否增强企业竞争力和适应市场需求变化为衡量尺度。培训导师有工商学院的教授、咨询公司的专家,也包括经销商、顾客和经理们自己。例如,道尔化学20世纪90年代以来的轮训班中,除聘请资深教授专家外,还把公司的老客户分批请到培训班中与受训的管理人员一起讨论;摩托罗拉让本公司经理上台给同事们传播经验,阿麦泰乐公司邀请顾客到培训课堂上讲述他们的抱怨和要求。

3.重视对管理人员的内部培训。培训的范围上至董事长,下至新员工,但西方企业尤其重视对管理人员的培训。近几年来,为使凝聚着管理技能的人力资本投入与本公司特定发展战略相联系,兴起了管理者内部项目的培训热潮。国际锦标公司的内部人员培训项目就是由来自斯坦福和密歇根大学的两位人力资本战略成本管理专家在对公司生产、管理、财务、员工深入研究后,根据高层决策的培训目标设计出与公司发展战略相一致的培训方案,不仅能使培训内容更符合公司实际,也比送到大学培训每人约节省2000美元的费用。

4.注重实践性。发达国家企业的培训形式不拘一格,并注重把课堂学习与实际商务活动结合起来,使之具有较强的实践性。美国赛格纳保险公司有一种称之为"行动学习"的培训,每期培训班以公司面临的一项挑战性商务难题为主线,集中十几位部门经理组成一个行动团体进行为期一个月的攻关训练。学员们用一周的时间研究商务课题,拟出研究方案,然后分散到全国各地走访顾客、竞争者、代理商以及各分公司,掌握第一手资料,最后集中起来,用10天时间分析调查数据和进行合作研究,在这一基础上形成一个解决难题的总体方案。

二、考核:兼顾个人发展

个人发展计划的宗旨在"为职工在企业将来作准备"。公司业务的发展客观上需要员工能够不断掌握新的技能,并以新的模式来思考企业的营运,即个人发展计划的本质是员工对多变的未来的回应。这一计划让每个员工对自己目前所拥有的技能、兴趣及价值观进行评估,设立自己的目标并与主管经理研讨一套切实可行的计划方案,使自己的特长及发展方向符合公司战略规划需求。持续不断的个人发展计划将帮助每一位员工适应未来部门的工作,提供许多可使个人、专业和财务满足的契机,并帮助其在机会来临之时为个人作好完全准备,但它本身并不是升迁的渠道。

"员工工作绩效目标和考核"是将公司的营运计划与员工个人工作计划相结合的一种方法。此法旨在通过帮助员工达成工作绩效目标,从而公司达成年度和战略目标。可口可乐公司董事兼首席执行官认为,因为一个人的价值观念直接影响其工作品质及工作经验,所以除工作成果外,员工如何做和要做什么都是非常重要的。在具体实施过程中,职工不但要将自身工作任务列出来，而且要与主管确定如何衡量工作绩效并动态反馈、不断修正目标，每人的绩效应该根据对公司营运计划和战略发展的贡献程序而定，因此所有的工作职责在拟定时，都要考虑到"SMART"五因素(Speciflc—表示具体的、明确的行为；Measumble—表示可以衡量的行为；Agreed—表示公司和个人共同认为的行为；Realistic—表示切实可行、可以达到的行为；Time-bound—表示有时间性的，在特定时间前要完成的行为)。同时，也必须把报酬和晋升机制紧密结合在一起，才能从利益驱动基础上使单个人力资本所有者为共同的企业目标而协同奋斗。

三、分配：变知识为财富

《福布斯》杂志1998年列出的年度美国25个最富有个人和家庭中，20世纪70年代后白手起家，以知识、技能等人力资本为主要投资要素的超过半数。随着人们对知识性、专用性和人力资本认识的逐步深入，传统的分配理论将彻底被改写。那种单一的"计时、计件工资制"在知识经济时代会失去激励作用，企业将逐渐建立一种把雇员与公司发展前景紧紧捆绑在一起的共担风险、共享收益的新型机制，使员工感到贡献同他所得的报酬真正相当。特别是在知识含量较高的企业中，人力资本投入的比例远远超过物质资本，而且收入的计算方式也发生了变化，关键性人物，如软件开发者的付酬标准是以开发的人/年计算，会计师、律师等的付酬标准以小时计算，咨询顾问的付酬标准以人/日和对企业增值的影响能力来计算。发达国家有3/4以上的企业除按劳付酬外还有各种共享收益的激励方式。

古老的"知识就是财富"的格言将在知识经济时代得到最完整的证明，财富的分配将倾向于人力资本的所有者，新的分配制度模式将具有如下特点：一是个人所拥有的人力资本的数量和质量决定就业的起点、收入和方向；二是保持公司核心竞争力的知识、管理型雇员与其他人员的报酬将有显著的差距，内在人力资本水平的差异成为报酬差异的直接原因；三是按个人能力而不是按职务付酬，管理学家称之为"能力工资"，以区别于以前的职务工资；四是雇员分享公司的剩余价值，个人按照人力资本对公司贡献的大小，直接占有企业盈余中更大的比例。

分析讨论题

1.你是如何看待人力资本管理的这种新趋势的？
2.你对案例中提出的三个方面的结论有何看法？

第二篇

职能篇

第五章

人力资源计划和控制

　　人力资源管理最基本的一项职能就是要根据组织发展的需要制定好人力资源计划。那么,能否制定出一个符合组织发展需要的人力资源计划,就需要进行人力资源预测,需要一套科学的预测方法。然而,当有了一个符合组织发展需要的人力资源计划,还需要在执行过程中选择、制定、创新一整套人力资源控制方法,以保证人力资源计划的有效实施。

第一节　人力资源计划

　　计划是管理的一个基本职能,人力资源管理者同其他管理者一样,也必须制定计划,而且人力资源计划的许多方面也同其他的计划一样,有着相似的计划过程。人力资源的计划在现代工业组织的起源时代是一项重要的管理职能。在早期的工业管理中,人力资源的计划在劳动力的分工、选择职员、工作研究等方面都有所应用,在政府和军队组织中也常常用到人力资源计划。

　　人力资源管理是由许多的人力资源活动和项目组成的, 人力资源计划就是明确地反映这些项目和活动的过程,也是制定新政策、决定新的人力资源项目和活动的过程,这些新的活动和项目就是为了保证即使在未来变化的环境下,人力资源管理也能有效地运行。随着人力资源管理在组织中,尤其是大型组织中的作用越来越明显,人力资源计划的作用也越来越重要。

一、人力资源计划的概念及其必要性

　　人力资源计划就是指根据企业的发展规划, 通过对企业未来人力资源的需要和供给状况的分析与估计,而对职务编制、人员配置、招聘和选择、教育培训、考评激励、人力资源管理政策等内容所进行的人力资源管理部门的职能性计划。实质上,人力资源计划就是在

预测未来的组织任务和环境对组织要求以及为完成这些任务和满足这些要求而提供人员的管理过程。不同的人力资源计划体现了不同的人事管理政策,一般来说有两种:一种是仅仅考虑组织利益的观点,认为人力资源计划就是把必要数量和质量的劳动力,安排到组织的各级工作岗位上;另一种是组织与员工利益兼顾的观点,认为人力资源计划就是在保持组织与员工个人利益相平衡的条件下,使组织拥有与工作任务相称的人力资源。不管从那种观点上看,为实现组织的目标与任务,人力资源的数量、质量、结构必须符合组织特定的物质技术基础,而至于采取什么样的方针政策,则取决于企业的经营指导思想。

那么,为什么一定要制定人力资源计划呢?这是因为:

第一,制定人力资源计划是与组织运行的有效性相关联的。历来人们就认为,管理的任务就是有效地组合劳动力和资本,这种组合的有效性无论是现在还是将来都应该是存在的,计划作为管理的基本职能之一,就是为了在未来的活动中使劳动力和资本的组合能有效运作,因而人力资源计划是必不可少的。

第二,只有制定人力资源计划,才能进行人员的招聘、选择、训练、安置和发展,使组织内人力资源的数量和质量得到保证,以便为达到组织目标确定所需要的最适当的人力及其结构。

第三,人力资源计划的目的是为了保证满足企业对未来劳动力和技术的需要。人力资源计划有助于组织的高层管理者了解人力的余缺状况,有助于高层主管进行决策和战略规划。因此,人力资源计划有利于组织的整体计划和一般计划行为,对组织的整体性策略、决策和长期计划有着重要的意义。

第四,人力资源计划为检查各项人力资源活动以及活动的效果提供了依据,并可作为人力资源政策的具体体现。

第五,有效的人力资源计划可以避免用人方面的纠纷。有时企业会有突然解除劳动合同的需要,由于没有受到警告就被解雇的人所引起的社会问题,可以通过有效的人力资源计划而相当程度地减少。计划可以允许多余的人员以其他方式流动,如退休、调动、离职或送去培训等。另一方面,企业有时也有突然需要人手的时候,计划也可以把这种情况考虑进去。因此,在有计划的情况下,由于人员过剩或短缺而引起的问题都可以得到改善。

二、人力资源计划的功能与过程

(一)人力资源计划的功能

人力资源计划的功能主要表现在以下几个方面:

1.人力资源计划可以确保组织在生存发展过程中对人力的需求。组织的生存和发展与人力资源的结构密切相关。在静态的组织条件下,人力资源的规划并不必要。因为静态的组织意味着它的生产经营领域不变,所采用的技术不变,组织的规模不变,也就意味着对人力资源的数量、质量和结构均不发生变化。而在现实生活中,显然这是不可能的。对于一个动态的组织来说,人力资源的需求和供给的平衡就不可能自动实现,因此就要分析供求的差异,并采取适当的手段调整差异。因此,预测供求差异并不断调整差异,就是人力计划的基本职能。

2.人力资源计划是组织实施管理的重要依据。在大型和复杂结构的组织中,人力资源计划的作用是特别明显的,无论是确定人员的需求量、供给量,还是职务、人员以及任务的调整,若没有通过一定的计划行为显然都是难以实现的。例如什么时候需要补充人员,补充哪些层次的人员,如何避免各部门人员提升机会的不均等,如何组织多种需求的培训,等等。这些管理工作在没有人力资源计划的情况下,就避免不了头痛医头、脚痛医脚的混乱状况。因此,人力资源计划是组织实施管理的重要依据,它会为组织的录用、晋升、培训、人员调整以及人工成本的控制等活动,提供准确的信息和依据。

3.人力资源计划能够有效的控制人工成本。实践证明,人力资源计划对预测中、长期的人工成本有重要作用。人工成本中最大的支出是工资,而工资总额在很大程度上取决于组织中的人员分布状况。人员分布状况指的是组织中的人员在不同职务、不同级别上的数量与结构状况。当一个组织处于初期发展的时候,由于低职务的人员多,所以人工成本相对便宜。而随着时间的推移,人员的职务等级水平上升,工资的成本也就增加。如果再考虑物价上升的因素,人工成本就可能超过企业所能承担的能力。那么,在没有人力资源计划的情况下,未来的人工成本是未知的,难免会发生成本上升,效益下降的趋势。因此,在预测未来企业发展的条件下,有计划地逐步调整人员的分布与结构状况,把人工成本控制在合理的范围内是非常重要的。

4.人力资源计划具有人事决策方面的重要功能。人力资源计划的信息往往是人事决策的基础,例如采取什么样的晋升政策、制定什么样的报酬分配政策等。人事政策对管理的影响是非常大的,而且持续的时间长,调整起来也困难。为了避免人事决策的失误,准确的信息是至关重要的。例如,一个企业在未来某一时间缺乏某类有经验的员工,而这种经验的培养又不可能在短时间内实现,那么如何处理这一问题呢?如果从外部招聘,有可能找不到合适的人员,或者成本高,而且也不可能在短时间内适应工作。如果自己培养,就需要提前进行培训,同时还要考虑培训过程中人员流失的可能性等问题。显然,在没有确切信息的情况下,决策是难以客观的进行,而且也可能根本考虑不到这些方面的问题。

5.人力资源计划有助于调动员工的积极性。人力资源计划对调动员工的积极性也很重要。因为只有在人力资源计划的条件下,员工才可以看到自己的发展前景,从而去积极地努力争取。因此,人力资源计划有助于引导员工职业生涯设计和职业生涯发展。

(二)人力资源计划的过程

人力资源计划可以按时间分为长期计划、中期计划和短期计划,也可以与组织的整体计划同步分为战略计划与策略计划。一般来说,人力资源计划的内容包括确定组织发展所需要的人员的数量和类型、人力资源的有关政策方针以及有关人力资源投资的预算等。人力资源计划的过程同一般计划过程相类似,主要有以下步骤:

1.从分析组织内外部的情况入手。通过对市场和竞争的分析了解组织所面临的机会和威协;通过对资源的分析了解组织的优势和劣势。即在起草计划之前,要明确当前的形势,不仅要确定想怎样,也要确定现在的情形是怎样的,即要收集资料,进行分析,确定离所希望的目标还有多远,有多大的可能达到目标。这样就可以分析出组织在人力资源方面的供给和需求的状况。

2.建立目标或目标群。目标就是组织所希望达到的未来结果。建立目标还包括确定为达到这些目标所能利用的资源,以及和目标相联系的问题,一般企业是以利润最大化和资源消耗量的最小化为目标的。

3.明确达到目标的有利条件和不利因素。其中包括明确能够帮助组织达到目标的外部因素和组织内存在的能达到目标的因素,以及组织内外可能阻碍达到目标的因素。尽管目前的因素相对容易明确,但预计可能会发生什么问题会更困难一些,然而这正是计划的目的和精髓所在。

4.预测组织的人力资源需求。其中包括对组织人员流动性的分析,短期人力资源需求的预测和长期人力资源需求的预测。人员流动性分析包括要了解和掌握有关退休、死亡和残废、解雇和辞职、提升及调动的情况,对组织年度内可能有多少人会离职做到心中有数。短期人力资源的需求预测一般也是指年度内的,这除了要考虑人员流动的情况外,还要经常分析每个岗位的工作负荷,因为随着组织的发展,工作量也会不知不觉地发生变化。另外,生产率的提高也对人员需求预测有明显影响。长期人力资源需求预测是指二三年以上至十年的需求预测,这要根据组织的长期发展计划而定,在多年的实践中,已经形成了用于长期预测的一些方法和技术,这些我们在后面的内容中会专门讲到。

5.确定人力供给计划。人力供给计划是人员需求的对策性计划。主要陈述人员供给的方式、人员内外部流动政策、人员获取途径和获取实施计划等。通过分析劳动力过去的人数、组织结构和构成以及人员流动、年龄变化和录用等资料,就可以预测出未来某个特定时刻的供给情况。预测结果勾画出组织现有人力资源状况以及未来在流动、退休、淘汰、升职以及其他相关方面的发展变化情况。

6.制定人力资源管理政策调整计划。要明确计划内的人力资源政策的调整原因、调整步骤和调整范围等。其中包括招聘政策、绩效政策、薪酬与福利政策、激励政策、职业生涯政策、员工管理政策等。

7.关键计划目标的风险分析及对策。每个企业在人力资源管理中都可能遇到风险,如招聘失败、新政策引起员工不满等等,这些事件很可能会影响公司的正常运转,甚至会对公司造成致命的打击。风险分析就是通过风险识别、风险估计、风险驾驭、风险控制等一系列活动来防范风险的发生。

8.编制预算。其中主要包括招聘费用、配置费用、培训费用、薪酬与福利费用、有关政策性费用等方面的预算。

9.形成达到目标的计划。这个阶段包括形成达到目标的行为选择,即策略方案,评价这些选择与方案,并从中挑选出最具吸引力的方案。在这里有一点应特别注意,这就是在做计划时要考虑到偶然性问题的出现,考虑到内在因素的阻碍和潜在的问题,使计划具有足够的弹性。

整个的计划过程可以由图5.1来表示。这个计划的过程同任何计划一样,要考虑资源供给和需求的情况,以及预算、标准和控制,以保证以后所发生的和计划所预计的相一致。

图5.1中还列出了人力资源的策略计划,策略计划就是将人力资源计划变成可以操作的策略方法。因为计划是描述目标和实现目标的途径的,是纲领性的,因而实现计划还需要切实可行的行动方案。制定策略计划的过程实际上是一个对各种可能方案进行比较的

过程,这个过程要考虑组织的内外部环境、方案实施的难易程度、费用及其他可能性,并进行多次评估和选择后才会形成。如图 5.2 所示:

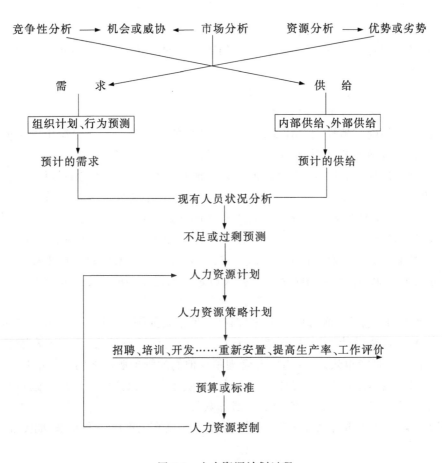

图 5.1 人力资源计划过程

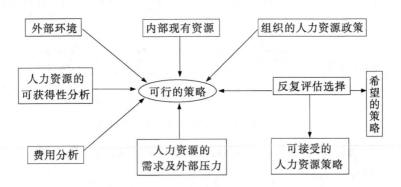

图 5.2 人力资源策略计划的形成

在形成人力资源的策略计划时,有几点需要特别注意:一是对费用的考虑。在评估人力资源费用时,不仅要考虑工资和福利——这是费用的大部分,还要考虑交易费用——如招聘、安置的费用等。二是人力资源策略计划应早于公司的策略计划的形成,这样就会使公司的高层管理者们在考虑自己的计划时,把人力资源策略计划的内容也考虑进去,使得人力资源计划在执行时得到有关方面的理解。三是策略计划的完成主要取决于管理者,因此在执行策略计划时,也要注意对执行计划的管理者的选择,要懂得不同个性的管理人员适合完成不同类型的计划任务。

三、人力资源计划同其他计划的协调

(一)人力资源计划与组织的整体计划的协调

人力资源计划同其他计划一样是组织整体计划的一部分,一个组织中的不同部门或不同功能领域都有同样的计划框架,人力资源计划是为完成组织计划而制定的一部分,是服务于总的组织计划的。因此,人力资源计划应服从组织计划所制定的目标和发展方向,体现组织计划的精神,用人力资源计划来支持组织计划中需要人力资源管理部门来完成的那一部分工作,并把组织目标分解为人力资源的计划目标。实践证明,组织计划和人力资源计划之间的作用是相互的。一方面,组织计划规定了人力资源计划的方向,规定了何种工作需要增加人员,应该增加多少。另一方面,人力资源计划向组织计划提供了人员分析,如现有人力资源的有效利用情况,现有人员是否用得上,所需人员是否可以从外部找到,等等。

在许多组织中(包括行政部门和企业)都有一种错误的倾向,认为人力资源策略的变化与组织内的其他策略没什么关系,或者认为人力资源目标没有销售、生产或利润目标那么重要。还有许多管理者也认为,人力资源管理不在他们的管理职责之内。实际上,人力资源管理者在组织的整体计划中扮演着相当重要的角色,他们要保证和开发组织运行和发展所需使用的最重要的资源——人力资源的质量和数量。

组织计划与人力资源计划在长期、中期、短期三个层次上都应协调起来,如图 5.3 所示。

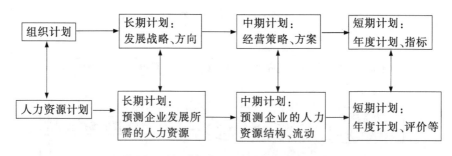

图 5.3 组织计划与人力资源计划的协调

可见,长期计划的实现要靠中、短期计划的完成来保证,而长期计划又为中、短期计划的制定指明了方向。

(二)人力资源计划与其他部门计划的协调

人力资源计划和其他部门计划都是服务于组织的整体计划的,它们之间也是相互作用、相互影响的。人力资源计划的价值在于有效的执行,而人力资源计划的有效实施离不

开其他部门的配合。每一项人力资源计划活动,如数据收集、设计预测体系等都需要其他部门的协作。如果人力资源计划在一开始就能争取到其他部门的理解和支持,计划执行的困难就会大大减少。例如,在做人力资源活动的预算时,对成本项目的理解以及对相关数据的收集和分析,如果能取得财务部门的支持和理解,就可以大大地提高工作效率;在预测生产人员需求时,能在依赖模型的同时充分考虑直线管理人员的经验和判断,就可以增加预测的准确性。

(三)人力资源计划和个人职业计划的协调

人力资源计划和个人职业计划的协调是人力资源管理的一个重要方面。现在有许多公司都已经注意到,应该为职员的发展提供机会,并帮助他们形成自己的职业计划。个人职业计划的重点是发展计划,包括个人目标的设定、价值、能力以及职业选择等。如果组织在个人的职业计划上不起作用,职员的职业计划就有可能不符合组织发展的需要,而这种利益上的冲突,又会导致职员的不满甚至离职,给组织的工作带来损失。因此,在制定人力资源计划时,也应注意到如何在计划上引导职员的个人计划。实际上,每个人对组织的发展都是有贡献的,关键是在适当的位置上发挥才能。对许多职员来说,人力资源计划的要点就是他们职业计划的方向,人力资源计划与个人职业计划的协调可以增强职员的稳定性,降低人力资源的流动率和流动成本,因而,职业计划对组织和个人双方都是有利的。一般情况下,如果个人职业计划能够得到实施的保证,工作满意度和工作兴趣就会增加,可以提高工作效率,而工作质量的提高,对组织也大有益处。因此,人力资源计划和个人职业计划的协调会使人力资源计划的实施事半功倍。

四、影响人力资源计划的因素

在组织内部,组织的整体计划、其他部门的计划和个人职业计划会影响到人力资源计划的制定和实施。同时,组织所处的大的环境系统,也会有一些因素影响人力资源计划的制定和实施,人力资源计划必须慎重地考虑这些因素的影响。

(一)人口和劳动力队伍的变化

人口的变化会导致劳动力队伍的变化,这意味着组织所需要的具有一定技能的人的可获得性也发生了变化。现在出生的人,二十年后就已基本成为劳动力队伍中的新成员。因此,关注人口统计的变化,对制定组织的长远人力资源计划是有指导意义的。在人口统计数据中尤其要注意人口总数、增加的劳动力数量、劳动力队伍中的女性以及拥有高技术水平的人员等信息。

1.人口总数

人口总数反映着人力资源储存量的一个方面,但并不是人口总数越大,人力资源就越多。发展中国家几乎没有例外都是人口众多的国家,但人力资源所创造的财富同发达国家相比要低的多。而且,尽管人口总数大,可以提供更多的劳动力,但人口众多,又会产生升学、就业、卫生保健等方面的许多压力,妨碍人口素质的提高,所能提供的劳动力的质量也是非常有限的。因此,人口总数只有和其他相关的信息联系起来才有意义。

2.增加的劳动力队伍

人口总数的增加并不一定意味着人力资源的可获得性就会增加,劳动力队伍的增减状况才能直接地反映人力资源供给量的变化,因此必须关注实际的劳动力数量的变化。例如,我国建国以来劳动力队伍增加的状况可由图5.4表示:

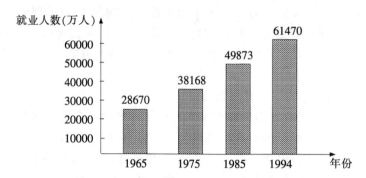

图 5.4 1965~1994 年我国劳动力队伍变化情况

3.劳动力队伍中的女性

妇女是劳动力队伍中的一支重要力量,女性劳动力参与率的高低可直接影响到劳动力队伍的变化。现在,妇女在各行各业中正在承担着越来越重要的角色,女性在劳动力队伍中所占的比重的提高也使劳动力结构发生了新的变化。表5.1 表示了劳动力队伍中女性的情况:

表5.1　女性就业状况对比表　　　　单位:万人

国别	女性就业人数	占全部就业人数的百分比
美国	5460.6	45.77%
日本	2610	40.50%
加拿大	543	43.85%
澳大利亚	325.9	42.40%
挪威	91.8	45.80%
新加坡	64	40.20%
印度	354.5	13.65%
巴基斯坦	387.5	12.60%
中国	5542	29.20%

从表中可以看出,在经济发展较快的国家,女性的就业人数在全部就业人数中所占的比重也是较高的,这充分说明了女性已成为一支不可忽视的劳动力大军。

(二)经济的发展变化

经济的发展变化会在很多方面影响到人力资源活动,如通货膨胀、人力资源流动成本的变化,以及人力资源流动的方向和人力资源结构的变化等。

经济的发展变化对人力资源计划的影响主要取决于生产力水平。人力资源与经济发展的水平是相适应的,经济发展到任何程度都需要有特定的质量和数量的人力资源与之相适应。同时,生产力发展的不同阶段还要求形成一定的合理的人力资源结构。例如,我国的人力资源结构就不尽合理,与经济发展的速度和规模的要求还不相适应,正是由于我国的工人文化技术素质普遍较低,生产率和产品的合格率也就比较低。事实上,如果经济处于高速发展时期,无疑对人力资源的需求也会大幅度增加,如果经济发展速度缓慢,对人力资源的需求也会下降。因而,经济发展的变化,是人力资源计划要考虑的一个重要因素。

(三)技术的变化

技术进步是经济增长的必要前提,新技术的发展和应用在组织的形成和管理实践中已成为重要的力量。先进的技术在生产、运输、能源、医药和生活领域以及在材料和自然资源方面的应用,带来了组织功能上的新变化。这说明,技术的变化代表着生产力的变化、技术装备的变化以及生产手段和生产效率的变化,它对人力资源的质量、数量和结构提出了新的要求。技术的进步要求有掌握更多知识的人力资源与之相适应,也无形地调整着人力资源的结构。因此,组织在制定人力资源计划时要考虑技术变化的要求。

当然,技术进步对人力资源也有负面作用,比如技术进步、设备更新会产生排挤劳动者的情况,而这些被排挤出来的劳动者往往会涌向社会,造成很多问题。而且,技术更新也会使人力资源的流动加快,这对有些组织是不利的。

(四)法律和法规条件

人力资源活动在很多方面都受到法律和法规的影响,各国都制定了相当多的法律、法规来调整和规范与人力资源实践有关的活动。我国也在近几年相继出台了有关平等就业、职业安全与健康、劳动争议、社会保险等方面的法规以及《劳动法》等。因此,人力资源计划的制定必须在符合法律法规的条件下有序地进行。

(五)组织的发展阶段

组织在其发展的不同阶段对人员有不同的要求,或者说在其发展的不同阶段需要不同数量、质量和结构的人力资源。如在企业组织的成长期,由于其规模不断扩大,业务逐渐增加,因而对人力资源的需要量增加,而且偏重于对开拓型人才的需求。在企业组织的成熟期或繁荣期,业务和增长速度都已相对稳定,对人力资源的需求数量不一定增加,但质量上的要求在进一步提高,这时更需要稳定的、有成熟技术的人才。有些企业组织可能在这时已形成自己的文化,也会要求工作人员与企业文化相和谐,即对人力资源的要求更严格。而在企业发展的后成熟期,若要保持持续的活力,也需要经常有裁员的举动,这时更强调工作人员的经验和资历,因而对留下来的人员更是通过精挑细选而确定的。因此,企业组织的人力资源计划在企业组织的不同发展时期应有不同的侧重点,这样才能与其他的部门计划和组织的整体计划协调起来。

(六)职工对工作和职业态度的改变

职工对工作和职业态度的改变,直接影响了人们选择工作的取向和动力,从而对人力资源的招聘、选择、培训、薪酬等等活动产生影响。如果人们的就职取向与企业所需招聘的岗位一致,则招聘和选择的工作会相对容易,也易于招聘到合格的人员。如果职工就职取向与企业所需招聘的岗位不一致,招聘会变得困难,甚至不得不采取提高薪金的办法来吸引到合适的人选。当然,有时也会招聘到不合格的人选,那就要在培训上花大力气。因此,在制定人力资源计划时,要了解自己的企业和岗位对社会公众的吸引力如何,否则计划难以实施。

第二节　人力资源预测

上节我们已经谈到了人力资源计划的一些基本问题,即计划就是设定目标、评价目标的重要性、明确行为的选择以及确定最合适的人选等方面。而预测则是对未来的估计,是制定计划的基础。本节主要就人力资源预测的过程与方法加以分析。

一、人力资源预测过程

人力资源预测是不十分精确的,没有一种方法能够适合所有的环境和能达到所要求保证的结果。因此,管理者必须构建一个人力资源预测的过程,这个过程能使适合组织要求的人员按时进入所担负的角色和岗位。

一般的预测过程有六个基本的组成部分,如图 5.5 所示:

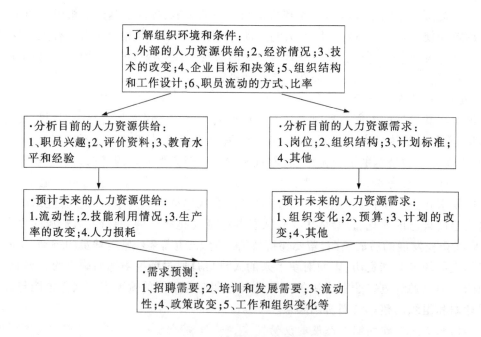

图 5.5　人力资源预测过程图示

（一）了解影响需求的环境和组织条件

影响组织人力需求的因素主要包括：企业外部的劳动力供应状况、法律的约束、经济情况、组织结构和工作设计、生产率的变化及趋势等技术上的变化、公司的目标、计划和管理政策以及职员流动的方式和流动率等。

（二）在组织内寻找可利用的人力资源

在组织内寻找可利用的人力资源，就是分析组织内部当前人力资源供给的状况。对此，计算机管理为储存信息和数据提供了便利，并已成为人力资源计划的重要工具。一般来说，人力资源计划中所需要的数据包括个人资料和组织资料。

1.个人资料

（1）基本情况：包括姓名、年龄、性别、籍贯、宗教、婚姻家庭状况、健康状况等。

（2）工作情况：包括参加工作时间、用工方式、来源（即院校招聘，还是社会招聘等）、在本公司的岗位和服务时间、最近的评价资料等。

（3）技术与能力：包括受教育状况、参加各种学习项目的情况、最近的培训经历、各种资格证明、以前的工作经验、工作以外的爱好和活动等。

2.组织资料一般包括：

（1）公司的工作分类及职务；

（2）公司现有职员数；

（3）每一类工作有多少人；

（4）表现评价；

（5）岗位任期；

（6）工作的变化和重新分配，等等。

（三）预计未来的人力资源供给

预计未来人力资源的供给可以采用多种方法，这里主要介绍三种方法：

一是分析每个职员的发展计划，如果职员有明确的目标岗位，并有达到目标的时间设想（如五年或十年达到目标），这就是很好的可利用的资料。

二是要求每个部门的主管估计本部门人员流进或流出的情况。这些估计可以被集中起来分析，尽管这些估计可能只是主管人员的经验，但还是相对准确的。

三是可以利用流动率来估计。这方面的内容我们将在预测模型中谈到。

此外，未来人力资源的可利用状况分析还可以通过分析职员的技能和时间利用率来判断，如果技能和时间的利用率低，这说明时间和能力没有被完全用来达到目标，生产效率还可以进一步提高。

（四）分析目前的人力资源需求

组织可以通过控制组织结构、工作范围和关键岗位的数量来掌握职员数量，或通过预算来掌握。同时，对目前情况的分析还可以从组织结构和工作划分入手。基本的过程是从下到上，由基层管理者估计工作项目的变化、在岗和缺岗的情况等，要估计的主要内容有：

1.所需要的新岗位；

2.空缺的岗位；

3.目前岗位的变化；

4.岗位超编的情况；

5.负荷过重或过轻的岗位；

6.预算,等等。

(五)预计未来的人力资源需求

通过工作分析来明确职员和工作量之间的比例,这也是计划的基础。有很多方法可以用来预测人力资源的需求,这些方法我们将在下面讲到。

(六)计划的平衡和适应

人力资源的需求代表着一定的人力资源行为,如退休的需要,培训和发展的需要,工作安排和组织调整的需要等,组织一定要将未来的供给和未来的需求很好地平衡起来。

二、人力资源预测方法

在多年的实践中已经形成了一套有助于人力资源计划的预测技术,这就是预测模型。预测模型并不是绝对准确的,但预测模型可以帮助管理者了解不同假设条件下的不同后果,这对正确决策很有帮助。通过模型,管理者可以检查过去政策的应用情况和组织内影响人力资源需求和供给的条件, 以及影响将来政策的情况,而且在人力资源计划的制定中,也可以把组织的变化考虑进去。因此,模型在管理中是非常有用的工具。

预测的模型和方法有很多种,大致可以分为四类:简单预测模型;组织变化模型;最优化模型;综合模拟模型。如表5.2所示:

表 5.2 模型的基本类型和应用一览表

模型的类型	方 法	应 用
简单预测模型	判断预测、经验所得、职员标准、比率——趋势分析、时间序列	在稳定的条件下对可获得的供给、需求的初步预测
	德尔菲法	长期预测
组织变化模型	连续分析	替换分析和障碍
	马尔可夫分析、更新模型	以可能性为基础的流动预测
	回归分析	与计划变化相联系
最优化模型	直线关联、非直线关联、动力关联	由约束条件确定未来需求
	目标关联	确定的未来需求是为了达到既定目标
	分配模型	将个人与预测的空缺联系起来
综合模拟模型	公司模型、联合方法	将全部实物模拟与公司计划联系起来

选自 James·W·Walker Human Resource Planning.

在所有这些方法中,常见的有以下几种:

（一）直线模型

直线模型假定在雇用人数和产量或其他变量之间存在着线性关系,并据此来预测人力资源的需要量。当然,要先进行产量或者其他变量的预测。例如,假定一个公司上月是以20个人生产了100个单位的产品,而在下个月接到生产150个单位产品的订单,到底需要增加多少人手才够呢? 那么,生产150个单位产品所需要的人数为150÷100×20=30人,则应增加30-20=10人。这是一种非常简单的方法,在一些小型的公司或企业中常常用到。这种预测模型的精确性在于预测期与基期的环境和条件的严格的相似性上,即变化很少,包括劳动者的能力、生产的性质、设备状况等。

如果生产率提高了,或是在规模经济条件下,只要增加一个资源利用的变化率就适用了。仍按上例,假设由于引进新设备使劳动生产率提高了10%,则资源利用的变化率为1-10%=90%,在这种情况下,生产150个单位产品所需的人力资源数为150÷100×20×90%=27人,则应增加27-20 = 7人。

（二）工作研究模型

工作研究模型在工业中有着广泛的应用,它需要在公司或企业内已经有开展工作研究活动的习惯和良好效果。这种模型常常被用在计件型的企业里,这种企业生产的产品很少与其他企业相同,例如,生产纸箱就是这样的公司,虽然纸箱看起来都差不多,但实际上在厚度、颜色、印刷、胶的使用和其他方面都有很大不同。旧中国在织袜、编织花边等手工业中曾盛行这种制度。在这种公司里每一项工作都可以分解到最小的单位,而且有基本相同的操作方法,并且可以确定操作的标准。为了评价在一个箱子上的劳动力消耗,就要使用标准,这个标准被一项一项地分解,直到分解到最小单位,各种任务和过程所需的标准时间就是这种公司的信息之一,这些信息可以从历史数据中计算得出,因而每一项工作目录下的人力资源需要也就可以确定了。

这种模型可以很复杂,也可以很简单。我们举一个简单的例子来说明:

预计销售	15000 单位
生产预测	10000 单位
库　　存	5000 单位
每单位标准时间	10 小时
每个雇员每年生产时间	1600 小时

（每天 8 小时,按每年 200 天计算）

则所需的生产人数为 63 人（1600÷10=160,10000÷160=62.5）。如果现有 50 人,则需增加 13 人。如果确定了生产人数和非生产人数（如管理等人员）之间的比例,还可以据此计算出非生产人员的需要量。

需要强调的是,这种模型在工作研究做得比较好、原始记录完备的企业,也就是说能够科学确定各项工作标准的企业是十分有用的。但这种模型同时也有一些局限性,比如只能用于已知的工艺或生产技术,只适用于短期预测等。

(三)管理经验判断模型

在人力资源预测的实践中，很多企业或部门常常采用管理经验判断法来预计人力资源的需要量，即单个的管理者决定他们需要多少人和需要哪种类型的人。这种过程可以从上到下，即由组织的最高层决定目标和预测框架，并逐层传达下去；也可以从下到上，即由每个部门独自预测，这些预测汇总到一个较高的层次，最后形成一个综合的人力资源计划。还可以把二者结合起来，同时采用从上到下和从下到上的双重过程。但最后的预测结果总要经过计划部门的调节，在进行判断时，管理者要考虑退休、辞职、解雇、提升、调动、销售预测、生产率的提高、组织结构的变动以及其他影响人力资源利用的因素。

这种预测模型虽然没有理论框架，但操作性很强，也非常实用。

(四)连续分析和可能率模型

在组织内人员流动一般有五种可能：流进、流出、提升、调动以及个人行为、能力和潜能的变化。如果组织能够了解和把握人员变动的可能性，就可以对计划进行有效的调节，这就是连续分析的思想。

在许多企业里，连续计划是由处在关键岗位上的管理者起草的，通常称作"替换表"。通过对退休、调动、提升的计划过程，并考虑组织结构、工作关系、年龄和岗位的情况，计划者可以分析出人员流动的变化和相关的组织变化。

连续分析是通过分析个体情况来预测组织内供给和需求变化的，而可能率模型则是把职员看作不同的"组"来分析的。一般以过去的流动为基础可以预测职员在组织内不同类别的工种或岗位之间的流动。典型的"组"可以是地点，也可以是单位、工资级别、责任范围、工作范围、工作时间、教育水平等，计划管理者通过分析观察职员从一个"组"向另一个"组"的流动的可能性及其趋势，有助于了解未来一段时间职员是留在既定的"组"，还是流动到另一个"组"去，即有助于了解职员队伍的稳定性和流动的可能性，以便实施有效的管理。相关数据的收集可以通过一年或几年时间的积累，并以平均数来确定未来的某种可能性。

(五)回归模型预测

回归模型在人力资源预测中有着广泛的应用，它的基础是确信人员需求与一些可测量的指标相关，如产出、产值等，即用可测量的"变量"来推测另一些相关"变量"的变化趋势。如果我们能够知道这些指标或变量之间的关系，就有了准确预测的基础。回归预测依变量的多少又可以分为一元回归法、二元回归法和多元回归法。多元回归数据多，工作量大，一般要进行计算机运算。

举一个一元回归的简单例子来说明这种方法的应用。应用这种方法的关键是要根据确定了的变量之间的关系建立数学模型，并采用数理统计的回归法求出该模型的有关系数。如一个运输公司发现职工总数和运输量之间的可能联系为：

职工总数=1234+0.0598×运输量

相关系数=0.988

标准估计误差=176

办公室工作人员数=254+0.01437×运输量

相关系数=0.986

标准估计误差=46

相关系数越接近1,预测的准确性就越高。因此,当变量之间的相关性很强时,这种方法的实用性就很好。这种方法的困难在于相关性的确定是比较困难的,所需的资料和资料收集费用都是很多的。而且,一旦变量之间的关系发生变化,又得重新收集资料,确定新的回归方程,才能保证预测的准确度,对有些特殊职工来说,相关性并不总是有用的。因此,这种方法一般用于对预测准确度要求较高的中、长期预测。

除以上几种方法外,还有第二章讲过的马尔可夫分析法和专家预测法(即德尔菲预测法)也是比较常用的方法。

第三节　人力资源控制

计划制定之后,很自然地就是如何实施与控制了。当事物处在控制之下时,就会朝着所计划的方向发展,目标就会实现;当事物不在控制之下时,想象的和实际的就会发生分离,目标就难以实现。

所谓控制是指对执行计划状况的测量,而不是对人的控制,也就是说,控制是评估人力资源计划的执行情况。对人力资源计划进行控制是必要的环节,这是因为:第一,组织既然把人作为一种资源,也应对管理这种资源的活动——人力资源管理活动进行评价,以保证资源的有效利用,这与对财力资源和物力资源的态度是一样的。第二,对管理者来说,通过控制过程可以评价管理活动的表现和管理质量,而且在这个过程中也应该加强自我控制,提高管理者的专业素质。

一般来说,人力资源控制可以分成两个大的方面,这就是计划的费用控制和计划的执行控制。

一、人力资源计划的费用控制

人力资源计划的费用控制主要有三个方面的内容:人力资源会计、人力资源会计的方法和人力资源活动的成本计算。

(一)人力资源会计

人力资源会计可以定义为把人的价值和成本作为组织的资源而进行的计量和报告,既包括用于计量人力资源投资及其重置资本的会计,也包括用于人对一个组织的经济价值的计量。可见,人力资源会计的目的是把人作为企业的资源来进行管理的。

1.人力资源会计的基本假设

尽管许多学者认为人力资源是一种资本,是保存财富的一种形式,但人力资源并不被传统的会计所承认。在传统会计中,人力资源并不出现在资产负债表上,会计记录的都是非人力资本。传统会计认为用于人力资源方面的花费都是费用项目。定义一个项目是资产还是费用时,一般有两个标准:一是将来服务的潜力,可以用货币来衡量,如机器设备;二是属于一定的所有者,并在会计实体的控制下。人不属于谁所有,有随时离开的自由,而且也不能确保将来收益的可能性和数量。因此,在传统会计中,一般不认为人力资源是一种资产。

为了使人力资源会计变得可以实际操作,我们必须接受以下几个基本假设。

(1)人是有价值的组织资源。这是人力资源会计的一个基本概念。这意味着人能够为组织提供现在和将来的服务,而且这些服务是有价值的,可以计量的。

(2)为谁所有并不是必须的。职员可以不属于什么组织或什么人,只要组织能在一定时间与空间控制和影响职员的行为就可以了(如通过劳动合同、雇用协议等形式)。

(3)人力资源的价值受管理形式的影响。不同的管理活动可能会使人力资源的价值增长或贬值或保持不变。例如,培训就可以增加人的价值。

(4)人力资源会计信息对管理活动是非常重要的,人力资源会计是整个会计系统中的一个重要组成部分。

2.人力资源会计在管理中的作用

(1)人力资源会计可以说明人在组织中的价值,形成了一种有效的、可信的、能向组织测量人的花费和价值的方法,并设计了补充已有测量方法的操作体系。

(2)人力资源会计对计划工作的重要作用表现得非常明显。一方面,可以提供人力资源计划活动所需要的成本信息;另一方面,可以提供人力资源管理决策可供选择的方案所需要的信息。

(3)在对人力资源的获得和开发培训方面,人力资源会计可以提供用来编制人员取得方案的预算所需要的信息,并能制定各类人员的标准取得成本。而且,人力资源会计还可以对培训前和培训后的投资和成本进行比较,以确定培训的效果。

(4)人力资源会计在人力资源配置方面的作用也是显而易见的。比如,它可以提供用于某种评价的信息。如在一个建设项目中,有施工和设计两个方面的问题,施工可能需要更多的财力,而设计则需要更多的人力资源。通过对人力资源投资、取得和重置成本的信息的了解,组织可以更好地预测该项目未来的收益。

3.人力资源会计的两个主要方面

(1)人力资源成本会计。人力资源成本会计可以定义为:为取得、开发和重置作为组织的资源的人所引起的成本的计量。它研究两种相互联系的成本类型:一是与取得和开发人力资源有关的人力资源管理职能的成本,如招聘、培训等人力资源活动的成本;二是人力资源本身的成本,即指作为人力资产的人的成本会计,包括计量不同等级(质量)的人的取得和开发成本。

(2)人力资源价值会计。它研究人作为一种经济资源的价值的计量,其难度远远大于人力资源成本会计。

（二）人力资源会计方法

1.原始成本法

原始成本法也称历史成本法,是靠积累成本的方法来估算人力资源的成本,实际是指获得人力资源而实际导致的成本,包括工资、福利、招聘费用等。而培训费用是作为资产项目的,这种资产的有用生命被平均在职员的整个服务期间内。原始成本法如图5.6所示:

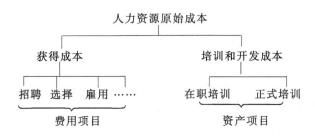

图 5.6　人力资源的原始成本

原始成本法的优点在于容易理解,而且提供的信息相对客观,但是它不能提供现行价值的相对信息。

2.机会成本法

按照机会成本法,一项资产的价值就是它放弃的可选择的机会的最大价值,或者说也就是一件东西或一件事物值得另一个人从你手中购买时愿意付出的货币数量。机会成本法也同样适用于人力资源,一个职员的价值可以通过在公司内对他的服务的竞争性出价来决定。

3.替代成本法

替代成本法就是指用具有同样才能和同样经验的人员代替现有成员而付出的成本,以此来估计人力资产的价值的方法,这种方法必须加上与终止现有雇员的劳动关系时所发生的有关成本。替代成本法的优点是可以有效地处理通货膨胀所带来的问题,但它并不能避免人力资源花费中成本和资产项目的区分问题。

4.经济估价法

有些经济估价法可以用来确定职员的价值。一是良好愿望法,即先预计将来可能得到的收益,这种"良好愿望"的数字被分配给人力资产和其他资产,以便进行分析比较。二是生产效率法,即指出人是组织的生产能力的决定性因素,从而反映人对企业的价值。经济估价法更多的是理论的而不是实践的方法。

（三）人力资源活动的成本计算

1.人力资源活动的直接成本

人力资源活动的直接成本包括三个方面:

（1）直接的工资和成本费用。包括津贴、奖金、养老金、赔偿金、公司配备的工具、非现金的报酬和福利以及其他直接成本等。

（2）必需品项目的辅助成本。包括那些如果职位不存在就不需要的项目,如办公室、电话、办公家具和直接管理成本等。

(3)公司的辅助设施。这些设施本身不生产产品,但是对职员的安全、舒适和身心健康来说是必需的,而且被平均地分配给每一个职员使用。包括餐饮、运动、医疗和福利项目,以及劳动关系调节和处理的成本。

对上述资料的收集和分析,可以得到很多有用的信息,如:年成本、小时成本、单位产品成本等,这些信息可以用在新项目的决策、计划的评估等方面。

2.人力资源活动的相关成本

(1)招聘和选择成本。这些成本是确定某一组织内外的人力资源的可能来源而发生的成本,或为吸引可能的未来人员而发生的成本,以及确定谁该被雇用而发生的成本。招聘和选择成本还包括很大一部分时间成本,这在评价招聘和选择活动的有效性和高效性时是十分有用的。一般的招聘和选择成本包括:

①招聘工作的准备时间;

②招聘材料及管理费用;

③选择招聘广告的时间和费用;

④招聘人员的工资、津贴、代理费、差旅费等;

⑤接待和咨询的时间和费用;

⑥面试的时间和费用;

⑦处理申请人的管理成本;

⑧背景审查的成本和时间;

⑨测试的时间和成本,等等。

从这些成本项目中可以计算出招聘的总成本、每次招聘的成本以及每个职员的平均招聘成本。而选择的费用则要受到若干因素的影响,被选择的人担任的岗位越重要,选择成本就越高。另外,招聘成本和选择成本之间也存在着相互影响,如果公开招聘,则选择成本就会增加,因为审查的费用和时间增加;如果委托代理机构招聘,则招聘成本增加,而选择成本就不会太高。

(2)培训和开发成本。培训和开发成本是指把一个人培训为达到某个职位上的预期业绩水平和为了提高他的技能而付出的花费。人力资源的培训和开发会增加技术的、管理的和社交的技能。

一般的培训和开发成本包括:

①培训人和被培训人的工资以及离开岗位的时间和所造成的生产上的损失;

②课程准备的费用,如课程修订、材料费、管理费,以及租用培训设施、住宿、交通等费用;

③评估培训及培训效果的时间和费用,等等。

培训成本又可以分为在职培训的费用和脱产培训的费用。在职培训的费用包括熟悉公司的政策、产品、设备的时间和费用,熟悉生产和业务的时间和费用。脱产培训的费用包括培训和被培训人双方的工资、学费、设施、材料、交通等费用。脱产培训一般是正式的培训项目,分为初级的、中级的和高级的,培训的种类不同,费用也不同。

(3)安置和分配成本。这是指安置和分配新进人员的工作而发生的成本,包括重新安置职员的成本和为新进人员所支付的代理费等。

一般的安置和分配成本包括:

①对新进人员或现有人员的调动费或差旅费;

②对职位变化的重新安置费用;

③预先支付的代理费用等;.

(4)流动成本。组织内的人员流动可能是自愿的(由雇员提出的),也可能是非自愿的(由雇主提出的),流动成本包括终止劳动关系的费用,寻找替工以及将替工培训到一个适当的水平的费用等。

一般的流动成本包括:

①由于人力资源流动而引起的生产时间和费用的损失;

②与人力资本损失有关的费用,如培训费等;

③终止劳动关系的费用和时间;

④寻找替工和培训替工的费用和时间;

⑤由准备终止劳动关系而引起的费用,等等。

流动成本的大小,很大程度上也受到流动的事由的影响。如个人辞职是不可预测的,常使管理部门不情愿地承担费用。

(5)缺席成本。缺席可以定义为未按日程安排工作而又未打报告,因而缺席一般是没有计划的,它会分散工作量,增加其他职员的负担。

一般缺席成本包括:

①缺席者的数目和缺席的时间;

②重新安排工作损失的管理时间;

③与弥补损失有关的费用,等等。

二、人力资源计划的执行控制

除了人力资源计划的费用控制外,执行控制也非常重要。如何有效的执行和实施计划,并监控好计划的执行情况,处理好实施过程中的一些突出问题,对任何组织都至关重要。

(一)执行计划与实施监控相结合

人力资源计划除了应包括上述的计划内容外,同时也应承但执行和控制的责任,并建立一整套报告程序来保证对计划实施的监控。如既可以报告企业雇用员工总数量和为达到招聘目标而招聘的人员数量,同时也要报告与预算相比雇用费用发生的情况如何,损耗量和雇用量的比率变化趋势如何,等等。

1.执行确定的行动计划。在各分类计划的指导下,确定企业如何具体实施计划,是这一步的主要内容。一般来说,执行计划在技术上或操作上没有什么困难。

2.实施监控。实施监控的目的在于为总体计划和具体计划的修订或调整提供可靠信息,并特别强调监控的重要性。这是因为在人力预测和计划制定中,由于不可控因素很多,常会发生令人意想不到的变化或问题,如若不对计划进行动态的监控和调整,人力资源计划最后就可能成为一纸空文,失去了计划的意义。因此,执行监控是非常重要的一个环节,尤其是监控职能还有强化执行控制的作用。

(二)加强对人力资源计划执行的考评

人力资源计划是人力资源管理工作的关键性部分,如果计划制定得很糟糕,企业就可能或缺少足够的员工,或反过来由于人员过多而不得不大量的裁员,企业会由此遭受到各种人员配置问题的困扰。如果人力资源管理计划制定得比较好,就会获得以下方面的收益,这也是考核计划执行情况的重要方面。

1.高层管理者是否更多的了解经营决策中与人力资源有关的问题,加深了对人力资源管理重要性的认识。

2.管理层能否在人力资源费用变得难以控制或过渡花费之前,采取措施来防止各种失调,并由此使劳动力成本得以降低。

3.由于在实际雇用员工前,已经预测或确定了各种人员的需要,企业就可以有充裕的时间来发现人才。而且,这方面的工作到底做的如何。

4.在未来的发展计划中,能否有更多的机会来雇用妇女和少数民族成员。

5.经理们的培养工作可否做到更好的计划。

事实上,各种结果只要可以衡量,都可以做为考评人力资源计划效果的依据。评价方法之一,是将某个时点的计划需求水平与届时该时点上的实际需求进行对比。显然,对于成功的人力资源计划的最有说服力的证据,是在一个较长的时期内,企业的人力资源状况始终与经营需求基本保持一致。而对考评本身而言,要有高标准要求。如评估要客观、公正和准确;同时要进行成本—效益分析以及审核计划的有效性;在评估时一定要征求部门经理和基层领导人的意见,因为他们是计划的直接受益者,而且最有发言权。

(三)运用比率法实施监控

计划明确的是目标,是理想,要想实现目标和理想,关键还要看计划的执行情况。计划的执行控制就是对计划实施的评估,评估计划的执行情况也可以有多种方法,其中一种常用的方法就是人力资源比率法。比率常常被用来测量职员合作的表现情况,不同时间点的表现通过比率就变得易于比较了。而且,比率对组织间的比较也是有用的。在控制过程中,当进行这样的比较时,比率法的应用就有很大的灵活性。有些比率在人力资源管理中常常用到,如流动率等。

那么,为了检测人力资源计划活动的有效性,就要确定一些关键比率,以便使不同部门之间的计划执行情况变得易于比较,这些关键比率应是具有广泛意义的,而且应该是可测量的。不同的组织对关键比率的确定也会有所不同,因为业务的性质不同。但一般而言,这样一些比率常常是包括在内的,如:

1.实际招聘人数与预测的人员需求量比较;

2.劳动生产率的实际水平与预测水平比较;

3.实际的与预测的人员流动率的比较;

4.实际执行的行动方案与计划的行动方案比较;

5.实施行动方案后的实际结果与预测结果比较;

6.劳动力和行动方案的成本与预算额的比较;

7.行动方案的收益与成本的比较。

尤其是职员的收益率、直接生产人员与非直接生产人员之比、净收入与职员数之比、工作量与职员人数之比等都是重要的衡量指标。

本 章 思 考 题

1.为什么要进行人力资源计划?你怎样认识人力资源计划的意义?

2.企业怎样制定好人力资源计划?

3.人力资源预测有哪些步骤和方法?

4.如何认识人力资源会计的意义及对人力资源计划控制的作用?

5.怎样做好人力资源计划的执行控制?

案 例 分 析

案例一:怎么办?

陈峰是求索咨询服务公司的项目经理。两年前,当他获得工商管理硕士学位后,陈峰就进入求索咨询服务公司。因为硕士期间他对人力资源管理和开发做了大量的研究,所以对客户的服务也主要集中在人力资源管理和开发方面。他自认为对人力资源管理有了相当的理论和实践经验。

早晨,他收到一封来自四海电子有限公司的邀请信,请他对公司进行综合诊断。看着桌上放着的邀请信,陈峰想起了一周前给四海电子有限公司的一次培训。四海公司是近两年刚刚发展起来的私营公司,由于良好的市场前景,这家公司的发展速度是非常快的。就在两周前,四海电子有限公司请求索公司对他们的中层经理进行管理培训,原因是他们经理的知识不能满足公司快速发展的需要。他们对培训提出的要求是:既要系统的介绍管理知识,又最好能有一些可以操作的东西。正是在这种情况下,陈峰准备的课是《人力资源管理:绩效考核》。

可是,根据前几位咨询师反馈的信息,陈峰知道如果不是公司有明确的规定,即不认真参加培训的员工,将被扣除本年度奖金,听课的人会减少一半。陈峰的讲课时间安排在下午2:30~6:00,直到2:45,那些经理才陆续到了教室。听课的经理中主要有生产部经理梁超,计划办公室主任张卫国,营销部经理葛洪旗,人事部经理赵建,研究发展部经理王志扬,财务经理杨兆丰,还有一些经理助理等。

陈峰注意到,有些经理一走进教室,就做好了睡觉的准备。"看来不能按以前设想的样子去上了!"他换了一个角度说:"今天听课的除了人事部的赵经理外,其他人对听课的兴趣都不大。如果是这样,与其光听我一个人讲,不如我们一块讨论一些管理问题。难得各位经理都在,大家在四海公司这几年,同企业一同发展。经过大家的努力,企业有了良好的发展势头。不过,随着企业规模的扩大和来自外部市场竞争的加剧,我们正在和将要面临许多挑战。大家不妨从各自的角度谈谈自己在工作中遇到的与人有关的主要问题。"

这样一个开场白,让有些经理感到吃惊,那些想睡觉的也有了精神。

沉默了几分钟后,研究发展部的王志扬说:"陈先生,我先介绍一下技术发展部。我们这个部门的前身是四海公司的一个办公室,当初就我和今天的经理助理小沈两个人。我是从市第一电子设备厂退休的,退休后也没什么事,但总也放不下自己的研究。在两年前的招聘会上,刘亮总经理聘我到四海公司做技术顾问。刚开始,我们的工作仅仅是维修设备,做一些简单的设计。这两年,随着企业发展的要求,我们在产品设计开发、技术引进等方面做了大量的工作,同时招聘了一些大专院校的本科生、研究生充实我们的技术力量。目前,让我最头疼的事,或者说面临挑战是:技术人员跳槽的太多了。经常是一些学生,在这里工作了半年或一年后,就离开四海公司,去了其它电子公司。我们也做了很多思想工作,可他们说那边的工资高,有更多的晋升机会。现在,我们部门被搞的人心惶惶。"

陈峰刚想再问点什么,营销部经理葛洪旗举手示意。"我们营销部应该是四海公司规模最大的部门了,在华北、东北和华东都建立了自己的经销网络和维修机构。上半年的统计,我们的市场份额大概有35%,比去年增长了40%。应该说,公司确立的紧抓服务的营销战略是对的。其实今天您的课我是很想听的,因为就在上个月,东北地区的销售经理给我写的信对我的震动很大。他说:公司单纯的以销售额来评价各个地区销售业绩的政策影响了东北区的销售。因为不管从消费者数量,还是从收入来说,东北区都明显不如其它两个地区。而公司制定年初目标时,对这方面的考虑似乎不够充分。他还说,销售人员的士气有些低落。我想请问,对这种情况,我们应该采取什么样的考核手段或方式来激励员工呢?"

"我看我们还是把想说的说出来,然后再讨论吧!"生产部经理梁超大声说,"我们部门的问题和你的关系很大咧!"他冲着赵建摇了摇手。

"为什么这么说呢?你们每次提出培训要求,我们不都积极地安排。你们说一线员工感到工作压力大,我们还专门安排了羽毛球比赛和卡拉OK。还有什么?"赵建有些不高兴。"你先别生气,听我慢慢解释。根据质检部门的抽查和顾客服务部门的反馈,产品质量出现下滑。上个月,我们召开班组长会,大家讨论的结果是,有些工人的操作不符合规定。三个月前,我们曾经提出了对员工的培训要求。因为是出国培训,你就选派了那些平时表现好的员工。"

"那当然,我们就是要让所有的员工知道,只有努力工作,才会有更好的机会。"

"这我不管,那些没有得到培训的员工,以前的技术就需要提高,这次又失去了机会。

现在,不仅技术有缺点,而且情绪低落。虽然,我们安排了一些文体活动,但似乎没有彻底解决他们的思想压力。我真的很担心,如果这种状态继续下去的话,产品质量将很难得到保证。"

财务经理杨兆丰也慢慢的说:"我们部门的人员较少,类似的问题倒不多。我经常遇到的比较麻烦的问题是:如何给我的财务人员分工。有时候有些人非常忙,而有些人又没有事做。坦率地说,财务部门的效率不高。"

陈峰整理了一下自己的记录,发现计划办公室主任张卫国还没有发言,于是就问:"张主任,你的主要工作职责是什么呢?"

"我们的主要任务是做好企业的整体计划,包括企业的发展计划,生产计划等。有时还会同财务部门做预算。"

"有人力资源计划吗?"

"人力资源计划?这好像是人事部的事,是吧,赵经理?"

"人事部每年都有一个计划,很简单的。主要是有关招聘和薪酬方面。"

"在座的其他人,还有什么问题?"陈峰接着问。

又过了一段时间,陈峰说:"这些问题都不是孤立的,他们之间都互有联系。所以任何单纯的就问题论问题,是很难有一个妥善的解决方法。今天,我也不想就某一个问题妄下断语,如果有可能,我希望我们能一起解决。"

分析讨论题

1.四海公司在人力资源管理方面遇到的问题有哪些,导致这些问题最根本的原因是什么?

2.怎样解决四海公司面临的这些突出问题?

案例二:因势利导——积极的留才策略

人才延揽不易,却经常不预期地流失。在以高科技为主导的经营模式下,公司需要具备专业技术或有能力的员工,他们一旦离职,要立刻补位并非易事,职务的悬缺,往往对企业发展带来莫大的损伤。因此,如何让员工坚守岗位,为公司效命,确实需要很高的管理智慧。

在企业中,常见的现象是员工因种种原因而离去,企业主管则不免怨叹员工的忠诚度太低,员工与主管之间始终存在着难以逾越的鸿沟。其实,留才之道一如治水,要因势利导,而不能一味地防堵,只单向要求员工矢志效忠不能离去。所以,积极的留才策略,应该是从员工的角度来衡量,看看到底提供什么诱因才能让员工愿意留下来。不仅如此,还要未雨绸缪,时时注视员工的动向,主动发现问题,及时地为他们解决问题,不然等到员工已经萌生辞意才加以慰留,往往为时已晚。

一、摸透员工的心理

UPS(United Parcel Service)快递公司的人事部门发现该公司的司机有异常的流动率,

经深入了解,原来都是因上货的负荷太重而离职,由于司机是快递业的第一线工作人员,要能熟悉路线,并与顾客互动良好,人才的养成并不容易;为了防止人才流失,该公司另外雇用一批上货人员,让司机专注于专业的送货工作,因而解决了司机离职率高的困扰。又如 AT&T 公司曾经以 1 年 2 千万美元的代价延揽一位高层经理,而且一次付清了 5 年的薪资,该公司以"金手铐"铐住了这位 CEO 的心。

二、主动的留人法宝

好的人才每家企业都想网罗,然而在人才争夺战激烈,跳槽风气盛行的现代职场上,企业主管如何吸引人才,使自家人才不轻易离去呢?

1.培养、延续人才的能力

要留住人才最好的方法就是留住他的心;要留住员工的心,又莫过于好好地照顾他、培养他。让人才的累积成为企业长久发展的契机。培养人才并非只从事教育训练,重要的是提供一个能让员工成长的环境。譬如授权,给员工更多尝试、创新的机会;或是赋予重任,让他们独当一面,以适应产业快速变化的需要。再如,经验的传承与交替让员工在工作中学习,并接受挑战。如此,员工在平日累积获得成就感,他们的心自然会与公司紧紧相系。

2.员工发展计划

组织的发展与员工的前途息息相关,一个好的组织环境,能让员工尽情发挥;反之,如果组织的发展不健全,员工很容易因才华无法展露而离去。为了能让员工长久留下,企业主管在健全组织的前提之下,要构筑愿景,凝聚共识,让大家有一个共同追求的目标。造就一个大家所认同的企业文化,让员工有好的互动,并建立国际合作的机制,在无形中加强员工之间的向心力,乐于一起工作。尤其是许多员工投入心力与智能在工作之中,更怀抱着一份对未来的憧憬与理想,企业主管宜多花心思去了解他们,满足他们内心的需求,让工作成为他们毕生所追求的挑战与兴趣。

3.分享成果

不容置疑,薪资福利的优厚与否是影响员工去留的重要因素之一。同时,对于调薪的比例与奖酬的多寡不应只衡量其现在的表现,其工作潜力及对公司未来发展的影响力也应囊括在内。除此之外,盛行于高科技产业的股票选择权(Stock option)让员工分红入股,对留住人才带来相当大的诱因。员工入股不仅让员工分享,而且能与公司共存共荣。人才是公司重要的资产,留住人才,也就是企业对现在与未来的投资。但面对着国际激烈的竞争,唯有加紧培养人才,累积人才,才能有强大的竞争力。

分析讨论题

1.你对这种留才策略有何评价和看法?
2.如何实施好"因势利导"的留才策略?

第六章
工作分析和工作设计

工作分析和工作设计是人力资源管理的一项最基础性的职能，这一职能发挥的好坏要直接影响人力资源的配置效果。那么，工作分析是分析什么？怎样分析？分析的过程有哪些步骤？应该选择哪些分析方法？同样，如何在工作分析的基础上科学地进行工作设计？到底应体现什么样的设计思想？这些正是本章要论述和解决的问题。

第一节　工作分析概述

工作分析应用于人力资源管理领域已有近百年的时间了，最早是由"科学管理之父"泰罗于 1895 年开始提出的工作时间与动作的研究。后来，对体力劳动者重复性工作的动作和时间研究扩展到对各个领域、各种工作人员的一般工作因素和工作条件的分析。现在，工作分析已被作为人力资源管理的基本范畴确定下来，是人力资源管理的重要职能之一。

一、工作分析的基本内容与要求

工作分析是指收集和检测一个岗位的基本的活动信息以及完成工作所应具备的资格的过程。也就是说，是对工作的性质、任务、责任以及工作人员的资格条件等方面进行周密调查和研究分析，并加以科学、系统地描绘，做出规范化的记录，以便进行科学地管理。

（一）工作分析的基本内容

工作分析是人力资源管理的一项重要功能，它与人力资源管理的许多活动都有关联。在理论上，工作设计、工作分析、工作说明与工作规范均是围绕着"工作"来进行的，但从工作分析上来评价一个工作职位的存在价值确实是可行的，可以达到工作丰富化与多样化的目的。因此，工作分析提供了一个架构，能够透过这样的工作分析结果让管理者得到许多的相关信息，并将各项工作的内容、责任、性质与员工所应具备的基本条件，包括知识、能力、心理素质等加以综合研究与分析。然而,比较系统的工作分析必须依据下列项目来进行,通常也称为"工作分析公式(job analysis formula)",即员工为什么要做?(目的,why);员工要做什么?(内容,what);员工如何做?(方法,how);所需技术如何?(程度;skill)。换言之,工作分析是一种专注于收集、分析、整合工作相关信息,以提供组织规划与设计、人力资源管理及其它管理机能的基础。

工作分析的基本内容到底应包括哪些项目,要根据分析的不同目的而有所不同。一般而言,工作分析的内容包括以下项目:

1.工作名称。这是企业用以招聘人员的岗位名称,或工作人员之间彼此所用的工作名称。

2.聘请人员数目。同一工作所聘请工作人员的数目和性别。

3.所在企业。指工作所在的企业,及其上下左右的关系,亦即说明工作的组织位置。

4.工作任务。工作人员为达成其工作目的,所需执行的任务。

5.工作职责。这是指工作人员所负的责任。

6.工作知识。即圆满完成某一工作时工作人员所应具备的实际知识。

7.智力的应用。指执行某项工作任务时必须运用的智力及其方法。

8.经历与经验。指工作是否需要经验及何种经验,此因素对人员招聘、训练及评定工作价值、决定工资等都很重要。

9.教育与训练。指工作人员需具有怎样的学历及应受怎样的训练。

10.熟练及精确。此因素适用于需用手工操作的工作,工作的精确程度可用允许差误的限制来说明。

11.装备、器材及补给品。此包括工作所使用或所处理的装备、器材及补给品。

12.与其他工作的关系。表明该工作岗位与本企业中其他工作的关系。

13.体能要求。表明对该岗位工作人员体能状况的要求,包括视力、听力、跳越、爬高、举重、推力等,这些因素随工作岗位不同而有所不同。

14.工作环境。包括室内、室外、温度、湿度、噪音、光度及工作危险性等方面。

15.工作人员特性。指胜任工作的主要能力。包括四肢的力量及灵巧能力、感觉辩识能力、记忆、计算及表达能力等。

16.工作时间与轮班。工作时数、工作天数及一次轮班的时间幅度,这些都是工作分析的重要资料。

以上所列工作分析的项目内容,并不是所有岗位均需要包括这些内容。例如对在办公室担任内勤工作的人员来说,上列的"熟练及精确"、"装备器材及补给品"、"体能要求"、"工作环境"等项目一般不必列入。

(二)工作分析的基本要求

工作分析的基本要求主要体现在以下六个方面:

1.明确目的

不同的组织,或者同一组织的不同发展阶段,工作分析的目的都有所不同。有的企业的工作分析是为了对现有的工作内容与要求更加明确或合理化,以便制定切合实际的奖励制度,调动员工的积极性;而有的企业是对新工作的工作规范作出规定;还有的企业进行工作分析是因为遭遇了某种危机,而设法改善工作环境,提高组织的安全性和抗危机的能力。在现实中,有的企业人力资源管理部门对工作分析的目的还不是很明确,出现了单纯为了工作分析而工作分析的怪现象,从而使人力资源管理的这一核心技术流于形式,没有达到其应有的目的。因此,必须事先明确工作分析的目的,这一点非常重要。

2.认清作用

在许多企业人力资源管理实务中,都强调"以岗位为核心的人力资源管理整体解决方案",这实际上就是指企业人力资源管理的一切职能,都要以工作分析为基础。可见,工作分析是现代人力资源管理的所有职能,即人力资源获取、整合、保持激励、控制调整和开发等职能工作的基础和前提,只有做好了工作分析与设计工作,才能据此完成企业人力资源规划、绩效评估、职业生涯设计、薪酬设计、招聘、甄选、录用等各项工作。有的企业人力资源管理者忽视或低估工作分析的作用,导致了在绩效评估时无现成依据,确定报酬时有失公平,目标管理责任制没有完全落实等问题的出现,挫伤了员工的工作积极性,影响了企业的效益。

3.把握内容

工作分析一般包括两个方面的内容:确定工作的具体特征;找出工作对任职人员的各种要求。前者称为工作描述,后者称为工作说明书。在对工作分析的内容进行把握时要特别注意工作描述与工作说明书的区别与联系。规范的工作描述主要是要解决工作内容与特征、工作责任与权力、工作目的与结果、工作标准与要求、工作时间与地点、工作岗位与条件、工作流程与规范等问题。而工作说明书,旨在说明担任某项职务的人员必须具备的生理要求和心理要求,主要包括一般要求、生理要求和心理要求。虽然工作描述和工作说明书都是工作分析的主要内容,但有的人力资源管理者对此认识上还存在偏差,甚至将两者混为一谈。此外,有的企业在工作描述方面很不全面,在一份工作描述中缺乏工作关系、工作目标等方面的描述,而且凭经验描述工作职责或职务职责的现象普遍存在,影响了工作分析和评价在整体人力资源管理方案中的核心作用。

4.理顺程序

工作分析是对工作的一个全面的评价过程,这个过程可以分为四个阶段,即准备工作阶段、数据收集阶段、数据分析阶段和形成分析报告阶段。在准备工作阶段,要成立工作小组,确定样本(选择具有代表性的工作),分解工作为工作元素和环节,确定工作的基本难度,制定工作分析规范,选择信息来源,选择工作分析人员,选择收集信息的方法和系统。在数据收集阶段,要编制各种调查问卷和提纲,广泛收集各种资源(一般称 7"W",指工作内容 What、责任者 Who、工作岗位 Where、工作时间 When、怎样操作 How、为什么要做 Why、为谁而做 For Whom)。在数据分析阶段,要审核已收集的各种信息,创造性地分析、发现有关工作或工作人员的关键成分,归纳、总结出工作分析的必需材料和要素等。在形成分析报告阶段,要最后拿出工作描述和工作说明书,促进工作分析结果的使用,并根据企业经营活动的不断变化作出相应的调整和修订。

5.方法得当

工作分析的方法多种多样,但企业在进行具体的工作分析时要根据工作分析的目的、不同工作分析方法的利弊、针对不同人员的工作分析选择不同的方法。一般来说,工作分析主要有资料分析法、问卷调查法、面谈法、现场观察法、关键事件法等。这些工作分析方法各有利弊:如观察法要求观察者应具有足够的实际操作经验,不适宜于工作循环周期很长的脑力劳动工作,以及偶然性、突发性工作。面谈法易于控制,可获得更多的职务信息,适用于对文字理解有困难的人,但分析者的观点影响工作信息的正确判断;面谈者易从自身利益考虑而导致工作信息失真;职务分析者若问些含糊不清的问题,就会影响信息收集;且不能单独使用,要与其他方法连用。问卷法费用低、速度快;节省时间、不影响工作;调查范围广,可用于多种目的的职务分析,但缺点是需经说明,否则会理解偏差,产生信息误差。采用工作实践法分析者直接亲临体验,获得信息真实;但只适应于短期内可掌握的工作,不适于需进行大量的训练或有危险性工作的分析。典型事件法直接描述工作中的具体活动,可提示工作的动态性;所研究的工作可观察和衡量,故所需资料适应于大部分工作,但归纳需耗大量时间;易遗漏一些不显著的工作行为;难以把握整个工作全貌。人力资源管理者除要根据工作分析方法本身的优缺点来选取外,还要根据工作分析的对象来选择合适的方法。

6.力求创新

创新是人力资源管理的灵魂,理所当然应在工作分析中坚持创新原则。工作分析离不开工作环境的分析,一旦工作的环境发生了变化,工作分析就必须进行相应的调整,但毕竟工作分析的结果——工作描述总是落后于环境的变化的,因而,这就要求人力资源管理者在工作分析中要超前规划,具有前瞻性,创造性地开展工作,把可预见的环境变化因素考虑到工作描述中去。工作分析的创新性还表现在工作分析过程及分析方法的创新上。工作分析的过程、方法并不是千篇一律和按部就班的,人力资源管理者可根据工作分析的对象、目的等进行相应的变革和创新,以提高企业的环境适应性和组织竞争力。随着知识经济的兴起,知识型企业的人力资源管理更需要人力资源管理者进行创新,如 IT 企业、咨询业中通常以项目团队的形式开展工作,因而在进行工作分析时,既要充分考虑其工作难以细化和分割的特点,又要体现工作分析明确职责、划清责任的目的。

二、工作描述和工作说明书

工作分析的过程一般有四个步骤:确定工作分析的目的;选择有代表性的岗位;收集工作分析信息和数据;编写工作描述和工作规范。而最终的工作分析结果一般由两部分组成,即工作描述和工作规范(也称工作说明书)。

(一)工作描述

1.工作描述的内容

工作描述用来说明有关工作的范围、任务、责任、功能、工作关系及工作环境等方面的情况,一般包括以下内容:

(1)工作名称及主要任务;

(2)预先制定的执行标准;

（3）工作关系（包括监督关系、汇报关系及同事之间的关系）；

（4）工作程序及所用设备；

（5）工作的条件，包括光线、温度、湿度、安全情况等；

（6）工作的社会环境，包括工作时间、聘用方式、工资结构及给付方式、福利、培训及提升的情况等。

一般认为，工作描述的内容与描述的目的有关，要考虑是要描述工作目前的样子，还是描述工作应该是什么样子。如果描述的目的是为了招聘，就应该描述工作应该是什么样子；如果描述的目的是为了薪金管理或表现评价，就应描述工作现在的状况。

2.工作描述中的几个概念

在工作描述中，有几个需要特别提出来的重要概念，否则容易混淆它们的含义。

"任务"是常常用来在尽可能广的范围内说明什么是工作人员应该完成的。任务的说明一般都是简短明确的。

"责任"一词用来对工作人员应完成的任务作更详细的说明，常用来对管理职责和专业职位进行描述。

"职权"有时工作描述会把职责和权力联系起来，学者们认为没有相应的权力就不会有相应的责任。因此，把职责和权力结合起来以便说明工作者能做什么样的决定等。

"工作关系"一词说明了在工作中工作的责任人应向谁汇报，而谁又应向工作责任人汇报，以及同级别的工作者之间的关系。

3.工作描述的用途

一般而言，工作描述是为一定的目的服务的。但有时也会出现这样的情况，即在工作描述完成以后才发现这种描述还有其他的用途，这时就不得不对为既定目的而做的工作描述进行扩充，甚至重新进行描述。因此，在工作描述开始进行之前就应充分考虑工作描述潜在的应用范围。实践证明，工作描述的应用是多方面的，常见的应用有：

（1）明确工作之间的关系，避免责任的重复和缺失；

（2）帮助主管更多地了解他们目前的工作；

（3）可以用来评估主管人员的工作表现；

（4）建立和修正组织结构基础并划分职责；

（5）建立组织的工资结构基础，以及内部同外部工资率水平相比较的基础；

（6）用来确定组织的培训需要和形成组织内的升迁结构基础，等等。

4.工作描述之前要做好的一些重要工作

在进行工作描述之前，还有一些准备工作首先要做。

第一，在实施工作描述之前要确定工作描述的内容和目的是什么、要描述哪些岗位等问题。如果工作描述要用于广泛的目的，描述的数量就可以由与每个目的有关的岗位而确定下来。在确定哪些岗位将被描述时，应该有客观的标准，否则易引起混乱。

第二，要确定谁来负责工作描述。一般都是由人力资源管理人员负责这样的项目，但是其他部门（如财务、生产等部门）的主管人员也可以负责，这主要取决于工作描述的用途和目的。

第三,要确定工作描述的形成过程。一般工作描述的形成要经过这样四个阶段:

(1)收集工作信息;

(2)起草工作描述的初稿;

(3)检查和修订初稿;

(4)形成最终的工作描述确定稿。

在形成工作描述的过程中,主要是由工作描述人员和责任人来参加,有时甚至不需要与工作有关的人来参与和认同,因为他们可能夸大工作的难度和负荷,干扰描述工作的进行。

第四,要向组织的管理者(尤其是高级主管)和组织成员介绍描述工作。如果没有高级主管的压力和其他管理者的配合,这项工作就很难进行,一般要在高层主管会议上首先取得他们的理解和支持。

第五,还要确定应该怎样修订和检查工作描述。有时之所以工作描述完成之后就变成了一堆被人遗忘的文件,就是因为没有事先确定怎样修订和检查这种工作描述。为了确保工作描述的价值,就必须对工作描述进行修订。修订可以采取定期的和不定期的形式:定期的修订就是在每年年终评价时进行修订,不定期的修订是指只有在工作的内容发生改变或有了新的情况时才进行修订。

5.工作描述中值得注意的问题

第一,如果是少于两百人的小公司,就不一定要进行工作描述。小公司为了方便完成任务,职责一般都是相当灵活的,一个人可能同时要兼做几种事务性工作,这样工作描述进行起来比较困难,效果也不理想。

第二,工作描述是发现组织内部结构错误与问题的一种方法,如果组织没有改正错误的勇气和决心,就没有进行工作描述的必要。

第三,工作描述之前的准备、计划工作相当重要,因为工作描述会花费主管人员相当多的时间和精力。如果要请顾问,费用也很大。如果没有周密的工作计划,将意味着对时间和金钱的双重浪费。

6.工作描述编写样本

下面是对一个企业销售部经理的工作描述。

◇职务名称:销售经理

◇职务代号:X-1

◇工作活动和工作程序:

(1)通过对下级的管理和监督,实施企业产品的销售、计划、组织、指导和控制;

(2)指导销售部的各种活动;

(3)就全面的销售事务向分管的销售副总汇报;

(4)根据对销售区域、销售渠道、销售定额、销售目标的初步认可,协调销售分配功能;

(5)批准对销售员的区域分排,评估销售员的业务报告,组织销售员的培训等;

(6)审查市场分析,以确定顾客需求、潜在的销售量、价格一览表、折扣率、竞争活动;

(7)亲自与大客户保持联系;

(8)可与其他管理部门合作,建议批准用于研发的预算开支;

(9)可与广告机构就广告事宜进行谈判;

(10)可根据有关规定建议或实施对本部门员工的奖惩;

(11)可以调用小汽车两辆、送货车十辆。

◇工作条件和物理环境:

(1)65%以上时间在市内工作,一般不受气候影响;

(2)湿度适中,无严重噪音,无个人生命或严重受伤危险,无有毒气体;

(3)有外出要求,一年中 30%~35%的工作日出差在外;

(4)工作地点:本市。

◇社会环境:

(1)有一名副手,销售部工作人员 50~60 人,直接上级是销售副总;

(2)需要经常交往的部门是生产部、财务部。

◇聘用条件:

(1)每周工作 40 小时,国定假休息;

(2)基本工资每月 3500 元,职务津贴 500 元,每年完成任务奖金 10000 元,超额部分按千分之二提取奖金;

(3)本岗位是企业的中层干部岗位,可晋升为销售副总;

(4)每月的通信费、因公请客、出差按级别标准报销,每三年有一次出国考察机会。

(二)工作说明书

工作说明书是指完成一项工作所必须具备的最低条件,以及最基本的生理和心理要求,一般包括以下内容:

1.一般要求

一般要求是指性别、年龄、工作经验及一般能力等方面的要求。如一个工作说明书中可能有这样的句子,"至少有五年制造业的工作经验"或"机械设计学士学位或学历"等,如果一个人不符合这样的基本要求,理论上就认为他不能完成这项任务。

2.生理要求

生理要求指健康和身体素质方面的要求,如肢体运动的灵活性、力量、反应、视力等。例如,从事用显微镜观察的工作,就要求不能有弱视。

3.心理要求

心理要求指应具有的知识、能力和技术,如判断力、记忆力、语言表达能力或个性等等。比如对餐厅服务员的工作说明可能包括性别、年龄范围、高中以上文化程度、身体健康、动作灵活、反应敏捷、口齿清楚、表达清晰、能处理客人的投诉,等等。

4.工作说明书编写样本

下面是一个企业销售部经理的工作说明书。

◇职务名称:销售部经理。

◇年龄:26~35 岁。

◇性别:男女不限。

◇学历:大学本科以上。

◇工作经验:从事相同或相近产品销售四年以上。

◇生理要求:无严重疾病;无传染病;能胜任办公室工作,有时需要站立和走动;平时以说、听、看、写为主。

◇心理要求标准:

A——全体员工中最优秀的10%之内。以总经理为100分,即90分以上。

B——70~89分;

C——30~69分;

D——10~29分;

E——9分以下。

心理要求:

一般智力:A

观察能力:B

记忆能力:B

理解能力:A

学习能力:A

解决问题能力:A

创造力:A

知识面:A

数学计算能力:A

语言表达能力:A

决策能力:A

性格:偏外向。

气质:多血质或胆汁质。

兴趣爱好:喜欢与人交往,爱好广泛。

态度:积极、乐观。

事业心:十分强烈。

合作性:优秀。

领导能力:卓越。

三、能力分析

(一)能力分析的功能与作用

工作分析的许多方面都是与能力分析相关的。如完成任务的必备资格等,因而工作责任人的能力对完成工作有很大影响。能力分析不仅会使人们认识到现在工作中所要求的技能、知识和解决问题的能力,而且可以使人们了解未来的工作中所要求的能力是什么。可见,能力分析对人力资源管理有很大帮助。

从国际视觉看,能力分析也极其重要。现代哈佛经理不仅需要具有良好的身体素质、心理素质、道德品质素养,而且还需要具备良好的能力素质。在道德品质等条件相同的情况下,哈佛经理的能力素质的高低,则直接关系到哈佛经理的工作效率、工作业绩的优劣。领导才能优秀的哈佛经理,便能够运筹帷幄,从全局上把握正确的方向;疏通、协调好各种关系;大胆创新、锐意改革;通过语言感召力,使群众一呼百应,各方面的管理井井有条,富有效率和生机;其领导业绩便也十分明显、突出。而那些才能平庸的哈佛经理,可以说是"无能的好人"。对工作全局把握不住,主攻方向不明;或人际关系疏通、协调不力,使人员"内耗"严重,积极性调动不够;或语言缺乏感召力,不能鼓舞、鞭策群众。这些人整天忙忙碌碌,哪里有事到哪里,但是忙不出什么效果,甚至急得象一团乱麻,越忙越理越乱。因此,能力分析不仅非常重要,而且具有十分明显的作用。

第一,能力分析可以为招聘和选择合适的职员提供客观的标准,即把导致工作质量提高的关键能力作为选择的标准。

第二,工作责任人只有对有效完成工作需要什么样的能力有了清楚的认识,才能知道他们应该做些什么,才可以提高自己完成工作的能力。

第三,能力分析的结果为职员的培训和发展提供了方向。也就是说,如果知道工作所要求的能力,培训就可以有针对性地进行。

第四,能力分析还可以帮助个人制定更客观的职业发展计划。在一个组织中,不同层次的岗位所要求的能力是不同的,职员对自己的能力的了解和对工作需要的能力的了解,有助于个人职业道路的选择和发展。

根据以上分析,能力分析可以定义为用来确定工作中所要求的能力的方法。人们的行为方式会影响工作的方式,能力可以看作是行为的集合,这个集合可以综合地表现在完成工作的状态上。因此,能力分析就是明确特定能力与特定工作的高效完成两者之间的关系。

(二)能力分析的基本方法

能力分析的许多方法是和工作分析的方法相一致的,如面谈法等。在面谈中除了收集工作信息外,还可以了解到工作责任人具有什么样的工作能力,以及工作要求什么样的能力。在能力分析的实践中也形成了一些调查表专门分析和评估能力,如能力评估调查表。这种调查表列出了若干个能力项目,如做计划的能力、表达能力、处事能力、分析问题的能力等。每一个能力项目还要根据该项能力对岗位的重要性、是否同以前的岗位相同、是否一开始工作就要求具有这样的能力,以及目前的能力水平等问题进行回答或选择,然后由专家进行分析和评估。

能力分析从另一个角度来看可以分成两个组成部分,即生理能力分析和心理能力分析。

生理能力分析一般用九种能力标准来分析工作对生理能力的要求:

(1)运动力量;
(2)躯干力量;
(3)视力、听力等;
(4)爆发力;
(5)运动的灵活性;

(6)延伸的灵活性；

(7)身体的协调性；

(8)身体的平衡性；

(9)耐力。

我们可以将每一种能力划分为几个等级，来确定工作所要求的能力范围，以及对哪几种能力要求更严格些。

心理能力分析一般是用特定的考试来测验记忆能力、推理能力、分析判断能力等智力性的能力以及与他人相处的能力、影响他人的能力等个性因素。不同类型的考试可以鉴别不同的心理能力，如一般的认知考试测验的就是记忆、分析、判断、推理等能力，而心理测验则能说明一个人的个性特征。

（三）能力倾向测验

1.能力倾向测验的性质

鉴别能力的测验方法，是伴随着实验心理学而发展起来的。目前，这类方法在国外已被广泛应用于发现人才和员工考核的工作领域。人的能力倾向是客观存在的，并且总是在一定的质和量的界限中表现出来。因而对于人的能力结构和倾向，不仅可以定性分析而且可以定量分析。所谓能力倾向，即构成某种知识、技能和一定行为模式的各种个人特质的状态的组合，它是一些对于不同职业的成功，在不同程度上有所贡献的心理因素，其本质可概括为两个方面：

其一，具有预见性或潜在的可能性。即现在的身心状态及多种特性能作为预见将来的兆侯，否则测验就无价值。

其二，具有稳定性和恒常性。作为能力倾向的身心状态及多种特性必须在较长时期内相对稳定，否则，就无法作为预测未来的依据。

因此，就能力倾向测验的作用来看，是测量对象目前的能力倾向性，由此来推测他们的潜在能力及预测将来经过进一步的训练和实践锻炼后可能取得的成就。所以，能力倾向测验只能预测一个人将来在某方面的"可能"成就，并不能保证他在某方面的"必然"成就。因为一个人的能力倾向能否获得充分的发展，与他的身体状况、兴趣、爱好、学习态度、工作动机、机会等条件都有关系。

2.能力倾向测验的设计原则

由于能力倾向是潜在的可能性，所以测验方法必须以基础特性中具有预见性的东西为对象。在测验的设计中，必须选择不产生练习效果的东西作为刺激的课题。因为从对容易受到学习和练习影响的课题的反应中，难以推定出基础的且具有恒常特性的能力倾向。在能力倾向测验的设计中，一般遵循如下原则：

(1)在进行能力倾向分析中，必须把握具有本质意义的基础特性（如在配置职务时，应进行职务分析）。

(2)编制问题项目，用以发现这些基础特性在行为中的作用。

(3)设定与项目相对应的选拔等级或回答范围。

(4)保证信度和效度。

　　为了提高信度和效度,所设计的能力倾向各测验必须充分地进行预试。在预试的基础上,不断严密地验证刺激与反应间的函数关系及规律性,即实现标准化过程。应该注意的是,预测的效度不可忽视。既然能力倾向测验是以预测性为基本,那么它的效标必须在将来应得到的现实成果(如任职后的工作绩效)中获得。

　　3.能力倾向测验的功能

　　能力倾向测验是为了判定一个人能力倾向的有无和程度。因此,标准化的能力倾向测验,具有两种功能:一是判断一个人具有什么样的能力优势,即所谓的诊断功能;二是测定在所从事的工作中,成功和适应的可能性,包括发展的潜能,即所谓的预测功能。

　　具体针对人才选拔考试和人力资源管理工作,能力倾向测验的作用主要体现三个方面:

　　(1)什么样的职业适合于某个人(职业选择和指导);

　　(2)为了胜任某个岗位工作,什么样的人最合适(人员的录用和选择配置);

　　(3)为了使个人适应某个岗位,在工作本身的哪些方面进行改善为好(合适岗位的开发和职务的再设计)。

　　根据能力倾向测验的作用不难看出,尽管这种测验方法在目前尚没有被更多地应用到人才录用考试中,但是它有广泛的应用价值。它可以为人才的录用考试实现如下职能:

　　(1)在进行人事安排时,可以录用符合条件,具有某种能力的人选,使人尽其才。

　　(2)可以配置与被录用者个性、能力结构相符合的岗位,使才尽其用。

　　(3)根据对在职人员进行的测验,能够诊断一个部门(单位)人才队伍能力结构状况,从而可以有目的进行能力开发和组织开发。

　　(4)由于测验掌握了对象的能力特征,可以作为个人职业指导,发展方向指导或人才提拔、晋升的参考依据。

　　值得指出的是,能力倾向测验不仅对人才录用考试工作提供了帮助,对测评对象也颇有益处。首先,通过测验可以使其获得有关自己能力倾向的客观信息,帮助其正确地理解和认识自身的能力特点以及自己更适合的工作领域。其次,测验结果往往揭示出他们以前全然不知或没有充分注意到的自己的某些能力倾向。通过测验将有助于促进本人正确地选择职业,并激发其自我开发的积极动机。

　　4.能力倾向测验方法举例

　　(1)普通能力倾向成套测验

　　能力倾向测验,一般可以分为职业能力倾向测验、普通能力倾向测验、辨别能力倾向测验、管理监督能力倾向测验、音乐、艺术能力倾向测验等。现以普通能力倾向成套测验和办事员能力测验为例说明其具体作法。

　　普通能力倾向成套测验(general aptitude test battery,简称GATB)最初是美国劳工部研究制定的,是对许多职业群同时检查各自的不适合者的一种成套测验。由于这套测验在许多国家被广泛使用,因而倍受推崇。后来,日本劳动省将GATB进行了日本版的标准化,制定成《一般职业适应性检查》(1969年版)。这套测验主要是实现对许多职业领域中工作所必需的几种能力倾向的测定。它由15种测验项目构成,其中11种是纸笔测验,其余4种

是操作测验,两种测验可以测定9种能力倾向。这9种能力倾向对完成各种职业的工作都是必要的。即:

G-智能。指一般的学习能力。对测验说明、指导语和诸原理的理解能力、推理判断能力、迅速适应新环境的能力。

V-言语能力。指理解言语的意义及与它关联的概念,并有效地掌握它的能力。对言语相互关系及文章和句子意义的理解能力。也包括表达信息和自己想法的能力。

N-数理能力。指在正确快速进行计算的同时,能进行推理,解决应用问题的能力。

Q-书写知觉。指对词、印刷物、各种票类之细微部分正确知觉的能力。能直观地比较辨别词和数字,发现有错误或校正的能力。

S-空间判断能力。指对立体图形以及平面图形与立体图形之间关系的理解和判断能力。

P-形状知觉。指对实物或图解之细微部分正确知觉和能力。根据视觉能够对图形的形状和阴影部分的细微差异进行比较辨别的能力。

K-运动协调。指正确而迅速的使眼和手相协调,并迅速完成操作的能力。要求手能跟随着眼能看到的东西正确而迅速地做出反应动作,并进行准确控制的能力。

F-手指灵巧度。指快速而正确地活动手指,用手指很准确地操作细小东西的能力。

M-手腕灵巧度。指随心所欲地、灵巧地活动手及手腕的能力。如拿着、放置、调换、翻转物体时手的精巧运动和腕的自由运动能力。

以上9种能力中的每一种能力,都要通过一种测验获得。这种能力倾向测验,可以说是从个人在完成各种职业所必要的能力中,提炼出各种职业对个人所要求的最有特征的2~3种,其中纸笔测验可集体进行。记分采用标准分数,各能力因素的原始分数转换为标准分数后便可绘制个人能力倾向剖析图,并与职业能力倾向类型相对照,被试者就可以从测验结果中知道能够充分发挥个人能力特性的职业活动领域。

根据GATB测验所判定的15种职业类型如表6.1所列。

(2)办事员能力测验

作为办事员的工作职责,是要处理办公室内的一些日常例行工作,诸如打字、记录、文件整理与保管、校对核对、装订函件、通知联络等。当然,由于工作层次和单位规模的不同,办事员的工作内容也有相当的差异。就一般而言,办事员能力测验包括以下各项:a 阅读理解速度;b 文件整理的迅速和准确;c 物品与人名的速记;d 文字校对之正确;e 计算迅速准确;f 必要的管理知识和社会适应性。

那么,作为办事员的能力测验,一个显著的特征就是注重知觉速度的测定。鉴于办事员能力测验涉及的内容较多,其中有些内容与普通能力倾向测验的内容相类似,所以在没有合适的办事员能力倾向测验可用时,也可用普通能力倾向测验来代替。比较著名的办事员能力测验是明尼苏达办事员能力测验,该测验应用甚广,包括两个分测验,各有200题,第一分测验是数目校对,每一对数字从3位至12位,要求被测试者比较其异同。第二分测验是姓名校对,做法与第一分测验相同。例如下题所示(明尼苏达办事员能力测验):

表 6.1　GATB 的职业能力倾向类型分类

职业能力倾向类型	职　　　业
1.G-V-N	人文系统的专业职业
2.G-V-Q	特别需要言语能力的事务职业
3.G-N-Q	自然科学系统的专门职业
4.G-N	需要数的能力的一般事务职业
5.G-Q-K	机械事务的职业
6.G-Q-M	机械装置的操纵、运转及警备、保安职业
7.G-Q	需要一般性判断的注意力的职业
8.G-S-P	美术作业的职业
9.N-S-M	设计、制图作业及电气职业
10.Q-P-F	制版、描图的职业
11.Q-P	检查分类职业
12.S-P-F	造型、手指作业的职业
13.S-P-M	造型、手臂作业的职业
14.P-M	手臂作业的职业
15.K-F-M	看视作业、身体性作业的职业

66273894-66273894

527384578-527384578

New York World-New York World

Cargill grain Co.-Cargil Grain Co

本测验主要以名称比较、词汇、算术和一般推理能力为主。做这种测验并不难,但必须迅速,而且要正确。

四、工作分析的应用

工作分析是获得有关工作的有效信息的过程,这些信息对组织计划、人力资源计划、招聘和挑选过程、报酬计划以及培训工作来说都是非常重要的。工作分析同各项活动的关系主要表现在以下几个方面:

(一)组织设计的应用

工作设计是组织设计的一部分,工作分析又是工作设计的必要前提,因此,工作分析也是组织设计的基础。正式的组织结构描述组织如何运行,是有关政策、实践和过程的一系列决定,描述正式组织结构的一部分就是工作描述。可见,工作分析在组织设计中的应用不仅仅体现在重新安排工作的任务,理顺工作关系等方面。如果组织想要按照所希望的那样进行改革,就有必要认真分析每个岗位的特殊要素与特点,并在组织内按照能够最佳利用人力资源的方式来重新构建和设计每个岗位的结构。

(二)人力资源计划的应用

每一个单位对于本单位或本部门的工作职务安排和人员配备,都必须有一个合理的计划,并根据工作发展的趋势做出人事预测。工作分析的结果,可以为有效的人事预测和计划提供可靠的依据。一个单位有多少种工作岗位,这些岗位目前的人员配备能否达到工作和职务的要求,今后几年内职务和工作将发生那些变化,单位的人员结构应做什么相应的调整,几年甚至几十年内,人员增减的趋势如何,后备人员的素质应达到什么水平等等问题,都可以依据工作分析的结果做出适当的调理和安排。比如替补计划是人力资源计划的一部分,工作分析也常常用在管理替补计划上。如通过对每一个关键岗位的详细分析,可以明确岗位的主要活动范围,形成对主管资格的基本要求,还可以作为评估候选人的标准,或用来确定培训和发展的计划目标,人力资源计划覆盖了每一位管理者或潜在管理者。通过工作分析所做的工作描述和详细说明是决定将由谁来填补关键岗位的必要前提。

(三)组织目标和工作效率的应用

组织是有目标的,而这些目标是随时间的变化而变化的。工作分析可以减少职员的意愿与组织目标之间的不一致。同时,通过工作分析,一方面由于有明确的工作任务要求,建立起规范化的工作程序和结构,使工作职责明确,目标清楚;另一方面,明确了关键的工作环节和作业要领,能充分的利用和安排工作时间,使职工能更合理的运用技能,分配注意和记忆等心理资源,增强他们的工作满意感,从而提高工作效率。

(四)对新成员招聘和挑选的应用

工作描述和工作说明为招聘和选择提供了基础,不管是外部招聘还是内部的提升和重新分配岗位,工作目标都可以标明什么样的人是这个岗位的最合适的人选,也就是说提供了招聘和选择的标准。因为通过工作分析,能够明确的规定工作职务的近期和长期目标,掌握工作任务的静态和动态特点,提出有关人员的心理、生理、技能、文化和思想等方面的要求,以及选择工作的具体程序和方法。并在此基础上,确定选人用人的标准。有了明确而有效的标准,就可以通过心理测评和工作考核,选拔和任用符合工作需要和职务要求的合格人员。

(五)培训和发展的应用

通过工作分析,可以明确从事的工作所应具备的技能、知识和各种心理条件。而这些条件和要求,并非人人都能够满足和达到,这就需要不断地培训和开发。因此,可以按照工作分析的结果,设计和制定培训方案,根据实际工作要求和聘用人员的不同情况,有区别、有针对性的安排培训内容和方案,以培训促进工作技能和工作效率的提高。尤其是工作分析和工作说明揭示了一项工作的关键特征,这就要求培训要按照工作的特殊需要来进行。例如,在工作分析中发现职员缺乏某些知识和技能,而这些技能和知识正是工作所要求的,就可以将这些技能和知识的培训工作作为这类成员培训和发展的重点。

(六)报酬和工作评估的应用

大多数工作评估的方法都要求有工作内容、责任、权力、隶属关系以及可以决定薪金水平的信息,工作评估就是为了保证达到内部付酬的平等性,而获得有关工作的准确信息则是薪金管理体系的基础。那么,工作和职务的分析可以确定规范、合理的工作定额。所谓规范、合理,就是在现有工作条件下,经过一定的努力,大多数人能够达到,其中一部分人可以超过,少数人能够接近的定额水平。它是动员和组织职工、提高工作效率的手段,是工作和生产计划的基础,也是制定企业部门定员标准和工资奖励制度的重要依据。工资奖励制度是与工资定额和技术等级标准密切相关的,把工作定额和技术等级标准的评定建立在工作分析的基础上,就能够制定出比较合理公平的报酬制度。

(七)员工表现评价的应用

工作分析可以为工作考核和晋升提供标准和依据。工作的考核、评定和职务的提升如果缺乏科学依据,将影响干部、职工的积极性,使工作和生产受到损失。根据工作分析的结果,可以制定各项工作的客观标准和考核依据,也可以作为职务提升和工作调配的条件和要求。同时,还可以确定合理的作业标准,提高生产的计划性和管理水平。特别在设计工作目标或标准时,工作活动的有关信息是关键。而工作分析提供了计划工作更为客观的基础,它完成了管理目标的设置过程,尤其为设置特殊的目标和标准提供了依据。完成目标或计划通常要考虑两个方面的问题:其一是完成目标的活动和这些活动的后果,而仔细研究和记录的工作描述和工作详细说明会减少无目的的行为的风险;其二是在表现评价中也要考虑职员参与工作定义和工作计划的情况。

(八)个人职业计划的应用

工作分析的结果对个人的职业计划和发展也有意义。工作分析的有些项目为帮助职员达到自己的目标、制定职业发展计划、了解达到职业目标所需要的知识和技能提供了有用的信息。同时,工作分析也可以为职业咨询和职业指导提供可靠和有效的信息,因为职业咨询和指导是人力资源管理的一项重要内容。

(九)职业健康和安全的应用

工作分析可以帮助管理者了解各项工作的环境及环境中存在的不卫生因素和危险因素,这对消除不利因素是很重要的。同时,工作分析也说明了对职员的职业健康和安全,职员自己应负什么责任,企业应负什么责任。

(十)工作重新设计的应用

通过工作分析,可以不断确定职务的任务特征和要求,建立工作规范,而且可以检查工作中不利于发挥人们积极性和能力的方面,并发现工作环境中有损于工作安全、加重工作负荷、造成工作疲劳与紧张以及影响社会心理气氛的各种不合理因素。故有利于改善工作设计和整个工作环境,从而最大程度的调动员工的工作积极性和技能水平的发挥,是人们在更适合于身心健康的安全舒适的环境中工作。比如,在既定的工作架构及内容下,从"纵"方面去整合上工序及下工序的工作,以达到"工作丰富化";而从"横"方面去扩充相关度较高的不同工作,以达到"工作多样化";并作为教育培训规划及训练需求调查的基准,以遴选出需要培训的员工,再依组织之需求及员工个人能力与兴趣,提供培训发展的机会。同时,工作分析可以克服不必要的重复,无关紧要的或多余的工作负担,设计不良的工作体系以及其他引起错误、无效和低效的原因。因此,工作分析是为改进工作质量和提高工作满意度而进行的工作的重新设计的必要前提。

(十一)工作结构有效性的应用

工作分析是工作改革的一个基本组成部分,而且是为了提高工作的有效性而重新安排工作结构,以及合理组织工作的必要的前提工作。

(十二)技术设计的应用

技术决定了工作方式。工作分析可以帮助了解工具和设备的利用状况,从而有助于确定怎样利用工具和设备可以使工作更容易操作、更有效和更令人满意。也就是说,工作分析可以帮助技术设计。

(十三)确定关键部门的应用

工作分析可以帮助确定在一个组织内哪些部门是能最有效地促进组织利益的部门。

(十四)机会平等方面的应用

工作分析有时可以揭示人们被歧视和受到不公正待遇的原因,从而可以通过改变工作体系等方法来消除这些因素的影响。

工作分析的所有用途如图 6.1 所示:

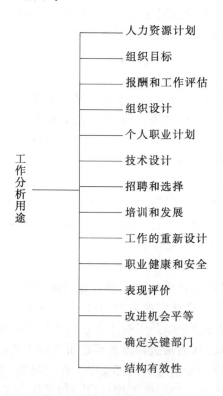

人力资源计划
组织目标
报酬和工作评估
组织设计
个人职业计划
技术设计
招聘和选择
培训和发展
工作的重新设计
职业健康和安全
表现评价
改进机会平等
确定关键部门
结构有效性

工作分析用途

图 6.1　工作分析用途图示

第二节　工作分析的过程

工作分析的过程基本上可以分为四个阶段:即准备工作阶段、数据收集阶段、数据分析阶段和形成分析报告阶段。

一、准备工作阶段

(一)明确工作分析目的

在工作分析的准备阶段,要确定工作分析的目的是什么,因为工作的不同侧面都可以进行分析,而且主要取决于工作分析的目的和分析结果的用途。工作分析可以在以下七个不同的层次上进行:

1.职员实际上在做什么;

2.职员认为自己在干什么;

3.管理者认为职员在干什么;

4.职员认为他应该干什么;

5.管理者认为职员应该干什么;

6.职员认为他计划干什么;

7.管理者认为职员将做什么。

如果是应用于表现评价、报酬等方面的分析,则职员实际上做了些什么是最重要的;如果工作分析是用于工作设计、组织设计或制定目标和计划,那么职员应该做些什么则是重要的信息。因此,在工作分析的准备阶段,应对进行工作分析的人进行适当的培训,并明确对他们的要求是什么。培训内容一般是针对信息收集的方法,以及对收集到的信息应如何处理等,这样做有助于保证工作分析的质量。

(二)做好以下工作

在这一阶段,主要解决以下几个问题:

1.建立工作分析小组。小组成员通常由分析专家构成。所谓分析专家,是指具有分析专长,并对组织结构及组织内各项工作有明确概念的人员。一旦小组成员确定之后,赋予他们进行分析活动的权限,以保证分析工作的协调和顺利进行。

2.明确工作分析的总目标和总任务。根据总目标、总任务,对企业现状进行初步了解,掌握各种数据和资料。

3.确定调查和分析对象的样本,同时考虑样本的代表性,其代表性体现在纵横关系上。为保证分析结果的正确性,应该选择有代表性、典型性的工作。以销售经理为例,一方面企业内部对销售经理的工作内涵比较了解,易发表意见,另一方面几乎每个竞争者都有相同的职位,那么通过纵横两方面衡量、比较,就易确定该销售经理在企业内工作分析的具体参数。

4.确定工作难度系数。工作难度系数要根据该职位的公司定位、以往业绩与目标资料、外界变革情形等动静态因素而定。同样以销售经理为例。假如在一家传统的化工行业,难度系数就较低,同为该职位可能从企业成立伊始就有,积累了很多原始资料(如岗位职责、业绩考核、技能要求等),且同行很多,易找到有价值的相关资料作分析。但假如是网络公司的销售经理的工作分析,难度系数就大了。因为不同网络公司的商业模式是不一样的。有些网络公司的销售经理只是负责采集信息而已,而现在看好的网络公司则要求有赢利,销售经理的任务不再只是提高点击率,而是提高公司效益。但目前绝大部分网络公司又是亏损的,且没有原始资料供参考。即使是该公司的总经理,也未必对如何胜任销售经理有成熟的想法。如何把销售经理的职责由提高点击率转换为提高效益就成为该职位工作分析的核心问题,可想而知其难度系数之大了。

5.建立良好的工作关系。为了搞好工作分析,还应做好员工的心理准备工作,建立起友好的合作关系。

二、数据收集阶段

(一)工作要求

这一阶段主要是选择信息来源、确定要收集的数据类型和选择数据收集的方法等。分析人员为使研究工作迅速有效,应制定一套执行计划。同时,要求管理部门提供有关的信息。无论这些信息来源与种类如何,分析人员应将其予以编排,也可用图表方式表示。这一阶段首先要明确以下两项内容:

其一,选择信息来源。信息来源的选择应注意:

(1)不同层次的信息提供者提供的信息存在不同程度的差别。

(2)工作分析人员应站在公正的角度听取不同的信息,不要事先存有偏见。

(3)使用各种职业信息文件时,要结合实际,不可照搬照抄。

其二,选择收集信息的方法和系统。信息收集的方法和分析信息适用的系统由工作分析人员根据企业的实际需要灵活运用。由于分析人员有了分析前的计划,对可省略和重复之处均已了解,因此可节省很多时间。但是,分析人员要切记这种计划仅仅是预定性质,以后必须将其和各单位实际情况相验证,才不致导致错误。

同时,这一阶段的工作要能够做好还要制定好工作计划。比如:

(1)编制各种调查问卷和提纲;

(2)根据具体的对象进行调查,如采用面谈、观察、参与、实验等方法,还有比较方便的电脑问卷。

(3)收集有关工作的特征及需要的各种数据,如规章制度、员工对该岗位的认识等。

(4)重点收集被调查员工对各种工作特征和工作特征的重要性及发生频率等的看法,做出等级评定。如对某宾馆的工作进行分析,首先让所有参加者按照个人理解提出胜任工作的要素,可能有几十项,如年龄、相貌、态度、……在此基础上,按大家比较一致的看法列出来,后再分别给每个要素一定的权数,如服务员年龄占第一位、相貌次之、态度再之……

(二)数据收集方法

数据收集的方法有很多种,常用的有以下几种:

1.观察法

观察即观看操作者如何完成他的职责或任务。这种方法特别适合于对手工操作、设备使用的工作方法、危险因素和工作条件等信息的收集,其优点是能够获得第一手的资料。但是,观察法不能适用于思考和判断,即对脑力工作者,观察法是不适用的。此外,一般情况下,工作者是不愿意被别人看着工作的,因而有时有些工作者会因为紧张而不能代表其最典型的工作状态,而且观察法是比较费时间的。观察法的这些缺点也可以通过一些做法进行不同程度地纠正。如:

第一,在有相似性工作的地方,应多观察几个人,这样可以避免个人的独特行为而影响观察的结果。

第二,对工作者的工作要充分地观察,以免漏掉细节。

第三,观察者应尽可能地不引人注意,并避免讨论工作过程的问题。

第四,应注意观察工作的所有方面,因为工作的各个侧面是相互联系的。

第五,观察前应有计划地制定观察提纲。

2.面谈法

面谈可能是使用得最广泛的数据收集的方法,既可以以单独面谈的方式进行,也可以以小组面谈的形式进行。一般而言,面谈是在离开工作地点的地方进行的,而且面谈的问题的设计应该是结构化的。

在面谈之前,要首先向谈话者解释面谈将会以什么样的方式进行,以及面谈的结果是做什么用的。特别还应提前研究每个工作的基本情况,使面谈者熟悉工作,便于提问。在进行面谈时,提问的顺序应该是有逻辑性的,如按工作的顺序提问,或将最重要的问题先提问,次要的和不太重要的问题后提问。面谈的结果一般要经过监督者的确认和说明才算有效。

3.日记法

日记就是工作者把每天的工作以日记的形式记录下来,一般要做一周的日记以收集典型的数据。日记如果准备得很好,从中获得的信息可能比用其他方法收集的信息要准确。同时,日记是工作者自己记录的,可以避免信息传输中的错误。日记法的问题在于,工作者要离开工作去填写日记,这要花很多时间。另外,如果日记准备得不好,即要求工作者记录得太多或太少,都会影响到数据的准确性。

4.检查法

检查法即检查详细的工作任务清单或原始记录。这种方法是由工作者对工作任务清单或原始记录进行检查,并回答提出的问题。如:为什么要完成某项任务,完成这项任务对整个工作的重要性是什么,完成这项任务要花多长时间,以及完成任务是否需要培训等。这种方法的主要优点是可以快速地收集数据,并且可以对不同的工作进行比较。不足之处在于这种方法的准备时间较长,要事先设计好任务清单或选择完整的原始记录,并发现问题等。

5.调查表法

调查表是另一种常用的收集信息的方法, 可以用特别设计的调查表来收集特定组织的信息,也可以用常用的、可应用于不同组织的标准调查表来收集数据。典型的调查表包括两个部分,第一部分是询问工作者关于工作和个人的经验、资格、态度等问题;第二部分则是一个详细的活动表,这些活动是被调查的岗位或工作种类的人应该完成的。如果调查表的设计比较合理,每个人都应能确定他的工作是什么,有哪些活动。工作责任人在填写调查表时,还要评估一下每项活动对他的整项工作的意义。每一项活动都要考虑花了多少时间,是否经常做以及是否重要等。综合评估一般包括时间分配和重要性评估两个方面。比如关于重要性,可以分为如下几种情况:

1.不是我的工作的一部分;

2.是我的工作的极小部分,很少出现,也不重要;

3.是我工作中的一少部分;

4.是我工作的基本部分(经常出现但不重要,或不经常出现但很重要);

5.是我的工作的大部分;

6.是我的工作的最重要的部分(既经常出现,也很重要)。

每一种情况都有不同的分值,若能再考虑到时间的分配,就可以知道哪项活动对工作是重要的,有哪些不重要但很花时间的活动是可以改革的,等等。

调查表的优点主要是快速和有效,而且使用标准调查表还可以将其剪接以适合不同组织的需要,因而它的应用是很广泛的。但调查表法也是存在一些问题的,有些调查表是叙述性的,这使得有些工作者难以用准确的语言描述和回答问题,不利于数据分析,因此调查的设计是很重要的。

三、数据分析阶段

(一)工作职责与分析方法的选择要求

1.数据分析阶段的工作职责

数据分析阶段的主要任务是对收集到的有关工作特征和工作人员的各种资料和调查结果进行深入全面的分析。具体工作如下:

(1)仔细审核已收集到的各种信息;

(2)创造性地分析、发现有关工作和工作人员的关键成分与因素。仍以销售经理为例。有些企业认为销售经理的主要工作是"推"与"销";有些企业想到了市场的策划、定位、细分与售后服务;还有些企业想到了销售经理应注重企业文化的对外传递,注重品牌的附加值,创造和挖掘客户的潜在渴求……可见,对销售经理的"定位"不同,其关键成分与因素就大相径庭。

(3)归纳、总结出工作分析的必须材料和要素。由于在调查研究的基础上已经掌握了很多数据,所以要对每个数据所占的百分比及权数进行排列,并必须得出两个结果,一是评价工作的要素,二是各要素所占的权重,如年龄 15%、相貌 13%、态度 25%……

2.选择数据分析方法的基本要求

同时,在数据分析阶段,还要选择和利用各种工作分析的方法对收集的数据进行分析。各种工作分析方法都各有长处和短处,对不同的岗位或不同的目的应选用不同的方法。在选择工作分析方法时,有几点需要特别注意:

（1）选择方法时不应直接限定收集数据的方式。一种方法要获得实际工作活动的信息，就是从一个人实际在做的工作中得到信息。其他的信息可能是管理者、其他岗位的人、顾客或组织以外的人以及下属提供的，但工作的责任人才是要分析的焦点。因此，在选择工作方法时应选择能够了解实际行为的方法，而不是范围、责任、能力等，尽管这些因素可能成为整个岗位描述的永久性的组成部分。可见，工作分析，重在分析工作责任人在完成工作时的活动状态。

（2）工作分析的方法应能与"能力分析"结合起来。即对收集的数据应进行整理和提炼，并以某种方式进行分类，这种分类是有目的性的。因此，要强调具体数字的、简明的信息，而不是叙述性的、描述的模糊数据。由于这个原因，调查表的方法常常优于面谈法和观察法，但面谈法和观察法可以得到一些调查表法和其他方法易于漏掉的东西。因此，所选用的工作方法应有利于发现在其他分析中用得着的东西，或有利于发现工作内部和工作之间的关系。

（3）所选择的工作分析方法应易于实施。也就是说，所用的工具要简单，方法和概念要清晰，使工作者明白应如何做，如何使用。复杂的设备和方法可能会提供大量细致的、精确度高的数据，但这样做获得的数据比想象的要多的多，从而加大了数据整理的工作量。

（4）所选择的工作分析方法应易于修订。一个时间点所得到的样本可能只是为了一个目的的应用，但在其他目的的应用上只需经过提炼和修订，而不用重新做工作分析，这样可以节约大量的时间和费用。调查表法获得的数字、数据就有易于修订的长处。

（二）数据分析方法的应用

在工作分析的多年实践中，已经形成了多种数据分析的方法，有几种方法是与数据收集的方法合并使用的。如果运用的恰当，每一种方法都会对岗位的内容和要求有更深层次的了解。

1.描述的方法

描述的方法是在薪金管理中用得最普遍而又最简单的一种，它也常用在工作设计和组织计划的研究中。描述的方法有四种基本方法：描述调查表法、面谈法、小组讨论和德尔菲方法。

一个结构化的调查表可以用来收集责任人按职责、活动等划分的信息。这个调查表的结果可以作为进行工作分析面谈的基础。当然，面谈本身也能提供进行描述的信息。调查表的结果还可以作为小组讨论和德尔菲方法的基础。

表6.2是一个一般的描述调查表的例子。

2.观察或自我报告的方法

这种方法实际上不太常用。在自我报告和观察中，有时会利用时间记录和日记来分析工作责任人的时间用在了哪里，以及他们每天实际上在干什么。这种方法的最大优点是提供了现实性，但成本较高，因为收集的数据在被分析之前是复杂多变的，对结果进行修订也是困难的。而且在有些地方还不适用，如薪金管理或在人很多的大公司里就不太适用，但在有些地方，如分析工作结构、确定培训需要等方面，却是十分有用的。

表6.2 工作描述调查表

工作名称：	姓名：
单位：	日期：

一、工作活动：在下面简要说明工作的每一项活动的内容,所花时间和重要性,时间和重要性不必相符,要说明时间百分数是以一周、一月还是一年为100%;重要性可以回答重要或不重要、较重要、一般等,或以重要性顺序排列。

　活动及内容　　　　　　　　　　时间　　　　　　　　重要性

二、完成工作所需要的技能：在下面说明有效完成工作必备的知识,技能和能力。要对应第一项的活动内容尽可能详细地加以说明：

　活动　　　　　　　　　　说明必备资格

三、活动的复杂性和困难性：

1.举一个例子说明在岗位工作中碰到的问题的类型和内容。

2.举例说明对判断、分析和创造力的要求。

四、责任：

1.你是否监督别人的工作?

2.你的工作对公司的利益有什么影响?

五、工作的变化：

1.去年你的工作有无变化? 有什么变化?

2.下一年你的工作会有什么变化?

* 这是一般的情况,这种表也可以被剪接和修改,以适应不同组织的情况。

3.职责分析的方法

这种方法是由受过训练的分析者来分析工作活动的,分析者通过观察实际的行为,或者用一个标准的过程同工作责任人面谈而形成一个综合的关于工作及其要求的定义。职责分析依赖于分析者对组织目标和在工作中需要做些什么的判断, 每项工作都从三个基本的方面来描述:数据、人和事。每种职责又按复杂性和重要性进行编码。这种方法最早是在美国空军中运用的，现在已扩展到很多领域的工作，由于它易于修订而被广泛地使用着，而且形成了一些具体的应用方法。例如，美国培训和雇用部应用职责分析形成了一种方法来获得和记录工作分析数据，系统地研究工人的表现和流动。如：

(1)工人的职责(相关的数据、人和事)；

(2)工作领域(所用的技术和方法)；

(3)机器、工具、设备和其他有助于工作的东西；

(4)材料、产品、主观的事和服务；

(5)工人的特点，等。

一般情况下，按照上述信息对工作进行分类分析。但是，这种方法由于要由受过训练的专家来执行操作，所以成本一般较高。而且它也只适用于低层次的岗位，对管理岗位和专业技术岗位不太适用。

4.已出版公布的调查表

我们用已出版公布的调查表可以以相对低的成本和相对短的时间来收集大量的数据。这种数据是通过一个组成工作的各种活动的表——任务清单来收集的。目前已有多种调查表出版公布。Ernest McCormick 和他的同事在普度大学公布了一个最著名的调查表——岗位分析调查表，它包括近 200 个工作元素，并将工作元素分为六大类：

(1)信息输入；

(2)脑力过程；

(3)工作输出；

(4)与其他工人的关系；

(5)工作满意度和工作环境；

(6)其他工作特点。

我们可以把某种工作与调查表上的工作元素相对比，同时运用一个五级评估等级来测量完成一项工作所涉及的工作元素的程度。尽管对岗位分析调查表的研究已进行了很长时间，并形成了多种不同的调查表，但是在实际应用中许多公司发现岗位分析调查表一般只适用于低层次岗位，也很难修改以适应独特的工作环境。

在岗位分析调查表的基础上，J·D·Hemphill 在 1960 年设计了一个分析管理工作的调查表——管理岗位描述调查表。表中的项目覆盖了自然的和社会的对管理工作的各种要求，工作的主观方面，所涉及的原则性责任，以及所要求的活动等方面。这种调查表把工作的因素划分为十个范围：

(1)提供职员的服务；

(2)工作的监督；

(3)内部事务控制；

(4)生产、市场和财务的长期计划；

(5)权威和顾问的应用；

(6)组织内单位和个人之间的合作；

(7)个人需求；

（8）财务资产责任；

（9）人事责任；

（10）复杂性和紧张程度。

在耶鲁大学，Hackman 和 Oldham 形成了一种检查工作特征、职员对工作的反应，以及职员是否感到成长的需要的调查表——工作诊断调查表。这个调查表主要强调以下几个方面：

（1）工作范围

　　a、技术的变化

　　b、任务的明确

　　c、任务的意义

　　d、自主权

　　e、工作本身的回报

　　f、事务处理的回报

　　g、与他人的相处

（2）由经验中得到的最佳认识

　　a、工作的将来

　　b、工作的责任

　　c、对结果的认识

（3）对工作的反应

　　a、一般的满意

　　b、合作的动力

　　c、特别的满意等

（4）工业发展和补偿

（5）工作的潜在动力

工作诊断调查表主要用于工作设计和工作丰富化研究。此外，各种不同的调查表也有各自的侧重点和应用范围。

5.综合调查表

标准的调查表能够提供连续的和定量的信息，但不一定适合每个公司的情况。因此，有些公司产生了用修改过的调查表来适应特殊的工作分析的需要。修改过的调查表与工作的相关程度要比标准调查表高的多，而且可以有多种用途，如工作评价、培训需求的确定、工作分类、工作和组织设计等。对每个公司来说，都可以参照其他公司的经验来形成自己的调查表。

利用这种综合的调查表——也就是修改过的调查表，可以以较少的时间和较低的成本来分析工作，而且由于它易于修改，也可以适合组织的不同情况。

6.典型事件法

典型事件是指那些在工作中特别有效或特别无效的活动，一般由工作责任人来确定哪些是典型事件。在描述这样的事件时，工作责任人要说明是什么原因导致了这种事件的发生,以及事件是否在他的控制之下。根据收集到的信息,如是否经常出现、它的重要性以及完成它们需要什么等,可以对典型事件进行分析估计。尽管与工作有关的典型事件可能有很多个,但这些典型事件连起来就形成了工作的各个方面。典型事件法在收集信息时比较费时间,而且更适合于单个的工作,而不是一组工作。

从以上的方法介绍中我们可以看出,工作分析的方法多种多样,每种方法都各有长处和短处,没有一种方法可以在任何情况下都适用,到底采用什么方法,主要取决于工作分析的目的。

四、形成分析报告阶段

在工作分析的最后阶段,要将分析的结果写成书面材料,即编写成工作描述和工作说明,并提交给相关部门。假如我们把公司中的职位当作一种逻辑上的产品,那么工作描述和工作说明书就是这个产品的说明书。也就是说,工作描述和工作说明书应该讲清楚这个职位的"功能"和"性能",通常工作描述最后也要标定该职位的收入范围。无疑,在人力资源部门也是要讲"性能/价格比"的。同时,工作描述和工作说明书要注意文字简单明了,使用浅显易懂的文字;内容要越具体越好,避免形式化和书面化;随着公司规模的不断扩大,为保持与公司发展的同步,工作描述和工作说明书的修订和补充也是必不可少的。

关于工作描述和工作说明书的编写格式与样本在前文中已经说明了,这里不再赘述。

还有一点需要特别说明。工作分析的大部分工作是收集与分析工作信息,在这个过程中,有很多易于出现的问题,应引起分析者的注意,并懂得该怎样处理。

1.工作责任人常常会夸大困难以及工作的负荷等,分析者要获得准确的数据,还应从其他与工作有关的人那里获得信息,如其他的相同工作的责任人、上级或其他熟悉工作的人。

2.收集到的信息应该由工作责任人或他们的管理者来审查。实践证明,由多个人签名是避免将来出问题的保证。

3.工作分析要求所涉及的部门和个人给予合作,因此应当向工作责任人及其管理者解释收集信息的方法以及怎样利用这些信息。

4.在工作分析中要特别注意分析的是工作而不是人,即使这项工作带有很强的个人色彩。

第三节　工作设计

组织的一项重要任务就是决定、保持和吸引高质量高水平的工作所必须的内部和外部因素,而工作分析和工作设计就是这一过程的必要组成部分。

一、工作设计思想的发展演变

工作设计起源于一系列意义重大的研究发现和理论飞跃，在工作设计的发展中形成了很多分支，构成了工作设计体系的方方面面。

工作设计起源于泰勒的"工作和任务的合理化改革"，泰勒在时间与动作研究分析中提出的 17 个因素，至今仍是很多国家进行动作划分和动作分析的标准。在这个基础上，许多学者和工程师又发展和形成了"时间研究"和"动作研究"的基本原理和方法，并把研究的对象扩大到工厂以外的领域。这一系列的研究成果使人们对如何从工作本身的结构和设计入手提高工作效率有了清晰的认识。

后来，梅奥(Elton Mayo)提出了"工作满意"的概念，它强调正式组织中工人的满意程度的研究。赫茨伯格(Herzberg)等人又发展了这个理论，他们的研究结果发现，是工作的结构和内容而不是工作环境和条件对工作满意与否以及工作表现的好坏产生重大的影响。在研究中，赫茨伯格(Herzberg)等人发现有多种因素对工作满意起了决定作用。这些研究的结果导致了用"工作扩大化"和"工作丰富化"来提高工作的满意度及其员工的表现。

从 20 世纪 50 年代开始，人们试图把工作体系和孕育工作的社会体系联系起来加以考虑，基于这样的研究成果，又提出了"角色满意"的理论。在研究中人们发现，职业角色对工作过程比工作本身更有相关性，因而强调"角色满意"而不是"工作满意"。同时，研究发现组织内非正式的小组成员间无领导性、合作性和同等性对角色的满意程度非常重要。作为"角色满意"的发展，"工业民主"被提了出来，它强调工人自治，即自己管理生产小组，或通过参加生产会议、工作顾问等表现工业民主，有些国家还为实现工业民主制定了相关法律。

近年来，有关工作设计的思想又发生了极其深刻的变化，美国著名管理心理学家施恩提出了让员工与企业共建"心理契约"的重要思想。他认为，企业作为一个经济组织，其成长永远处于一个动态的发展之中，在这一过程中，企业人力资源的物理状态和心理状态也都处于一个不断的流变过程中。如何保证企业的人力资源有效地长期地为企业的发展服务，而不至于随着企业的变动成长而发生人心离散，这既是企业人力资源管理的目标，也是企业文化建设的价值所在。企业能否与员工达成并维持一份动态平衡的"心理契约"，是企业发展壮大的根本所在。实践证明，共建员工与企业的"心理契约"，必须以科学的职业生涯管理为前提。组织生涯发展是组织生涯管理和个人生涯计划活动相结合所产生的结果。通过组织生涯发展系统以达到组织人力资源需求与个人生涯需求之间的平衡，创造一个高效率的工作环境。在企业中，员工追求的利益既是一种经济利益，从长远来说更是一种良好的职业发展。员工选择企业，往往是以追求良好的职业发展为目的的。一个优秀的员工如果得不到发展，他的选择只会是跳槽，另谋高就。而良好的"心理契约"的维持，就在于企业对员工这种权利的看重。企业要首先创造一个舞台，让员工能够施展才华，实现自我价值。那么，所有这一切就要看企业的工作设计能否从"心理契约"这个双赢的思路出发，使工作本身更富于人性化，更能够与员工的职业生涯发展相互适应和协调。

我们可以把以上有关工作设计的思想演变用图 6.2 来表示：

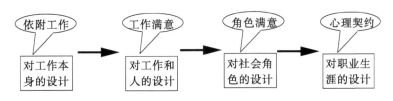

图 6.2　工作设计思想演变图示

二、工作设计中要考虑的基本问题

（一）劳动分工

劳动分工是与一定的经济发展水平相适应的，被认为是制造业发展的中心，它大大提高了生产效率。劳动分工的基础是相关的专门研究，专门研究使得人们学习一项技能的时间大大缩短，而且减少了浪费。劳动的专门研究还导致了对设备的专门研究以及机械设计方面的专门研究。

（二）工作研究

工作研究从泰勒开始到现在已形成了很多技术和方法，这些技术和方法的大部分都已成为工作设计的基础，如标准时间、中等水平的人、正常的工作速度和学习时间等。

1.标准时间

标准时间是以标准绩效完成一项工作所需要的总时间，也是对一般人完成一项任务所需要的时间的估计，是由基本时间（以标准速度完成一项任务的时间）和宽放时间（消除疲劳的休息时间）组成的。标准时间可以作为奖励制度的依据或作为工作描述的一部分。

2.中等水平的人

中等水平的人是指具备必要的身体素质、智力水平和教育程度的一般人。在进行工作研究时，要选中等水平的人作为样本，这样的人才是具有代表性的，时间、动作、速度等方面的研究都是以中等水平的人为依据的。这样有利于确定适当的标准时间、标准速度等，而不至于过快或过慢。

3.有代表性的工作条件

工作条件在不同的地方有相当大的区别，甚至在同一工厂的不同时间里也有差别，在进行工作分析和研究时必须考虑这些差别。

4.正常的工作速度

假定人们经过一定的培训，具有完成任务所需的技能和知识，能以标准时间完成一项任务，即三到四小时内没有觉得疲劳，这就是正常的工作速度。因此，在制定标准时间时也要以正常的工作速度为基础。一般的人在工作的开始、结束和中间阶段，速度、精力和体力并不均衡，如图 6.3 所示。

在疲劳的影响下，效率会降低，但结束时的冲刺会抵消一部分疲劳带来的损失。然而并不是每个人都是相同的状态，这取决于冲刺与疲劳的力量对比。

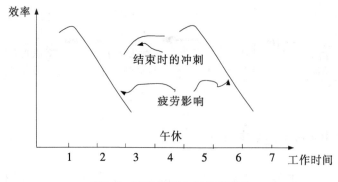

图 6.3 工作时间内的效率变化

5.学习时间

有经验的人和初学者完成同一项任务的时间显然不同。因此,学习的时间也是影响工作效率的一个方面。学习时间的长短除了与个人的素质有关外, 也取决于所学技能的性质。有些技能掌握很快,而有些技能(尤其是专业技能)在掌握的过程中可能会有时快时慢的特征。那么, 一般学习曲线如图 6.4 所示,专业学习曲线如图 6.5 所示:

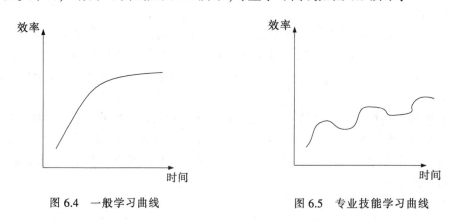

图 6.4　一般学习曲线　　　　图 6.5　专业技能学习曲线

图 6.5 说明对专业技能的掌握开始可能比较快,但到了一定水平后,技能增加的速度变慢或很慢。如果进行新的学习,技能的掌握又会上升到一个新的水平。这也是为什么专业人员和管理人员需要不断进行培训的原因。

(三)动作经济原则

动作经济原则即为最快完成某种任务的最佳动作系列,要减少那些无用的、慢的和错误的动作,从而形成一套最佳的动作系列组成。巴奈斯教授(Ralph M·Barnes)把动作经济原则分为三类:利用人体、布置工作地点、设计工具和设备。

利用人体原则就是指尽量使用不易使人感到劳累而又最节约时间的有效动作, 如双手应同时开始动作并完成工作,除了休息外,双手不要同时闲着,并尽可能的只用手、手指或胳膊,而不要牵动全身,以及工作时还要有节奏,等等。

布置工作地点原则就是指工作地点的布置也应努力减少无效动作。如在固定的地点提供材料和工具,提供能保持良好姿势的座椅,提供充足的照明,以及工具和材料的放置应尽可能接近工作者等。

设计工具和设备原则就是指工具和设备的利用应能最大程度地利用人体,使四肢配合起来。如有时工具可设计为用脚操作,而把手节约出来以便他用,还应尽量把两种或多种工具结合在一起等。

(四)考虑人的基本能力

考虑人的基本能力包括:机器的设计应和人的能力相容,如传送带的速度不能太快等;机器运行的复杂程度也应与人的视听能力、动作协调相适应。

(五)工作满意因素

工作满意是现代工作设计中很值得注意的一个问题,职员对工作是否满意在很大程度上影响对工作的兴趣以及工作的效率。只有工作设计能够达到高度默契的"心理契约",那就会达到双方满意的效果。

三、工作设计的基本内容

任何组织的工作设计都是首先由人来构思和完成的,人在整个组织系统和工作系统中都是最有价值的资源。所以,组织的工作设计既要有利于实现组织的目标,又要有利于调动人的积极性,满足人的各种发展的需要。一般认为,工作设计的基本内容主要包括三个方面,即工作内容的设计、工作职能的设计和工作关系的设计。

(一)工作内容的设计

工作内容的设计是工作设计的关键,它包括五个最基本的要素。其一,工作技能的多样性设计。即在完成工作任务的过程中,具有进行各种不同的活动及其发挥工作人员的各种技能和才能的程度。要让职工感受到有用武之地,有创造发展的可能性和前途。其二,工作的整体性设计。即指工作所具有的完整性和各部分工作的整体性程度,要让职工感受到是在完成一项具有可见成果的工作,即使是整个工作流程中的某一阶段性的工作,也要具有完整性以及一件工作的全过程。其三,工作的自主性设计。也就是工作所具有的自由度、独立性以及下级或个人在安排工作中,或完成任务中所具有的决定工作程序的自主权的程度。这一要素对下级或个人的影响很大,一个组织有无活力与统得过死与否有很大关系。其四,工作的重要性设计。即指特定工作对职工的生活和工作具有实质性影响的程度,我们平时感受到的喜欢从事某种工作或不喜欢从事某种工作的心情,就说明了那种工作有无吸引力,对自己是否最重要。其五,工作的反馈性设计。即在完成工作任务中下级或个人能够得到关于活动效果的直接而清晰的反馈的程度,它包括两个方面的内容:一是工作本身的反馈,即工作的数量、质量、效率等;二是上级、同级或周围同事的反馈意见。这两个方面结合在一起就是工作报酬和奖惩的反馈。以上有关工作内容设计的五个要素是一个有机的整体,无论哪一个要素的设计上出现问题,都会影响到整个工作内容设计的整体效果。

(二)工作职能的设计

工作职能的设计同样包括五个基本要素,即工作的责任、权限、信息沟通方式、工作方法和协作要求等方面。其一,工作责任的设计。包括工作任务的分配、职责范围以及与其它工作责任的系统关系。简单地讲,就是指压多重的担子及其合理性程度。其二,工作权限的设计,包括工作本身所具有的权力及其范围,它与工作责任是联系在一起的。一般来讲,赋予的责任(或使命)应该和责任所具有的权力相一致,也就是要有履行某种职责的基本权力。否则两者脱节,难以进行有效的工作。其三,信息沟通方式的设计。这是工作职能设计的一个重要方面,它包括垂直沟通、平行沟通、斜向沟通等形式。没有这一要素的设计,整个指挥、协调、控制系统就可能失灵。其四,工作方法的设计。它包括组织内工作系统的控制及领导的工作方法,下级或个人工作方法的设计等方面。不同的工作性质及职能要求具有不同的工作方法,在这方面需要有更多的灵活性和弹性,不能强求一律。在有些工作程序不很规范的组织里,采用什么样的工作方法有利于实现组织目标,完成工作职责,都可以灵活采用。其五,协作要求的设计。在这方面要从系统观念出发,认识到工作职能系统本身就是一个协作的系统,离开协作,组织目标的实现就要受到影响。因此,在协作设计上要考虑工作职能要求协作的程度、方式以及开展协作的形式等方面。

(三)工作关系的设计

工作关系的设计包括工作中部门与部门之间以及人与人之间的关系的设计。关于部门与部门之间的关系设计,主要是指部门间在工作中的地位关系和协作关系两个方面。所谓地位关系,就是表明隶属关系、平行关系,还是斜向的职能管理关系等形式。比如,工厂里的车间与车间之间是平行的工作关系,车间与厂是隶属的工作关系,车间与质量、材料、技术、监督等部门则是职能管理的工作关系。而协作关系则是体现部门之间的工作关系的重要方面,它在企业中表现得更为明显一些。一辆汽车、一台电视机都是协作的工作关系的结晶。就拿一个大学来讲,协作关系也是很重要的工作关系,专业之间、学科之间、系与系之间以及校际之间的协作、交流都是不可缺少的。因此,工作关系的设计必须充分考虑协作关系的设计。我国目前正在蓬勃发展的各种横向经济联合体、企业集团,都是这种协作关系的很好形式。当然,我们这里主要是指组织内部的部门之间的协作关系。关于工作中人与人之间关系的设计,主要包括个人在工作中与他人相互联系和交往的范围,以及能够提供职工之间建立友谊的机会。实践证明,一种工作能够使职工之间有多大程度的联系和交往范围,对职工的工作情绪、生活情趣、相互关系具有很大的影响。假若工作本身能够满足职工这些方面的需要,那么就会调动职工的工作积极性和责任感,提高工作效率。因此,工作关系的设计必须重视和强调人的关系的设计,把人的关系作为工作关系的一项重要内容来认识、来对待。

工作设计的三个方面的内容是相互联系、相互制约的有机体,必须协调一致。除此之外,还必须对工作结果的反馈系统进行设计,其中主要是指工作绩效的反馈设计和工作者的反应设计,这些对于工作内容、工作职能和工作关系的进一步协调和效能都具有积极的影响。

本章思考题

1.谈谈你对工作分析目的与作用的认识?

2.为什么说工作分析方法的选择取决于工作分析的目的?

3.为什么在工作分析时要进行能力分析?

4.工作设计思想的发展演变说明了什么问题?

5.怎样认识工作设计三个方面基本内容之间的关系?

案 例 分 析

案例一:工作分析与岗位说明书

"玛丽,我真不知道你到底需要怎样的机械操作工?"高尔夫机械制造有限公司人力资源部经理约翰·安德森说道:"我已经为你送去了四个人给你面试,并且这四个人看上去都大致符合用人岗位的工作说明书的要求,可是,你却将他们全部拒之于门外。"

"符合岗位说明书的要求?"玛丽颇为惊讶地回答道:"可我所要找的却是那种一录用,就能够直接上手做事的人;而你送给我的人,都不能够胜任实际操作工作,并不是我所要找的人。再者,我根本就没看见你所说的什么岗位说明书。"

闻听此言,约翰二话没说,立即为玛丽拿来岗位说明书的复印件。当他们将岗位说明书与现实所需岗位逐条加以对照时,才发现问题之所在:原来这些岗位说明书已经严重地脱离实际,也就是说,岗位说明书没有将实际工作中的变动写进去。例如,岗位说明书要求从业人员具备旧式钻探机的工作经验,而实际工作却已经采用了数控钻探机的最新技术。因此,工人们为了更有效地使用新机器,必须具备更多的数学和操作新技术的知识。

在听完玛丽描述机械操作工作所需的技能以及从业人员需要履行的职责后,约翰喜形于色地说道:"我想我们现在能够写出一份准确描述该项工作的岗位说明书,并且使用这份岗位说明书作为指导,一定能够找到你所需要的合适人选。我坚信,只要我们的工作更加紧密地配合,上述那种不愉快的事情,决不会再发生了。"

【分析】首先必须认识到,虽然岗位说明书在上述案例中,不能非常准确无误地界定出招聘岗位所要求的职责与技能,但是,人力资源部经理约翰·安德森没有岗位说明书的帮助,就很难确定出所需岗位应该具备何种专业技能了。通过以上案例,可以发现这一具有普遍规律性的人力资源管理问题，那就是岗位说明书所描述的岗位与实际工作中的岗位并不是绝对同一的概念。

在科技讯猛发展的二十一世纪，工作岗位的内涵和要求随时都在发生着变化，这就使得那些一成不变的岗位说明书在实际工作中难以起到应有的作用，甚至于起到适得其反的作用。可见，除上述案例列举的要求人力资源管理部门与用人单位之间地有效协作外，恐怕及时的工作分析也可以用来避免岗位说明书的负面影响。

众所周知，工作分析作为人力资源管理的一项基础性工作，对编制岗位说明书非常重要。实际上，进行工作分析的目标就是为了解决如下六个重要的问题：

1.在雇员要完成的工作任务当中，哪些是属于体力劳动的范畴、哪些又是属于智力劳动的范畴呢？（What）

2.工作任务应该被要求在什么时候完成呢？（When）

3.工作任务应该被要求在什么地方完成呢？（Where）

4.雇员应如何完成该项任务呢？（How）

5.为什么这项工作就要求这样做呢？（Why）

6.从事这项工作的雇员应该具备哪些资质条件呢？（What qualifications）

但是，工作分析并不是一项一劳永逸的工作，而是一个具有动态革新性行为高于稳定性行为的管理过程系统。在这个过程中至少有三种情况时，必须进行工作分析这一人力资源管理的基础性工作。第一种情况是在初创组织体系时就要着手进行工作分析，这是企业的第一次工作分析行为；第二种情况是在企业新增工作岗位时，也要进行工作分析；第三种情况通常是由于新技术、新方法、新工艺、新系统的使用，导致岗位工作内容的变动，无疑也应进行工作分析。而工作分析的结果就可以供修订工作说明书使用了。

分析讨论题

1.如何进一步认识工作说明书的重要性？

2.你如何看待案例中的问题？请再深入地分析一下这个问题？

案例二：工作职责分歧

一个机床操作工把大量的机油洒在他机床周围的地面上。车间主任叫操作工把洒掉的机油清扫干净，操作工拒绝执行，理由是工作说明书里并没有包括清扫地面的条文。车间主任顾不上去查工作说明书上的原文，就找来一名服务工来做清扫工作。但服务工同样拒绝，他的理由是工作说明书里也没有包括这一类工作。车间主任威胁说不干的话就要把他解雇，因为这种服务工是分配到车间来做杂务的临时工。服务工勉强同意，但是干完后立即向公司投诉。

有关人员看了投诉后，审阅了三类人员的工作说明书：机床操作工、服务工和勤杂工。机床操作工的工作说明书规定：操作工有责任保持机床的清洁，使之处于可操作状态，但并未提及清扫地面。服务工的工作说明书规定：服务工有责任以各种方式协助操作工，如领取原材料和工具，随叫随到，即时服务，但也没有明确写明包括清扫地面的工作。勤杂工的工作说明书中确实包含了各种形式的清扫，但是他的工作时间是从正常工人下班后开始的。

分析讨论题

1.对于服务工的投诉，你认为该如何解决？有何建议？

2.如何防止类似意见分歧的重复发生？

3.你认为该公司在工作管理上有那些需要改进之处？

第七章

人力资源的招聘和选择

招聘和选择是人力资源管理的重要内容之一。所谓招聘就是通过各种信息途径寻找和确定工作候选人,以充足的质量和数量来满足企业〈或组织〉的人力资源需求的过程。所谓选择就是从候选人中挑选最有可能有效胜任工作的人员的过程。招聘和选择既要满足组织对人员的需要,也要满足工作候选人的需要,这样才能吸引职工比较长时间地为组织工作。

第一节 人力资源的招聘

无论在什么情况下,或在企业发展的任何时期,都会发生招聘这种管理行为。尽管在企业发展的不同时期,招聘的重点和类型可能不同,但招聘行为却是必不可少的。

一、招聘的意义及其在人力资源管理中的地位和作用

(一)招聘的意义

招聘工作对企业的意义主要表现在以下几个方面:

1. 招聘工作满足了企业发展对人员的需要。企业在发展的任何时期都会需要不同类型、不同数量的人才,这是企业持续发展的保证。即使在企业生命的成熟期或衰退期,也要调整人力资源的结构,以保证人力与物力和财力的最佳结合。

2. 招聘工作是确保较高的职员素质的基础。招聘过程有很多步骤,每一步实际上都有选择,经过层层的选拔,最后被录用的总是企业满意的人员,这些人员的文化水平、所掌握的技能等都是企业所需要的。因此,招聘可以保证职工队伍的基本素质应保持在什么样的水平上。

3. 招聘还可以在一定程度上保证职工队伍的稳定。每一个企业都不希望自己所招聘的人员经常出现"跳槽"行为,所以在招聘过程中招聘人员一般都会注意审查申请人的背景和经历,以断定他们不会很快离开并给企业造成损失。因此,招聘工作从一开始就有可能部分地消除不稳定因素。

4.招聘工作也是一项树立企业形象的对外公关活动。招聘,尤其是外部招聘,从一开始就要准备招聘材料,这些材料中包括很多企业的基本情况介绍、发展方向、政策方针等。同时,通过各种广告形式将这些内容扩散出去,除了申请应聘的人员以外,其他的人也会注意到招聘的内容,有意无意地会使许多人了解企业的情况,从而使招聘也成为向公众宣传企业的大好时机。

(二)招聘在人力资源管理中的地位与作用

招聘作为人力资源管理的基本职能,与其他的人力资源管理活动有着密切的关系,招聘的地位与作用也就体现在这种相互的关系之中。

1.人力资源计划规定了招聘的数量和类型,而工作分析又决定了对应聘人员的具体要求,同时也向招聘人员提供了在招聘中要用到的工作描述和工作说明的信息。而招聘则是实施招聘计划、执行应聘要求、聘用合适人员的基本形式和途径。

2.报酬与福利管理以及工作条件等内容在一定程度上决定了招聘工作的难易程度。被招聘的工作性质、岗位规范、职责要求、技术水平等,必须与相应的报酬与福利待遇基本相符,否则难以招聘到合适的人员。

3.一方面人力资源的培训与开发要求招聘的人员具有相应的基本素质;另一方面对招聘到的人员进行分析,也可以确定他们需要什么样的培训。

4.对职员表现的评价过程可以决定提升、降职、解雇等问题,因而也可以部分地决定是否需要招聘新成员。

从以上几点可以看出,人力资源活动的各主要方面:计划和控制、工作分析和工作设计、培训和开发、评价与激励、报酬与福利等等,都与人力资源的招聘有一定的联系。

因此,招聘的任务主要有三个方面:

一是制定招聘计划。即选择适当的方法和招聘对象,确定招聘的范围与途径(无论是内部招聘还是外部招聘),以及了解成本信息并做好招聘预算。

二是准备招聘信息,实施招聘计划。包括准备企业的基本情况、岗位的具体要求、工作条件、必备能力等信息。

三是评估招聘效果。即根据招聘所花的时间、费用以及招聘到的人员的数量、质量来评估招聘活动的效果。

二、招聘的基本程序与过程

人力资源的招聘基本程序如图7.1所示。

(一)确定招聘需求

人员变动导致职位空缺,必然会引起招聘的需要。而工作分析可以说明工作的性质和对工作责任人的要求,这种分析可以发现工作效率不高的原因有时是因为人力资源使用不当,这就需要调整人力资源结构,而这种结构调整也会导致招聘的需要。同时,企业由于不同时期对人员有不同要求,特别是企业到了新的发展阶段,会由于业务扩大、规模扩大或调整结构等原因而需要进行人员招聘。比如,在企业发展的初期和成长期,需要开拓型的、有干劲的职员;在成熟期,可能更需要认真仔细的职员;而到了后成熟期,则可能需要智慧型的、有远见的人来提供企业转变方向、改善经营的点子。所有这些因素都是导致招聘的原因。

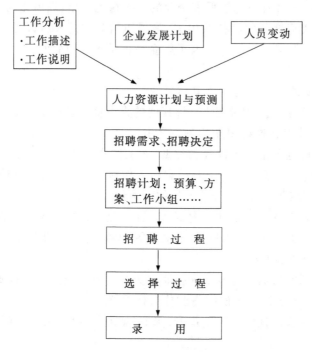

图 7.1　人力资源招聘的过程

可见,这一阶段的主要工作就是要准确地把握有关组织对各类人员的需求信息,确定人员招聘的种类和数量。具体步骤为:

1.由公司统一的人力资源规划,或由各部门根据长期或短期的实际工作需要提出人力需求。

2.由人力需求部门填写"人员需求表"。各个企业可因具体的情况不同制定不同的人员需求表,但必须依据工作描述和工作说明书制定。一般说来,人员需求表可包括以下内容:

(1)所需人员的部门、职位;

(2)工作内容、责任、权限;

(3)所需人数以及何种录用方式;

(4)人员基本情况(年龄、性别等);

(5)要求的学历、经验;

(6)希望的技能、专长;

(7)其他需要说明的内容。

3.人力资源部审核,对人力需求及资料进行审定和综合平衡,并对有关费用进行估算,提出是否受理的具体建议,报送主管总经理审批。

(二)制定招聘计划

1.制定招聘计划的意义

经批准确定的人员需求就要由人力资源部制定招聘工作计划。制定人员招聘录用计划是组织人力资源规划的重要组成部分,其主要功能是通过定期或不定期地招聘录用组织所需要的优秀的各类人员,为组织人力资源系统充实新生力量,实现企业内部人力资源的合理配置,为企业扩大生产规模和调整生产结构提供人力资源上的可靠保证,同时弥补经常会出现的人力资源的不足。更重要的是,制定招聘录用计划为组织人力资源管理提供了一个基本的框架,尤其为人员招聘录用工作提供了客观的依据、科学的规范和实用的方法,能够避免人员招聘录用过程中的盲目性和随意性的发生。

2.招聘计划的主要内容

招聘计划一般包括以下内容:

(1)招聘人数、种类以及达到规定录用率所需要的招聘人员。一般来说,招聘人员数量和种类是由工作分析或人力资源计划决定的,实际上也是由工作对人的要求决定的,这个要求在使用前一般应经过高级主管人员和使用部门的认可。首先,确定出计划录用的员工总数。为确保企业人力资源构成的合理性,各年度的录用人数应大体保持均衡。同时,录用人数的确定还要兼顾到录用后员工的配置、晋升等问题。其次,还要根据以往的招聘经验,确定为了达到规定的录用率至少应吸引多少人员前来应聘。

(2)从候选人应聘到录用之间的时间间隔。有效的招聘计划还应该注意另外一种信息,即精确地估计从候选人应聘到录用之间的时间间隔。随着劳动力市场条件的变化,这些数据也要相应地发生变化。

(3)确定录用基准,即确定录用人才的标准。除个人基本情况外(年龄、性别等),录用人才的标准可以归结为以下五个方面:一是与工作相关的知识背景(knowledge qualifications),二是工作技能(specific skills),三是工作经验(relevant experience),四是个性品质(personal attributes),五是身体素质(physical attributes)。这里要明确一点:哪些素质是职位要求所必需的,哪些是希望应聘者具有的。

(4)招聘来源分析,即确定从哪里招聘人才。确定招聘来源有助于企业有效地把时间花费在某一劳动力市场上。费用最高的来源通常是猎头公司,其代理费大约为个人年薪的1/3,企业招聘高级管理人才时比较适用;而一般人员的招聘可通过职业介绍所,费用较低;当然,组织也可以不通过任何机构,直接在劳动力市场上进行招聘。但无论那种招聘来源,组织应根据成本及时间间隔数据定期收集、评价招聘来源的信息,并对各种信息来源进行分类,选择那些最快、最廉价地能够提供适当人选的信息来源。

(5)建立招聘小组。招聘小组的组成有多种形式,可以由使用部门主持,人力资源部门提供参谋,或者由人力资源管理部门来单独完成。对于大型的招聘(招聘的人员数量很多),可以由一名高级主管人员来主持,组成专门的招聘小组负责招聘。如果招聘的是特殊人才,也可以委托外部有经验的招聘公司或人才市场进行招聘。

(6)制定招聘政策。招聘政策是指确定选择内部招聘还是外部招聘。选择哪一种招聘政策取决于很多因素,如公司的用工制度、所需要的人员类型等。有些公司采用终身雇佣制,如 IBM 和日本的许多公司,这样公司可能更倾向于内部招聘以提供职员发展的机会。如果要寻找一个专家,而企业内部一时又找不到合适的人选,那么即使是终身制的公司也可能要向外部招聘。事实上,内部招聘和外部招聘各有优劣,要看企业看中了什么,而且内部有没有需要招聘的适当人选。内外招聘的优劣比较如表 7.1 所示。

表 7.1 内部招聘和外部招聘的优劣比较

	内部招聘	外部招聘
优 点	·可以提供职员发展的机会 ·对新用人员了解更多 ·促进组织内人员的合理流动 ·稳定人心 ·适应期短	·新知识和新经验 ·新的工作方法和新思维 ·可能更了解外部情况 ·一般招之即用,不用专门训练
缺 点	·近亲繁殖 ·易于形成职位继承观念和争斗	·新成员适应期长 ·选择起来很困难 ·影响内部职员的士气

(7)选择招聘方式。选择招聘方式就是要确定用哪种方法进行招聘,如采用哪一种广告形式,运用哪一种招聘方法,在多大范围内招聘,等等。

(8)制定招聘预算。一般而言,预算的多少受下列因素影响:

·招聘方法的选择;

·该项工作具备资格的申请人的可获得性;

·工作的类型和在组织中的地位;

·该项工作应付的报酬;

·人事与业务费用;

·一般管理费用;

·要考虑是否需要调动,等等。

3.制定招聘计划应注意的问题

在制定人员招聘录用计划时,必须注意以下问题:

(1)不同的企业,处于不同发展阶段的同一企业,在编制人员招聘录用计划时,应区别对待,突出重点。

(2)人员招聘录用计划不仅要规划未来,还应反映目前现有员工的状况,如员工的调入、调出、升迁等。

(3)从招聘方式看,包括定期招聘、临时招聘、个别招聘等。所以对招聘计划来讲,应明确区分,分类规划和安排。

(4)企业处于多变的经济环境中,招聘计划应不断根据实际情况的变化,作出调整,绝不能一劳永逸,一成不变。

(5)编制和实施人员招聘计划时,还必须注意到社会成员价值观念的取向、政府的就业政策和有关劳动法规。如在招聘员工时,尽量不出现性别歧视。

(三)实施招聘计划

1.组织内部人员的调整与适应

组织进行人员招聘录用工作时,组织内部调整应先于组织之外的招聘,尤其对于高级职位或重要职位的人员选聘工作更应如此。因为这样可以做到以下几点:

(1)发挥组织中现有人员的工作积极性;

(2)利用已有人事资料简化招聘、录用程序,减少人、财力等资源的耗费;

(3)加速上岗人员的适应;

(4)控制人力成本,减少培训期和培训费用。

2.实施外部招聘计划

如果没有适宜的内部应聘者,或者内部人力不能满足招聘人数,这就需要从外部招聘。通过有效的招募方式吸引各方人才前来应聘,是人员招聘录用工作的关键环节之一。

(1)招聘方法的分类

一类是委托各种劳动就业机构:A.委托各类学校的毕业生分配部门推荐;B.利用各种职业介绍所招聘;C.利用各种人才市场、劳务市场等招聘;D.委托猎头公司招聘等。

另一类是自行招聘录用:A.利用同事、亲属关系介绍;B.个别募集聘用;C.利用招聘广告募集,包括报纸广告、杂志广告、电视广告、电台广告、广告传单等形式。

(2)各种招聘方法的分析比较与选择

选择最佳的招聘方法的前提是熟知各种方法的优点和缺点,企业应根据各种招聘方法的优缺点全面权衡。同时,要充分考虑到企业的自身条件,如知名度、经营规模、业务内容、员工规模等。另外,还必须考虑到可能应聘者的价值观念、职业观、就业观等。在对上述这些方面进行全面分析比较的基础上,再来选择适合本企业的招聘方法。

(3)注意招聘技巧

一是要通过招聘提高企业的知名度。要通过组织策划招聘活动,既可以录用到合格的人才,同时也是对本企业的一次宣传活动。因而企业在选择招聘方法时,必须充分考虑到这一点。一些企业为招聘几个人,不惜耗费巨资,制作气度不凡的广告,甚至发招聘广告而不录用,其目的也在于提高企业知名度。所以企业不能为招聘而招聘,还需考虑通过招聘活动提高企业的知名度,提升企业的形象。

二是制作有独特创意的招聘广告。要有一句使人过目不忘的主题广告词,这是一种简捷有效的方法。要告诉应聘者想知道的一切,把主要的招聘内容展示出来。

(4)筛选求职人员登记表,了解个人简历

招聘信息发布后,求职者通常会寄来个人简历。个人简历给人的印象是有些不可靠,为了保证提供信息的规范性,组织在人员招聘活动开展时,都预先设计有求职人员登记表,供求职者填写。求职人员登记表的设计要依据工作描述和工作说明书,每一栏目均有一定的目的,不要繁琐重复。如个人情况栏有姓名、年龄、性别、婚姻、地址及电话等;知识背景栏有最终学历、学位、外语水平等;工作技能栏有与工作相关的某些特殊的技能等,如计算机操作;工作经验栏有工作年限、主要工作成就等;个性品质栏有性格特点及个人的爱好等;生活及身体素质栏有家庭成员、身高、体重、健康状况等;其他情况栏有离职的原因、应聘职位的动因等。

对求职人员登记表及个人简历的初审及评价是招聘录用系统的重要组成部分。这种初审的目的是要挑选出有希望的求职者，在其余的选拔过程中再收集有关该求职者的更详细的情况。这个程序被称为"筛选"。该程序用于为招聘录用系统后面一些程序的进行而筛选求职者，它通过迅速地从求职者信息库中排除明显不合格者来帮助聘用系统有效地运行。筛选求职人员登记表可依据人员录用标准来进行,即与工作相关的知识背景、工作技能、工作经验、个性品质、身体素质。关于如何选择我们将在下一节说明。

(四)影响招聘计划实施的因素

1.组织所处的发展阶段。组织所处的不同阶段可以影响到招聘什么样的人,从哪儿招聘以及能够提供什么等方面。如果企业是处在发展阶段,业务和规模都在扩大,因而岗位也在增加,就会需要更多的招聘工作,而且也多在外部进行,能够提供给申请人的可能是很好的发展与晋升机会。如果企业处在成熟期,招聘可能更多的是在内部进行的,能提供给申请人的可能是高工资。

2.组织的招聘政策。一般而言,大的组织比小的组织更喜欢从内部招聘,因为在内部易于找到合适的人选。而小型组织一般倾向于外部招聘的政策。

3.所要招聘的人员类型和数量。大型的招聘或高度专业化人才的招聘需要扩大招聘范围,不仅会影响招聘的方法,而且也要影响招聘的成本。

4.人力资源的供给与需求是否平衡。当某种类型的人才在市场上供大于求时,招聘工作就相对容易,成本也会相对低些。反之,求大于供,招聘工作会相对困难,招聘成本也会相对高一些。

5.法律方面的限制。许多国家都制定了保障平等就业、反对歧视的相关法律规定,因此,招聘工作要特别注意不能违反法律,要在法律允许的范围内进行。

6.公司报酬。报酬多少是很多人都关注的一个问题。例如有名的公司或大公司常常代表着能力和荣誉,所以这些公司挑选人员时也很挑剔。另外,高薪以及高薪的支付方式也很重要,也会影响招聘工作的开展。

7.职业报酬。对很多人来说,职业安全感很重要。有些企业能够提供终身雇佣,本身就是给职员提供了这种安全感。另一方面,有些人愿意在大的公司里接受培训或锻炼,目的也在于此。例如,如果在IBM公司受过培训,那么在全世界的计算机领域都会是抢手的,等于增加了他自己的"资本价值"。

8.环境因素。对许多人来说,办公的地点和办公的方式,也是他们选择某种工作的原因之一。这也是为什么偏远的地方总是缺人,而繁华的地方总是挤满了人的原因。

三、招聘的方法

招聘的方法可以分成两种基本类型,即内部招聘的方法和外部招聘的方法。

(一)内部招聘的方法

1.提升

提升即从本部门选拔一位适当的人选担任空缺的职位。一般而言,提升是有计划的,在提升之前会对候选人进行选择评价，最终由高级主管确定提升与否。提升是常用的方法，因为它可以给本部门本单位的职员提供发展的机会。

2.内部调动

内部调动就是在企业内的其他部门选择适当的人选。这也是一种常用的招聘方法，有助于增加职员的工作经验和新鲜感。

3.内部招标

内部招标即在本企业范围内进行公开招聘，职位空缺的信息和要求张贴在布告栏内，凡认为自己合适的人(只要是企业内的人)都可以申请。这种方法提供了在组织内部公平竞争的机会，有利于调动全体职员的积极性，因为每个人都有机会。这样，可以通过内部招标找到合适的人选。

(二)外部招聘的方法

1.由组织内的职员介绍推荐

即由组织内现有的成员介绍和推荐他们认为合适的人员(包括朋友和亲戚)来申请空缺的职位。这种方法最早是在美国形成和发展的，现在已有很多国家借鉴这种方法，我国自古也有"荐贤"的制度。这种方法的好处在于跳槽率低，因为人们一般不愿意介绍那些他们不喜欢的人与他们一起工作，而且被介绍人的个人素质、能力高低也会影响到介绍人的声誉。但这种方法招聘后也易于形成血缘或裙带关系。因此，要在推荐的基础上认真审查和鉴别，严格把关。

2.利用外部的职业介绍机构

各国都有专门的职业介绍机构为寻找工作者和需要招聘的单位之间牵线搭桥。职业介绍所有国营和私营两种，国营的职业介绍所由政府资助，一般提供免费的职业介绍服务；私营的职业介绍所在职业介绍成功后收取一定的费用。职业介绍所负责提供供求双方的信息，并安排见面，由需求方最后决定。职业介绍所的大量存在和发展，已经逐步形成比较完善的职业介绍机构网络，其作用也已越来越大。我国的职业介绍机构始建于解放初期，后几经反复，改革开放后才逐步建立和发展。随着经济体制改革的不断发展，尤其是十四大以后也出现了大批私营的职业介绍机构。从目前的发展状况来看，只要加强管理，完善制度，必将对人力资源的招聘起到积极的促进作用。

3.大学和院校招聘

每年从大专院校毕业的大批学生成为各个公司技术人员和管理人员的最好来源。一般由公司在院校发布职位空缺的信息，或通过毕业生就业管理部门直接找到毕业生面谈。有的用人单位还在学生毕业前到院校去宣传，举办讲座，介绍单位的情况，鼓励学生来申请应聘。实践证明，如果公司需要专门的人才，院校招聘是个很好的途径，它可以在短期内招聘到大批受过一定训练的、素质较好的新成员。

4.广告公开招聘

广告招聘是使用得最广泛的一种方法，它可以很容易地吸引到所需要的各类人员。用广告公布职位空缺的信息有多种形式：

门前广告，即在公司大门口张贴职位空缺的信息。这样做虽然只能通知少数人(即经过大门口的人和内部职员），但很经济，一般小公司都愿意采用这种方法。而且，对企业来说，招聘一些低级岗位的人员，谁来做都是一样的。

地方广告，即在地方报纸或地方电视台上刊登广告招聘。对用人单位来说，一般性的人员进行地方招聘就已足够了，而且很多人愿意在离家近的地方工作。因此，对要求不很高的工作人员的招聘，这种方法还是比较经济有效的。但也具有传播面较小、观众有限的缺点。

在专业杂志、报刊上公布信息，这是招聘专业人才常用的方法，它瞄准的只是行业内人士，而且这种广告招聘大多要求对象要有一定的工作经验。这种方法的主要缺点是周期长，因为专业杂志不是天天出版。因此，从安排广告印刷到最后收效，往往需要比较长的出版时间，如果急需人才则不宜采用这种方法。

在全国性的报纸、杂志和电视台公布招聘信息，这是最普遍的广告媒介，也是使用得比较多的招聘方法。很多企业在扩大业务、需要大批人员时，常常采用这种方法，因为这种方法能最大范围地吸引各类人员。下例就是一个常见于各类报端的招聘广告：

本公司因业务扩大需要下列人员：

（1）生产主管1名，40岁以下，男性，大学本科或以上学历，机械专业，有五年以上工作经验，熟悉机械制造的生产工艺。掌握机电一体化新知识者优先。有较强的协调能力、解决问题的能力及基本管理技能。

（2）业务员3名，性别、年龄不限，大专或以上学历，有较强的市场开招能力，身体健康，表达能力好，善于与人交流。有相关工作经验者优先。

以上各职，待遇从优。……

××公司

某些公司的招聘广告，还会在宣布职位空缺信息之前，先介绍本公司的基本情况、发展方向、福利待遇等，以便吸引申请者。

有时，也会有在国外做广告的情况，这种情况尽管比较少，但一般是针对拥有高精尖技术的专门人才而做的。例如，我国上海浦东曾在海外发布招聘广告，以期吸引掌握高技术的海外留学人员去浦东工作。在国外，对有些高级专家的需要也常常是采用海外招聘的形式。

总之，广告招聘的影响面比较大，既能影响到申请人，也能影响到"客户"和投资者，甚至公司内部的职员，因为这些人会把招聘广告也看作是自己的信息来源。此外，广告招聘的效果也会随广告媒体的选择和形式的不同而有很大差别，这就要根据成本和收益，以及拟招聘岗位对企业的重要性程度而慎重选择。

5.网上招聘

从招聘形式的发展趋势看，网上招聘已经成为一种新兴的招聘方式，具有许多突出的特点，目前已经有越来越多的公司将他们大部分的空缺职位放在网上以吸引人才。据统计，目前国内有40%的上市公司已经使用过网上招聘的方式招聘雇员，而有95%的公司正准备尝试采用这种新兴方式。

许多专家认为,网上招聘有四个非常突出的好处:

第一,网上招聘彻底打破了传统的求职方式,应聘者省去了奔波的劳累,只要坐在家里电脑前,轻轻敲击一下鼠标即可获取求职的详细资料,还可采用文字、图片、声音、录像等多种媒介形式。

第二,因特网大大提高了求职和招聘的效率。只要应聘者在网上提交了详细的个人资料,很快就可以获得招聘公司的信息反馈。

第三,网上招聘和求职跨越了国与国、洲与洲之间的地域界线。从公司用人角度看,尽管处理这些电子邮件的时间比过去要多的多,但是企业还是不想错过任何可以招到优秀人才的机会。

第四,网络技术在打破传统的求职方式的同时,也打破了传统的人才招聘方式,即谓"一经发布",便可"传遍天下"。不少企业选择在线招聘的初衷是以"最低成本、最短时间找到最佳人员"。的确,与在传统媒体上刊登广告相比,网络招聘因其收费低廉而颇具竞争力。尤其现在专业的招聘网站已经具备了分检简历、能力评估,甚至人力资源动态管理等功能,这就为企业节约了大量的人力、物力和财力。

但是,网络招聘也存在一些问题,如有的人才网站转来许多求职人员的材料,但几乎都是一种标准格式,只介绍了求职者的经历,没有更多的情况,无法判断真伪;而且所有这些简历要分类、按关键词、条件查找还不太方便,还得把那些简历打印出来,进行手工处理并建立数据库。因而,人才网站首先要把不适合客户需要的简历筛选出去,还要能够提供检索、查找功能,使得用人单位能够方便快捷地去找到相应的人选。同时,人才网站还能够提供招聘、评测、培训等全系列的深层次的服务。

四、招聘效果的评估

(一)评估招聘效果的主要指标

招聘的效果评估是指衡量一种招聘的方法是否能以最低的花费（时间花费和成本花费)吸引了足够数量的和具有所需知识、技能水平的申请人,对招聘效果的评估可以了解招聘方法的有效性。评估可以根据每个申请人的平均费用和时间、整个招聘活动的费用和时间、合格的申请人和不合格的申请人之比等等方面的因素来进行衡量。

根据美国人力资源管理协会1997年调查显示,评估企业招聘效果的主要因素为:录用质量(Quality of the Hire)、顾客满意(Customer Satisfaction)、时间投入(Time Invested)和成本(Cost)。而成本主要指单位招聘成本,这是很重要的一个评估指标。

一般来说,单位招聘成本应包括内部成本(Internal Costs)、外部成本(External Costs)和直接成本(Direct Costs)三个部分。内部成本是指企业内招聘工作人员的工资、福利、差旅费支出和其它管理费用;直接成本是指广告和招聘会支出,招聘代理和职业介绍机构收费,员工推荐人才奖励金,大学招聘费用等;外部成本是指除直接成本中相关的成本之外的一些外部成本。目前发达国家正在使用一些新的人力资源指标评价人力资源工作,这对单位招聘成本的核算颇有借鉴意义。这些指标从动态与全局性角度出发,实际上综合反映了以上三个方面的成本内容,可以作为单位招聘成本核算模式的重要系数。其中应用比较广泛的指标主要有:

1.该职位的平均流动率(Tum Over Rate)——招聘重复率估算;

2.该职位的招聘工作量(Workload)——数量、难度考察;

3.该职位的未来年薪——招聘难度和渠道考察;

4.该职位的平均接受率(Acceptance Rate)——招聘有效性考察;

5.该职位的平均填补时间(Time-to-Fill)——招聘效率与及时性考察;

6.该职位的安置成本(Relocation Costs)——复杂性考察。

其中,安置成本(Relocation Costs)是由异地招聘员工而发生的补偿费用,如搬家费、安家费、探亲费、交通补贴等。

正因为这些指标能够架起从定性到定量的桥梁,且反映出职位、成本和招聘渠道的影响和变化。所以,我们可以考虑建立一个模式,由职位性质、招聘渠道、成本结构三个维度构成,以便作为参数计算出单位招聘成本。

(二)衡量招聘工作有效性的基本准则

在人员招聘过程中,招聘程序的数量和种类取决于所寻找的候选人的信息特点、该职位的重要性、该组织的规模、甄选时可用的时间和可能得到的人员数量。具体衡量招聘工作的效果如何,要坚持以下基本准则。

1.标准化。指每位通过招聘系统的人都经历同样数量和类型的面谈和其它选拔程序。程序的实施力求标准化,其运作结果不依赖于操作者喜好,这样一来才具有可靠性。

2.有序性。指按有效的顺序以及时间、资金、物力花费排列操作流程,使步骤明确、清晰,并且投入最省。

3.明确性。指系统应能提供明确的决策依据,判定应聘者是否具备录用资格,这一判定应当是定性和定量的确实描述。

4.完备性。指充分了解职位的要求并取得求职者与职位有关的所有信息,确保人力与工作的最佳配合,实现"最恰当的人做最恰当的工作"。

5.效率性。指招聘工作要避免在各个流程阶段上出现不必要的重复,提高作业的效率。

6.合理性。指招聘工作要突出求职者与职位有关的信息,为人事决策提供合理的依据。不同职位对作业者的要求有不同侧重,因此能对求职者的资格进行具体分析。

第二节　人力资源的选择

选择是招聘的后续工作,也是招聘的延伸。许多人并不把招聘和选择分开,而把它们合在一起看作是整个的招聘过程。实际上,要做这样的区分也是困难的,因为两者的联系非常密切。

一、人力资源的选择及其意义

选择是从大量的申请人中挑选出最有可能有效胜任工作或组织认为最合格的人的过程。

选择应用在人力资源管理领域的时间并不长,最初主要运用在二战时期对军官和士兵的挑选上。那时,所有被招进美国部队的人都做了智力测验,德国也形成了选择官员的心理测试方法。第二次世界大战结束以后,选择在其他领域的应用逐步多了起来,而且形成了很多新方法。现在,在人力资源管理领域,选择和招聘已成为基本职能之一。

选择的意义与作用在于:

1.当申请人的数量比空缺的职位多时,要确保所录用的申请人能最好地适合工作,就有必要进行选择,以保证最佳人选从事空缺职位的工作。

2.通过对申请人过去的行为的了解可以部分地预测申请人将来的行为。虽然以过去的行为预测未来的行为并不绝对准确,但这是被实践证明有效的大多数组织的一般用人原则,在选人用人上有普遍意义。

3.选择可以提高工作成功的基数比,因而能够改善组织内人力资源的质量。工作成功的基数比是指一定时期内达到可接受的工作水平的人占总人数的百分比,这是衡量人力资源质量的一个重要指标。

4.通过选择过程为组织挑选高水平的申请人,不仅可以增强操作水平,提高生产效率,还可以降低培训费用,提高组织效率。

5.通过有效的选择过程,组织可以更多地了解申请人的基本情况,为今后形成良好的工作关系打下基础,有利于组织对人际关系的有效调节。

二、选择的过程及方法

选择的过程如图7.2所示:

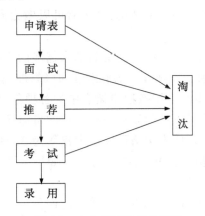

图7.2 人力资源选择的过程

在选择过程的每一阶段都会有不合格的人被淘汰,最后才能选出最合适的人选。当然,在实际操作过程中,并不是每一个步骤都要进行,有些选择就没有必要进行考试,如清洁工的选择等。但一般情况下,申请表和面谈两个环节是必须进行的。

（一）申请表

申请表是每个组织招聘和选择时都要做的第一步工作,也是最重要的一步。申请表是收集书写信息的手段,表中记录的是申请人简历性的一般情况。申请表中记录的信息可以分成以下几类:

1.基本信息,如姓名、地址、电话等;

2.教育状况,如资历、受教育程度等;

3.工作能力,如以前工作的历史、经验等;

4.稳定性,如以前的工作记录(是否频繁的更换单位);

5.生活能力,如爱好、参加社团的情况等。

一般在申请表的最后还要写上联系方法、推荐人的情况等。在国外,一般都要求有推荐人,我国尚没有广泛实行推荐人制。因此,在国内的申请表中尚无此项内容。另外,有些申请表也把简历部分单列出来,成为单独的申请人简历表。表 7.2 就是一种典型的申请表。

申请表的用途主要有以下几点:

第一、申请表可以快速收集基本的历史性数据,另外还可以收集到变化了的、准确的信息。每个人在不同时期填写的申请表都会有所不同,因为人的学历、工作经验、职务、婚姻等状况,甚至体重都是会发生变化的。因此,招聘和选择时每个人都应填写能够说明最近情况的申请表,这样的信息才是准确的。

第二、通过对申请表的审查,可以挑选出不符合最低录用条件的人。如学历不符合要求,或专业不符合要求等。

第三、申请表可以为面试提供指导。面谈可以根据申请表提供的内容进行,避免重复和漫无边际。申请表中一些不详细的信息,而选择人员又想深入了解的,就可以在面谈中进行。

第四、申请表记录了申请人的一般情况,录用后可以做为人事档案资料的一部分而保存起来。

申请表作为一种有用的选择工具,已经受到越来越多的重视,对申请表的研究也不断取得了新进展。为了提高申请表在选择上的有效性和可靠性,有的学者提出了一种新的申请表——加权申请表。加权申请表即按照申请表中的各项信息与特定工作的相关程度而赋予不同的权数,这个权数就可以做为以后完成工作的可靠预测指示。例如,如果申请人应聘的岗位为科学研究岗位,则博士学历可以确定权数为 3,硕士确定权数为 2,本科确定权数为 1,高中生可定为 -1,初中生可定为 -2,等等。如果申请的是搬运工岗位,则学历就不那么重要,而体力就很重要了。

加权申请表首先要选出评价工作的标准,并确定评价工作的标准群,这一群标准就是可以预测申请人未来成功工作的指示。而不能够预测的项目则在加权申请表中应删去,如对搬运工职位没有学历的要求,就可以把学历项目去掉。其次,要为每个标准分级,如学历可分为博士、硕士、本科、大专、高中、初中,体力可分为优秀、良好、较好、一般、较差、差等。第三,为每一等级规定权数。如搬运工岗位,体力优秀定为 5,良好定为 4,较好定为 3,一般定为 2,较差定为 1,等等。第四,根据不同分值的计算确定录取分数线。这样,仅申请表这一步就淘汰了大量不合适的人选,而且节约了大量的人力和时间。

表 7.2 申请表样表

应聘岗位				
姓　名		性　别		照片
出生年月		健康状况		
最后学历		毕业学校		
毕　业		外语程度		
婚姻状况		身　高		体重

爱好及特长

受培训的情况

奖励或惩罚

工作经历	单位名称	任职时间	工作性质	离职原因

自述简历

家庭住址	
联系电话	

推荐人姓名		联系电话	
申请表填写日期			

研究表明,加权申请表如果使用得当,有效性是非常高的,关键是要以确定的项目为标准,尽量少用不确定的项目。如视力、体力等生理特征和受教育程度、学历以及语言表达能力等项目,预测的准确性就高;而兴趣、爱好等项目,预测的准确性就差一些。

(二)面谈

1.面谈的过程

在选择过程中一般要经过三次面谈。第一次面谈是在领取申请表或递交申请表时,这只是非常表面性的接触,谈一些简单的问题,初步了解申请人之间一般知识和能力的差异程度。除非有明显特征的、特别不合格的申请人,一般在这个阶段并不拒绝申请人。但也有只发放和收取表格,并不进行初次面谈的做法。在这次面谈中,也很少会有人力资源管理人员介入。

面谈中最重要也是成本最高的一次就是第二次面谈,一般笼统所指的面谈就是这次面谈。面谈人可以由人力资源管理人员或用人机构的工作人员来担当,或由双方组成面谈小组共同承担。面谈是面谈者和申请人交换信息的机会,面谈者要以自己的判断对申请人做出是否适合组织的需要,是否适合工作的需要的判断。

第三次面谈是在决定录用后,被录用的申请人要到所申请的岗位与上级、下级和同事见见面,增进彼此间的了解和印象,关键是要和上级进行面谈,这也是分配工作的前提。

2.面谈的目的

尽管人们曾对面谈的科学性提出了疑问,因为许多决定是由面谈者主观判断的,但面谈仍是许多组织乐意采用的方式。这是因为对他们来说,面谈的目的主要在于:

(1)收集申请者更详细的情况和资料。

(2)发现申请者的能力与工作所要求的能力是否相符,以及申请人的需要和组织所能提供的可能之间是否相符。研究表明,组织不能满足职员的需要是职员对组织不满和离职的主要原因,而职员的能力与工作所要求的能力不相符是工作效率低下的主要原因。

(3)和申请人建立初步的友谊。融洽的面谈气氛会使双方都感到满意,而这正是以后工作中友谊的开始。

(4)组织也可以借机宣传自己,介绍本单位的基本情况、工作条件、工作性质、待遇情况、发展机会以及组织的发展前途等,这也是一次树立企业形象的极好机会。

3.面谈的方式

面谈的方式有很多种,可以从不同的角度进行不同的分类。比如可以以面谈者的人数多少分为单独面谈和小组面谈;以面谈中提问的方式与系统性分为结构化面谈、半结构化面谈和非结构化面谈;以面谈的针对性不同分为常规面谈和特殊面谈等等。

(1)单独面谈和小组面谈

单独面谈是指由一个面谈者作为组织的代表与申请者进行面谈。单独面谈成本较低,但可靠性较差,一般不主张采用这种方法。在有些情况下,也可以对低级岗位、不需要做能力、性格等复杂判断时就可以使用这种面谈法。

小组面谈是指由若干面谈者组成面谈小组与申请人进行面谈。它的可靠性和有效性较高,但有时面谈者对申请人的看法和判断不大一致,甚至很难统一,易引起争执。

(2)结构化面谈、半结构化面谈和非结构化面谈

结构化面谈是指对每一个申请人都用事先准备好的问题或思路来提问。这样可以避免对于同样的内容,由于询问的方式和口气不同而影响申请人的情绪和回答。实践证明,结构化面谈在判断人的态度和行为方面有比较好的效果。

半结构化面谈是指首先对重要的问题和要重点了解的问题进行结构化的提问,然后再对其它想进一步了解的内容进行提问。由于每个人的经历不同,吸引面谈者的方面也不同。有时可能是专业研究领域的内容引起面谈者的兴趣,有时可能是以前的有关经历吸引了面谈者,所以这部分的问题对不同的申请人不尽相同。这种面谈方式既有结构化面谈的优点,又有非结构化面谈的优点,是很多面谈中常采用的一种方式。

非结构化面谈则是一种近乎漫谈的面谈方法,面谈者并不按某个顺序准备问题,而只是准备一些一般性的问题,视面谈的情况决定是否就某个问题深入地谈下去。这种方法要求面谈者有很高的驾驭能力,能控制面谈的场面,因而也是难度较大的一种方法。实际上,这种方法很少用在选择过程中,这是心理咨询服务与心理治疗常用的一种方法。

(3)常规面谈和特殊面谈

常规面谈是指对一般的申请人采用一般的面谈方法所进行的面谈。这是最常见的面谈,人们一般提到的面谈就是指常规面谈。

特殊面谈则是指针对特殊的申请人或特殊岗位的申请人,采用不同于一般的面谈方法而进行的面谈。比如,团体面谈是将一组申请人集中在一起,由面谈者提出问题供申请人讨论,在讨论中观察每个人的反应状态和解决问题的能力。特殊面谈对选择有关的管理人员是很有帮助的,但目前使用的并不广泛。

4.面谈的计划

不管采用哪一种面谈方式,面谈者都要做好计划,如阅读一下应该谈什么问题,从什么问题谈起,即使不准备结构化面谈的问题,脑子里也应该有提问的思路,而且要在面谈计划中明确面谈进行的程序。典型的面谈计划如表7.3所示。一般面谈结束后不应立即告诉申请人是否被录用,应等全部申请人面谈结束后,取舍权衡,再决定哪些人可以进入下一步的选择过程或被录用。

在实际面谈中,可能也并不完全按照这种顺序进行,有些过程可以省去,或者还会增加其他的步骤,这取决于谈话的情况和具体需要。

5.面谈存在的问题

尽管大多数组织都把面谈看作是选择职员的工具,但人力资源管理专家对面谈的准确性、有效性和可靠性并不十分肯定,也没有研究表明面谈中表现不错的申请人会与尔后的工作表现之间存在必然的联系。面谈之所以不能象考试那样作为选择人员的强有力的标准,是因为面谈本身就存在一些问题,主要有:

(1)面谈者的态度可以通过语气、表情等身体语言传递给申请人,可能造成申请人的紧张,从而影响申请人的情绪或回答问题的方式。

(2)当面谈者和申请人存在态度或其他方面的相似性时,如同乡、同一看法、同一所学校毕业的校友等情况时,一般会影响面谈者的判断。

表 7.3　面谈计划

1.告诉申请人面谈的目的,并告诉申请人面谈要记录。

2.告诉申请人组织目前的状况,所申请的工作岗位的状况和要求。

3.按照工作的要求提出一些问题,如果申请人的回答不令人满意,且不适合组织的要求,则可以
终止面谈。

4.询问一些申请表中提供了的、但还需要深入了解的内容,比如:

a.对履历是否有疑问。

b.工作经历方面的问题:

* 申请此项工作前在什么地方任职,任何职务;

* 以前还做过什么工作;

* 有哪些方面的工作经验;

* 为什么离开原来的工作单位等。

c.教育和培训方面的问题:

* 最后学历是什么,是什么专业;

* 以前学过什么,取得过什么证书或资格;

* 对未来的培训有什么想法,希望得到哪方面的培训,等等。

d.兴趣和爱好方面的问题。

e.个性方面的问题:

* 申请人怎样看待自己,等等。

f.以前在工作表现方面的问题:

* 在工作中获得的评价怎样;

* 出勤率怎样,是否常有病事假;

* 与同事是否相处愉快,等等。

5.面谈者可以对感兴趣的其他问题进行提问,如:健康状况、对薪金的期望、家庭状况、
将来的抱负等。

6.告诉申请人面谈结束后该做什么,是回家等消息还是在指定的日期来看公告或结果。

7.检查面谈记录,作出初步判断和决定,但不要告诉申请人。

(3)当申请人的平均水平偏高或偏低、或者前一位申请人水平偏高或偏低时,对下一位申请人的印象在比较之下就会产生低估或者高估,而实际上后一位申请人的水平可能并不象估计的那样,这是判断过程的中心倾向误差或对比误差所造成的。

(4)有时申请人会表现出特别突出的好的或不好的一面,这常常会影响面谈者对申请人其他方面的判断,即产生晕轮效应。

(5)面谈者可能有理想的模式,并以此来判断成功的申请人。有时面谈者在面谈前,通过审看申请表就对有的申请人有了一定的印象,这种印象也会影响面谈者的判断。

(6)有时由于面谈的问题不适当,会影响申请人的正常反应,妨碍其正确判断。如涉及隐私的问题,过多地炫耀本企业的长处,过于啰嗦等。

6.面谈的改进

尽管面谈还存在一些问题,但既然是一种常用的和不应抛弃的选择方法,就应尽量提高其有效性和可靠性。为此,专家们提出了如下建议:

一是对面谈者进行有针对性的培训,提高面谈的技巧,减少失误。

二是挑选面谈者。有关研究表明,有些面谈者优于另一些面谈者,因此要首先选择好面谈者,这是面谈的前提。

三是尽可能选择面谈小组进行。一般而言,小组面谈的效果比单独面谈的效果要好一些,因为不同的面谈者可能关注的是申请人的不同方面。

四是事先做好工作描述和工作说明书。事实证明,如果有很好的工作说明书和工作描述,使面谈者知道要找的是什么样的申请人,就可以提高有效性。

五是可以与其它方法合用,如推荐的方法、调查研究的方法等,这样可以提高有效性。

六是在面谈前仔细地准备和做好计划,这样可以避免许多失误。如可以根据申请表的信息估计申请人的平均水平,避免以过宽或过严的标准要求申请人等。

(三)测试

考试也是一种很早就使用的选择人才的方法,很多国家很早就有考试选拔的制度,如我国古代的科举制和现行的考试选拔制,英美等国也在19世纪七、八十年代分别确立了公开考试、择优录取和严格考核、论功行赏的文官任用制度。考试的方法由于操作简便,具有比较明确的客观标准,且易于评判,以及公正、客观的优点,在人力资源管理中越来越受到重视。人力资源选择过程中的考试大致可以分为四类:一般能力测验、个性测验、特殊才能测验和兴趣问卷。

1.一般能力测验

一般能力测验也称能力、素质和技巧考试,可以分成四种基本类型:认知能力测验、性向测验、心理运动能力测验和工作抽样考试。这四种考试都要规定一个最低分数线,主考人以此为标准筛选申请人,最低的分数线可以根据申请人数量的多少来确定。申请人的数量越多,最低分数线就越高,这对组织来说,也就越有可能录用到合格的申请人。

(1)认知能力测验。认知能力测验用来测量人的各种能力,如语言能力、空间想象力、记忆力及归纳推理能力等。一般的入学考试都是认知能力考试。认知能力测验又可以分成三个测验组,即语言能力测验组、有关数的测验组和非语言能力测验组,每个测验组内又有若干个子测验。这样的认知能力测验体系既可以单独测验某一项和某一方面的能力,又可以综合起来进行认知能力的综合测验。在招聘过程中,如果申请人的受教育程度普遍不高,一般都会对他们进行认知能力的多方面测验。

(2)性向测验。性向测验用来测量申请人在某一方面所具有的能力发展的潜在能力和可能限度,也就是测量一个人学习和发展的可能性。这种测验的目的是为了测量一个人如果经过适当的学习和训练,能否成功地掌握某项技能以及根据申请人现有的实际能力来推测这种可能性的大小。性向测验可以分为特殊性向测验(即鉴别一个人在某一方面是否具有特殊潜能)和综合性向测验(即鉴别一个人的多种特殊潜能)。性向测验在许多情况下是与能力测验混合在一起的,例如综合性向测验有许多是与能力测验相类似的,而机械性向测验又与心理运动能力测验相类似。

（3）心理运动能力测验。心理运动能力测验主要测量一个人的动作能力，即能否准确迅速地移动手脚或身体，以及身体各部分的协调性，如手指的灵活性，手与眼、脚的协调性等。一般体操、跑步或拾捡速度等测验都属于心理运动能力测验。例如，手指灵活度是指手指精确、协调运动的能力，如电子产品装配或手表工的手指运动。手的灵活度包括手和手臂的协调运动，如较大工件配工作所要求的运动。手腕运动速度是指手腕和手指迅速运动的能力，如检查、包装和装配线上所要求的运动。准确度是指迅速、准确地将手从一个位置移到另一位置的能力，这一能力在电子元件装配线上是很重要的。通常使用的测验方法有插入、调换、组装、分解等。插入：手腕作业检查盘的上部和下部各有 48 个孔，上部盘插着 48 根圆棒，被测验者两手同时从上盘中一个一个拔出圆棒，将其插在对应的下盘的孔中，以检查手及胳膊的灵活性。调换：使用的检查盘同上，用单手拔出一根棒，用同一只手将拔出的棒上下翻转，插入原来的孔中，以检查其反应速度。组装：手指灵巧检查盘有 50 个孔，在这里附有金属的小柳钉和座圈，被检查者从上半部盘的孔中，用一只手拔出圆形的柳钉，同时用另一只手从旁边圆柱中拔出座圈，把它按在柳钉上，仍然用一只手将其插入与拔出的孔相对应的下半部的孔，以次来检测手指的灵活性。

（4）工作抽样考试。工作抽样考试要求申请人能够说明工作岗位的特点——特殊职责和工作结构，如教师岗位可能要求申请人试讲，以观察申请人是否正确理解教师的工作方法、工作特点和职责等。还有一种与工作抽样有关的考试是工作模拟，也称作情景模拟法，即由主考人设计一套与空缺岗位的工作环境和工作性质十分相似的模拟情景，通过申请人的实际表现，来观察和判断他的智力水平和工作能力等。

2.个性测验

虽然没有研究和证据表明个性和工作性质之间存在什么必然的联系，但个性对工作的确是有影响的。个性测验通常有两类：个性问卷测验和投射测验。

（1）个性问卷测验。个性问卷测验也称自陈量表，一般采用客观的形式，即要设计一系列的问题，要求受试者（申请人）做出是否符合自己情况的回答或报告。个性问卷一般由心理学专家设计，结果也由心理学专家来解释。一般多用由专家设计并出版的问卷进行测验。目前在西方有大量的问卷或测验量表问世，美国 1972 年出版的《心理学年鉴》介绍的就有 1100 多种。因此，西方许多国家的政府为了统一测验的标准，规定用来进行人员选择的测量表其效度不得低于 0.6，信度不得低于 0.8。

（2）投射测验法。投射测验是一种结构不明确的测验，它是根据弗洛伊德的深层心理学原理发展而来的。它的制作基于下列假设：第一，人们对外部刺激的反应是有原因的；第二，在刺激作用下的反应中，人们过去的经验、情绪、动机等会起作用；第三，对未经组织的刺激的反应给予解释，就显示出个性的差异。

投射测验法是向受测者提供一些未经组织的刺激情境或因素，让其在不受限制的情况下自由地表现对那些刺激情境或因素的反应，从而投射出受测者的内在动机、需求、愿望和情绪等意识。常用的投射法有两种：一种是主观统觉测验，即向受测者出示若干内容不明确的图片，由受测者根据图片的内容编造故事，包括图中的情景是什么，怎样发生的，以及将来会怎么样，等等。另一种是罗夏墨迹图，即向受测者出示若干不同的、内容模糊的、对称的墨迹图片，由受测者说出图片的内容。投射测验法的结果同样要由心理学专家来解释。

3.特殊才能测验

所谓特殊才能就是指某些人具有他人所不具备的能力，而特殊才能测验用在许多特殊工作人员的选择上。由于有些专业活动的内容和性质不同，所以要求的特殊才能也不同，设计的测验内容和测验方式也会有所不同。例如一些手工作业的任务或工作，如绘画要求有色彩、透视、立体等视觉表象能力。还如为测验其想象力、创造力而进行的"一物多用"测验；为测验其双手协调动作的准确性与速度而进行的"钉板"测验；为测定其注意力的集中、分配与转移能力而进行的"划字"测验；为测定记忆广度而进行的"顺背数字"和"倒背数字"测验；为考察应试者记忆与动作的协调能力而进行的"数字配符号"测验，等等。

可见，特殊能才测试主要是机械能力测验，也称心智运动测验，即用来测验心智与体力动作相结合的机械工作能力，还包括机械的推理测验等。它适合于选拔须掌握机械操作技能的人员，如机械师、修理工、裁剪师、绘图员、牙科医生等。这里介绍几个简单的测验：

(1)麦夸里机械能力测验。麦夸里机械能力测验是一种测试候选人运动能力的性向测验。包括以下七个项目：循轨：在若干条垂直线的很狭窄的断裂空间划一条线；敲击：尽快在纸上打点；打点：尽快在圆圈里打上点；模画：模画简单的图样；定位：在一个缩小的图形中定出具体的点；定块：在一个图样中确定有多少块；追视：在迷津中追视各线条。

(2)明尼苏达关系测验。该测验是测验候选人把握空间关系的能力。所用材料为 ABCD 四块木板，每块木板上挖有 58 个形状不同、大小各异的空洞，另有同样数量的木块，其大小与形状和木板上的空洞一一对应，可分别放置空洞中。AB 两个板上的空洞除位置不同外，其形状和大小是一样的，因此合用一组木块；同理，CD 两板也合用一组木块。测验时，要求应试者将一板木块放置到另一板的空洞内，评分方法以时间和正确率为标准，该测验适用于各种机械工种、修理工种、设计师和工程师等。

(3)视觉测试。视觉测试就是测试员工的视力及以下四个方面的内容。视觉对任何行业都具有不同程度的重要性。根据工业心理学的研究成果，人的视觉具有以下几种特性：

一是适当距离的视觉敏感度，即在一定距离下辨认黑白符号。

二是距离的知觉深度，即依据双眼判断物体的距离。

三是判断颜色，不仅可以辨认不同的颜色，同时能说出其深浅及颜色的名称。

四是视野范围，即在一定距离可以看到上下左右的视野。

根据美国学者的研究，发现视觉要素对工作的影响决定于不同的工作性质，视觉技巧与工作绩效的相关程度并不高，即一个视觉能力好的人并不能保证工作效率高。当然，如果视觉有重大缺陷则可能影响到工作效率与安全。以视觉技巧因素和各种行业工作对视力的要求加以分析归纳，一共可分为六类视觉标准：即文书行政类、精细检查类、驾驶操作类、机械操作类、劳工类和工匠类。

(4)明尼苏达文书测验。这是一种集体速度测验，它由数字比较和名字比较两部分组成。测验要求是,如果左右两个数字完全相同,则在他们中间的横线上打钩,不完全相同则打"×"。测验目的是确定在规定时间候选人的辨认准确度,准确度高则证明候选人的文书性工作能力较强。

例如:55384594–55385494

638495689–638495689

New York World–New York World

Cargill Grain Co.–Cargil Grain Co.

(5)一般性测验组合。一般性测验组合由美国职业服务中心所设计,最初目的是测验低阶层工作人员,包括 12 种计时测验,将 12 种测验得分合并可测出智力、语文、数学、空间、图形知觉、瞄准、动作速度、手指灵巧和手掌灵巧等九个特征。表 7.4 显示 65 名收音机真空管装配工的特征成绩与考试成绩的相关性。其中手指与手掌灵巧测验的有效度最高。心理活动的测量包括肌肉速度、强壮力、协调力等。

表 7.4　一般性测验组合特征成绩与考试成绩的相关性

(应试者:65 名收音机真空管装配工)

特　征	平均成绩	r(效率)
智慧	106.9	–.08
语文	102.2	–.06
数学	105.8	.06
空间	109.3	–.01
图形知觉	111.8	.02
瞄准	107.1	.23
动作速度	103.6	.19
手指灵巧	109.5	.44
手掌灵巧	98.7	.35

4.兴趣问卷

通过兴趣问卷可以了解申请人的兴趣和选择倾向。兴趣问卷也有很多种,有时是与个性测验混合在一起的。兴趣问卷实际上很少用于人员的选择录用上,有时会用在对已录用人员的工作分配过程中。

以上四类是对众多考试和测验方法的大致分类,在实际工作中,不同的岗位和单位还有许多有针对性的测验,如诚实测验在选择管理钱、物的管理人员方面准确性和可靠性都比较高。因此,考试和测验方法的选择要根据具体情况而定。

(四)推荐和背景审查

推荐和背景审查也是广泛使用的一种选择方法。在西方国家中,大部分雇主都会要求有推荐,可以是推荐电话或推荐信,一般要三至五封推荐信。推荐和背景审查是为了核实申请人所述情况是否属实。

三、选择的效度与信度

尽管选择可以用多种方法进行,但实际上这些选择方法都多少存在一些问题,因为就每一种方法而言都不是最精确的,存在一个有效性和可靠性的问题,这就是选择的效度和信度。

(一)信度

信度是指各种选择方法在不同的时间进行,它的结果应该是一致的,一致性越好,信度就越高。一般把表示信度的指标叫做信度系数,它是用统计方法计算出来的。研究认为,一种方法的信度系数应该达到 0.8 以上,才能保证所选择方法的准确性。这里之所以要提出信度问题,是因为在选择方法的使用过程中会出现各种误差,误差的来源可能有以下几个方面:

(1)选择的方法本身存在问题。即一种选择方法本身就不明确它所要测量的是什么,最终使得前后的结果不一致。

(2)由于选择方法所使用的时间不同而产生的误差。因为不同的时间对同一件事或同一个人可能会有不同的看法。

(3)同样的方法用于不同的申请人群体时而产生的误差。如认知能力测验,水平较高的申请人和水平较低的申请人会感到难度不同。

(4)由于选择方法使用的具体细节不同而产生的误差。

那么,怎样测验和判断一种选择方法的信度到底如何呢? 大致有这样几种方法:

1.重测法

重测法就是用相同的选择方法再对同一对象进行测验,如果两次方法选择的结果相同或很相近时,这种方法的信度就高,反之则低。

重测法有以下几种具体做法:

(1)同一方法及时重测法。即用同样的方法在选择完成后,立即再重新测验一次。如考试,在做完试题后,立即用同样的试题再做一遍,在很多有关体育方面的测量中,就常常这样做。

(2)同一方法间隔重测法。即测验完成后,过一段时间再用同样的方法进行测验,这是比较常用的一种方法。例如,在申请人填写申请表以后,过一段时间(一周或两周)后再填写一张同样的申请表,如果两张申请表的内容完全一致,则说明"申请表法"的可信度还是比较高的。

(3)平行测验及时重测法。即用一种方法测验后,立即用另一种方法重新测验。例如,用一种面谈的方法判断后,又立即用另一种面谈的方法进行判断,如果两种方法判断的结果一致性高,那么这种面谈方法的信度就比较高。

(4)平行测验间隔重测法。即用一种方法测验后,过一段时间又用另一种方法进行测验。研究认为,这是一种评估信度的最佳方法。例如,对一群申请人进行认知能力考试后,过一段时间又用另外一套认知能力试题对同一群申请人进行测验,如果两次测验的结果相关系数很高,则说明认知能力测验是一种信度很高的方法。

2.单测法

单测法即在某个时间点实施某种测验,然后用一些统计学的公式计算出该项测验的信度。如分半信度系数,就是将测验按顺序分为奇数项和偶数项两部分,若两部分的测验结果相关系数高,就说明这种测验方法具有较高的分半信度系数。

一般而言,用单测法估计出的信度系数比重测法要高,这并不是说单测法优于重测法,单测法并不能说明选择方法或申请人在不同时间的变化。

(二)效度

效度是指一种选择方法与用这种方法预测的工作表现之间的相关程度。例如,一个人手指的灵活性和手与眼的协调性与打字速度的相关程度高,则说明手指灵活、眼手协调的人打字速度一般会快一些。那么在选择打字员时,就要进行机械能力的性向测验或心理运动能力测验,以便了解申请人手指的灵活性。经验表明,效度系数在 0.6 以上就是好的效度。

评价和估计效度可以用以下几种方法:

1.预测有效性(或预测效度)

预测效度就是以某种方法得到的对申请人预测的数据与申请人被录用后在工作中实际表现的数据之间的相关程度,如果二者之间的相关程度高,这种选择方法的效度就高,反之则低。例如,考试成绩好,与尔后在工作中的表现和完成工作的能力相关程度不大,则说明考试这种方法的预测有效性较低。检查预测有效性一般要花很长时间,因为要收集实际表现的各方面资料本身就比较费时,而提高一种方法的预测有效性也要花很长的时间。

2.一致有效性(或关联效度)

一致有效性是指用现有职员实际工作表现的数据与现在所使用的选择方法相对比,确定二者之间的相关程度。如果相关程度高,则说明所用的选择方法具有较好的一致有效性。一致有效性不用等到申请人被录用后再收集资料,可以直接利用现有职员的资料,因而也不会太费时。但是,这种方法也存在问题:第一,现有职员与申请人的情况可能不同,正是由于有了这种不同,他们之间的行为也会存在差异。第二,现有职员对选择过程的态度可能与申请人不同,故可比性不强。

3.内容有效性(或内容效度)

内容有效性是指一种选择方法的内容(或项目)与其所要预测的内容(或项目)之间的相关程度。比如,教师工作要求有良好的口头表达能力,这样我们就可以认定教师工作和好的口头表达能力之间具有高的内容有效性。那么在选择教师时,一般要检测口头表达能力的强弱。

4.复合有效性(或综合效度)

复合有效性是指对某一特定组织来说,它的选择过程应该是适合组织的独特需要的。一个组织有很多不同的工作,就要有不同的选择方法,复合有效性要求把工作分解成各种方向,如专业性、书写报告的能力、良好的人际关系等。如果对每一个方面都能找到好的预测方法,那么就可以把人按工作的方向来分类,这样有利于对每个工作选择适当的预测方法。但是,这种方法实施起来非常困难,目前在低层次的岗位已获得过成功,但在高层次的岗位上尚未展开,因为越是复杂的工作,越难以划分成不同的方向。

四、选择过程的整体性因素

在选择过程中,有各种因素会影响到选择的作用和整体性,这些影响因素表现在以下几个方面:

(一)岗位的重要性

如果一个岗位对组织很重要,贡献大,那么对这个岗位的申请人的选择也就越重要。例如,每一个组织对其领导岗位的人选总是精挑细选,多方考察才确定下来的。

(二)选择的效度和信度

如果选择的方法不能准确预测和衡量申请人尔后的表现,即选择的方法如果既没有效度,又不可靠,那就会对选择的整体过程产生很不利的影响。

(三)选择比

选择比是指在申请人中被录用的人数与所有申请人之比。选择比低,说明从大量的申请人中选择了极少数合格的人选,则选择的人的适用性会大大增强,但选择成本也会增加。如果选择比高,则说明录用了申请人中的一大部分,选择的意义和有效性就会大大降低。

(四)成本和效益

任何一项活动都要考虑成本和效益。对一个岗位或一项工作的申请人的选择花多少成本,要看这项工作的重要性如何。某些特殊人才的选择有时是不计成本的,如重要的科学家。

另外,有关人员的决策也是一项非常重要的影响因素。实际上,选择过程的这些影响因素在许多情况下都是相互作用的,必须综合考虑这些因素的影响。

本 章 思 考 题

1.怎样认识招聘和选择在人力资源管理中的重要地位与作用?

2.招聘和选择各有哪些基本的程序? 怎样认识两者的联系与区别?

3.如何提高选择的信度与效度?

案例分析

案例一：丰田公司的全面招聘体系

丰田公司著名的"看板生产系统"和"全面质量管理"体系名扬天下，但是其行之有效的"全面招聘体系"却鲜为人知，正如许多日本公司一样，丰田公司花费大量的人力物力寻求企业所需要的人才，用精挑细选来形容一点也不过分。丰田公司全面招聘体系的目的就是招聘最优秀的有责任感的员工，为此公司做出了极大的努力。丰田公司全面招聘体系大体上可以分成六个阶段，前五个阶段招聘大约要持续5~6天。

第一阶段：丰田公司通常会委托专业的职业招聘机构，进行初步的甄选。应聘人员一般会观看丰田公司的工作环境和工作内容的录像资料，同时了解丰田公司的全面招聘体系，随后填写工作申请表。一个小时的录像可以使应聘人员对丰田公司的具体工作情况有个概括的了解，初步感受到工作岗位的要求，同时也是应聘人员自我评估和选择的过程，故许多应聘人员知难而退。专业招聘机构也会根据应聘人员的工作申请表以及具体的能力和经验进行初步筛选。

第二阶段：评估员工的技术知识和工作潜能。通常会要求员工进行基本能力和职业态度心理测试，评估员工解决问题的能力、学习能力和潜能以及职业兴趣爱好。如果是技术岗位工作的应聘人员，更加需要进行6个小时的现场实际机器和工具操作测试。通过1-2阶段的应聘者其有关资料转入丰田公司。

第三阶段：丰田公司接手有关的招聘工作。本阶段主要是评价员工的人际关系能力和决策能力。应聘人员在公司的评估中心参加一个4小时的小组讨论，讨论的过程由丰田公司的招聘专家即时观察评估。一般来说，比较典型的小组讨论可能是应聘人员组成一个小组，讨论未来几年汽车的主要特征是什么。实地问题的解决可以考察应聘者的洞察力、灵活性和创造力。同样，在第三阶段应聘者需要参加5个小时的实际汽车生产线的模拟操作。在模拟操作过程中，应聘人员需要组成项目小组，负担起计划和管理的职能，比如如何生产一种零配件、人员分工、材料采购、资金运用、计划管理、生产过程等一系列生产相关因素的有效运用。

第四阶段：应聘人员需要参加一个1小时的集体面试，分别向丰田的招聘专家谈论自己取得过的成就，这样可以使丰田的招聘专家更加全面地了解应聘人员的兴趣和爱好，他们以什么为荣，什么样的事业才能使应聘员工兴奋，更好地做出工作岗位安排和职业生涯计划。在这一阶段，也可以进一步了解员工的小组互动能力。

通过以上四个阶段，员工基本上被丰田公司录用。

第五阶段：对应聘人员进行一个25小时的全面身体检查。了解员工身体的一般状况和特别情况，如酗酒、药物过敏等问题。

第六阶段:新员工需要接受6个月的工作表现和发展潜能评估,同时新员工还会接受监控、观察、督导等方面严密的关注和培训。

分析讨论题

1.你认为丰田公司的全面招聘体系有什么优点和缺陷?

2.请说明丰田公司的全面招聘体系对我们有哪些启示?

案例二:上海通用汽车(SGM)的招聘策略

上海通用汽车有限公司(SGM)是上海汽车工业(集团)总公司和美国通用汽车公司合资建立的轿车生产企业,是迄今为止我国最大的中美合资企业之一。SGM的目标是成为国内领先、国际上具有竞争力的汽车公司。一流的企业,需要一流的员工队伍。因此,如何建设一支高素质的员工队伍,是中美合作双方都十分关心的首要问题。

一、"以人为本"的公开招聘策略

"不是控制,而是提供服务",这是SGM人力资源部职能的特点,也是与传统人事部门职能的显著区别。首先,根据公司发展的战略和宗旨,确立把传递"以人为本"的理念作为招聘的指导思想。SGM在招聘员工的过程中,在坚持双向选择的前提下,还特别注意应聘者和公司双向需求的吻合。应聘者必须认同公司的宗旨和五项核心价值观:以客户为中心、安全、团队合作、诚信正直、不断改进与创新。同时,公司也充分考虑应聘者自我发展与自我实现的高层次价值实现的需求,尽量为员工的发展提供良好的机会和条件。其次,根据公司的发展计划和生产建设进度,制定拉动式招聘员工计划,从公司的组织结构、各部门岗位的实际需求出发,分层次、有步骤地实施招聘。再次,根据"一流企业,需要一流员工队伍"的公司发展目标,确立面向全国广泛选拔人才的员工招聘方针。并根据岗位的层次和性质,有针对性地选择不同新闻媒体发布招聘信息,采取利用媒介和人才市场为主的自行招聘与委托招聘相结合的方式。第四,为确保招聘工作的信度和效度,建立人员评估中心,确立规范化、程序化、科学化的人员评估原则。并出资几十万元聘请国外知名的咨询公司对评估人员进行培训,借鉴美国GM公司及其已有的"精益生产"样板模式,设计出具有SGM特点的"人员评估方案",明确各类岗位对人员素质的要求。第五,建立人才信息库,统一设计岗位描述表、应聘登记表、人员评估表、员工预算计划表及目标跟踪管理表等。

两年来,公司先后收到50000多封应聘者的来信,最多一天曾收到700多封信。这些信来自全国各地,有的还是来自澳洲和欧洲等国家的外籍人士。为了准确及时处理这些信件,SGM建立了人才信息系统,并开通了应聘查询热线。成千上万的应聘者,成筐的应聘者来信,这些都是对SGM人员招聘策略成功与否的最好检验。

二、严格规范的评估录用程序

1998年2月7日到上海科学会堂参加SGM招聘专场的人士无不感慨:"上海通用招

聘人才门槛高!"那天,凡是进入会场的应聘者必须在大厅接受12名评估员岗位最低要求的应聘资格初筛,合格者才能进入二楼的面试台,由用人部门同应聘者进行初次双向见面,若有意向,再由人力资源部安排专门的评估时间。在进入科学会堂的2800人中,经初步面试合格后进入评估的仅有百余人,最后正式录用的只有几十人。

1.录用人员必须经过评估。这是SGM招聘工作流程中最重要的一个环节,也是SGM招聘选择员工方式的一大特点。公司为了确保自己能招聘选拔到适应一流企业、一流产品需要的高素质员工,借鉴通用公司位于东德和美国一些工厂采用人员评估中心来招聘员工的经验,结合中国实际建立了专门的人员评估中心,作为人力资源部的重要组织机构之一。整个评估中心设有接待室、面试室、情景模拟室、信息处理室,中心人员也都接受过专门培训,评估中心的建立确保了录用工作的客观公正性。

2.标准化程序化的评估模式。SGM的整个评估活动完全按标准化、程序化的模式进行。凡被录用者,须经填表、筛选、笔试、目标面试、情景模拟、专业面试、体检、背景调查和审批录用九个程序和环节。每个程序和环节都有标准化的运作规范和科学化的选拔方法,其中笔试主要测试应聘者的作业知识、相关知识、特殊能力和倾向;目标面试则由受过国际专业咨询机构培训的评估人员与应聘者进行面对面的问答式讨论,验证其登记表中已有的信息,并进一步获取信息,其中专业面试则由用人部门完成;情景模拟是根据应聘者可能担任的职务,编制一套与该职务实际情况相仿的测试项目,将被测试者安排在模拟的、逼真的工作环境中,要求被试者处理可能出现的各种问题,用多种方法来测试其心理素质、潜在能力的一系列方法。如通过无领导的两小组合作完成练习,观察应聘管理岗位的应聘者的领导能力、领导欲望、组织能力、主动性、说服能力、口头表达能力、自信程度、沟通能力、人际交往能力等。SGM还把情景模拟推广到了对技术工人的选拔上,如通过齿轮的装配练习,来评估应聘者的动作灵巧性、质量意识、操作的条理性及行为习惯。在实际操作过程中,观察应聘者的各种行为能力,孰优孰劣,泾渭分明。

3.两个关系的权衡。SGM的人员甄选模式,特别是其理论依据与一般的面试以及包括智商、能力、人格、性格在内的心理测验相比,更注重以下两个关系的比较与权衡:(1)个性品质与工作技能的关系。公司认为:高素质的员工必须具备优秀的个性品质与良好的工作技能。前者是经过长期教育、环境熏陶和遗传因素影响的结果,它包含了一个人的学习能力、行为习惯、适应性、工作主动性等。后者是通过职业培训、经验积累而获得的,如专项工作技能、管理能力、沟通能力等,两者互为因果。但相对而言,工作能力较容易培训,而个性品质则难以培训。因此,在甄选录用员工时,既要看其工作能力,更要关注其个性品质。(2)过去经历与将来发展的关系。无数事实证明:一个人在以往经历中,如何对待成功与失败的态度和行为,对其将来的成就具有正反两方面的影响。因此,分析其过去经历中所表现出的行为,能够预测和判断其未来的发展。

SGM正是依据上述二个简明实用的理论、经验和岗位要求,来选择科学的评估方法,确定评估的主要行为指标,以便取舍应聘者。如在一次员工招聘中,有一位应聘者已进入第八道程序,经背景调查却发现其隐瞒了过去曾在学校因打架而受处分的事,当对其进行再次询问时,他仍对此事加以隐瞒。对此公司认为,虽然人的一生难免有过失,但隐瞒过错却属于个人品质问题,个人品质问题会影响其今后的发展,最后经大家共同讨论一致决定对其不予录用。

4.坚持"宁缺勿滥"的原则。为了招聘一个段长,人力资源部的招聘人员在查阅了上海市人才服务中心的所有人才信息后,发现符合该职位要求的具有初步资格者只有6人,但经过评估后遗憾的是没有一个人合格。对此,中外双方部门经理肯定地说:"对这一岗位决不放宽录用要求,宁可暂时空缺,也不要让不合适的人占据。"评估中心曾对1997年10月到1998年4月这段时间内录用的200名员工随机抽样调查了其中的75名员工,将其招聘评估的结果与半年的绩效评估结果作了一个比较分析,发现当时的评估结果与现实考核结果基本一致,两次结果基本一致的达84%左右,这证明人员评估中心的评估有着较高的信度和效度。

分析讨论题

1.如何评价SGM公司的招聘策略?

2.你认为SGM公司评估录用程序有哪些优点与缺点?

第八章

人力资源的培训与发展

从发达国家人力资源管理发展的战略思想看，人力资源的培训与发展已经成为一个重要特征。许多专家认为，培训不仅仅是一种管理职能，更重要的是一种战略管理行为。这一点正是我们要深入思考和改进的重要问题。

第一节　人力资源培训的意义

由于新技术、新发明的不断出现，技术人员和管理者原来所掌握的技能会随着技术的发展而显得陈旧落后，这就是技术退化。技术退化可以导致工作效率低下，严重的还会危及组织的运转。培训是保证技术人员和管理人员掌握新技术、学习新方法的有效途径。因此，培训对企业来说是输送新鲜空气的一个重要窗口，常呼吸"新鲜空气"企业才能健康的发展。

一、人力资源培训的战略意义

经济的发展离不开公民文化知识素质的不断提高，一个企业的健康发展同样也离不开高素质的人力资源，尤其是高素质的技术人员队伍和管理人员队伍。因此，要能保持一支高素质的人才队伍，没有良好的培训及其运行机制是难以想象的。人力资源的培训可以有很多方面，例如可以学习新技术，掌握新方法，也可以用培训来规范职员的行为，转变他们的观念和态度，等等。可见，培训无论对国家、企业和个人都有不可低估的作用。

（一）人力资源是国家的重要财富

世界银行在其出版的《监督环境的进展：关于工作进展的报告》中提出了一种新的国家财富的计算方法，这种新方法是把经济的、环境的和社会的因素综合起来计算国家财富的。它首先确定了每一个国家的头三类财富：自然资本——土地、森林、水、矿产等；创造的资产——机器、工厂、基础设施、产品等；人力资本——人们的生产能力所代表的价值。按照这种方法来计算每一个国家的财富,结果发现,大多数国家作为主要财富来源的"创造的资产"只占20%或不到20%,而人力资本在实际财富中所占的比重要大的多。而且,比较富有的国家一般是在人力资本方面(即人的知识、技能、健康、营养和医疗保健等方面)投资较多的国家。这说明,人力资源是促进国家经济与社会发展的重要因素。根据世界银行对192个国家的财富的统计处理,63个原材料出口国的财富占世界总财富的4.6%,其中自然资本占44%,创造的资产占20%,人力资本占36%;100个发展中国家的财富占世界总财富的15.8%,其中创造的资产占16%,自然资本占28%,人力资本占56%;而29个高收入国家的财富占世界总财富的79.6%,其中创造的资产为16%,自然资本占17%,人力资本占67%。从上面提供的数据可以看出,国家之间的财富和实力差别(如发展中国家和发达国家之间)主要是在人力资本上,而不是在创造的资产上(创造的资产在总财富中都只占16%),如表8.1所示。

表 8.1 192 个国家财富拥有状况比较

国家类型	自然资本	创造的资产	人力资本	占世界总财富
29 个高收入国家	17%	16%	67%	79.6%
100 个发展中国家	28%	16%	56%	15.8%
63 个原材料出口国	44%	20%	36%	4.6%

这种财富的计算方法说明,如果一个国家靠出卖自然资本——土地、石油、森林等,它的财富保存率就是负值,也就是说它消耗了财富而没有保存财富。如果不进行人力资源的投资,财富就会越来越少。同时,也说明了人力资源才是真正的财富,也是一种真正保存财富的最佳方式。对人力资源进行投资是"可持续发展"的重要战略。实际上,人力资源培训正是一种增加和保存一国财富的重要方式。

(二)一个国家生产力水平的发展与速度是受人力资源的素质影响的

随着现代科学技术和生产力的不断发展,脑力劳动在生产中的作用和比率越来越突出,而体力劳动的比重在不断减少。而且对劳动者的技术水平、文化水平的要求也越来越高。随着市场的国际化发展,竞争日益剧烈,组织的变化和生产过程的变化也更加频繁。从发展的趋势看,劳动者要向一专多能的方向发展,才能适应生产和组织的经常性变革。

技术革新、技术进步是推动经济增长的一个重要因素,但是光有技术的革新和进步还不行,还必须有相应地人力和财力的配合。所以,高科技的发展要求有一支灵活的训练有素的劳动力大军,才能避免所谓的"技术失业"带来的问题,以及因不适应现代先进技术而被淘汰的可能。先进的技术与高素质的人力资源的结合为促进生产力的发展提供了条件。因此,要特别注意加强人力的投资,不断提高职工的基本技能和文化素质。

(三)人力资源培训是提高劳动者素质的重要途径与手段

一般来说,培训除了提高人们适应工作的技能外,也包括提高职员的文化素质和基础教育水平,这是培养人的基本能力的重要基础。因此,职工培训可以部分地弥补正规教育的不足。随着经济的不断发展,需求、技术、产业结构以及经济结构等都在发生着新的变化。一方面,有新技术带动的新的行业和产业的不断出现;另一方面,传统的产业和行业也在不断调整和被淘汰,特别是传统的技能和方法也在逐步的被淘汰。在这个过程中,职工队伍也不断地发生着变化,一部分职工因技能难以适应工作的要求而被精简下岗,且多为中老年职工,文化素质都普遍偏低。正是由于这部分职工的文化素质差,专业技能陈旧或者贫乏,或者是由于长期在缺乏竞争的体制下工作,使知识老化,技能单一,因而再就业也困难重重。因此,通过政府再就业培训计划的实施,他们可以在较短的时间内掌握一两门实用技术,尽快走向新的工作岗位。此外,尽管我国人口众多,但可利用的人力资源还是缺乏的,仅仅依靠正规教育来提高人力资源的数量和质量,需要较长的时间,而各式各样的培训则提供了在不长的时间内提高劳动力素质的可能性。

二、人力资源培训对组织发展的意义

同样,人力资源培训对组织发展的意义更为重大。随着科学技术的不断进步,社会经济的不断发展,培训已越来越成为组织战略规划和战略决策的重要内容之一,不抓培训的组织是没有前途的组织。尤其是越来越多的企业已经意识到,对他们来说,最重要的资产是人,而不是机器、设备和资金。被誉为"经营之王"的松下幸之助认为,"松下是制造人的,兼之制造电器。"三洋电器公司也有这样的信条:"三洋首先是生产优质的人,其次再由优质的人生产优质的产品。"美国一位钢铁大王也曾说过:"将我所有的工厂、设备、资金和市场全部夺去,但只需保留我的组织成员,四年以后,我仍将是一个钢铁大王。"这些观点都充分反映了经营有方的企业无一不是重视人力资源的价值的。那么,人力资源培训对组织发展到底有哪些意义呢?我们从以下几个方面来认识。

(一)人力资源培训可以增强组织决策层的决策能力

一方面,在正常情况下针对组织决策层的培训目的正在于提高他们的决策与领导能力,这种能力对企业的方针政策、发展思路、科学管理等具有至关重要的影响作用。一个有远见卓识的领导层可以带领企业蓬勃发展,反之则步履艰难,这正是为什么各国都非常重视对高层领导培养的原因。我国近几年来比较重视对企业领导层管理能力的培训,并在大力推广"MBA制",提倡和鼓励年富力强的年轻领导者参加学习,增长知识和理论水平,提高管理技能。正是由于企业领导层知识结构和管理水平的变化也引起了企业其他方面的变化。另一方面,由于企业面临的竞争不断加剧,对企业领导层的压力和要求也在增加,因而不具备相应的竞争能力,势必也会被淘汰,这就要求组织的决策层要首先接受培训,形成经常吸纳新鲜知识和技能的培训机制,不断提高管理水平和决策能力。

(二)人力资源培训可以提高组织的运作质量和能力,提高劳动生产率

马克思指出:"要改变一般人的本性,使它获得一定劳动部门的技能和技巧,成为发达的和专门的劳动力就要有一定的教育和训练。"接受过教育和培训的职员,不仅能够更好更快地掌握新技术和新的生产方法,而且能够准确理解技术指标和质量指标的含义,提高整个组织的工作水平和质量。因而,训练有素的职工队伍不仅工作的质量高、速度快,而且能减少浪费,提高劳动生产率。同时,训练有素的职员和工人能够更透彻地理解企业的方针、政策和管理要求,对企业进行的监督、指挥和协调工作有很大的帮助。

此外,受过良好培训的职工,工作中事故发生率要低的多,所以也是安全生产的重要

保证。有研究表明,职员的经验和受培训的状况与事故的发生率成反比。我国企业的实践也证明,雇用没有经过培训的临时工是工伤事故发生的重要原因。

（三）培训可以改变职员的态度

任何企业都不可避免地在受到社会、市场、竞争对手以及企业内部的压力和影响时,会发生不同程度的变化,而且这种变化是经常性的。例如,引进了新的生产设备,要求职员能很快掌握新机器的使用;或者引进了生产方法,要求职员放弃自己已经习惯的工作方式;或者企业的组织结构发生变动,人员要重新安排,又要职员离开自己已经熟悉的环境,等等。实践证明,受训练不多的人,掌握一门新技术比较吃力,因而对上述的变化就会持反对或拒绝的态度,反对的态度会导致消极情绪和不合作现象的发生,并会影响工作的效率和质量。而经常接受培训的人,则易于习惯新环境和新技术的变化,易于接受新生事物。因为对他们来说,新的东西已不难适应。因此,人力资源培训一方面促进了企业的变革,另一方面也促进了企业员工更容易接受变革的现实,对变革持积极的态度。

（四）人力资源培训也是创建企业文化的基础工作之一

这是因为:一方面对新成员进行培训可以使他们了解本企业的文化特征,引导他们的思想和行为与企业的思想文化建设的要求统一起来。现在许多企业在对新成员培训的第一课就是关于企业文化方面的。例如,在日本,鞠躬有很多社会含义,鞠躬时的不同姿态表达了不同的内容,表现为很重要的身体语言。很多公司都聘请受过专业训练的老师,教导新成员如何正确地鞠躬。通过培训后的新成员,更加了解企业的文化、企业的特点和企业的思想。另一方面,培训和发展本身就是企业文化建设的一部分。例如,IBM公司认为:"教育和培训是IBM文化的一部分,而且不应该看作是与其他的人力资源政策和管理相互分离的。"很多注重自身发展的人,就是看中了IBM能够和乐意提供高质量的培训才愿意到IBM工作的。

三、人力资源培训对职工个人的意义

人力资源培训对职工个人的意义非常明显。对一般职员来说,每个人都希望在企业中有成长晋升的机会,这就需要他们不断的学习。不但要熟练自己的工作,还要了解本专业的最新动态,掌握有关的新技术和新方法,使自己有比较宽的知识面和合理的知识结构。一般说来,对自己的职业道路有长远计划和打算的人,一般到了一定时期都渴望能有学习的机会,以利于下一步的发展。而且,培训对担负一定责任的各级领导者来说就更为重要了,他们知识面的扩大、视野的开扩、领导水平和良好的决策能力的提高等,都需要得到有效的培训才可以获得或达到。

因此,培训既可以增强职员的责任感、成就感和自信心,又可以感受到自己的价值和组织的重用,从而对工作满腔热情,对自己充满信心。从这个角度看,培训本身就是一种重要的激励方式。当职员有学习和掌握新知识的愿望时,若公司能够提供职员学习的机会就非常重要了。在很多国际性的大公司里,不仅公司要提供大量的培训,同时也支持职员个人进行适合自己职业道路的或自己需要的培训,即使这些培训并不在公司的计划之内,或不那么符合公司的既定目标,因为这对职工个人和所在组织都非常重要。

第二节 人力资源培训体系

建立人力资源培训体系是做好人力资源培训工作和管理工作的基础。实践证明,企业要想在市场竞争中占据优势,就必须首先抓好职工的教育培训,而职工教育培训的质量和效果又取决于人力资源培训体系的建立和完善程度, 国际著名的大公司没有一个不重视员工培训体系的建设。

一、建立人力资源培训体系的特点与原则

(一)人力资源培训体系的特点

人力资源培训体系是否有效的判断标准是该培训体系是否能够增强企业的竞争力,实现企业的战略目标。一般来说,培训体系应具有以下特点:

1.培训体系具有以企业战略为导向的特点。企业培训体系是根源于企业的发展战略、人力资源战略体系之下的,只有根据企业战略规划,结合人力资源发展战略,才能量身定做出符合企业持续发展要求的高效培训体系。

2.培训体系具有着眼于企业核心需求的特点。应该说,有效的培训体系不是头疼医头、脚疼医脚的"救火工程",而是能深入发掘企业的核心需求,根据企业的战略发展目标预测对于人力资本的需求,提前为企业需求做好人才的培养和储备。

3.培训体系具有多层次全方位的特点。职工培训说到底是一种成人继续教育,有效的培训体系应考虑员工教育的特殊性,针对不同的课程采用不同的训练技法,针对具体的条件采用多种培训方式,针对具体个人能力和发展计划制定不同的训练计划。在效益最大化的前提下,多渠道、多层次的构建培训体系,达到全员参与、共同分享培训成果的效果,使得培训方法和内容更加适合被培训者的实际。

4.培训体系具有充分体现员工自我发展需要的特点。按照马斯洛的需求层次论,人的需要是多方面的,而最高需要是自我发展和自我实现。按照自身的需求接受教育培训,是对自我发展需求的肯定和满足。培训工作的最终目的是为企业的发展战略服务的,同时也要与员工个人职业生涯发展相结合,实现员工素质与企业经营战略的匹配。因此,培训体系要将员工个人发展纳入企业发展的轨道,让员工在服务企业、推动企业战略目标实现的同时,也能按照明确的职业发展目标,通过参加相应层次的培训,实现个人的发展,获取个人成就。同时,激烈的人才市场竞争也使员工认识到,不断提高自己的技能才是其在社会中立足的根本。故有效的培训体系应当肯定这一需要的正当性,并给予合理的引导和激励。

(二)建立人力资源培训体系的原则

1.理论联系实际、学以致用的原则。员工培训要坚持针对性和实践性,以工作的实际需要为出发点,与职位的特点紧密结合,与培训对象的年龄、知识结构紧密结合。

2.全员培训与重点提高相结合的原则。要有计划有步骤的对在职的各级各类人员进行培训,提高全员素质。同时,应重点培训一批技术骨干、管理骨干,特别是中高层管理人员。

3.因材施教的原则。针对每个人员的实际技能、岗位和个人发展意愿等开展员工培训工作,培训方式和方法应切合个人的性格特点和学习能力。

4.讲求实效的原则。效果和质量是员工培训成功与否的关键,为此必须制定全面周密的培训计划和采用先进科学的培训方法和手段。

5.有效激励的原则。即要将人员培训与人员任职、晋升、奖惩、工资福利等结合起来,让受训者受到某种程度的鼓励,同时管理者应当多关心被培训人员的学习、工作和生活,使他们感受到组织的热情关怀和殷切期望。

二、建立内部培训机制

(一)建立培训小组

培训小组是企业进行内部培训与管理的常设机构,负责培训工作的计划、组织、执行与评估。小组一般由培训管理人员、部门培训兼职管理人员、授权培训教师、公司领导等组成。设置这一机构就是为了很好的开展培训工作,发挥全体人员的智慧,调动大家的积极性,使培训深入到每个部门和岗位,得到全体员工的重视。事实上,培训绝不是某一个人的事情,接受培训、提供培训是每个管理人员的工作职责。

1.培训管理人员的职责

根据各个组织的规模大小,确定培训管理人员的多少。也可根据情况放在人力资源管理部门,有人力资源管理部门统一规划和组织事实。培训管理人员是培训工作小组中的专职常设人员,其工作职责如下:

(1)拟订公司全年培训计划和月度培训计划;

(2)组织执行各种公司层面的培训活动;

(3)组织并拟订公司确定的培训计划和方案;

(4)建立培训管理制度,制定培训积分表;

(5)收集、开发并建立公司培训教案库,定期进行修改和整理;

(6)每半年进行一次培训需求调查和培训效果评估;

(7)召集培训小组成员进行授课技巧培训、教案整理工作;

(8)帮助并监督部门培训工作的执行情况,每季度对部门培训工作进行总结评估;

(9)配合公司领导以及实际需求执行其他培训工作;

(10)联络外部培训机构、引入外部培训授课人员以及执行外派培训;

(11)其他领导安排的相关工作。

2.部门培训兼职管理人员职责

每个部门由部门负责人指定一名负责人或员工担任。具体工作职责如下:

(1)拟订部门月度培训计划;

(2)组织执行部门培训工作;

(3)收集、开发部门相关培训教材;

(4)每季度进行部门培训需求调查与培训效果评估；

(5)贯彻执行单位培训小组管理人员下达的其他工作。

(二)确定授权培训教师

培训教师是公司进行内部培训的必要条件。尽管外部教师能够带来新的思维，但需要企业进一步的融合，因为外部教师必定不是特别熟悉企业自身的情况。内部教师最了解公司的情况，可以将自己的工作心得很好的与实际问题结合起来，也是内部人员总结工作、提升的自己的一次机会。任何一个企业都有很多优秀的人员，通过确定授权培训教师可以将他们开发出来，发挥他们更大的潜能。当然，获得授权的教师既是一种荣誉，也是一种责任。

1.选择人员。优秀的员工、每个部门经理和主管都是培训小组选择授权培训教师的对象。因为他们除了有丰富的工作经验以外，培训应该也是他们展开工作的一种手段，更是一种必须的工作职责。

2.分配课题。比如有的员工在客户服务上比较优秀，就可以让他来给大家分享客户服务的经验；而有的中高层管理人员就可以编写管理艺术、授权艺术、团队建设方面的课程；而销售技巧就可以由销售顾问去完成，等等。

3.授权教师管理。部门负责人以上人员以及专、兼职培训管理员必须获得一门课程的授权，课称或课题可以由自己申报，也可以由培训小组指定。所有授权教师全部授课时间不应低于10小时。当然也包括总经理、副总经理等高层管理人员，他们也必须完成全年10小时的授课时间。通过授权的教师应给予奖励，没有通过授权的应给予惩罚。

(三)实行培训积分制

培训积分制度是保障培训工作能够顺利进行的制度，培训积分的建立要求全员必须积极参与培训活动，获得积分，为自己的成长、提升提供有力的发展基础和佐证。

1.规定课程的得分系数。将要培训的课程依据重要程度规定相应的得分系数，每个全过程参加的人员都可以获得积分。

2.规定得分要求。即正式员工全年必须获得的积分，达不到积分要求的扣除部分年底奖金等。并规定要提升职务，必须在前12个月获得多少积分，否则不能提升。

3.规定听课时间。即每年每人必须听多少时间的课称，否则培训管理人员工作不合格。

(四)培训的延伸

为了达到培训的综合效果，拓宽培训的方式，可以采取多种多样的培训形式来延伸培训的效用。如双向交流、开放行动、外派培训、外聘培训、岗位轮换等。

1.双向交流。为了更多的了解其他部门其他公司的运作情况，提升团队的凝聚力，可以将部分员工阶段性的安排到其他相关部门以及其他兄弟公司进行双向交流，学习和熟悉其他部门的操作，使之提高自己的能力，增强团队凝聚力，提升部门工作的协作程度。交流人员交流完毕以后必须进行双向交流报告，与大家分享自己的工作体会等。

2.开放行动。不定期的组织部分人员进行同行学习与考察工作。例如有计划的安排人员外出考察等，结束后可进行开放行动讨论会。

3.外派培训。外部机构经常会举行很多相关的培训课程,企业可以依据自己的需要参加,参加者结束后进行总结,必要时可举行外派培训报告会。

4.外聘培训。适当的引入企业外部教师进行培训,开拓企业人员的思维,使企业的工作跟上先进管理模式的发展步伐。

5.岗位轮换。如将采购部的转入工程部工作,使之更多的了解工程部的情况,将采购与工程工作很好的结合起来。这将增强不同部门之间的心理沟通,提高协作精神。

(五)培训管理与考核

接受培训和提供培训是提高工作能力的重要手段,但同时也是每个人员的工作职责,所以培训工作必须与考核挂钩。

1.专、兼职培训管理人员的考核。主要包括:(1)培训日常工作执行情况;(2)培训执行时间;(3)教师授权情况;(4)培训积分;(5)培训计划与总结;(6)培训效果评估与需求调查;(7)对部门培训的帮助与监控;(8)培训课程的开发;(9)培训课程资料的收集与整理等。

2.其他人员的考核。部门主管以上人员:(1)获得几门授课授权;(2)上课时间;(3)听课时间;(4)培训重视程度;(5)培训积分等。普通员工:(1)培训出勤率;(2)听课时间;(3)培训积分等。

3.部门经理考核。(1)部门内部获得授权的教师数和课程数;(2)上课时间;(3)培训工作的执行与重视程度;(4)培训积分等。

三、制定科学的培训规划

(一)制定培训规划的前提

1.必须重视培训规划的制定

企业要想做好切实可行又能够为企业带来明显效益的培训规划,首先必须非常重视培训规划,不能把培训看成可有可无的事情。一个好的培训规划绝不会只是一些培训课程的组合,而是与企业的发展实际息息相关的。只有从思想上高度重视培训规划,才能够正确对待培训规划,也才能够制定出有效的培训规划。

2.做好培训规划必须落实相关部门

提供必要的人力和组织保障是做好培训规划的重要前提。培训规划的制定和实施,关键是落实负责人或负责单位,建立责任制,明确分工。负责培训规划工作的人员一定要有相当的工作经验和工作热情,要有能力让董事长批准培训规划和培训预算,要善于协调与生产部门和其他职能部门的关系,以确保培训规划的实施。一般来说,负责企业培训规划的人员应具备以下素质:

(1)了解企业的发展历程和发展战略,熟悉自身企业的文化;

(2)对培训行业有相当的了解,熟悉大量的培训公司和培训讲师;

(3)掌握培训需求调查的基本方法和手段,能够深入了解员工状况;

(4)掌握培训预算管理和培训实施管理;

(5)掌握培训评估的主要方法和手段。

3.善于营造培训的良好氛围

作为企业的培训规划者,应该善于营造培训的良好氛围。营造培训的良好氛围可以实现以下目标:

(1)让企业高层重视培训,并能够使培训预算顺利通过;

(2)能够吸引广大员工的参与并激发他们的热情;

(3)提高培训在全企业中的满意度。

(二)制订培训规划的必要步骤、目标与内容

1.制订培训规划的必要步骤

制定培训规划需要了解必要的步骤,掌握这些必要的步骤,不仅可以事半功倍,而且可以监测和监督培训规划的合理性和有效性。制定企业的培训规划通常主要有以下几个步骤:

(1)了解员工知识、技能构成状况及学习发展意愿;

(2)结合公司战略目标及策略目标确定培训目标;

(3)将培训目标与员工现状相对照,确定培训内容及要求;

(4)初步拟订培训规划;

(5)上报审批,发现问题及时修正;

(6)执行过程中及时修正不妥之处;

(7)每阶段结束进行总结,根据目标和本阶段培训效果,提出新的培训要求,并修正培训规划。

2.清晰界定培训的目标和内容

清晰界定培训的具体目标和内容是做好培训规划重要的一步。培训规划相关部门可以通过组织分析、工作分析、个体分析来界定培训目标和培训内容。组织分析就是对整个机构的目标、规划、条件等进行分析,以决定培训重点所在。工作分析主要是分析工作人员怎样才能胜任工作,应具备哪些必要的知识和技能,以决定培训目标。个体分析就是对每个人员的具体情况进行分析,并找出与工作要求的差距,以决定培训内容。总而言之,培训的目标一定要准,培训的内容一定要符合实际需要。

(三)做好阶段性培训规划的制定

一般的培训规划可以划分为三个阶段,即系统建设、文化建设和效益优化三个大的阶段。

第一阶段:系统建设阶段

1.建设目标:建立健全的培训管理系统,实现培训工作的全面管理,为迈向学习型组织做好基础性工作。因此,第一阶段是培训规划最基础、最重要、最关键的一步。

2.核心措施:

(1)健全培训管理制度和规范培训流程。科学、规范的培训管理,关键在于具备一套完善的管理机制,使员工处于自动运转的主动状态,以激励员工奋发向上、励精图治。

(2)明确培训相关人员的职责并搭建"心理契约"。明确培训管理人员、实施人员在培训工作中的职能与责任无疑是重要的。鉴于培训工作在企业未来发展中所起的重要作用,

要在明确职责的同时,搭建企业与培训工作者之间的"心理契约"。"书面契约"已经不足以让员工与企业达到"价值共鸣、愿景共建、事业共干、发展共求、利益共享"的境界。因此,企业应实施以人为本的管理理念,尊重员工,尊重人才,使员工的个人发展与企业的目标规划相结合。

(3)建立完整的培训课程体系。培训体系的作用是提升企业目标实现的可能性,或加速企业目标实现的进程,作为其中一部分的课程体系理应为这一目标服务,而培训课程是依据培训内容确定的。具体地说,建立培训课程体系的过程如下:先确定差距,即找出企业的目标与现状的差距;再针对培训内容设置系统的、全面的、关联性强的课程体系。

(4)建设培训信息系统。培训信息系统应包括:培训需求信息;员工职业发展信息;培训计划信息;培训实施信息;培训课程信息;培训费用信息;培训师资信息;培训公司信息;培训协议、合同信息;培训效果评估信息等。除上述信息外,还应包括竞争对手的培训信息,以避免企业挖墙角,防止人才外流。

第二阶段:文化建设阶段

1.建设目标:塑造组织的学习文化。文化是受多种因素影响的,文化建设的目标就是结合企业管理者的理念和价值观,通过文化导向性的管理手段,塑造企业组织的"学习文化",形成一种学习的氛围。

2.核心措施:

(1)营造软环境。其一,实现员工与岗位的和谐与匹配。无论是"因人设岗",还是"因岗设人"都不科学。员工与岗位的匹配是双向要求,岗位与企业管理的匹配也应是双向的。其二,营造尊重知识、尊重人才的环境。员工处于这种环境下会深感知识技能的可贵,进而去努力学习,不断丰富知识,提高技能。其三,营造竞争环境。企业通过建立合适的竞争机制,使用科学的评价标准,公正合理地对员工的德、能、勤、绩进行综合评价,根据评价结果奖优罚劣,优胜劣汰,形成一个既有动力、又有压力的竞争机制。这既有利于员工奋发向上,积极进取,不断提高素质,同时也为优秀员工脱颖而出创造了条件。

(2)改善硬环境。改善硬环境,应从下列两方面入手:一方面注重工作环境的色彩调节,总体设计上能给人以艺术享受;保持工作环境新鲜;办公家具应符合美的要求;工作环境的音乐调节。另一方面是配备充足的硬件资源。如果员工没有必备的工作设备如电脑、打印机等,工作效率会大打折扣。

(3)建立完善的知识管理体系。每个人的知识都各有偏重,企业能否做到知识共享,在多大程度上实现知识共享,是与企业的知识管理效率紧密相联的,因此也在很大程度上决定了企业竞争力的高低。

(4)掌握和运用先进的培训技术和学习方法。如在线培训、干中学、掌握思考的方法论,等等。

(5)全面提升企业内部培训能力。可通过下面两个途径:一是加强内部培训教师队伍建设,这一点非常重要。二是建立广泛的交流、研讨平台。通过不定期的开展跨部门的工作交流会、专题研讨会、经验介绍会,为员工提供一个交流和沟通的环境,以便在企业内部实现最大限度的资源共享。

第三阶段:效益优化阶段

1.建设目标:实现学习文化的价值转化,达到文化和效益上的双赢。企业作为一个经济组织,最大化追求利润是其永恒的目标。"学习型组织"可以带给企业丰富的人力资源、持续增高的人力资本存量,这些都为企业实现更高经济效益提供了可能,而企业目前要做的也就是将这种可能转化为现实。

2.核心措施:

(1)对培训绩效实行量化管理。在进行培训评估之前,企业必须将培训前后发生的一系列数据收集齐全,因为培训数据反映了培训绩效。培训数据按照能否用数字衡量的标准分为两类:定量的硬数据和定性的软数据。这项工作应与建立培训信息系统结合起来进行。

(2)实现"没有培训的培训。"所谓"没有培训的培训",并非取消培训,而是使培训进入更高层次和更高的境界。传统的培训模式,较多地表现为计划、组织、时间确定,在一定程度上反而影响了员工主动学习的积极性。企业应将培训的侧重点转移到培训资料的整理、培训课程的分类,以及用现代科学技术整理培训资源方面,以便为员工建设一流"培训超市",员工可以到"培训超市"选择他们需要的"商品",而且这些"商品"是免费的。这样,每个员工既是培训管理者,又是培训对象,将大大增强培训的实际效果。

(3)建立员工自主学习机制。建立员工自主学习机制,一是指员工的学习是主动的,而不是被动地听从企业的安排;二是指学习是自由的,员工的学习愿望能到最大限度的满足。但这种自由只能是相对的,员工想学习什么,应首先利用企业内部资源,当不能满足时,才能申请外部培训。另外,学习成果必须全员分享,将有关资源入"培训超市"。

(4)培育促进培训成果转化的工作环境。企业在培训方面的高投入,能否给企业带来更高的投资回报率,不仅取决于员工的个人意识,还取决于员工所处的工作环境是否有利于培训成果的转化。阻碍培训成果转化的环境因素有:缺乏各部门管理者的支持,缺乏同事支持,工作本身的限制等。培育促进培训成果转化的工作环境,可运用培训成果转化的理论提高培训内容与工作的关联性,提高管理者支持程度,建立岗位轮换制度等。

四、创新培训管理体制

(一)建立培训与人力资源开发战略相结合的分类管理的人才培训管理机制

经过多年的探索,目前我国已基本建立了分类别、分层次的人才培训管理机制。下一步要按照党管人才原则,完善组织部门牵头抓总,有关部门各司其职、密切配合的人才培训工作机制。作为各级人才培训工作部门,在开展人才培训工作、制定人才培训规划时,一定要把培训工作与人才资源开发战略和经济社会发展战略相结合,要避免"为培训而培训"。只有把培训工作定好位,在大局下行动并服务大局,才能更有针对性、更有效地做好培训工作。

(二)建立国家、单位、个人三方分担相结合的培训经费保障体制

由于我国政府财政经费有限,为此,应根据人才类别和培训项目、内容的不同,采取相应的投入方式。对于国家公务员的培训,参照国际上通行的做法,把国家公务员的培训作为政府的一项重要职能,将教育培训经费列入各级政府的财政预算,依法保障公务员接受

培训的权利。对专业技术人才和管理人才的培训,除对部分国家重点培养的人才或培训项目予以资助外,要大力鼓励和引导企事业用人单位根据各自的发展需要组织专业技术人员和管理人才参加相应的培训,强化用人单位在人才教育培训中的主体地位,把教育培训工作纳入单位战略发展规划,建立带薪学习和经费保障制度。另外,在具体操作中,各级政府和企事业单位可根据培训项目和内容,采取不同的资金投入方式。对于与岗位工作相关度不高,而与个人职业发展相关的学历、能力培训,可以采取单位资助、个人自筹经费为主的方式。总之,要积极探索国家、单位、个人三方负担的培训经费投入机制,以形成教育培训投入产出的良性循环机制。

(三)建立组织制订培训计划与个人申报培训需求相结合的培训自主选择机制

西方国家的政府和企业在开展培训工作中,非常尊重个人的发展意愿和需求。他们的培训计划一般由本人提出,与领导协商确定。在个人提出培训计划的基础上,单位结合组织发展规划,制定整个组织的培训计划。培训计划由下而上制定,充分尊重个人的特点和发展意愿,所以培训具有较强的针对性。在我国,培训主管部门制定培训计划,确定培训科目和内容,培训对象一般没有选择的余地。这种不考虑培训对象需求和个性特点的比较粗放的规划方式,其弊端是显而易见的,也是造成培训主体积极性不高的原因。因此,要推广实施全员职业生涯发展规划,帮助组织内的每个人制定个性化的职业生涯发展培训计划。与此相适应,建立培训项目自我申报、鼓励自我开发的制度。在自我申报培训计划的基础上,培训部门结合组织发展和岗位工作的需要,制定单位的整体培训规划。这样,培训规划自下而上,上下结合,给个人一定的选择权,有利于个人提高学习培训的兴趣,结合组织需求和个人意愿发展自己,为个人的职业发展负责,同时也有利于培训机构改变粗放的培训方式,做到按需施教、按能施训,实现个性化培训。

(四)建立激励与约束相结合的培训动力机制

随着科技的发展和知识更新的加快,学习和培训已成为一个人适应和完成岗位工作必须要做的工作。能不能主动学习、接受培训,培训的效果如何,培训是否导致行为改变等,都应与工作绩效、职业发展相关。因此,除了要积极鼓励结合岗位工作需要进行自我开发和学习,对取得相关专业更高学历或培训证书的给予一定经费资助外,还要在相关制度和人事管理办法中明确规定,将培训与年度考核和晋级挂钩。

(五)创新培训内容和方式,逐步实现能力本位培训

能力本位培训起源于美国,是一种注重提高能力和培训结果运用的培训方式,20 世纪80 年代开始为许多国家成人教育培训所采用。各级人才培训主管部门要积极探索引进案例教学、情景模拟、拓展训练、考察实习等新的培训方式和方法,丰富培训内容,逐渐从知识灌输型转变为能力提升型。同时,要充分利用现代化的培训设施和手段,开辟教育培训新途径,积极采用数字信息技术和网络技术及多媒体手段开展培训,有条件的地方要推广电子学习这种个性化的、互动的、经济实用的培训方式。只有针对不同的培训目的,采取相应的培训方式,多种培训手段相结合,才能达到比较满意的培训效果。

对于培训机构,要改变过去依赖行政命令调训学员开展培训的思想和做法,转变观念,以能力本位培训为导向,积极主动地进行相应的改革,改善师资结构,改变教学方式;

以学员需求为导向调整培训计划,不断推出结构化的培训"菜单",满足培训需求,提高培训的吸引力。

(六)建立干部培训基地和专门教育培训机构相结合的培训市场竞争机制

由于历史和体制的原因,目前公务员、企业经营管理人员和专业技术人员的培训基本都是由各级党校、行政学院或政府部门所属的培训中心承担。不可否认,在许多地方,党校、行政学院(校)、培训中心等培训机构都存在设备老化、师资匮乏等问题,一定程度上影响了培训效果。随着我国加入WTO和教育培训产业的不断发展,一方面境外培训机构大量涌入,民间培训机构蓬勃发展。另一方面,许多高等院校等教育机构利用其师资、场地等优势开展成人培训和继续教育,培训机构之间的竞争将会越来越激烈。对于政府主管部门而言,要主动适应国际规则,转变政府职能,不再具体实施培训行为,而是制定规则,创造公平的竞争环境,在充分发挥党校、行政学院、各类培训中心等干部培训基地作用的基础上,引入市场竞争机制,适应国际趋势,逐步对政府培训项目实行公开招标、合同管理,以优化整合各种教育培训资源,提高培训质量,增加培训效益。

(七)构筑个人培训与组织学习相结合的终身教育体系

在现代社会,要充分认识到学习的极端重要性,要以开放的积极进取的心态努力学习,终身学习。同时,个人学习要与组织学习结合起来。许多参加过培训的人也许会有这种体会,就是参训之后很受启发,决心改变自己的行为,可回到工作环境后不知不觉又回到原来的状态。研究表明,个人的培训学习只有与组织或团体的学习相结合,才能在共同学习、相互启发促进的环境中改变行为,共同进步。因此,要在加大教育培训工作力度,提倡和鼓励个人与组织学习的基础上,创建学习型机关、学习型政府、学习型企业,以此推动学习型社会的建设。

五、建立培训与发展保障体系

(一)各国职业培训与发展保障体系

在许多发达国家中,各国政府都已经认识到了教育和职业培训对一国经济、一国企业和一国国民的重要意义。正是为了保证职业培训工作的有效进行,许多国家都建立了培训与发展保障体系。例如,日本的《职业训练法》规定了国家、县市政府以及企业在职业培训方面的责任和义务,以确保劳动者能够受到各种必须的职业训练。各国的职业培训法律制度也为培养和提高从事各种职业的人们所需要的技术业务知识和实际操作技能制定了相关的法律规范。澳大利亚建立了培训保证体制,要求企业至少要以年收入的1.5%用来培训职员,如果达不到1.5%,则要上交不足1.5%的那部分余额,并作为惩罚性税款。这说明,许多国家都非常注重用一定形式的制度来保证职业培训的正常进行。

(二)我国职业培训与发展保障体系

我国的职业培训经历了几个阶段,最早可以说是随着革命和建设的需要而发展起来的。在建党初期,各地共产主义小组就开办了许多工人夜校和劳动补习班。1938年,在苏区还提出"要提高工人的文化政治水平,扫除工人中的文盲,加强工人工业技术上的进步。"新中国成立后,职工教育进入了新的历史时期。从1956年我国执行第一个五年计划以来,职工教育就被列入国民经济和社会发展的总体规划。1958年,国务院发布了《关于教育工作的指示》,提出"全国将有三类主要的学校:第一类是全日制学校,第二类是半工半读学校,第三类是各种形式的业余学校。"1959 年又提出要建立比较完整的职工教育体系。这一阶段实际上是我国职业培训保障体系建立的初级阶段,但随即在"文化大革命"中遭到严重破坏,职业教育和培训陷于停顿。

1977 年,邓小平提出要重视教育;1980 年我国成立了职工教育管理委员会;1981 年国务院颁布了《关于加强职工教育工作的决定》,要求按照"加强领导、统一管理、分工负责、通力协作"的原则,改进职工教育的领导管理体制,并对职工教育的任务、计划、办学形式、教师队伍、教育经费和被培训人员待遇等问题都作了原则规定。在随后发展中,我国逐渐形成了职工中专、职工大学、职工夜大、各种脱产和半脱产培训班、岗位训练、文化技术补课以及电大、夜大、函大等多形式、多层次、多方位的职工教育和培训体系。随着我国经济体制改革的不断深入和经济的飞速发展,对职工教育和培训又提出了新的要求,原有体系显出不足。目前,我国正在探索和实验更为完善的职业教育和训练体系、发展保障体系。如我国将研究探索和建立有效的国家劳动预备制度,要求初、高中毕业未能升学而有就业愿望的青年,参加一至三年的职业培训和职业指导,在提高就业能力并取得职业资格的基础上,通过政策指导实行就业,等等。

第三节　人力资源培训管理

人力资源培训的管理包括四个方面:确定培训需求、制定培训计划、选用培训方法和评估培训效果。可见,人力资源培训的管理体制贯穿了培训过程的始终,使培训的每一步都有章可循,以利于切实保证培训的质量和效果。

一、确定培训需求

培训需求的确定要考虑很多因素,它的基本思想是假定必要的设备、材料和工具都具备,而职员也有努力工作的愿望,在这种情况下通过各种分析发现,在所希望达到的表现或目标与实际现状之间存在差距,那么这种差距就是确定培训需求的基础。因此,在确定培训需求时,首先要确定现实和计划目标之间有无差距,以及有多大的差距,怎样弥补这种差距,这就需要对现实的各种状况进行分析。

(一)怎样分析培训需求

实施培训的最大成本实际上是员工因参加培训而失去的生产工作时间,它和培训差旅费合计约占总成本的 80%。而培训措施本身的直接成本,包括课程设计开发的费用,只占总成本的小部分。所以,在进行培训前必须进行科学的分析。

1.为什么要培训。人力资源的开发是要最大限度上挖掘人的潜力,使人在工作中充分发挥其优势。培训是人力资源开发的主要手段之一,是针对人的能力缺陷或不足来进行的。但如果要让陈景润去卖车票,让李素丽研究哥德巴赫猜想,那就不是通过培训能解决的问题,而是如何用人的问题。所以,培训并不是解决人力问题的唯一手段。因此,要分析员工实际行为或工作绩效和计划的行为或工作绩效的差异,从单位生产、单位成本、安全记录、缺席率、能力测验、个人态度调查、员工意见箱、员工申诉案件、工作绩效评估等指标中,了解组织现有员工的行为、态度及工作绩效与组织目标之间的差异。如有差异存在,就说明有培训的必要。

2.谁需要培训和需要什么样的培训。由于员工所处的职位不同,因此培训方向无疑具有多样化的特征。一般来说,主要划分为四大类:一是决策层人才,二是管理层人才,三是技术类人才,四是操作层人才。他们需要不同层次的培训,培训的内容也大不相同。

3.培训的最佳时间。对于基本知识,技能和素质,应在员工上岗前就进行培训,而进一步的技能培训可能要求受训者具备一定的工作经验后才能进行,这样他们才能最大程度地理解和消化培训的内容。而对新任务要求掌握的技能培训则不能太早,也不能太晚。

4.培训的成本高低。一项培训的成本高低对培训需求的确定有直接影响。一般情况下,组织确定的培训需求是在其能够承受的成本压力下进行的,尤其还要考虑培训成本与培训后可能产生的实际效益之间的比例关系。

5.如何进行该项培训。从培训时间安排上培训可分为脱产培训,半脱产培训,不脱产培训和业余时间的培训。那么,就要根据组织的实际看那一种培训更合适,更有效。

6.培训的地点。培训地点分析主要看是在本组织内部还是外部,本地还是异地,这要考虑各方面的因素确定。

(二)怎样确定培训需求

确定培训需求可以通过三个方面的分析来进行,即组织需求分析、工作需求分析和个体需求分析。然而,无论是从哪个方面的分析确定了培训的需求,都应该进行培训。

1.组织需求分析

在决定是否需要进行培训活动时,企业要先分析一下所处的外部环境和内部条件,分析企业的发展战略是什么,以及它要求具有什么样能力的人才,然后对现有人员进行评估,找出差距。如果这种差距可以通过培训来解决,那么,培训的需求就可以确定了。

组织需求分析可以从以下几方面进行:

(1)组织目标分析。明确、清晰的组织目标既对组织的发展起决定性作用,也对培训规划的设计与执行起决定性作用,组织目标决定培训目标。比如,如果一个组织的目标是提高产品的质量,那么培训活动就必须围绕这一目标的实现来进行。若组织目标模糊不清时,培训规划的设计与执行就显得非常困难。

(2)组织的外部环境分析。组织的外部环境包括市场的状况、竞争对手的情况、政策环境以及企业所处行业的发展状况等。组织的外部环境会影响组织发展战略和目标的制定,以及影响企业用什么方法来经营,并由此而决定对人力资源的数量、质量和结构的需求,这种对未来人力资源的需求会体现在组织计划和人力资源计划中,组织中始终应该有具备适当能力的职员来适应组织计划的需要。在这种情况下,对现有职员的能力进行分析可以发现他们是否具有组织发展所需要的能力,如果还存在差距,就应该对他们进行培训,以适应组织的新变化、新形势和新岗位的要求。当然,也存在这样的情况,即组织目标与现有职员的能力之间差距过大,一时还不能通过培训的方法来解决,那么就要考虑从外部招聘适当的人选。但是,一般来说人们比较喜欢使用自己培养出来的职员。因为这一方面给职员提供了机会,调动了积极性;另一方面,自己培养的人熟悉企业的环境,了解企业的情况。

(3)组织的内部条件分析。组织的内部条件同样会影响企业发展战略和目标的制定,也会影响战略和目标的实现。内部条件分析中最重要的是要分析组织运行的效率。组织运行的效率可以从很多方面体现出来,如产品的质量、次品率、工作方法、人员流动情况、组织结构、部门间的协作、计划完成的情况,等等。对这些方面进行分析,发现问题后就要确定到底是采取加强管理来解决,还是通过改变工作方法来解决,或者是通过培训来解决,从而最终确定是否需要进行培训。

在组织的内部条件分析中,还有一个方面也应引起足够的重视,即组织成员对工作和对组织的感受。若职员感到不满,就会导致工作效率低下,而培训是一种激励的手段,可以给职工带来新鲜感。如果通过培训可以消除职员的这种不满,那么对培训的需求显然是确定的。

(4)组织资源分析。如果没有确定可以被利用的人力、物力和财力资源,就难以确定培训目标。组织资源分析包括对组织的财力、物力、技术、时间、人力、发展潜力等资源的描述。如一般情况下,通过对下面问题的分析,就可了解一个组织资源的大致情况。

财力:一分钱一分货,组织所能提供的经费将影响培训的范围和深度。

时间:对组织而言时间就是金钱,培训是需要相当的时间的,如果时间紧迫或安排不当,极有可能造成低劣的培训结果。

人力:对组织人力状况的了解非常重要,它是决定是否培训的关键因素。组织的人力状况包括:工作人员的数量、工作人员的年龄、工作人员对工作与单位的态度、工作人员的技能水平和知识水平、工作人员的工作绩效等。

(5)组织特质分析。组织特质对培训的成功与否也起到重要的影响作用。因为,当培训规划和组织的价值不一致时,培训的效果则很难保证。组织特质分析主要是对组织的系统结构、文化、资讯传播情况的了解与分析,主要包括如下内容:

系统特质:指组织的输入、运作、输出、次级系统互动以及与外界环境间的交流特质,使管理者能够系统地面对组织,避免组织分析中以偏概全的缺失。

文化特质:指组织的软硬体设施、规章、制度、经营运作的方式、组织成员待人处事的特殊风格,从而使管理者能够深入了解组织,而非仅仅停留在表面。

资讯传播特质:指组织部门和成员收集、分析和传递信息的分工与运作,促使管理者了解组织信息传递和沟通的特性。

2.工作需求分析

工作需求分析是通过工作分析来确定一项工作由哪些任务组成,完成这些任务需要什么技能,以及完成到什么程度就是理想的或者说是合乎标准的。通过这样的分析可以了解工作所要求的能力与职员现有的能力之间的差距,这种差距若能通过培训来缩小,就确定为有培训的需求,不能通过培训来解决,就要考虑其他方法。例如,一个秘书的工作可能包括如下任务:打字、速记、记录电话、处理信件、合理安排时间等。因此,秘书工作对秘书的要求应该是会打字、会速记、有较好的文字能力和表达能力,以及具有合理安排事务的条理性和逻辑性。如果秘书不会速记,可以通过培训使其掌握速记的方法;如果这个秘书总是在事务的安排上有冲突,不能合理安排时间,这种不条理性可能是与生俱来的,即使培训作用也不会太大,这时就应该用别的办法来解决,而不是培训。

因此,工作分析的目的在于了解分析与工作绩效问题有关的详细内容和标准,以及达到工作要求所应具备的知识和技能。同时,工作分析的结果也是将来设计和编制相关培训课程的重要资料来源。工作分析需要富有工作经验的员工积极参与,以提供完整的工作信息与资料。工作分析依据分析目的的不同可分为两种:

(1)一般工作分析。一般工作分析的主要目的是使任何人能很快地了解一项工作的性质、范围与内容,并作为进一步分析的基础。

(2)特殊工作分析。特殊工作分析是以工作清单中的每一个工作单元为基础,针对各单元详细探讨并记录其工作细节、标准和所需要的知识与技能。

工作分析是培训需求分析中最繁琐的一部分,但只有对工作进行精确的分析并以此为依据,才能编制出真正符合企业绩效和特殊工作环境的培训需求与课程。

3.个体需求分析

个体需求分析是要找出个体在完成工作任务中的实际表现与理想表现之间的差距,或者要找出个体在完成工作时还存在什么缺陷。通过正规的职员表现评价可以获得这方面的数据。因而可以确定某个职员的缺点和需要改进的地方是什么,其中也会发现应该加强培训的方面。可见,个体需求分析主要是通过分析个体现有状况与应有状况之间的差距,来确定谁需要接受培训以及培训的内容。个体需求分析包括下列内容:

(1)个人考核绩效记录。主要包括员工的工作能力、平时表现(请假、怠工、抱怨)、意外事件、参加培训记录、离(调)职访谈记录等。

(2)员工的自我评价。自我评价是以员工的工作清单为基础,由员工针对每一单元的工作成就、相关知识和相关技能真实地进行自我评价。

(3)知识技能测验。用实际操作或笔试的方式测验工作人员真实的工作表现。

(4)员工态度测量。员工对工作的态度不仅影响其知识技能的学习和发挥,还影响与同事间的人际关系,影响与顾客或客户的关系,这些又直接影响其工作表现。因此,运用定向测验或态度量表,就可帮助了解员工的工作态度。

二、制定培训计划

培训计划包括设定培训目标、确定培训课程、选用培训方法、选择被培训人员和培训教师,以及有关培训的活动安排(如教室的安排、食宿的安排、教学时间等)。

(一)设定培训目标和内容

设定培训的目标就是确定一个人经过培训以后应该发生怎样的变化。培训的目标通常是:或者以掌握新知识为目标,或者以掌握新技能为目标。同时,培训的目标还应说明要以什么样的方法、花多少时间、花多大成本来达到这样的目标。一般从培训内容来看,培训的目标可从以下方面来考虑。

1.工作技能培训

工作技能培训是为了使员工更好地完成岗位工作，针对提高员工的工作能力而采用的提高该岗位工作技能的培训，是现代企业培训体系中最基本的培训目标。企业要在变幻莫测的环境中保持竞争力，必须采纳新知识及新技能，向市场提供有别于其他公司的产品与服务。为此，员工必须接受特定工作技能的培训，才能提供这种独特的产品与服务。因此，工作技能培训一般以内部培训为主，采用在职培训的形式。

2.创新能力培训

企业创新能力的培养来源于企业员工创新能力的形成，增强员工创新能力，就是增强企业核心竞争力。创新能力培训不同于其他形式的培训，因为其他形式培训的主题、任务和结果都很明确，授课针对性很强。而创新能力培训是提高人的思维能力和基本素质，很难量化各种指标。因此，企业创新能力培训多集中在企业的管理层和技术人员，其培训方式以外部培训为主，走出去的培训可以很大程度上避免企业内部培训的近亲繁殖现象，有助于突破固有思维方式，接受新观点，产生新思维。

3.团队精神培训

团队精神培训是通过集体性活动，使培训者在共同生活、共同学习、协同解决问题的过程中提高员工对集体的认知程度，从而达到提高团队凝聚力的培训活动，这种集体培训也是现代企业培训体系中新开发的培训内容和目标。团队精神在近年来越来越受到企业经营者的重视，团队工作方式也几乎为所有的企业所接受。为了加强团队内部的合作，增强团队的工作能力，所有的企业经营者们都把眼光投到增强团队的凝聚力上，团队精神培训也应运而生。因而，团队精神培训几乎没有职位的限制，只要可能，在一齐工作学习的员工和管理者都可以同时进行团队精神培训。团队精神培训的表现形式有很多，主要有挑战训练、团队组织活动、建立学习型组织、帮助在企业内部建立非正式组织等。

4.时间观念与个人效率培训

时间观念与个人效率培训都是旨在提高个人时间意识和工作效率的培训活动，与上述团队精神培训的集体性活动正好相反，这基本上是以改善个人行为为主要培训目的的培训活动。有效利用好时间和提高个人工作效率，对组织或个人来说都是极力要追求的目标。为此，众多的管理学大师都致力于通过某种方法的实施来促进工作效率的提高。但是，每个人工作效率更多地受到工作惯性的影响，人们乐于做自己最习惯做的事，往往在不知不觉中无为地丧失工作效率和不能充分地利用时间。这就需要通过科学分析和知识灌输，让员工自己了解自己，改变观念，提高效率。

5.形象与心理培训

形象与心理培训是为了保证企业和员工外在和内在的健康而进行的培训活动，是企业培训体系中较为热点的培训内容。其中形象培训有多种功效，一是通过形象培训使企业文化逐渐进入职工思想深处，产生对组织极强的认同感；二是使员工的全面服务意识增强，形象本身就代表了企业对客户的尊重和自尊；三是清晰界定本企业在行业中与其他企业的不同，差异带来竞争优势，带来更多效益。可见，形象培训就是培训市场竞争力。而心理培训是基于企业员工的心理素质需要提升，企业管理者与员工间的人性化沟通需要更多的关注，因此有必要在人力资源管理中引入心理学培训方法。心理培训的主要职责是协助职工设立管理的工作目标；负责全员职工之间人际关系障碍的突破，提高全员职工协同作用的层次；负责全员职工的心理素质以及创新能力的提高，建立能够持续发展的企业文化等。心理培训是集培训、启发、辅导三种功能于一体，能够实现企业管理者与员工间的最佳沟通，将人力资源最大限度地发掘和转化为现实生产力的有效工具。

(二)设计培训课程

培训课程的设计即要说明应该通过对哪些课程的学习来达到目标。每一种知识和技能都是与其他知识和技能相联系的，掌握了一种知识或技能实际上意味着学习了一套知识体系或技能体系，而这种体系是由对相关课程的设计来完成的。因此，课程的设计一定要科学，而且要根据不同的对象和不同的时间有所变化，因为在不同时间和对不同对象，培训的目的则有所不同。设计培训课程除了要考虑系统性外，还要考虑选用什么样的教材才是适宜的，教材太难会使学员失去兴趣，太简单又会觉得枯燥没意思。

要设计出合理且适宜的课程，应做好以下工作：

1.课程的特性要求。这要从四方面来把握：(1)完整性。课程的内容、进展和程序要配合培训目标，使其具有完全性和统一性；(2)动力性。课程不仅是变动的生活经验和活动，而且是动态的经验，而不是静态的知识；是参与的活动，而非强迫替代的学习；(3)联系性。课程的联系性包括纵向的联系性和横向的联系性，前者指相同学科的衔接，后者指不同学科间的配合；(4)平衡性。良好的课程必须注意不可偏重某一领域，以致不能帮助受训者作平衡的发展。

2.课程发展的程序。课程发展的程序大致可分为课程决策、课程设计、课程改进和课程评鉴四个部分，它们之间的次序是先有决策，然后再根据决策进行设计，研究讨论后再改进，最后再以合适的标准评鉴课程的效果。

3.课程涵盖的范围。范围不宜过大或过小，过大易造成课程间重叠现象及不易把握重点，过小则无法了解培训的整体内容。

4.课程流程的排定。课程排定应注意相关课程间的先后次序，要以循序渐进的方式，由浅入深的原则，让学员系统地了解培训内容。一般来说，有声誉的培训机构都能帮助企业进行培训项目的科学设计，企业经理的工作就是对提交设计的审核。这样，既使培训项目既有足够的先进性和科学性，又能确保为企业的实际情况量身度造。

(三)选择培训方法

培训的方法多种多样，各有千秋，适合不同的情况和需要。要根据培训的目标选择适宜的有效方法。下面在培训方法和类型中将详细说明。

(四)选择培训教师和被培训人员

对培训教师的选择要注重资格(教师本身是否受过专门训练)和责任心(能否认真执教)。对被培训人员的选择要考虑组织发展的需要、工作的需要以及个人的需要。

实际上，有时候受限于组织自身的条件，还需要根据培训内容选择相关的培训机构来承担培训任务。在选择合适的培训机构时，首先，应向不同的培训机构索要相关信息，包括培训机构简介、培训课程、师资实力、收费情况等。其次,要考察培训机构的信誉,了解已接受过该培训机构服务的公司的评价,判断该机构是否能提供你所需要的培训服务。进行选择决策时,不要采取在一棵树上吊死的办法,至少要选择3至4家比较合适的培训机构进行对比。第三,在选择过程中,还需要了解以下一些因素,以便作出最后选择的决策。一是培训教材,要查阅该机构的培训资料来源、版权及需要的语言水平,考虑培训项目所针对的技能、格式及培训结果。二是培训讲师,要了解主讲人是谁?了解其教育背景、语言水平、工作经历和培训经验,看看是否具有培训资格证书。三是时间表,即要制定详细的时间表,包括何时准备、翻译培训材料,何时参与评审,培训课程的时间安排以及课后总结的时间是否充裕。四是硬件设施,要选择合适的培训地点,并了解包括住宿、交通等一些影响培训效果的方方面面。五是费用情况,要准备什么样的合同?价格的灵活性有多大?是以人民币还是以美元支付?六是相关经验,要了解该培训机构的课程种类及水平,有多少人参加过培训,有何独特的经验,培训课程能否最终影响您公司的员工表现?

(五)安排培训的有关活动

这些活动诸如要决定是在企业内部还是外部培训,内部培训是自备教室还是租用教室,外部培训时学员和教师的食宿怎样安排,以及培训多长时间,由什么人来负责,应该跟谁联系等等。

三、培训的方法和类型

(一)选择培训方法的原则

培训的方法和类型目前已有很多种类,按照培训时是否离开岗位可以分为在岗培训(在职培训)和离岗培训(脱产培训);按照培训时是否离开组织又可以分为内部培训和外部培训,等等。但不论哪种方法和类型,都是根据成人的实际而设计的。一般选择培训方法时要考虑这样一些基本原则:

1.愿望。当人们有了学习的愿望时,学习的效果就会好一些。这种愿望可能来自职工自己的心理需求,也可能来自上级的训导和要求,从而感受到培训的必要性。

2.联系。要把学习的东西和职工已知的东西联系起来,也就是说在已知的基础上学习新知,这样要容易的多。

3.重复。一般来说,学过的东西如果不重复就会忘记。因此,对学过的东西在实践和应用中采取必要的重复是学好学活的最佳手段,重复的越多,记得也越牢。

4.强化。如果在学习中加入报酬、奖赏、认可这样的强化物,会使学习的兴趣大大增加,效果更好。

5.反馈。即应尽量让学员尽早知道自己学习的结果,如果有错误要及时纠正,否则错误重复多次也会牢记而很难改正。

6.参与。要让学员积极主动地参与学习的全过程,因为在参与中体会更深。

(二)在职培训的方法

一般认为在职培训的优点主要有:

(1)能够提供现成经验;

(2)与工作的相关性好,边生产边学习,学以致用;

(3)可以利用组织内部的设施和有关条件;

(4)易于与师傅和其他职员交流;

(5)实践性强等。

正是由于这些优点,在职培训有着非常广泛的应用。其具体培训方法有:

1.学徒培训

学徒培训是在师傅的指导下,通过实际生产劳动,培养新技术工人的一种传统培训方法。学徒期与工种有关,一般为1~3年。学徒培训适用范围广,培训数量大,能利用已有的设备和技术,因此很多国家都有学徒培训制度。建国以来,我国有80%以上的新技术工人都是通过学徒培训的方式培训出来的。学徒制的缺点在于偏重技术操作方面的训练,而在理论学习上显得不足,因而限制了学习的广度和深度。

2.工作轮换

工作轮换是近期发展起来的一种培训方法,即在两个不同工种的职位间交换工作。工作轮换特别适用于管理人员和技术人员,可以丰富他们的工作内容,获得不同领域的工作经验,有助于形成从不同角度理解问题的思维方式,而且易于理解他人的工作。但是,工作轮换可能会使职员在新岗位上不那么认真和钻研,因为时间不长。而且,由于工作轮换在人事和工作安排上比较麻烦,很多企业不太喜欢采用这种方法。工作轮换在对管理人员的在职培训中比重较大一些。

3.项目指导

项目指导是由指导人员首先明确工作的要求、内容和程序,并作以示范,然后由学习者进行实际操作的一种培训方法。如果前一步做得令人满意就可以进入下一步。若出现问题,要立即纠正,直到满意为止。项目指导非常直观且实地操作,对工作中所用的设备和工具能有很好的理解,因而被广泛地用于操作工和低级职员的培训中。

(三)脱产培训的方法

在职培训省时省钱,而且可以很快见效。但是,中小型企业或组织有时也需要组织专门的脱产培训,才能满足组织发展的需要。然而,由于人手和经费等各方面条件的限制,有时无力组织脱产培训,就得利用外部培训机构来进行。即使是大公司,有时也需要进行外部的脱产培训,因为脱产培训的优点在于:

(1)学习更专心,不受工作牵制,学员只考虑学习的事情;

(2)可以进行更专业化和系统化的学习,尤其是理论知识的学习;

(3)学员来自不同组织或单位,可以相互交流,可以了解更多的信息;

(4)有利于学员能力的全面发展。

脱产培训的方法更为多样,这些方法既可以在组织内部使用,也可以在组织外部使用。

1.课堂培训

课堂培训是绝大多数脱产培训所采用的一种方式。这种方法允许在同一时间内培训多人,而且对于智力活动多一些的工作,用课堂培训的方式更现实、更有效,因为课堂培训有利于学员独立思考。课堂培训可以采取多种形式,如讲授、试验、录相、幻灯、电影及计算机等手段,学员的学习程序和效果可以通过练习和考试来检查。

课堂培训的缺点是:由于培训采取脱产形式,脱离工作岗位,因而对学到的东西还有一个应用到实际的过程。而且在大部分情况下,课堂培训都是单向沟通的,老师讲,学员听,不利于学员了解自己的学习结果,很难说在培训时就真正掌握。

2.游戏

游戏也是一种常用的和有效的培训方法,国外很多大学都利用管理项目上的游戏来帮助管理者在资源分配、产品价格和生产项目等方面进行决策,有时是在计算机上通过游戏来学习的。有效的游戏可以在没有设备的情况下,通过模拟的设备和环境来学习,部分游戏是参与式的,可以提供与真实情况非常相似的"竞争者"、"市场"、"经济环境"等,使学员在身临其境中学习如何应付变化的情况。

3.案例研究

案例研究是在培养经营和管理人员时常用的方法,通过观察和分析,学员要找出问题所在的症结并提出解决问题的可能办法,有时解决的办法也不止一个。因此,通过案例研究可以培养学员观察问题、分析问题和解决问题的实际能力。有代表性案例研究法有:

(1)哈佛方式。利用长篇的复杂事例的记述,以经营干部的培养为主要目的。

(2)MIT(美国麻理省工学院)方式。起初提出简单的事件,视被培训对象的讨论情况再追加必要的信息予以提示的方法。

(3)一揽子方式。在一定时间内处理待批的文件备忘录之类的材料,主要以管理者为对象实施培训。

4.小组讨论

小组讨论很多时候是和案例研究结合在一起的。对有些问题,通过讨论可以集思广益,更易发现问题的症结。而且小组讨论还可以使学习者练习口头表达的能力以及与他人交流的能力,有利于小组成员间的互相学习。实践证明,在很多时候讨论的受益大于独自学习的收获。

5.角色扮演法

人为了从事工作和社会生活,就得扮演种种的角色,这就要求同一个人必须根据不同状况采取相应于各自角色的不同行为。角色扮演法就是旨在有效地发挥种种角色作用而开发其行为能力的技法。该技法的特点是:能从自由设定状况入手,比较简单地导入研修,在接受现实的状况下展开演技,可以提高培训对象的参与意识与满足感。就其效果而言,可以掌握人际技术、推销技术,提高自主性和创造性,理解他人的立场,等等。

脱产培训还有很多种实用的方法,选择什么样的培训方法取决于要达到什么样的培训目的,以及对什么样的人进行培训等因素。

培训方法各有优劣,按照培训的原则可以考察一下各种方法的优劣如何,如表8.2所示。

(四)自我培训和发展

在职培训和脱产培训绝大部分都是由各企业或组织提供的。但有时组织提供的培训可能不符合职员的愿望,或者职员对自己的将来另有打算,或者组织没有提供培训的机会,而职员又想改变目前的工作和环境,从而试图通过自己的努力来提高工作的效率和质量。这时职员就会有自我培训与发展的需要。

表8.2 各种培训方法的效果比较

效果 / 方法	联系	重复	反馈	参与
学徒培训	较少	好	好	很好
工作轮换	较好	很少	一般	很好
项目指导	一般	一般	较好	较好
课堂培训	较好	很少	很少	很少
游 戏	较好	较好	较好	很好
案例研究	很好	一般	较好	很好
小组讨论	很好	较好	较好	很好
角色扮演	很好	一般	较好	很好
实验室培训	较好	较好	一般	很好

一般而言,自我培训常采用在职的形式,利用业余的时间来学习,如上夜大、读函授。而且自我培训更注重能力方面的提高和对基础知识、知识结构方面的培训。自我培训大多由职员自己诊断和设想应该学习什么内容和课程,很少由专家指导进行学习。从企业或组织的角度看,对职工自我培训一般持两种态度:即要么鼓励培训,要么忽视培训。鼓励培训的组织或企业给了职员相当大的自由培训空间,并可能在经济上给予支持（如报销学费等）,或者提供培训课程,由职员自选。这种鼓励职员自我培训的政策可能会给职员很大的自由度,但却给计划工作、组织工作和培训评估方面的工作带来很大困难。因为职员的学习和培训是分散的。

尽管有些组织或企业可能忽视职员培训和自我培训的需要,但这种自我培训仍然是会发生的,因为职员要通过自己的努力去学习新东西。如果在生产的操作和方法上,职员不得不自我培训的话,这对企业实际上是不利的。因为职员自我培训的计划性、针对性和实际效果仍存在许多问题。

四、培训效果的评估

尽管很多培训还不能立即就看到效果,但如果想知道培训是否达到了预期的目标,受培训的人对培训怎么看待等问题时,就需要对培训活动进行评估。培训的评估可以从两个方面来进行,即培训的效果评估和培训的费用评估。

(一)培训的效果评估

培训的效果评估有很多方法。Hamblin提出了一种在四个层面上评估培训效果的方法,这四个层面是:

1.反应

通常用一个评估表来收集被培训者的感受和反应的有关信息。评估表一般在学习结束时由被培训人来完成,他要说明他在培训的各方面的反应,也可以通过课堂的反馈、考试的情况来评估被培训人的反应。对反应的评估加强了被培训人在培训中的作用,但具有主观性的缺点,而且被培训人通常不能做出培训是否值得的准确判断。

2.即时产出

即时产出就是要对完成培训后立刻产生的表现和获得的知识进行客观的测量,一般是通过考试的形式,并将培训后的表现和获得的知识与培训前的情况进行比较,这样就可以了解到培训的有效性如何。

3.中期产出

中期产出即在被培训人回到工作岗位上一段时间后,对他的表现和知识进行评估,这也可以做为职员表现评价的一部分来完成。

4.长期产出

长期产出可以根据生产率、成本、利润的变化,或者职员态度与动机的变化来进行。如果有其他变化的影响,也要考虑进去。培训的效果评估应该是严格的,即在培训之前和培训之后进行比较,而不只是在培训之后。此外,对不同的人、不同的培训所体现的评估思想、原则和要求应该是一致的。

(二)培训的费用评估

大多数组织认为,培训是有益于组织发展的,为了确定这种有益性,就要对培训的成本进行评估。

培训的成本可以分成两类:一类是培训本身的费用,一类是不进行培训的机会成本。仅培训本身的费用而言,就包括:

1.被培训人和培训教师的薪金、福利及其他奖励;

2.课本、教材、教学仪器以及租用教室或自备教室的建设费用;

3.一般的管理费用;

4.脱产培训还应包括学费、住宿费、交通费等;

5.由于培训而损失的工作时间,等等。

然而,对于不进行培训的机会成本而言,也会有各种各样的情况,有时机会成本是很高的。当然,有时机会成本比较低,有时也不一定会有机会成本。

本章思考题

1.怎样认识培训对国家、组织、个人三方面发展的意义?如何使三者统一起来?

2.如何建立企业人力资源培训体系?

3.确定培训需求应注意哪些问题?
4.如何提高培训的有效性?

案 例 分 析

案例一:爱立信公司的培训精招

一、培训不分"新兵老兵"

据一项调查表明:一般跨国公司的培训费用是其营业收入的2%~5%。而爱立信的培训投资在这些跨国公司中位居前列。在爱立信,接受培训的员工不是以"新老"来划分,而是以岗位职务来划分为管理人员和专业人员,专业人员又分为两类:技术人员和职能部门的职员。技术人员一般为售前、售后工程师以及研发工程师;职能部门职员一般为财务会计、行政文秘、人事等职员。爱立信也把这部分员工划分在专业职员的队伍中。当然,这些员工中有"新手"也有"老手",但培训不以这个标准来划分,在培训面前只有"通讯兵"和"坦克兵"的区别,而没有"新兵老兵"之分。

二、了解别人的工作

爱立信的培训更多在于管理技能方面,而不仅仅是在专业技术方面。其培训目前大概分为三四个层次,最低一个层次是基本技能培训。所谓基本技能培训,并非技术培训,而是部分工种的统一培训,这类培训主要培养员工的学习能力。基本技能培训内容包括沟通能力、创造性和解决问题的能力以及基本知识等几方面。基本知识不仅仅限于工作范畴,而且还包括商业经营的基础内容,如在有些公司,技术人员无须了解财务和企业运作方面的知识,而在爱立信,每个接受基本技能培训的员工都有这门课程的学习。在爱立信看来,技术人员也得知道"公司的钱从哪里来",当然,财务人员也有必要知道"GSM 和 WAP"。爱立信要求员工知识的全面性,目的在于其对工作流程的了解和对他人工作的支持。

三、了解别人眼中的"我"

爱立信的基本技能培训适用于全体员工,在此基础上是提高专业能力的专业培训,在专业培训之上又是领导能力的培训,当然,这二者之间会有一些涵盖。领导能力的培训目的通常有两个:一是通过他们来加强公司的企业文化,并使公司的战略决策能够有效地得到传达;二是让他们更多了解自己的个性并形成与之"匹配"的领导风格和领导艺术,从而扬长避短,提高领导能力。

大多时候,这种领导能力的培训甚至会细分到针对个别经理人而采用不同的培养方式。

分析讨论题

1.你认为爱立信公司的培训案例怎样?有何启发?

2.我们应该如何加强员工的培训？

案例二：海尔的员工培训策略

海尔集团从一开始至今一直贯穿"以人为本"提高人员素质的培训思路，建立了一个能够充分激发员工活力的人才培训机制，最大限度地激发每个人的活力，充分开发利用人力资源，从而使企业保持了高速稳定的发展势头。

一、海尔的价值观念培训

海尔培训工作的原则是"干什么学什么，缺什么补什么，急用先学，立竿见影"。在此前提下首先是价值观的培训，"什么是对的，什么是错的，什么该干，什么不该干"，这是每个员工在工作中必须首先明确的内容，这就是企业文化的内容。对于企业文化的培训，除了通过海尔的新闻机构《海尔人》进行大力宣传以及通过上下灌输、上级的表率作用之外，重要的是由员工互动培训。目前，海尔在员工文化培训方面进行了丰富多彩的、形式多样的培训及文化氛围建设，如通过员工的"画与话"、灯谜、文艺表演、找案例等用员工自己的画、话、人物、案例来诠释海尔理念，从而达成理念上的共识。

"下级素质低不是你的责任，但不能提高下级的素质就是你的责任！"对于集团内各级管理人员，培训下级是其职责范围内必须的项目，这就要求每位领导亦即上到集团总裁、下到班组长都必须为提高部下素质而搭建培训平台，提供培训资源，并按期对部下进行培训。特别是集团中高层人员，必须定期到海尔大学授课或接受海尔大学培训部的安排，不授课则要被索赔，同样也不能参与职务升迁。每月进行的各级人员的动态考核、升迁轮岗，就是很好的体现。部下的升迁，反应出部门经理的工作效果，部门经理也可据此续任或升迁、轮岗；反之，部门经理就是不称职。为调动各级人员参与培训的积极性，海尔集团将培训工作与激励紧密结合。海尔大学每月对各单位培训效果进行动态考核，划分等级，等级升迁与单位负责人的个人月度考核结合在一起，促使单位负责人关心培训，重视培训。

二、海尔的实战技能培训

技能培训是海尔培训工作的重点。海尔在进行技能培训时重点是通过案例、到现场进行的"即时培训"模式来进行。具体说，是抓住实际工作中随时出现的案例（最优事迹或最劣事迹），当日利用班后的时间立即（不再是原来的停下来集中式的培训）在现场进行案例剖析，针对案例中反映出的问题或模式，来统一人员的动作、观念、技能，然后利用现场看板的形式在区域内进行培训学习，并通过提炼在集团内部的报纸《海尔人》上进行公开发表和讨论，形成共识。员工能从案例中学到分析问题、解决问题的思路及观念，提高员工的技能，这种培训方式已在集团内全面实施。对于管理人员则以日常工作中发生的鲜活案例进行剖析培训，且将培训的管理考核单变为培训单，利用每月的例会、每日的日清会、专业例会等各种形式进行培训。

三、海尔的个人职业生涯培训

海尔集团自创业以来一直将培训工作放在首位，上至集团高层领导，下至车间一线操作工人，集团根据每个人的职业生涯设计为每个人制定了个性化的培训计划，搭建了个性化发展的平台，提供了充分的培训机会，并实行培训与上岗资格相结合。在海尔集团发展的第一个战略阶段(1984年–1992年),海尔集团只生产冰箱,且只有一到两种型号,产量也控制在一定的范围内,目的就是通过抓质量,抓基础管理,强化人员培训,从而提高员工素质。海尔的人力资源开发思路是"人人是人才"、"赛马不相马"。在具体实施上给员工搞了三种职业生涯设计:一种是对着管理人员的,一种是对着专业人员的,一种是对着工人的。每一种都有一个升迁的方向,只要是符合升迁条件的即可升迁入后备人才库,参加下一轮的竞争,跟随而至的就是相应的个性化培训。

1."海豚式升迁",是海尔培训的一大特色。海豚是海洋中最聪明最有智慧的动物,它下潜得越深,则跳得越高。如一个员工进厂以后工作比较好,但他是从班组长到分厂厂长干起来的,主要是生产系统;如果现在让他干一个事业部的部长,那么他对市场系统的经验可能就非常缺乏,就需要到市场上去锻炼。到市场去之后他就必须到下边从事最基层的工作,然后从这个最基层岗位再一步步干上来。如果能干上来,就上岗,如果干不上来,则就地免职。有的经理已经到达很高的职位,但如果缺乏某方面的经验,也要派他下去;有的各方面经验都有了,但处事与综合协调的能力较低,也要派他到这些部门来锻炼。这样对一个干部来说压力可能较大,但也培养锻炼了干部。

2."届满要轮流",这是海尔培训技能人才的一大措施。一个人长久地干一样的工作,久而久之形成了固化的思维方式及知识结构,这在海尔这样以"创新"为核心的企业来说是难以想象的。目前海尔已制定明确的制度,规定了每个岗位最长的工作年限。

3.实战方式,这也是海尔培训的一大特点。比如海尔集团常务副总裁柴永林,是20世纪80年代中期在企业发展急需人才的时候入厂的。一进厂,企业没有给他出校门进厂门的适应机会,因为时间不允许。一上岗,在他稚嫩的肩上就压上了重担,从国产化、引进办,后又到进出口公司的一把手,领导们看得出来他很累,甚至压得他喘不过气来。有一阶段工作也上不去了,但领导发现,他的潜力还很大,只是缺少了一些知识,需要补课。为此就安排他去补质量管理和生产管理的课,到一线去锻炼(检验处长、分厂厂长岗位),边干边学,拓宽知识面,积累工作经验。在较短的时间内他成熟了,担起了一个大型企业副总经理的重任。由于业绩突出,1995年又委以重任,接收了一个被兼并的大企业,这个企业的主要症结是:亏损、困难较大、离市场差距较远。他不畏困难,一年后就使这个企业扭亏为盈,企业两年走过了同行业二十年的发展路程,成为同行业的领头雁,也因此成为海尔吃"休克鱼"的典型,被美国哈佛大学收入其工商管理案例库。之后他不停地创造奇迹,被《海尔人》誉为"你给他一块沙漠、他还给你一座花园"的好经理。

分析讨论题

1.海尔的员工培训策略对你有哪些启示?
2.你认为海尔的员工培训策略能否推广?为什么?

第九章

人力资源的考评管理

　　人力资源的考评是人力资源管理职能的一个重要方面。就人力资源的考评而言，包括许多方面的问题，这里主要就有关的两个基本问题作以分析和论述，这就是人力资源的素质考评和绩效考评。前者侧重于对人力资源内在因素的识别与管理，后者则侧重于对人力资源外在表现的评价和激励。

第一节　人力资源考评的基本问题

　　人力资源的考核与评价是人力资源管理的基本问题，一个组织采取什么样的考评形式与方法，不仅体现了对人的基本看法和评价，而且体现着它的管理思想和管理风格，特别还体现着合理、有效地利用人力资源的能力与程度。

一、人力资源考评的概念分析

　　人力资源的考评有广义和狭义之分。

　　（一）广义概念

　　广义的人力资源考评是指对一个国家、一个地区或一个行业人力资源的现状经过统计、调查、分析所进行的综合性评价，目的是为宏观的人力资源管理提供依据。这种考评需要充分体现层次性、综合性和指导性的宏观特点，坚持科学性、可比性、实用性和全面性的考评原则，尤其需要制订一套人力资源考评的指标体系。比如，中国社会科学院数量经济与技术经济研究所人力资源开发课题组曾提出了一套比较完整的指标体系，它包括六个部分，28个指标。具体如下：

　　第一部分为人力资源总量，包括总人口、人力资源数量、科技人员数量、妇女数量、残疾人数量等指标；

　　第二部分为人力资源质量，包括文化素质、教育状况、身体素质、营养状况，以及占有科技人员状况等指标；

第三部分为人力资源利用，包括总体就业状况，科技人员、妇女、残疾人利用状况，以及整体的人力资源有效利用的状况等指标；

第四部分为人力资源素质提高，包括教育培训、医疗保健、体育锻炼等指标；

第五部分为人力资源潜能开发，包括工业企业全员劳动生产率、工作环境、物质生活状况、科研投入、文化生活、社会环境、政治生活参与等指标；

第六部分为人力资源合理配置，包括职业流动、农村剩余劳动力转移、专业技术人员的合理配置等指标。

（二）狭义概念

狭义的人力资源考评是指对具体组织内部的人力资源状况的考核与评价，需要依据一定的考评标准，遵循一套严谨的考评程序，运用一套科学的考评方法来进行。这里讲的人力资源考评主要是指狭义的人力资源考评。这种狭义的人力资源考评，实际上可以分为两类，一类是素质考评，如对人员的工作态度、工作能力、思维状况以及身体状况的考评都属于这类考评。另一类则是绩效考评，即主要是对工作成绩和工作效果的考评。两类考评的目的都是为了更好地配置人力资源，调动人的积极性。

二、人力资源考评的基本原则

（一）实事求是的原则

人力资源的考评必须坚持实事求是这个基本原则，无论考评指标的制定和实施，还是考评方法的选择和运用，都必须实事求是。这就是说，人力资源的考评既要能够全面、准确、真实地反映考评对象的实际情况，又能最大限度地调动考评对象的积极性、主动性和创造性，达到考评的基本目的。因此，实事求是也是人力资源考评的总原则，其它原则都应服从和体现这一原则的基本要求。

（二）全面考评的原则

所谓全面考评，就是指要对考评对象的各方面情况进行全面系统地综合性考察，既不能就事论事，也不能只知其一而不知其二，要多方面、多渠道、多层次、多角度、全方位的进行立体考评。具体讲就是考评项目要多样化，考评渠道要多元化，考评方法要交叉化，考评结论要全面化。

（三）公道正派的原则

所谓公道正派，是指考评工作本身应始终坚持这个原则，考评人员也应具备这个原则所要求的素质。从考评工作来看，要做到对事不对人，对标准不对感情，对实际不对关系，不因人而异，不脱离实际，要标准划一，一把尺子量到底。从考核人员来看，要坚持原则，实事求是，不带偏见，严格纪律，不以感情好恶代替政策和标准。

（四）公开透明的原则

人力资源考评的公开透明原则，就是指考评的标准、程序、原则、方法要公开，要让职工了解考评的意图和目的，把考评工作变成人们的自觉行动。同时，要将考评结果向全体职工公开，便于群众对考评工作的监督，提高考评质量。同时，也便于被考评者把握自己的工作状况，做到知己知彼。要防止考评工作简单化和神秘化的倾向，不搞小圈子，不遮遮掩掩。

(五)促进激励的原则

人力资源考评的目的之一就是为了促进人力资源的合理有效配置,激励员工努力进取,做好工作。从这个意义上看,坚持促进激励的原则,就是要把对人力资源的检查、考核、评价与促进、激励有机地统一起来,融考评与激励于一体,充分发挥考评的手段作用,努力达到激励职工士气的目的。

三、人力资源考评的功能与作用

人力资源考评的功能与作用是多方面的,对一个具体组织而言,主要有以下几个方面。

(一)人力资源考评是合理安排、使用和调配人力资源的基本依据

人力资源考评之所以是合理安排、使用和调配人力资源的基本依据,就是因为考评本身可以发现用人上存在的突出问题,找出组织在用人上的长处和短处,便于进行调整和优化对人力资源的配置。一般来说,考评包括对考评对象的德、识、才、学、性格特点、工作态度、工作作风、工作实绩以及身体状况等多方面的考察与评价。既要考评出成绩与优点,也要考评出缺点与不足。考评的目的就是为了合理用人,调动人的积极性,发挥人的作用,做到知人善任。因此,依据考评结果来对组织的人力资源进行合理有效地配置,是现代组织的基本职能之一。

(二)人力资源考评是发现、选拔和任用优秀人才的主要途径

应该说,我国在长期的干部管理和职工管理的实践中,已经积累了比较多的经验和方法,考评管理就是其中的一种有效形式。事实上,在组织的工作实践中总会不断涌现出一些有创造能力、有工作实绩、有群众基础的优秀工作者,而这些人往往是通过各种形式的考评而被发现的。因此,考评对于发现优秀人才既具有客观公正性,也具有公开平等性,可以避免选人用人上的某些局限性以及不正之风的发生,有利于净化管理环境和社会风气的改善。

(三)人力资源考评是实现组织目标的可靠保证

任何组织都有它要达到的目标,组织采取的所有管理措施都是为了组织目标的实现。而在组织的管理措施中,对人的管理是最基本最能动的因素。这是因为对任何组织来说,人力资源与物力资源相比更为重要,物力资源最终只有通过人力资源才能起作用。因而,对人的考评是组织在实现目标的过程中,充分利用人力资源的重要形式之一,通过考评来不断提供组织所需要的人力资源的投入,使人力资本能不断增值和优化,适应实现组织目标的需要。

(四)人力资源考评有利于增强职工教育与培训的针对性

人力资源考评之所以有利于增强进行职工教育与培训的针对性,就是因为通过考评组织可以发现人力资源管理存在的问题和缺陷,预测组织的现实需要与未来需要,从而增强了职工教育与培训的针对性。在我国社会主义现代化建设的进程中,作为社会系统细胞的任何组织都肩负着实现组织目标和职工队伍建设的双重任务,两者相互促进,互为条件,互相制约。而职工队伍建设最有效的形式之一就是考评,考评可以找出队伍建设中的

问题,知道需要什么,调整什么,加强什么,使职工队伍的建设更有目的性、计划性和针对性,更能适应职工教育与培训的需要,适应组织长远发展的需要。

（五）人力资源考评是组织聘用新人的基础和手段

人员的流出与流进是常见的一种组织现象,因而组织要选人进人也是必然的一种组织行为。怎样才能选到合适的人选和所需要的人,人力资源的考评既是聘用新人的基础,也是聘用新人的手段。所谓基础,就是说组织要知道自己缺什么样的人,需要什么样的人,只能通过对人力资源的全面考评才能找到依据和答案。所谓手段,就是说组织要能够聘用到合适的人选,也只有通过认真的考评才能发现和选择到。即无论对现状的分析还是对新人的选择,都离不开考评这个基本形式。

四、人力资源考评的一般程序

（一）明确考评目的

任何形式的考评都有其目的,考评就是为了实现考评的目的才进行的。一般而言,考评的目的比较多的是通过对现状的评价来实施有效的奖惩,也就是对被考评者工作的现实状态作出客观的评判,以便给予多大程度的奖励或惩罚,为有效实现组织目标服务。当然,有些考评则是为了发现被考评对象有哪种可能的潜质,或是为了选拔人才的需要而实施考评的。可见,考评的目的一是评价现状,奖勤罚懒;二是预测潜质,选人用人。

（二）制定考评计划

无论出于怎样的目的,只要确定实施考评,都必须制定切实可行的考评计划。考评计划一般包括考评目的的明确、考评对象的确定、考评方法的选择、考评机构与人员、考评工作实施计划与进度安排、组织领导、问题处理机制等方面。必要时,还应制定相应的考评计划实施细则,以及有关的考评办法和工作指南。

（三）实施考评

首先,要做好考评动员工作,使考评工作成为大家的共识。其次,要严格考评纪律,认真执行考评规则。尤其是执行考评工作的人员要做到:严格按照标准化考评程序进行考评,不得私下改变;要按照考评指导语指导被考评对象,不得随意解释考评或测验结果;不得随意打断测评进程或顺序,以免对测评结果产生负面影响;不得在考评进行过程中,对被考评人员进行有关结果的解释。

（四）结果分析

考评结果必须严格按照常规提供的标准进行分析,不得随意作出结论;对于考评中出现的矛盾性结论需经集体讨论,全面分析各方面的情况后再作结论。总之,结果分析是整个考评环节中非常重要的一环,考评的客观公正就首先体现在这一环节上。

（五）编写考评报告

考评人员必须在结果分析的基础上,编写出相应的考评报告。考评报告应根据标准格式撰写,尽量全面反映被测评人员的实际情况,且言简意赅,形象生动,文字通畅,最后撰写报告人员与负责人应签名落款,注明出具报告时间。考评报告一般一式二份,一份交有关人员,一份存档。

（六）结果应用

所谓结果应用，就是指要按照考评结果提供的情况实现考评的目的。若是出于奖勤罚懒的目的，则可以依据考评结果来执行；若是出于发现新人的目的，则可以依据考评结果作出选择；若是出于对人员素质的整体性把握，则可以依据考评结果制定相应的培训计划，等等。总之，考评结果的应用非常重要，它是实现组织目的的最重要的环节。

（七）跟踪反馈

人力资源管理部门应与考评对象和用人单位保持密切联系，随时了解被考评人员的工作情况，检验考评结果的真实性和结果应用的可靠性，进而修订考评策略和方法。

第二节 人力资源的素质考评

一、素质考评的概念与特点

人力资源的素质考评是指对人的基本素养的考评，它主要侧重于个体内修因素的考察与评价。比如对人的思想素养、思维素养、道德情操、专业技能、分析与解决问题的能力等方面的考察与评价，都属于这方面的考评。当然，这里所讲的侧重于内修因素的考评，并不等于排除了对外显因素的考评，实际上外显因素也是体现内修因素的，人的工作行为表现以及工作绩效本身就体现着内在因素的状态，也是说明和衡量内修程度的实践尺度和标准。因此，从这个意义上看，人力资源的素质考评体现了两个最大的特点，这就是综合性和层次性。

（一）人力资源素质考评的综合性特点

人力资源素质考评的综合性特点首先表现在考评因素的综合性上，即考评因素不是单一的，而是多种因素所构成的一个科学的考评体系。其次表现在考评对象的综合性上，即考评对象包括各个方面、各个层次的各类人员。再则还表现在考评方法的综合性上，即不是采取一种方法、一个尺度和一条途径，而是多种方法、多个标准和多种途径的综合。同时，也表现在考评效果的综合性上，即考评对人员和工作的多种效应上，以及对整个组织发展的多种效应上。也正是由于考评的综合性特点，几乎所有的组织都非常重视对人员的考评工作。

（二）人力资源素质考评的层次性特点

人力资源素质考评的层次性特点，是指考评在素质结构、标准构成、对象范围以及结果处理上所表现出来的层次性特点。从考评的素质结构上看，本身就是一个多方面多层级素质的结构体系，表现出非常严谨的素质层次结构。正因为如此，考评的素质结构才构成了从一般素质到较高素质的结构体系，包括了素质结构的不同层次，从而使素质结构体系更能适应对人力资源的素质现状的考评与分析。从考评的标准构成上看，层次性特点也非常明显。考评素质的一套标准体系就是由相关层次或不同层次的标准所构成的,正是这些不同层次的考评标准,才使我们可以对人力资源的素质评价有了可以参照的依据,并作出相应的评价。然而,从考评对象的范围看,层次性也是非常明显的。就管理人员而言,既有基层的,也有中层的,还有高层的,人员的层次分布非常分明。即就是最普通的工作人员,如生产工人,他们的生产技能及其熟练程度的层次性都是区别很大的。那么,对考评结果处理的层次性就不言而喻了,日常考评结果处理中的优、良、中、差,或称职、基本称职以及不称职等,都表现出非常强的层次性,否则就失去了考评的真正意义。

（三）人力资源素质与管理层次的关系

关于人力资源素质考评的综合性和层次性特点,国外有关人员素质结构的研究成果也证明了这些论述的正确性。国外有的学者把人的素质结构成分分为三类,即技术性成分、人际性成分和思维性成分。这就是说,人的素质结构就是由这三种因素所构成的（如图9.1所示）。研究结果表明,三种结构成分的构成比重会随着管理层次的不同而发生变化。这就是随着管理层次由基层到中层再到高层的变化,三种构成成分中的技术性成分会随之减少,思维性成分则会随之增大,而人际性成分却没有多大变化。反之也是一样,即管理层次若发生由高到低的变化,思维性成分就会随之减少,技术性成分又要随之增大,人际性成分仍然没有太大的变化（如图9.1所示）。

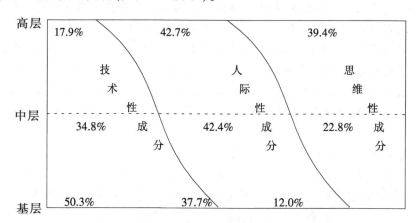

图9.1　管理人员素质结构图示

二、素质考评的基本内容和要求

（一）有关素质考评内容的基本看法

有不少研究认为,素质考评的内容应包括以下方面:

1.职业发展潜能

职业发展潜能即一般认知能力,是指接受、处理和发出概念信息的能力,反映了人在基本认知操作过程中的智慧功能水平,因为基本认知操作几乎贯穿于所有的工作之中。因此,一般认知能力测验或考评具有很高的预测力。测评的项目主要包括逻辑推理、言语理解、数量关系、图形推理、信息处理等。

2.社会成熟程度

社会成熟程度是指情感智慧和社会行为智慧的合称。情感智慧是指在接受、处理和发出概念信息、自我信息和人际信息时的习惯性体验,它对个体的工作绩效影响很大。情感智慧的预测力来自其所具有激活作用和自我约束机制。其测评项目主要包括:情绪稳定性、进取心、自信与自尊等。而社会行为智慧则是指表现在接受、处理和发出人际信息方面的、稳定的个性特征,社会行为智慧是影响人际交往成败的经常性因素,也是影响社会性工作(包括管理、秘书、业务员等)成败的经常性因素。一般情况下,与社会成熟程度有关的因素是对个体的事业成就有着重要影响的动力源泉或调节动力取向的杠杆。这方面的测评项目主要包括:友善和乐群、自控意识、人际交往技能等。

3.行为风格

行为风格是个体在解决问题的过程中所表现出来的,只有区分维度,但无优劣之分的人格特点。一方面,一种行为风格适合于某一类工作;另一方面,行为风格不一样的个体在做同一种工作时会表现出不同的行为特点。但行为风格并不决定工作的成败,决定工作成败的因素是一般认知能力、社会成熟程度及专业知识和技能。这方面的测评项目主要包括:务实与创意、重逻辑与重情感、内倾与外倾、A 型人格与 B 型人格,等等。

4.智能因素与非智能因素

智能因素主要包括知识、智力、能力倾向和实践经验。其中智力与知识互为联系,但并不是一回事,一个人的智力水平愈高,将有助于他尽快地接受和掌握知识;反过来知识的不断积累,又有利于智力水平的提高,但是智力的提高与知识的积累并不成比例。能力倾向与职业发展潜能相联系,是指适合于某个职业领域的特定活动所必需的能力,实践经验则是指从亲身参加活动或者直接观察活动中得到的知识、技巧和行为方式。非智能因素主要包括政治素质、成就动机、社会适应性、身体条件。其中政治素质主要是指一个人的政治立场、信仰和态度倾向,并主要体现在思想觉悟、道德情操和价值水准上。成就动机是指一个人在工作中达成组织或个人目标所设置的期望值,但并非越高越好。社会适应性是指人与社会相互作用时的心理承受水平以及自我调节能力,包括人的气质、性格、应激能力等心理指标。

(二)素质考评的基本内容

关于人力资源素质考评的基本内容,通常实践中的做法不外乎包括德、能、勤、绩四个方面,这里不妨仍采用这四个方面的主要内容。

1.从"德"方面看,主要是指思想品德、社会公德和职业道德。其中思想品德包括思想作风、政治态度、政策水平和工作作风等方面;社会公德包括社会公德修养、社会规范意识、遵纪守法、社会价值追求等方面;职业道德包括敬业精神、职业规范意识以及责任心和奉献精神等。

2.从"能"方面看,主要是指知识和能力,包括体能、学识、智能和技能四个方面。其中体能是指身体素质和健康状况;学识包括受教育程度、学历、知识结构、专业知识构成等方面;智能包括感觉、知觉、思维、想象等智力活动状况,其中分析和解决问题的能力是核心;技能是指专门技能,如某方面的专门能力,像操作能力、协调能力、决策能力、指挥能力等。

3.从"勤"方面看,主要是指工作状态方面的表现,如工作态度、工作关系协调、工作积极性和主动性、纪律性、责任心和出勤率等方面。"勤"体现于"能"的外显状态及表现过程,所以把"能"、"勤"结合起来考核,一般能够考评出员工的潜在能力。

4.从"绩"方面看,主要指工作效果和效率。其中效果侧重于对工作结果的考评,即看是否有利于组织工作目标的实现,否则就没有效果;效率则是侧重于对效果状态的分析,如数量分析、质量分析、收益分析、成本分析等方面。

当然,就德、能、勤、绩这四个方面的内容看,对于不同层次人员的考评来说,其内容的层次和结构也会有所不同, 即四个方面所要考评的内容层次和结构会根据考评对象的类型与层次的不同而不同。比如,对基层、中层和高层管理人员来说,德、能、勤、绩四个方面的考评标准、内容要求都会有所不同。

(三)素质考评的基本要求

人力资源素质考评的基本要求主要有以下几个方面:

1.人力资源素质考评的指标要客观。客观是对素质考评的一个基本要求,它要求考评指标的设计必须符合以下两条要求。首先,指标的含义要准确、具体,不能含糊不清,更不能用一些抽象的概念来作为衡量的标准。其次,指标要尽可能定量化。当然指标可以分为定性指标和定量指标两类,但还是要有一套定量的指标体系,这样可以避免定性指标在某种程度上的主观随意性缺点,增强了考评工作的科学性和准确性。

2.人力资源素质考评的方法要可行。考评的方法可行,效果一般要好一些,否则效果就差一些,甚至走向反面。但是,方法可行与否,与选择的方法的难易简繁有直接关系。因此,考评方法要做到三点:一是考评方法的项目要适中,不简不繁,便于实施;二是考评方法要达的结果要客观可靠,使人信服,否则不但不可行,还会带来许多麻烦,甚至起反作用;三是要明确所采用的方法的目的和意义,即为什么要采用这种方法,有什么好处。实践证明,只要能做到以上三点,才能保证考评方法可行。否则,正像美国管理学家迈乐斯·梅西所讲的,马马虎虎、随随便便地填写鉴定表,比没有鉴定制度更具有潜在的危险性。

3.人力资源素质考评的结果要反馈。一般来说,考评的结果应该反馈给被考评者,使被考评者了解各自的工作状态、评价以及优缺点,明确努力的方向。特别是通过反馈考评结果,可以使被考评者知道自己在大家心目中的形象和地位,对自己有一个正确地估价。另外,也会知道自己欠缺什么,应该加强什么,怎样提高自己的综合素质。同时,还要将有关考评结果向有关部门和有关领导反馈, 使这些部门和领导知道与掌握人力资源素质考评的结果,从而为人力资源的进一步调整与配置、培训与开发提供决策的依据。实际上,人力资源素质考评的目的也无非主要就在这两个方面,一是让自己了解自己,心中有数;二是让组织知道人力资源管理的现状,便于调整和建设。

三、素质考评的基本方法

人力资源素质考评的方法非常多,如考试法、评议法、鉴定法、测评法、比较法、情景模拟法、自评法、考核法,等等。有人曾经把素质考评的方法与其它相关的评价方法进行过比较研究,发现素质考评法有其独特之处,如表9.1所示。其中"使用百分比"是指所调查企业中有多少家采取该项方法进行人员素质测评;"可预测性" 是指通过素质测评方法测评后任用的人员中后来达到管理者预测要求的比例(可预测性数值大小在 0~100%之间)。在管理者进行人员测评工具的选择时,一般都会仔细斟酌考虑,对比优选,但由于各种原因,管理者们却经常选择不到一种成本合理、信度和效度都较满意的管理工具。

表 9.1　素质测评方法比较

方　法	使用百分比	可预测性
招聘面谈	89%	14%~21%
以往工作经验	81%	25%~28%
推　　荐	15%	30%~36%
测　　验	42%	46%~52%
素质考评	14%	81%~89%

下面介绍几种主要的方法,其实在招聘和选择的方法中也有不少可以作为素质测评的方法。

(一)情景模拟测评法

情景模拟测评法是美国电报电话公司创立的一种人员素质测评方法,侧重于对各级管理人员的素质考评,其目的是为选聘合格人才、鉴别人员潜能、合理委派职务以及开展员工培训服务的。采用这种测评方法一般应坚持以下程序:第一步要明确测评目的,即是为了选聘、鉴别潜能,还是为了职务委派、员工培训;第二步要选择和确定好考评维度,如口头与书面沟通能力、分析与决策能力、领导艺术与技能、人际敏感性、独立自主能力、灵活性、组织计划能力、团结与协调能力、心理承受力等;第三步是选择、设计和安排测评形式,如笔试、面试、情景模拟练习测评技术等形式。下面重点介绍一下情景模拟测评的几种形式。

1.情景模拟测评法之一——公文处理模拟练习

这是一种被长期测评实践证明非常有效的测评方法,其步骤如下:第一,发给每一位被测评者一套文件,其中第一页是介绍被测评者现在被委派扮演的角色。第二,主持测评者告诉被测评者,由于情况紧急,所以他〈指被测评者〉被提升为上一级的本是由其上司所占据的职位,并要求在规定时间内(通常是半小时或一小时)处理好其上司未处理而留下来的事务与文件。一般未处理的文件有 15~25 份,包括下级呈来的报告、请示、计划,同级部门的备忘录,上级的指示、批复、规定、政策等,还有外界的用户、供应商、银行、政府以及社区的函电、传真、电话记录,甚至还有群众的检举和投诉信,等等。这实际上是一种虚构的情景,但与真实情景完全一样。第三,被测评者进入角色,凭借自己的实力和能力处理好这些事务。比如圈阅、指示、草拟函电要点和提纲、起草备忘录、指示安排会议以及安排接见日程、内容、参加者等。第四,测评组对被测评者的处理结果按考评维度和标准进行考评。一般为定量评分标准,如五分制。常见的考评维度有个人自信心、组织领导能力、计划安排能力、书面表达能力、分析决策能力、风险意识、信息敏感性等。实际上,测评者并不都是在被测评者处理结束后才进行考评的,往往在被考评者处理的过程中也会不断地提问,甚至追问,观察其反应和处理能力。这种方法在国外非常流行。

2.情景模拟测评法之二——无领导小组讨论练习

这种测评方法通常不布置议题与议程,不提要求,没有组长,小组一般由四至六人组成。但主持测评者要发给他们一个简短的案例,即提供一种管理情景,隐含着一个或几个需要决策处理的问题,以引导小组展开讨论。这种测评一般要有专门的房间,并安装有闭路电视和录相系统,可以把讨论过程录制下来,测评者在另一个房间通过电视观看讨论过程,记载讨论情况和每个人的表现。最后,根据对各个测评者的记录和评价综合出集体评价和鉴定意见。通常考评的维度有主动性、自信心、创新能力、口头沟通能力、宣传鼓动与说服力、组织能力、团结与协调能力,以及心理压力与忍受力等。

3.情景模拟测评法之三——企业决策模拟竞赛练习

这种测评技术首先要把被测评者分成小组,每个小组 4 至 7 人,组成一个"微型企业"。组员既可指派,也可自愿组合。其次,组员在"企业"中的责任或职务由个人自报或他人推举,小组协商确定,一般不予指派。分工与否或分工到什么程度,各组自定,不予强求。第三,各组按照测评组织者所提供的统一"原料"(比如纸板与浆糊、积木玩具、电子元件与线路板、单个字母与单词等),在规定时间内通过组合、拼接、装配,"生产"出某种"产品"(如纸板粘糊的图形、电子部件、语句等),并"推销"给竞赛组织者。第四,测评组织者根据每人的表现,依据测评维度进行评分,测评维度与上面两种方法的维度基本相同,并可以对"企业集体"的团结协作状况、"产品"数量与质量等进行评定,给优胜者予以奖励。

近年来,这种方法已向计算机化发展,并设计出了专门的软件。这样,测评组织者可以向各组提供"贷款"来源与有关条件,市场需求与销售渠道,以及竞争者概况与市场调研咨询等信息,由各组模拟这种情景来自行决定筹款、生产、经营等策略,用计算机求得决策盈亏结果,进而作出下一轮决策。这种方法的进一步发展,特别是管理的计算机化和现代化发展,已使测评越来越具有仿真性了。

(二)职工综合价值指标测评法

职工综合价值指标测评法是辽宁省瓦房店轴承公司在学术界的配合下研制的一种职工素质测评方法,其内容主要包括:

1.把职工的价值分为外显的价值 Vo 和内隐的价值 Vp。其中外显价值 Vo 包括品德(代号为 M)、知识(代号为 K)、能力(代号为 A)和绩效(代号为 P)四种成分。内隐价值 Vp 包括进取心(代号为 D)、独立思考能力(代号为 I)、灵活性(代号为 F)、学习新事物能力(代号为 L)和健康状况(代号为 H)五种成分。

2.测评各成分的层级,每个成分的层级都按优、良、一般、差四级量表来评分,依次分值为 4、3、2、1。一般对知识、健康状况、绩效、能力等偏"硬"的成分,通常采用常规考试、体检、考评、情景模拟等方法来测评。对品德、进取心、灵活性、独立思考能力、学习新事物能力等偏"软"的成分,则采用下级民主测评的方法与上级鉴定的方法相结合来进行评定。

3.计算出综合价值指标 Ve。为了准确性更高一些,需要给各成分乘以一定的权重(代号为 W)。确定每个成分的权重,可采用民主评议的方法,让各类人员分别给出九种成分的权重,然后取平均值。也可采用模糊数学中的对偶比较法来确定。同时,为了使每个职工的综合价值指标的可比性更强一些,还可以加上三个修正系数,即风险责任系数(代号为α)、心理压力系数(代号为6)和成本系数(代号为δ)。这样,职工的综合价值指标便可由下列公式表示并计算出来。

$$Ve=(Vo+Vp)\alpha 6\delta$$

式中:$Vo=W_1M+W_2K+W_3A+W_4P$

$Vp=W_5D+W_6I+W_7F+W_8L+W_9H$

这种方法有其独到之处,多维度、多层级、多系数、多权重,取值民主,确定科学,既可作为人员测评的方法,也可作为职务分析的方法。当然,这种方法也有不足之处,如维度的分解还欠完善,测评内容既有重迭的地方,也有遗漏的地方。

(三)自我测评法

自我测评法是美国管理学家丹尼尔斯(John D·Daniels)提出的,包括八项尺度,即工作质量、工作数量、创造性、独立性、工作态度、业务知识、交际能力和表达技巧。同时,每个项目又按优劣程度分为八个等级,1表示最优,8表示最劣。这样,每个人就可以在八个项目的各八个等级中选择适合自己实际的一个等级,并通过汇总测评出总的评价值。这种方法如表9.2所示:

表 9.2　自我测评表

工作质量	1	2	3	4	5	6	7	8
工作数量	1	2	3	4	5	6	7	8
创造性	1	2	3	4	5	6	7	8
独立性	1	2	3	4	5	6	7	8
工作态度	1	2	3	4	5	6	7	8
业务知识	1	2	3	4	5	6	7	8
交际能力	1	2	3	4	5	6	7	8
表达技巧	1	2	3	4	5	6	7	8

这种测评方法简便易行,既可作为自我考评使用,也可用来考评他人,还可由群众对某人直接进行测评。

第三节　人力资源的绩效考评

一、绩效考评的概念与特点

绩效考评也称考绩,是指对员工的工作态度、工作表现、工作数量、质量和效率等方面的综合考核与评价。但就职工的工作绩效而言,是由多种因素决定的,其中主要有技能、机会、激励、环境等因素。正因为如此,学者们提出了绩效模型与公式,如图9.2所示。公式为:

$$P=f(\text{SOME})$$

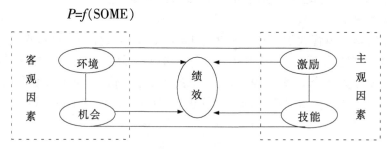

图9.2　工作绩效模型

从绩效考评的模型看,激励和技能因素属于职工自身的内在因素,尽管这两个因素与外在因素有关,但激励本身是体现为内在因素的,所以也称主观因素。而环境和机会因素则属于外在因素,或称客观因素,这些因素是通过主观因素而起作用的。从绩效考评的公式看,P代表绩效,S为技能,O为机会,M为激励,E为环境,f是函数,公式表明绩效P等于技能S、机会O、激励M和环境E四者的函数(f)。因此,绩效考评具有多因性、多维性和动态性的特点。

所谓多因性特点,是指形成工作绩效的原因是多方面的,如本人的技能和激励状态,外在的环境因素和机遇等。这就要求进行绩效考评时必须全面综合考虑取得工作绩效的多方面因素,多方面分析评价绩效的效果与效率。

所谓多维性特点,是指考评要从多方面切入,不能只从某个角度、某个标准、某一方面来评价。正是由于这个显著的特点,设计考评标准和指标体系时就要全面、客观、准确,具有针对性和代表性。

所谓动态性特点,是指考评不能只看一时一事,而是要全面把握,历史地发展地分析与评价。比如,有的人去年考评一般,今年考评成绩又可能比较突出,说明进步快;有的人始终如一,保持了高绩效;有的人去年绩效非常优异,今年绩效又有所降低了,等等情况,多种多样。

二、绩效考评的过程与要求

(一)绩效考评的过程

绩效考评的过程一般有四个环节:

1.制定考评标准,这是绩效考评的基础和前提条件。从科学管理的角度看,考绩标准一般以职务规范为依据,以工作职责完成情况为主要考评标准。这说明,不同岗位、工种的考绩标准应该有所不同。因此,绩效考核标准的设计体现了管理者对企业目标的理解,对实现目标的关键行为的聚焦能力。而绩效考核标准就是进行目标的职能分解与落实,确定职能单位、管理者及员工个人的绩效指标,绩效考核指标一般有三个要素:即关键绩效指标、绩效最低目标及要求、绩效评估手段与办法(包括权重的确定)。

事实上,考评标准一般可分为绝对标准、相对标准和客观标准。绝对标准是以如出勤率、废品率、文化程度等客观现实为依据,而不以考核者或被考核者的个人意志为转移的标准。相对标准是采取相互比较的方法,此时每个人既是被比较的对象,又是比较的尺度,因而标准在不同群体中往往就有一定的差别。比如规定每个部门有两个先进名额,那么工作优秀者将会在这种比较过程中评选出来。客观标准则是评估者在判断员工工作绩效时,对每个评定项目在基准上给予定位,以帮助评估者作出评价。这就要求在制定绩效考核标准时,要针对不同岗位的实际情况制定不同的考核参数,尽量将考核标准量化、细化,多使用绝对标准和客观标准,使考核内容更加明晰,结果更为公正。同时,要公布考核标准并使之得到员工认可,避免暗箱操作。要知道考核制度不单单是针对员工的,同时对管理者也起作用。当然,对管理者的考核标准与一般员工的考核标准是不同的两个概念。

2.绩效考核。即对员工的工作绩效进行测定、核算和记录,把握和分析工作的基本情况。也就是对员工的工作状态作出测定,知道干了什么,干了多少,干的怎样。可见,绩效考评标准和流程制定出来后,如果不能得到有效的执行,绩效考评就毫无意义。因此,在绩效管理中,直线管理者起着桥梁的作用,上对公司的绩效管理体系负责,下对员工的绩效提高负责。他们必须在实施绩效管理之前,首先统一思想,承担起自己应该承担的责任,做好自己应该做的工作。然后,在绩效考评过程中扮演好五个角色,这就是绩效管理的五个构件,即合作伙伴、辅导员、记录员、公证员、诊断专家的角色。

实际上,绩效考核最重要的一点就是让每一位员工参与进来,在接受他人考评的同时,不仅可以对自己的工作进行考评,同时还可以考评同事和上级,做到考核面前人人平等,每个人都有评定和说话的权利。特别是由于绩效考核与薪酬、奖金和晋升机会等员工切身利益息息相关,故员工特别关注,如果考核结果与员工的实际付出相差甚远,不能让员工心悦诚服,往往容易引起内部矛盾发生,甚至引发劳务纠纷,而要做到公正客观,最重要的就是让员工积极参与进来。绩效考评的形式主要有上级评议、同级同事评议、自我鉴定等,管理人员还要通过下级评议,而客户服务等特殊岗位还要增设外部客户评议等形式。这样一来,大家在给同一个人评价的过程中,会因为一些明显的分歧而进行讨论和沟通,特别是上级与下级之间通过沟通交流最后达成共识,不仅是对以往工作的总结,也有利于以后更好的协作。

3.绩效评定。企业进行绩效考核的目的,一方面是鼓励员工继续发挥和提高工作能力,丰富自身的知识和技能,并实现优胜劣汰;另一方面,是通过企业层面上的绩效考核和员工与团队层面上的绩效考核来帮助员工、团队和整个组织的能力发展。因此,通过考核要全面评价员工的工作表现,使员工了解自己的工作表现与取得报酬、待遇的关系,获得努力改善工作的动力,并根据考核结果评定奖金、薪酬等。更重要的是,通过考评让员工有机会参与管理程序,发表自己的意见,并在考核的基础上改进工作中的不足,也可使企业根据员工的绩效水平和工作表现提供相应的培训。同时,还要考核出工作中出现问题的原因,是能力有限还是工作态度不佳,或是其他客观条件不具备而导致的。为此,必须根据考核结果与员工进行一对一交流,倾听员工的想法和各方面的意见,然后提出评定意见。实际上,就是把考核的结果与考核标准进行对照,看哪些没有达到标准和要求,哪些达到了,哪些超过标准了,从而作出实事求是的判断,提出考评结论和意见。

4.反馈。即通常要把考评结果与考评对象见面,使其了解自己的工作状态与评价,知道成绩与不足,明确努力的方向。必要时,也可以把组织成员的考评结果统一公布,使每个人既了解自己,也了解别人,便于对照检查,找出差距。同时,作为组织也可以通过考评结果的反馈,明确组织差距,比如环境因素的调节怎么样(包括对硬环境和软环境的协调),哪些方面不够,需要进一步加强,如何给职工取得良好的工作绩效提供必要的条件,等等。总之,只有做好了考核后反馈交流这道程序,才能使绩效评估不仅帮助企业更有效地了解员工动态,提高工作效率;同时,也可以帮助员工进行决策,是否改变自己的职业选择。如果员工意识到尽管自己接受了某些培训,工作表现仍无法达到期望目标时,那么就应该寻求职业的改变,或在内部进行工作转换,或在外部重新选择职业。

(二)绩效考评的基本要求

绩效考评的要求是多方面的。

1.绩效考评要求考评标准必须全面准确,具有针对性和可操作性。所谓考评标准的全面准确,是指考评标准要能够反映岗位或工种的基本要求,能与岗位或工种的规范对上号,这样可以避免考评的片面性。所谓针对性,是指考评标准与岗位职责、规范的要求必须一致,切中了岗位要求的实质,能反映岗位的基本特点。所谓可操作性,是指考评标准要便于衡量和测评,既原则化,又可行化,既抽象又具体,能够反映工作状况和水平。

2.绩效考评要求考评原则必须具有一致性和可靠性。所谓考评原则的一致性,是指考评原则要适应各类各层次人员,一视同仁,不因人而异,不区别对待,不经常变动。比如,实事求是和客观公正等原则,特别要求应具有这种一致性。所谓可靠性,是指原则要具有明确的信度和效度,即原则本身以及对原则的坚持都有很强的可信度,不会因人而异。考评原则的效度就表现在对原则的坚持和对考评工作的指导、规范和调理上。

3.绩效考评要求考评工作应具有很浓的民主性和透明度。缺乏民主性和透明度的考评,是很难达到考评目的的。所谓民主性,是指考评的标准、进度、方式方法要让大家知道,了解考评的目的和意义。也就是说要体现民主性的目的,就应使考评工作变成群众的自觉行动。所谓透明度,是指要让大家了解考评的过程、结果、评价和意见,既知道自己的工作状态,也知道别人的工作状态。作为考评的组织者,要不遮不掩,公开透明,依靠群众,相信群众。只有这样,才能达到考评的目的。

三、绩效考核体系的设计

企业的整体营运绩效固然与公司战略策略规划和目标设定密不可分,但更为具体的表现却是与员工个人的工作绩效息息相关。因此,建立一套科学的绩效考核体系,寻找和

探索一套可行有效的绩效考核方法,已成为许多企业的战略性发展目标之一。一般来说,完整的绩效考核体系应包括以下内容:

(一)绩效考评的目的

1.作为晋升、解雇和调整岗位的依据,着重在能力和能力发挥、工作表现上进行考核。

2.作为确定工资和奖励的依据,着重对工作绩效的考核。

3.作为潜能开发和教育培训的依据,着重在工作能力和能力适应程度的考核上。

4.作为调整人事政策和激励措施的依据,促进上下级之间的沟通。

5.考核结果供生产、采购、营销、研发、财务等部门制定工作计划和决策时参考。

(二)绩效考评的原则

1.对企业的高、中、低层员工均应进行考核。当然,不同层级员工考核的要求和重点不同。

2.程序上一般自下而上,逐层逐级考核,也可单项进行。

3.制定的考核方案具有可操作性,是客观的、可靠的和公平的,不能掺入决策者的好恶。

4.考核要有一定的透明度,不能搞暗箱操作,甚至制造神秘感、紧张感。

5.提倡考核结果用不同方式与被评者见面,使其诚心接受,并允许其申诉或解释。

6.考核活动应属于正常工作范畴,不要过于繁复地冲击正常工作秩序,要反对无实效的走过场,搞形式主义。

(三)绩效考评的对象

考核体系包括两大块,即部门考核和员工个人考核。部门考核将主要考核部门的财务指标和非财务性指标,具体的考核方法将使用目标管理,所有的指标必须非常的量化,可以用数字进行表示,并用分数的形式进行考核评分,考核将贯穿全年的部门工作,形成年终考核结果。员工个人考核主要包括以下人员:公司高层管理者、公司中层管理者、公司技术开发人员、公司财务人员、公司一般营销人员、公司生产人员等。所有的考核将分为月度考核和年度考核,考核贯穿全年工作,考核工作将根据员工个人工作目标和工作业绩等情况来进行。

(四)绩效考评的周期

1.分为定期考核(如每周、旬、月度、季度、半年、年度)和不定期考核。

2.基层人员考核周期可短一些,频繁一些;中高层管理人员的考核周期可长一些,甚至3~4年。一般而言,基层生产人员或销售人员必须进行月度考核、季度考核(季度考核将通过综合该季度每月员工考核成绩产生)以及年度考核;中层管理人员则实行季度考核结合年终考核,高层管理人员实行年终考核。

(五)绩效考核的步骤

1.设定工作考评的标准;

2.根据工作考评标准对员工的工作表现进行考核和评价;

3.给予员工反馈考评结果,促使员工改善工作表现或者是达到更高的标准。

具体可以分解为以下几步:

(1)明确界定员工的工作；

(2)界定绩效考核的考核指标；

(3)选择和创建绩效考核的方法；

(4)将考核方法介绍给管理者和员工,听取他们的意见；

(5)实施绩效考核；

(6)绩效考核的面谈,管理者和员工交流考核的结果和看法。

(六)绩效考评的内容

1.确定考评内容的原则

如前所述,考评内容主要是以岗位的工作职责为基础来确定的,但要遵循以下三个原则：

(1)与企业文化和管理理念相一致。考评内容实际上就是对员工工作行为、态度、业绩等方面的要求和目标追求,它是员工行为的导向。或者说,考评内容是企业的组织文化和管理理念的具体化和形象化,因此在考评内容中必须明确:企业在鼓励什么,反对什么,以便给员工以正确的引导。

(2)要有侧重。考评内容不可能包含该岗位上的所有工作内容,为了提高考评的效率,降低考评成本,并且让员工清楚工作的关键点,考评内容应该选择岗位工作的主要内容进行考评,不要面面俱到。而这些主要内容实际上已经占据了员工80%的工作精力和时间。另外,对难以考核的内容也要谨慎处理,认真的分析其可操作性和在岗位整体工作中的作用。

(3)不考评无关内容。要切记绩效考评是对员工的工作考评,对不影响工作的其它任何事情都不要进行考评。比如说员工的生活习惯、行为举止、个人癖好等内容都不宜作为考评内容,如果这些内容妨碍到工作,其结果自然会影响到相关工作的考评成绩。

2.对考评内容进行分类

为了使绩效考评更具有可靠性和可操作性,应该在对岗位工作内容分析的基础上,根据企业的管理特点和实际情况,对考评内容进行分类。比如将考评内容划分为重要任务考评、日常工作考评和工作态度考评三个方面。"重要任务"是指在考评期内被考评人的关键工作,往往列举一至三项最关键的,如对开发人员可以是指考评期的开发任务,销售人员可以是指考评期的销售业绩等。对于没有关键工作的员工(如清洁工),则不进行重要任务的考评。日常工作考评的条款一般以岗位职责的内容为准,如果岗位职责内容过杂,可以仅选取重要的项目来考评,它具有考评工作过程的性质。工作态度考评可选取对工作能够产生影响的个人态度,如协作精神、工作热情、礼貌程度等,对于不同岗位的考评则有不同的侧重。比如,工作热情是行政人员的一个重要指标,而工作细致可能更适合财务人员。另外,一些纯粹的个人生活习惯等与工作无关的内容不要列入工作态度的考评内容。不同的考核对象将会有不同分类的考评内容,其具体的考评方法也会不同。

(七)绩效考评的指标体系

关于绩效考评指标体系的设计,我们还是以不同类型的人员来进行考察和分析。

1.一般营销人员的考核

(1)年度和月度业绩的考核。此项考核将主要依据营销部和财务部联合统计的各类营销人员的月度和年度销售业绩,包括各类财务指标:销售额、利润率、回款率、回款日期等。

(2)服务能力的考核。企业间销售的竞争从某种意义上说就是服务的竞争,包括售前、售中和售后的服务。因此,所有的营销人员都必须做好对顾客的服务工作,无论销售是否完成,员工服务能力的考核取决于顾客当月和全年的投诉率,所有员工的投诉率不应高于5%。员工的服务不仅在顾客投诉率上得到反映,还应在为其它部门提供的服务上得到反映。此项考核由各相关部门分别完成。

(3)能力考核。通过员工的工作行为,观察、分析、评价其所具备的工作能力。此项考核可结合员工职业生涯规划和当月工作计划,从其工作的计划性以及目标完成情况考核员工的工作效率和工作质量。能力考核主要有沟通能力,这在一定程度上将决定员工的销售业绩。创新能力,即员工是否经常努力的自我启发、革新,对自己的销售方法、工作方式进行创新。信息力,即必须具备极强的信息收集和利用能力,对顾客的相关情况都应有所了解和掌握。还有工作态度考核,此项考核由周围的同事、上级领导进行考核。

(4)工作的安全性和规范性。不按照安全工作制度工作的员工可能会损坏机器设备或者身体上受到伤害,或是由于操作不当,从而使公司遭受不必要的损失。

(5)工作的纪律性。包括出勤率、旷工率、迟到率以及其它工作纪律的遵守情况、团队协作能力和敬业精神。这些由所有员工和上级领导、相关顾客进行考核。

以上各指标及其权重可以综合为表 9.3 所示的内容:

表 9.3 一般营销人员主要考核指标及权重结构

主要考核内容	权重	综合得分
业绩指标	40%	
服务考核	30%	总分为 100 分,考核得分为各项指标考核得分之和
能力考核	15%	
态度考核	15%	

2.中层管理人员的考核

(1)专业知识和技能的考核。不同的中层管理人员有不同的管理业务,它要求其本身必须具备一些基本的素质和技能,这些能力对他的管理能力起着非常重要的作用,考核时要根据中层管理人员的不同管理内容设计考核项目。

(2)工作经验。中层管理人员不仅需要有相应的专业知识和技能,而且在许多时候他们的工作经验将发挥更为重要的作用。

(3)管理能力。中层管理人员的工作已经在一定程度上脱离了基层的工作,因此他们的管理能力就显得非常的重要。

(4)指导能力。中层管理者还应当对自己的下级进行工作上的指导,帮助员工更好的完成工作。

(5)沟通和协调能力。这是非常重要的一个方面。

(6)创新能力。主要考核管理者是否经常在工作中对自己的工作方式方法加以改善。

(7)业绩指标。无论是什么层次的管理工作者,他的业绩指标一定是被列为考核中的关键指标之一。

(8)工作纪律。包括责任感、工作态度、考勤情况等。

中层管理人员主要考核指标的权重结构如表9.4所示:

表9.4　中层管理人员主要考核指标及权重结构

主要考核内容	权重	综合得分
管理能力	30%	总分为100分,考核得分为各项指标考核得分之和
业绩指标	30%	
沟通与协调能力	20%	
工作态度	20%	

3.高层管理人员的考核

(1)领导能力。高层管理人员必定管理着企业的某些职能和部门,因此必须具备一定的领导能力才能适应工作的要求。

(2)计划性。作为高层管理人员工作中的决策往往是战略性的,因此在实施之前必须要有周密的计划及其相应能力。

(3)预见性。在工作中,计划的实施难免会遇到一些困难和阻力,高层管理者在制定计划之前必须对此要有充分的考虑,使计划具有一定的预见性和弹性。

(4)危机处理能力。企业发展中遇到的的最大问题可能就是各种危机了。高层管理者必须具备较好的危机处理和协调能力,因为许多企业经营失误的直接原因就是没有处理好各种危机。

(5)管理能力。高层管理者的工作质量在一定程度上依赖于他们的管理能力,没有良好的判断能力、议事能力、决策能力、人际关系能力和驾驭复杂局面的领导能力是难以胜任工作的。

(6)创新能力。企业或组织在工作中会不断遇到各种各样的问题,作为高层管理者必须要有很强的创新意识和能力,不断寻求更好、更新的思路和方法去解决问题,突破发展的各种瓶颈。

(7)沟通和协调能力。高层管理者由于职位的缘故,将会非常多的接触到一些部门与部门、员工与员工之间的矛盾;一些基层管理者和员工也会寻求与高层管理者进行沟通与交流,解决自己的问题;同时,高层管理者与企业决策者的沟通对于自己部门或组织的发展也有着重要的意义。这些都要求高层管理者必须具有良好的沟通与协调能力。

(8)人才培养能力。人才是一个企业或组织长盛不衰的最重要因素,作为高层管理者,在工作中应当注重培养更多的人才,因为源源不断的人才将是企业未来的希望所在。

高层管理人员主要考核指标的权重结构如表9.5所示：

表9.5　高层管理人员主要考核指标及权重结构

主要考核内容	权重	综合得分
业绩指标	35%	
管理能力	30%	总分为100分,考核得分为各项指标考核得分之和
领导能力	20%	
创新能力	15%	

4.财务人员的考核

(1)财务人员基本技能的考核。作为财务人员,必须具备财务方面基本的知识和技能。

(2)财务工作差错率的考核。财务管理是一项非常细致的工作,帐目的管理必须非常清楚明了,不能有任何差错。

(3)各种财务报表的建立和管理。财务人员必须根据企业的要求建立各种相应的报表和台帐,相关部门要对坏帐率进行定期考核。

(4)公司各项资金的管理。

(5)员工工资发放时间的考核。财务人员应在规定时间内完成工资的结算,并按照制度要求准时发放工资。

(6)公司各种固定资产的统计。

(7)工作纪律。由于财务工作的特殊性,因此对所有财务工作者的工作纪律将会有比较高的要求。

财务人员主要考核指标的权重结构如表9.6所示：

表9.6　财务人员主要考核指标及权重结构

主要考核内容	权重	综合得分
业绩指标	40%	
工作能力	30%	总分为100分,考核得分为各项指标考核得分之和
工作质量	15%	
工作态度	15%	

5.技术研发人员的考核

实际上,研发人员的业绩管理和一般的业绩管理体系设计原理没有太大的差别,都应该从最基本的原理出发来进行设计。但对研发部门的业绩评估和研发小组、研发个人的评估重点是不同的,在设计考核体系时,一方面要注意三者之间的连带关系,另一方面也要重视各自的考核重点。在设计技术研发人员业绩考核指标体系时要注意以下几点要求：

(1)业绩目标不要太多。因为业绩目标过多和没有目标的效果差不多,研究目标管理的专家指出,如果目标超过 6~8 个,就只会关心自己认为最重要的 2~3 个目标。同时,业绩目标设定要符合 SMART 原则,即目标要具体、可以测量、跳一跳能够实现、和整体目标相一致、有时间限定。

(2)考核要重结果,轻行为。对于研发人员来说,应该特别强调这一点。在考核指标体系中如果过于强调对行为的考核,会带来一系列的错误导向。员工可以做正确的事,但不一定会产生有利于组织目标的结果。如果过于强调行为,员工会更关心做事的方式,而不是做事的结果。对结果考核应该用四个维度来测量:质量、数量、时间和成本,强调投资回报。

(3)考核要重外部评价,轻内部评价。内部评价,包括进度、预算等评估是必要的,但过分强调内部评价是很危险的,因为内评很可能不太关心研发对企业的实际价值。因此,外部评价非常重要,作用比较大。比如,用一项新工艺设计带来的收益来衡量研发的效果。

(4)考核要重价值评估,轻产出评估。只对研发产出进行评估是不够的,必须对研发为企业带来的价值进行评估,即研发效果的评价。赢利性是企业的本质特征,企业不会容许研发经理只用如下指标进行考核:拟订了多少研究方案、做了多少设计、设计出了多少产品、做了多少次展示、获得了多少专利、完成了多少个项目……研发的效果更重要地体现在新产品的开发、成本降低、销售量上升、产品改进、市场占有率提高等方面。

(5)评价系统要尽量客观。在评价研发业绩时,数量是非常客观的指标,但质量和成本数据往往是十分主观的。尽管不可能用十分客观的方式测评质量,但在设计评价过程时可以尽量减少主观性。一个比较简单的方法便是尽可能用外在的数据来评价研发业绩的质量。

(6)考核指标和企业战略要结合起来。在设计考核指标时,重点在于设计首要指标和次要指标。在企业的特定阶段,先于竞争对手推出该新产品是最重要的,就可以把上市时间(time to market)或产品开发周期作为首要的考核指标。有的企业的竞争策略在于低成本,就可以把产品成本作为首要指标。第一要素和第二要素确定之后,再分别赋予不同的权重,从而体现和企业战略的结合。

技术研发人员主要考核指标的权重结构如表9.7所示:

表 9.7　技术研发人员主要考核指标及权重结构

主要考核内容	权重	综合得分
业绩指标	35%	总分为 100 分,考核得分为各项指标考核得分之和
研发效益	35%	
研发创新	15%	
研发潜力	15%	

四、绩效考评的创新

(一)发展导向的创新——从"奖惩报酬"到"培养发展"

如何客观、公正、科学地考核和评价员工,以及如何对员工进行赏罚,本身是一个很难解决的问题,几乎没有哪个企业可以说自己已经解决好了。但是,考核的目的绝不仅仅局限于为奖惩提供依据,更重要是要树立企业的价值观,为员工的职业发展指明方向,可以说这就是考核目的的创新。所以,作为一个管理者,建立自己正确的(即符合企业、组织根本利益的)、明确的(即不是模棱两可、摇摆不定的)价值标准,并通过奖罚手段的具体实施明白无误地表现出来,应该是管理的头等大事。

考核的另一个重要目的也很容易被企业所忽视,即利用其评价和反馈功能,促进员工的职业生涯发展。具体说:考核可以确定员工培训开发的方向。从企业来说,考核能发现员工的长处与不足,找出培训的需要和进一步开发的方向,据此制订培训计划与措施。从员工个人来说,考核可以作为员工个人确定自己发展计划的依据。通过绩效评价结果的反馈,员工个人可以了解到自己的长处和存在的弱点,增加员工个人的自我认识,从而制定出自己的最佳发展计划。因为考核给员工提供了自我评价和提升的机会。在考核后,员工的实际工作表现经过上级主管的考察与测评后,通过面谈或其他渠道,将结果向被考核员工反馈,并听取其反应和申诉。这样,考核可以促进上下级之间的沟通,了解彼此对对方的期望,进一步达成双方的共识,从而可以通过建立共同认可的行为和绩效目标来增加职工的动机。

按照马斯洛的观点,对于职工来说,企业不仅要满足其谋生的需要,还应满足其社交、尊重以及自我实现等高级的需求。对于工作业绩突出的成员,希望自己的工作能得到企业的承认和肯定,通过绩效考核可以满足他们这方面的要求;另一方面,工作效率低的员工,如果没有给予评价,往往会以为"没有消息就是好消息",不知道自己的实际情况,在组织决定报酬或其他人事调配时,会无根据地和他人攀比。所以,企业假如没有客观的考核制度,对先进和落后的人员都是不利的。

(二)考核基准的创新——从"综合抽象"到"工作绩效"

以往的评估考核以"人"为中心,考评结果变成总括性的和抽象性的,被考评者难以按照考评结果改进工作。实际上,只有根据工作表现和绩效为中心的具体评定基准来进行考核才有意义,考核的创新方向应向这方面努力。不过,理想状态归理想状态,由于很多企业还没有进行工作分析和岗位描述,一旦改弦更张,可能带来混乱。在这种情况下,不少公司开始研究出新的变通做法,例如采用一种具有目标管理性质的业绩考核,将"目标设定"与"自我管理"结合起来组成一个考评系统。此外,在考核表中设定具体执行工作的基准,先让本人就各业务的执行状况作出自我检查,然后再由主管签署意见的考评方式,也不失为一种好的变通方法。总之,考核基准的创新方向强调考评要针对工作和业绩,而不是针对个人,强调基准明确的评估考核而非综合抽象的笼统评价。如果企业有系统而明确的工作分析,考核工作应较为容易,如果缺少工作分析,也至少应设定基本目标和工作要求的基准。

(三)考核过程的创新——从重视中间到重视两头

绩效考核工作的基本程序是：考评标准的制定、征求意见、培训、选择考核方法、考核实施、考核结果反馈与评估。一般来说，大家对考核实施过程都认为是关键环节，非常重视；而对于开始后的培训和结束时的反馈，却往往被忽视了，甚至被省略掉了，这样做的结果极大地影响了考核的效果。因此，考核过程的创新重点应抓好两个方面的工作。一是不能忽略前期的准备工作。要对考核者进行系统的培训，即针对直接考核者开办专门的考核培训课程，要强调绩效评价是全面的连续的过程，并要对考核者进行观察行为和评判的实践培训。二是考评结束时要适当反馈考核结果。反馈要跟本人见面，要让员工知道他哪点不足，今后应怎样努力。要知道，如果一个员工在一家企业不知道怎样去努力，如果所有员工都不知道自己的努力方向，那这个企业是非常危险的。因此，要建立评价反馈机制，考核执行者应不断地保持与员工的交流，创造一个公开的环境。要知道双向沟通是考核双方双赢的前提和基础，是绩效考核的生命线。如考评初期经理和所属员工要通过双向沟通，确认业绩考核标准和考核方式；考核期间经理应与员工建立并保持各种通畅的沟通渠道，及时交流意见；考核之后经理应与员工正式面谈，就考核结果及其原因、成绩与问题及改进的措施等进行沟通。

实际上，评价结果的反馈应该是一个双向的反馈。一方面，应该就评价的准确性、公正性向评价者提供反馈，指出他们在评价过程中有什么不足，以帮助他们提高评价技能；另一方面，应该向被评价者提供反馈，以帮助被评价者提高能力水平和业绩水平。当然，最重要的是向被评价者提供反馈。为此，管理者需要回答员工七个问题：我的下一步工作任务是什么？上级对我的期望是什么？上级和同事对我工作的评价如何？评价结果会有怎样的工作报酬？下一步我将如何开展工作？我需要改进的地方是什么？您能给我哪些支持？

(四)考核维度的创新——从单维模型(结果)到双维模型(结果+行为)

企业在绩效考核时都会遇到考核指标如何确定的问题，而可观测的指标常常具有相互冲突的多维性特征，因而过于强调某一方面特性可能会产生不适当的激励作用。如完全依赖利润指标进行考核，有可能激励经营者为追求利润而采取"拼设备"的短期化行为。可观测的指标不仅为经营者的决策行为所影响，还受到许多非经营者所控因素的影响，如果经营者的报酬与这些指标"挂钩"，有可能表现为不公平，从而产生副作用。如利润指标除受经营者的能力和努力程度影响外，还受到企业条件、外部环境等多方面因素的影响。由于这两方面的困难，经营者的业绩与什么指标"挂钩"就难以有统一的定论。因此，一个完整的企业业绩评价指标体系应包括财务类指标和非财务类指标两类。财务类指标具体包括盈利指标、营运指标、偿债指标等，非财务类指标包括从顾客角度、员工角度、经营管理过程角度、社会机构角度对企业的评价。

从员工个人角度看，在建立什么样的"评价标准"问题上也有两种倾向：一是重素质，二是重业绩。实际上二者不可偏废，因为"成事"和"育人"相辅相成。过于重"素质"，会使人束手束脚，过分重视个人行为和人际关系，不讲实效，而且妨碍人的个性和创造力的发挥，最终不利于组织整体的发展。而过于重"业绩"，又易于鼓励人的侥幸心理，令人投机取巧、走捷径、急功近利、不择手段。一套好的考核标准，必须把"业绩"和"素质"有机地结合起来,安排适当的比例,在突出业绩的前提下,兼顾对素质的要求。实践证明,在对考核指标的把握上要贵精不贵多,贵明确不贵模糊,贵敏感不贵迟钝,贵关键不贵空范,要抓住关键性绩效指标(Key Performance Indicator,KPI)。

五、绩效考评的方法

绩效考评的方法非常之多,这里介绍几种常用的和创新的方法。

(一)清单考评法

清单考评法是用得比较普遍的一种考评方法。之所以叫清单考评法,就是因为事先仔细设计了一份能全面反映岗位或工种绩效要求的考评清单,由众多条目构成。并且在考评时可以由考评组织者根据被考评者的实际表现作出选择, 经汇总就可以对被考评者的绩效作出评价,还可对整个科室、班组的工作状态作出评价。在实际考评中,这种方法有简单和复杂两种形式。

所谓简单清单考评法, 是指考评者只按清单所列的考评条目对被考评者的实际工作表现作出选择与否的决定,即划钩与否。下面列举的这一组清单即为一例:

· 对上级批评指导能虚心接受。

· 工作投入,认真负责,效果可以。

· 能按时完成布置的工作任务。

· 掌握工作要求的某一方面的技能有困难。

· 有时工作仍需要上级监督指导。

· 与同事合作协调,相处融洽。

· 保证份内工作按时完成,从不额外奉献。

· 有时易发火,自控能力弱一些。

· 工作纪律性强,从不迟到早退。

· 对自己要求一般,比较随便。

然而,复杂清单考评法则要把每一个条目分解为若干个维度(即等级)和评分,并按照其重要性程度分别给予不同权重,最后按权重计算出每个维度的小计分,并加以汇总后即为总分。因而,这种方法也叫加权总计评分清单法。比如,上列那组清单中的每个条目可分为四级或九级,每一级给予一定分值和权重,考评者选择后就可以计算出条目分和总分,多个考评者考评则可汇总平均。

清单考评法的关键是要拟定出一份详细的考评条目,而条目拟定的前提是要向主管、被考评者代表等有关方面调查征询,并以某类人员的职务说明和岗位规范要求来拟定。若需对清单条目分级,也应事先设计好。只要考评清单设计的比较科学、全面、实际、可行,能反映某类职位绩效的基本要求,考评工作就等于做好了一半。其次就是考评人员的选择与培训,考评者一般都是由主管人员或了解这类工作且有原则性的人员充任。

(二)量表考评法

量表考评法也是使用的比较普遍的一种考评方法。所谓量表, 实际上就是考评的尺度。选用这种方法,首先要确定好考评维度,即考评的某一(或某些)内容,这种维度只能涉及某一潜在的范围,如工作数量、工作质量、工作行为、工作态度、工作效率等。确定考评维度的基本要求就是维度的定义要明确,便于操作和量化。一般根据维度选择的多少,把量表分为单维量表和多维量表两种形式。比如,假若只选择确定工作质量一个维度所设计的量表就叫单维量表;若选择确定一组维度(如工作数量、工作质量、工作表现、工作态度、工作效率与效果等)所设计的量表则是多维量表。其次是分解维度,划分等级,设计量表。即每个维度分为多少个等级,每个等级就是一个选择尺度,量表就是由等级多少构成的。

量表设计的基本要求是:对各等级(尺度)的说明与界定要准确,划分要科学。通常都是用"两极词"来表示的,即一端是最多、最好、最高或最优,另一端则是最少、最差、最低或最劣,如图9.3中的a图。有的量表需要标明中间状态(刻度)的意义,如图9.3中的b图。还有的量表则不正对刻度标出含义,而是标出刻度之间的过渡性意义,如图9.3中的c图。另外,我们还可以根据工作质量这个维度,设计出如表9.8这种形式的单维量表。同时,还可以根据需要考评的方面(即维度)的多少设计如表9.9这种形式的多维量表,即要考评工作质量、成品率和工作行为表现三个方面的情况。

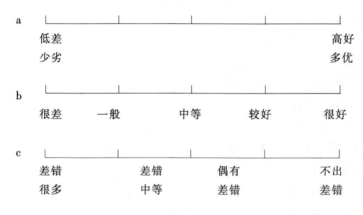

图 9.3　简单的单维量表设计举例

表 9.8　复杂的单维量表设计举例(工作质量)

1	2	3	4	5	6	7	8	9	10	11	12	13	14	15	16	17	18	19	20	21	22	23	24	25
低			劣			较		差		中			等		较			好		优				良

最后,就是实施考评与结果处理。这种考评既可自评,也可他评,一般通过考评小组进行考评比较可行,也比较准确。考评结果的处理可按一定的标准值来计算,有的也可进行加权处理。但无论是标准值的确定,还是加权系数的确定,都要统一标准,不能因人而异。

表9.9　多维量表设计举例

绩效维度	绩　效　等　级			
	一贯优良	有时优良	总是中等	一贯较差
工作质量 成品率 行为表现				

(三)360度考核法——全视角考核法

传统的绩效考核方法仅仅从一个角度对各级员工进行考核，从而导致考核结果往往不够全面,甚至不够公平,在一定程度上失去了绩效考核的实际意义。而360度考核法及其反馈体系则解决了上述的不足和问题,它主要包括以下几方面:

1.自评

通常的员工自评是让员工在正式的上级评价之前对自己的工作进行回顾,以使员工对考核的面谈有所准备。适合自评的条件有:

(1)上级缺乏对员工足够的观察,无法对员工作出全面的评价;

(2)自评的结果要和上级评价等其它来源的评价结果相结合;

(3)自评的基准点是和自己的标准而不是和其他人的标准进行比较。考虑到自评的特点,将其作为员工培训和发展的依据比作为评价和比较的依据更为有效。

2.同事评价

上级只能观察到员工的一小部分工作表现，而大部分员工的行为或者只有员工自己知道,或者是同事、下级或顾客知道。当作出评价的同事和被评价的同事很相似而且很熟悉的情况下,同事评价法比较有效。而且如果同事参与评价,员工在工作中会注重与同事的合作,而不是只关注自己的业绩。有关研究结果表明,同事评价法可以较好地预测员工是否会被提升,对员工提升后的绩效也有良好的预测性,而且和上级的评价有较高的相关性。

3.评价委员会评价

委员会由员工的直接上级和3至4名其他上级成员组成。实践证明,多名评价者共同评价比单个上级的评价更为可靠、公平和有效。多名评价者可以平衡单个上级评价可能带来的某些错误。而且评价产生分歧通常是不同级别的上级看中员工表现的不同方面导致的,而这正是考核应该反映的内容。比较普遍的是上级对员工进行评价后,由该上级的直接上级对评价结果再进行复审。

4.客户和下级评价

这种方法常用于收集客户的意见或下级的批评意见。对于服务行业,如餐饮业、旅游业等,客户的评价非常重要,有些公司雇佣专门的调查公司收集客户的意见,并将其作为员工薪金评定的重要依据。如果下级参与对上级的评定,则上级会在工作中更加注意下级的意见,并不会对下级的要求和抱怨置之不理。

5. 360度考评法反馈体系的优点

(1)企业中的工作是由团队而不是个人完成,个体更多地服从团体的管理,而不是单个领导的管理。这样员工的工作表现就不应只由一名上级来评价,凡是有机会较好地了解员工的工作表现的领导都应参与员工的绩效考核。

(2)360度反馈体系可以使员工对自己如何被管理和对待施加一定的影响,而不是完全被动的接受。

(3)360度反馈体系更为全面、客观地反映了员工的贡献、长处和发展的需要。

(4)采用360度反馈体系可以表明企业对员工的考核非常重视。

6. 360度反馈体系应注意的问题

(1)上级担心员工利用360度反馈体系发泄对其的不满,而下级则担心如实反映情况会被上级报复。因此,360度反馈体系最关键的是建立考核者和被考核者相互之间的信任,而且要做好考核结果的保密。

(2)样本的大小。为了保证考核的全面性,且为了保证无法判定考核结果来源于哪个个体,考核最少需要4至5名下级。

(3)上级、下级、同事和客户对个体的各个方面不可能有同样准确的观察,所以不同评价者的评价量表是不同的,而且在综合各方面的评价时要特别注意事实依据。

360度考评法如图9.4所示:

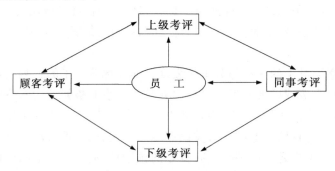

图9.4　360度考核法示意图

(四)行为锚定评分法

行为锚定评分法(英文缩写为BARS)是为考评某类职位的人员而确定的一种方法,国外也称BARS法。所谓行为锚定,就是要针对每类职位的特点编制出一套典型的行为描述说明词,并设计出与之相配套的评分标准和说明,每一级评分标准与行为描述说明词相对应,此即"锚定"。一般对某类职务拟定的行为描述说明词为10条左右,每条说明词都设计有从最优到最劣的评分等级(标准),通常为五级或九级。这样,考评者(即考评组成员)就可以根据这套行为描述说明词及其对应的等级来评分,实现对绩效的考评。

采用这种方法的基本程序是:

1.确定"行为锚定评分法"编制小组。最初这种方法的编制小组由管理某类职位的管理干部组成,后来改进为由管理干部、组织中的主管领导、被考评者代表和聘请的考绩专家四类人员组成。

2.编制绩效考评维度,即编写行为描述说明词及设计相应的评分标准。一般步骤为:先让编制小组成员每人拟定两条有关某类职位的最优和最差的行为描述陈述句;然后每人在小组里逐一宣读,75%的与会者同意则列项,重复则剔除,这样便最终确定出该类职位的一套行为描述说明词;再由与会者为每一条行为描述说明词两极之间的过渡性等级分别拟定说明词,同样75%的与会者同意方能确定;接下来为各过渡性说明词确定评分的等级,并把每个成员的给分进行汇总处理,求得均数和离差,凡离差等于或大于1.5分者,予以剔除,每个过渡性说明词所获得的评分均数即为行为等级的锚定点。

3.考评组进行考评。考评组由主管人员、熟悉某类职位的人员和专家组成,考评结果汇总处理后就可以看出一个人的工作绩效状况。

从上述基本程序中可以看出,行为锚定考评法的关键是要编制好绩效考评维度,只要有了一套比较客观、准确、可行的行为描述说明词及其相应的等级与评分标准,考评工作就比较简单了。为了保证编制绩效考评维度的质量,国外还提出了一种"非交往型程序化群体决策技术",以取代传统的群体决策技术。这种新技术更侧重于挖掘小组成员个人的创造性,尽量减少相互影响的负效应,使考评工作更有自主性、随机性、民主性和创造性。

(五)目标管理考评法

目标管理法(Management By Objective)英文缩写为MBO,所以也称MBO法。这种方法在美国比较盛行,各企业几乎都采用了这种方法,并成为一种管理制度。20世纪80年代中期以后,这种方法已流行世界各地。实行MBO法一般要有三个步骤:

1.目标设置,即制定绩效规划和具体目标。一般需依照某类职位的职务职责说明来进行,由上下级共同讨论协商确定,各种目标必须是可测量的、现实可行的,如任务、进度、期限、成本预算、中间检查次数、时间安排等,并能够把上级要求和下级积极性的调动很好地结合起来。这一步还要定出怎样测量和判断目标实现的程度,包括采用的测量方法和工具。实际上,这一步就是把组织的整体目标转换为每一级组织的具体目标,即从整体组织目标到经营单位目标,再到部门目标,最后到个人目标;从年度目标到季度目标,最后分解到月度目标。这一步的具体工作有:a 制定组织的整体目标和战略;b 在经营单位和部门之间分解主要的目标;c 各单位的管理者和他们的上级一起设定本部门的具体目标;d 部门的所有成员参与设定自己的具体目标;e 管理者与下级共同商定如何实现目标的行动计划。

2.贯彻执行。期间上级既要充分授权,发挥下级的主动性和创造性,又要检查、督促、鼓励和帮助。鉴于企业年度总目标已被逐级分解到各部门,各部门根据自己的年度目标进一步分解到各季度和各月份,人力资源管理部门应会同其他相关部门每月对各部门的月度目标完成情况进行考核,各部门每月总分共100分,并分配到各项目标中,以部门完成目标情况进行考核,并向有关单位和个人反馈;如目标没有完成,将扣去相应的考核分数。为了保证目标管理的成功,应该做到:确立目标的程序必须准确严格,以达成目标管理项目的成功推行和完成;目标管理应当与部门的年度和月度预算计划、工资等财务性指标相结合,部门每月所用费用和每月预算的差距一般不得大于10%,同时还将对各个部门的非财务性指标进行严格的考核。

3.考评总结。一般一个考评周期为半年或一年,要对照既定目标,考查实绩,作出评价。管理者要懂得"基于绩效的奖励将促进目标的成功实现"。因此,这一步一定要按照绩效规划和具体目标来检查落实,必要时还必须有针对性地制定改进措施。同时,被考评者还可制定"个人发展计划",比如包括如何培训(如训练、自学、培训班)、发展潜力、克服那些问题和缺点等。

实践证明,这种方法具有目标明确、民主性程度高和培养性强的特点,但比较重结果轻行为,容易导致对短期目标的追求,忽视长期目标,引发短期行为。只有把这种方法与其它方法结合起来使用,效果可能会更理想一些。

(六)关键业绩指标考评法

企业关键业绩指标(KPI:Key Process Indication)是通过对组织内部流程的输入端、输出端的关键参数进行设置、取样、计算和分析,衡量流程绩效的一种目标式量化管理指标,是把企业的战略目标分解为可操作的工作目标的工具,是企业绩效管理的基础。KPI可以使部门主管明确部门的主要责任,并以次为基础,明确部门人员的业绩衡量指标,建立明确的切实可行的KPI体系,这是做好绩效考评的关键。KPI法的主要步骤为:

1.确定关键绩效指标要坚持SMART原则。SMART是5个英文单词的缩写:S代表具体(Specific),指绩效考核要切中特定的工作指标,不能笼统;M代表可度量(Measurable),指绩效指标是数量化或者行为化的,验证这些绩效指标的数据或者信息是可以获得的;A代表可实现(Attainable),指绩效指标在付出努力的情况下可以实现,避免设立过高或过低的目标;R代表实现性(Realistic),指绩效指标是实实在在的,可以证明和观察;T代表有时限(Time bound),注重完成绩效指标的特定限期。

2.建立企业级KPI。建立KPI的要点在于流程性、计划性和系统性。首先要明确企业的战略目标,并在企业会议上利用头脑风暴法和鱼骨分析法找出企业的业务重点,也就是企业价值评估的重点。然后,再用头脑风暴法找出这些关键业务领域的关键业绩指标(KPI),即企业级KPI。

3.建立部门级KPI。即各部门的主管需要依据企业级KPI建立部门级KPI,并对相应部门的KPI进行分解,确定相关的要素目标,分析绩效驱动因数(技术、组织、人等),确定实现目标的工作流程,分析并确定各部门级KPI的评价指标体系。

4.建立各职位(岗位)的KPI。各部门再将KPI进一步细分,分解为更细的KPI及各职位的业绩衡量指标,这些业绩衡量指标就是员工考核的要素和依据。这种对KPI体系的建立和测评过程本身,就是统一全体员工朝着企业战略目标努力的过程,也必将对各部门管理者的绩效管理工作起到很大的促进作用。

5.设定评价标准。指标体系确立之后,还需要设定评价标准。一般来说,指标指的是从哪些方面来衡量或评价工作,解决"评价什么"的问题;而标准指的是在各个指标上分别应该达到什么样的水平,解决"被评价者怎样做,做多少"的问题。

6.对关键绩效指标进行审核。比如,审核这样的一些问题:多个评价者对同一个绩效指标进行评价,结果是否能取得一致?这些指标的总和是否可以解释被评估者80%以上的工作目标？以及跟踪和监控这些关键绩效指标是否可以操作？等等。审核主要是为了确保这些关键绩效指标能够全面、客观地反映被评价对象的绩效，而且易于操作。

值得注意的是，每一个职位都是影响某项业务流程的一个过程，或影响过程中的某个点。在订立目标及进行绩效考核时，应考虑职位的任职者是否能控制该指标的结果，如果任职者不能控制，则该项指标就不能作为任职者的业绩衡量指标。比如，跨部门的指标就不能作为基层员工的考核指标，而应作为部门主管或更高层主管的考核指标。可见，绩效管理是管理双方就目标及如何实现目标达成共识的过程，以及增强员工成功地达到目标的管理方法。管理者给下属订立工作目标的依据来自部门的 KPI，部门的 KPI 来自上级部门的 KPI，上级部门的 KPI 来自企业级 KPI。只有这样，才能保证每个职位都是按照企业要求的方向去努力。

（七）基于战略的绩效评估体系——平衡记分卡法

平衡计分卡（Balanced Score card）是由美国著名的管理大师罗伯特·卡普兰（Robert S·Kaplan）和复兴方案国际咨询企业总裁戴维·诺顿（David P·Norton）在总结了十二家大型企业的业绩评价体系的成功经验的基础上提出的，是具有划时代意义的战略管理业绩评价工具。　平衡计分卡把企业的使命和战略转变为可衡量的目标和方法，这些目标和方法分为四个方面：财务、客户、内部经营过程、学习与成长，各部分又被细化为若干个指标。通过这个全面的衡量框架，能够帮助企业分析哪些是完成企业使命的关键成功因素，哪些是评价这些关键成功因素的指标，以便促使企业员工完成目标。

《哈佛商业评论》将平衡记分法评为近年来最具影响力的管理学说。根据有关权威调查显示，在《财富》排名前 1000 家公司中，55%以上已经实施了平衡计分卡这一先进工具或者理念。

1.平衡计分卡评估的四个方面

（1）财务方面。平衡计分卡的财务绩效衡量方面，显示企业的战略及其实施和执行是否正在为最终经营结果的改善做出贡献。常见的指标包括：资产负债率、流动比率、速动比率、应收账款周转率、存货周转率、资本金利润率、销售利税率等。

（2）客户方面。平衡计分卡的客户方面衡量包括客户的满意程度、对客户的挽留、获取新的客户、获利能力和在目标市场上所占的份额。

（3）内部经营过程方面。内部经营过程衡量方法所重视的是对客户满意程度和实现组织财务目标影响最大的那些内部过程。平衡计分卡方法把革新过程引入到内部经营过程之中，要求企业创造全新的产品和服务，以满足现有和未来目标客户的需求。这些过程能够创造未来企业的价值，推动未来企业的财务绩效。

（4）学习和成长方面。组织的学习和成长有三个主要的来源：人才、系统和组织程序。平衡计分卡能够揭示人才、系统和程序的现有能力和实现突破性绩效所必需的能力之间的差距，从而实施有效的投资改进。

2.如何建立平衡计分卡

（1）准备。企业应首先明确界定适于建立平衡计分卡的业务单位。一般来说，有自己的顾客、销售渠道、生产设施和财务绩效评估指标的业务单位，适于建立平衡计分卡。

(2)首轮访谈。业务单位的多名高级经理研究关于平衡计分卡的背景材料,以及描述公司的愿景、使命和战略的内部文件。平衡计分卡的推进者(即指外部的顾问,或者是公司中组织这一行动的经理)对每位高级经理进行访谈,以掌握他们对公司战略目标的了解情况。

(3)首轮经理讨论会。高级经理团队与推进者一起设计平衡计分卡。在这一过程中,小组讨论中提出对公司使命和战略的各种说法,最终应达成一致。在确定了关键的成功因素后,由小组制定初步的平衡计分卡,其中应包括对战略目标的绩效评估指标。

(4)第二轮访谈。推进者对经理讨论会得出的结果进行考察、巩固和证明,并就这一暂定的平衡计分卡与每位高级经理举行会谈。

(5)第二轮经理讨论会。高层管理人员和其直接下属,以及为数众多的中层经理集中到一起,对企业的愿景、战略陈述和暂定的平衡计分卡进行讨论,并开始构思实施计划。

(6)第三轮经理讨论会。高级经理人员聚会,就前两次讨论会所制定的愿景、目标和评估方法达成最终的一致意见,为平衡计分卡中的每一指标确定弹性目标,并确认实现这些目标的初步行动方案。

(7)实施。由一个新组建的团队为平衡计分卡设计出实施计划,包括在评估指标与数据库和信息系统之间建立联系,在整个组织内宣传平衡计分卡,以及为分散经营的各单位开发出二级指标。

(8)定期考察。每季或每月应准备一份关于平衡计分卡评估指标的信息蓝皮书,以供最高管理层进行考察,并与分散经营的各分部和部门进行讨论。在每年的战略规划、目标设定和资源分配程序中,都应包括重新检查平衡计分卡指标。

3.以平衡记分卡为核心的战略管理过程

(1)确定公司的使命、愿景和战略并进行实施。也就是从平衡记分卡的四个方面考虑公司的使命远景和战略制定。比如:从客户的角度,公司的管理层需要决定为哪些客户群体服务,以及在那个细分的市场领域进行竞争等等;从财务的角度,公司在未来要获得什么样的收益;从内部的流程角度,在决定了公司的竞争领域以及收益目标之后就要选择内部业务流程的和相应的衡量方法;从学习和创新方面,对公司的使命愿景进行反复的思考和讨论,进行相应的修正,以达成共识。

(2)对公司的使命远景以及战略进行宣传和必要的衔接。公司的战略确定后,对战略进行宣传、贯彻和解释,使公司的各级组织以及公司的全体员工明确公司的战略,这样有利于每一级组织和每一位员工的行动与公司的战略保持一致,发挥战略协同作用。同时,在每一个人明确了自己应该采取的行动后,便于平衡记分卡的分解制定。在制定了相应的平衡记分卡以后,就可以比较容易的对部门和员工的业绩进行考核,在考核以后要把考核的结果和奖惩联系起来,做到奖罚分明。

(3)制定实施计划,确定目标。在公司的战略确定后,要找出战略实施的关键成功因素,然后再找出关键的绩效指标(KPI)。据此,可以进一步制定公司的年度计划。公司的年度目标是按照平衡记分卡从公司的战略分解下来的,这就保证了公司的年度计划和战略规划的一致性,并且保证了战略规划的可操作性。年度计划制定后,就可以根据年度计划来制定下一年的预算,分配企业的资源,保证公司的战略的实现。

(4)战略的评估与控制。每一年公司要根据公司经营的结果,从平衡记分卡的四个方面,评估公司战略的制定效果,对战略执行进行反馈。根据战略实施中存在的问题,重新进行战略分析,共同制定新的假设,也就是制定新的战略制定的前提条件,开始新一轮的战略管理工作。

从以上四个方面不难看出,平衡记分卡法涵盖了战略管理的整个过程,成为一个全新的战略管理系统。

本 章 思 考 题

1.人力资源考评应坚持哪些原则? 为什么?

2.素质考评与绩效考评的区别和联系各有哪些? 怎样认识?

3.素质考评如何能结合人员层次的不同来设计考评内容与要求?

4.你是怎样认识主客观四个因素对绩效考评的影响?

5.你对哪个绩效考核的方法比较感兴趣,为什么?

案 例 分 析

案例一:摩托罗拉的绩效评估

(一)绩效评估的目的

摩托罗拉员工的薪酬和晋升都与评估紧密挂钩,但是摩托罗拉对员工评估的目的绝不仅仅是为员工薪酬调整和晋升提供依据。摩托罗拉评估的目的是:使个人、团队业务和公司的目标密切结合;提前明确要达到的结果和需要的具体领导行为;提高对话质量;增强管理人员、团队和个人在实现持续进步方面的共同责任;在工作要求和个人能力、兴趣和工作重点之间发展最佳的契合点。

(二)评估目标

摩托罗拉业绩评估的成绩报告表(SCORE CARD)是参照美国国家质量标准制定的。各个部门根据这个质量标准,针对具体业务制定自己的目标。摩托罗拉员工每年制定的工作目标包括两个方面:一个是战略方向,包括长远的战略和优先考虑的目标;另一个是业绩,它可能会包括员工在财政、客户关系、员工关系和合作伙伴之间的一些作为,也包括员工的领导能力、战略计划、客户关注程度、信息和分析能力、人力发展、过程管理等。员工制定目标的执行要求老板和下属参与。摩托罗拉每3个月会考核员工的目标执行情况。员工在工作中有一个联系紧密的合作伙伴,摩托罗拉称之为 KEY WORK PARTNER,他们彼此之间能够相互推动工作。跨部门同事和同部门同事之间紧密联系,使考核达到360度的平衡。

(三)如何避免误区

有些人在工作中的焦点不是客户,而是怎样使他的老板满意。这种情况也导致评估的误区,出现两种不好的情况:一是员工业绩比较一般,但是老板很信任他;另一种是后加入团队的员工,成绩很好,但是没有与老板建立信任的交情。在这种情况下,人力资源部的细致工作就变得非常重要了。

(四)论功行赏

摩托罗拉年终评估在1月份进行,个人评估是每季度一次,部门评估是一年一次,年底对业务进行总结。根据 SCORE CARD 的情况,公司年底决定员工个人薪水的涨幅,也根据业绩晋升员工。摩托罗拉常年都在选拔干部,一般比较集中的时间是每年2、3月份,公司挑选管理精英,到总部去考察学习,到5、6月份会作出决定。

(五)管理者的素质是关键

如果员工对评估有不公之感,可以拒绝在评估结果上签字。每个员工的评估表会有自己的主管和主管的主管签字,所以他的上级会知道其中有问题,并会参与进来,了解其中情况,解决存在的问题。所以,评估的质量如何与管理者的关系很大。摩托罗拉非常注重管理者的素质,因为管理者是制度的执行者,所以选拔管理者有许多明确的条件。例如摩托罗拉对副总裁候选人的素质要求有四点:第一是个人的道德素质高;第二是在整个大环境下,能够有效管理自己的人员;第三是在执行总体业务目标时,能够执行得好,包括最好的效果、最低的成本、最快的速度;第四是能够创新,理解客户,大胆推动一些项目,进行创新改革。副总裁需要有这四种素质,而且还要求这几点比较平衡。总监、部门经理等都会有其就职要求。摩托罗拉有许多给领导的素质培训,职业道德培训,还给他们跨国性的培训,让他们在全球做项目,知道做事方法不只一种。

分析讨论题

1. 你认为摩托罗拉的绩效考评如何?存在什么不足?
2. 摩托罗拉的绩效考评管理对我们有什么启示?

案例二:白铭的跳槽

白铭大学毕业后被一家中日合资企业聘为销售员。工作的头两年,他的销售业绩确实不敢让人恭维。但是,随着对业务逐渐熟悉,加之跟那些零售客户搞熟了,他的销售额就开始逐渐上升。到第三年年底,他根据与同事们的接触,估计自己当年为全公司销售冠军。不过,公司的政策是不公布每人的销售额,也不鼓励互相比较,所以小白还不能肯定。去年,小白干得特别出色,到9月底就完成了全年的销售额,但是经理对此却是没有任何反应。

尽管工作上非常顺利,但是小白总是觉得自己的心情不舒畅。最令他烦恼的是,公司从来不告诉大家干得好坏,也从来没有人关注销售员的销售额。他听说本市另外两家中美合资的化妆品生产企业都在搞销售竞赛和奖励活动,公司内部还有通讯之类的小报,对销售员的业绩经常进行评价,让人人都知道每个销售员的销售情况,并且要表扬每季和年度的最佳销售员。想到自己所在公司的做法,小白就十分恼火。

上星期,小白主动找到日方的经理,谈了他的想法。不料,日本上司说这是既定政策,而且也正是本公司的文化特色,从而拒绝了他的建议。几天后,令公司领导吃惊的是,小白辞职而去,听说是给挖到另外一家竞争对手那儿去了。而他辞职的理由也很简单,自己的贡献没有被给予充分的重视,没有得到相应的回报。

正是由于缺乏有效、正规的考核,这家公司无法对小白做出评价并且给予相应的奖励,才使公司失去了一名优秀的员工。

分析讨论题

如果你是该公司的销售负责人,你将如何制定销售人员的考核方法?

第十章
工资薪酬管理

工资薪酬管理是人力资源管理的一个重要职能,对人力资源配置效果的影响非常大。若一个国家或一个行业、一个企业的工资薪酬制度、工资政策、工资结构和工资体系比较合理的话,对人力资源的配置就会产生积极的作用,使配置比较合理和有效。反之,则会产生消极的影响,使人力资源的配置不够合理,影响职工的积极性,甚至还会产生严重的负面效应。

第一节　工资薪酬管理的基本问题

一、工资薪酬的概念与内涵

(一)工资薪酬的概念分析

从严格意义上看,尽管工资与薪酬都是员工工作中得到的报酬或回报,但两者的概念是有明显区别的。工资是对员工付出劳动的报酬,即我们所讲的"干多少活,给多少钱"、"多劳多得,少劳少得,不劳不得";薪酬则是指把人的知识和技能看成是一种投资所形成的资本,视员工在工作中这种资本的作用发挥程度而得到的回报。更明确地说,工资是人力资源作为劳动而享受的回报,薪酬是人力资源作为资本而享受的回报。正是由于两者都源于人的劳动过程(包括体力劳动和脑力劳动),才是人们容易对两者的概念混淆。那么,同样也是由于两者源于劳动的缘故,我们在具体分析报酬及其管理问题时仍然要把两者撤在一起,这样更有利于说明我们要讲的工资薪酬问题。因此,我们在下文中往往是把工资与薪酬相提并论的,无论在谈到工资或薪酬问题时都是包括两者的含义在内的,这是要特别说明的一点。

(二)工资薪酬与工资率

1.工资薪酬的内涵及构成

从经济学的观点看,工资薪酬既是员工在组织中投入劳动的报酬,也是组织的成本支出。从心理学的角度来说,工资薪酬又是激励个体行为的手段。一般来说,工资薪酬的构成可以分为内在的和外显的两种。内在的工资薪酬是心理和社会性因素,例如安全感、成就感、满足感、公平感、自我实现感、尊重感等,都是由工作和职位的薪酬所带来的心理感受。内在的薪酬是看不见、摸不着的,但是所起的作用在许多情况下可能比外显的薪酬还要重要。外显的工资薪酬是确实能给人带来实惠的物质因素,例如金钱和福利待遇。当然,我们所讲的工资薪酬主要还是指外显的薪酬。一般情况下,内在的薪酬大多都是通过外显的薪酬才起作用的。

因此,从外显的工资薪酬来看,一般是由基本工资、奖金和福利三个部分构成。从发展趋势看,也包括人力资本持股、职务消费等形式。

(1)基本工资。所谓基本工资,是指按照岗位(或职务)分类所确定的一组相对固定的结构工资收入,主要是由基础工资、职务(岗位)工资、技能工资、工龄工资和国家津贴以及各种补贴所构成的,其中工龄工资(或称年功工资)也可以体现在基础和职务(岗位)工资之中。

(2)奖金。奖金则是工资的一种补充形式,一般要与工作绩效相联系,比如月奖、季奖、年终奖等形式,都是与月工作绩效、季度工作绩效和全年工作绩效联系在一起的。奖金发放的多少,一方面与贡献大小直接有关,另一个方面与职工所在单位经济实力的强弱也有直接的关系。在社会主义市场经济条件下,这种单位之间、部门之间、行业之间、地区之间在奖酬金发放上的差异和悬殊程度还会进一步拉大。

(3)福利。福利也是一种补充性收入形式,既可以货币形式支付,也可以实物形式支付,有时也表现为对某种特权或服务的享有(如住房补贴、子女教育补助、特殊政策等),且一般以平均的方式发放。

(4)人力资本持股。人力资本持股主要是指期权和股权,它强调差别,区别于以社会保障为目的的员工持股,后者实际上是一种大锅饭思路。而人力资本持股的多少,则是以人力资本效能发挥的程度和业绩高低来核定的。

(5)职务消费。职务消费指由职务引发的消费,所以只发生在相关的人员身上,这种消费应记入工资薪酬体系中,而不应该记入组织的会计体系。目前,许多国内企业把职务消费记入会计体系,必然会引发一系列弊病。

从我国现行工资制度所表现出来的工资薪酬形式来看,不同行业和地区之间还是存在一定差异的,特别在垄断性经营行业与非垄断经营性行业之间,以及经济发达地区与欠发达地区之间工资薪酬差异就比较大,这必然会影响到对人力资源的有效配置。

2.工资率

工资率是指单位劳动时间的价值或报酬,因而不同行业、不同职业、不同工种之间的工资率是有差异的,甚至差异还非常大。从一个国家来看,所谓工资率实际是指平均的单位劳动时间的价值或报酬,它反映了一个国家的整体工资水平。在现实生活中,人们更加关注的还是与自己就业有关的职业、行业、工种的工资率,特别会自觉不自觉地与周围的职业、行业、工种的工资率进行比较,一些人产生调动或者"跳槽"的想法就是在比较之后而萌生的。因此,工资率对人力资源的配置是有明显影响作用的。

(三)工资的种类

工资的种类有很多,这里介绍主要的几种类型:

1.计时工资制。按照工作时间计算工资是传统的工资支付方式,衡量工作时间的时间单位有钟时、日、月和年等。

2.计件工资制。计件工资制是以劳动所完成的合格产品或工作的数量为依据计算工资数额的。这种工资制度一般在生产任务明确、产品数量和质量易于测量和统计的工种中实行。而对一些智能化程度较高的技术工作或管理工作则不易实行。

3.结构工资制。我国从1985年7月1日起,国家机关、事业单位进行工资制度改革,实行以职务工资为主的结构工资制度。从此以后,结构工资制度在我国得到广泛应用。一般来说,按照工资的不同职能结构工资可以分为基础工资、职务工资、工龄工资和奖励工资等四个组成部分。

4.浮动工资制。浮动工资制就是把职工基本工资的部分或全部与奖金合在一起,依据企业效益好坏以及职工工作表现和工作绩效大小而支付工资的一种工资制度。

5.等级工资制。等级工资制应做到职务范围清晰、责任分明、工作规范、易于评价,还应建立严格的职工调配、考核和晋升制度才能保证实施的有效性。

6.岗位技能工资制。岗位技能工资制是目前在我国企业中广泛实行的一种工资制度,是一种以岗位和技能两个工资单元为主而设计的新型工资制形式。

(四)实得工资与实际工资

实得工资和实际工资是人们经常谈论的工资问题,但许多人并不一定完全搞清楚了两者的具体含义。所谓实得工资,就是指扣除各种税款和应交款之后而实际拿到的工资,用公式表示为:

$$实得工资=工资-(税款+应交款)$$

比如,我国职工工资中要扣除水电费、房费、住房公积金,以及有关会费等款项,超过免税限额的还要上交税款之后的净工资,美国人拿到的税后工资等都是实得工资。而所谓实际工资,与实得工资的概念又有所不同,它是指人们拿到的实得工资的货币量所能购买到的商品和服务的多少与质量的好坏。在日常生活中,人们拿到的工资一般都是用来购买商品和服务的,而工资的多少(实得的多少)只是部分的决定了购买数量的多少,同时还要取决于商品和服务的价格。这就是人们常说的,当商品和服务的价格上涨时,职工的实际工资就等于下降了。这说明,实得工资并不等于实际工资,实得工资只是职工实际拿到的货币量,而实际工资则表明了实得工资的实际购买力。因此,在日常生活中,职工不仅会注意实得工资的高低,而且还会非常关注实得工资的实际效能(即实际购买力),而二者的波动都会影响到职工心理的变化,并进而影响到人力资源的配置效果,以及社会经济的健康发展。

二、制定工资政策的基本原则与影响因素分析

（一）制定工资政策的基本原则

从理论上讲，工资政策的基本功能就在于提高组织吸引并保持高效率的合格劳动力的能力。因而，若工资政策比较合理，就能吸引到所需要的合格劳动力，保持组织的效力。反之，若工资政策不太合理，就会使组织失去或减弱吸引合格劳动力的能力，并影响到组织效力的发挥。正鉴于此，任何工资政策既要体现工作与工资报酬的内在联系，也要充分考虑工资政策与其它企业、行业、地区的工资政策之间的关系，尽可能使工资政策具有客观公正性和合理性，促进人力资源的有效配置。那么，制定工资政策到底应遵循哪些基本原则呢？

1.要坚持公平性原则

公平性原则是制定工资政策的首要原则，也是设计工资方案以及实施工资管理的首要原则，无论从一个国家、一个地区、一个行业或一个企业来看，都非常重要。实际上，我们讲工资政策的公平性，就是指这种工资政策在付诸工资运行与管理实践后，所体现出来的工资水平能与工作性质、工作数量与质量、工作报酬的多少以及人们的主观判断标准等因素结合起来，既反映了客观公正性，又体现了主观公平感。在日常生活中，人们谈论最多的工资问题，都是涉及到公平性原则的问题。因此，坚持公平性原则，就要在制定工资政策时，了解职工的心理活动状态，理解职工的主观判断和比较心态，懂得公正与否都具有很强的扩散性。既要考虑工资政策的民主性与透明度，又要充分考虑到每一个政策出台后的客观依据和可靠性，还要考虑为职工创造公平竞争的机会和条件。否则，公平性原则就难以坚持，或无从谈起。

2.要坚持"按劳分配"原则

"按劳分配"是我国分配制度应该坚持的基本原则，工资政策无疑应坚持这一原则。从我国的分配实践看，真正意义上的按劳分配是很难做到的，特别在社会主义的初级阶段，更是难以完全做到。这是因为在实际分配领域内，既要考虑劳动者的贡献大小，又要考虑劳动力（甚至每个公民）的实际生活需要，并在职工的工资构成因素中已经充分体现了这种考虑。因此，在制定工资政策时要坚持"按劳分配"的原则，就是要按照劳动的复杂程度、技能要求的高低及熟练程度、劳动者的贡献大小等因素来加以综合考虑，并在岗位（职务）工资、技能工资中充分地得以体现。当然，"按劳分配"的原则坚持的如何本身就体现着公平性原则，两者是联系在一起的。

3.要坚持激励性原则

激励性实际上是制定工资政策的一个重要目的，即通过公正合理的工资政策，来激励职工的工作行为，取得最佳的工作绩效。从这个意义上看，工资政策的激励性原则是非常重要的，制定工资政策，设计工资分配方案，实施工资管理都是为了能够激励职工的工作行为。假若一种工资政策出台后，没有起到激励的作用，就说明制定工资政策时没有坚持激励性原则。因此，坚持激励性原则，就是要在坚持"按劳分配"原则和公平性原则的基础上，使工资分配能根据职工的工作表现和工作贡献来适当拉开差距，起到奖勤罚懒、激励士气的作用，把工作做得更好。事实证明，工资政策的激励性原则若体现不够或体现很差，

必然要影响到职工的工作积极性。在社会主义现代化建设的新的历史条件下，缺乏挑战性、激励性的工作性质和管理行为，是难以满足职工的进取性心理需求的，最终也必然会影响到对人力资源的有效配置。

4.要坚持合法性原则

无论对一个国家、一个地区、一个行业或一个企业组织来说，制定工资政策的基本依据就是国家及各级政府的有关政策和法律规定。尽管目前我国有关法规还不够完善，但就目前已经出台的一些法规而言，应该作为制定工资政策要坚持的基本原则之一。比如，有关劳动、工资、权益保护、关系协调等许多方面的法律和政策规定，都是工资政策具有合法性的依据。随着我国社会主义市场经济体制的建立和不断发展，有关工资政策的法规还会进一步趋于完备，这些法则对于工资分配制度的完善和人力资源的合理配置必然产生积极的影响。

(二)影响制定工资政策的主要因素分析

1.外在因素的影响

外在因素是指组织外部的一些因素的影响，主要有以下几个方面。

(1)劳动力市场的供求关系与竞争状况对制定工资政策的影响。就一般规律而言，当劳动力市场供求关系出现供大于求时，就业渠道就相对紧张一些，劳动力之间的竞争必然会趋于激烈。在这种情况下，劳动力的市场价格就会下浮于标准值，若要有更多的就业机会，就看谁的价格更低一些，这样也就必然会影响到工资政策。同样，当劳动力市场供求关系出现求大于供时，竞争又主要局限于用人单位之间，因而劳动力的市场价格就会上浮于标准值，从而影响到国家和企业对工资政策的制定。因此，无论劳动力市场的供求关系怎样变化，竞争如何激烈，国家和企业组织都必须准确地把握这种变化的规律性，在制定工资政策时，既要遵循规律，按规律办事，又要利用规律，尽可能地减少波动，使工资政策既有预测性，又有稳定性，能够缓释供求波动所带来的某些负效应，始终保持良好地调节和规范作用。

(2)地区、行业的特点与差异对制定工资政策的影响。拿我国来讲，地区之间的差异就非常大，如经济资源、工业布局、产业结构、人文素质、道德观念、价值取向、地域环境等都存在着一定的差异，这些都必然会影响到对工资政策的制定，进而影响到对人力资源的配置。如沿海地区与中西部地区各方面的差异就非常之大，各自的特点也非常明显，工资政策方面的差异就是地区差异与特点的实际体现，并对人力资源的配置产生着一定程度的影响。行业特点与差异在工资政策和实践上的表现也比较突出，如对高校、金融、铁路、电力、邮电等行业与其它行业的比较，其结果对人力资源配置的影响就非常大。

(3)国家有关法规政策对制定工资政策的影响。国家的有关法规政策本来就是制定工资政策的原则和依据，其影响不言而喻。作为一个社会或一个特定社会组织的工资政策，必然应该坚持这个原则和依据。因此，随着社会经济的发展，有关的法规法令还要进一步完善，工资政策也要依据有关法律规定及其发展变化适时作出调整，直接规范工资实践的深入，为人力资源的有效配置发挥作用。

(4)生活水平的高低对制定工资政策的影响。生活水平的高低本质上反映经济发展水平的高低状况,所以生活水平是由经济发展水平决定的。由此可见,一个社会生活水平的高低,直接取决于工资政策以及工资水平的高低,生活水平对工资水平具有直接的依赖性。但是,生活水平的高低反过来又要影响工资政策的改革与实践。特别在经济波动比较大的时期,生活水平对调整工资政策的影响作用就非常明显。另外,其它国家和地区的生活水平也会间接或直接地影响到工资政策的制定与调整。

2.内在因素的影响

内在因素的影响主要有以下三个方面:

(1)组织的管理哲学和文化价值观。组织的管理哲学和文化价值观其核心问题就是对职工本性与价值的认识及其态度。若认为职工工作就是经济目的,那就必然会按照这种认识来制定政策,包括制定工资政策。若认为职工工作是为了展现才能,表现自我,同样这种认识也要影响制定政策。因此,对组织发展的基本力量和作用的认识与态度,必然也要反映在对职工的认识与态度上,无论是把职工作为基本力量和主人,还是把职工作为被管理、被使用的工具,都会直接或间接地反映在工资政策和其它管理制度和管理方式中去。

(2)组织的经济实力。组织的经济实力是指组织的财力状况和来源的多少,它反映了资本雄厚的程度以及用于人力资源分配的资金数量。一般来说,资本比较雄厚,来源渠道比较多且稳定,发展前景呈上升趋势的组织,在制定工资政策和人力资源使用计划时,就比较倾向于工资数量的提高及合理配置。反之,若组织的财力状况不佳,来源有限,整个发展状况不太景气时,工资政策就很难考虑有序地增加工资数量,就必然会影响到职工的工资收入和劳动积极性,对人力资源的配置产生不良的影响。人力资源的流动与配置,职工在很大程度上是要考虑组织的经济实力因素的。

(3)组织的工作性质与职务(岗位)划分。组织的工作性质与组织的技术水平和密集程度以及劳动的密集程度直接相关,所以一般可以划分出劳动密集型组织和技术密集型组织两大类。而组织的职务(岗位)内容与划分,又与这两类组织类型有直接关系。若是劳动密集型组织,职工则主要从事简单的体力性的劳动,说明劳动力成本可能占总成本的比重就较大,制定工资政策时就要考虑这些因素的影响。若是技术密集型组织,那么技术人员在劳动力总量中就占有一定的比例,而且随着技术密集程度的不同,高技术人员、一般技术人员和普通职工的比例也会随之发生变化。因而,在技术密集型组织中,劳动力成本在总成本中的比重就相对低一些。因为先进技术、设备的投资所占比重较大,在总成本中就必然占有较大的比例。但是,技术密集型组织中的劳动力价格是高于劳动密集型组织中的劳动力价格的,在职务(岗位)的划分上必然蕴含着相应的技术能力要求。因此,制定工资政策,确定工资标准,都必须考虑这些实际因素的变化与影响,不管组织考虑的如何,劳动者无疑会十分关注,人力资源的流动、配置与组织间工资政策的差异不无关系。

第二节　职务分析与职位评定

一、职务分析

(一)分析什么

在许多企业人力资源管理实践中,都非常强调"以岗位为核心的人力资源管理整体解决方案"。实际上,就是指企业人力资源管理的一切职能,都是以职务分析为基础的。职务分析作为人力资源管理的龙头,往往制约着人力资源管理其他职能的作用发挥。因此,建立有效的职能分析系统可以提高人力资源管理工作的效率,并且可以为建立一套适合组织现状及未来发展的人力资源管理体系奠定坚实的基础。

就职务分析而言,信息的收集、分析、综合是核心内容,包括以下三个相关活动:(1)按选定的方法、系统和程序收集信息;(2)研究各种职务因素的分析活动,主要包括信息描述、信息分类和信息评价;(3)综合研究,即把所获得的分类信息进行解释、转换和加工组织,使之成为可供使用的分析因素。

具体讲,对职务信息的分析包括以下内容:

1.职务名称分析

其目的使工作名称标准化,以求通过名称就能使人了解职务的性质和内容,所以要求命名准确。

2.职务规范分析

其目的是全面认识职务的整体要求。分析内容主要包括:

(1)职务职责分析。明确规定职务行为,如中心任务、职责内容、工作的独立性和多样化程度、完成职责的方法和步骤、使用的设备和材料。

(2)职务责任分析。目的是通过对职务相对重要性的了解来配备相应权限,保证责任和权力对应,尽量用定量的方式确定责任和权力,如财务审批的权限和金额数、准假天数的权限等等。

(3)职务关系分析。目的在于了解职务的协作关系,包括该职务制约哪些工作;受哪些工作制约;相关工作的协作关系;在哪些工作范围内升迁或调换。

(4)劳动强度分析。目的在于确定职务的标准活动量。劳动强度可用本职务活动中劳动强度指数最高的几项操作来表示。如果劳动强度指数不易确定或代表性不强时,可用标准工作量来表示。如劳动的定额、工作折算基准、超差率、不合格率、原材料消耗及正常允许波动范围、工作循环周期。

3.职务环境分析

(1)职务的物理环境,即湿度、温度、照明度、噪音、震动、异味、粉尘、空间、油渍等以及工作人员每日和这些因素接触的时间。

(2)职务安全环境,包括工作的危险性;可能发生的事故;过去事故的发生率;事故的原因及对执行人员机体的哪些部分造成危害,危害程度如何;劳动安全卫生条件;易患的职业病、患病率及危害程度。

(3)社会环境,包括工作所在地的生活方便程度;工作环境的孤独程度;上级领导的工作作风;同事之间的关系。

4.职务执行人员必备条件分析

旨在确认职务执行人员履行职责时应具备的最低资格条件,主要包括:

(1)必备知识分析,包括学历最低要求;对使用的机器设备、材料性能、工艺过程、操作规程及操作方法、工具的选择和使用、安全技术、企业管理知识等有关技术理论的最低要求;管理人员应具备的政策、法令、工作准则及有关规定或文件的通晓程度。

(2)必备经验分析,指各职务对执行人员为完成工作任务所必须的操作能力和实际经验的分析,包括执行人员过去从事同类工作的工龄及成绩;应接受的专门训练及程度;应具备的有关工艺规程、操作规程、职务实施方法等活动所要求的实际能力。

(3)必备操作能力分析,根据前两项提出的要求,通过典型操作来规定从事该项职务所需的决策能力、创造能力、组织能力、适应性、注意力、判断力、智力以及操作熟练程度。

(4)必备的心理素质分析,即根据工作的特点确定职务执行人员的职业性向,包括体能性向:即执行人员应具备的行走、跑步、爬高、跳跃、站立、旋转、平衡、弯腰、下蹲、跪卧、举重、携重、推力、拉力、握力、耐力、听力、视力、灵巧、手眼配合等方面的能力、感觉辨别能力等;气质性向:即执行人员应具备的耐心、细心、沉着、勤奋、诚实、主动性、责任感、支配性、掩饰性、情绪稳定性等气质倾向。

以上是职务信息分析的几项内容,分析项目可以根据职务分析的目的适当加以调整。美国劳工部规定的16项基本分析项目是:职务内容、职务职责、有关职务的知识、精神方面的机能、灵巧正确的程度、经验、年龄、所需体质、教育、技能培养、见习制度、和其他工作的联系、身体动作、作业环境、作业对身体的影响、身体毛病。

(二)怎样分析

1.选择职务分析的时机

一般职务分析的时机有以下几个方面:

(1)新成立的企业。对于新成立的企业要进行职务分析,这样可以为后续的人力资源管理工作打下基础。因为企业新成立时,职务分析最迫切的用途是在人员招聘方面。由于新成立的企业很多职位还是空缺,所以职务分析应通过企业的组织结构、经营发展计划等信息来进行,制定一个粗略的职务分析计划。职务分析的结果仅仅满足能够提供招聘人员的"职位职责"和"任职资格"即可,更为详细的职务分析可以在企业稳定运做一段时间之后进行。

(2)职位有变动时。当职位的工作内容等因素有所变动时,应该对该职位的变动部分重新进行职务分析。职位变动一般包括职位职责变更、职位信息的输入或输出变更、对职位人员任职资格要求的变更等等。在职位变更时,要及时进行职务分析,以保证职务分析结果信息的有效性和准确性。要注意的是,在职位变动时,往往并不是一个职位发生改变,而是与之相关联的其他职位也会发生相应的改变。在进行职务分析时,一定要注意不能漏掉任何一个职位,否则很可能会使职务分析出现矛盾的结果。

(3)企业没有进行过职务分析。有些企业已经存在了很长时间,但由于企业一直没有人力资源部,或者人力资源部人员工作繁忙,所以一直没有进行过职务分析。这些企业应该及时进行职务分析。特别是对于新上任的人事经理,有时会发现企业的人事工作存在许多问题,根本无法理出头绪,这时就应该考虑从职务分析来切入工作。

2.制订职务分析计划

制订职务分析计划是进行职务分析的前提,它主要包括以下内容。

(1)确认职务分析的目的。即确定所取得的职务资料到底用来干什么,解决什么问题。确定职务分析的目的对于选择分析方法、分析组织规模、收集信息的范围等有重要意义。

(2)确定进行职务分析的职务。如行政管理处副处长、市场部销售经理或企业发展部公共关系经理等。

(3)选取职务分析样本。即出于职务经验、职务完整性及其他相关因素的考虑,选取某一类职务中最有代表性、典型性的职务来进行分析。如选取行政管理处张副处长、市场部销售经理王拓、发展部公共关系经理王圆为职务分析样本。

(4)制定职务分析规范。规范包括的内容有职务分析的规范用语、职务分析活动的进度、职务分析活动的层次、职务分析活动的经费等。对于大规模的职务分析活动,这些工作应分批分期有阶段地进行。

(5)选择信息来源。要限定所要收集的信息类别和收集方法,以便节约时间、精力和费用。信息来源主要有:职务执行者、管理监督者、顾客、职务分析人员、相似工作分析资料汇编、《职业名称辞典》、其它信息文件等。同时,选择信息来源时应注意:不同层次的信息提供者提供的信息存在不同程度的差别;职务分析人员要站在公正的角度听取不同信息,不要事先存有偏见;使用各种职业信息文件时,要结合实际不可照抄照搬。

(6)选择职务分析方法。由于各样本的职务性质不同,故需要采用相应的职务分析方法。如针对行政管理处应选择问卷调查法、观察法、参与法相结合的分析方法;针对市场部销售经理应选择问卷调查法、面谈法、用户访谈法相结合的分析方法;针对发展部公共关系经理应选择问卷调查法、面谈法、角色扮演法相结合的分析方法,等等。

(7)安排职务分析的步骤及时间。即按照程序规则安排什么时间干什么。如某月某日召集相关人员进行座谈,宣传并解释职务分析的目的、意义、作用及注意事项;某月某日至某月某日职务分析小组成员分别进行职务分析设计;某月某日小组成员对职务分析设计方案进行讨论和修改,等等。

(8)确定职务分析小组构成。包括组长、副组长、成员等。

有了一个好的职务分析计划,只要能够按照计划认真实施,职务分析就可以达到目的。

3.职务分析面谈计划样本

(1)该岗位的目标是什么?如这一岗位最终要取得怎样的结果;从公司角度来看这一岗位具有哪些重要意义;为何设置这一岗位;为这一职务投入经费会有何收益等。

(2)该职务的意义何在？如计算用于这一职务的一年经费,比如经营预算、销售额、用于员工本身的开销等;这一职务主管能否为部门或机构节省大笔开支,且能否年年如此;职务主管能否为公司创造不菲的收益,且能否保持业绩等。

(3)该职务在机构中的位置如何？如他直接为谁效力;哪些职位与他同属一个部门;他最频繁的对内对外联系有哪些;他在哪个委员会供职;他出差吗,去何处,因何故等。

(4)他一般有哪些助手？如他主管哪些工作;简要说明每位下属的工作范畴,即规模、范围及存在原因;他的下属是何种类型的员工,即是否称职、是否经验丰富等;他如何管理下属;使用何种信息管理系统;经常与哪些下属直接接触;他是否需具备和下属同样丰富的专业或技术知识,为什么等。

(5)需具备何种技术、管理技能,以及人际关系的协调能力？如职务的基本要求是什么;他的工作环境在技术、专业以及经济方面的状况如何;需要哪些专业技术,按重要程度列出,并按事件发生的先后顺序,请他举出工作中的实例来说明;如何掌握技术知识,脱产培训还是在职培训;公司是否有其他渠道提供类似的技术知识,他能否有机会接触这些知识;他对下属工作士气的影响如何;下属是否拥护他的管理和指导,是否需要他的配合;他在说服别人——级别相同或级别更高的人接受他对本领域或相关领域的意见时, 是否要颇费口舌;他与下属的工作程度如何;他可向谁寻求帮助;他的自主权限有多大;他向哪级主管负责;他大部分时间在做什么;日常工作中,与技术知识相比,处理人际关系的技巧重要程度如何等。

(6)管理工作中需解决的关键问题是什么？涉及哪些方面？如他认为工作中最大的挑战是什么;最满意和最不满意的地方是什么;工作中最关切或最谨慎的问题是什么;在处理这些棘手或重要问题时以什么为依据;其上司以何种方式进行指导;他是否经常请求上司的帮助,或者上司是否经常检查或指导他的工作;他对哪类问题有自主权;哪类问题他需要提交上级处理;解决问题时他如何依据政策或先例;问题是否各不相同,具体有哪些不同;问题的结果在多大程度上是可预测的;处理问题时有无指导或先例可参照;以先例为依据和对先例进行分析解释,是不是解决问题的唯一途径;他能否有机会采取全新的方法解决问题;他是否能解决交给他的问题,或者说他是否知道该如何解决这些问题;着手解决问题之前需对问题做的分析工作是由他本人还是他的上司来完成;要求他举例说明问题是谁、以何种方式解决的等。

(7)他的行为或决策受何种控制？如他依据怎样的原则、规章制度、先例和人事制度办事;他是否经常会见上司;他与上司讨论什么问题;他是否改变自己部门的结构;要求他举例说明曾做出的重大决定或举措;在以下几方面他有何种权力:雇用和解雇员工、动用资金、决定近期开支、确定价格、改变方法,以及改变岗位设计、政策和薪金。

(8)管理工作最终要取得什么重要成果？如除能圆满解决问题之外,他还直接负责什么工作;他是具体负责处理某事还是负责监督别人来处理此事;用何种标准衡量事情的结果;是由他来确定任务还是由他来组织完成任务;他对事情的成败是否有决定性作用等。

(三)怎样处理职务分析与员工心理拒绝的矛盾

职务分析是一个极其复杂的过程,在进行职务分析过程中,会碰到许多意想不到的困难,而员工的心理拒绝就是对职务分析产生影响的一个重要方面。

1.员工心理拒绝的概念及表现形式

员工心理拒绝是由于员工害怕职务分析会对其熟悉的工作环境带来变化或对自身利益带来损失时,而对职务分析及其小组成员表现出反感以及对其工作采取不合作甚至百般阻挠的态度。

(1)表现为对职务分析实施者的冷淡和抵触情绪。即如果职务分析人员在进行问卷调查、访谈、收集资料时,明显感到员工对其态度冷淡、言语讥讽或者故意找借口对职务分析实施者所需要的相关资料不给予提供,不配合其访谈和调查工作。而这些问题又不是因为职务分析实施人员本身的原因,如对员工态度傲慢,给员工造成心理压力的情况下,可以断定这些表现就是员工心理拒绝。

(2)员工心理拒绝表现在员工所提供的信息资料的准确性上。即如果某职务分析者在分析员工提供有关工作的信息资料时,发现这些信息与实际情况有较大的出入时,可以断定存在员工心理拒绝。其表现为:员工故意提供虚假的信息资料;故意夸大其所在岗位的实际工作责任、工作内容,以及格对其他岗位的工作予以贬低等。

2.员工心理拒绝的一般原因

(1)职务分析的减员降职职能是员工心理拒绝的先天性原因。员工通常会认为职务分析会对其就业、工作内容、工作权利、责任、工作范围、薪酬水平等造成威胁,尤其会认为这可能是管理者为辞退员工或降低薪水所找的一个自认为合理的借口。因此,心理对职务分析产生拒绝是理所当然的,也是一种天生的心理拒绝。

(2)测量工作负荷和强度是员工心理拒绝产生的现实原因。因为员工认为企业为了加重员工工作负荷,会经常使用职务分析。更重要的是,员工认为管理者始终存在着这种想法,并会不断增加其工作强度至较高的水平。而如果自己的工作效率太高,上级就会再增加自己的工作强度,那时就有可能达不到管理者要求的工作水平,这样就会给管理者造成不努力工作的印象,以至最终得不到晋升的机会。现实中这种情况也时有发生,企业为确定某项工作实际所需要的工作时间,并不一定完全参考员工在工作中实际耗费的时间,常常会采用职务分析的方法。员工由于担心自己的工作将会更辛苦,从而对职务分析产生心理拒绝也是必然的。

(3)害怕用职务分析中的衡量标准和工作职责来对员工进行考核,也是员工产生心理拒绝的又一原因。在许多企业,尤其是没进行职务分析的企业,对不是计件和计日的工作,特别是管理工作,许多人都认为无法进行绩效考核。于是就千方百计地对职务分析采取抵制态度,存在着明显的心理拒绝。

3.员工心理拒绝对职务分析的影响

(1)对职务分析实施过程的影响。由于员工害怕职务分析对其目前利益造成威胁,因此会产生对职务分析的工作抵触情绪。不支持其访谈或调查工作,从而使职务分析实施者收集工作信息的工作难以有效地进行下去。

(2)对职务分析结果可靠性的影响。因员工认为职务分析是为裁员和减员、降薪而实施的,所以即使提供给职务分析专家有关工作的信息,也可能是虚假的。而职务分析专家在这些虚假信息的基础上对工作做出的具体分析,很难说是正确的,最终产生的职务分析结果的可信度、可靠性也值得怀疑。

(3)对职务分析结果应用的影响。无疑,企业运用这些在虚假信息基础上形成的职务分析结果将会产生什么样的严重后果是不言而喻的。如果员工在培训中,根据这些不符合实际的要求安排培训计划,那很可能不会为企业带来预想的效果。如果采用这些虚假信息进行绩效评估,那评估的结果的真实性和可信度也值得深究。如果再根据此评估结果对员工进行奖罚、升降等,只 能起到适得其反的作用。

4.员工心理拒绝的解决方法

企业想要成功的实施职务分析,就必须克服员工对职务分析的心理拒绝。一个较为有效的解决方法就是尽可能地将员工及其代表纳入到职务分析的过程中。

首先,在职务分析开始之前,应向员工解释清楚以下几方面的内容:

(1)实施职务分析的原因、目的、意义和作用;

(2)职务分析小组成员组成;

(3)说明职务分析不会对员工的就业和薪水福利等产生任何负面影响,相反能够让员工更好地做好本职工作;

(4)说明为什么员工提供的信息对职务分析是十分重要的。因为只有当员工了解职务分析的实际情况,并且参与到整个职务分析过程中之后,才会相信职务分析,才能提供真实的信息。

(5)加强对职务分析小组成员的培训。包括职务分析的原因、目的、意义与被调查人员的沟通技巧和做好职务分析的步骤。这样,更便于开展职务分析工作,减少阻碍。

(6)最重要的是企业领导人和职务分析小组应做出书面承诺,企业决不会因职务分析的结果而解雇任何员工,也不会降低员工的工资水平,不会减少整个企业工作人员的总数。

其次,要做到职务分析的进程与员工紧密结合。在对职务分析实施过程中和职务分析完结之后,也应及时向员工反馈职务分析的阶段性成果和最终结果。这样员工才会有参与感,才会对自己参与的职务分析的实施和职务分析结果的执行持支持态度。

二、职位评定

职位评定是职务分析的继续,是确定工资标准与等级的基础,也是人力资源配置的基础。职位评定的目的就是要体现职位与工资薪酬之间的内在联系,确保工资薪酬结构及其水平的合理性,以便能够对职位比较重要、技术要求较高和劳动强度较大的职位支付较高的工资报酬。为此,职位评定一般要根据受教育水平、技术熟练程度、工作经历与经验、工作条件、职务职责要求和劳动强度等因素来划分出职位等级,然后按等级的高低再确定工资薪酬水平的高低。

(一)职位评定的必要性与功能作用

1.职位评定的必要性

(1)职位评定是建立新型工资薪酬管理体系的需要。现代企业管理要求建立适应现代企业制度和市场竞争要求的工资薪酬分配体系,充分发挥薪酬机制的激励和约束作用,最大限度的调动员工的工作主动性、积极性和创造性。因此,建立新型的工资薪酬管理体系在现代企业管理中就显得十分重要,新型的工资薪酬管理体系是"以人为本"企业管理制度的重要组成部分,职位评定是新型工资薪酬管理体系的关键环节。

(2)职位评定是最大限度的调动人力资源积极性的需要。在以往"大锅饭"的分配体制下,实行所谓的"公平分配"实际上是最大的不公平,干与不干一个样,干好与干坏一个样,挫伤了优秀员工和核心员工的积极性和主动性,助长了工作中的消极性,薪酬分配机制的激励和约束作用都没有得到发挥,企业管理陷于困境。随着现代企业制度的不断发展和完善,人力资源越来越成为现代企业的重要资源,未来的竞争实际上就是人才的竞争。如何极大的调动和发挥人才的主动性、积极性和创造性越来越成为企业管理面临的最大问题,工资薪酬分配机制的激励和约束作用越来越为管理者所重视。

(3)职位评定是工资薪酬分配公平性的保证。如何发挥工资薪酬分配机制的激励和约束作用?工资薪酬是激励员工努力工作的最基本要素,是报酬体系的基础。工资薪酬分配机制的激励和约束作用的发挥是由薪酬分配制度的公平性决定的,这种公平性不是平均主义,而是与员工能力、贡献相对应的公平分配。而要实现这种分配的公平,就必须通过职位评定来实现。

(4)职位评定是以岗定薪的基础。以岗定薪是建立在职位评定基础上的,不是简单的按照职位等级确定薪酬水平。职位等级是以岗定薪的一个因素,但不是全面的因素,确定职位薪酬必须进行科学的职位评定,即就是将所有的职位按其业务性质分为若干个组或职系,然后按责任大小、工作难易程度、所需教育程度、技术高低和创造的价值量大小,通过打分、排序,划分为若干个职级、职别,并对每一个职位给予准确的定义和描述,以此作为确定岗位价值的的依据。完成了给岗位定价的工作,才能实现真正公平的以岗定薪。因此,职位评定和以岗定薪是现代企业实现科学的人力资源管理,充分发挥人的能动性的必然手段,二者是相互结合,不可分离的。

2.职位评定的功能作用

职位评定的功能作用可以从以下三个方面来认识:

(1)确定职位级别的手段。一般情况下,职位等级常常被企业作为划分工资级别、福利标准、出差待遇、行政权限等等的依据,甚至被作为内部股权分配的依据,而职位评定则是确定职位等级的最佳手段。有的企业仅仅依靠职位头衔称谓来划分职位等级,而不是依据职位评定,这是有失准确和公平的。如在某企业内部,尽管财务经理和销售经理都是经理,但他们在企业内的价值并不相同,所以职位等级理应不同。同样,在不同企业之间,尽管都有财务经理这个职位,但由于企业规模不同、该职位的具体工作职责和要求不尽相同,所以职位级别也不相同,待遇自然也有差异。

(2)工资薪酬分配的基础。在工资薪酬结构中,一般都有职务工资这个项目。因而在通过职位评定得出职位等级之后,就便于确定职务工资的差异了。当然,这个过程还需要薪酬调查数据等作为参考。而国际化的职位评定体系由于采用的是统一的职位评估标准,使不同公司之间、不同职位之间在职位等级确定方面具有相应的可比性,在薪酬调查时也使用统一标准的职位等级,为薪酬数据的分析比较提供了方便。可见,职位评定解决的是工资薪酬的内部公平性问题,它使员工相信每个职位的价值反映了其对公司的贡献。而薪酬调查解决的是工资薪酬的外部公平性问题,也就是相对于其他公司的相似岗位,本公司的工资薪酬是否具有外部竞争力。

(3)员工确定职业发展和晋升路径的参照系。员工在企业内部跨部门流动或晋升时,也需要参考各职位等级的评定情况。因而,透明化的职位评估标准,便于员工理解企业的价值标准是什么,员工该怎样努力才能获得更高的职位。

(二)职位评定的过程

职位评定的过程一般需要经过以下程序:

第一步:要根据组织实际选择一组影响职位等级的因素,并确定相应的分值。如上面提到的教育水平、技术熟练程度、经验如何、工作条件、岗位职责、劳动强度等因素,这些因素会依据组织性质的不同而有所不同。比如,美国全国金属协会在确定工资薪酬水平时选用的因素项目和分值分别是:教育水平、经验和技术熟练程度占250分,岗位责任占100分,劳动强度占75分,工作条件占75分,总分为500分。

第二步:对每一个职位的特点作出仔细的分析和描述,确定每个职位的总分数。这一步工作的结果,就可以根据每个职位分数的高低,把所有职位依次排序,整个组织的所有职位评价情况则清清楚楚。但是,由于有些职位的得分主要还是出于主观估计,也有不准确和不精确的因素,这就需要认真分析,对比推敲,综合研究后确定。

第三步:根据以上评定,可以把不同职位并入相关的等级系列,即给职位评定的结果划分一个统一的等级序列。比如500分是满分,则可以将450分至500分划为一级,400分至450分划为一级,依次分出级别。

第四步:确定每个职位相应的工资率。确定的依据可以通过与其它组织的确定标准的比较来实现,也可以由用人单位与劳动者谈判来确定。当然,工资率的确定要考虑到多种因素的影响,包括外在因素和内在因素两个方面。

第五步:确定各级职位的工资级差以及晋升的速度。一般来说,人数较多、级别较低的职位,工资的级差就比较小,晋升速度也比较慢一些。反之,人数较少、级别较高的,工资的级差就

比较大,晋升的速度也相对快一些。

事实上,由于市场和竞争的作用,以及国家宏观政策的调节,一个组织的职位评定和工资结构必然要与外部的职位评定和工资结构相联系,一个行业的职位评定和工资结构就是在这个基础上形成的,甚至一个国家的工资结构也是在这个基础上形成的。因此,职位评定对人力资源的配置作用和影响是直接的,职位评定比较合理,工资水平确定的比较合理,就能够促进人力资源的配置和有效利用,反之则会产生负面作用。

(三)职位评定的方法

职位评定的方法非常之多,这里主要介绍七种方法。

1.排序定级法

排序定级法是最早的一种方法,即按各个职位的重要性和价值来确定职位等级,排出顺序,以分高低。实际上,这是一种定性评价方法,所以带有很浓的主观因素,只能适用于

规模较小、结构简单、职位单一、人数较少的组织。具体操作为:(1)成立职位评定委员会或小组;(2)根据岗位调查资料或岗位说明书做出简洁的、易于对比的岗位描述;(3)确定评定标准,对各个岗位打分;(4)评定结果汇总,计算平均得分,进而排出个岗位的综合对应顺序。由于这种方法易出现主观倾向,应通过培训提高评价人员的价值判断力,或通过重复评价三次取平均值的办法来消除主观误差。

2.岗位参照法

顾名思义,就是用已有工资等级的岗位作为参照来对其它岗位进行评估。具体的步骤是:(1)成立岗位评估小组;(2)评估小组选出几个有代表性、并且容易评估的岗位进行评估;(3) 如果企业已经有评估过的岗位, 则直接选出被员工认同价值的岗位即可;(4)将(2)、(3)步选出的岗位定为标准岗位;(5)评估小组根据标准岗位的工作职责和任职资格要求等信息,将类似的其它岗位归类到这些标准岗位中来;(6)将每一组中所有岗位的岗位价值设置为本组标准岗位价值;(7)在每组中,根据每个岗位与标准岗位的工作差异,对岗位价值进行调整;(8)最终确定所有岗位的岗位价值。

3.标准套级法

标准套级法也是比较简易的一种方法,需要事先制定一套等级标准,然后再将各待定职位及等级与这套标准相对照,确定各职位的相应级别。运用这种方法的关键是要首先制定一套等级标准,而要做好这项工作,就需要对本组织的所有职位进行大体的划分。如企业组织一般需要划分出管理人员类、技术人员类、销售人员类、一般工人类等,并要将每类人员的职位划分为若干等级,每个等级又要挑选确定出一个有典型性的标准职位,附上相应的职务说明和职位规格,这些说明与规格便构成了套级的标准。实践证明,只要这套标准确定的比较合理,就有利于对各类职位确定相应的级别和工资薪酬水平。

4.标准评分法

标准评分法是运用最普遍的一种职位评定方法,也称计点法。其步骤主要有:(1)首先制定出一套等级标准,这与标准套级法相同,即通过对所有职位进行分类,再确定每类职位的若干等级,确定标准职位并写出职务说明和职位规格,形成套级的标准。(2)找出所有职位中的"付酬因素",如典型的因素有学历、年资、劳动强度(涉及体力消耗)、工作难度(涉及智力要求)、职责、工作条件等。可以想象,职位不同,付酬因素也有差异,比如有的职位可能有"危险因素"(如井下作业、辐射环境、有毒环境等),有的则没有。有的要求"创造性"因素比较突出,有的则不一定要求。实际上,付酬因素的确定已经构成了一套完整的评分标准。(3)把确定的各个付酬因素适当划分为若干等级,等级多少可按每一种付酬因素的不同情况来确定。(4)确定每一种付酬因素的总分值及在各个等级中的分配,这一步需要有关专家通过定量分析并运用统计方法来进行。表10.1就是反映以上步骤的一个典型例子。(5)把职位等级评定的分数转换为工资形式。应该注意的是,必须一个因素一个因素的依次评定分数并进行转换,而不能将某一职位的多种因素一次评分和转换。表10.2就是一个转换表式举例。

5.因素比较法

因素比较法是比较系统和完善的一种方法,难度较大,可靠性强。这种方法一般需要经过六个步骤。

表 10.1　职位付酬因素等级划分与分值分配举例

付酬因素	一级	二级	三级	四级	五级
一、所需技能	50	100	150	200	250
1.职位专业技能	14	28	42	56	70
2.专业工作经验	22	44	66	88	110
3.主动性与独创性	14	28	42	56	70
二、所付出的努力	15	30	45	60	75
1.体力要求	10	20	30	40	50
2.智力与视力要求	5	10	15	20	25
三、职位责任	20	40	60	80	100
1.对设备	5	10	15	20	25
2.对材料或产品	5	10	15	20	25
3.对别人的安全	5	10	15	20	25
4.对别人的工作	5	10	15	20	25
四、工作条件	15	30	45	60	75
1.工作环境	10	20	30	40	50
2.危险性	5	10	15	20	25
总　分	100	200	300	400	500

表 10.2　评定分数与工资率转换表举例

工资职级	分数范围	工资(元)
1	101~150	800~950
2	151~200	950~1100
3	201~250	1100~1250
4	251~300	1250~1400
5	301~350	1400~1550
6	351~400	1550~1700
7	401~450	1700~1850
8	451~500	1850~2000

第一步:选择确定付酬因素。这一步与标准评分法的选择付酬因素大体相同,比如最典型的付酬因素有技能高低、智力状况、体力状况、职责划分和工作条件优劣等五种因素。

第二步:确定关键职位,作为职位评价的参照物。这些关键职位涵盖面要广,能反映并代表组织内的各种类型的职位群。国外企业通常要选择出 15~20 个关键职位,比如钳工、车工、机修工、模具工、装配工、搬运工等类职位。关键职位确定后,还要拟定简要准确的职务说明和规格。

第三步:按照确定的付酬因素把各关键职位的付酬额由高到低进行排序。表 10.3 就是选择了五种职位的付酬因素进行的排序,其中"现行月工资"栏就是月付酬金额。

表 10.3　职位付酬因素工资分配与排序表举例 (单位:元)

付酬因素		技能		智力		体力		职责		工作条件	
关键职位	现行月工资	因素工资	排序	因素工资	排序	因素工资	排序	因素工资	排序	因素工资	排序
模具工	940	500	1	200	1	80	3	100	1	60	5
机修工	830	450	2	160	2	70	4	70	4	80	3
装配工	750	400	3	100	4	90	2	90	2	70	4
叉车司机	700	350	4	120	3	60	5	80	3	90	2
搬运工	640	300	5	80	5	100	1	60	5	100	1

第四步:将各关键职务的月工资额分解到各付酬因素。见表 10.3 中的"因素工资"栏。如搬运工的月工资为 640 元,其中技能工资 300 元,智力因素工资 80 元,体力因素工资 100 元,职责因素工资 60 元,工作条件因素工资 100 元。

第五步:对各付酬因素及工资额高低进行排序。见表 10.3 中的"工资排序"栏。

第六步：对非关键职位进行评价。这一步要根据前几步的结果设计 "因素工资比较表",然后找出非关键职位的工资位置。比如,要找出清洁工、打字员、通讯员等非关键职位的因素工资,就可以根据前几步的结果分别确定这些工种的因素工资的高低。

6.海氏(Hay Group)三要素评估法

海氏三要素评估法是国际上使用最广泛的一种岗位评估方法。据统计,世界 500 强的企业中有 1/3 以上的企业都采用了海氏三要素评估法。这种方法通过三个方面对岗位的价值进行评估,并通过分值计算确定岗位的等级。海氏"三要素评估法"所指的三个要素及其关系如图 10.1 所示:

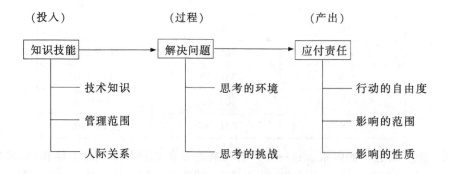

图 10.1　海氏评估法的三要素及其关系

三要素评估法认为，一个岗位之所以能够存在的理由是必须承担一定的责任，即该岗位的产出。那么通过投入什么才能有相应的产出呢？即为担任该岗位人员的知识和技能。那么具备一定知识和技能的员工通过什么方式来取得产出呢？就是通过在岗位中解决所面临的问题，即投入"知识技能"，通过"解决问题"这一生产过程，来获得最终的产出"应负责任"。

海氏评估法对所评估的岗位按照以上三个要素及相应的标准进行评估打分，得出每个岗位评估分，用公式表示即：

$$岗位评估分=知识技能得分+解决问题得分+应负责任得分$$

其中知识技能得分和应负责任评估分和最后得分都是绝对分，而解决问题的评估分则是相对分（百分值），经过调整为最后得分后才是绝对分。利用海氏评估法在评估三种主要付酬因素不同的分数时，还必须考虑各岗位的"形状构成"，以确定该因素的权重，进而据此计算出各岗位相对价值的总分，完成岗位评价活动。所谓职务的"形状"，主要取决于知识技能和解决问题的能力两项因素相对于岗位责任这一因素的影响力的对比与分配。从这个角度去观察，企业中的岗位可分为三种类型：(1)"上山"型。此岗位的责任比知识技能与解决问题的能力重要。如公司总裁、销售经理、负责生产的经理等。(2)"平路"型。知识技能和解决问题的能力在此类职务中与责任并重，平分秋色。如会计、人事等职能管理干部。(3)"下山"型。此类岗位的职责不及知识技能和解决问题的能力重要。如科研开发、市场分析人员等。通常要由职务薪酬设计专家分析各类岗位的形状构成，并据此给知识技能、解决问题的能力这两个因素与责任因素各自分配不同的权重，即分别向前两者与后者核定代表其重要性的一个百分数，两个百分数之和应为100%。

7.美世(Mercer)国际职位评估法

职位(岗位)评估同样是通过"因素提取"并给予评分的职位价值的测量方法。在20世纪七十、八十年代，职位评估就风靡欧美，成为内部人力资源管理的基础工具。调研结果表明，当时美国有70%以上的企业使用职位评估系统来帮助搭建职位系统，以及作为薪酬给付的依据。但是，当美国逐渐将人力资源管理的重点从"职位"挪到"绩效"以后，作为总部在美国的全球最大的人力资源管理咨询公司——美世咨询公司却始终没有抛弃这个工具，而是将其进一步开发，使其适合全球性，尤其是欧洲和亚洲国家的企业使用。2000年，美世咨询公司兼并了全球另一个专业人力资源管理咨询公司CRG（国际资源管理咨询集团，Corporate Resources Group）后，将其评估工具升级到第三版，成为目前市场上最为简便、适用的评估工具——国际职位评估系统(IPE，International Position Evaluation)。这种方法不仅可以比较全球不同行业不同规模的企业，还适用于大型集团企业中各个子公司的职位比较。

职位评估系统共有4个因素，10个纬度，104个级别，总分1225分。评估的结果可以分成48个级别。其中这套评估系统的4个因素是：影响(Impact)、沟通(Communication)、创新(Innovation)和知识(Knowledge)。这是在这个系统第二版7个评估因素的基础上经过大量科学提炼简化的结果。在100多位美世人力资源首席咨询顾问和众多企业人力资源资深从业者的共同研究中证明，事实上相互之间不存在相关性的因素只有两个——影响和知识。但为了减少评估过程由于主观因素造成的偏差,还是保留了另外两个相对重要的因素——沟通和创新。

在进行具体职位的评估之前,首先要确定企业的规模。可以想象一个万余人的国际性机构和一个二、三十个人的小公司如果不进行调整是不能在同一个平台上进行比较的。在这个特殊的因素中,需要考虑企业的销售额、员工人数和组织类型(制造型,装配型,销售型还是配送型等),来放大或缩小组织规模。比如一个带研发机构和销售部门的"全功能"制造型企业,可以获得销售额20倍的乘数,从而极大地放大其组织规模。销售型企业一般的乘数为5,而配送型企业一般的乘数为4。另外,员工人数也是一个重要的规模因素,管理500人和管理5个人的职位要求显然不可同日而语。借助这个因素的调整,美世评估系统可以把不同规模不同类型的企业置于同一个比较平台之上。

第三节　工资薪酬设计

一、工资薪酬设计的基本要求与原则

(一)工资薪酬设计的基本要求

1.工资薪酬设计要促进企业的可持续发展

企业要持续发展,工资薪酬设计也必须解决好企业价值分配中的三对关系。

(1)处理好现在与将来的关系。一般来说,为了刺激员工的当前贡献,通过短期激励的方式就可以强化员工的行为。但这样做的结果必然会忽视某些重要的、又不易很快见到效果的工作,如新市场的开拓、新技术的开发、经营管理的创新等,这些工作对于企业的长远发展有决定性的影响,而工作成果又往往在短时间内难以体现。因此,一个公司若过分强调当前的结果,必将影响长远的发展,薪酬设计必须促使企业的持续发展,把眼前利益与长远目标有机地结合起来。

(2)处理好老员工与新员工的关系。由于公司创业者在创业初期风险大,收入少,投入多,为了激发创业者的创业激情,公司往往会描绘未来的美景,给员工承诺一个金色的未来。然而,当企业发展起来后,新老员工的利益冲突就会日益凸显出来。老员工由于历史的贡献分享今天的成果,甚至一些企业的初始出资者始终保持公司剩余价值的独享权,这样会使外部的优秀人才进入后找不到创业的感觉,甚至影响到与老员工的关系。或者老员工由于种种原因感到失落,对新员工有意见。因此,工资薪酬设计既要有利于调节新老员工之间的关系,又要体现出很强的吸引力和激励性。假若一个公司的薪酬制度不能有效地吸取外部优秀人才的进入并激发其创业激情,公司的机能必将逐步退化,最终导致公司的消亡。

(3)处理好个体与团体的关系。为了强化激励,企业往往过分强调员工个人评价与激励,但如果过分强调个人的作用,必将会影响员工之间的协作精神,从而影响组织整体的运作能力,最终导致企业经营管理链条的断裂。而过分强调团体的作用和利益,又必将导致吃大锅饭思想的产生,压抑个体创新能力的表露和发挥。因此,工资薪酬设计要充分考虑个体和团体在创造企业效益中的协同作用,既充分估价个体对企业效益的贡献,又要充分考虑创业环境包括群体环境的培育和激励作用。

2.工资薪酬设计要强化企业的核心价值观

一个企业的核心价值观决定着企业存续时间的长短,它是企业战略抉择和是非判断的基点,表达了公司存在的意义,明确了公司倡导什么,反对什么。企业的核心价值观不是企业家一个人的事情,它必须准确地传达给每一位员工,并渗透到员工的灵魂中。只有公司的核心价值观被全体员工所认同,企业内部才能创造一种共同语言,才能从思想到行动形成一股合力。那么,如何通过工资薪酬的设计来强化企业的核心价值观?可以从两个方面来考虑:一是从各种分配形式的设计方面来考虑,如公司强化绩效导向的文化,则奖金的设置比例就要大;如公司强化能力导向的文化,则基本工资的设置比例就要大。二是从考核与分配的结合方面来考虑,有效的分配必须建立在客观的评价之上,各种评价要素及权重的设计,就可以强化不同公司的文化特征,如公司强化员工之间的团队协作,则考核要素和薪酬要素中就要加大团队协作要求的权重。

3.工资薪酬设计要能够支持企业战略的实施

价值分配的基础是什么?是价值创造,没有价值创造就谈不上工资薪酬的设计。因此,以工资薪酬设计为基础的价值分配必须以价值评价为依据,根据员工对企业战略实施的实际贡献来实施分配。其基本评价点为:

(1)外部竞争性。如果一个企业采取的是成本领先战略,则价值分配必须强调内部经营管理效率的提高;如果一个企业采取的是产品差异化战略,则价值分配就必须鼓励员工的创新行为。

(2)内部公平性。企业战略实施的过程是一种全员行为,必须加强各部门的协作效率。因此,必须根据各类人员对公司总体目标的实际贡献度进行客观的价值评价,并在价值分配上保持内部的相对公平性。

4.工资薪酬设计要有利于培育和增强企业的核心能力

由于外部市场环境的易变性和不可预测性,因此许多企业开始运用基于资源的竞争战略,即通过培育企业内部的核心资源优势,使得竞争对手在短期内难以模仿,从而赢得竞争优势,这就是企业的核心竞争能力。一般情况下,企业核心能力包括技术创新能力、管理创新能力、市场开拓能力、资源配置能力、员工学习能力、响应变革能力、自我批判能力等。任何一个企业应该深入分析企业发展所依靠的核心能力是什么,并在价值评价中给予认可,并对企业内部的关键岗位在工资薪酬设计上给予公平的体现。

5.工资薪酬设计要有利于营造响应变革和实施变革的文化

在快速变化的当今世界,惟一不变的是变化本身,企业要求生存、求发展,必须不断地进行变革。而变革必然会给员工带来精神压力和利益变化,员工对变革的阻力是一种自然现象。如果在价值分配上不倡导变革的文化,不对员工响应变革的行为给予鼓励,不对员工阻碍变革的行为给予处罚,则变革就没有群众基础,只能流于形式或中途夭折。因此,工资薪酬设计要把有利于营造变革文化作为重要目的之一,这一点对企业发展非常重要。

基于以上分析,企业在设计工资薪酬制度时必须体现企业的个性化特征,以企业整体战略和核心价值观为基础,在整体薪酬分配结构中充分考虑各项设计因素的独特作用和相互关系,并从技术层面上有效地解决好相关的一些问题,这样才能达到设计的目的。

(二)工资薪酬设计的基本原则

传统工资薪酬设计原则主要强调公平性、适度性、安全性、认可性、平衡性、刺激性、交换性和成本控制等原则,总体来说更多关注的是员工个人对于薪酬的要求及其激励作用。但是,随着经济的发展,现代企业实践以及管理原则中更加强调团队的合作,并要求企业更多的从心理上去激励员工,重视附加报酬和隐性报酬等员工内在的心理需求。

1.工资薪酬设计要体现团队原则

在国内一家著名的高科技通信企业中,长期以来并没有为销售人员提供提成的奖励,而是团队的奋斗和振兴民族企业的文化创造了这个企业的市场领先地位。而在协作性的企业中,基于团队的奖励对组织的绩效具有十分重要的作用,使人们意识到只有团队协作,自己也才能获益。尽管从激励效果来看,奖励团队比奖励个人的效果要弱,但为了促使团队成员之间相互合作,同时防止上下级之间由于工资差距过大导致出现低层人员心态不平衡的现象,所以有必要建立团队奖励计划。有些成功企业,用在奖励团队方面的资金往往占到员工收入的很大比重。对优秀团队的考核标准和奖励标准,要事先定义清楚并保证团队成员都能够理解。当然,还应根据企业的不同情况设计团队原则体现的程度。

2.工资薪酬设计要体现隐性报酬原则

从宏观角度看,报酬由两种不同性质的内容构成:金钱报酬和非金钱奖励(或直接报酬和间接报酬、物质报酬和心理报酬)。金钱报酬属于有形的外在报酬,主要包括直接报酬和福利。直接报酬由工资和奖金构成。福利由生活福利、有偿假期、个人福利和公共福利等内容组成。非金钱奖励属于内在的附加报酬,它是基于工作任务本身但不能直接获得的报酬,属于隐性酬劳,分为职业性奖励和社会性奖励。职业性奖励又分为职业安全、自我发展、和谐工作环境和人际关系、晋升机会等等;而社会性奖励由地位象征、表扬肯定、荣誉、成就感等因素构成。可见,这是一种内在的激励方式。外在的金钱激励方式虽然能显著提高效果,但持续的时间难以长久,处理不好还会产生适得其反的作用。而内在的心理激励,虽然激励过程需要较长的时间,但一经激励,不仅可以提高效果,更主要的是具有持久性。尤其对于高层次的人才和知识型的员工,内在的心理报酬很大程度上左右着工作满意感和工作成绩。因此,企业可以通过工作制度、员工影响力、人力资本流动政策来执行内在报酬,让员工从工作本身中得到最大的满足。这样,企业既减少了对薪资制度的过分依赖,又能使员工更多地依靠内在激励,从隐性报酬中得到满足。

3.工资薪酬设计要体现双赢原则

个人与组织都有其特定的目标指向。个人参与某个组织是为了实现自己的目标,而组织目标的形成在一定程度上又会压抑个人目标的实现。就工资薪酬而言,个人和企业都有各自的薪酬目标。作为员工为了实现自己的价值就希望通过获取高的报酬来加以体现,而企业为了有效利用资源和降低运行成本又会希望以"较小的投入"换取较大的回报。其结果，两者的薪酬目标之间由于没有合适的接口，难以产生两者都满意的结果，造成企业对员工不满，员工对企业抱怨的局面。因此，在工资薪酬设计时，要上下相互沟通和协调，让员工参与薪酬制度的制订，找到双方都满意的结合点。很多外国公司尝试让员工参与企业薪酬制度的设计和管理，结果让他们发现了很多意想不到的好处。实践证明，让员工参与薪酬设计的优点是：与没有员工参与的付酬制度相比，让员工参与设计和管理的报酬制度具有长期激励的效果，可以使企业的投入达到最有效和最优化，这对企业发展的意义十分巨大。

二、工资薪酬设计的策略与模式选择

（一）工资薪酬设计的策略选择

工资薪酬设计首先必须在企业总体发展战略的指导下制定企业的薪酬策略，它包括水平策略和结构策略两个方面。

1.工资薪酬水平策略

工资薪酬的水平策略主要是指制定适合企业自身发展需要的相对于当地市场薪酬行情和竞争对手薪酬水平的策略。可供企业选择的工资薪酬水平策略有：

（1）市场领先策略。采用这种薪酬策略的企业，薪酬水平在同行业竞争对手中是处于领先地位的。这种领先策略一般基于以下几点考虑：市场处于扩张期，有很多的市场机会和成长空间，对高素质人才需求迫切；企业自身处于高速成长期，薪酬的支付能力比较强；在同行业市场中处于领导地位等。处于 20 世纪 90 年代初的深圳华为公司就是采用市场领先的薪酬策略，因为当时的通讯行业正处于高速成长期，华为公司也处于飞速发展期。世界著名的斯科（CISCO）公司其薪酬策略是：CISCO 的整体薪酬水平就象 CISCO 成长速度一样处于业界领导地位，为保持领导地位，CISCO 一年至少做两次薪酬调查，不断更新。CISCO 的工资水平是中上，奖金是上上，股票价值是上上上，加起来是上上。

（2）市场跟随策略。采用这种策略的企业，一般都建立或找准了自己的标杆企业，企业的经营与管理模式都向自己的标杆企业看齐。同样，工资薪酬水平与标杆企业差不多就行了。

（3）成本导向策略。成本导向策略也叫落后薪酬水平策略，即企业在制定工资薪酬水平策略时不考虑市场和竞争对手的薪酬水平，只考虑尽可能地节约企业生产、经营和管理的成本，这种企业的薪酬水平一般都比较低。同理，采用这种薪酬水平的企业一般实行的是成本领先战略。

（4）差异薪酬策略。顾名思义，差异薪酬策略就是在企业中针对不同的部门、不同的岗位、不同的人才，采用不同的薪酬策略。比如对于企业核心与关键性人才和岗位采用市场领先的薪酬水平策略，而对一般的人才、普通的岗位则采用非领先的薪酬水平策略。

2.薪酬结构策略

薪酬结构主要是指企业总体薪酬所包含的固定部分薪酬（主要是指基本工资）和浮动部分薪酬（主要是指奖金和绩效薪酬）所占的比例。可供企业选择的薪酬结构策略有：

（1）高弹性薪酬结构策略。这是一种激励性很强的薪酬策略，绩效薪酬是薪酬结构的

主要组成部分,基本薪酬等处于非常次要的地位,所占的比例非常低(甚至可以为零)。也就是薪酬中固定部分比例比较低,而浮动部分比例比较高。这种薪酬结构表明,员工能获得多少薪酬完全依赖于工作绩效的好坏。当员工的绩效非常优秀时,薪酬就非常高,而当绩效非常差时,薪酬则非常低,甚至为零。

(2)高稳定性薪酬结构策略。这是一种稳定性很强的薪酬结构,基本薪酬是薪酬结构的主要组成部分,绩效薪酬等处于非常次要的地位,所占的比例非常低(甚至可以为零)。也就是薪酬中固定部分比例比较高,而浮动部分比例比较少。这种薪酬结构表明,员工的收入非常稳定,几乎不用努力就能获得全额的薪酬。

(3)调和型薪酬结构策略。这是一种既有激励性又有稳定性的薪酬结构,绩效薪酬和基本薪酬各占一定的比例。当两者比例不断调和与变化时,这种薪酬结构既可以演变为以激励为主的薪酬结构,也可以演变为以稳定为主的薪酬结构。

企业在进行工资薪酬设计时,还可以选择一种叫做混合型的薪酬结构策略。这种策略的特点是针对不同的岗位、不同人才的特点选择不同的薪酬结构策略,比如严格要求自己、积极要求上进、而且喜欢接受挑战的员工可以采用高弹性的薪酬结构,而对于老老实实做事、追求工作和生活稳定的员工则可以采用高稳定型的薪酬结构。

(二)工资薪酬设计的模式选择

1.基于战略的结构化薪酬体系设计模式

(1)战略层面:每个企业的存在都有其自身的意义,有的是为成就一项事业,有的就是为了赚钱,有的为了做大,而有的只想在某一领域做强。这种不同的价值取向,必然决定了企业是关注长期利益还是短期利益,在对员工的评价上是鼓励创新还是因循守旧。人力资源战略必须与企业的发展战略和价值导向相匹配,这样才能驱使人的行为朝着企业倡导的方向转变。在工资薪酬设计时必须赋予企业之"魂",只有从战略上来系统化设计工资薪酬制度才能达到设计的目的。

(2)制度层面:制度是战略与理念落实的载体。在战略指引下,制度设计的方向才更加明确,制度的存在才有了意义。在工资薪酬制度设计时要避免孤立地去考虑单个制度,这是很容易犯的错误。因为企业在发展过程中遇到的问题不同,因此,薪酬设计的出发点也不同。许多企业的薪酬制度设计都是在企业发展过程中逐步形成的,如去年设计了工资制度,今年设计了奖金制度,明年还要设计股权制度。企业在设计这些薪酬制度时往往没有去考虑工资、奖金、股权之间的关联性,而且设计这些制度的人可能也是不同的。因此,不能对薪酬制度进行系统化的结构设计,可能会造成各种制度导向的偏差,而不是发挥各项制度的集成性作用。各项薪酬制度的设计既要有个性化,但薪酬系统的组合一定要发挥整体效能,最终目标是实现企业的战略目标,提升企业的外部竞争能力,促进企业内部组织的均衡发展。

(3)技术层面:实际上,薪酬设计技术是操作层面的事情,但许多人力资源管理专业人员经常陷入技术误区,采用各种所谓先进的科学方法来设计薪酬制度,而没有从战略层面来思考薪酬制度的设计。因此,经常发现企业老总对人力资源部设计的薪酬制度没有感觉就是例证。可见,技术是工资薪酬制度设计时运用的方法而不是出发点。但如果没有技术的支撑也很难设计出能够有效运作的薪酬制度,也会给薪酬制度的落实带来困难。

战略、制度和技术是一个不可分割的有机体,它是一个企业薪酬体系设计的系统工具。

2.技能取向型工资薪酬体系设计模式

所谓技能取向型工资薪酬设计模式,就是根据员工技能成长规律,为其职业生涯设计两条不同的路径,一条是以职位等级提升为主线,一条是以专业技术职务提升为主线。与此相配套的工资薪酬设计也并行设计管理和专业技术职务两条跑道,专业技术跑道比管理跑道低半个等级,由此构建了职位等级薪资与专业技术职务薪资并行的薪酬体系。职位等级薪资是公司在综合考虑各级管理职位工作的责任、难度、重要性程度,以及对任职者的资格要求等因素的基础上建立起来的等级薪资制度,这种制度仅针对管理职位,而不针对任职者,任职者根据其所在职位等级,享受所在等级薪资。而专业技术职务薪资则是在职位等级薪资之外,针对专业技术人员专业技能发展变化的特点确立的、以企业设立的专业技术职务为对象建立起来的薪资体系。企业根据专业技术工作的性质和需要,设立专业技术职务级别,在专业技术岗位上工作的员工,根据被聘用的专业技术职务,享受相应的薪资等级。

技能取向型工资薪酬体系的优点表现在:一是能把员工薪资提升与员工专业技能提升结合起来,使员工在提升自己专业技能的同时使其薪资也不断得到提升,有力地调动了员工学习和提升技能的积极性;二是能把员工薪资提升与员工职业发展结合起来,拓宽了员工的职业晋升渠道,有利于员工的职业生涯发展,提高了企业的职业管理水平。但是,技能取向型工资薪酬体系片面强调技能提升,而忽视了技能提升的经济价值,没有建立起员工薪酬晋升机制与企业经济效益提升机制的有机联系。如果员工的技能提升与其业绩提升成正比,则企业在人力成本上的投入产出比率可能是较为合理的;但如果员工的技能提升没有带来相应的业绩提升,则会导致企业在人力成本上的投入没有带来相应的产出,那么这种投入显然是无效的。另外,技能取向型工资薪酬体系设计是建立在完善的职业管理体系基础之上的,在设计这种薪酬体系之前,企业首先需要根据不同专业技术职务的技能要求和本企业员工技能成长的特点,建立、健全专业技术职务任职资格体系,因此操作复杂,难度较大,成本较高。

3.价值取向型工资薪酬体系设计模式

所谓价值取向型工资薪酬体系,就是企业将体现专业技术人员的技能和业绩因素价值化,员工按其所拥有的技能和业绩因素的多少或者等级确定其组合性工资薪酬待遇。这是目前很多企业专业技术人员薪资体制改革中采用较多的一种薪资体系。实际上,价值取向型工资薪酬体系是一种结构性薪资体系,只不过在这种薪资体系设计中,在考虑付酬因素时,针对专业技术人员的特点,强化了技能因素和业绩因素在薪资结构构建中的作用,并将这些因素直接量化为员工的薪资,增强了薪酬的透明度。这种工资薪酬模式把员工专业技术能力、工作业绩与其工资薪酬高低紧密地结合在一起,克服了技能取向型工资薪酬体系忽视员工业绩的不足,在一定程度上保证了企业人力投入的产出效率。

但是,实施价值取向型工资薪酬体系需要建立一套科学合理的技能和业绩指标体系,其中这样几项工作非常重要：一是企业应该选取哪些技能和业绩指标作为专业技术人员的付酬因素，既反映了企业战略的需求，也反映了企业的薪酬策略和分配理念，即鼓励什么，肯定什么，提倡什么，奖励什么；二是所选取的付酬因素和指标之间的权重比例如何确定；三是如何确定各付酬因素和指标的经济价值。另外，还要考虑企业所在地区同类型人才的薪资水平、企业过去的薪资水平和企业内在公平性等问题。当然，确定各付酬因素的相对价值是其中一项最具有挑战性的工作。因此，要建立一套科学合理的价值取向型薪酬体系，需要聘请专家参与，在专家指导下有序进行。

4.宽带薪酬模式

所谓宽带薪酬模式，就是在企业组织内部用少数层级跨度较大的工资薪酬范围来代替原有层级数量较多的工资级别跨度范围，将原来十几层甚至二十几层、三十几层的薪酬等级压缩成很少的几个等级范围，取消原来狭窄的工资级别带来的工作之间明显的等级差别，将每一个薪酬等级所对应的薪酬浮动范围尽可能拉大。从许多发达国家企业的实践经验看，一种典型的宽带薪酬结构可能只包括不超过 4 个等级的薪酬级别，每个薪酬等级的最高值与最低值之间的区间变动比率可能要达到 200%~300%，而在传统薪酬结构中，这种薪酬区间的变动比率通常只有 40%~50%。

因此，这种宽带薪酬模式克服了传统薪酬模式存在的等级多、级差小、级幅窄及与市场脱节的弊端，有利于支持扁平式组织结构，引导员工重视个人技能的增长和能力的提高，有利于职位轮换与培育组织的跨职能成长和开发，能密切配合劳动力市场的变化，使部门经理更多地参与员工的薪酬决策，以及有利于推动职员良好的工作表现等优点。

当然，在宽带薪酬管理设计中，首先要考虑的最基本的要素是市场竞争性和内部公平性。市场竞争性是指设计薪酬管理时一定要考虑行业市场、总体劳动力市场和国家经济发展状况，通常采用的方法是通过市场薪酬调查了解本企业在市场上的薪酬支付水平状况。内部公平性是指设计薪酬管理时，一定要考虑企业内部级别系统是否合理和公平。通常的方法是通过进行岗位分析和岗位评价，设计合理可行的级别体系。比较流行的岗位评估方法有三因素和四因素法（即海氏三因素评估法和美世国际职位评估法），通过岗位评估，算出各岗位的点数，通过点数比较各岗位之间的重要性大小和薪酬高低。

三、工资薪酬设计的程序与步骤

要设计出合理科学的薪酬体系和薪酬制度，一般要经历以下程序和步骤：

（一）职位分析

职位分析是确定薪酬的基础。要结合企业的经营目标，管理层要在业务分析和人员分析的基础上，明确部门职能和职位关系，人力资源部门和各部门主管要合作编写相应的职位说明书。这一步在职务分析中已经做过详细说明。

（二）职位评价

职位评价（职位评定）重在解决薪酬的对内公平性问题，它有两个目的，一是比较企业内部各个职位的相对重要性，得出职位等级序列；二是为进行薪酬调查建立统一的职位评估标准，消除不同公司间由于职位名称不同，或即使职位名称相同但实际工作要求和工作内容不同所导致的职位难度差异，使不同职位之间具有可比性，为确保工资薪酬的公平性奠定基础。职位评价的方法在第二节中已做过论述。应该说,科学的职位评价体系是通过综合评价各方面的因素而得出工资级别的,并不是简单地与职务挂钩。比如,高级研发工程师并不一定比技术研发部经理的等级低。前者注重于技术难度与创新能力,后者注重于管理难度与综合能力,二者各有所长。

大型企业的职位等级有的多达 17 级以上,中小企业多采用 11~15 级。国际上有一种趋势叫减级增距(Broad banding),即企业内的职位等级正逐渐减少,而工资级差变得更大,宽带薪酬的出现就是这种趋势的明证。

（三）薪酬调查

薪酬调查重在解决薪酬的对外竞争性问题。企业在确定工资薪酬水平时,需要参考劳动力市场的工资水平。为此,企业可以委托比较专业的咨询公司进行这方面的调查。外企在选择薪酬调查的咨询公司时,往往集中在美国商会、William Mercer（美世顾问）、Watson Wyatt（华信惠悦）、Hewitt（翰威特）、德勤事务所等几家身上。尽管一些民营的薪酬调查机构正在兴起,但调查数据的取样和职位定义都还不够完善。

薪酬调查的对象,最好是选择与自己有竞争关系的公司或同行业的类似公司,重点考虑员工的流失去向和招聘来源。薪酬调查的数据,要有上年度的薪资增长状况,不同薪酬结构对比,不同职位和不同级别的职位薪酬数据,奖金和福利状况,长期激励措施以及未来薪酬走势分析等。实践证明,只有采用相同的标准进行职位评估,各自并能提供真实的薪酬数据,才能保证薪酬调查的准确性。在报纸和网站上,经常能看到"某某职位薪酬大解密"之类的文章,其数据多含有随机取样的成分,准确性很值得怀疑。即使是国家劳动部门的统计数据,也不能取代薪酬调查作为定薪的依据。薪酬调查的结果,还要根据调查数据绘制成薪酬曲线,然后整理出各企业的工资曲线,借以直观地反映某家企业的薪酬水平与同行业相比处于什么位置。

（四）薪酬定位

在分析同行业的薪酬数据后,需要根据自己企业的实际状况选用不同的薪酬水平。同产品定位相似的是,在薪酬定位上,企业可以选择领先策略或跟随策略。薪酬定位上的领头羊未必是品牌最响的公司,因为品牌响亮的公司可以依靠其综合优势,不必花费最高的工资也可能找到最好的人才。往往是那些财大气粗的后起之秀最易采用高薪策略,它们多处在创业初期或快速上升期,投资者愿意用金钱买时间,希望通过挖到一流人才来快速拉近与巨头公司的差距。

在薪酬设计时有个专用术语叫 25P、50P、75P,意思是说,假如有 100 家公司（或职位）参与薪酬调查的话,薪酬水平按照由低到高排名,它们分别代表着第 25 位排名（低位值）、第 50 位排名（中位值）、第 75 位排名（高位值）。一个采用 75P 策略的公司,需要雄厚的财力、完善的管理、过硬的产品相支撑。因为薪酬是刚性的,只要确定下来降薪几乎不可能,一旦企业的市场前景不妙,将会使企业的留人措施变得非常困难。

（五）薪酬结构设计

前文曾指出,报酬观反映了企业的分配哲学,即依据什么思路确定员工的薪酬。不同的公司有不同的报酬观。新兴企业的薪酬措施往往不同于成熟的官僚化企业。IT 企业应特别注重其分配方式要与自身的行业特点、企业文化相一致。许多跨国公司在确定工资薪酬时,往往要综合考虑三个方面的因素:一是其职位等级,二是个人的技能和资历,三是个人绩效。在工资结构上与其相对应的,分别是职位工资、技能工资、绩效工资,也有的将前两者合并作为确定一个人基本工资的基础。职位工资由职位等级决定,它是一个人工资高低的主要决定因素。职位工资是一个区间,而不是一个点。企业可以从薪酬调查中选择一些数据作为这个区间的中点,然后根据这个中点确定每一个职位等级的上限和下限。例如,在某一个职位等级中,上限可以高于中点20%,下限可以低于中点20%,甚至更大。相同职位上不同的任职者,由于在技能、经验、资源占有、工作效率、历史贡献等方面存在着差异,导致他们对公司的贡献并不相同(由于绩效考核存在局限性,这种贡献不可能被完全量化体现出来),因此技能工资就有差异。所以,同一等级内的任职者,基本工资未必相同。如上所述,在同一职位等级内,根据职位工资的中点设置一个上下的工资变化区间,就是用来体现技能工资的差异。这就增加了工资变动的灵活性,使员工在不变动职位的情况下,也可以随着技能的提升、经验的增加而在同一职位等级范围内逐步提升工资等级。

绩效工资是对员工完成任务目标而进行的奖励,即薪酬必须与员工为企业所创造的经济价值相联系。绩效工资可以是短期性的,如销售奖金、项目浮动奖金、年度奖励,也可以是长期性的,如股份期权等。这部分薪酬的确定与公司的绩效评估制度密切相关。

综合起来说,确定职位工资,需要对职位做评估;确定技能工资,需要对人员能力做评估;确定绩效工资,需要对工作表现做评估;确定公司的整体薪酬水平,需要对公司盈利能力、支付能力做评估。每一种评估都需要一套程序和办法。所以说,薪酬体系设计是一个系统工程。不论工资薪酬结构设计得怎样完美,一般总会有少数人的工资低于最低限或高于最高限。为此,可以在年度薪酬调整时进行纠偏,比如对前者加大提薪比例,对后者则少调甚至不调,等等。

(六)薪酬体系的实施和修正

在确定薪酬调整比例时,要对总体薪酬水平做出准确的预算。而要作出准确的预算,最好由人力资源部门和财务部门共同负责与协作,设计出一套比较好的测算方法。

应该说,在制定和实施薪酬体系的过程中,及时的沟通、必要的宣传或培训是保证薪酬改革成功的重要因素。从本质意义上讲,劳动报酬是对人力资源成本与员工需求之间进行权衡的结果,世界上不存在绝对公平的薪酬方式,只存在员工是否满意的薪酬制度。人力资源部门可以利用薪酬制度问答、员工座谈会、满意度调查、内部刊物甚至BBS论坛等形式,充分介绍公司的薪酬制定依据。尤其为了保证薪酬制度的适用性,规范化的公司都对薪酬的定期调整做出了规定。

四、工资薪酬结构设计及其水平分析

上面我们对工资薪酬设计的一些基本问题作了比较详细的介绍和分析,那么工资薪酬结构及其水平到底有哪些表现特征呢?

(一)工资薪酬结构设计的不同特征及其含义

任何一个组织的工资薪酬结构都是可以通过分析找出其特征或者风格的,而这种特征或风格实际上反映了组织间管理风格的不同。一般来说,工资薪酬结构可以用"工资结构线"来表示,如图 10.2 所示。其中 a 线的斜率较大,表明组织偏重于拉大职工之间的工资差距,重视不同职位和等级对工资收入的直接影响。这种工资薪酬结构适应了人的进取性心理,特别是一部分技能水平较高或者有特殊才能的人的需要,有利于发挥职位的挑战性和刺激性作用。b 线的斜率较小,表明了组织偏重于照顾大多数人的平等心理,考虑对人际关系的协调。这种结构同样会对人力资源的配置产生影响,有利于职工队伍的稳定。图 10.3 中的 c 线和 d 线又反映了两种不同的思路,必然也会对人力资源的配置产生直接的影响。c 线是一条折线,前半段斜率较小,表明了组织对一般职工或一定层次以下的职工的工资薪酬水平要保持适度的差距,不宜拉得过大;后半段斜率逐渐增大,表明了组织对一定职位层次以上的职工的工资薪酬水平要适当拉大差距,这可能主要是基于对组织骨干的某种考虑。而 d 线前半段与 c 线相同,出于同样的考虑。但后半段的斜率保持为零,偏重于考虑职工的平均心态,减少因工资差距过大而带来的较高层次的人际冲突,总体上表明了组织比较侧重于用平均方式来协调人际关系和组织活动。因而,c 线和 d 线两种工资薪酬结构特征和水平同样会对组织的人力资源配置产生明显的影响作用。总的看,a、c 线适应了"爬坡型"员工的求职愿望,b、d 线则适应了"求稳型"员工的心理与求职需求。

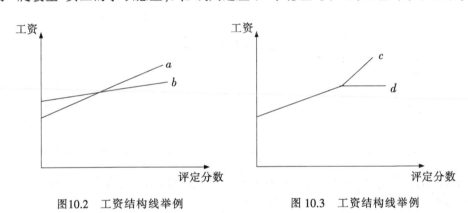

图10.2　工资结构线举例　　　　　图 10.3　工资结构线举例

(二)工资薪酬水平与地区、行业水平的差别分析

对一个具体组织来讲,不管它是出于拉大差距的"爬坡型"的工资结构设计,还是出于不过分拉大差距的"求稳型"的工资结构设计,无疑都是由每个组织所处的实际状况所决定的。比如,每个组织的管理价值观、竞争策略、经济实力与付酬能力、人力成本的总的状况等因素。但是,作为具体组织的工资结构水平是否反映了所在地区的、同行业的工资结构状况与水平,将会对本组织的人力资源配置产生直接的影响。可以想象,假若本组织的工资结构与水平总体上低于地区的和行业的工资结构与水平,那就必然要影响到员工队伍的稳定,特别是"技能型"员工的稳定,从而对组织的人力资源配置产生严重的负面影响。若该组织的工资结构与水平总体上高于地区的和行业的工资结构及水平,那同样也会产生积极的影响。

因此,组织在对自己的工资结构及水平与外部作比较的基础上,要尽可能地把工资结构及水平所体现的内在公平性和外在的公平性有机地统一起来。必要时,还应对本组织的工资结构与水平作出适当的调整和修改。图 10.4 中就反映了以上我们所论述的这些考虑，其中 a 线表示地区和行业的最高工资线，b 线表示地区和行业的平均工资线，c 线表示地区和行业的最低工资线；d 线表本组织的工资结构线，e 线则表示本组织根据地区和行业的工资结构线进行修改调整以后的工资结构线。当然，对每个组织来说，在一定的内部条件和外部环境下也可以把本组织的现行工资结构水平调整到低于原来的工资线。从调整后的 e 线来看，组织对较高层次的人员的工资水平已经调整到高于现有的水平，但还未达到同档次的市场平均水平，说明还留有一定的调节余地。而对较低层次的人员的工资水平，则又调整到相对低于现有的水平，说明组织内低层次员工的供给还比较充分，组织有足够的挑选余地，因为尽管有所调低，但仍高于市场的平均水平。从以上的这些分析来看，工资结构与水平必然要对组织的人力资源配置产生直接的影响，并成为一个重要调节杠杆。组织要根据地区和行业工资结构与水平的实际，有计划分步骤地调节自己的工资结构及其水平，使之适应本组织发展的需要，起到积极的促进作用。

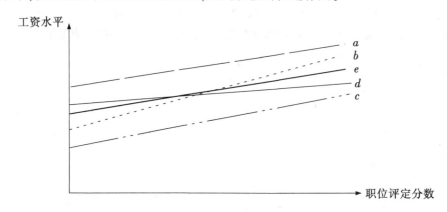

a 线为地区、行业最高工资线；b 线为地区、行业平均工资线；c 线为地区、行业最低工资线；d 线为本组织工资结构线；e 线为本组织调整后的工资结构线

图 10.4　单位工资结构水平与地区、行业工资水平的比较与调整

五、造成工资薪酬差别的因素分析

上面我们讨论了有关工资薪酬设计、结构与水平等相关的一些重要问题，下面我们再分析一下造成工资差别的主要因素。

（一）造成工资差别的产业因素分析

产业之间的工资差别是比较突出的一种表现，在某一特定的历史时期与社会条件下，劳动力的流向总是多多少少地体现着工资的产业、行业差异所带来的配置问题。仔细分析一下造成产业之间工资差别的原因，仍然是多方面的。尽管这些因素并不一定同时起作用，但却在不同程度上或不同的角度上影响着工资水平。

1.熟练劳动力因素的影响

熟练劳动力在各产业人力资源中所占比例的高低是影响产业之间工资差别的重要因素。一般来说，产业中熟练劳动力所占比例较高的话，说明产业职工队伍的稳定性要求高于流动性要求。比如，在一般服务性行业中，由于职工的流动性比较大，所以熟练职工相对偏低;而在生产性产业中,由于产业本身要求职工工作技能的熟练程度较高,因而熟练职工所占比例也就高一些。因此,工业产业职工的工资一般要高于普通服务业职工的工资。另如我国的建筑业,由于市场竞争比较激烈,加之熟练工人队伍的比例日益减少,大批民工涌入城市建筑队伍,其工资水平总体上比不上制造业的工资水平高,因为制造业的职工队伍中熟练劳动者的比例要高一些,而且也是最基本的要求。这说明,产业之间的工资差别已经是影响人力资源配置的重要因素之一。

2.产业的地理位置因素的影响

产业所处的地理位置也是影响产业之间工资差别的重要因素。从我国社会主义市场经济发展过程中的一些现象看,就是同一产业之间由于地理位置的不同,工资的差别也是比较大的,不同产业之间就更明显了。国外也是如此,如美国高工资产业中的主要金属工业和运输设备业,像钢铁、汽车工业等,就主要集中在美国的东北中心区;而低工资的纺织业则主要集中在美国南方一带。那么,产业地理位置的差异所导致的工资差别,必然也要影响到产业人力资源的配置。我国人力资源流动过程中的流向本身对地理位置的考虑还是非常明显的,否则就不会有"孔雀东南飞"的说法。

3.技术经济特点的影响

从工资差别的实际状况看,各产业的技术经济特点也是影响产业之间工资差别的一个非常重要的因素。高工资产业一般技术水平较高一些,规模也较大,每位职工所占的资本投资比例自然也比较高。因而,资本投资的收益率也自然要高一些,这就有可能给职工支付较高的工资。这说明,产业的技术水平高,则意味着技术资本所占比例较大,技术资本增值的幅度也比较大。或者说,每位技术性劳动力所创造的价值必然要大于一般的普通劳动力。再加上其它投资的比例也较大,生产规模大,所以整个产业的技术经济效益和规模经济效益都比较高。这就是为什么高科技产业、能源、交通、通讯等产业工资水平高于其它产业的主要原因,也是为什么熟练劳动力、技术劳动力争相流入的直接原因。

4.国家产业政策因素的影响

国家产业政策也是影响产业之间工资差别的一人因素。每个国家都有自己的产业政策,并必然会对产业之间的工资水平产生影响。上面提到的能源、交通、通讯、原材料等基础产业,都是我国发展的重点产业,所以国家投资的倾斜也必然导致劳动力流向的调整,促使人力资源向这些产业去优化配置。然而,这种配置的导向必然要进而影响到工资结构与工资水平,形成产业之间的工资差别。

(二)造成工资差别的职业因素分析

职业因素对工资差别的影响是经济学家们非常感兴趣的一个问题。亚当·斯密曾提出了形成职业工资差别的五种因素,这就是:一是工资因业务有难易、有污洁、有尊卑而不同;二是工资因学习有难易、学费有多少而有所不同;三是工资因各职业业务的稳定性程度各异而不同;四是工资因各职业责任的大小而不同;五是工资随胜任职业的可能性大小而不同。亚当·斯密的分析是有道理的,也可以说明现在存在的好多问题。在美国,工资较高的职业排序为:医生、法官、律师、管理人员、经济学家、化学工程师、电子工程师、机械工程师、大学教师等。而中等收入的则是秘书、办事员、操作工等职业;工资再比较低的则是炊事员、勤杂工、服务员、保姆等职业。把美国社会职业收入的多少和等级观念与我国比较一下,还是有一些共性的,实际上它反映了一个社会的人力资源配置的导向问题。那么,具体分析职业因素对工资差别的影响,主要有以下两个方面。

1.补偿性工资差别的影响

一个社会的职业种类繁多,对劳动者的吸引力也各有差异,怎么调节职业地位和吸引力大小所带来的某些负面效应呢?补偿性工资差别是导致工资差别的一个重要因素。所谓补偿性工资差别,是指因工作条件较差或比较恶劣而需要补偿的那部分工资,或由于职员因通过培训而事先花费的费用需要补偿的那部分工资。比如,有的人为了干条件较好的工作,愿意接受所支付的低工资;而工作条件差甚至非常恶劣,只有支付比较高的工资,才能吸引来职员。如学校教员工资低一些,但条件较好,工时短,假期长,学习研究提高的机会比较多。这说明, 这种补偿性工资的差别就是为各职业的吸引力均等化而提供的一种途径。当然,因补偿培训的费用而出现的工资差别,这是意料之中的事情了,我们在讲人力资本投资时已经论述的比较充分了。

2.非补偿性工资差别的影响

非补偿性工资差别, 就是指工资差别并不是出于补偿职业吸引员工的均等化考虑以及补偿培训费用的考虑,而是由劳动力市场的供求关系所决定的。形成非补偿性工资差别的原因有两个方面:一是由劳动者的体力和能力状况的不同所形成的工资差别,这是最主要的原因。正像一位外国学者说的,即使每个人都能自由地选择职业,但并不是任何人都具有科学家、作家和拳击手的能力。二是由职业对人的特殊要求所形成的工资差别,比如宇航、登月、高空作业、大型动力系统调度、海洋探测等职业,不是任何有能力有知识的人都可以去干的,还需要有特殊的气质和体质。因此,非补偿性因素所导致的工资差别在社会职业中占有较大的比重。

(三)造成工资差别的工龄因素分析

工龄因素主要反映职业生涯的经历和经验以及贡献大小, 世界许多国家都非常重视工龄对工资差别的作用。比如,日本长期推行的"年功序列工资制",对职业生涯的工作年限就非常重视,只要员工一旦进入某个组织,就等于开始攀登"年功序列"的金字塔,而且只能上不能退。若员工中途要改换门庭,那也只能从头开始,也不管资历有多深,工作年限有多长,一律从头开始。所以,日常工作中日本职工要调换工作单位,一般是非常慎重的,也不会轻易地作出调动工作的决定。在我国, 工作年限对工资多少的影响也是非常明显的,我国的工资结构和运行机制是充分考虑了年资这个重要参数的。那么,如何认识工龄因素对工资差别的影响呢?

1.劳动经历的长短是劳动者工资差别的一个重要依据

我们可以设想,当两个人在从事同样的工作时,劳动的任务、数量和效果完全一样,之所以要给工龄长者比工龄短者的工资高一些,主要还是考虑了劳动经历的长短这一因素。这个因素表明,尽管两人目前的劳动付出、劳动量、劳动效果完全一样,但由于两人的劳动经历所体现的劳动年功不同,工龄工资有适当差别还是符合情理和实际的。因此,这一考虑是把劳动经历作为一个付酬因素的,与日本实行的"年功序列"大体是相同的。

2.职业生涯的经验与贡献大小也是形成劳动者工资差别的一个基本依据

尽管我们很难准确地说明工龄长者一定就比工龄短者的经验丰富,或贡献就大,但我们完全可以认为,一般情况下工龄长者还是要比工龄短者的经验丰富一些,贡献也要大一些。因此,从一般意义上说,工龄长者比工龄短者工资高一些还是反映了劳动的一般规律的,工资结构水平本身的设计就是要考虑大多数人的实际利益的,当然也要为个别的、少量的人的发展留有充分的余地。据统计,美国在 20 世纪 70 年代,45 岁到 54 岁的男大学毕业生的工资要比 25 岁到 34 岁的男大学毕业生的工资高 63%。在日本,这种情况则要高出 100%。

以上主要从产业、职业、工龄因素等方面重点作了一些分析,实际上还有地区、年龄、性别等因素也对工资差别有一定的影响,这里不再——论述了。总之,这些因素不仅影响工资水平的高低,更重要的还要影响人力资源的配置及未来发展。

本 章 思 考 题

1.如何认识制定工资政策的基本原则?

2.你知道怎样进行职务分析吗?

3.你对职位评定与职务分析之间的关系搞清楚了吗?

4.假若你是一个企业的总经理,如何思考工资薪酬设计的一些基本问题?

5.如何认识工资薪酬结构与水平设计的几种类型?

案 例 分 析

案例一:××公司的薪酬制度

××公司拥有目前世界先进的生产制造技术,主导产品 ZL 系列轮式装载机的产品质量、性能均处于国内领先水平。为了巩固竞争优势,保持长足的发展动力,公司高层领导班子意识到企业人力资源在现代企业激烈竞争中的重要地位。因此,近几年,公司在培训人力资源专业队伍和学习、运用现代人力资源管理方法上,做了许多具体工作,以增强其市场竞争优势。在国内某著名大学管理专家们的指导下,XX 对内部的薪酬制度也进行了系统的诊断,实施了全方位的薪酬制度改革,并已全面启动。

一、新分配制度的模式

为了解决现行工资薪酬结构中"活的成分小,单位之间差距小,岗位之间差别小,易岗易薪力度小"等问题,在管理专家的建议下,xx公司决定采取灵活的多元化的工资分配模式(即以薪点工资制为主,其他薪酬形式为辅)代替以前的分配模式。通过调整员工的活工资比例,新的分配模式将充分调动公司员工工作的主动性和积极性,使员工的收入与个人劳动成果以及公司经济效益更加紧密地结合起来。同时,这种新模式还将侧重于把优厚的待遇向有贡献的人员倾斜,建立有效的公司内部工资薪酬激励约束机制,实现"奖勤罚懒,按劳取酬"的分配目标。在实施过程中,新的分配制度以岗位评价为依据,易岗易薪,上岗则有,下岗则无,岗变薪变。具体讲,公司根据以下四个方面调整分配方式:

(1)指导思想:充分体现"岗位靠竞争,收入靠贡献"。

(2)基本思路:采用科学测评手段确定工资薪酬依据,实行一岗多薪(一岗十档)。

(3)改革原则:岗位导向原则、效益优先原则、特殊贡献人员重点激励原则。

(4)工资模式:薪点工资制,特区工资制。

二、新工资制度的模式

新的工资模式是xx公司薪酬制度改革的中心内容和最终目标。这些模式主要包括薪点工资制和特区工资制,特区工资制还可以细分成年薪制、谈判工资制、佣金制、产品技术奖励制、项目比例提奖制、高学历奖励制等六种,具体内容如下:

1.薪点工资制

薪点工资制是公司的主要薪酬形式,资金占公司年工资总额的90%,适用于一般员工。这种薪酬体制是在对岗位的责任、风险、负荷和性质要求等进行调查分析后,用量化成点数的方法(计点法)对岗位进行科学的评价,然后确定在岗员工的岗位评价总点数,用当年的年工资总额(90%)与在岗员工的评价总点数相除,比值结果即为当年每个薪点的点值,薪酬结构是:

员工工资=岗位基本工资(30%)+岗位业绩工资(60%)+岗位附加工资和岗位专项奖金(10%)

2.岗位基本工资

体现岗位劳动差异和个人技能差异的工资,占员工工资额的30%,用薪点形式表示。岗位基本工资薪点取决于岗位劳动要素点和岗位员工技能点。岗位劳动要素点取决于工作岗位的内容和性质,经岗位评估确定,劳动要素点数等于岗位评估分数。同等级岗位的基本工资实行一岗十档,档次就取决于岗位员工的技能点。员工所在部门根据岗位员工技能点评估表确定员工技能点。员工技能点随员工的岗位变动而变动,通过新岗位级别和员工技能点重新确定员工工资。

3.岗位业绩工资

通过与经济指标、个人能力、工作态度挂钩的月度考核,及时地反映岗位员工的贡献。岗位业绩工资薪点是岗位基本工资薪点的2倍。

4.岗位附加工资

由工龄补贴、工作津贴和加班补贴构成。计算工龄补贴的工龄,按工作年限确定工龄,每年1月1日进行调整。工龄补贴按员工的工龄长短分三段计算。工龄1~10年(含10年)

的,按 2 元/年计发;工龄 11~25 年(含 25 年)的,按 5 元/年计发;工龄 26 年(含 26 年)以上的,按 10 元/年计发。工作津贴是指依据国家有关规定核准对特殊作业人员发放的津贴。加班补贴则按《劳动法》执行。

5.岗位专项奖金

依据《××公司奖惩管理制度》,奖项分为 23 项,其中集体奖 8 项,个人奖 15 项。依据奖励项目制定的标准发放,由奖惩委员会负责管理。

6.年薪制

为了有效地调动经营者的积极性和创造性,提高公司的经济效益,公司高层管理系统和经营者以及独立核算部门、下属子公司,分别签订年度经济目标责任书。它通过年初制订的经济考核指标,与工资收入直接挂钩。年薪工资的固定部分按月平均发放,其他部分根据年终经济指标的完成情况进行考核发放。

7.谈判工资制

为了吸引和留住优秀人才,公司每年以年工资总额的 10%设立特区人才谈判工资。实行谈判工资的人员为公司总人数的 1%~3%,主要是生产、管理、技术、销售方面的精英和公司急需的专业人才。工资水平由双方根据人才市场供求关系、最新劳动力市场价格情况、同行业工资水平、个人工作业绩、个人工作能力等因素协商确定。谈判工资的年工资总额固定的部分按月平均发放,其他部分经量化考核后发放。

8.佣金制

这是为了调动销售人员的主动性和积极性,专门对外勤销售人员实行的一种薪酬制度。年初时,由销售公司根据市场信息和各分公司的实际情况,制定全国各销售分公司的销售任务,年终按计划完成的分公司经理和一般人员均可按标准提取一定数额的佣金。分公司在完成销售任务的基础上,还可根据销售数量按标准提取一定数额的佣金。

9.产品技术奖励制

这是在公司技术中心的科技人员中试行的一种薪酬制度,由公司组织专家委员会评估,精选获奖的产品开发、设计、改进等项目,按照年度评估的价值含量,奖励课题组人员。

10.项目比例提奖制

这是在公司技术中心的科技人员中试行的另外一种薪酬制度,是新产品转化为商品后,按实现利润第一年 40%、第二年 30%、第三年 20%、第四年 10%的比例提成奖励课题组。

11.高学历奖励制

对符合聘用条件的高学历员工执行新的工资薪酬方式。硕士研究生试用期 x 元/月,正式聘用后 $1.5x$ 元/月;博士生试用期 N 元/月,正式聘用后 $1.5N$ 元/月,同时按年度进行考核。此办法的推行,为公司吸引和留住了一批高学历人才。

确立一个公正有效的岗位评价制度是实现薪点工资制的基本保证。薪点工资制以劳动技能、劳动责任、劳动强度和劳动条件等基本劳动要素为基础,以岗位薪资、技能薪资为主要内容的一种薪资制度。目前,国际上较为通行,关键在于岗位评价与业绩考核。因此,决定工资水平的合理方法是通过岗位评价制度来评估某一岗位在公司的价值。据有关资料显示，美国有75%的公司使用这一方法。但是如果不能对员工劳动量进行科学评价，没有一系列扎实的基础工作，将无法真正有效地实施这种制度。为此，公司采用具有代表性的因素/要素计点法，按照程序清岗、核岗，对工作岗位进行调查分析，编写职务说明书，规范岗位责任、资格和要求，然后组织各类专业人员进行评估。评价使用千分制对1200余个岗位的责任、知识技能、努力程度、工作环境四大要素及28个子因素进行了反复的评价。先后组织了由不同人员参加的三个评价工作组，对岗位薪点评价反馈、再评价再反馈，保证评价结果的合理性和公正性。评价后的岗位薪点最高值936点，最低值274点，两者差距约为3.5倍。

三、业绩考核

通过岗位评测，公司形成了一套相对固定的岗位工资标准，与之相匹配，但还需要制定业绩考核的标准。业绩考核是反映员工当月工作绩效的直接依据，由企业管理部门和员工所在的部门负责实施。岗位业绩工资依据其评价结果进行计算，考核公式如下：

$$Z = B \times G \times N_1 \times N_2 \times N_3$$

公式中：Z——员工岗位业绩工资；

B——员工岗位业绩工资薪点数；

G——当年薪点点值；

N_1——公司当月效益系数(生产部门以当月完成的生产任务量为依据确定系数；职能管理部门以当月完成的销售任务为依据确定系数。由公司企业管理部门操作)；

N_2——单位(部门)综合考核分数(以各单位的工作任务、完成质量、经济指标、服务态度和协作精神为依据确定系数。由企业管理部门操作)；

N_3——个人综合考核分数(以员工当月完成工作的任务、质量、态度和协作精神为依据确定系数。由员工所在部门操作)。

岗位业绩工资的变化主要取决于公司当月效益系数N_1、单位(部门)综合考核分数N_2和个人综合考核分数N_3三个系数的变化。因此，为了确保其结果的公平与合理，公司成立了工资管理委员会，各级单位/部门成立了相应的二级工资管理委员会，分别监督管理公司和部门的具体工资运行与考核工作。各部门的工资管理委员会，可结合本部门的具体情况，制订更为适合本部门特点的考核管理体系并实施工资管理。

新薪酬制度实现了员工的收入与公司的效益、单位/部门的业绩和个人的工作成绩的紧密挂钩，加强对员工的工作态度、能力和业绩等因素的考核，年终以业绩为依据按一定比例进行奖惩。员工在年度考核中成绩排名在部门前10%的为优，可晋升一档工资，成绩排名在部门前10%~85%的为良，成绩排名在后5%的为差。公司对最后的2%实行末尾淘汰，其余3%降低一档工资。新薪酬制度通过考核，实现了人事、劳动、薪酬三位一体的滚动淘汰制。

分析讨论题

你认为这个公司的薪酬制度改革有什么优点与不足？

案例二：IBM 的工资管理

IBM 公司是美国一个拥有 34 万职工、520 亿美元资产的大型企业。该公司把职工的工资问题作为人事管理的根本工作，他们认为：在工资上如有不合理的地方，会使职工对公司和上司感到失望，影响职工的干劲，因此，必须建立完整的工资体系。

一、工资要与职务的重要性、工作的难度相称

IBM 根据各个部门的不同情况，根据工作的难度、重要性将职务价值分为五个系列，在五个系列中分别规定了工资最高额与最低额。假设把这五个系列叫做 A 系列、B 系列、C 系列、D 系列与 E 系列。A 系列是属于最单纯部类的工作，而 B、C、D、E 则是困难和复杂程度依次递增的工作，其职务价值也愈高。A 系列的最高额并不是 B 系列的最低额。A 系列的最高额相当于 B 系的中间偏上，而又比 C 系列的最低额稍高。做简单工作领取 A 系列工资的人，如果只对本职工作感兴趣，那么他可以从 A 系列最低额慢慢上升，但只能拿到 A 系列的最高额。领取 A 系列工资的许多职工，当他们的工资超过 B 系列最低额的水准时，就提出"请让我做再难一点的工作吧！"，向 B 系列挑战，因为 B 系列最高额比 A 系列最高额高得多。各部门的管理人员一边对照工资限度，一边建议职工"以后你该搞搞难度稍大的工作，是否会好一些？"从而引导职工渐渐向价值高的工作挑战。

二、工资要充分反映每个人的成绩

职工个人成绩大小是由考核评价而确定的。通常由直属上级负责对职工工作情况进行评定，上一级领导进行总的调整。每个职工都有进行年度总结和与他的上级面对面讨论这个总结的权利。上级在评定时往往与做类似工作或工作内容相同的其他职工相比较，根据其成绩是否突出而定。评价大体上分十到二十个项目进行，这些项目从客观上都是可以取得一致的。例如"在简单的指示下，理解是否快，处理是否得当。"对营业部门或技术部门进行评价是比较简单的，但对凭感觉评价的部门如秘书、宣传、人事及总务等部门怎么办呢？IBM 公司设法把感觉换算成数字。以宣传为例，他们把考核期内在报刊杂志上刊载的关于 IBM 的报导加以搜集整理，把有利报道与不利报导进行比较，以便作为衡量一定时期宣传工作的尺度。评价工作全部结束，就在每个部门甚至全公司进行平衡，分成几个等级。例如，A 等级的职工是大幅度定期晋升者，B 等是既无功也无过者，C 等是需要努力的，D 等则是生病或因其它原因达不标准的。

从历史看，65%~75% 的 IBM 公司职工每年都能超额完成任务，只有 5%~10% 的人不能完成定额。那些没有完成任务的人中只有少数人真正遇到麻烦，大多数人都能在下一年完成任务，并且干得不错。

三、工资要等于或高于一流企业

IBM 公司认为,所谓一流公司,就应付给职工一流公司的工资,这样才算一流公司,职工也会以身为一流公司的职工而自豪,从而转化为热爱公司的精神和对工作充满热情。为确保比其他公司拥有更多的优秀人才,IBM 在确定工资标准时,首先就某些项目在其他企业进行调查,确切掌握同行业其他公司的标准,并注意在同行业中经常保持领先地位。定期调查选择对象时主要考虑以下几点:

1.应当是工资标准、卫生福利都优越的一流企业。

2.要与 IBM 从事相同工作的人员的待遇进行比较,就应当选择具有技术、制造、营业、服务部门的企业。

3.应是有发展前途的企业。

为了与各公司交换这些极秘密的资料,根据君子协定,绝对不能公开各公司的名字。当然,IBM 所说的"必须高于其他公司的工资",归根结底是要"取得高于其他公司的工作成绩"。在提薪时,根据当年营业额、利润等计算出定期提薪额,由人事部门提出"每人的平均值"。因此,要提高薪资额,就必须相应地提高工作成绩。

分析讨论题

IBM 的薪资管理对你有什么启示?

第十一章

人力资源的激励管理

　　对人力资源的激励是有效利用和开发人力资源的重要管理行为，只要激励的指导思想正确，激励的方式方法符合人的心理与行为活动的规律性，一般都会收到比较好的效果。本章主要就激励的一般概念、激励的理论与方法分别作以论述。

第一节　有关激励的几个基本问题

　　激励理论认为，激励就是激发人的动机的心理过程，使人在某种内部或外部的刺激作用下，始终保持在最佳的工作状态中，获得最佳的工作成效。简言之，激励就是通过激励手段调动人的工作积极性。因此，激励手段就成为激励理论研究的主要内容之一。我们认为，一种有效的激励手段必须符合人的心理活动和行为活动的规律。否则，不仅不会达到激发、调动和强化人的积极性的目的，反而还会带来许多负面作用。

一、需要与动机

　　需要与动机是激励理论研究的重要问题之一，搞清需要与动机的基本概念以及它们之间的相互关系及其作用，不仅对调动职工的工作积极性和有效地激励职工实现组织目标具有重要意义，而且对预测职工的行为倾向，整合职工的目标追求也有直接的指导意义。

　　(一)需要的概念与类型

　　需要是人在缺乏某种东西时的一种主观状态，它是客观需求的反映。根据人具有自然属性、社会属性和思维属性的特征，因而在需求上就形成了人的生理需要、社会需要和精神需要三个大的需求方面。其中生理需要也称自然需要，它反映了人们对延续和发展自己的生命所必须的客观条件的需要。例如生活资料的需要、生理保健的需要、繁衍后代的需要等等。但是,人的生理需要也必然要受到社会生产和社会生活条件的制约。所谓社会需要,就是人们在生理需要的基础上形成的一种特有的需要,它是在维持人们的社会生产和社会交际的过程中形成的,如人对工作的需要、知识的需要、社会安全的需要、道德的需要、实现理想的需要和人们之间感情交流的需要,等等。我们认为,不同的历史时期、不同的文化条件、不同的社会政治制度以及不同的阶级、民族及其风俗习惯,其社会需要的内容都有很大的不同。而精神需要则是指人对自己的智力、道德和审美等方面的发展条件的需要,他是随着社会的发展而不断发展的。如人对学习提高的需要、创造发展的需要、贡献能力的需要、独立自尊的需要等。马克思也曾十分重视对人的需要的研究,指出人的每一种本质活动的特征,每一种生活本能,都会成为人的一种需要。所以,需要是人的本能,是多种多样的,也是由低级层次向高级层次发展的。按照需要的不同对象,也可将需要分为物质对象的需要和精神对象的需要。人的需要的结构模式如图 11.1 所示。

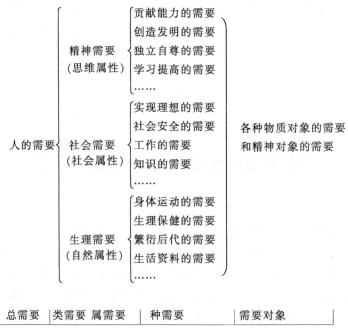

图 11.1　人类需要结构模式图

根据人的需要的结构模式,可以看出形成需要必须具备两个条件。一是个体感到缺乏什么东西,有不足之感;二是个体期望得到什么东西,有求足之感。人的需要正是在这两种条件下形成的一种心理现象,而人的一生就是不断地产生需要,满足需要,再产生新的需要的生命运动过程。

(二)动机的概念与类型

高尔基曾经说过,在人的生活中再没有比动机更重要更奇异的了。那么,什么是动机呢?动机就是推动人去从事某种活动的内在力量,是个人行为的直接原因,是一种内部刺激。动机的表现形式也是多种多样的,既可以表现为感觉和兴趣,也可以表现为意图、信念和理想等形式。特别在许多情况下,人的行为往往并不是由一种动机推动的,总是表现出综合性的动机模式和动机系统。据有关研究表明,影响和决定动机模式的心理因素包括许多方面,主要有兴趣、爱好、价值观以及抱负水平等。

根据动机的性质、作用和范围等方面的不同,可以把动机分为以下几种类型:

1.根据动机的性质可以分为自然动机和社会动机。其中自然动机也称为物质性动机,它是由人的自然属性所引起的,是以生理需要和安全需要为基础的。这类动机又可以分为三种情况:一种为供应性动机,它是由细胞生理的不平衡所产生的,如吃饭、睡眠。第二种为避免性动机,是由危害到机体的刺激而产生的,如御寒动机、防热动机、防病动机等。第三种为族类维持动机,是由生殖体系的刺激所引起的,如结婚、生育、抚养子女等。而社会动机也称为精神性动机,它是由人的社会属性所引起的。人类社会发展的历史证实,社会动机比自然动机更为重要,在一定条件下的社会动机所产生的力量会大大超过自然动机。比如,个体实现理想的动机、创造发明的动机,往往比物质性动机要强烈得多。特别在阶级压迫的社会中,争取自由平等、民族解放的动机更是如此。因此,社会动机是高于自然动机的。

2.根据动机的作用可以分为主导动机和一般动机。当个体从事某项活动时,往往不是由某种单一动机推动的,而是多种动机的综合推动,并以一定的相互关系构成个体的动机体系。在这个动机体系中,最强烈、最稳定的动机就是主导动机,或称优势动机,这种动机具有更大的激励作用。在通常情况下,只要个体的行为与他的主导动机相适应,那就最容易获得成功。然而,在个体动机体系中处于次要地位的其他动机就是一般动机。但是,主导动机的强度、稳定性也是相对而言的,它也是有变化的。认识主导动机和一般动机的关系,在于把握两类动机所具有的不同的激励作用,以及动机与行为的内在联系。同时,也要看到随着个体年龄的增长,知识的增加,社会实践活动的日益深入以及动机体系的不断丰富,个体动机体系的结构也会不断地发展变化,特别是主导动机也会不断发生转移,整个动机体系也要不断地经受社会系统、环境系统的考验和改造。

3.还可以根据动机起作用的范围,把动机分为概括性动机和具体动机。比如一位职工长期努力工作的动机,既是希望取得最佳的成绩,也是对工作的一种责任感和义务感,同时也期望获得满意的报酬。这就是把对自己、对工作、对事业以及对人民负责的多种动机结合在一起,此即概括性动机。然而,若这位职工只是一味地去追求金钱而工作,其动机起作用的范围就非常有限,时间也不会很持久,这种动机就是具体动机。因此,组织不仅要满足职工的具体动机,而且还要培养职工广泛的动机意识,形成良好的工作、学习、劳动态度等方面的动机体系。

(三)需要、动机、行为、目标之间的关系

一般来说,需要、动机、行为、目标之间的关系模式如图 11.2 所示。根据图 11.2 可知它们之间的关系是一种引发性、循环性和反馈性的关系。所谓引发性,即不满足产生需要,需要产生动机,动机导向行为,行为实现目标,需要得到满足。由此可见,人的行为都是由动机支配的,而动机则是由需要引起的。一般情况下,当人产生某种需要时总会伴随着一种不安或心理紧张的状态,但在找到了满足某种需要的特定目标时,这种紧张的心理状态就会转化为动机,推动人去从事某种活动,实现目标,满足需要。然而,旧的需要满足了,新的需要又会产生,这是一个不断往复循环的过程,使人不断向新的目标奋进的过程,这就是循环性。所谓反馈性,就是在行为过程中要将每一步行动结果予以反馈,以校正原来的需要是否实际,动机是否合理,行为是否有效。

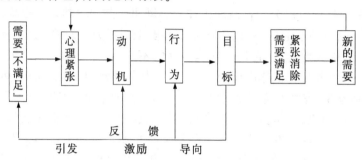

图 11.2 需要、动机、行为、目标之间的关系模式图

要搞清需要、动机、行为、目的之间的相互关系,还必须弄清以下几个问题:

其一、要搞清需要与动机之间的区别。有不少人把需要和动机混为一谈,有的甚至说需要就是动机,这是不正确的。需要与动机既有相似的含义,又有严格的区别。需要是一种心理上的欠缺感和需求感,而动机则是一种深化了的需要,它具有对行为的某种程度的规定性和导向性。因此,需要是人的积极性的基础和源泉,动机则是推动人去行动的直接原因。

其二、要搞清动机和目的之间的复杂关系。一方面表现在相同目的的不同动机上。如两位职工的目的都是为了掌握同一门技术,但其中一位的动机在于更好地做好工作,取得更大的工作成绩;另一位则在于把它当作提职提薪的资本。即使对一个人来讲,若他有需要一台彩电的目的,但其获取的动机可能有买或偷两种可能。另一方面,还表现在相同动机的不同目的上,即出于同样的动机而去达到不同的目的。如两个人都产生了积蓄金钱的动机,但一位积蓄的目的在于购买一台电视机,一位则在于盖几间新房子。因此,目的是人们行为所要达到的结果,动机则是推动人们去达到目的的心理活动,两者缺一不可。

其三、还要搞清动机和行为之间错综复杂的关系。这种关系主要有以下几种表现形式:

(1)动机和行为并非一对一的关系,同一动机可以产生不同的行为。例如,一个人怀着对社会做贡献的动机,但这种动机可以表现为许多行为,诸如刻苦学习、努力掌握各种技能、注意道德修养、团结同志、工作认真负责等行为。

(2)同一行为也可以由不同的动机所引起。如一位工人总是坚持超额完成生产任务,但这种行为可能来自不同的动机,诸如作为一种应有的贡献、出于对自己的高标准要求、坚持磨炼自己,以及获得先进生产者的荣誉等。

(3)动机和行为还具有相互作用的关系。动机推动行动,引起行为,而行为的结果又反作用于动机,使原来的动机得到加强或减弱或消失。因此,认识这个关系后就可以根据人的行为追溯动机,也可以通过对动机过程的相当认识来预测某个人的行为趋向,以便实施有效的激励。

二、激励的基本概念

(一)激励是协调好三个变量之间关系的过程

根据激励的发生过程及其功能,实际上就是协调好刺激变量、机体变量和反应变量三者之间的相互关系的过程。所谓刺激变量是指能够引起有机体发生反应的刺激因素的强弱,如环境的某种刺激因素。机体变量是指人体对刺激因素所反应的有影响的特征,比如性格、动机和内驱力的强度等。反应变量则是指刺激变量和机体变量在人的行为上所引起的变化。因此,根据三变量之间的关系,人类行为的基本模式可以用图 11.3 表示出来。从图中可知需要和动机都属于机体变量,行为属于反应变量,目标则属于外刺激变量(或称外诱因,当然也有内刺激或内诱因)。由此可见,激励过程实质上就是通过内外刺激变量的变化,引起机体变量的变化,进而强化行为,实现目标。这个过程本身就是一个周而复始、持续不断的运动过程,刺激本身就是一种激励。

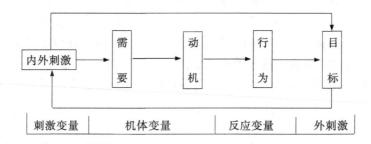

图 11.3　人类行为的基本模式

(二)激励的基础是需要,激励的目的在于激发动机

不少心理学的研究结果表明,人的一切行为都开始于需要,并由需要而引发动机的。所以,当人受到某种刺激后就产生了某种需要,当这种需要尚未满足时便引起心理紧张,并由此而激发了人的动机,成为满足需要的驱动力。因此,从需要出发来研究激励,激发动机,是符合人的心理活动规律的。在国外的有些著述中,干脆把这种激励动机的理论称作"动机论",看来是有道理的。

(三)激励就是调动人的积极性,开发人的智力、能力和创造力资源

人是世界上最重要的资产,但也是最大的问题。如何利用这种特殊的资产,开发人的创造性资源,是激励理论研究的重要课题。舒伯莱在其《美国之挑战》一书中曾经指出:"今天我们所寻求的财富不在于土地的资源,不在于人数与机器的众多,而是在人类的精神,尤其是我们的思想与创造的能力"。弗朗西斯也认为,"尽管你有钱,你能买到一个人的时间,使之出席于特定的时间和地点;你也能买到其有限的体力和技术活动,但你绝不能买到他的热忱、创造力、想象力、决心、忠诚和灵魂。"所以,人应该怎样激励就成为一切管理工作非常关切的实际问题。

（四）支配行为的动机除了需要之外还有感情等因素

许多研究证明，支配行为的动机除了需要之外，还要受到人的感情、意志、兴趣和价值观等因素的影响。所以，在探索激励方式时必须注意这些方面的影响。因为这些因素都会成为人的行为的动机，驱使人去行动以实现各种目的，甚至无所顾及，如舍命求财或为公牺牲等。

三、如何增强激励的针对性

如前所述，员工都是带着自己的需要走进企业的，只有了解他的需要才能有效地调动他的积极性。作为一个管理者，你是否了解你的部下？了解你的员工的需要吗？如果你不能很自信地回答"是"，那么，请你从现在起去设法了解他们的需要，这是做好激励的前提条件。那么，如何了解和分析员工的需要呢？

（一）把握需要类型

前文提到，需要是人在缺乏某种东西时的一种主观状态，它是客观需求的反映。根据人具有自然属性、社会属性和思维属性的特征，就形成了人的生理需要、社会需要和精神需要三个大的需求方面。心理学家也按照不同的方式划分出了不同的需要，如大家熟知的马斯洛将人的需要由低向高划分为生理、安全、社交、尊重和自我实现等五个层次；美国哈佛大学教授麦克利兰提出了有名的成就需要理论，将人的需要分为成就需要、情谊需要和权益需要。企业管理者应运用这些理论去掌握、分析职工的实际需要，做到心中有数，有的放矢。因为需要是激励的基础，没有需要，就不会激发动机，激发不了动机，就达不到激励的目的。

（二）认识主导需要

不同的员工，其需要是不同的，如年轻员工比较重视拥有自主权及创新的工作环境，中年员工比较重视工作与个人生活的平衡以及事业发展的机会，老年员工则比较重视工作的稳定性及分享公司的利润。这就要求管理者必须善于抓住主要矛盾，认识和抓住职工的主导需要。否则，激励就是纸上谈兵，无的放矢。如某企业为了改善厂区环境，用经理基金购买了不少奇花异草来绿化美化厂区。决策层以为这样一来，肯定会受到职工的欢迎。然而，不少职工抱怨企业的做法，甚至还有的毁坏花草，来发泄不满情绪。实际上，原来职工们是对领导不关心职工住房问题意见很大，认为我们都没有住的房子，而领导为什么不首先解决这个问题。后企业领导层很快接受大家的批评意见，通过各种方式使住房问题得到了一定的解决，职工比较满意。事后，职工们说不是我们不爱花，我们成天住在破烂、拥挤的房子里，哪有心思去赏花品草？这说明，抓住职工的主导需要，有针对性地进行激励，就像雪中送炭，会使员工从心底感到满意。

（三）区分不同的需要

仔细地回想一下，我们曾经填写过许许多多的表格，但是我们很少填写过"我们到底需要什么"之类的表格。这不能不说是企业管理者的一大疏忽。企业管理者应该在本企业内部搞一次全面的需要调查，把各种各样的需要进行分类，首先划出合理的需要和不合理的需要。对于合理的需要又分为马上能解决的需要和暂时还不能解决的需要。对于暂时不能解决的需要做好解释工作，说明道理，创造条件后逐步解决。对于能够解决的需要，又可以划分出靠组织解决的需要和组织帮助职工自力更生解决的需要。同时,对于不合理的需要还要进行教育引导,使之逐步向合理的需要转化。

（四）正确引导职工的需要

诚然,人的需要是无限的,也是良莠不齐的。所以,有必要对职工的需要进行正确引导,使职工树立正确的"需要观"。具体地讲,可以把引导职工树立正确需要的工作概括为"四要":一是个人的需要要符合企业发展的目标;二是个人的需要要适应社会的需要,并不妨碍他人的需要;三是个人的需要要考虑环境的影响和客观条件的可能;四是个人的需要要考虑到自己满足需要的能力。只要能够在满足职工的需要上,尽可能引导他们考虑到这四个方面的问题,正确处理好需要与可能的关系,就有利于实施有效的激励,达到激励的目的。

第二节　内容型激励理论

内容型激励理论主要有马斯洛的需要层次论、阿尔德弗的需要层次论和赫茨伯格的双因素理论,下面分别作以介绍和评价。

一、需要激励——马斯洛的需要层次理论

马斯洛是美国著名的管理学家和心理学家,他于1943年出版了《人类的动机理论》一书,提出了有名的"人类需要层次理论",这是西方流行最广、且具有代表性的企图揭示需要规律的主要理论。

（一）马斯洛需要层次论的基本内容

马斯洛根据人的多种多样的需要以及需要的先后顺序,把人的需要划分成由低级层次向高级层次发展的五类基本需要,即生理需要、安全需要、社交需要、尊重需要和自我实现的需要(如图11.4所示)。

第一个层次:生理需要。这是最原始最基本的需要,包括吃、喝、结婚、生儿育女等生理机能方面的需要。这些需要与人类的生存有直接关系,所以是不可避免的最低层次的需要。马斯洛曾解释说,对于一个处于极端饥饿状态的人来说,除了食物,没有别的兴趣。在这种极端情况下,写诗的愿望、获得一辆汽车的愿望、对美国历史的兴趣等,则统统退到第二位。显然,生

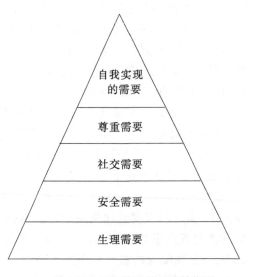

图11.4　马斯洛人的需要结构图

理需要具有自我和种族发展的含义,因而是动物性的、低级的和基本的需要。

第二个层次:安全需要。当一个人的生理需要得到基本满足后,就会产生安全方面的需要,它包括人身安全、职业安全、劳动安全、病老有保障以及解除严酷监督的威胁等内容。在现实生活中,每一个人都会产生安全感的欲望、自由的欲望、防御实力的欲望等。马斯洛认为,整个有机体就是一个追求安全的机制,人的接受器、效应器、智能和其它能量主要是寻求安全的工具,我们可以把科学和人生观总的看成是安全需要的动机的一部分。

第三个层次:社交需要。在前两项需要基本得到满足后,人就会产生社交的需要。它包括两个方面的含义:一方面是指人具有爱的需要,这种爱的需要既有人们之间的感情融洽、忠诚友好以及爱情的需要,又有希望别人信任自己,自己也信任别人的需要;另一方面就是归属的需要,即人都有一种归属感,都希望成为某一群体或集团的一名成员,并得到相互关心和照顾,形成与群体成员一致的思想感情。因此,社交需要比前两项需要深化了一大步。

第四个层次:尊重需要。尊重的需要也称名望需要,它是一个人的自尊心和希望得到别人好感的综合。在现实生活中,人都希望自己有所作为,有稳定的地位,得到社会的承认。尊重的需要可以分为内部尊重和外部尊重两个方面:内部尊重是指一个人希望在各种不同的情况下,自己都具有实力,能够胜任工作,具有成就、坚强的毅力、独立自主和自尊心;外部尊重是指人需要具有名望,得到社会的承认,包括受人尊重的程度、评价的程度以及别人信赖的程度等。马斯洛认为,假如人的尊重需要得到满足,就会对自己充满信心,对社会满腔热情,体会到自己存在的意义和价值。但是,当尊重的需要一旦受到挫折,人就会产生自卑感、软弱感和无能感,有时甚至会失去生活的信心。实际上,在现实生活中尊重的需要很少能够得到完全的满足,人本身也需要有某种不满足之感或压力,否则也会产生惰性。

第五个层次:自我实现的需要。自我实现的需要是指实现个人的理想和抱负等方面的需要。人人都需要能够完成与自己能力相称的工作,并使自己的潜在能力得到发挥,成为自己所期望的那种人物。马斯洛认为,音乐家必须演奏音乐,画家必须绘画,诗人必须写诗,这样才会使他们感到最大的满足,这就是自我实现。但马斯洛还认为,尽管自我实现化的人并不一定是尽善尽美的人,但却体现了这个人所认识到的人的最高价值,自我实现是相对的、长期的、越来越高的。

(二)马斯洛需要层次论各层次之间的相互关系

1.需要都是按层次逐级上升、由低级向高级发展的。即当下一个层次的需要基本得到满足后,上一个层次的需要就会成为现实的需要,一级成为一级的基础。但是,这种需要层次的逐级上升并不是下一级需要得到100%的满足后,上一级需要才会出现。在正常情况下,需要的层次虽然是逐级上升,但需要的满足程度却是相对的,参差不齐的。特别是层次越向上,满足的程度或比例就越小。根据美国有关调查研究结果,美国一般市民对生理需要的满足程度平均为85%,安全需要平均为70%,社交需要平均为60%,尊重需要平均为40%,而自我实现的需要只满足了10%。这说明需要由低一级层次向高一级层次的发展,并非一种突然的、跳跃的运动,而是逐步发生的。其中当下一个层次的需要满足到一定程度时,才会引起上一个层次的需要产生,成为人的行为的新"激素"。

2.马斯洛把五个层次的需要分成高、低相关的两个部分。其中生理需要、安全需要和社交需要属于低级需要部分,这些需要主要是通过外部条件使人得到满足的。如人借助于工资收入满足生理方面的某种需要,借助于法律制度满足安全方面的某种需要,借助于良好的人际关系满足社交方面的某种需要,等等。可见,低级部分的需要是欠缺性的需要。而尊重的需要和自我实现的需要则属于高级部分, 这类需要主要是通过内部条件使人得到满足的。如一个人通过努力工作取得成绩以及别人的好评和尊敬,得到了尊重方面的某种满足,增强了自尊心和自信心,进而实现理想、达到精神上的某种满足等。因此,这类需要是生长性的需要,只有满足了高级部分的需要,才具有更稳定、更持久的力量,

3.人在同一时间内的需要是多种多样的,但必定有一种占支配地位的需要。一般情况下,层次较高的需要总是占有支配地位的。因此,当低层次的需要处于次要地位时,并不等于这种需要将趋于消失, 而是指对行为的影响作用已经减弱,各层次的需要仍然相互依赖,相互发展。如某个人即就是达到最佳程度的自我实现,也同样具有生理方面的基本需要。因此,马斯洛需要层次论各层次之间的关系可以用图 11.5 表示出来。

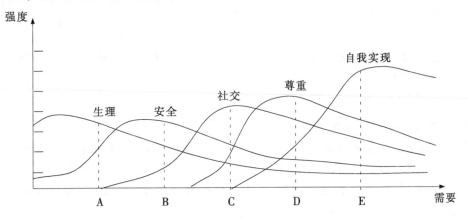

图 11.5　马斯洛需要层次论各层次关系图

4.自我实现是马斯洛需要层次论中的核心层次。马斯洛通过有关调查分析总结出自我实现的人才是最理想的人,这种人应具有十五种品质,诸如独立自主、创造性、良好的智力、孤僻、离群等。尽管马斯洛把自我实现作为核心层次的需要,但他认为在实际生活中每个人所注重的方面还是有很大差异的。

5.马斯洛认为,大多数人的需要层次都是这样一个固定的结构,但七种人除外,即把自尊看得太重的人、具有天赋创造性的人、抱负水平长期受压抑或低下的人、病态人(如永远失去爱……)、长期得到满足的人、无主见的人以及有理想、有崇高社会标准的人。

(三)马斯洛需要层次论对激励管理的启示

许多研究都表明,马斯洛需要层次论对人力资源管理工作具有直接的指导意义,如表11.1 所列。这一理论关于人的需要由低级层次向高级层次发展的过程,在一定程度上符合人类需要发展的一般规律。尤其他所提出的主导层次论对搞好激励管理具有非常重要意

义。我们知道,在人与人之间的需要类别尽管相差不大,但需要的目的却相差很大。因此,只有真正了解和掌握职工的不同需求和主导需要及其目的,有针对性的进行激励管理,才能对正当的合理的需求给予满足,不现实的或一时难以满足的需要尽可能说明情况,讲清道理。特别要依据职工需要的多样性及其特征制定相关的激励措施,或设计各种有效的激励模式,把实现组织目标与职工个人目标有机的统一起来。

表11.1 需要层次论与管理措施相关表

需要层次	诱因(追求目的)	管理制度与措施
1.生理需要	薪水、良好的工作环境、各种福利。	身体保健(医疗设施)、工作时间(休息)住宅设施、福利待遇等。
2.安全需要	职位保障、意外事件的防止。	雇佣保证、退休金制度、健康保险制度、意外保险制度。
3.社交需要	友谊、团体的接纳、与组织的一致性。	协商制度、利润分配制度、团体活动制度、互助金制度、娱乐制度、教育训练制度等。
4.尊重需要	地位、名誉、权利、责任以及与他人收入的相对高低。	人事考核制度、晋升制度、表彰制度、奖金制度、选拔进修制度、委员会参与制度等。

二、需要激励——阿尔德弗的需要理论

美国管理学家阿尔德弗通过对工人进行大量调查研究后,提出了新的需要理论(ERG理论),把人的需要分为生存的需要、相互关系的需要和成长的需要三大类。

(1)生存的需要:指人在衣、食、住、行等方面的物质条件的需要,这是最基本的需要,并只有通过金钱才能得到满足。

(2)相互关系的需要:也称关系需要,它相当于马斯洛理论中的友谊、爱和归属等方面的需要。阿尔德弗认为,当一个人满足了基本的生存需要以后,他就希望能够与上级以及他周围的人建立良好的相互关系。

(3)成长的需要:成长的需要是在相互关系的需要得到满足后产生的,这类需要是指个人在事业上、个性上能够得到理想的发展,是三类需要中最高层次的需要。

阿尔德弗特别强调,管理人员应深入实际了解职工的真实需要。他认为,在现实生活中各人都有不同的需要,这种不同的需要将会导致各人的不同行为表现,决定不同的工作结果。但是,工作结果可能会满足他们的需要,也可能不会满足。所以,管理人员就要在了解职工真实需要的基础上,通过有效地控制工作结果,满足职工的不同需要,进而达到控制职工的工作行为。可见,阿尔德弗的需要理论非常重视工作结果对满足需要的作用和影响,他指出管理人员应该控制那些对职工需要起主导作用的工作结果。否则,既满足不了职工的需要,也控制不了职工的工作行为。阿尔德弗的需要理论与工作结果之间的关系如图 11.6 所示。

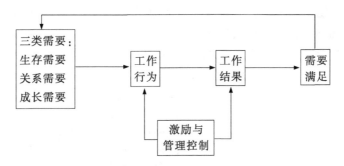

图 11.6　需要与工作行为、工作结果和管理控制的关系

阿尔德弗的需要理论与马斯洛的需要层次论相比,既有共同之处,也有不同之点。如他们都认为需要一般是由低级层次向高级层次逐步发展的, 都试图揭示需要的规律和层次结构,只是一个分为五类,一个分为三类而已。但是,阿尔德弗的需要理论具有自己的特点。其一、他的理论打破了马斯洛人的需要生来就有的观点,指出还有后天的学习提高而产生的需要,说明了激励的必要性。其二、阿尔德弗认为需要的层次也不一定是逐级向上发展的,也有越级和跳跃的现象,打破了马斯洛不能越级向上发展的观点(马斯洛认为若越级,那就是神经不正常的人),说明了激励的复杂性。其三、人的三大类需要一般由低向高发展,但也存在逆转的现象,即由高层次退到低层次。如有的人一时满足不了成长需要,就会一味地追求生理方面的需要。这又打破了马斯洛认为需要只能向上发展,不能逆转的观点,也说明了激励的艰巨性。总之,阿尔德弗的需要理论是对马斯洛理论的一个重要补充和发展,尽管内容不很复杂,但却看到了马斯洛没有注意到的一些问题。

三、条件激励——赫茨伯格的双因素理论

(一)双因素理论的基本内容

20 世纪 50 年代末期, 美国管理学家赫茨伯格〈F·Herzberg〉提出了有名的 "激励因素—保健因素理论",又称为"激励动机—卫生因素论",简称"双因素理论"。这一理论把能够激发职工工作动机的满意因素称为激励因素, 把职工不满意的因素称为保健因素或卫生因素。赫茨伯格非常重视对工作内容以及职工对工作内容的实现感和责任感等激发动机的激励因素的研究。他曾在许多企业进行了实地调查,征询了二百多名工程师和会计师的意见,并设计了许多问题请接受采访者回答。诸如"什么时候你对工作特别满意?""什么时候你对工作特别不满意?""满意或不满意的因素是什么?"等等。同时,赫茨伯格还对3597 个调查案例进行了综合分析,收集了许多材料和数据,都证实了这两种不同的激发动机的因素,即激励因素和保健因素。他发现使职工不满意的因素往往是由工作环境因素引起的,而使职工感到满意的因素通常是由工作本身产生的。在此基础上,赫茨伯格对使职工感到满意的激励因素和使职工感到不满意的保健因素作了如下的综合性对比分析,如图 11.7 所示。

赫茨伯格认为,使职工非常不满意的保健因素,如同卫生条件一样只能对人起到防止生病的作用,而并不能医治疾病。具体到企业中就意味着只能防止职工对工作可能产生不满的作用,但并不能使职工感到满意或非常满意,这说明这些因素并不是激发职工工作动机的因素。赫茨伯格进一步指出,造成职工感到不满意的因素主要有公司的方针政策、管理方式、职工与主管以及监督人员之间的关系,职工的地位和薪水以及工作方面的作业环境,等等。实际上,这些因素就是维持因素或预防因素。

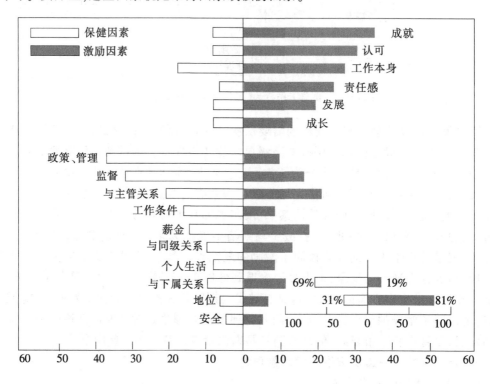

图 11.7　赫茨伯格关于满意因素与保健因素的对比分析

　　关于能使职工非常满意的激励因素,赫茨伯格认为主要有工作内容和职工对这种工作的实现感,以及对职工工作成就的评价、以后的发展等。这类因素可以调动职工的工作积极性和热情,提高工作效率,激发人的进取精神。他认为,传统的"满意—不满意"的观点(即认为满意的对立面是不满意)是不正确的,满意的对立面应是没有满意,不满意的对立面应是没有不满意,如图 11.8 所示。因此,赫茨伯格认为只有用激励因素来调动职工的工作积极性,才能提高生产效率,真正的激励因素就是工作本身以及职工对工作的感觉。

　　(二)双因素理论的创新与发展

　　双因素理论提出后引起了各方的普遍关注,特别是面临着理论评价和实际应用的考验。仅在理论评价方面就受到了许多非议。有人认为,双因素理论虽然在于打破过去那种"社会人"假设的局限性,确立并证实"自我实现人"的假设,但它并没有跳出"满足—生产效率"的圈子,还是把对职工的满意度和提高工作效率等同起来,如马奇和西蒙就曾提出了这种相反的意见。他们认为,满足和生产效率之间并不一定就存在着有意义的相互关系,"吃饱的耗子就不想动",倒是职工感到不满足时生产效率才能提高。所以,他们提出了

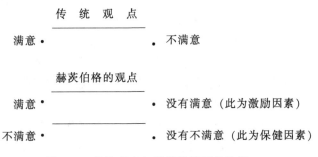

图 11.8　传统观点与赫茨伯格观点比较

与"满足—生产效率"相反的"不满足—生产效率"的理论。也有人认为,把满意因素往往归于自身的努力, 而把不满意的因素又归于外部条件, 这是被调查对象的最一般的心理状态。因此,这种分法有没有科学性值得怀疑。尽管如此,赫茨伯格的双因素理论还是越来越多地受到许多企业的重视,并应用这一理论于企业管理的实践。

　　后来,赫茨伯格在多年调查研究和总结经验的基础上,又出版了《工作与人的本性》一书,进一步完善了他的"双因素理论",并在此基础上提出了"工作扩大化"的理论。由于这一理论对有效地激励职工的工作行为、提高职工的工作积极性具有实际的指导意义,因而被许多企业广泛采用。所谓工作扩大化包括两个方面的含义:即水平式工作扩大和垂直式工作扩大,或称横向扩大和纵向扩大。水平式工作扩大要求重新设计工作内容,或者把原来分工细致的作业归并成职工自主完成的作业单位,从而扩大工作范围,明确责任,使工作变得更有意义。其目的在于消除由于机械化的发展,专业化和单纯化所带来的只要求职工掌握范围有限的肤浅的知识和能力的局限性。克服职工疏远劳动,工作积极性不高,缺勤率和离职率增加的趋势,以便提高职工的人格意识、自主性、自我决策和自我实现的觉悟。而垂直式工作扩大就是垂直地扩大职工的工作内容,让职工参与有关的管理工作,如计划和调节等方面属于管理人员和监督人员固有职能的那些工作。使职工既是直接的生产者,又是直接的管理者,以激发职工的工作动机,调动他们的积极性与工作热情。总之,采取工作扩大化的方法就是要让作业组织自己决定生产指标、生产方法、生产计划、作业程序、作业标准、控制成本和评价工作成绩等。至于这些工作在多大程度上交给职工(即自主权到底有多大),则要视不同的工作阶段和不同的情况灵活掌握。也就是说,要使职工的工作范围、内容、方法和管理人员的工作内容、领导方式等,都要随着工作的发展、形势的变化而有所变化,并使两者有机地结合起来,达到激励员工的目的。

　　(三)双因素理论的应用与评价

　　双因素理论提出来以后,其内容和思想被西方许多企业有选择的进行了运用。根据美国全国民意研究中心的调查,50%以上的男职工认为工作的首要条件就是提供成就感。同时,职工中把有意义的工作列为首位的人要比把缩短工时列为首位的人多出七倍。这说明职工对工作本身和工作条件的要求,是和自己的成就感联系在一起的。所谓成就感,实质上就是职工有所作为的一种成就动机。

　　1973年,美国通用食品公司托泼卡工厂曾运用工作扩大化理论于生产实际,建立了基层小组(作业小组)制度,由小组布置工作,规定工间休息,甚至可以决定小组内成员的工资调整。据有关报道,这一制度实行后激发了职工的工作积极性,工人的情绪很高,产量上升,浪费减少,缺勤率和离职率逐渐下降,与同类企业相比劳动力减少了35%。根据专题分析研究,职工对这种新制度具有不同的反应。一般情况下,成就感很强烈的人对这种制度会作出积极的反应,反之反应就不太积极。美国商业机器公司埃迪考特工厂也曾采用工作扩大化方法,同样证明了能够激发职工的工作积极性,提高工作效率,降低生产成本。

　　瑞典沃尔沃汽车制造公司也曾运用工作扩大化方法,改组和革新了原来的生产环节和管理制度。由于汽车制造行业长期采用传送带装配线技术,这种技术系统使在生产线劳动的职工产生了与世隔绝感,所以对工作有厌倦情绪,并且导致了缺勤率和离职率的增加。但是,按照瑞典的惯例对缺勤的职工同样照付工资,这样使企业的支出浩大。实施工作扩大化改革后,对原来的装配组织、工序、分工、物质供应、产量要求和质量标准等都进行了改革,改变了传送带装配线对工人的强制性,以及对作业步骤的死板的控制性。结果职工的离职率降低,质量提高,产量增加,不合格的零配件减少。特别使职工消除了隔绝感和单调感,对工作充满信心,增强了满足感。

　　我国对双因素理论的运用也有一个明显的特点,那就是注意在管理工作本身和生产过程的内容上来研究激励职工积极性的各种因素。例如工作分析、奖励制度、生产管理制度、培训学习制度、人力资源管理制度等等。

　　总之,双因素理论有这样几个特点可以肯定:(1)双因素理论具有明显的科学性和实践性,实际工作中确实存在这两种因素。因此,只要管理能够认识和注意这些因素的调节,并使之制度化,必然会调动职工的积极性。(2)双因素理论关于工作扩大化的思想与我们的民主管理思想有许多共同之处,故对企业的民主管理具有一定的借鉴意义。如职工参与管理工作的思想、职工参与管理方式变化的思想等,对实施激励都非常有启发。(3)双因素理论对薪酬管理改革有重要意义。比如,如何能够使工资、奖金、福利待遇及其薪酬管理制度真正成为激励因素,起到调动职工积极性的作用。(4)双因素理论强调工作本身的激励作用具有特别重要的意义,这一点已为众所周知。

　　但是,由于国情、民情、社会制度等方面的差异,从我国的实际出发,对双因素理论运用和评价也应注意以下几个问题。(1) 双因素理论提出的社会历史条件与我国有很大差异。即它要解决的是资本主义企业的发展问题,我们要解决的是社会主义企业的发展问题,所以要看到两者的相同点和不同点。(2)对激励因素与保健因素的认识也有差异,内涵也不完全一致。因而,在此地是激励因素,到彼地就可能不是激励因素,两类因素的确定要因地制宜,因事制宜,因人制宜。尤其双因素理论所涉及的保健因素和激励因素,对我们来讲并非完全与他们所讲的情况相同,他们所讲的某些保健因素对我们来说可能就是很有效的激励因素,如改善工作条件、干群关系、增加工资和奖金、晋级制度等等。

第三节 过程型激励理论

过程型激励理论主要有弗鲁姆的期望理论和亚当斯的公平理论。

一、预期激励——期望理论

（一）弗鲁姆的期望理论

期望理论是美国管理学家 V·H 弗鲁姆于 1964 年提出的,1967 年弗鲁姆正式出版了《工作与动机》一书,再次全面系统地阐述了这一理论。他认为,个人的行动可以通过其对行动结果的评价和对行动结果的期待来加以说明。如职务上的满足感直接受工资、上司的关心、对晋升的期待感和对稳定的工作团体的归属感等因素的影响。因此,人总是为实现某种目标而行动,为达到某种目的而努力的。人的行为是建立在一定的期望基础之上的,行动与结果之间总是有着某种必然的联系。

根据弗鲁姆的认识,期望理论实际上是一种新的动机激励理论,它的核心在于个人对其行动目标的认识,以及实现这种目标的动机强度和期待感。国外有的学者指出,如果"满足—生产效率"的理论假设(双因素理论)是从行动的情绪方面来研究动机,那么期望理论则是根据"不满足—生产效率"的理论假设而从行动的结果方面来研究动机的。所以,凡是从情绪方面研究动机的都是探索动机的情绪模式, 而从结果方面来研究动机的都是探索动机的认识模式或决策模式。从这个意义上看,期望理论与双因素理论的区别正在于此。双因素理论在于探索影响情绪的各种因素,目的是为了调动职工的工作积极性,通过满足职工的需要提高生产效率。而期望理论则在于探索对行为结果和期望目标的认识,目的在于研究这种不满足感所引发的期待感,激励工作动机,实现已经意识到的期望目标,达到预期的目的。 因此,期望理论是一种目标性的动机激励理论,它是通过对自己的努力可以取得结果的期待,以及对这种结果的评价(即诱意性)来说明人的动机强弱程度的理论。

弗鲁姆提出期望理论的主要依据有以下几点:(1)诱因或刺激对个人来说是有价值有魅力的,它包括晋级、提薪等外在报酬和目标实现感等内在报酬;(2)诱因是对个人所取得的工作成绩所支付的报酬;(3)个人期待通过努力取得工作成绩,并依据工作成绩获取报酬,包括外在的报酬和内在的报酬;(4)阿特金森的认识模式——动机=$M \times E \times I$,是弗鲁姆期望理论的一个重要的理论基础。其中 M 是指向目标进行努力的基本动机,E 是指对特定目标或结果的期望值,I 是指这种目标或结果对本人的效价(或称诱因值)。依据以上这些认识和理论准备,弗鲁姆提出了期望理论。它可以用下列公式来表示:

$$M = \sum [V \cdot E]$$

其中 M 表示动机的强度 (激励力量),V 表示效价 (即诱因值或诱意性),E 表示期待值。弗鲁姆给效价和期待值分别下了定义:所谓效价就是对特定行动在一定时刻产生的结果的情绪指向,即为对结果的评价以及对这种结果的选择。当一个人希望得到某种特定的结果时,它的效价一定是大于+1的,不想得到时效价就是-1,完全不感兴趣时就等于0。而期望值是指个人对特定的行动将会产生某种特定结果的主观概率估计,也就是个人对取得工作成绩和实现目标的可能性大小的估计。因此,个人的动机是以把 V 和 E 的乘积(即主观期待效用)变得最大时被激发出来的。即使工作结果的效价很高,但若对特定行动带来工作成绩的期望值不高,还是不能激发动机的。反之,期望值很大,效价不高,也不可能激发动机。

同时,弗鲁姆还指出,由于人在需要方面的差异,因而在认识工作结果的效价上,对期待特定行动的工作成效上,同样存在着各种差异。对于那些倾倒于工作的人来说,"工作成绩本身就是报酬"。

现实生活中,弗鲁姆的期望理论具有实际的指导意义。比如对一位工程师来讲,假若他要搞一项技术革新,通过论证认为这项革新成功后将会产生很大的经济效益和社会效益,同时也使他的潜力得到充分发挥,那么就说明效价很大(即 V 值很大)。与此同时,假若他也估计到成功的可能性很大(即很有把握),就说明期望值很高(即 E 值很高)。在这种情况下,这项技术革新就会成为一种很强的动机,激励他去实现既定目标。

(二)波特和劳勒对期望理论的发展

1968年,波特(L. W. Porter)和劳勒(E. E. Lawler)合作出版了《管理态度与行为》一书,其中对弗鲁姆的期望理论作了进一步的修正和补充,国外学者称为"波特—劳勒模式"。这一模式可用下列公式来表示:

$$M=\sum[(E\rightarrow P)\sum(P\rightarrow O)(V)]$$

式中的 E 表示努力,P 表示工作成绩,O 表示结果或报酬;$(E\rightarrow P)$ 表示通过努力对提高工作成绩的期待,$(P\rightarrow O)$ 表示对通过提高工作成绩而获取报酬的期待,V 表示报酬的诱意性,而报酬又分为内在的报酬和外在的报酬。内在报酬包括工作的实现感和自我实现等,外在报酬包括提薪、奖赏、晋级、被同事尊敬等。

从波特—劳勒模式中可看出,它是把个人期望分为两种主观概率来认识的。一种为努力将使工作成绩提高的主观概率,另一种则为工作成绩的提高将会带来外在报酬和内在报酬的主观概率。所以,这一模式同弗鲁姆的模式相比,具有能够同时考察两种主观概率对动机的影响等优点。特别还说明个人工作结果既依赖于努力的程度,也依赖于个体的能力、品质以及对自己的工作作用意义的认识。这些都说明在努力程度相同的情况下,由于人在能力、知识、品质等方面的差异,以及对工作认识的不同,因而工作结果是有差别的。波特—劳勒模式的激励模型图如图11.9所示。

这一激励模型告诉我们,激励手段必须把个人努力和工作结果联系起来,工作结果又必须与获得内外报酬的主观概率结合起来,这样才能起到激励的作用。因此,领导者一方面要把职工的思想教育作为重要的内容,使职工树立远大理想和共产主义世界观,把个人前途和具体的工作、人民的事业结合起来。另一方面,还要注意研究职工对待工作的不同心理状态,诱导和激励职工的进取精神,培养提高职工的能力和知识水平,调动他们的积极性,并在多做贡献的前提下使他们的需要得到充分满足。根据有关资料,波特—劳勒模式曾在七个企业的六百多位领导者中进行了实验，证明模型中的各种变量与工作结果之间呈正相关关系，对工作具有直接的指导意义。

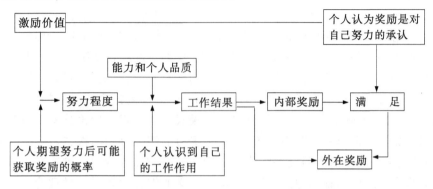

图 11.9　波特—劳勒模式激励图

(三)加尔布雷斯和卡明斯对期望理论的发展

加尔布雷斯和卡明斯也对弗鲁姆的期望理论作了修正，国外学术界将这一修正理论称为"加尔布雷斯—卡明斯模式"，我们简称"加—卡模式"。这一模式的特点在于把工作成绩分为内在诱意性和外在诱意性，即把实现目标过程中的工作成绩的效价分为内在效价和与外在效价。内在效价(内在诱意性)是指工作本身和实现感，这种实现感即使在对外在报酬不抱期待的情况下，个体也会有内在的实现结果。而外在效价(外在诱意性)是指工作成绩的实现可以作为提薪晋级这些外在报酬的手段所具有的效价。"加—卡模式"如图11.10所示。根据这个模式不仅可以清楚地看到工作成绩的内外诱意性(内外效价)，而且还可以清楚地看出它对工作两次结果的表示和分析。第一次结果表示了通过努力取得工作成绩的内外两方面的实现，第二次结果则表示了提薪晋级等外在报酬和实现感等方面的内在报酬的实现。在这里，加尔布雷斯和卡明斯是把第一次结果作为取得第二次结果的手段来加以认识的。因此，对两者之间手段关系的认识是"加—卡模式"的一个重要特征。

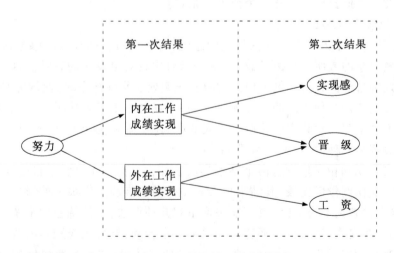

图 11.10　加尔布雷斯—卡明斯模式

（四）预期激励小结

我们认为，期望理论从弗鲁姆到"加尔布雷斯—卡明斯模式"的发展，经历了一个不断完善的过程。这一过程可以概括为以下几个要点：(1)弗鲁姆的理论揭示了激励力量与效价和期望值之间的关系，即在效价和望期值均处于最佳状态时激励的力量最大，反之则小。但是，在效价和期望值任何一方处于不佳状态时，都会影响到激励力量的大小。(2)"波特和劳勒模式"又在弗鲁姆理论的基础上作了新的补充和完善，进一步揭示了两种主观概率的关系，即努力对提高工作成绩的主观概率和工作成绩的提高对获取内外报酬的主观概率，并把两者有机地联系在一起。特别是这一模式比弗鲁姆的理论分析得更加细致，更加深入。(3)"加尔布雷斯—卡明斯模式"又把人努力的结果分为两次，揭示了努力是作为对工作成绩的期待，这种期待的结果将作为实现内外报酬和效价的一种重要手段。因此，从期望理论的发展过程来看，它是一种基于能力主义的综合性动机激励理论，对于丰富管理理论，开阔管理人员特别是领导者的认识思路具有许多有益的启示。因此，在实际工作中应抓好两个方面的工作。一方面要提高和增强职工努力工作的热情和事业心；另一方面要把工作成绩的提高和劳动报酬、实现感有机地结合起来，有效地激发职工的工作动机。日本有的学者认为，要做好这方面的工作，必须把晋级、提薪、奖励等外在报酬制度由按论资排辈改为按实际贡献，因为这本身就包括实现感在内。

二、公平激励——公平理论

（一）公平理论的主要内容与观点

公平理论是美国管理学家亚当斯在 20 世纪 60 年代中期提出的，它侧重于研究工资报酬分配的合理性和公平感，以及对职工工作积极性的影响。亚当斯指出，职工的工作动机不仅受到他所得到的绝对报酬的影响，即工作的实际收入的绝对值的影响，而且还要受到相对报酬的影响，也就是受到他人收入与自己收入相对比例关系的影响。因此，亚当斯提出了两类公平关系式：一类表示个人投入与个人收入之间的平衡关系，即投入的劳动与所得报酬之间的比值应该趋向平衡与合理；另一类则表示个人收入与他人收入之间的公平关系。为此亚当斯提出了这样一个公平关系式：

$$Op/Ip=Oo/Io$$

其中 Op 表示一个人对自己所获报酬的感觉，Ip 表示对自己投入的感觉，Oo 表示他对某个作为比较对象的人所获报酬的感觉，Io 表示对比较对象投入的感觉。这个等式说明，如果当个体发现自己的收支比例与他人的收支比例处于平衡状态时，便认为是公平的。当发现自己的收支比例与他人的收支比例不平衡时，就会产生不公平感。由此可见，个人感到公平或者不公平都会对其积极性产生很大的影响（或调动、或挫伤）。这种公平与不公平的关系一般表现为三种情况，可以用图 11.11 表示。

除了绝对报酬和相对报酬这两个基本参数之外，人们往往也要把自己现在的收支比例与过去的收支比例作以比较，其结果也会对个体的积极性产生很大的影响。然而，无论那种比较，当自己感到不公平时，就可能采取下列几种做法，以保持心理平衡。(1)通过自我解释，达到自我安慰，消除不公平感；(2)采取一定行动，努力改变别人的收支比例，以达自己的心理平衡；(3)采取一定行动，改变自己的收支状况（如要求增加报酬，或自己减少支出,或消极怠工等);(4)或者换一个比较对象获得主观上的公平感;(5)发牢骚,泄怨气,制造人际矛盾,甚至放弃工作。因此,公平理论实际上是一种平衡性激励理论,假若不公平不仅不会起到激励的作用,反而还会产生负面的作用,影响组织目标的实现和人际关系的协调。

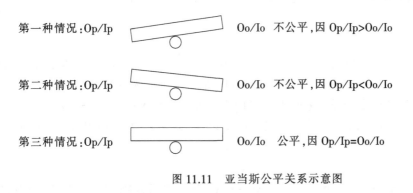

第一种情况:Op/Ip   Oo/Io 不公平,因 Op/Ip>Oo/Io

第二种情况:Op/Ip   Oo/Io 不公平,因 Op/Ip<Oo/Io

第三种情况:Op/Ip   Oo/Io 公平,因 Op/Ip=Oo/Io

图 11.11 亚当斯公平关系示意图

(二)公平理论评价

公平理论虽然在国外很流行,但在具体运用这一理论时应注意以下几个问题。首先,公平理论是以个人利害得失为出发点的,没有考虑到个人与企业、企业与国家之间的基本关系及其利害关系的一致性。因此,在我国社会主义市场经济条件下,不仅应汲取公平理论的合理成份,强调按劳分配的原则;同时还应注意贯彻"三兼顾"政策,要提倡比贡献大小,而不过分计较个人得失,要提倡权利与义务的统一。其次,公平理论的公平标准也不是绝对的、唯一的。按照公平理论的观点,那就是给多少报酬,干多少事情,除此之外再无别的标准。然而,这种标准和劳资关系并不能反映社会主义的全部公平标准和分配原则。我们既要反对过去那种吃"大锅饭"的公平标准,也要反对那种斤斤计较个人得失,处处以个人利益为中心的极端个人主义的公平标准。我们的公平标准应该是建立在社会主义事业发展的基础之上,建立在不损害他人利益、集体利益和国家利益的基础之上,建立在个人工作成绩的提高和创造性潜力发挥的基础之上。因此,公平标准只是相对的,不是绝对的。第三、要看到我国企业中还严重存在着劳动管理和分配管理上的不公平问题,如平均主义、官僚主义、个人主义、关系主义以及制度性的种种弊端,这些都不同程度地造成了职工心理上的不公平感,影响了积极性和创造性的发挥。所以,我们不能简单地把某种不公平现象仅仅看成是个报酬问题,实际上它往往涉及到许多方面的问题,如制度政策、干群关系、人际关系、班组建设等许多方面。

第四节　行为修正型激励论

行为修正型激励论主要以行为主义激励论为代表。行为主义激励论是和行为主义的心理学理论密切相关的,是这一理论的实际运用和发展。由于行为主义的心理学理论经历了三个发展阶段,即由"刺激→反应(S→R)"阶段发展到"刺激→中间变量→反应(S→O→R)"阶段,再发展到"操作性条件反射学说"阶段。所以,行为主义的激励论也同样经历了这三个发展阶段。

一、物质刺激论

物质刺激论是根据"刺激→反应"理论(即 S→R 理论)在管理措施上采取的一种激励手段,其实质就是通过物质刺激(主要是金钱刺激)来诱发人的动机,达到提高工作效率的目的。因此,在激励的方法上主要是通过搞计件工资制以及超额高酬的差别工资制等,来调动人的生产积极性。所以西方学者指出,资本家和工人的行为都是由金钱这个刺激物所引起的。

二、物质和精神相结合的激励论

物质和精神相结合的激励论是行为主义学派鉴于"刺激→反应"学说并不能反映人的全部动机的设想,提出了"刺激→中间变量→反应"(S→O→R)理论。那么,在这种情况下,激励的手段不仅仅是依靠刺激变量,而且还要考虑中间变量的存在。简单的说,就是除考虑金钱刺激之外,还要考虑人的主观需求,这样激励的手段及其内容就发生了如下一些新的变化。

(1)要从社会心理出发,分析个人需要以及个人与群体之间的关系,需要既包括物质的,也包括精神的。

(2)要进行情境分析,要看到人的思想经常会受到内外环境因素的影响而发生变化,要经常对人所处的情境进行动态分析,以便及时采取措施,使激励过程持续化。

(3)目标的均衡。主要是指协调个人和工作中的矛盾,以及各种人际关系中所发生的一系列冲突和不协调,使目标趋于均衡。

(4)把个体需要的满足和组织目标的实现结合起来。

三、行为修正激励论

行为修正激励论是根据"操作性条件反射学说"提出的,实质上是一种行为定向的激励理论。在具体实施时有两种情况:一是对人的某种行为给予肯定和奖赏,使这种行为更加巩固并持续下去,此即"正强化"。另一种情况就是对某种行为给予否定和惩罚,使之减弱或消退,此即"负强化"。但无论是"正强化"还是"负强化",其目的均在于对人的行为进行定向控制,引导到预期的最佳状态。因此,对行为进行修正激励必须遵循以下几个原则:

（1）要有一个目标。有了目标,才能对行为进行定向控制。

（2）要逐步实施,一步一步的达到。

（3）要及时反馈信息,让人们知道自己行为活动的结果,达到鼓舞、鞭策和强化的作用。

（4）要奖惩结合,搞好目标控制。

总之,从行为主义激励论的三个发展阶段来看,一步比一步更深入,即从只注意物质刺激到注意物质与精神相结合,再发展到注意通过物质和精神的关系来校正人的行为趋向,实现目标。因此,行为主义激励论包含着许多哲理和科学的东西。但是,这一理论只注意了外在刺激的作用,没有考虑到内在刺激的巨大作用;只注重定向控制的作用,而没有注意到自我控制的作用。因而,它是把管理对象作为一种被动的刺激和控制的对象来看待的,而没有从内部因素出发来调动人的积极性,所以具有局限性。

第五节　战略性激励设计

相对于传统人事管理,现代人力资源管理的核心理念可以用"战略性激励"五个字来概括。尤其在知识经济时代,任何企业人力资源战略管理所面临一个基本任务,就是通过人力资源管理应对高绩效工作系统、满足利益相关群体需要以及全球性等三大挑战,来获取和保持企业在市场竞争环境中的战略优势。制度激励与管理激励是人力资源激励的一体两面,二者在实践中是辨证地整合在一起的。在我国转型期经济发展过程中,以制度性激励为核心建立企业人力资源战略管理框架,具有十分重大现实意义。

一、战略性激励的提出与内涵

从德鲁克于1954年在其《管理实践》中首次提出"人力资源"概念,到巴克(Bakke,E. Wight,1958)对"人力资源功能"(The Human Resources Function)的经典性阐释,以及同期舒尔茨(Schultz,T.)和贝克尔(Becker,Gray)提出"人力资本理论",再到60年代中期曾有管理学者发表相关研究论著,虽曾引起学术界和实业界关于"人力资源"术语以及"人力资源管理"概念的认同,但对于人力资源管理区别于传统人事管理的实质性理念究竟是什么,直到其后的十余年时间里,人们一直看法各异。进入80年代后,在知识经济和全球化的时代背景下,以哈佛大学以及英国学者盖斯特模式等为首的一批西方管理学者才又重新继承德鲁克和巴克的研究思路,对人力资源管理的人本化思想、战略性理念和系统化运作模式进行了一系列开拓性探索,逐渐形成了关于现代人力资源管理的独立框架和完整体系。我们认为,在现代社会经济背景下,企业人力资源管理的核心理念可以用"战略性激励"五个字来表达,相对于传统人事管理,现代人力资源管理的根本特性总的来说是"战略性"的,是以激励为核心的。以此为基石,我们可以更加科学合理地搭建人力资源管理的逻辑框架和理论体系。因此,现代人力资源管理的主要特性表现在"战略性"层面上:(1)在战略指导思想上,现代人力资源管理提倡"以人为本"的人本管理;(2)在战略目标上,现代人力资源管理是为了"获取竞争优势"的目标管理;(3)在战略范围上,现代人力资源管理是"全员参与"式的民主管理;(4)在战略措施上,现代人力资源管理是运用"系统化科学方法和人文艺术"的权变管理。

与企业其他方面的管理相比,人力资源管理是要通过"激励"来实现的。所谓"激励",就是从满足人的多层次、多元化需要出发,针对不同员工设定绩效标准和奖酬值,以最大限度地激发员工的工作积极性和创造性去实现企业目标。一个企业的人力资源利用效果如何,是由许多复杂因素耦合作用的结果,但其中管理的激励作用是最重要的因素之一。人力资源不同于其他非人力资源的根本特征就是,它依附于员工活的人体而存在,与员工个人须臾不可分离,人或企业要使用人力资源,都要经由它的天然所有者个人的"积极主动"配合才能实现。因此,人力资源管理工作能否"以人为本",有效激发员工的积极性,最大限度地发挥员工的能动性和创造性,就成为决定企业运营绩效优劣的关键因素和人力资源管理成功与否的核心问题。

二、现代人力资源管理的战略任务——赢得竞争优势

人力资源战略管理的基本任务,就是通过人力资源管理来获得和保持企业在市场竞争中的战略优势。所谓"竞争战略优势",是指一个企业所拥有的相对于竞争者更为优越的稳定市场地位能力或发展潜力。竞争战略优势是一个复杂的管理系统,它是企业在市场竞争中天时、地利和人和的有机统一,是不断获取、保持、发挥、强化和更新优势的动态过程。根据波特(Porter,Michael·E.,1980)关于"竞争战略"的经典理论,企业竞争战略优势可通过实施低成本战略、差异化战略和集中性战略等三种基本方式来获取。

(一)低成本战略

低成本战略即"全成本指导原则"竞争战略,其核心是以比竞争对手较低的产品或服务成本获取市场竞争优势。低成本战略优势的实质是较高的企业工作绩效,较高的工作绩效可以通过技术创新、组织创新和管理创新等途径来实现,而提高工作绩效最直接、最重要的途径就是改善人力资源管理。所谓"高绩效工作系统"(high-performance work systems),是指将企业的技术系统与社会系统有机结合起来,能够获得高效率和高效益的生产运作管理体系。建立和拥有高绩效工作系统,是一个企业获得市场竞争战略优势的基础。首先,高绩效工作系统要有高新技术信息系统的支撑;其次,高绩效工作系统更本质地说是一种社会企业系统,而将企业的技术支撑基础与社会企业系统有机结合起来,以形成高绩效工作系统的中介环节,正是人力资源管理。

(二)差异化战略

差异化战略即通过为顾客提供独特的差异化产品或服务,满足消费者的特殊需要,来获取市场竞争优势。差异化战略的实质是一种"顾客至上主义"战略,其核心是如何满足利益相关者个人或群体的需要,这同样可以通过工艺改进、售后服务或营销宣传等多种途径来达到,但所有这些无不与人力资源管理直接相关。在现代市场经济中,任何企业实质上都是由股东、银行、员工、客户及供应商等利益相关者组成的一种关系网络。一个企业能否兼顾各利益相关者群体的需要,就成为从根本上决定它经营运作成败的战略性问题。为什么满足利益相关者群体需要可以获取竞争力？就是因为企业只有做到在资本市场上很好满足出资人或投资者获取收益的需要,它才可以获得市场竞争的坚强金融资本后盾和坚实的物质资本基础;只有在企业内部推行"以人为本"的人力资源管理政策和人力资本投资方略,很好地满足员工的物质利益和精神追求需要,才能获得市场竞争的人力资源战略要素和人力资本股权激励效应;只有真正奉行"顾客是上帝"的市场化经营理念,全方位满足消费者个性化需求,才能在市场竞争中拥有雄厚的"群众基础";如此等等,也只有同时兼顾和满足各个利益相关者群体的需要,做好利益关系的平衡,才不会陷于"顾此失彼"的窘境,才能在战略上"有条不紊"地应对竞争。在激烈的市场竞争中,企业只有与利益相关者群体结成"战略伙伴"关系,取得利益相关者的理解、长期支持和合作,它才具有获取和保持竞争优势的可能和条件。

(三)集中性战略

集中性战略就是低成本战略或差异化战略在细分市场上的具体运用,这就涉及如何从具体情况出发进行市场优势战略选择与组合的问题。一般说来,市场范围越广阔、市场越有"厚度",那么,企业所面对的优势战略选择问题就越复杂、越困难。目前,一流的有竞争力的大型跨国公司,诸如摩托罗拉、通用电气、可口可乐、微软、西门子、惠普等等,无不在努力"跨"越多元文化篱笆,在全球范围内的不同国家、企业或其他企业中,通过"网络"介体进行合作与交流,在调动着全世界一切可以调动的经济资源,从事着虚拟化的企业运营活动。在全球化的市场竞争中,人力资源将成为企业健康运作和市场竞争成败的战略性资源,真正拥有全球经济霸权的是知识产权和专业化人力资本产权,真正有竞争力量的是掌握知识和专业化人力资本的"符号分析人员"。在当今全球经济一体化的国际市场竞争环境中,各类企业如何通过人力资源管理系统成功扩展其人力资本运营实力,不断提高跨文化管理水平,就成为赢得市场竞争战略优势的关键。因此,现代企业战略管理所面临一个基本任务,就是如何通过人力资源管理应对三大挑战:即高绩效工作系统的挑战,满足利益相关群体需要的挑战,以及全球性挑战。

三、现代人力资源激励体系的两个基本层面——制度与管理

说到"激励",人们往往普遍关注的是管理学中关于激励因素、过程和机制的理论,而对经济学中关于激励的制度属性和制度安排问题却很少注意和研究。其实,制度激励与管理激励是人力资源激励的一体两面,是企业激励体系不可或缺的两个层面,二者在实践中是辨证地整合在一起的。的确,人是一种复杂的、有七情六欲的社会动物,人的行为也是因人、因时、因地异常多样和多变的。在企业人力资源管理过程中,管理者面对的是一个个活生生的现实的个体,所以,对人力资源的日常维持和激励使用就必须因人而异、区别对待。这就要求管理主体有高超的"运动人"的技能和技巧,能综合运用政治学、社会学、心理学甚至人体功效学等所有"人学"知识和技术,有效地"支配别人去干事",即激发每个员工的积极性,使之最大限度地运用其人力资源,为企业生产经营做出贡献,这就是所谓管理激励。

相对而言,管理激励是企业一种动态权变的日常性激励机制,它是制度激励的具体实

现形式。管理的本义就是"支配别人去干事",管理者与被管理者一般是"界线分明"的,因此管理激励往往形成以经营管理者为主体、以企业员工为客体或对象的一种非对称人际关系,强调管理者的"领袖权威"、"知人善任"、"体察民情"、"为民做主"等,是以某种科层性的、行政性的、不对等的程序和方式,来体现并进而实现激励所包含的民主性质及人本化要求的。但是另一方面,经济行为在既定的制度环境约束下追求自身利益最大化,是整个人类行为最基本、最普遍、最具主导性、也是最重要的规定性和表现形态。因此,人力资源管理的首要任务,就是遵从其天然所有者这种经济行为属性,按照"一视(都是经济人)同仁(同样的制度约束)"的公平原则,设计和建立统一的、规范的、具有可操作性的激励制度。而在所有的企业制度安排中,最根本、最核心的是产权制度,所谓"有恒产者有恒心",就是这个道理。这就要求从企业所有权安排和公司治理结构高度确立人力资本的产权地位,保证其主体权能和权益的实现,如设计和实施全员持股、民主控制的股权激励计划和措施等。然后,在此基础上建立一系列绩效考评和奖酬制度,以及企业文化、团队精神等非正式的制度安排。

无论产权制度还是具体的规章制度、正式的还是非正式的制度,其建立和实施都非一日之功,而是要经过长期的互动博弈和潜移默化的累积渐进才能实现。所以,相对而言,制度激励是企业需要建立的一种长期稳定的根本性激励机制,它是管理激励的基础或前提。同时,制度作为一种公共品,是一种公共选择的结果。其供给是由大家即企业要素所有者以平等的契约当事人身份"讨价还价",或者是由所有成员长期相互博弈形成的;只有大家即企业所有成员"都同意"并自觉遵守的情况下,制度的供给或维持才具有现实可能性和可行性。一旦形成,企业所有成员都会通过"制度消费"满足其对制度的"需求",各得其所、各获其益。因此,制度激励虽然也有激励主体和激励客体、激励者与被激励者之别,但这种区别完全是相对的。在总体上,制度激励更加强调民主互动,更加强调人力资本主权。这可以说是制度激励与管理激励在"思想方法"和"激励观"上的根本性差异之所在。

现代企业人力资源激励管理模式具有东西方文化背景方面的适应性和差异性。西方文化强调"契约制度",而东方文化注重"人伦纲常",这在企业人力资源激励管理上自然各有侧重。经济学的制度激励理论与管理学的管理激励理论,实际上是企业人力资源激励管理活动在市场经济具体文化背景下的理论反映。东方文化背景下人力资源激励管理的典型形态是日本模式。日本企业更多的是从人的社会性层面实行激励管理,与管理学中的激励理论较接近。日本模式的基本特征,简单地说就是注重"管理激励",强调员工从业者主权,充分利用了人的"社会性"或"合群性"动机,通过终身雇佣、年序工资、内部晋升和开发培训等,进行人力资源激励管理。西方文化背景下人力资源激励管理的典型形态是美国模式。欧美企业更强调"产权"制度约束,在人力资源激励管理中多从理性层面考虑问题,与经济学中的制度激励理论相接近。美国模式的基本特点可以概括为:侧重"制度激励",注意利用市场竞争机制;在企业内部专业化分工的基础上,主要通过外部市场的竞争压力,对在职员工进行契约化制度管理。但是,应该明确的是,无论是在理论归纳还是实践模式上,制度激励与管理激励的区分都只有相对的意义。在企业战略层面上和操作实务中,制度激励与管理激励都必须统一纳入人力资源管理这个本体系统,将之有机结合起来,并整合为完整的企业激励体系和运作机制。管理激励措施及其实施必须建立在制度激励的民主基石之上,制度激励必须为管理激励的有效实现提供制度前提、企业保障和人文环境。

四、现代人力资源激励理论新框架——三个层次整合

在已有的相关著述中,关于人力资源管理理论体系的安排大都是按照基本管理职能来安排理论体系的。这样,虽然内容很清晰,也便于说明人力资源管理的有关操作职能,但难以体现现代人力资源管理的核心理念和战略管理逻辑。实际上,战略性激励就是通过三个基本层次的整合激励保证企业获得和保持实现战略的竞争力,来构筑人力资源管理理论新体系。

第一是基本管理层面的战略性激励。企业是由个体和工作团队组成的,其运作和发展必须有基于专业化分工的一系列约束企业成员行为的契约规范。人力资源管理的基本任务就是从获取和保持企业市场竞争优势出发,根据企业结构变革进行相应的工作职位设计,随时吸引招募和甄选、引进企业所需的人力资源,并通过制定和形成适宜的契约化管理规范,将员工的日常工作绩效与基本薪酬挂钩,不断调整和协调企业成员的行为倾向,化解人际矛盾和利益冲突。这是保证企业在物质技术层面上正常运行的基础。

第二是产权制度层面的战略性激励。现代契约理论证明,任何企业实质上都是一种由人力资本与非人力资本组成的“特殊合约”。人力资本产权在企业制度安排中具有一种特殊决定性的地位和作用,非人力资本产权权能和权益必须通过人力资本的直接参与和使用而间接发挥作用和实现。企业制度安排随契约条件的改变而在企业成员的互动博弈中实现变迁,其基本趋势就是:人力资本及其所有权在企业契约中具有越来越大的竞争优势,并在与非人力资本进行竞争与合作的博弈过程中不断演化出多样化的企业制度安排及公司治理模式。因此,按照“以人为本”的基本原则和经营理念,彻底变革企业产权制度和治理结构,通过推行员工持股计划、管理者收购或经理股票期权计划等,实现人力资本股权化运营,以保证企业长期经营战略目标的达成和通过市场的长周期生存检验。通过适当的股权制度安排进行战略性激励,是现代企业和其他有关企业人力资源管理的最前沿和前瞻性的重要课题。

第三是企业精神层面的战略性激励。这是最高境界、也是最为困难的战略性激励管理。其主要任务是:真正从员工个人利益和职业生涯发展需要出发,提供培训开发其人力资源的机会;建立畅通的沟通渠道和民主机制,使全体员工充分了解企业所面临的竞争机遇和挑战、优势和劣势、战略目标以及实现目标所需要做出哪些努力和贡献,形成共同价值观和愿景;与员工建立良好的“心理契约”,积极培育和提高员工的归属感、主人翁责任感及对企业的忠诚度,强化团队合作精神和企业文化建设,营造宽松和谐的人际关系环境和积极进取的文化氛围。

我国企业及其人力资源管理模式的选择和形成,既不能照搬美国模式,亦不适合日本模式,而要基于我国人力资源丰富但人力资本贫乏的现实国情和转型期渐进式企业制度改革的特殊性,总结汲世界各国在人力资源管理方面的文明成果为我所用,走出一条自己的企业人力资源管理战略性激励的成功之路。

第六节　股权激励方式选择

　　股权激励是现代企业激励管理体系中带有制度性激励的最为重要的激励模式。股权激励比较好的解决了企业经营的动力机制问题，运用这种机制能够把企业经营者以及员工的命运与企业的发展前途、经营业绩有机地捆绑在一起，比较好地解决了企业经营业绩的创造和分享这一最大的问题。按照现代企业的契约理论，股权激励的核心问题是企业所有权安排，它可以表述为企业剩余索取权和控制权在企业产权主体之间的分配及两权对应关系的处置和决定。从许多企业实施股权激励的实践来看，主要有以下具体激励模式。

　　一、业绩股票

　　业绩股票是许多企业广泛使用的激励模式，尤其在中国上市公司股权激励机制中占有较大的比例。业绩股票也可称为业绩股权，是指公司根据被激励者业绩水平，以普通股作为长期激励形式支付给经营者。通常是公司在年初确定业绩目标，如果激励对象在年末达到预定目标，则公司授予其一定数量的股票或提取一定的奖励基金购买公司股票。国内上市公司中，佛山照明、广东福地、天药股份三家上市公司业绩股权激励计划都是每年提取一定数额的奖励基金，部分或全部用来购买本公司的股票。

　　二、股票增值

　　股票增值是简单易行的激励模式。股票增值权(Stoch Appreciation Rights)是指公司给予激励对象一种权利，经营者可以在规定时间内获得规定数量的股票股价上升所带来的收益，但不拥有这些股票的所有权，自然也不拥有表决权、配股权。按照合同的具体规定，股票增值权的实现可以是全额兑现，也可以是部分兑现。另外，股票增值权的实施可以是用现金实施，也可以折合成股票来加以实施，还可以是现金和股票形式的组合来实施。股票增值权经常在三个条件下使用，第一是股票薪酬计划可得股票数额有限，第二是股票期权或股票赠与导致的股权稀释太大，第三是封闭公司，没有股票给员工。在国内上市公司中，中石化和三毛派神均采取了股权增值方案。中国上市公司目前的股权增值方案和国外相比，仍然是比较保守的，存在较多的限制条件。

　　第一，股票增值权的主要设计思路是以公司股票在市场的价格升幅来给持有人员创造收益的。增值权持有人要想获得收益，必须努力提升公司的业绩，以换取市场的认同而使股价上扬。这样，股价的上扬也要求对持有人以强有力的约束。国内的公司在制定这类激励方案时，除了宏观方面的限制外，一般还会加上其他的条件，如中石化的关键绩效指标与三毛派神的净资产增值。当然，多重的限制条件也对管理层提出了更高的要求，但同时也削弱了股票增值权的激励效率。

　　第二，激励收益金额较低。中石化的股票增值权方案给了管理人员最多70%的浮动收入。如果H股的价格上涨了1元，就可能会给数位高管带来百万的收入。当然，这对他们以前的工资来说,是一笔不小的收入。但是,相对于他们给公司带来的收益,这却是非常微小的一部分,只接近0.3%而已。管理人员创造的价值与他们的所得仍不成比例。

第三,激励执行机制存在一些问题。激励机制在中国出现的时间并不长,目前更多的公司考虑的问题是如何才能在公司里推行这些方案。至于实行何种方案、每种方案的优缺点则是下一步才考虑的事情。而对股票增值权来讲,虽然比较简单,但要求涉及的专业问题则较为复杂。

三、股票期权

股票期权(Stock Options)是处在政策边缘的激励模式,在国外股票期权激励已有相当长的历史,但在中国由于金融市场的不成熟,加上受政策和法规限制,中国企业股票期权的探索一直行走在政策的边缘。和国外通行的方案相比,中国的股票期权方案具有自己的特色。

股票期权是以股票为标的物的一种合约,期权合约的卖方也称立权人,通过收取权利金将执行或不执行该项期权合约的选择权让渡给期权合约的买方,也称持权人。持权人将根据约定价格和股票市场价格的差异情况决定执行或放弃该期权合约。在美国,那些进入指数的股票,一般都有标准化的期权合约在市场上交易,这些股票期权合约的交易与发行股票的公司无关。股票期权作为公司给予经理人员购买本公司股票的选择权,是公司长期激励制度的一种。持有这种权利的人员,即股票期权受权人,可以按约定的价格和数量在受权以后的约定时间内购买股票,并有权在一定时间后将所购的股票在股市上出售,但股票期权本身不可转让。股票期权的设计原理与股票增值近似,它们的区别在于:认购股票期权时持有人必须购入股票;而股票增值权的持有者在行权时,可以直接对股票的升值部分要求兑现,无需购买股票。目前我国上市公司中,长源电力、清华同方、东方电子、中兴通讯等均推行了股票期权方案。在国外,解决股票来源一般有三种方法:

第一,原股东把其股权出让给经营者。在中国,由于内部人控制问题,采用这种方法会导致企业经营者将国有股份以较低的价格进行转让,造成国有资产流失。国有股的出让会受到诸多的限制并必须经过严格的审批程序。这种方法存在较多的难度。

第二,公司增发新股给经营者。目前中国的新股发行政策尚没有关于准许从上市公司首次公开发行中预留股份以实行股票期权计划的规定,同时增发新股的政策也没有相关的条款。这样,第二种方案也有较大难度。

第三,公司自二级市场回购股票来满足股票期权的需求。这种方法存在着制度障碍,我国《公司法》规定"公司不得收购本公司的股票,但为减少公司资本而注销股份与持有本公司股票的其他公司合并时除外"。目前实行股票期权激励方案的公司大都以本公司的某个机构代表受权者购买股票,或委托外面的基金公司进行代购股票。

中国股票期权的特点之一是行权价较低。在国际通行做法中,股票期权的行权价不能低于授予时该股票的市场价,这样可以保证期权对管理层的激励作用。在中国目前的情况下,股票的市场价格并不能实时、正确地反映公司的业绩,自然也就无法正确反映公司管理层的表现。较低的行权价的设立,可以确保在公司管理层完成规定的业绩情况下,确定可以获得的奖励,从而实现对管理层的激励作用。

四、虚拟股票

虚拟股票是高科技企业的常用模式。虚拟股票(Phantom Stocks)是指公司授予激励对象一种"虚拟"的股票,激励对象可以据此享受一定数量的分红权和股价升值收益,此时的收入即未来股价与当前股价的差价,但没有所有权,没有表决权,不能转让和出售,在离开企业时自动失效。虚拟股票和股票期权有一些类似的特性和操作方法,如激励对象和公司在计划施行前签订合约,约定给予虚拟股票的数量、兑现时间表、兑现条件等。两者的区别在于:第一,虚拟股票并不是实质性的股票认购权,它实际上是将奖金延期支付;第二,虚拟股票资金来源于企业的奖励基金。

由于虚拟股票的发放会导致公司发生现金支出,如果股价升幅过大,公司可能面临现金支出风险,因此一般会为计划设立专门的基金。虚拟股票在高科技企业如 IT 业中采用较多。上海贝岭、银河科技等上市公司均采取了虚拟股票激励机制。虚拟股票模式需要关注以下几个问题:

第一,注意股票二级市场的风险。如果在二级市场股票的波动幅度加大,公司将承担很大的市场风险,可能发生兑付危机,给公司造成损失。最明显的是,一旦尔后股价大涨,其激励基金可能无法支付到期应兑现的金额。长期执行也缺乏相应的资金支持,处理比较复杂。

第二,行权价如何确定。行权价定高了,则获利空间小,不会有经营者去买;定低了则会使人感到不公平,其中存在一个股票期权行权价激励和约束的强度问题。国际上,行权价主要分为现值有利法、等现值法和现值不利法,其参照系是该公司在股市上的现行股价。我国当前的股市存在不合理性,股票有不正常的股价,偏离其实际价值,且波动较大,所以照此很难确定行权价。国内企业如要确定行权价,最合适的是实行现值有利法,否则激励的效果比较差。

第三,如何考核参与虚拟期权计划的人员。对经营者业绩进行科学的考核,是实现经营者报酬与其业绩挂钩的前提。如果考核指标无需任何努力即可达到,或者并不是在期权与期股的作用下实现的,那么激励合约就没有实现其目标。到底以净资产收益率还是以股价作为考核指标呢?一般情况下,公司的具体财务指标反映企业过去的表现,股票二级市场的表现用来预期上市公司未来的现金流。一个有效的经营者业绩考核体系,应该将两者有机地结合起来。

虚拟股票模式避免了以变化不定的股票价格为标准去衡量公司业绩和激励员工的做法,从而避免了由于投机或其它宏观变量等经理人员不可控因素引起公司股票非正常波动时对期权价值的影响;同时,虚拟股票实质上是一种资金的延期支付,在目前的制度环境下不失为一种避开违规操作的好方法。

五、管理层收购

管理层收购是管理价值提升的激励模式,在国外已有 20 多年的历史,但在中国近些年才开始试行,这意味着对管理作为一种资源价值的承认。管理层收购又称"经理层融资收购",指目标公司的管理者或经理层利用借贷所融资本购买本公司的股份,从而改变公司所有者结构、控制权结构和资产结构,进而达到重组本公司目的,并获取预期收益的一种收购行为。通常,上市公司管理层和员工共同出资成立职工持股会或上市公司管理层出资成立新的公司作为收购主体,一次性或多次通过其授让原股东持有的上市公司股份,从而直接或间接成为上市公司的控股股东。这种方式的优点在于:第一,避开了相关法律对诸多问题特别是股票来源的规制,使持股方案能顺利实施;第二,管理层和其他员工自己出资认购公司股份,既能保证激励,又能保证约束;第三,转让的法人股,相对成本较低;第四,以协议方式进行转让,价格高于公司每股净资产,不存在国有资产流失的嫌疑,也能获得国资管理部门的许可。

六、经营者持股

经营者持股是风险与收益共担的激励模式,即管理层持有一定数量的本公司股票并进行一定期限的锁定。这些股票的来源有:由公司无偿赠送给受益人;由公司补贴、受益人购买;公司强行要求受益人自行出资购买。激励对象在拥有公司股票后,成为自身经营企业的股东,与企业共担风险,共享收益。国内公司实行经营者持股,通常是公司以低价方式补贴受益人购买本公司的股票,或者直接规定经营层自行出资购买。

七、延期支付

延期支付是避免经营短期化的激励模式, 也称延期支付计划 (Deferred Compensation Plan),即指公司将管理层的部分薪酬,特别是年度奖金、股权激励收入等按当日公司股票市场价格折算成股票数量,存入公司为管理层人员单独设立的延期支付账户。在既定的期限后或在该高级管理人员退休以后, 再以公司的股票形式或根据期满时的股票市场价格以现金方式支付给激励对象。激励对象通过延期支付计划获得的收入来自于既定期限内公司股票的市场价格上升,即计划执行时与激励对象行权时的股票价差收入。如果折算后存入延期支付账户的股票市价在行权时上升,则激励对象就可以获得收益。但如果该市价不升反跌,激励对象的利益就会遭受损失。

延期支付计划和股票期权的区别在于:在期权模式下,如果股票价格上升,激励对象可以行权;但如果股票价格下跌,则受益人可以放弃行权来保证自己的利益不受损失。而延期支付的激励对象只有通过提升公司的业绩, 促使公司股价上升来保证自己的利益不受损失。延期支付模式具有两个特点:第一,延期支付收益与公司的业绩紧密相连。管理层必须关注公司的股市价值。只有股价上升,激励对象才能保证自己的利益不受损害;而实现签订的契约可以规定,如果激励对象工作不力或者失职导致企业利益受损,可以减少或取消延期支付收益进行惩罚。第二,延期支付方式可以激励管理层较多的考虑公司的长远利益的决策,避免经营者行为短期化。

八、员工持股

员工持股是职工从劳动者走向所有者的激励模式。员工持股计划 (Employee Stock Ownership Plans,简称ESOP)是指由公司内部员工个人出资认购本公司部分股份,并委托公司进行集中管理的产权组织形式。员工持股制度为企业员工参与企业所有权分配提供了制度条件, 持有者真正体现了劳动者和所有者的双重身份。员工持股的方式通常有两种:一是通过信托基金组织,用计划实施免税的那部分利润回购现有股东手中的股票,然后再把信托基金组织买回的股票重新分配给员工;二是一次性购买原股东的股票,企业建立工人信托基金组织并回购原股东手中的股票。回购后原购票作废,企业逐渐按制定的员工持股计划向员工出售股票。实际上,员工持股是国有法人股减持的一个通道。同时,上市公司建立员工持股计划可以改善上市公司治理机制。员工拥有一定比例的股份,在一定程度上有利于完善监督机制,改善公司治理结构失效带来的问题。在目前的经济背景下,员工持股计划作为一种激励机制,在人才竞争中具备明显的作用。通过员工持股,企业和个人都能够获得可持续发展。

九、复合模式

复合模式即多管齐下的激励模式,所谓复合就是指综合采用了多种股权激励模式。复合模式要求建立"期股账户",把实行期股计划与国有股减持相结合。通过期股和以全体员工为发起人设立的股份有限公司受让国家股(或法人股)组合方式,一方面实现了国家股的逐步减持,是国有股权减持和上市公司股权重组的一种新方式;另一方面把国有股权作为期股股票来源,通过在公司内部设立一个"期股账户"将期股计划和国有股减持方案有机地结合起来。

本 章 思 考 题

1.你对需要与动机的不同含义和相互关系搞清楚了吗?

2.内容型激励理论主要有哪些重要理论? 其共同特点是什么?

3.过程型激励理论主要有哪些重要理论? 其共同特点是什么?

4.行为修正型激励论的主要缺陷有哪些?

5.你认为战略性激励的设计思路如何?

6.如何评价股权激励方式在企业制度性激励设计中的重要作用?

案 例 分 析

案例一:成功源于科学的激励方法——巴斯夫公司激励员工的五项原则

如何有效地生产粮食是人类一直面临的重大问题。据估计,全世界每年竟有1/3的粮食因受到病虫和杂草危害而遭受损失。120年前于德国路德维希港创立的巴斯夫公司,就是一直为发现和生产各种农业化学品而孜孜不倦地工作的。目前,巴斯夫公司经营着世界最大的化工厂,并在35个国家中拥有300多家分公司和合资经营企业及各种工厂,拥有雇员13万人。巴斯夫公司之所以能够在百年经营中兴旺不衰,在很大程度上归功于它在长期的发展中确立的激励员工的五项基本原则。具体地讲,这五项基本原则是:

1.职工分配的工作要适合他们的工作能力和工作量

不同的人有不同的工作能力,不同的工作也同样要求有不同工作能力的人去做。企业家的任务就在于尽可能地保证所分配的工作适合每一位职员的兴趣和工作能力。巴斯夫公司采取四种方法做好这方面的工作。其一、数名高级经理人员共同接见每一位新雇员,以对他的兴趣、工作能力有确切的了解;其二、除公司定期评价工作表现外,公司内部应有正确的工作说明和要求规范;其三、利用电子数据库贮存了有关工作要求和职工能力的资料和数据;其四、利用"委任状",由高级经理人员小组向董事会推荐提升为领导职务的候选人。

2.论功行赏

每位职工都对公司的一切成就做出了自己的贡献,这些贡献与许多因素有关,如与职工的教育水平、工作经验、工作成绩等有关,但最主要的因素是职工的个人表现。巴斯夫公司的原则是:职工的工资收入必须看他的工作表现而定。他们认为,一个公平的薪酬制度是高度刺激劳动力的先决条件,工作表现得越好,报酬也就越高。因此,为了激发个人的工作表现,工资差异是必要的。另外,公司还根据职工表现提供不同的福利,例如膳食补助金、住房、公司股票等等。

3.通过基本的和高级的训练计划,提高职工的工作能力,并且从公司内部选拔有资格担任领导工作的人才

除了适当的工资和薪酬之外,巴斯夫公司还提供广泛的训练计划,由专门的部门负责管理,为公司内人员提供本公司和其他公司的课程。公司的组织结构十分明确,职工们可以获得关于升职的可能途径的资料,而且每个人都了解自己在哪个岗位。该公司习惯于从公司内部选拔经理人员,这就保护了有才能的职工,因此,他们保持很高的积极性,而且明白有真正的提升机会。

4.不断改善工作环境和安全条件

一个适宜的工作环境,对刺激劳动力十分重要。如果工作环境适宜,职工们感到舒适,就会有更佳的工作表现。因此,巴斯夫公司在工厂附近设立各种专用汽车设施,并设立弹性的工作时间。公司内有11家食堂和饭店,每年要提供400万顿膳食。每个工作地点都保持清洁,并为体力劳动者设盥洗室。这些深得公司雇员的好感。

巴斯夫公司建立了一大批保证安全的标准设施,并由专门的部门负责。例如:医务部、消防队、工厂高级警卫等。他们都明白预防胜于补救。因此,全部劳动力都要定时给予安全指导,还提供必要的防护设施。公司经常提供各种安全设施,并日夜测量环境污染和噪声。各大楼中每一层都有一名经过专门安全训练的职工轮流值班,负责安全。意外事故发生率最低的那些车间,会得到安全奖。所有这些措施,使公司内意外事故发生率降到很低的水平,使职工有一种安全感。1984年,巴斯夫公司在环境保护方面耗费了7亿马克的资金,相当于公司销售净额的3.5%。

5.实行"抱合作态度的领导方法"

巴斯夫公司领导认为,在处理人事关系中,激励劳动力的最主要原则之一是抱合作态度的领导方法。上级领导应象自己也被领导一样,积极投入工作,并在相互尊重的气氛中合作。巴斯夫公司给领导者规定的任务是商定工作指标、委派工作、收集情报、检查工作、解决矛盾、评定下属职工和提高他们的工作水平。在巴斯夫公司,如果上级领导人委派了工作,就亲自检查,职工本身也自行检查中期工作和最终工作结果。在解决矛盾和纠纷时,只有当各单位自行解决矛盾的尝试失败后,才由更上一级的领导人解决。

巴斯夫公司要求每一位领导人的主要任务就是根据所交付的工作任务、工作能力和表现评价下属职工,同时应让职员都感觉到自己在为企业完成任务的过程中所起的作用。如果把巴斯夫公司刺激劳动力的整个范畴简单的表达出来,那就是"多赞扬,少责备"。他们认为,一个人工作做得越多,犯错误的机会也就越多,如果不允许别人犯错误,甚至惩罚犯错误的人,那么雇员就会尽量少做工作,避免犯错误。在这种情况下,最"优秀"的雇员当然是什么事情也不做的人了。

巴斯夫公司的多年经验表明,抱合作态度的领导方法,由于能使雇员更积极地投入工作和参与决策,因此,这是一个为达到更高生产率而刺激劳动力的优越途径。该公司由于贯彻了上述五项基本原则,近10年来销售额增长了5倍。目前,巴斯夫公司生产的产品品种达6000种之多,每年还有数以万计的新产品投入市场出售。

分析讨论题

1.请结合有关激励理论分析巴斯夫公司的五项激励原则起到了什么样的作用?

2.巴斯夫公司的"抱合作态度的领导方法"给公司带来了很高的效益,你认为在中国企业中能有效的实行吗?

案例二:赵副厂长该怎么办?

赵林德是某汽车零件制造厂的副厂长,分管生产。一个月前,他为了搞好生产,掌握第一手资料,就到第一车间甲班去蹲点调查。一个星期后,他发现工人劳动积极不高,主要原因是奖金太低,所以每天产量多的工人生产二十几只零件,少的生产十几只零件。

赵林德和厂长等负责人商量后,决定搞个定额奖励试点,每天每人以生产20只零件为标准,超过20只零件后,每生产一只零件奖励0.5元。这样,全班二十三个人都超额完成任务,最少的每天生产29只零件,最多的每天生产42只零件,这样一来,工人的奖金额大大超过了工资,使其他班、其他车间的工人十分不满。

现在又修改了奖励标准,每天超过30只零件后,每生产一只零件奖励0.5元,这样一来,全班平均生产每天只维护在33只左右,最多的人不超过35只,赵林德观察后发现,工人并没有全力生产,离下班还有一个半小时左右,只要30只任务已完成了,他们就开始休息了。在这种情况下,他不知道如何进一步来调动工人的积极性了。

分析讨论题

赵林德在激励员工时有哪些不妥之处,该如何改正?

第十二章

人力资源保障

人力资源保障是维护人力资源的生产和使用的制度或活动。人力资源保障思想源于英国经济学家凯恩斯的"有效需求不足"理论和庇古的"收入均等化"理论。凯恩斯认为,通过国民收入再分配的收入转移来刺激消费增长,是解决有效需求不足的办法。庇古则认为,富人的收入多,边际效用小,而穷人则相反,如果将富人的收入转移一部分给穷人,则社会福利就会增加。这些思想为西方国家实行福利制度提供了理论基础。

人力资源保障的实践最早是由德国首相俾斯麦实施的,在他任职期间开创了世界上第一个全国性的社会保险计划,先后颁布实施了《工人疾病保险》、《工伤事故保险》及《伤残和养老保险》三个保险立法。俾斯麦时期的社会保险原则在世界上许多国家一直沿用至今。二战以后,西方国家开始逐步建立了社会保障制度,而社会保障一词最早源于美国1935年的《社会保障法》。目前,西方各国的社会保障制度范围在不断扩大,各国普遍实行的社会保障项目有:生育补助、疾病补助、伤残补助、学生贷款、失业救济、工伤补偿、养老保险、遗属抚恤、贫困救济、住房津贴、医疗保险,等等。在各国的劳动法或劳资双方签订的劳动合同中,都有关于这些方面的条款,以保障劳动者的利益和劳动力的再生产。

人力资源保障可以分为两个方面:其一为劳动条件和劳动保护;其二为社会保险。

第一节 劳动条件和劳动保护

一、劳动条件

劳动条件是指劳动者在劳动过程中所必需的一切物质条件和社会条件。在生产力水平一定的情况下,劳动条件越好,生产率就有可能越高。劳动条件所涉及的问题包括了政治、经济、社会、心理等各个方面,在实际劳动过程中,每个方面都有其重要性。可以说,在出现工业生产以来,世界各地的工人和工人组织都在不断地为改善劳动条件而斗争。在西方国家劳资双方的谈判中,有很多都是关于改善劳动条件的。现在劳动条件改善的重点已从物质方面转向社会和心理方面。

（一）劳动的物质条件

劳动的物质条件即指企业在生产过程中为劳动者提供的保护其生命安全和身体健康的基本条件，包括采光、照明、通风、清洁、卫生设备、宽敞舒适的劳动场所等。我国《劳动法》规定：用人单位必须为劳动者提供符合国家规定的劳动安全卫生条件和必要的劳动防护用品。具体如：工作场所的光线应当充足，噪音、有毒有害气体和粉尘浓度不得超过国家规定的标准，危险作业场所应当设置相应的防护设施、报警装置、安全标志等，对危险性大的生产设备和设施，必须经过安全评价，取得劳动部门的认可等。

最早，劳动条件是由业主来决定的，随着工业化的来临，劳动场所变得集中，生产速度由机器来决定，因而很难保证安全、舒适、卫生的生产环境。在经过很长时间的发展后，人们才真正认识到劳动条件与生产效率之间的关系的一些基本问题。如最先认识到由于职业事故所造成的直接损失；后来又注意到职业病所带来的直接损失；最后又认识到职业事故还有间接费用的问题，即损失的生产和时间等费用，有时这些还会成为事故损失的主要部分。很多国家都发现，改善了劳动条件以后会提高生产率。正是由于劳动的物质条件对生产率、对工人和企业都会产生很大影响，因此，大部分国家都规定了工作场所的有关卫生、安全方面的最低标准。

1.采光和照明

采光是用窗户采取直线或散射的天然光。天然光光线均匀亮度大，是生产场所的主要光源。采光和照明是用照度来衡量的。照度即为物体表面上的光束密度（单位为勒克司），工作和学习都需要一定的照度，对于不同的工作场所，国家有规定的标准照度值，如表12.1所示。国际职业健康与安全信息中心提供的最低照度（人工照明）推荐值如表12.2所示。

表 12.1　国家规定的标准照度值

视觉工作分级	视觉工作特征		工作的最小照度	采光系数
	工作精确度	识别物体细节（mm）		
1	最精细工作	<0.15	250	5
2	很精细工作	0.15~0.3	150	3
3	精细工作	0.3~0.5	100	2
4	中等精细工作	0.5~1	75	1.5
5	低精细工作	1~5	50	1
6	粗工作	>5	25	0.5

采光系数=（室内照度/室外照度）×100%

表 12.2　国际规定人工照明最低照度推荐值

视力工作分级	工作的最小照度(勒)	举　例
偶尔观看	20 100	车辆少的通道上运动 搬运粗重的材料、更衣室等
普通的粗工作	150	清点库存、粗略检查等
中等要求工作	300	一般的办公室工作、书写阅读
要求高的工作	700	精细的钳工、缝制深色品等
要求非常高的工作	1500	模具制造、精细磨工等
特别困难的工作	≥3000	手表的制造和修理等

　　照度不仅取决于被视物体的大小和工作的精细程度,也决定年龄和照度比。在一个工作场所中,如果各种照明的强弱之间存在悬殊的差异,人们就会感到不舒服,导致能见度降低和视觉疲劳,因为人们的眼睛从亮处到暗处时,需要一段时间的适应。实践证明,在进行工作和操作时,有80%的相关信息是通过视力获得的。若照明不合理,如能见度差或强光刺激常常是造成事故的原因。因此,改善采光与照明条件,就是要对窗户的朝向、面积及高度、建筑物之间的距离、照明灯具的安装、颜色以及照度比等影响采光和照明的因素进行科学合理的设计。

　　2.噪音

　　噪音对工人身体的危害是很大的。在噪音环境中,人们之间的语言交流受到阻碍,不得不提高声阈。噪音还可以引起感应机能和植物神经的紊乱。长期处于高噪音环境中会使听力受损,造成职业性耳聋。噪音污染已与水质污染和大气污染并称当代社会的三大污染。

　　一般认为,在噪音为90分贝以上的环境里连续工作,就会有损听力。我国规定工作场所的噪音标准为85分贝以内。分贝越高,能连续工作的时间就越短,如表12.3所示:

表 12.3　工作时间与噪音

持续工作时间(小时)	噪音分贝
16	80
8	85
4	90
2	95
1	100
半小时	105
1/4 小时	110
1/8 小时	115

消除噪音的有效方法就是消除噪音源带来的噪音。例如安装隔音板或将噪音源封闭起来,或采用隔音罩、消音器等装置。目前,世界各国在对噪音的控制上已采用了一定的管理措施和技术手段。

3.通风

通风是指使作业环境中的空气质量合乎卫生要求而采取的换气技术措施。在任何作业环境中都需要通风,尤其是在工作场所小、工人集中生产以及湿度大、高粉尘和有毒气体的作业环境中,更应加强通风。充分的通风是保持人员健康的重要因素。

自然通风是最好的通风办法,但有时会受到一些限制,如气候的影响。当自然通风不足时,就应采取人工通风。在某些生产环境下,通风不良是导致职业病发生的重要原因。

4.高温和低温作业

高温作业是指工作场所有生产性热源,当室外实际出现本地区夏季室内通风设计计算温度的气温时,其工作地点气温高于室外气温2℃或2℃以上的作业。我国将高温作业分为两类,每一类按劳动时间室内外温差分为四级。在高温作业环境下对通风的要求更高,因为通风越好,热量排泄越快。

低温作业是指在工作环境中的平均气温低于5℃的作业。低温作业对劳动者体能要求更高,也会消耗较大体力,尤其是对女职工,进行低温作业保护是十分重要的。我国制定了《低温作业分级》,将低温作业环境分为四级。在低温作业环境下,对工作人员应提供必要的劳动保护用品以防冻伤和影响身体健康。

劳动的物质条件还包括工作场所的最适宜温度、高处作业的保护、过度潮湿或干燥气候条件下的作业、冷水作业以及辐射条件下的作业的保护和条件改善,等等。劳动的物质条件是影响工作者身体健康的主要原因,因此,相关法律法规的制定和执行十分重要,我国在劳动安全卫生方面已形成较为完备的法律体系。

(二)劳动的社会条件

劳动的社会条件包括劳动者的素质、就业保障以及职业稳定和提升等可能造成事故发生或者劳动者心理压力和紧张的诸多方面。

劳动者的素质和经验与事故发生的机率成反比关系。因此,提高劳动者的素质,对他们进行安全生产方面的教育是企业义不容辞的责任。我国的《劳动法》规定用人单位必须对劳动者进行劳动安全卫生教育,并要求企业必须建立劳动安全卫生教育制度。

以前,在我国就业保障对已就业的职工而言不是个问题,只要端上铁饭碗,就可以吃一辈子。但随着社会主义市场经济体制的建立和完善,以及技术的发展变化,不仅改变了生产的方式方法,而且影响着就业人数的多少,甚至工作的性质。对年龄偏大、文化程度又不高的人来说,没有就业保障是很不利的。在西方,这样的问题是通过劳资双方的谈判来解决的,要么达成协议继续留用,要么培训现有人员,或发放解雇费等。在我国,在政府、社会和个人的努力下,"再就业工程"帮助很多下岗职工增强适应性,重新找到了工作。一般而言,如果就业没有保障,职工就会抵制变革,甚至抵制新技术的采用。

在工业化初期,雇佣、使用和解雇工人的权力全在雇主手里。随着工人运动的发展,工会逐渐在重大事件上有了发言权。在工业社会,职业稳定和就业保障差不多同样重要。现在很多公司都非常注意倾听职工的意见,如 IBM 公司的社训第一条就是尊重个人,内容包括三个方面,而"不仅仅依靠公司或专职者一方的决定行事,要积极听取职工的呼声,认真研究各种意见,努力求得最满意的解决"就是其中之一。为了确保工人的职业稳定和提升,很多大型的公司实行终身制。因此,资历原则就逐渐深入到劳动合同中,资历原则在美国、日本等国的铁路、钢铁、电力等行业普遍采用。资历高的人在报酬、提升等方面享有优惠,这在一定程度上保证了职业稳定和提升,并给年龄偏大的职员以优先机会。资历的计算方法有所不同,有的以进入本企业的时间长短为资历,有的以进入某一部门的时间长短为依据,还有的以从事某一工作的时间长短为资历。而且,资历有多种形式,如直接资历和修正资历。直接资历是指服务年限的长短,修正资历是指除了服务年限外,还要考虑技术、能力等因素。

尽管资历原则已实施了很长时间,但在西方理论界还一直存在争论。反对资历原则的学者认为,资历原则会降低生产效率,因为关键岗位上反应敏捷的年轻人被取代了,特别当一个人拥有较高资历时,就会放慢速度。而赞成资历原则的学者则认为,资历原则既可以鼓舞职员的士气,减少劳动力的过度流动,还可以减少引进新技术的阻力,因为年纪长的人有了职业保障。

(三)劳动的强度和速度

劳动强度和劳动速度也是劳动条件的一个方面,改善劳动条件就包括劳动强度和劳动速度要适当。

在工业化以前,劳动的强度和速度是由个人决定的。工业化初期则由雇主决定,他们常常通过增加工作量而不加工资的办法来增加劳动的强度和速度,如提高机器运转的速度等。随着科学技术的发展和工人运动的不断兴起,世界各国的各行业都对劳动的强度和速度做了限制和规定。我国在 1983 年就颁布了《体力劳动强度公约》,如表 12.4 所示:

表12.4　体力劳动强度分级表

劳动强度描述	八小时工作日平均耗能值	劳动强度级别	劳动强度指数
轻劳动	3558.8kJ/人	一	≤15
中等强度劳动	5560.1kJ/人	二	15~20
重强度劳动	7310.2kJ/人	三	20~25
特重强度劳动	11304.4kJ/人	四	>25

(四)劳动时间

劳动时间是指劳动力参与的劳动过程的自然延续。劳动时间必然是生产时间,但生产时间除了劳动时间外还包括劳动对象在自然力作用下发生化学、物理变化的时间。在工业化社会以前及其初期,劳动时间以农业劳动的时间为准,即日出而作,日落而息。但随着生产力的发展,劳动速度加快,长期快速的劳动对工人身体极为不利,于是人们开始争取缩短劳动时间的斗争。19 世纪 30 年代,第一次实行了 10 小时工作制。二战以后,主要资本主义国家的每周劳动时间为 44 小时,即每天工作 8 小时,每周工作五天半,随后又改为五天。现在每天工作 8 小时,每周工作 40 小时的劳动时间制已成为许多国家所采用的劳动时间制度。

劳动时间的确定是改善劳动条件、保障职工健康与安全的主要内容之一。有研究结果表明,连续长时间工作极易导致疲劳,若连续疲劳而得不到休息则会引起注意力不集中,视力与听力迟钝,并成为事故多发的重要原因之一。因此,很多国家都把劳动时间的规定以法律的形式确定下来。例如,欧盟制定的工作时间法令规定:

(1)每周平均最长的工作时间为 48 小时,其中包括加班。

(2)每天的休息时间至少是连续 11 个小时。

(3)每周不被打扰的休息时间最少是 24 小时。

(4)每年至少有四周的带薪休假时间。

(5)夜班工人平均每 8 小时换一班。

现在一般都以每天工作 8 小时,每周工作 5 天为标准的工作时间。但工作性质不同,有时也会有不同规定,如海上作业、在家上班的职工等。

二、劳动保护

劳动保护就是指保护劳动者在生产过程中的安全和健康。生产劳动是为了造福人类,但在生产劳动过程中又常常存在危害人的安全和健康的危险因素。人们在生产实践中付出的惨重代价迫使人们日益重视安全和健康问题。为此,很多国家制定了相应的法律来预防和减少职业伤害事故的发生,规定了职业安全与健康的最低标准。如美国的《职业安全与健康法》,我国的《劳动法》中也有专门针对职业健康和安全方面的规定。目前,危害职业安全和健康的因素一般分为三类:即工伤、职业病和心理疾病。

(一)工伤

工伤是指在企业生产活动所涉及的区域内,由于生产过程中危险因素的影响,从而使职工身体组织受到损伤或使人体的某些器官失去正常功能,致使受伤人员立即中断工作的伤亡事故。工伤不仅给受害者和家属带来痛苦,也给国家和企业带来经济损失和社会压力。

1.工伤的划分

在美国,非死亡的工伤分为永远全部丧失工作能力、永远部分丧失工作能力、暂时全部丧失工作能力和暂时部分丧失工作能力四种类型。在我国,非死亡的工伤划分为十级。工伤事故分为轻伤事故、重伤事故、死亡事故(死亡 1~2 人)、重大死亡事故(死亡 3 人以上)、特别重大事故和急性中毒事故。

2.工伤事故的测定

工伤事故的测定一般用工伤事故的发生率和工伤事故的严重率或工伤事故的死亡率来测定。

工伤事故的发生率是以每千人时的工作中工伤事故发生的次数来表示,公式为:

$$工作事故发生率=\frac{工伤事故发生次数}{全部职工人时数（每千人时）}\times100\%$$

工伤事故的发生率是表明工伤事故发生的频繁程度的一种指标。

工伤事故的严重率是指每千人时的工作中由于工伤事故所造成的工作日损失数,用公式表示为:

$$工作事故严重率=\frac{工伤事故损失工作日数}{全部职工人时数（每千人时）}\times100\%$$

这是表明工伤事故的严重程度和发展趋势的指标,有时还用工伤事故的死亡率来作为工伤事故严重程度的补充指标。

工伤事故的死亡率是指因工死亡的人数在所有工伤人次数中所占的比例,用公式表示为:

$$工作事故死亡率=\frac{工伤事故死亡人数}{工伤事故人次数}\times100\%$$

对工伤事故的发生率和严重率采用统一的分母——每千人时（有些国家采用的是每万人时或每百万人时为单位）,有利于对工伤在不同行业、不同部门、不同地区和不同企业间的事故发生情况进行对比分析,以便实施有效的管理。

3.影响工伤事故发生的主要原因

工伤事故的发生率和严重率是经常变化的,这是因为受到一些相关因素的影响。影响工伤事故的原因主要有职工的工作经验和受培训的程度、劳动条件的状况,以及累进性疲劳等。

第一,职工的工作经验和受培训的程度。研究表明,在危险的岗位上使用没有经验的或未经严格培训的临时工就易于发生事故;相反,熟练工人或经过培训的工人事故发生率就低。

第二,累进性疲劳。当工作时间过长时,工人的疲劳程度逐渐增高,反应迟钝,对事故的敏感性降低,事故的发生率就会上升。好多研究认为,防止累进性疲劳是预防事故发生的重要措施。

第三,劳动条件的状况。有时劳动条件如何是工伤事故发生的主要原因,诸如安全措施不完善、设计不良等,都会影响工人的判断力,从而导致事故的发生。

各类工伤事故发生的原因如表12.5所示。从表中可以看出劳动条件不好、安全设施欠佳以及职工没有受到足够的培训和指导是发生工伤事故的主要原因。

4.工伤事故的统计报告制度

为了了解工伤事故发生的情况、伤亡的情况和工伤事故造成的损失,以及调查工伤事故发生的原因和严重程度,研究防止工伤事故发生的对策和办法,很多国家都制定了工伤事故的统计报告制度。常见的事故统计分析有文字统计分析、数字统计分析和图表统计分析三种方法。

我国的《劳动法》规定国家建立工伤事故统计报告和处理制度,并从1986年开始先后颁布了《企业职工伤亡事故分类标准》、《企业职工伤亡事故调查分析规则》、《企业职工伤亡事故经济损失统计标准》等三个国家标准,以及《特别重大事故调查程序暂行规定》

(1989 年)、《企业职工伤亡事故报告和处理规定》(1991 年)、《工伤认定办法》(2003)、《非法用工单位伤亡人员一次性赔偿办法》(2003) 等法规，将工伤事故的统计报告制度法律化。

表 12.5　各类原因工伤事故伤亡人数　　单位:人

项　目	全部企业合计		国有企业		城镇集体企业	
	死亡	重伤	死亡	重伤	死亡	重伤
总计	20315	9103	7234	6017	3008	1224
技术和设计上有缺陷	596	165	265	69	72	31
设备、设施、工具、附件有缺陷	1160	697	484	465	243	100
安全设施缺少或有缺陷	2229	778	660	436	365	119
生产场地环境不良	2326	669	626	398	273	73
个人防护用品缺少或有缺陷	341	161	129	95	74	36
没有安全操作规程或不健全	726	220	197	131	99	34
违反操作规程或劳动纪律	9208	4492	3494	3076	1333	607
劳动组织不合理	204	93	87	61	24	20
对现场工作缺乏检查或指挥错误	1598	522	491	345	204	42
教育培训不够、缺乏安全操作知识	1049	519	326	346	161	64
其它	878	787	475	595	160	98

数据来源:《中国劳动统计年鉴 1995》

这些法规规定,一般在事故发生后的 24 小时之内应立即向主管部门和单位所在地的劳动部门、公安部门、检察院、工会等部门报告,并写出书面报告,然后尽快进行事故的调查和处理。

5.工伤事故的认定与管理

根据劳动和社会保障部《工伤认定办法》的规定,职工发生事故伤害时,所在单位应当自事故发生之日起 30 日内,向统筹地区劳动保障行政部门提出工伤认定申请。由职工本人或其直系亲属、工会组织提出工伤认定申请的,申请时限为 1 年。劳动保障行政部门受理申请后,应派两名以上执行公务人员进行调查核实,并在 60 日内作出工伤认定决定。在调查核实过程中,用人单位、医疗机构、有关部门及工会组织应当负责安排相关人员配合工作,据实提供情况和证明材料。职工或其直系亲属认为是工伤,用人单位不认为是工伤的,由用人单位承担举证责任。职工或其直系亲属、用人单位对不予受理决定、工伤认定决定不服的,可以依法申请行政复议或提起行政诉讼。

关于工伤事故的赔偿管理也作出了明确规定，包括对非法用工单位工伤事故的赔偿也同样作出了惩罚性规定。

(二)职业病

职业病是指作业人员在劳动生产过程中以及相关的其他职业活动中，接触一种或几种职业性有害因素而引起的疾病。职业病对人体的伤害也是十分严重的，有些职业病还不易治愈，造成终身伤害。

1.职业病的分类

我国于1987年由劳动人事部、卫生部、财政部和中华全国总工会联合颁布了《职业病范围和职业病患者处理办法的规定》，将我国法定的职业病划分为九大类99种。这九大类是：职业中毒、尘肺、物理因素职业病、职业性传染病、职业性皮肤病、职业性眼病、职业性耳鼻喉病、职业性肿瘤以及其他职业病。

美国将有关职业病危害的工种分为九大类：粉尘职业、有毒职业、产生细菌病的职业、产生皮肤感染的职业、需要在极度气温下工作的职业、需要在稀薄或高压大气下工作的职业、在光线不适条件下工作的职业、需要连续使用身体某一部分的职业、工作过程中需要人为屈蹲的职业。

2.职业病的测定

职业病的检测可以通过职业病的患病率、职业病发病率、职业病受检率、职业病治愈率以及职业病发病工龄等指标来测定。

职业病的患病率是指每百名(或千名)从事某种作业的职工中患有某种职业病的总病例数，它表明了某种职业病的患病程度。用公式表示为：

$$职业病患病率=\frac{一定时期内某种职业病总病例数}{同一时期内从事某种职业的人数(百人或千人)}\times100\%$$

职业病发病率是指每百名(或千名)从事某种作业的职工中新发现的某种职业病的病例数，它表明了某种作业新发生职业病的情况。用公式表示为：

$$职业病发病率=\frac{一定时期内某种职业病新发现病例数}{同一时期内从事某种职业的人数(百人或千人)}\times100\%$$

职业病受检率是指在职业病普查中实际接受过检查的职工占应接受检查的职工总数的比重，它反映了职业病资料的可靠程度。一般认为受检率在90%以上的职业病患病率或发病率是可信的。用公式表示为：

$$职业病受检率=\frac{实际接受检查的人数}{应接受检查的人数}\times100\%$$

职业病治愈率是指一定时期内每百名(或千名)某种职业病患者中，经治疗后的痊愈者人数，它表明职业病病情的严重程度和危害程度。用公式表示为：

$$职业病治愈率=\frac{一定时期内某种职业病治愈人数}{职业病患病者人数}\times100\%$$

职业病的发病工龄是指开始从事某种职业，到被确诊为某种职业病时的工作年限，可

以分为平均发病工龄、最高发病工龄和最低发病工龄。这有助于研究职业病的发病规律,分析职业病的发病因素等。用公式表示为:

$$职业病平均发病工龄=\frac{某种职业病患者到确诊时的工龄总和}{同种职业病例数}×100\%$$

对职业病进行测定可以掌握职业病发病、患病的一般情况和规律,对研究致病原因、制定预防措施以及在不同企业中进行比较分析等都是很基础性的工作。

3.职业病的统计报告制度

我国《劳动法》也同样规定了国家建立职业病统计报告和处理制度。为了保障劳动者的健康,国家规定从事某种有害作业的职工,其所在单位必须为职工进行定期的健康检查,并建立个人健康档案。同时,明确规定职业病的统计报告和处理制度包括职业病的诊断、职业病报告和职业病调查。

职业病的诊断一般是由当地的专家组成的职业病诊断小组进行诊断的,职工一旦被确诊为职业病,就应发给《职业病诊断证明书》,享受国家规定的职业病待遇。职业病的报告是以地方为主逐级上报的,发现职业病时必须立即发出报告卡。职业病的调查一般是在发生紧急的职业病情况时,由卫生部门会同劳动部门、主管部门和工会进行调查,分析原因。慢性职业病一般采用普查、专题调查和跟踪调查的方法。

职业病的统计报告也是国家统计工作的一项重要内容,我国有专门的职业病研究所对全国职业病负责统计、分析、报告等工作。通过对职业病的统计分析,可以确定防治的重点,并可以有效制定相关的政策措施。

4.职业病的认定与管理

根据劳动和社会保障部《工伤认定办法》的规定,职工按照职业病防治法规定被诊断、鉴定为职业病时,所在单位应当从被诊断和鉴定为职业病之日起 30 日内,向统筹地区劳动保障行政部门提出职业病认定申请。由职工本人或其直系亲属、工会组织提出认定申请的,申请时限为 1 年。劳动保障行政部门受理申请后,应派两名以上执行公务人员进行调查核实,并在 60 日内作出认定决定。在调查核实过程中,用人单位、医疗机构、有关部门及工会组织应当负责安排相关人员配合工作,据实提供情况和证明材料。职工或其直系亲属认为是职业病,用人单位不认为是职业病的,由用人单位承担举证责任。职工或其直系亲属、用人单位对不予受理决定、职业病认定决定不服的,可以依法申请行政复议或提起行政诉讼。

(三)心理疾病

现代管理思想认为,心理的健康和身体的健康对职工来说同样重要,工作的紧张程度、压力以及婚姻、家庭生活等都有可能影响人的心理健康。而且,随着工业化程度的不断提高,人们的工作和生活节奏不断加快,压力也在增加,因而心理疾病有不断增加的趋势。据有关研究表明,很多心理上的不适都是由于压力引起的,如工作的压力,管理者施加的压力,有时生活本身也会带来压力。如果一个人不能适应压力,长期处在压力和紧张状态下,就会出现心理疾病,甚至出现内分泌系统紊乱等生理失调现象。

1.心理疾病的表现

一般说来,心理疾病主要有忧郁、紧张、厌烦、压抑等多种情况。厌烦和压抑通常是由简单劳动或重复工作引起的,工作内容和方式日复一日,没有新意,就容易使人产生厌烦感,而长时间在厌烦状态中得不到解脱就会出现压抑感。这种类型的心理不适可以通过工作丰富化、改变工作结构、重新设计工作或工作轮换制度来增加工作的新鲜感,刺激职员对工作的兴趣,从而消除厌烦,促使工作业绩提高。忧郁和紧张一般是由工作压力过大而引起的,进而可以引起职工的自卑感,感到自己无用,严重的还可能引起恶性后果(如自杀等)。因此,如果觉察到职工有忧郁或紧张的表现时,应及时了解产生问题的原因,立即予以排解。

2.心理疾病的调适

在工作中,压力是不可避免的,不管什么样的工作,总会存在一些压力。有些学者和管理者认为,从管理角度看,在工作中给予适当压力可以刺激职工的工作积极性和上进心,提高工作的效率。但是,由于每个人承受压力的情况不同,还应加以区别对待。对有的人来说属于正常的压力,对另一个人来说可能觉得过大而引起心理不适。而且,有的人喜欢在压力下工作,而有的人则不喜欢在压力下工作。因此,管理者应能够区分每个人的不同情况,尽可能使管理压力、工作压力与人的实际承受力相适应,并在职工出现心理不适时,能及时加以调节和解决。

三、建立劳动保障诚信评价体系

(一)劳动保障诚信评价指标体系设计

1.评价指标与内容

(1)劳动合同订立及管理情况;

(2)执行社会保险各项规定情况;

(3)执行最低工资标准和工资支付规定情况;

(4)有关各项劳动条件具备的情况;

(5)遵守工作时间和休息休假情况;

(6)遵守女职工和未成年工特殊保护规定、禁止使用童工规定情况;

(7)遵守职业培训制度、技术工种持证上岗情况;

(8)依法建立各项劳动保障的规章制度的情况;

(9)工会组织依法建立健全情况及履行职责的情况;

(10)遵守劳动保障法律、法规、规章的其他情况。

2.诚信等级设计

评价用人单位遵守劳动保障法律法规诚信等级可分为 A、B、C 三个级别。A 级为最高级,C 级为最低级,具体按下列标准评级:

(1)严格遵守劳动保障法律、法规、规章的规定,按照评价指标与内容评价优秀,并同时具备下列条件的为 A 级。其一,连续三年劳动保障年检合格,并未发现有违法行为;其二,连续三年无投诉举报案件,或虽被投诉举报,但经查实无违法行为;其三,用人单位经常组织员工学习劳动保障法律、法规,法定代表人及管理人员能够熟悉掌握劳动保障法律、法规、规章等有关知识,劳资管理人员持证上岗。

(2)能够遵守劳动保障法律、法规、规章的规定,按照评价指标与内容评价良好,并同时具备下列条件的为 B 级。其一,年内劳动保障年检合格或基本合格;其二,年内投诉举报案件不超过一次,并能按照劳动保障行政部门的要求依法改正;其三,用人单位能够组织员工学习劳动保障法律、法规,法定代表人及管理人员基本掌握相关的劳动保障法律、法规、规章等有关知识,劳资管理人员持证上岗。

(3)不遵守劳动保障法律、法规、规章的规定,按照评价指标与内容评价较差,并同时具有下列情况之一的为 C 级。其一,对年内出现的劳动保障违法行为没有改正或没有完全改正,或改正后又出现违法行为的;其二,不参加劳动保障年检或劳动保障年检不合格的;其三,一个年度内因用人单位原因造成投诉举报案件达两起以上或发生员工集体上访、罢工等事件的;其四,不履行劳动保障行政部门作出的行政处理或行政处罚决定的;其五,连续三年存在劳动保障违法行为的。

(二)劳动保障诚信评价体系的实施与管理

1.劳动保障诚信评价体系的实施

劳动保障诚信评价体系的考核评价工作,可由各级劳动保障监察机构牵头,劳动保障行政部门参加。社会保险经办机构负责提供用人单位依法参加社会保险、缴纳社会保险费的情况;劳动关系与工资管理部门负责提供用人单位依法签订、履行、变更、解除或终止劳动合同的情况及执行最低工资标准的工资支付情况;劳动培训就业管理部门负责提供用人单位执行就业准入制度和职业资格证书的情况;劳动仲裁机构负责提供用人单位在仲裁诉讼中的胜(败)诉情况和劳动关系稳定情况。劳动保障监察机构负责对有关部门(单位)提供的情况进行综合分析,并结合本机构对用人单位执法检查中的情况按照评定标准进行分类,提出评定意见,同时征得同级工会组织意见后再研究决定,最后由劳动和社会保障部门审定批准。

对用人单位遵守劳动保障法律、法规诚信情况的评价工作每年进行一次,并对已评定的级别实行动态管理。当 A 级用人单位年内发生一例违反劳动保障法律、法规行为时,当年降为 B 级;当 A 级、B 级用人单位年内出现 C 级任何一种情况时,当年均降为 C 级;当 B级、C 级用人单位年内达到上一档次标准时,次年分别升为 A 级和 B 级。获得 B 级诚信的用人单位,按管辖权限分别由所在劳动保障行政部门发给《遵守劳动保障法律法规诚实守信 B 级用人单位》证书;获得 A 级守法诚信的用人单位,由劳动保障部门发给《遵守劳动保障法律法规诚实守信 A 级用人单位》牌匾,并在新闻媒体予以公示。用人单位诚信级别因存在劳动违法行为而发生变化时,原级别的证书或牌匾由颁发机构收回或更换。

2.劳动保障诚信评价的管理

(1)对被评为遵守劳动保障法律法规诚实守信 A 级的用人单位,劳动保障监察机构免于劳动年检和常规巡视检查;社会保险经办机构免于社会保险稽核;若初次发生轻微违法行为,只要求限期整改。

(2)对被评为遵守劳动保障法律法规诚实守信 B 级的用人单位,按劳动保障行政管理、行政执法检查要求进行正常管理和检查。

(3)对被评为遵守劳动保障法律法规诚实守信 C 级的用人单位,劳动保障行政部门要对其工资支付、社会保险费缴纳、劳动关系状况等方面进行重点监控和监督检查,每年安排不少于两次的巡视检查和专项检查。

同时,劳动保障行政部门应建立与被评价的用人单位工会的经常性联系,定期听取其对该用人单位守法情况的反映。

第二节　社会保障制度

实际上,社会保障制度是一种公共福利计划,它的目的在于保护劳动者及其家庭因失业、疾病、年老等原因而造成的收入减少,并通过福利性的服务来保障劳动者一定的生活水准。社会保障制度起源于 19 世纪末的德国俾斯麦政府,虽然当时西方有些国家也在效仿俾斯麦政府的做法,但社会保障作为一种制度并不普遍,而且保障的范围也比较小。第二次世界大战以后,随着经济的迅速发展,通货膨胀也在加剧,不稳定的经济对一般劳动者的生活产生了较大影响。为了稳定劳动者的生活水平,西方各国政府和企业以及劳动者都感到了建立福利制度的必要性和迫切性,福利费用占薪金的比例也在逐步提高。从各国社会保障实施的状况看,不同国家的社会保障有不同类型,但一般都包括养老保险、医疗和疾病保险、工伤和职业病保险、失业保险、生育保险等。西方发达国家还有对工作的补偿、劳动者服务等,我国还包括对军烈属的优待抚恤工作。

关于社会保障的内容,本节主要就医疗、失业和养老三大保险制度的情况进行重点分析。

一、医疗保险制度

医疗保险制度是为了保证劳动者在死亡、医疗、疾病和康复方面得到帮助和照顾的保障制度, 也是最早制定的三大保险制度之一, 现已成为各国社会保障制度的基本组成部分。

(一)医疗保险的范围和资金来源

1.医疗保险的范围

享受医疗保险的范围各国有很大差异。有些"福利国家"全民都可以享受免费的医疗,如北欧的有些国家;而在大部分发达国家、发展中国家,对享受医疗保障的范围都做了具体规定。有些发展中国家首先是在少数城市试行医疗保障,再逐渐推广到其他地区。在我国, 尽管城镇各类企事业单位职工和部分非国有企业职工、个体劳动者可以参加医疗保险,但绝大部分农民和个体劳动者一般还不能享受医疗保险。然而,从绝大多数国家医疗保险的实际情况看,一般都对享受医疗保险的条件做了规定,大致有五种情况:

(1)只要生病就可以享受医疗保障;

(2)要达到一定的工作年限,才可以享受;

(3)要缴纳一定期限的保险费,才可以享受;

(4)必须达到规定的投保年限和保险费数额才可以享受;

(5)必须取得国内社会保险基金会的会员资格,并满一定期限,才可以享受医疗保障。

2.医疗保险的资金来源

医疗保险资金的来源,世界大多数国家采用社会保险资金统筹的办法,即与其他社会保险项目结合起来统一向单位和个人双方收取保险费,一般是按照工资总额的一定比例来收取的。有的国家规定政府也要出一部分保险费,这部分来源于国家的财政收入。我国实行社会统筹与个人帐户相结合的模式,来解决基本医疗保险的资金来源问题。基本医疗保险费实行用人单位和职工个人双方负担、共同缴纳、社会统筹的原则。基本医疗保险的保障水平应当与社会生产力发展水平以及财政、用人单位和个人的承受能力相适应。一般用人单位缴纳不低于单位工资总额的6%,职工个人缴纳上一年月平均工资的2%。如北京市规定职工个人缴纳上一年月平均工资的2%,用人单位按全部职工缴费工资基数之和的9%缴纳。基本医疗保险费的缴纳方式,有条件的一般由银行按月代扣,存入专户。

可见,通过单位和个人缴纳形成的基本医疗保险统筹基金和个人帐户就是医疗保险的资金来源。我国还规定,基本医疗保险统筹基金中还要划出一定比例存入职工个人帐户。如北京市规定不满35周岁的职工按本人月缴费工资基数的0.8%划入个人帐户;35周岁以上不满45周岁的职工按本人月缴费工资基数的1%划入个人帐户;45周岁以上的职工按本人月缴费工资基数的2%划入个人帐户;不满70周岁的退休人员按上一年本市职工月平均工资的4.3%划入个人帐户;70周岁以上的退休人员按上一年本市职工月平均工资的4.8%划入个人帐户。

(二)医疗保险费的使用与管理

基本医疗保险统筹基金和个人帐户要划定各自的支付范围,分别核算,不得互相挤占。符合基本医疗保险基金支付范围的医疗费用,由基本医疗保险统筹基金和个人帐户分别支付。

1.个人账户的支付范围

(1)门诊、急诊的医疗费用;(2)到定点零售药店购药的费用;(3)基本医疗保险统筹基金起付标准以下的医疗费用;(4)超过基本医疗保险统筹基金起付标准,按照比例应当由个人负担的医疗费用。同时,明确个人账户不足支付的部分仍由本人自付。

2.统筹基金的支付范围

(1)住院治疗的医疗费用;(2)急诊抢救留观并收入住院治疗的,其住院前留观7日内的医疗费用;(3)恶性肿瘤放射治疗和化学治疗、肾透析、肾移植后服抗排异药的门诊医疗费用。

3.医疗保险基金不能支付的费用

(1)在非本人定点医疗机构就诊的,但急诊除外;(2)在非定点零售药店购药的;(3)因交通事故、医疗事故或者其它责任事故造成伤害的;(4)因本人吸毒、打架斗殴或者因其它违法行为造成伤害的;(5)因自杀、自残、酗酒等原因进行治疗的;(6)在国外或者香港、澳门特别行政区以及台湾地区治疗的;(7)按照国家规定应当由个人自付的。

4.基本医疗保险费的给付办法

关于医疗保险金的给付办法,目前世界上有两种:一种是每一位被保险人都领取相同的补助金标准;另一种是按照被保险人工资的一定比例来给付。当然,我国对属于个人帐户支付范围的费用开支规定的非常清楚,而且明确了不足支付的部分仍由本人自付。而对基本医疗保险统筹基金支付的起付标准和年最高支付限额,国家也有明确的规定,各省市区都根据本地实际规定了相应的起付标准和年最高支付限额。如北京市规定基本医疗保险统筹基金支付的起付标准按上一年本市职工平均工资的10%左右确定,当年内第二次及以后住院的支付标准按5%左右确定;同时,规定基本医疗保险统筹基金在一个年度内支付职工的医疗费用累计最高支付限额按上一年本市职工平均工资的4倍左右确定。北京市还对医院等级和医疗费用数额的计算办法作出明确规定,指出要按医院等级和费用数额采取分段计算、累加支付的办法,由基本医疗保险统筹基金和个人按照以下比例分担:

(1)在三级医院发生的医疗费用:起付标准至1万元的部分,统筹基金支付80%,职工支付20%;超过1万元至3万元的部分,统筹基金支付85%,职工支付15%;超过3万元至4万元的部分,统筹基金支付90%,职工支付10%;超过4万元的部分,统筹基金支付95%,职工支付5%。

(2)在二级医院发生的医疗费用:起付标准至1万元的部分,统筹基金支付82%,职工支付18%;超过1万元至3万元的部分,统筹基金支付87%,职工支付13%;超过3万元至4万元的部分,统筹基金支付92%,职工支付8%;超过4万元的部分,统筹基金支付97%,职工支付3%。

(3)在一级医院以及家庭病床发生的医疗费用:起付标准至1万元的部分,统筹基金支付85%,职工支付15%;超过1万元至3万元的部分,统筹基金支付90%,职工支付10%;超过3万元至4万元的部分,统筹基金支付95%,职工支付5%;超过4万元的部分,统筹基金支付97%,职工支付3%。

另外,对企业职工因工负伤、患职业病的医疗费用,按照工伤保险的有关规定执行。女职工生育的医疗费用,按照国家有关规定执行。

二、养老保险制度

养老保险也是各国社会保障体系的基本制度之一。随着城市化和工业化的发展,人们的工作生活质量都发生了比较大的变化,家庭规模缩小,老人对孩子的依赖性逐渐减弱。在工业化的社会里,老年人退休后,没有工作就没有收入,又不能完全靠家庭赡养,因而在城市贫困人口中,老年人占了相当的一部分。为了保障已为社会做过贡献的老年人的生活,也为了解除人们担心年老后生活问题的顾虑,各国政府都制定了养老保险制度。

(一)国外养老保险制度的一般情况

养老保险是社会保障制度中涉及人员最多、费用开支最大的一部分,因此各国都予以高度重视。一般养老保险的内容包括三部分:一是关于退休的资格条件的规定,如年龄、就业期限、缴纳养老保险金的期限或数额,以及特殊保险待遇等;二是关于养老金待遇的计算办法的规定,如以什么为标准,最高和最低限额等;三是关于养老保险金管理方面的规定,如资金筹措的办法、资金使用的办法、养老金的发放手续等。各国的养老保险制度都是由政府直接管理,并有相应法律法规强制执行,而且有专款专用的统筹基金。但是,随着许多国家人口的老龄化,国家和社会的负担越来越重,完全依靠国家已举步维艰。因此,在一些老龄化趋势比较明显的国家如美国、日本、德国等工业化国家,都已经开始了养老保险制度的改革。有的国家打破了国家统管的模式,出现了私营的养老保险公司,如阿根廷、智利等,但大部分欧洲国家是采用提高保险费额和提高退休年龄,或者降低养老金标准来缓和资金不足的状况。

养老保险金的筹措是养老保障制度的重要环节,现在各国都面临着养老资金不足的问题,因而都不得不关注养老金的来源。除有少数国家是由政府支付外(如瑞典),大部分国家都是以工资税的方法来筹集的,一般是雇主和雇员双方都要缴纳工资收入的一定百分比的税金。如德国要缴纳工资毛收入的18.7%,雇主和雇员各交一半;墨西哥雇主缴纳工资的2.8%作为退休金,而职工个人则要缴纳月工资的2%。还有的国家缴纳统一的社会保险费,形成公积金,然后进行不同比例的分配。如马来西亚,雇主交工资的12%,雇员交工资的10%,形成公积金,公积金的60%为养老金,30%为住房用款,10%为医疗保险费。

养老保障的范围各国的规定也有所不同。有些国家规定只要是本国国民都可以领取养老金,如北欧国家。大部分国家规定只有缴纳了一定数额的养老保险金后才能领取养老金。在领取养老金的年龄界限上大致相同,一般为男子满65岁以上,女子满60岁以上,也有些国家规定男子满60岁以上,女子满55岁以上。

(二)我国的养老保险制度

1.我国养老保险制度的基本内容

(1)建立职工养老保险制度的目标。即要建立起适应社会主义市场经济体制要求,适用城镇各类企业职工和个体劳动者,资金来源多渠道、保障方式多层次、社会统筹与个人帐户相结合、权利与义务相对应、管理服务社会化的养老保险体系。企业职工养老保险要贯彻社会互济与自我保障相结合、公平与效率相结合、行政管理与基金管理分开等原则,保障水平要与我国社会生产力发展水平及各方面的承受能力相适应。

(2)养老保险基金的来源

基本养老保险费由用人单位和职工个人共同负担,实行社会统筹与个人帐户相结合。如规定企业单位缴纳基本养老保险费的比例,一般不得超过企业工资总额的20%(包括划入个人账户的部分),具体比例由省、自治区、直辖市人民政府确定。少数省、自治区、直辖市因离退休人数较多、养老保险负担过重,确需超过企业工资总额20%的,应报劳动部、财政部审批。职工个人缴纳基本养老保险费的比例,规定1997年不得低于本人缴费工资的4%,1998年起每两年提高1个百分点,最终达到本人缴费工资的8%。有条件的地区和工资增长较快的年份,个人缴费比例提高的速度应适当加快。目前上海、广东等省市的个人缴费都已达到8%。当然,国家财政也可以补贴一部分作为社会保险基金的来源。

(3)养老保险金的计算与管理

我国规定男职工的退休年龄为60岁,女职工为55岁,工人为50岁。一般按本人缴费工资11%的数额为职工建立基本养老保险个人帐户,个人缴费全部记入个人帐户,其余部分从企业缴费中划入。随着个人缴费比例的提高,企业划入的部分要逐步降至3%。个人帐户储存额,每年参考银行同期存款利率计算利息。个人帐户储存额只用于职工养老,不得提前支取。职工调动时,个人帐户全部随同转移。职工或退休人员死亡,个人帐户中的个人缴费部分可以继承。同时规定:实施养老保险制度后参加工作的,个人缴费年限累计满15年的,退休后按月发给基本养老金。基本养老金由基础养老金和个人帐户养老金组成。退休时的基础养老金月标准为省、自治区、直辖市或地(市)上年度职工月平均工资的20%,个人帐户养老金月标准为本人帐户储存额除以120。个人缴费年限累计不满15年的,退休后不享受基础养老金待遇,其个人帐户储存额一次支付给本人。养老保险制度实施前已经离退休的人员,仍按国家原来的规定发给养老金,同时执行养老金调整办法。而对实施前参加工作、实施后退休且个人缴费和视同缴费年限累计满15年的人员,在发给基础养老金和个人帐户养老金的基础上,再确定过渡性养老金,过渡性养老金从养老保险基金中解决。

2.各地实施的情况

我国对养老保险制度的改革,目前各省市区的进展略有差异。例如,上海的新养老金制度分为两部分:一部分是由国家提供的社会养老金,它保证稍高于最低水准的生活;另一部分是个人储备金,由单位和个人平均分担,记在个人账户上。广州的新养老金账户分为三部分:一是基础养老金,按职工平均工资的一定比例发放;二是附加养老金,即对缴费累计15年以上者,每满一年,还要计发职工本人指数化月平均缴费工资的1.2%;三是个人养老金账户,职工个人缴纳的保险费和企业缴纳的保险费的一部分(目前为工资的1%)都记入个人账户。天津市规定职工本人工资高于本市上年职工月平均工资300%的,以本市上年职工月平均工资的300%作为用人单位和职工缴纳基本养老保险费的基数,超过300%的部分不作为用人单位和职工缴纳基本养老保险费的基数,也不作为计发基本养老金的基数。深圳市规定员工的养老保险费缴费比例为员工缴费工资的17%,其中员工按本人缴费工资的5%缴纳,企业按员工个人缴费工资的12%缴纳;非本市户籍员工的养老保险费缴费比例为员工缴费工资的10%,其中员工按本人缴费工资的3%缴纳,企业按员工个人缴费工资的7%缴纳。浙江省还规定职工缴费工资低于上一年度全省职工月平均工资60%的,按照60%确定缴费比例。目前,我国的养老保险制度改革仍在进一步实践和深化中。

三、失业保险制度

(一)国外失业保险制度的一般情况

失业保险制度是指对于非自愿性失业人员在失业期间无法获得必要的维持基本生活的经济保障时,由国家和社会提供帮助的制度。失业保险制度最早由比利时在1901年建立,随后几年,法国、丹麦、挪威等国也相继建立了失业保险制度。从国外的失业保险制度看,主要有以下内容:

1.失业保险的前提

失业保险制度是为保障有劳动能力的、并愿意劳动的人在失业期间的基本生活而制定的,因而它不同于其他保障制度的是保障对象的劳动能力并未丧失。

2.失业保险的条件与限定

失业保险都有一定的条件和期限限制,不能一直领取失业救济金。各国在失业保险的范围规定上不尽相同,领取失业保险金也有一定的条件限制。如美国规定领取失业救济金的条件为:"有资格雇用但未被雇用,在政府职业介绍所登记要求工作的",主要对象是在私营企业中的劳动者。有些国家规定只要是处在工作年龄的人都可以享受失业救济,如俄罗斯、白俄罗斯、瑞典、丹麦等国。有些国家则规定,只有符合一定条件的人才能领取失业救济金,如匈牙利规定失业保障的范围为失去工作并缴纳了至少360天保险费的人。从以上情况看,大部分国家都强调领取失业救济的人必须符合相应的条件和限定。而对于刚从学校毕业尚未工作过而又未找到工作的新生劳动力,只有极少数国家才给予失业保险,如瑞典和丹麦。

3.失业保险管理与基金来源

大部分国家的失业保险制度是由国家管理的强制性失业保险,只有少数国家是由工会自愿建立的非强制性失业保险,如瑞典、丹麦和芬兰。因而,失业保险金的来源和使用也有所不同。有的国家是向雇主征收失业税来支付失业救济金,如美国国家向雇主征收3.1%的失业税,州政府向雇主征收2.7%的失业税,不向雇员征收;白俄罗斯失业救助金的来源为中央和地方的预算,以及雇主按工人工资的1%缴纳的失业补助金;俄罗斯为雇主缴纳工资基金的2%,有时由政府和中央基金做补充。有些国家则规定,救助金的来源由雇主和雇员双方负担,有时由政府拨款作补充。如匈牙利和罗马尼亚,投保人按毛工资的1.5%缴纳,雇主按毛工资的5%缴纳。捷克则规定雇员按工资的0.75%缴纳,雇主按工资的2.25%缴纳。

4.失业保险金的发放

失业救助金发放的数额和时间期限各国有很大的不同。失业补助金的多少一般是与工作时间的长短相联系的,工作时间长的失业者得到的失业救助金也相应多一些。如罗马尼亚规定15年以上工龄的失业者可补助工资的60%,而1~5年工龄的失业者只能补助工资的50%。有些国家则是按统一的数额来支付失业救助金的,如英国。很多国家的失业保障制度比较注意与促进就业相结合,规定如果失业者接受职业训练,还可以领取政府支付的训练津贴。大部分国家的失业补助金的发放是有时间限制的,时间越长,补助金越少,以促使失业者尽快去寻找新的工作。

目前,建立失业保险制度的国家在世界上还不到一半国家,但实践证明失业保险制度对安定社会秩序、缓和劳资矛盾、促进经济发展起到了积极的作用。

(二)我国的失业保险制度

1.失业保险的范围与资金来源

我国1999年颁布的《失业保险条例》规定,城镇企业事业单位失业人员享受失业保险待遇。

所谓城镇企业,是指国有企业、城镇集体企业、外商投资企业、城镇私营企业以及其它城镇企业。并规定,城镇企业事业单位按照本单位工资总额的2%缴纳失业保险费,单位职工按照本人工资的1%缴纳失业保险费。失业保险基金在直辖市和设区的市实行全市统筹；其他地区的统筹层次由省、自治区人民政府规定。省、自治区可以建立失业保险调剂金。失业保险调剂金以统筹地区依法应当征收的失业保险费为基数，按照省、自治区人民政府规定的比例筹集。统筹地区的失业保险基金不敷使用时，由失业保险调剂金调剂、地方财政补贴。

失业保险基金必须存入财政部门在国有商业银行开设的社会保障基金财政专户，实行收支两条线管理，由财政部门依法进行监督。

2.领取失业保险费的具体规定

我国规定领取失业保险费的基本条件有三：(1)按照规定参加失业保险，所在单位和本人已按照规定履行缴费义务满1年的；(2)非因本人意愿中断就业的；(3)已办理失业登记，并有求职要求的。具体领取办法为：城镇企业事业单位职工失业后60日内，应当持本单位为其出具的终止或者解除劳动关系的证明，及时到指定的社会保险经办机构办理失业登记。失业保险金自办理失业登记之日起计算。失业保险金由社会保险经办机构按月发放。社会保险经办机构为失业人员开具领取失业保险金的单证，失业人员凭单证到指定银行领取失业保险金。并规定：失业人员失业前所在单位和本人按照规定累计缴费时间满1年不足5年的，领取失业保险金的期限最长为12个月；累计缴费时间满5年不足10年的，领取失业保险金的期限最长为18个月；累计缴费时间10年以上的，领取失业保险金的期限最长为24个月。对重新就业后，再次失业的，缴费时间重新计算，领取失业保险金的期限可以与前次失业应领取而尚未领取的失业保险金的期限合并计算，但最长仍不得超过24个月。关于失业保险金的标准，按照低于当地最低工资标准、高于城市居民最低生活保障标准的水平，由省、自治区、直辖市人民政府确定。失业人员在领取失业保险金期间，按照规定同时享受其他失业保险待遇。同时，还规定失业人员在领取失业保险金期间或期满后，仍未就业，符合享受当地城市居民最低生活保障条件的，可以按照规定申请享受城市居民最低生活保障待遇。

3.各地实施的情况

我国各省市自治区实施失业保险制度的情况大同小异，但各有特点。如上海市规定，就业服务机构应当自受理失业人员失业保险金申领手续之日起，15日内对其失业情况进行审核确认。对具备领取失业保险金条件的失业人员，核定其领取失业保险金的期限和标准。关于失业保险金标准的计算，规定失业人员第1个月至第12个月领取的失业保险金标准，根据其缴纳失业保险费的年限确定；第13个月至第24个月领取的失业保险金标准，为其第1个月至第12个月领取标准的80%。失业保险金领取标准应当低于本市当年最低工资标准、高于本市当年城镇居民最低生活保障标准。还如广东省规定，失业人员领取失业保险金的期限，根据其缴费年限核定：缴费年限一至四年的，每满一年领取期限为一个月；四年以上的，超过四年的部分，每满半年领取期限增加一个月。关于失业保险金的标准，规定按当地最低工资标准的百分之八十确定，由社会保险经办机构按月发放。省人民政府可以根据国家规定和本省实际情况作适当调整，但不得高于当地最低工资标准或者低于当地城市居民最低生活保障标准。尤其还规定，失业人员应当凭身份证、失业证或者流动人员就业证,按月到社会保险经办机构办理领取保险金资格验证,说明求职和接受职业指导、职业培训情况,目的在于促进失业者尽快就业。

本章思考题

1.关于劳动条件和劳动保护的内容你都搞清楚了吗?
2.劳动保护方面存在的问题容易导致哪些严重后果?
3.医疗保险制度的基本内容你搞清楚了吗?
4.养老保险制度的基本内容你搞清楚了吗?
5.失业保险制度的基本内容你搞清楚了吗?

案例分析

案例:单位应以本单位工资总额为基数缴纳失业保险费

[案例]在一次社会保险执法大检查中,劳动保障行政部门发现某公司缴纳失业保险费的基数与其工资总额存在很大的差距。劳动保障部门询问其原因,企业解释说,该企业是按支付给本企业所招用的城镇职工的工资为基数缴纳失业保险费的, 基数中未包括支付给农民合同制工人的工资,劳动保障部门指出了该企业的错误,并作出了责令其补缴应缴而未缴的失业保险费的决定。

[评析]这是一起错误理解《失业保险条例》的案例。《失业保险条例》第六条规定:"城镇企业事业单位按照本单位工资总额的百分之二缴纳失业保险费。" 对工资总额的正确理解,应当依据国家有关规定。《国家统计局关于工资总额组成的规定》(1989 年 9 月 30 日国务院批准,1990 年 1 月 1 日国家统计局发布,国家统计局令第 1 号)明确规定,工资总额是单位在一定时期内支付给本单位全部职工的劳动报酬总额, 工资总额的计算应以直接支付给职工的全部劳动报酬为根据。工资总额的组成包括:计时工资、计件工资、奖金、津贴和补贴、加班加点工资、特殊情况下支付的工资。工资总额不包括的范围有:根据国务院发布的有关规定颁发的创造发明奖、自然科学奖、科学技术进步奖和支付的合理化建议和技术改进奖以及支付给运动员和教练员的奖金,有关劳动保险和职工福利方面的各项费用,有关离休、退休、退职人员待遇的各项支出,劳动保护的各项支出,稿费、讲课费及其他专

门工作报酬,出差伙食补助费、误餐补助、调动工作的旅费和安家费,实行租赁经营单位和承租人的风险性补偿收入,对购买本企业股票和债券的职工所支付的股息和利息,支付给家庭工人的办工费和按加工订货办法支付给承包单位的发包费用,计划生育补贴等。根据这一规定,企业支付给本企业各类职工的工资都应纳入失业保险费的缴费基数。虽然《失业保险条例》第六条中规定:"城镇企事业单位招用的农民合同制工人本人不缴纳失业保险费",但是,这不能理解为企业支付给本单位农民合同制工人的工资也不纳入单位的失业保险费缴费基数。缴费单位缴纳的社会保险费是劳动成本的一部分,如果企业支付给本单位农民合同制工人的工资也不纳入单位的失业保险费缴费基数,实际上就可以减少一块劳动成本,对城镇劳动者的就业造成压力,甚至加大城镇劳动者就业难的问题。

分析讨论题

你对单位缴纳失业保险费核定的工资总额基数搞清楚了吗?

第十三章

劳动关系管理

随着《中华人民共和国劳动法》(以下简称《劳动法》)、《中华人民共和国工会法》(以下简称《工会法》)等法律法规的相继颁布实施,我国劳动合同制度、集体合同制度逐步建立和完善,劳动关系的三方协商机制初步形成,劳动争议处理制度进一步完善,劳动保障监督检查工作不断加强,这些都对维护劳动者权益、促进劳动关系的和谐稳定发挥了积极作用。本章将从劳动关系的概念和内涵出发,对我国劳动关系的发展与变化、改善劳动关系的必要性和途径进行简要的介绍,并在此基础上对实施劳动关系管理尤其是劳动合同管理的相关问题进行较为详尽的论述,最后还将对与劳动关系管理有关的法律法规作以简要的阐述。

第一节　劳动关系

一、基本概念

(一)劳动关系

劳动关系是指劳动者与用人单位(包括各类企业、个体工商户、事业单位等)在劳动过程中建立的社会经济关系。劳动关系包括所有各类组织中的"组织"与"员工"的关系,它们在劳动法和相关法律法规中分别被称为"用人单位"和"劳动者"。

劳动关系有广义和狭义之分。建立劳动关系应当订立劳动合同。从广义上讲,生活在城市和农村的任何劳动者与任何性质的用人单位之间因从事劳动而结成的社会关系都属于劳动关系的范畴。从狭义上讲,现实经济生活中的劳动关系是指依照国家劳动法律法规规范的劳动法律关系,即双方当事人是被一定的劳动法律规范所规定和确认的权利和义务联系在一起的,其权利和义务的实现,是由国家强制力来保障的。劳动法律关系的一方(劳动者)必须加入某一个用人单位,成为该单位的一员,并参加单位的生产劳动,遵守单位内部的劳动规则;而另一方(用人单位)则必须按照劳动者的劳动数量和质量支付报酬,提供工作条件,并不断改进劳动者的物质文化生活。可见,劳动关系既是人力资源管理领域的一个概念,也是一个法律概念,具有明确的法律内涵。我国自 1995 年 1 月 1 日起实施的《劳动法》是调整劳动关系以及与劳动关系密切联系的其他关系的根本法律规范,其作用是从法律角度确立和规范劳动关系的。

我们通常将资本主义国家的劳动关系称为"劳资关系",而西方学术界则将这方面的内容称为"产业关系(industrial relations)"或"劳工关系(labor relations)"。这些概念有一些细微的差别,但一般都指双方为保持劳资之间的良好关系和解决双方分歧所做出的努力,如组织的调解、措施和政策。我国改革开放的 25 年,劳动关系内部发生的变化最显著和最深刻地反映了社会的变迁。目前中国公有制经济所占比重已下降到 50%以下,多种所有制形式并存,私营企业、外来资本等已使资方主体逐步显化,具有明显的马克思所论述的劳资关系的性质,即资本雇佣劳动和追求剩余价值的本质。在全球化的进程中,中国的改革开放已成为不可逆转的事实,外来资本的进入和内部资本的再生产正日益合法化,劳动关系与劳资关系的界限也日趋模糊。

(二)劳资关系

劳资关系顾名思义是有关劳动过程中劳动者和劳动力使用者(资方)的关系,随着各国工业形式的不断变化, 这一描述劳动者和劳动力使用者相互关系的述语也在发生着变化。鉴于有组织的工会是职工利益的代表者,在劳资关系中起着举足轻重的作用。因此,劳资关系的主要问题又往往体现在组织管理当局同工会之间的关系上。劳资关系即劳动者与资方的关系,表现为受雇者与雇主间的冲突与合作,其进一步深入的内涵还包括雇用关系中为了价格与权力相争的理论、技术和制度。它不仅涉及工人、工会组织与雇主,也同政府和各类公众直接或间接相关联。

劳资关系肇始于企业聘用劳工,当雇主和劳工在工作场所接触的时候,自然发生相互关系,劳资双方的利益是对立的,或者是截然不同的,因此他们之间的冲突不可避免。成本最小化、利润最大化是资方的目标,而改善工作条件以及提高福利待遇是劳方的要求。资方追求效率,劳方期待公平,倾向生活和人性方面的需求。而劳资矛盾的加剧,如引发的大规模罢工、闭厂等,会使劳资双方两败俱伤。成熟的市场经济国家,劳资关系经历了一个从对立走向合作的漫长的过程,经验表明,双方目标实现的前提是企业长期稳定的发展,是劳资双方共同培育的相对稳定的合作关系。从我国的实际情况看,由于长期以来劳动力使用者一方具有的国家性质,致使资方性质难以确定,因此人们习惯用劳动关系替代劳资关系。

西方国家劳资关系一词常常被我们翻译为"产业关系"或"工业关系",在这一词汇中已丧失了劳资关系所特有的冲突意味,更多地强调了现代管理或人力资源管理的含义。发达资本主义国家的产业关系是雇员和雇主之间的关系, 其意义已上升为如何运用现代管理手段充分发挥各方能动性的问题。在日本,劳资关系一词被"劳使关系"的概念替代,明确强调这一述语是指劳动者和劳动力使用者之间的关系, 有意模糊了劳动力使用者背后的资本意义。

因此,无论是中国的"劳动关系",还是西方的"工业关系"以及日本的"劳使关系",其核心内容是一致的,皆是通过"替代话语"的使用弱化劳动和资本(labor and capital)的关系,这种替代话语有意无意地掩盖了劳资之间的冲突性质。值得注意的是,在全球化和知识经济的条件下,劳资关系中的政治含义依然存在,资本雇佣劳动和追求剩余价值的本质丝毫未改。全球化的过程正通过资本的强势更加深刻地影响着劳资关系,主要表现在:参与冲突的群体成分、引发冲突的问题、冲突的形式等都在发生着变化。在全球化条件下,是否有必要通过使用"劳资关系"一词来更加准确地显现劳工生活真实的一面,甚至通过劳资关系的现状、变化特点和变化趋势来认识全球化或全球资本主义等都是有待学者们进一步探讨的劳动关系研究方面的热点问题之一。

二、劳动关系的内涵

(一)法律特征

《劳动法》所规范的劳动关系主要有以下三个法律特征:

1.劳动关系是在现实劳动的过程中发生的关系,与劳动者有着直接的联系。

2.劳动关系的双方当事人,一方是劳动者,另一方是提供生产资料的劳动者所在单位,如企业、事业单位、政府部门等。

3.劳动关系的一方劳动者要成为另一方所在单位的成员,并遵守单位的内部劳动规则。

(二)构成要素

依据劳动法律法规形成和调整的劳动关系和法律关系,由三个要素构成:主体、内容、客体。

1.主体

劳动法律关系的参与者为劳动关系的主体,包括劳动者、劳动者的组织(工会、职代会)和用人单位。

2.内容

劳动关系的内容是指主体双方依法享有的权利和承担的义务。我国《劳动法》第3条规定劳动者依法享有的主要权利有:(1)劳动权;(2)民主管理权;(3)休息权;(4)劳动报酬权;(5)劳动保护权;(6)职业培训权;(7)社会保险权;(8)劳动争议提请处理权等。劳动者承担的主要义务有:(1)按质、按量完成生产任务和工作任务;(2)学习政治、文化、科学、技术和业务知识;(3)遵守劳动纪律和规章制度;(4)保守国家和企业的机密。

《劳动法》规定用人单位的主要权利有:(1)依法录用、调动和辞退职工;(2)决定企业的机构设置;(3)任免企业的行政干部;(4)制订工资、报酬和福利方案;(5)依法奖惩职工。其主要义务有:(1)依法录用、分配、安排职工工作;(2)保障工会和职代会行使其职权;(3)按职工的劳动质量、数量支付劳动报酬;(4)加强对职工思想、文化和业务的教育、培训;(5)改善劳动条件,搞好劳动保护和环境保护。

与劳动关系密不可分的关系还包括劳动行政部门与用人单位、劳动者在劳动就业、劳动争议和社会保险等方面的关系,工会与用人单位、职工之间履行工会的职责和职权,代表和维护职工合法权益而发生的关系等。

3.客体

劳动关系的客体是指主体的劳动权利和劳动义务共同指向的事物,如劳动时间、劳动报酬、安全卫生、劳动纪律、福利保险、教育培训、劳动环境等。在我国社会主义制度下,劳动者的人格和人身不能作为劳动法律关系的客体。

三、改善和协调劳动关系的必要性与途径

(一)改善和协调劳动关系的必要性

改革的目的是解放生产力,改革的实质是根据生产力的要求调节生产关系,而劳动关系是生产关系的重要组成部分。当前,我国劳动关系的整合可以概括为四个方面的任务:第一,整合所有者与经营者之间的关系;第二,整合经营者与职工之间的关系;第三,整合职工与职工之间的关系;第四,整合企业与职工之间的关系。在深化改革中整合劳动关系,一方面有赖于现代企业制度的建立,另一方面有赖于以人为中心的现代企业文化的培育,二者缺一不可。

从上述劳动关系整合的任务可以看出,劳动关系的重要性是由其在企业管理中的关键作用所决定的。正确处理与不断改善劳动关系,是企业管理的重要任务之一。管理者深刻地理解劳动关系并能够正确地处理这方面的问题可以获得如下好处:

1.通过增强员工的凝聚力,提高企业的赢利能力;

2.有利于管理者的晋升;

3.能帮助避免或减少劳动争议;

4.有助于处理日常管理中的许多细节问题;

5.促进劳动者及代表以合作的姿态解决劳资关系问题。

因此,正确处理企业劳动关系,应该遵循以下原则:兼顾各方利益的原则;协商为主解决争议的原则;以法律为准绳的原则;劳动争议以预防为主的原则。

(二)改善劳动关系的途径

改善企业劳动关系可以通过以下途径:

1.立法

劳动争议的产生在很大程度上是因为相关法规不健全,因此当企业因各方利益冲突而产生矛盾时,常常无法可依,无所适从。只有通过完善法律法规,企业各方的权、责、利才可明确下来,并在法律的基础上加以调整。立法更多地是通过外部的力量强制性地规范企业内部的劳动关系,进而达到改善企业内部劳动关系的目的。我国劳动关系方面的法律、法规建设已经取得了有目共睹的成就,为企业内部劳动关系的改善奠定了良好的法律基础。

2.发挥工会及企业党组织的作用

工会与企业党组织代表职工与企业协调劳动关系,兼顾职工与企业的利益,避免矛盾激化。在企业内部充分发挥工会及企业党组织的作用,对于改善劳动关系,提高企业的凝聚力,进而提高企业的效益作用十分明显。

3.培训主管人员

劳动争议的产生和劳动关系的紧张,常常与企业主管人员的工作作风、业务知识、法

律意识有关。通过对企业主管人员的培训,能够增强他们的劳动关系意识,使他们熟悉与劳动关系相关的法律法规,掌握处理劳动关系问题的原则及技巧,一方面可以避免或减少劳资纠纷,另一方面也有助于劳资纠纷的解决。

4.提高职工的工作生活质量是改善劳动关系的根本途径

提高职工的工作与生活质量的主要内容包括:参与管理、职务设计、周期性安排"培训—工作—休息",满足个人的特殊要求,使职工在工作中感受到工作的真正意义。通过运用人类工程学(人机工程)原理进行工作设计,以改进职工的工作条件和工作环境,这是提高职工工作效率、改善劳动关系的有效途径之一。同时,为员工创造良好的生活环境,解决他们的后顾之忧,也同样可以收到改善劳动关系的良好效果。

5.职工参与民主管理

职工参与民主管理可以使职工参与企业的重大决策,尤其是涉及广大职工切身利益的决定,可以更好地使企业经营管理者在作出重大决策时充分考虑职工的利益。企业民主管理的目的在于通过使大部分员工不同程度地参与管理,唤起每个员工的群体意识和为这个群体努力工作的愿望,以达到企业的目标。民主管理最主要的方法就是员工参与管理。企业层面上的民主管理方法主要有劳资协商制和员工董事制。近年来,改革中出现的员工持股计划等形式也有利于促进职工参与企业的民主管理。

四、劳动关系的发展与变化

(一)劳动关系的发展

劳资关系作为生产关系的一部分,其形式和发展同样与生产力发展水平直接相关。随着技术的进步、价值观念的改变、社会经济的发展,劳资关系具有明显的时代印记。

在计划经济体制中,产业关系只有政府和工作两个主体,政府既是雇主又起规范的作用,法律尚缺完善,往往以行政手段代替法律,就业条件和待遇只有一个固定的模式,就业没有双向选择的自由。随着市场经济体制的建立和完善,法律体系的逐渐建设,尤其是随着非国有经济的成长,使得产业关系体系中雇主这一主体日益清晰,真正意义的劳资关系才凸显出来。

随着改革开放的深入,农村开始出现雇佣其他劳动者进行生产的现象;城镇企业集团、股份制企业、商社、国外跨国公司、国有跨国公司等多种经营形式相继产生;甚至国有资产承包给私人或者外商经营、国有企业承包外商企业或者私人出资开办的企业也屡见不鲜;国外,还存在依靠收取会员费和社会捐赠为主要经费来源的团体和民间组织与雇佣劳动者之间的新型关系,传统的劳资关系已经遇到了各种现实的挑战。正如英特尔总裁葛洛夫所言:这个世界正处于游戏规则不断改变的环境,传统与习惯不断被新的变化冲击与颠覆,一旦它的力量超过既有资源能控制的范围,不论企业或个人,都将陷入惶恐与迷失。

(二)变迁中的经济与劳动关系问题

1.经济变迁的背景

经济转轨大大地改变了劳资关系,过去党组织在企业内部不但承担着行政、经营的权利,而且有命令工会、决定员工工资和待遇的权利。由于20多年的改革开放,企业内的党组织活动、工会活动都出现了重要的变化,其它经营活动更是在改革中不断变迁。随着企业自主权的扩大,对国家的依存度不断降低,党组织对于员工的影响力也呈下降的趋势。1980 年以后显著提高的劳工流动率,表明劳动合同趋于短期化,员工对于企业的向心力和归属感也在同步下降。外资和乡镇企业是党组织影响力最弱的一环,工会的组织率平均只有 40%。在雇用和经营主体已经转移到企业、短期打工者又居多数的情况下,劳工改善工资和待遇的要求如果得不到满足,劳资关系的对立与冲突必然会成为不可回避的事实。

2.不同企业中的劳动关系

改革开放前,中国的工业劳动力被分为核心与边缘两大部分。前者是国营企业的正式工人,后者是城乡集体企业的正式工与临时工,后者仅只是工业劳动力总数中很小的一部分。这个时期雇佣双方之间的关系一方面体现为工人与国家的直接关系,另一方面是国家再分配过程中所占份额引发的分配关系,涉及到工资、医疗保险和养老金等。改革开放以来,随着劳动力市场的放开和产业关系模式的多元化,我国劳动关系出现了以下几种类型:

(1)国营与集体企业。这类企业的机构有管理部门、党组织、职工代表大会与工会。管理人员包括经理厂长都是国家的雇员,因此与工人享有同等的参加工会的权利。

(2)私营企业。在这里,雇员与企业之间的关系完全靠合同来维系。工会率不高,特别在面对中国目前劳动力处于买方市场的情况下,资方有绝对的讨价还价的谈判能力。有些中小私营企业员工的利益、就业安全、改善待遇的要求等得不到规范的管理和保障。甚至有些私有企业以家族式经营管理为主,家长式的权威使得劳动关系不但复杂,难以确定,而且劳方的利益与保障也难以实现。

(3)外资企业。外资与合资企业中的劳动关系问题主要体现在以下几个方面:

首先是弹性守法问题。外资或合资企业大多是外方人员任总经理,一般地说,他们对遵守有关中国法律法规虽有所注意,但也有不少人利用我国立法尚不完善以及法律法规中一些灵活的规定,尽量避重就轻,达到少承担或不承担义务的目的。在中外双方股权相等或接近的企业里,中方代表(董事长、副总经理)本来可以而且应当在促进关系协调和维护职工合法权益方面发挥重要作用,然而事实上并非所有的中方代表都能坚持原则。

其次是职工缺乏安全感。绝大多数企业都已与职工个人签订了劳动合同,合同内容能够符合我国《劳动法》关于劳动标准的规定,但不能享受养老保险、个人与家属的医疗保险等社会保障,外地工、农民工更是被排除在社会保障之外。因此,绝大多数职工缺乏安全感。目前劳动合同有效期一般是一、二年,有些外方总经理甚至主张一律实行一年期劳动合同。与此同时,《劳动法》规定合同期满后,企业有权终止合同并不给被辞退者以任何补偿。用工自由最符合企业利益,但是职工尤其是中老年职工却因此对就业缺乏安全感。有的职工为此在职工代表大会上公开表示强烈不满;有的职工为此拒签劳动合同,要求先签集体合同并在集体合同中依照《劳动法》注明关于无固定期劳动合同的条款即职工连续工龄满十年者,在续订劳动合同时,企业应当应职工的要求与之订立无固定期即长期劳动合同。外资企业本身开业十年以上的还不多,我国适用于无固定期劳动合同条款也还不够完善,这就给外资企业留有可乘之机。外资企业明里、暗里拒不执行或规避实行"关于无固定期劳动合同条款"的现象相当普遍。

第三是工会作用参差不齐。目前,虽然外资企业的工会组建率较高,但工会组织发挥作用的状况很不平衡,大体上是三种情况:第一种是工会在企业里享有依法应有的地位,与企业经理方面的关系也较正常,能够发挥作用。这种状况往往不是企业开业时就有的,是经过一段"磨合期"以后,关系双方才建立起一定的互信协作关系。这种状况大多出现在工会主席能力强、合资前企业工会工作有基础、企业中方代表作用发挥良好的企业里。第二种是工会能够开展一些工作,但把握不住重大问题,属于这种状况的不少是新建企业的工会。工会主席对工会的任务还不甚了解,也缺乏经验。第三种是工会地位受到挑战,开展工作困难重重。这种状况的出现,常常是由于外方总经理对工会有对立情绪,中方代表非但没有依法支持工会,反而无原则迁就外方。还有一些外商独资企业的工会,则实际上受外方总经理的控制。

3.全球化条件下的劳动关系

在全球化条件下,劳动关系存在着两个变化趋势:

一方面,传统意义上的劳工在减少,甚至消亡。发达国家和发展中国家的二元结构使发达国家的劳工和发展中国家的劳工有着截然不同的经历,但发展前景却是相近的,即传统意义上的劳工比例缩小,甚至有可能消失,这一劳工数量减少的过程是以其地位的不断失落或一种"名正言顺"的淘汰方式进行的。西方发达国家正经历着产业工人数量不断减少的过程,传统意义上的蓝领工人在技术力量的作用下转变为新型的技术工人。新型的技术工人和技术蓝领的大幅度增加则改变了传统意义上劳工的构成。近年来,我国也出现了高级蓝领严重短缺的人力资源需求现状。

另一方面,劳动者内部出现明显的分化。导致劳动者分化的两个关键性机制是:一是劳动力市场的性质;二是教育制度。传统意义上劳工数量的减少或被抛弃并不意味着相对资本而言劳动者的消失,它只表明了劳动者构成的变化,其变化的方向是不断的多元化和进一步分化。以发达国家为例,大约60%~70%左右的劳动大军会逐渐由知识型人员组成,他们是掌握技术的人员、信息系统的设计人员、经理人员、教授、教育工作者、科学家等。

4.劳动关系发展中的热点问题

(1)劳动保护与社会保障

所谓劳动保护就是为了保护劳动者在劳动过程中的安全和健康所采取的各种技术措施和组织措施的总称。劳动保护的主要任务是:保证安全生产,实现劳逸结合,实行女工保护,组织工伤救护等。但是,不容忽视的一个问题就是在劳动保护方面,近年来我国频频发生的生产安全事故让人触目惊心,其中主要原因是由于相关企业缺乏应有的责任心和必要的劳动保护措施造成的。相信随着我国《安全生产法》的实施,此类问题将会大大减少,劳动者的合法权益特别是生命和健康将得到切实的保护。

所谓社会保障(Social Security)是指国家依据一定的法律和法规,在劳动者或全体社会成员因年老、疾病、丧失劳动能力以及遇到其他困难时,向其提供基本生活保障或帮助而建立的一种社会制度。社会保障本质上是一种社会福利,其目的在于保护弱势群体,促进社会稳定,保障社会公平。养老保险、医疗保险、失业保险等社会保险制度是广大劳动者在遇到某些困难情况下基本生活和安全的最后保障。当前,我国社会保险制度的框架已基本确立,已覆盖大部分城镇职工。尽管社会保险管理服务社会化、规范化程度正在不断提高,但社会保障经费的落实仍存在较大的困难。

(2)职工招聘中存在的问题

一是平等就业的原则。平等就业原则包含两个方面:一是劳动者享有平等的就业权,二是劳动者享有平等的就业机会,即都能平等地进入劳动力市场。尽管《劳动法》第12条、13条规定对因民族、种族、性别、宗教信仰而受歧视做出了原则性的规定,但是由于缺乏操作性的法律法规,目前在大部分劳动力市场已进入饱和状态的情况下,职工招聘中事实上存在的年龄、性别、居住地、婚姻状况等方面的就业歧视依然比较常见。

二是双向选择的原则。双向选择的原则是指用人单位与劳动者双向选择,即劳动者自由选择用人单位,而用人单位自主择优录用劳动者。《劳动法》第3条、《企业法》第31条、《国有大中型企业转换经营机制条例》第17条、《私营企业劳动管理暂行规定》第6条等都规定了企业对劳动者的用工自主权和择优录用权,但双向选择各方均存在违规做法。

三是公开竞争就业的原则。公开竞争就业的原则是指劳动者通过用人单位公开招聘考核竞争而获得就业岗位的原则。《国有大中型企业转换经营机制条例》第17条、《国营企业实行劳动合同制暂行规定》第4条等都明确规定企业在招聘职工时必须遵循"面向社会、公开招收、全面考核、择优录用的原则",但公开竞争在许多情况下是有限的。

四是照顾特殊群体的就业原则。特殊群体人员指谋求职业有困难或处境不利的人员,包括妇女、残疾人、少数民族人员、退出现役的军人等。《劳动法》第14条、《女职工劳动保护规定》第3条、《残疾人保障法》第4章、《民族区域自治法》第23条、《兵役法》第56条等都对此做出了规定,但事实上还存在许多不如人意之处。

五是禁止未成年人就业的原则。未成年人(童工)是指未满16周岁,与单位或者个人发生劳动关系从事有经济收入的劳动或者从事个体劳动的少年儿童。《劳动法》第15条、《禁止使用童工规定》都明令禁止任何用人单位和个人(包括父母或监护人)使用童工。文艺、体育和特种工艺单位确需招用未满16周岁的未成年人时,必须按照国家有关规定,履行审批手续,并保障其接受义务教育的权利,但实际执行中问题确实不少。

六是先培训、后就业的原则。为适应社会主义现代化建设的需要,适应日益激烈的市场竞争,对劳动者素质的要求越来越高。《宪法》第42条规定、《劳动法》第8条以及劳动部发布《就业训练规定》等都对用人单位建立职业培训制度做出了明确规定,但仍存在不少问题。

(3)企业在辞退职工时应注意的问题

就当前中国企业特别是国有企业面临严重的隐性失业的人力资源利用现状来看,为了提高劳动生产率,解决人浮于事、出工不出力、人力资本投资收益率过低等问题,国家从1996年起开始推行国有企业部分职工下岗、再就业的政策,许多企业员工面临着提前退休或退养的问题。在这方面,除了建立和完善社会保障体系外,还应坚持以下原则,否则极易引起社会的不稳定。

一是合法原则。《劳动法》第23条、第25条、第26条、第27条以及《国营企业辞退违纪职工暂行规定》第2条都规定对于企业辞退职工、终止劳动合同的条件做出了详细的规定。《劳动法》第29条对不得辞退职工的情形也做出了详细的规定。《劳动法》第24条、第31条、第32条对职工可自行辞职的情形也做出了描述性的规定。

二是自愿原则。只有在职工愿意接受企业提出的退休、退养政策前提下,主动提出要求,企业才能够办理,而不能强迫职工。而且应当提前30日书面通知后方可辞退。此外,企业为解决人员过多的矛盾,应该列出具有一定吸引力的退休、退养条件。

三是效率原则。要通过退休、退养及其他措施,将对企业发展具有重要作用的人才保留住,并且进一步发挥这些骨干的积极性,给他们更多的发展机会,大大提高工作和生产效率。

四是合理待遇原则。为鼓励退休、退养,要给出比较优惠的条件,要处理好在岗职工与退休、退养人员待遇的关系,激发在岗员工的积极性,同时考虑企业的承受能力。

(4)企业与员工关系的新模式

以劳动契约和心理契约为双重纽带的战略合作伙伴关系, 是企业与员工关系的新模式。21世纪企业与员工之间的关系需要靠新的游戏规则来确定,这种新的游戏规则就是劳动契约和心理契约。一是要以劳动契约和心理契约作为调节员工与企业之间关系的纽带。一方面要依据市场法则确定员工与企业双方的权力、义务、利益关系;另一方面又要求企业与员工一道建立共同愿景,在共同愿景基础上就核心价值观达成共识,培养员工的职业道德,实现员工的自我发展与管理。二是企业要关注员工对组织的心理期望与组织对员工的心理期望之间达成的"默契",在企业和员工之间建立信任与承诺关系,使员工实现自主管理。

(5)人才租赁业的出现

人才租赁在理论上是三方关系。被租赁者(人才)与人才租赁公司是劳动关系,用人单位与人才租赁公司是租赁关系,签定租赁合同,用人单位根据租赁合同的约定,安排被租赁者的工作并向租赁公司支付租赁费用。出现劳动纠纷, 人才首先应向租赁公司提出解决,再由租赁公司和用人单位协商解决办法。

第二节　劳动关系管理

一、基本概念

劳动关系管理是对劳动关系进行规范的所有管理活动的总称。劳动关系管理的基本内容包括:劳动合同管理、劳动纪律、劳动定员定额、劳动岗位规范制定规则、劳动安全卫生保障和工资、福利、考核、奖惩、培训制度等其他制度。由于工资、福利、考核、奖惩、培训制度等其他劳动关系管理的内容已在本书其他章节的内容中详细介绍, 因此这里只对劳动合同管理、劳动纪律和劳动安全卫生保障等内容作以介绍和论述。

二、基本原则

劳动关系管理制度的设计应遵循民生原则、市场原则、法制原则、自主原则和人性原则。所谓民生原则,就是劳动报酬要保障员工的基本生活需要。所谓市场原则,是指劳动力的价格即工资高低应由劳动力市场的供求关系来决定。所谓法制原则,是指双方之间的劳动关系必须按照《劳动法》的有关规定通过签订劳动合同的法律形式来加以确认。劳动合同是劳动力供需双方明确各自在劳动关系中的主体地位和权利义务关系,保障自身合法权益的法律依据,它应当依法订立并以书面形式来体现。岗位职责、考核办法、合同期限、劳动条件、工作环境、工资福利、工作纪律、工作规程等劳动关系内容都应当在合同中明确约定。此外,由于工作岗位千差万别,在实践上很难统一规范,这就决定了劳动合同中还往往设计有协议条款。所谓自主原则,就是指双方都有按照《劳动法》等相关法规及劳动合同条款中的要求进行自主选择对方的权利。换言之,订立和变更劳动合同,应当遵循平等自愿、协商一致的原则。所谓人性原则,就是在劳动用工过程中用人方要体现"以人为本"的用工方式,在工作内容、劳动纪律、劳动保护和劳动条件等方面的要求不能采取非人道的管理方式来达成。

三、基本途径

(一)劳动合同管理

劳动合同是指劳动者与用人单位确立劳动关系、明确双方权利和义务的协议。劳动合同管理是劳动关系管理的主要内容。

1.劳动合同订立原则

劳动合同的订立和变更应当遵循的基本原则是:平等自愿,协商一致,不得违反法律和行政法规的规定。劳动合同订立的这些原则是劳动合同订立的指导方针,应当贯穿于劳动合同订立的全过程,具有普遍的约束力,也是衡量劳动合同是否具有合法性和有效性的依据。

(1)平等自愿原则。"平等自愿"作为订立劳动合同的核心原则,是指在订立劳动合同时,双方当事人之间地位完全平等,都是以劳动关系主体资格出现的,互不隶属,各自独立,劳动合同内容依照法律规定,一方不能强迫另一方接受自己的条件。所谓自愿是指订立劳动合同的双方当事人,以各自的真实意思表示自己的意愿。无论是我国的根本大法——《宪法》还是部门法(《劳动法》)、行政法规(《中华人民共和国企业劳动争议处理条例》,下文简称《企业劳动争议处理条例》),都强调了在依法确立劳动用工法律关系时,立约主体法律地位的平等。这就是用人单位同劳动者确立劳动关系的最基本的法律依据。从劳动合同的订立、履行到终止等各个环节中都存在着如何保障立约主体法律地位平等的问题,这种劳动关系中的"平等"原则主要表现在以下五个方面:选择对方立约主体的选择权平等;了解对方主体立约条件的知情权平等;履行义务和享受权利平等;适用变更、终止、解除合同条件的地位平等;选择争议处理方式的权利平等。

(2)协商一致原则。"协商一致"即从业者个人和用人单位双方互相协商各项内容,在双方取得一致意见的情况下,确定合同的各项条款。我国正在推行集体合同制度,从业者在利益一致、对于劳动合同内容要求一致的情况下,由工会负责人或者其他人作为其代表,与用人单位方面进行集体协商。

（3）依法订立的原则。"依法订立"是确保劳动合同的有效性,并使劳动合同能够受到法律保护的前提,是把劳动关系纳入到法制轨道的根本途径。"依法订立"原则具体体现在五个方面:一是订立劳动合同的目的必须合法,当事人不得以订立劳动合同的合法形式掩盖不法意图和不法行为,达到不良目的,如有的犯罪分子利用"订合同雇工交押金"等来诈骗钱财。二是订立劳动合同的主体必须合法。当事人双方必须具有法律、法规规定的主体资格;从业者一方必须达到法定劳动年龄,具有劳动权利能力和劳动行为能力;用人单位一方必须具备法人资格或者具有公民资格和承担劳动合同义务的能力。三是订立劳动合同的内容必须合法。当事人双方在合同中设定的权利义务条款,必须符合我国宪法、劳动法等法律,必须符合中央和地方政府的有关法规,必须符合国务院、国家劳动和社会保障部、国家人事部以及有关部委关于劳动管理、人事管理方面的有关政策和行政规定。四是订立劳动合同的程序、形式必须合法,要经过双方协商认可,要形成书面合同即合同文本,要有双方当事人或者其代表"签字画押"。劳动合同采取书面形式,既有利于双方当事人履行合同,也有利于政府劳动管理部门的监督,在发生纠纷后也有据可查,便于处理。劳动合同签订后,双方当事人必须各自持有一份。五是订立劳动合同的行为必须合法,不得有强迫和欺骗行为。可见,劳动合同依法订立后即具有法律约束力,从订立之日起劳动合同就对当事人双方具有了法律效力,当事人必须履行合同所规定的义务。

但是,在现实社会生活中,有的劳动合同虽然是当事人双方所订立的,但却可能不具有法律效力,属于无效的劳动合同,这主要是由于:一是合同的内容违反了法律、行政法规的劳动合同;二是订立合同时采取了欺诈、威胁等手段;三是劳动合同中明显存在着权利义务方面的不公平。劳动合同的无效由劳动争议仲裁委员会或者人民法院确认。另外,应当指出的是,即使当一个劳动合同有无效的内容时,如果不影响其余部分的效力,其余部分仍然有效。

2.劳动合同的形式

根据《劳动法》规定,劳动合同应当以书面形式订立,劳动合同的内容条款包括必备条款与约定条款。劳动合同的必备条款包括以下7个方面的内容:

（1）劳动合同的期限,试用期最长不得超过半年;

（2）工作内容以及工作岗位、工种的安排;

（3）用人单位应当提供的劳动条件和劳动保护措施;

（4）工资、福利以及其他劳动报酬;

（5）从业者应当遵守的劳动纪律和规章制度;

（6）劳动合同终止的条件;

（7）违反劳动合同时双方应当承担的责任。

劳动合同的约定条款则根据需要和协商结果可以有以下内容:

（1）双方同意的其他条款,包括员工与用人单位协商签订的其他方面的内容。

（2）保守商业秘密条款。用人单位一方,可以在劳动合同中规定"保守用人单位商业秘密"的有关事项。这一规定的目的是为了防止劳动者一方在解除劳动合同后给用人单位的经济利益带来损失,以保护该单位的合法权益。

(3)用人单位规章制度。规章制度可以作为附件,视同于约定条款,列在劳动合同书的正文之后,但应当在劳动合同书中写明。

3.劳动合同的内容

(1)劳动合同期限

劳动合同期限即劳动合同的有效时间,是由从业者和用人单位双方协商而确定的,劳动合同得到顺利履行后,合同期满即行终止。不过当用人单位的生产、工作仍然需要该人员时,在双方同意的条件下,可以续订劳动合同。劳动合同分有固定期限、无固定期限和以完成一定的工作为期限三种形式。有固定期限的劳动合同是指明确规定了起始日期和终止日期的劳动合同,合同期限届满即行终止。无固定期限劳动合同没有明确的终止日期,但必须在劳动合同中规定终止或者变更合同的条件。无固定期限劳动合同只要不出现法律、法规规定或双方当事人约定的可以解除劳动合同的条件,以及当事人双方协商一致自愿解除,则劳动合同不能解除。只有法定或合同约定的终止条件具备时,劳动合同才可终止。按照我国《劳动法》的规定,在同一用人单位连续工作满10年以上,当事人双方同意续延劳动合同的,如果劳动者提出订立无固定期限的劳动合同,就应当订立无固定期限的合同。以完成一定的工作为期限的劳动合同,是指当事人双方把完成一定工作的时间确定为劳动合同的有效时间,工作任务完毕,合同即告终止,即以工作结束的时间为合同终止期限的劳动合同。

而试用期是指用人单位和劳动者为相互了解、选择而约定的不超过6个月的考察期。试用期包含在劳动合同期限内,最长不得超过6个月。2年以下劳动合同,不超过合同期限的1/12(即不超过2个月);一年劳动合同,不超过1个月;半年劳动合同,不超过15天。在劳动力市场供大于求、国有企业面临困境的形势下,民营企业已成为吸纳劳动力的主力军。然而,许多民营企业在招聘人员时为了降低用工成本,常常有意无意地设置试用期"陷阱"。尤其是在大中专毕业生择业的高峰期,对于那些缺乏社会实践经验的大学生来讲,很容易落入下面的试用期"陷阱":如试用期过长或与签订的劳动合同不符;要求受雇者在试用期内承担违约责任;在试用期内无正当理由辞退员工;以见习期代替试用期;约定两个试用期;续签劳动合同重复约定试用期;将试用期从劳动合同期限中"剥离";仅仅订立一份试用期合同;试用期工资低于当地的最低工资;试用期内单位不缴纳社会保险费等。

(2)工作内容

工作内容主要指用人单位安排劳动者从事什么工作,包括劳动者从事劳动的工种、岗位,或者工作的部门、职务,以及劳动生产任务所要达到的效果、质量指标等。

(3)劳动保护和劳动条件

劳动保护和劳动条件、社会保障是近年来在我国劳动关系管理中备受关注的内容。劳动保护和劳动条件是指用人单位对劳动者所从事的劳动必须提供的生产、工作条件和劳动安全卫生保护措施。包括劳动安全卫生制度、设施、防护措施以及劳动者的工作时间、休息休假等。20世纪90年代中期,我国先后两次缩短法定工作时间,从原先每周工作48小时调整到每周工作44小时,再调整到每周工作40小时;法定节假日由7天增加到10天,每年形成三个黄金周。职工每年累计休息时间由原来的59天增加到114天。《安全生产法》等职业安全管理相关法规的实施都标志着我国劳动者的劳动条件正在逐步改善。

据劳动法中总则及社会保险和福利分则的相关规定,劳动者依法"享受社会保险和福利待遇等权利","用人单位和劳动者必须依法参加社会保险,缴纳社会保险费"。因此,用人单位必须依法为劳动者缴纳社会保险费(如养老保险金、失业保险金、医疗保险金、住房公积金等)。由于试用期应当包括在劳动合同期内,因此,即使在试用期内,用人单位也必须依法为劳动者缴纳社会保险费。

工伤保险是多数国家普遍实行的一项社会保险制度,其目的是为了保障职工在工作中遭受事故伤害或者患职业病获得及时救治和补偿,分散用人单位的风险,促进工伤事故的预防。尽管国家和用人单位采取各种措施和手段,以预防工伤事故和职业病的发生,但工伤事故与职业病的发生还是难以完全避免。一旦发生工伤,职工的工作、经济收入和家庭生活都会受到极大的影响。建立工伤保险制度后,工伤职工可以得到及时的救治、医疗康复和必要的经济补偿。近年来,企业社会责任标准SA8000的提出,体现了国际劳工组织对于劳动者劳动条件和劳动环境的高度重视程度。

(4)劳动报酬

劳动报酬是指用人单位根据劳动者劳动岗位、技能及工作数量、质量,以货币形式支付给劳动者的工资。主要包括劳动报酬的构成、工资标准、工资发放日期和发放方式等。劳动合同中不得约定用实物或有价证券支付工资,当劳动者提供正常劳动后,用人单位不得低于当地政府规定的最低工资标准支付工资。低于最低标准的要支付经济补偿金。十三届四中全会以来,我国城乡劳动者的劳动条件得到显著改善。2001年,城镇职工平均工资达到10870元,是1990年的5倍多,扣除物价因素,1990~2001年职工工资实际年均增长8.1%。2001年,民营经济用工单位职工平均工资,全国水平为12140元,东部地区达13735元,而中西部地区为9419元。可见,民营经济劳动用工状况也存在着一定程度的地区差异。

(5)劳动纪律

劳动纪律是指劳动者在劳动过程中必须遵守的劳动规则。包括国家法律、法规,用人单位内部制定的厂规、厂纪,如工作制度、岗位纪律、奖惩条件等。

(6)劳动合同终止的条件

劳动合同终止的条件即劳动合同终止的事实理由。约定为劳动合同终止条件的事实应当符合以下两个要求:一是应该在劳动合同生效时尚未出现的,即应为将来出现的不确定的情况;二是应该由双方当事人选定的,而不是法律直接规定的。

(7)违反劳动合同的责任

违反劳动合同的责任是指在劳动合同履行过程中,当事人一方故意或过失违反劳动合同,致使劳动合同不能正常履行,给对方造成经济损失时应承担的法律后果。

(8)协商条款

劳动合同除以上法定必备条款外,当事人还可以约定关于培训、保守商业秘密等其他协商条款。此外,还有劳动合同附件,法定的劳动合同附件主要有用人单位制定的劳动规章及专项劳动协议,如专业技术培训协议、保守商业秘密协议、离岗退养协议等。

4.劳动合同鉴证

签订劳动合同后,还应及时申请劳动合同鉴证。劳动合同鉴证是劳动保障行政部门依法审查、证明劳动合同真实性和合法性的一项行政监督和服务措施。由于我国实行劳动合同制度时间相对较短,用人单位和劳动者相关法律知识欠缺,在劳动合同订立、变更时存在不少问题,因此,劳动合同签订后,主动、及时地申请鉴证,发现问题及时纠正,对于减少无效合同或违法合同,预防和减少劳动争议,维护劳动关系双方的合法权益都具有重要作用。

5.劳动合同的变更、续订与终止

履行劳动合同过程中由于情况发生变化,经双方当事人协商一致,可以对劳动合同部分条款进行修改和补充,劳动合同的未变更部分继续有效。劳动合同期限届满,经双方协商一致,可以续订劳动合同。劳动合同期满或者当事人约定的劳动合同终止条件出现,劳动合同即行终止。劳动者在医疗期、孕期、产期和哺乳期内,劳动合同期限届满时,劳动合同的期限应自动延续至医疗期、孕期、产期和哺乳期满为止。

6.劳动合同的解除

劳动合同的解除是指劳动合同订立后,尚未全部履行以前,由于某种原因导致劳动合同一方或双方当事人提前中断劳动关系的法律行为。劳动合同的解除分为法定解除和约定解除两种。根据《中华人民共和国劳动法》的规定,劳动合同既可以由单方依法解除,也可以由双方协商解除。从劳动合同解除的提出者的角度看,可以分为用人单位解除和个人方面解除两种情况,但都应在"解除劳动合同"时提前30日书面通知对方。

在从业者个人有一定责任的情况下,用人单位可以解除劳动合同。这包括下列四种情况:从业者在试用期间被证明不符合录用条件的;从业者严重违反用人单位劳动纪律和规章制度的;从业者严重失职、营私舞弊,对用人单位利益造成重大损害的;从业者被依法追究刑事责任的。

在并非从业者个人过错的情况下,用人单位也可以依法解除劳动合同,但要提前30日以书面形式通知从业者本人。这包括下列三种情况:从业者患病或非因工负伤,医疗期满后,不能从事原工作也不能从事用人单位另行安排的工作;从业者工作技能差,经过培训、调整工作岗位后,仍不能胜任工作的;劳动合同订立时所依据的客观情况发生重大变化,致使原劳动合同无法履行,经当事人协商不能就变更劳动合同达成协议的。但有下列情形之一时,用人单位不得按照上述第一种、第二种情况的理由解除劳动合同:即从业者患职业病或者因工负伤并被确认丧失或部分丧失劳动能力的;患病或者负伤,在规定的医疗期内的;女职工在孕期、产期、哺乳期内的;法律、法规规定的其他情形。

用人单位在濒临破产法定整顿期间或因生产经营状况发生严重困难,确需裁减较多人员的,可以解除劳动合同。但应当提前30日向工会或者全体职工说明情况,听取工会或者职工的意见,经向劳动行政部门报告后,才可以裁减人员,否则就不能裁减人员。为了防止用人单位无故大量裁减人员,我国《劳动法》还规定,用人单位在6个月内录用人员时,应当优先录用被本单位裁减的人员。同时,对于解除劳动合同的经济补偿也做了明确规定:(1)用人单位依照《劳动法》的有关条款解除劳动合同的,应当给予从业者经济补偿;

(2)用人单位解除劳动合同,工会认为不适当的,有权提出意见。如果用人单位违反法律、法规或者有关合同,工会有权要求重新处理;如果从业者或者被辞退者申请劳动仲裁或提起法律诉讼,工会应当依法对员工给予支持。

表13.1 劳动合同书文本范例

附:劳动合同书文本范例——时代公司劳动合同书

时代公司(以下简称甲方),聘用_____先生/女士(以下简称乙方)为甲方合同制职工,于_____年____月____日签订本合同。

一、乙方工作部门:_____。

乙方职位(工种):_____。

二、合同期

本合同的期限为_____年,从_____年____月____日开始,至_____年____月_____日结束。

本合同包括_____个月的试用期。试用期包含在合同期之内,系乙方被甲方录用开始工作的最初_____个月。在试用期内,任何一方均有权提出终止合同,但须提前一个月通知对方。如甲方提出终止合同,须付给乙方半个月以上的平均实得工资,作为辞退补偿金。试用期满时,若双方无异议,本合同即正式生效,乙方成为甲方的正式合同制职工。

三、工作安排

甲方有权根据生产和工作需要及乙方的能力、表现安排调整乙方的工作,乙方须服从甲方的管理和安排,在规定的工作时间内,按质量完成甲方指派的任务。

四、教育培训

在乙方被聘用期间,甲方负责对乙方进行职业道德、业务技术、安全生产及各种规章制度的教育和训练。

五、生产、工作条件

甲方须为乙方提供符合国家规定的劳动安全卫生的工作环境,提供有关的劳动保护设施和发放劳动保护用品,否则乙方有权拒绝工作或终止合同。

六、劳动时间

乙方每周工作不超过五天,每日工作不超过八小时(不含吃饭时间)。如因工作需要加班加点,甲方应为乙方安排同等时间的补休或按国家规定的标准向乙方支付加班加点费。

七、劳动报酬

甲方每月按本公司规定的工资形式和考核办法确定乙方的劳动报酬,以现金人民币向乙方支付工资、奖金,并按国家有关规定向乙方支付各种补贴及福利费用。

八、社会保险待遇

甲方按照国家社会保险条例的规定,为乙方支付病假工资、伤残抚恤费。

按照国家规定,甲方为乙方向政府社会保险部门缴纳退休养老保险金、医疗保险金、失业保险金、工伤保险金、女性员工的生育保险金,并且从乙方工资中扣除和代交上述5项保险金中的个人缴费部分。

乙方享受元旦、春节、"五一"、"十一"的国家法定假日及年休假待遇。乙方家属在外地或乙方实行计划生育的,分别按国家规定享受探亲假待遇和计划生育假待遇。

九、劳动保护

甲方根据生产和工作的需要,按国家规定向乙方提供劳动保护用品和保健用品,向乙方支付劳动保护费用。

甲方按国家规定在女职工经期、孕期、产褥期、哺乳期对其提供相应的劳动保护。

十、劳动纪律

乙方应遵守国家的各项法律规定,遵守甲方的各项规章制度。

十一、奖惩制度

甲方将根据乙方的工作态度、劳动表现、贡献大小,按照本公司的奖惩条例给予乙方以物质奖励和精神表彰。乙方如违反《职工守则》和甲方的其他规章制度,甲方有权给予乙方处分。乙方如触犯刑律受到法律制裁,甲方将予以开除,本合同自行解除。

十二、附件

本公司《职工守则》为本合同的附件,是本合同的组成部分。

甲　方	乙　方
公司章、总经理签章	员工个人签章
年　月　日	年　月　日

7.经济补偿金

用人单位依据劳动法第24条、第26条、第27条的规定解除劳动合同,有下列情形者,应当按照劳动法和劳动部《违反和解除劳动合同的经济补偿办法》支付劳动者经济补偿金。下列前两种情况下经济补偿金为工资报酬的25%,后一种情况下的经济补偿金根据劳动者在本单位的工作年限而定,每满一年(不满一年的按一年计)发给相当一个月工资的经济补偿金,但最多不超过12个月。

(1)用人单位直扣或无故拖欠劳动者工资以及拒不支付劳动者延长工作时间的工资报酬的;

(2)用人单位支付劳动者的工资报酬低于当地最低工资标准的;

(3)由用人单位解除劳动合同的。

(二)集体合同

集体合同是工会(或职工代表)代表职工与企业就劳动报酬、工作条件等问题,经协商谈判订立的书面协议。我国集体协商签订集体合同始于20世纪80年代。利用集体合同来确定劳动关系的方式首先在非国有企业进行,特别是外商投资企业。进行集体协商签订集体合同应遵循自愿协商、平等协商、保持和谐稳定的原则。按照《劳动法》及其配套规章的规定,集体合同签订后,应在7日内由企业一方将集体合同一式三份及说明报送劳动行政部门审查。

1.集体合同内容

集体合同的内容主要包括三个部分:(1)劳动标准、条件规范部分,这是集体合同的核心内容,对个人劳动合同起制约作用。主要有以下内容:劳动报酬、工作时间、休息与休假、保险待遇、生活福利、职业培训、劳动纪律、劳动保护等。(2)过渡性规定,主要包括因签订或履行集体合同发生争议的解决措施,以及集体合同的监督检查办法等。(3)集体合同文本本身的规定,包括集体合同的有效期限、变更或解除条件等。

2.集体合同作用

集体合同的作用主要有:(1)订立集体合同有利于协调劳动关系;(2)加强企业的民主管理;(3)维护职工的合法权益;(4)弥补劳动法律法规的不足。

3.集体合同生效

劳动行政部门自收到集体合同文本十五日内未提出异议的,集体合同即行生效。

4.集体合同争议

因集体协商签订集体合同发生争议,双方当事人不能自行协商解决的,当事人可以向劳动行政部门的劳动争议协调处理机构书面提出协商处理申请;未提出申请的,劳动行政部门认为必要时可视情况进行协调处理。因履行集体合同发生的争议,按照国家有关处理劳动争议的规定处理。

5.集体合同有关规定

目前,有关集体协商签订集体合同的法律基础已初步形成。1982年颁布的《中华人民共和国工会法》第十八条规定:"工会可以代表职工与企业、事业单位行政方面签订集体合同。"1995年1月1日实施的《劳动法》也对集体合同做出专门规定:"企业职工一方与企业可以就劳动报酬、工作时间、休息休假、劳动安全卫生、保险福利等事项,签订集体合同。"《劳动法》颁布后,作为配套规章,原劳动部发布了《集体合同规定》,对集体谈判的具体程序、主体、管理和争议处理办法等都作了比较完整的规定。

中国工会以维护职工合法权益作为其基本职责的组织。它以宪法为根本活动准则,独立自主地开展工作,依法行使权利和履行义务。根据《工会法》的规定,我国工会应维护职工以下合法权益:参加和组织工会的权利;集体谈判权利;劳动经济权利;劳动安全和职业健康权利;民主参与权利;民主监督权利;社会性别平等和女职工的特殊权益。《工会法》还明确规定,工会代表职工与企业及实行企业化管理的事业单位进行平等协商、签订集体合同;没有建立工会的企业,由职工推举的代表与企业签订。

(三)劳动纪律管理

劳动纪律管理是依据人力资源管理理论中的强化理论中的正负强化手段,如奖励、鼓励、罚款、处分等来管理劳动者的在一定范围内较为有效的管理手段。但目前不少企业存在以罚代管、法外滥罚的过度运用这一手段的现象,这种状况很容易造成或加剧劳动关系冲突。因此,在劳动纪律管理方面要注意尽量多运用奖励等正强化的手段,不用或少用惩罚性等负强化手段。而且在对员工进行处分的过程中,也应该做到"无情制度,有情执行"。通过加强管理制度的宣传教育,使员工在一个制度明确的环境下开展工作。在必要进行惩罚时,也要设法帮助员工解决认识问题和实际困难,这样才能使有限的纪律处分产生无限的管理效果。

"竞业禁止"也是劳动纪律管理的一个重要问题,它是指为避免用人单位的商业秘密被侵犯,劳动者依据法定或约定,在劳动关系存续期间或劳动关系结束后的一定时期内,不得到生产同类产品或经营同类业务且具有竞争关系的其他用人单位兼职或任职,也不得自己生产与原单位有竞争关系的同类产品或经营同类业务。无疑,在知识经济时代,企业最重要的资产是员工的头脑。为防止离职员工"带枪"投靠竞争对手或自行创业,愈来愈多的科技公司在劳动契约中增列了"竞业禁止"的相关条款。那么,到底如何在宪法保障的工作权利与维护企业竞争力之间利用好"竞业禁止"的条款,仍然是需要认真探索的重要问题。

(四)劳动争议管理

劳动争议是指劳动关系双方当事人因实现劳动权利和履行劳动义务而发生的纠纷。自从《劳动法》实施以来,劳动用工体制发生了全面深刻的变化,劳动关系矛盾日益增多并逐渐外在化,新的用工形式和分配制度对企业的管理水平提出了较高的要求,而目前企业普遍存在管理不规范、水平较低的问题,就表现在企业劳动争议案件的持续增多,给企业和社会都带来了不稳定因素。因此,加强企业劳动争议管理势在必行。

1.劳动争议的范围

劳动争议范围主要表现在:(1)因开除、除名、辞退职工和职工辞职、自动离职发生的争议;(2)因执行国家有关工资、社会保险和福利、培训、劳动保护的规定而发生的争议;(3)因履行劳动合同发生的争议;(4)国家机关、事业单位、社会团体与本单位建立劳动合同关系的职工之间、个体工商户与帮工、学徒之间发生的争议;(5)法律法规规定的应依照《企业劳动争议处理条例》处理的其他劳动争议。

2.产生劳动争议的主要原因

(1)劳动者运用法律武器保护自己合法权益的意识逐步增强。随着社会媒体对《劳动法》的宣传和劳动执法部门维护劳动者合法权益力度的加大,劳动者可以在一定程度上按照自己的意志选择职业和岗位。从劳动合同的订立,到劳动时间、报酬以及合同的变更、解除等,劳动者都与用人单位处于平等地位,一旦合同签订,劳动者更注重劳动权益的自我保护,对不合理的现象敢于拿起法律武器来维护。

(2)供需双方尽管不签订劳动合同,但形成了事实劳动关系。概括起来事实劳动关系主要有以下三种情况:一是自始至终未订立书面劳动合同。劳动合同未以书面订立原因是多方面的,有的是用人单位为逃避依《劳动法》应履行的各种强制义务故意不签,有的是劳动者认为有了书面劳动合同会约束自己,不能随便"跳槽",主动要求不签,还有的是双方法律意识淡薄,根本没有意识到建立劳动关系应签订书面劳动合同。二是原劳动合同期满,用人单位和劳动者未以书面续订,但劳动者仍在原单位履行劳动义务,享受劳动权利。三是在原劳动关系未解除前,劳动者未经用人单位同意,在其他用人单位实际就业。这种情况较多表现为:兼职:劳动者与一用人单位签订劳动合同,领取劳动报酬的同时,在其他单位兼职。停薪留职:劳动者在停薪留职期间,在其他单位劳动,就与后一用人单位形成事实劳动关系。下岗待工(包括内部退养,下同):随着企业改革的深入,不少企业出现了下岗待工人员、内部退养人员,如果下岗待工人员在原用人单位与其保留劳动关系期间,又在其他用人单位劳动,则又形成事实劳动关系。

(3)合同内容不完善。有许多单位及员工认为劳动合同只是个形式,不就是你招人,我干活吗?不行就走人。因而只注重合同的形式,而不注重完善合同的内容。有的合同文字极不严密,用了模棱两可、含混不清的字眼,让人怎么理解都可以。有的单位利用一些人不懂法,急于找工作的心理,同劳动者签订一边倒的不合法合同,致使有一些劳动者在争议发生之前都不知道自己签订的合同是不合法的合同。

(4)不按合同办事。有的单位虽然签订了完善和有效的合同,但遇到效益不好时,就不按合同规定兑现,侵害劳动者的合法权益;有的单位以莫须有的"罪名"辞退职工;有的单位对一些敢于站出来说话的员工进行打击报复,变相逼迫劳动者提出解除合同,达到辞退劳动者的目的。另外,一些劳动者遇到挫折或另找到更好的工作后,不通过正常渠道解除劳动关系,为逃避违约责任,而采取不辞而别的办法,给用工单位造成损失,还有的员工带走单位机密,对单位进行报复或要挟。

3.用人单位预防劳动争议的途径

《劳动法》颁布实施以来,劳动合同作为劳动者与用人单位建立劳动关系、明确双方权利和义务的协议,越来越受到用人单位和劳动者的重视。但近年来,由于劳动合同签订的不规范,劳动合同争议案件在整个劳动争议案件中所占比重呈不断上升趋势。因此,用人单位和劳动者都应注意通过规范签订劳动合同,预防和减少劳动争议。用人单位预防劳动争议的途径主要有:

(1)建立和完善企业劳动争议的调解制度。劳动纠纷处理的好坏,事关企业兴衰和职工切身利益,企业上级主管部门和领导应把企业处理劳动争议作为一项重要工作来对待,同时要从稳定社会、适应加入世贸组织后的发展要求、建立现代企业制度的高度来认识。企业应依据《劳动法》的规定设立劳动争议调解委员会,企业设立劳动争议调解委员组织及工作规则应按《企业劳动争议调解委员会组织及工作规则》的规定办理。

(2)加强对企业厂长、经理和管理人员的法律、法规及政策培训。自《劳动法》实施以来,我国用工制度发生了质的变化,随着各种相应政策的出台,进一步规范了市场经济体制,但有相当一部分企业的厂长及经理和管理人员,对劳动法律、法规和政策缺乏认真的研究和学习,在日常工作中对相关政策及法律、法规把握不好,处理不当因而引发劳动纠纷。因此,加强企业领导和管理层的劳动法律、法规及政策培训,是减少劳动争议的重要环节,也是减少劳动争议的基础性工作,应引起各级领导的高度重视。

(3)加强合同管理,规范企业用工行为,从源头做好职工维权工作。当前,劳资纠纷案件不断上升,侵害职工合法权益的违法用工行为大量存在,归根到底是因为劳动关系未能理顺造成的,只有规范了劳动关系才能从源头上解决这一问题。加强和完善劳动合同管理是从源头上做好侵权防范工作的治本之策。通过加强劳动合同管理工作,明确劳资双方的权利和义务,从源头上促进劳动关系的和谐稳定,才能从根本上解决问题,做好职工维权工作。签订的劳动合同内容要符合国家法律、法规的规定,如有的合同规定女职工"不得结婚、生育"、职工"工伤自负"等显失公平的内容,违反国家有关法律、法规的规定,使这类合同自签订之日起就成为无效或部分无效合同。因此,在签订合同前,双方一定要认真审视每一项条款,就有关内容达成一致意见,并且严格按照法律、法规的规定,签订有效合法的劳动合同。

(4)充分发挥工会的作用,加大宣传教育力度,增强企业和职工守法意识和维权意识。劳动保障部门要有针对性地加强宣传力度,通过新闻媒体、走门入户、下企业、开展法制宣传日、开设维权热线等多种形式,广泛深入地宣传劳动法律法规,使其真正做到家喻户晓、人人皆知,使企业和广大职工知法、懂法、守法,在全社会营造遵纪守法的良好氛围。

(5)强化劳动保障监察职能,加大监察查处力度。强化劳动监察是做好职工维权工作的一项重要措施,通过进一步加大劳动监察执法力度,对一切违反劳动法律法规、侵害职工合法权益的行为,及时予以纠正和制止,对那些明知故犯、拒不纠正的严重违反劳动法律法规的行为,要采取有力措施,依法查处,并追究有关责任人的法律责任。

4.劳动争议处理程序

劳动争议发生后,当事人可以向本单位劳动争议调解委员会申请调解;调解不成,当事人一方要求仲裁的,可以向劳动争议仲裁委员会申请仲裁;当事人一方也可以不经调解直接向劳动争议仲裁委员会申请仲裁;对仲裁裁决不服的,可以向人民法院提起诉讼。

(1)调解程序

劳动争议调解是劳动争议处理的必经程序。《劳动法》第 77 条规定:"用人单位与劳动者发生劳动争议,当事人可以依法申请调解、仲裁、提起诉讼,也可以协商解决。调解原则适用于仲裁和诉讼程序"。在实际工作中,劳动争议调解的方法主要有 3 种:一是案外调解。所谓案外调解,是指劳动争议调解委员会对劳动争议采取非立案方式予以调解结案的一种处理方法。案外调解劳动争议的做法,往往很不规范,随意性较大,处理结果没有法律效力,容易产生后患。有的劳动争议不属于调解委员会的受理范围,有的劳动争议虽然属于受案范围,但企业一方当事人不愿当被告,要求调解委不要立案处理等等,遇到此类情况,不少调解委员会就会采取案外调解的方法。二是信访调解。所谓信访调解,是指由劳动信访机构对劳动争议采取调解方式予以解决的一种处理方法。信访调解劳动争议的做法,没有特定的程序,具有一定的随意性,处理结果也不具有法律约束力,特别是对一些不属于调解委员会受理范围的劳动争议,只有按信访渠道向上反映,尽力采取信访调解的方式加以解决。三是行政调解。所谓行政调解,是指单位的劳动争议调解委员会,对一些相对简单的劳动争议采取调解方式加以解决的一种制度。行政调解劳动争议的做法有一套规范而简单的程序,虽然其处理结果也不具有法律效力,但是对那些属于仲裁委员会受理范围的劳动争议,一旦行政调解不成,还可以进入仲裁程序,将其纳入法律轨道。

除因签订、履行集体合同发生的争议外,劳动者与用人单位发生的其他劳动争议均可由本企业劳动争议调解委员会调解。调解委员会应自当事人申请调解之日起 30 日内结案,逾期未结案的视为调解失败,当事人可以进入其他程序。调解程序不是劳动争议处理的必经程序,当事人任何一方或双方可以直接向当地劳动争议仲裁委员会申请仲裁。

(2)仲裁程序

当事人应在劳动争议发生之日起 60 日内提出仲裁申请。如果当事人申请过企业调解程序,调解期间可以扣除,申诉时效从调解结束之日起继续计算。如果当事人因不可抗拒或者由其他正当理由超过规定的申诉时效的,仲裁委员会应当受理。所谓"其他正当理由"须由仲裁委员会认定。当事人申请仲裁应向有管辖权的仲裁委员会申诉,即劳动争议发生的县、市、市辖区的仲裁委员会提出申请。发生争议的企业与职工不在同一个仲裁委员会辖区的,由职工当事人工资关系所在地仲裁委员会受理。仲裁庭处理劳动争议,应从组成仲裁庭之日起60日内结案。案情复杂需要延期的,报仲裁委员会批准后可以适当延长,但最长延期不得超过30日。对于请示待批,工伤鉴定,当事人因故不能参加仲裁活动,以及其他妨碍仲裁办案进行的客观情况,应视为仲裁时效中止,并须报仲裁委员会同意。仲裁时效中止后不应计入仲裁办案时效内。当事人对仲裁裁决不服的,自收到裁决书之日起15日内,可以向人民法院起诉。

(3)诉讼程序

诉讼程序是处理劳动争议的最后一道程序。以我国《劳动法》及《劳动部办公厅关于处理劳动争议案件若干政策性问题的复函》规定,当事人对仲裁裁决不服的,自收到裁决书之日起15日内,可以向人民法院起诉;期满不起诉的,裁决书即发生法律效力,即未经仲裁的劳动争议,法院将拒绝受理。

劳动争议案件由人民法院民事审判庭审理。依据我国《民事诉讼法》的规定,人民法院适用普通程序审理的民事案件,应当在立案之日起六个月内审结。有特殊情况需要延长的,由本院院长批准,可以延长六个月;还需要延长的,报请上级人民法院批准。依据《民事诉讼法》当事人若不服地方人民法院第一审判决的,有权在判决书送达之日起15日内向上一级人民法院提起上诉。当事人不服地方人民法院第一审裁定的,有权在裁定书送达之日起10日内向上一级人民法院提起上诉。

5.劳动争议处理机构

根据《中华人民共和国劳动法》第79条和《中华人民共和国企业劳动争议处理条例》第6条规定,我国目前处理劳动争议的机构有三种:企业劳动争议调解委员会、劳动仲裁委员会和人民法院。"劳动争议发生后,当事人应当协商解决;不愿协商或协商不成的,可以向本企业劳动争议调解委员会申请调解;调解不成的,可以向劳动争议仲裁委员会申请仲裁。对仲裁裁决不服的,可以向人民法院起诉"。

(1)劳动争议调解委员会

劳动争议调解委员会是用人单位根据《劳动法》和《企业劳动争议处理条例》的规定在本单位内部设立的机构,是专门处理与本单位劳动者之间的劳动争议的群众性组织。劳动争议调解委员会由下列人员组成:职工代表(由职工代表大会或职工大会推举产生);用人单位代表(由厂长或经理指定);用人单位工会代表(由用人单位工会委员会指定)。用人单位的代表不能超过调解委员会成员总数的三分之一,调解委员会主任由工会代表担任。调解委员会的办事机构设在企业工会委员会。没有成立工会组织的企业,调解委员会的设立及其组成由企业代表与职工代表协商决定。

(2)劳动争议仲裁委员会

劳动争议仲裁委员会是处理劳动争议的专门机构。县、市、市辖区人民政府设立仲裁委员会,负责处理本辖区内发生的劳动争议。设区的市、市辖区仲裁委员会受理劳动争议案件的范围由省、自治区人民政府规定。各级仲裁委员会由劳动行政主管部门的代表、工会的代表、政府指定的经济综合管理部门的代表组成,主任由劳动行政主管部门的负责人担任,其办事机构设在同级的劳动行政主管部门。

（3）人民法院

人民法院是国家审判机关,也担负着处理劳动争议的任务。劳动争议当事人对仲裁委员会的裁决不服而进行起诉的案件,人民法院民事审判庭负责受理。

（五）劳资会议制度

近年来全球经济发展的趋势,不管在产业的经营环境上,或是在生产的模式上都发生了巨大的变化。在这一过程中，企业为了求生存、谋发展，除了提出“企业改造（Reengineering）”外,对于人力成本与效率的提升更为重视。各行各业都刮起了一阵“人力精简”的旋风，为久已平静的劳资关系激起了一阵不小的波涛。“工业民主（Industrial Democracy）”与“劳动参与（Workers' Participation）”自始即为劳动者参与企业经营、规划合理劳动条件的途径,两者之间交互使用。

“工业民主”乃是一种增进劳工参与管理决策的各项政策或措施的总称,而“劳工参与”则包括了两个方面:一为劳工参与企业的经营管理,二为劳资团体参与社会与经济政策的规划与制定。而劳资会议即为我国劳工参与制度施行的主要方式之一。劳资双方以定期会议的方式,来推动工业民主的目标,不但兼顾伦理道德等目的外,并对人格的尊严及自我的成长格外重视,企业效率的提升与劳资关系的稳定成长也成为其关心的话题。

（六）人力资源管理新趋势对企业劳动关系管理的影响

全球化无疑使企业人力资源管理面临更加严峻的挑战。有专家提出,全球化条件下跨越21世纪的人力资源管理发展新趋势主要表现在四个方面:忠诚度降低;信息成为商品;深入发展的全球一体化;世界人口的变化趋势。这一变化趋势已经并将持续改变企业员工的工作方式,并对企业劳动关系管理产生深远影响。

激烈的全球竞争、世界经济的增长,以及劳动力人口增长的趋缓等,这些因素加在一起,使得企业对那些接受过良好教育,并且具备一定技能的劳动力资源的需求在不断地增大,而21世纪所面临的挑战也就变得十分明确了。当前的人才匮乏状况将会持续下去,创造性的人才薪酬方案对于企业在新世纪中获得成功显得至关重要。企业将重新面临挑战,在一个全新的“自由代理”世界中设法去吸引并保留人才。人们将不再对长期的工作关系感兴趣,确定具体时间的雇佣合同将成为主流。沟通、共识;信任、承诺;尊重、自主;服务、支持;创新、学习;合作、支援;授权、赋能将成为人力资源管理的新准则。

在21世纪,企业与员工之间,管理者与被管理者之间、同事之间将按新的游戏规则来处理各种关系,即如何在沟通基础上达成共识,如何在信任基础上彼此之间达成承诺,尊重员工的个性,如何在自主的基础上达到有效的管理,尤其是如何对创新型团队提供一种支持和服务,企业如何注重一种创新机制,如何变成一种学习型组织,如何进行团队合作和授权赋能,这些都变得越来越重要。为此:(1)企业人力资源管理者要成为专家。要具有很强的沟通能力,必须对整个企业有一个很好的把握,通过沟通达成共识。中国企业的人力资源管理者要尽快实现从业余选手到职业选手的转化。职业选手主要包括三个方面:要有专业的知识和技能,要有职业的精神,懂得职业的游戏规则。(2)企业人力资源管理的政策与决策愈来愈需要“外脑”,即要借助于社会上的各种力量。没有外力的推动,企业很多新的人力资源政策、组织变革方案是很难提出并被高层管理人员及员工认同的。

本 章 思 考 题

1.什么是劳动关系？改善劳动关系的意义何在？

2.改善劳动关系的途径有哪些？

3.什么是劳动关系管理？

4.劳动合同包括哪些内容条款？什么条件下订立的劳动合同不具有法律效力？

5.集体合同与劳动合同有何异同？

6.劳动争议可通过哪些途径加以避免和解决？

案 例 分 析

案例：服务期内合同到期劳动关系不得擅自终止

[案情介绍]

胡先生在同济大学获得硕士学位后，被一家建筑设计公司高薪聘用，双方于1998年3月签订了为期5年的劳动合同，合同约定期限至2003年3月31日止。进公司不久，胡先生就显示出了非凡的设计能力，在公司内部的各项考核评比中，他总是名列前茅。渐渐地胡先生成了公司里的业务骨干，很得管理层的赏识。

2000年1月，公司决定派胡先生去欧洲培训4个月，为此支付了8万元的培训费用。出国培训前双方签订了服务期协议书，约定胡先生培训结束后要为公司服务5年，若违反约定辞职，则要支付违约金5万元，并且按每服务一年递减20%的标准赔偿公司的培训费用。

去年底，一家猎头公司盯上了胡先生，禁不住对方优厚条件的诱惑，胡先生决定跳槽。今年2月，胡先生通知公司，3月31日合同期满后，将终止与公司的劳动合同。对于胡先生此举，总经理一方面与胡先生恳谈，并承诺改进考核办法提高其待遇，同时也提醒胡先生双方约定的服务期到2005年5月1日才到期，公司不会同意其违约辞职。胡先生称，自己是按照劳动合同约定行事，不存在违约问题。4月1日起，胡先生就再没有到公司上班。公司几经通知不见胡先生人影，于是于5月8日向区劳动争议仲裁委员会申请仲裁，要求胡先生依据约定支付公司违约金5万元，赔偿公司培训费损失33333元。因为该设计公司拒绝调解，劳动争议仲裁委员会最后裁决：(1)劳动合同于2003年3月31日解除，公司应在裁决生效之日起 15 日内办理退工手续;(2)胡先生于裁决生效之日起 10 日内支付违约金 5 万元、赔偿培训费 33333 元,共计 83333 元。

[案例分析]

本案是一起劳动者服务期内终止合同引发的劳动争议案件,本案争议的焦点集中在:劳动者劳动合同期满之时仍处在服务期内的,可否依照劳动合同期限来终止与用人单位的劳动关系而不承担违约责任。要回答这个问题,我们首先要弄清专项协议与劳动合同的关系,分清了这一问题的是非曲直,本案中的劳动者是否存在违约、应否承担违约责任的问题也就迎刃而解了。

建立劳动关系应当订立劳动合同,依照我国劳动法的规定,劳动合同是劳动者与用人单位确立劳动关系、明确双方权利和义务的协议。劳动合同依法订立即具有法律约束力,当事人必须履行劳动合同义务。这些也是本案中胡先生坚持的自己依照劳动合同期限终止劳动关系不存在违约的依据。但是,在市场经济条件下,劳动合同在调整劳动关系的过程中会随着客观情况的改变而变化,如双方为此会就工作岗位、劳动报酬、技术培训和商业秘密的保密等事项签订专项协议。所以,作为劳动合同的表现形式,不仅为一纸合同,也应当包括这些专项协议。本案双方在订立了劳动合同后,在培训前签订的服务期限协议,实际上也是一种专项协议。劳动部《关于实行劳动合同制度若干问题的通知》第六条规定:"专项协议作为劳动合同的附件,具有与劳动合同同等的约束力。"其实,专项协议有时是对原劳动合同内容的变更,只要变更后的内容不与法律相冲突,就是合法有效的。就此来说,专项协议的效力高于劳动合同。

对于服务期这种专项协议,《上海市劳动合同条例》规定:"劳动合同当事人可以对由用人单位出资招用、培训或者提供其他特殊待遇的劳动者的服务期作出约定。"《关于实施〈上海市劳动合同条例〉若干问题的通知》第六条更明确规定,劳动合同当事人约定的服务期限长于劳动合同期限的,劳动合同期满用人单位要求劳动者继续履行服务期的,双方当事人应当续订劳动合同。劳动者违反服务期约定的,应当承担违约责任。

本案中,建筑设计公司当初出资送胡先生出国培训,双方约定胡先生在培训结束后为公司服务 5 年,双方签订的培训与服务期协议是合法有效的。胡先生在接受了企业的出资培训后,应依法承担为企业服务 5 年的义务,现在胡先生要求终止劳动合同,显然违背了自己在出国培训时为公司服务 5 年的承诺,是一种违反服务期约定的违约行为,理所当然地应按照法律的规定和合同的约定承担违约责任,并赔偿违约行为给公司造成的损失。

分析讨论题

1.本案中胡先生究竟是否违约?
2.本案例中发生的劳动争议应当如何解决?
3.本案例解决的主要法律依据是什么?

第三篇

发 展 篇

第十四章
跨文化人力资源管理

随着世界经济的一体化和区域经济集团化的不断深化，企业经营国际化已成为势不可挡的热潮。企业在全球范围内利用资源，将自己所拥有的资本、技术管理技巧、市场联系、研究与开发等方面与东道国当地所拥有的人力资源、自然资源乃至市场规模等优势结合起来，利用跨文化优势，展开跨国经营，在全球范围内实现优势互补，已成为企业国际化经营的主要形式。在跨国经营中产生的国际企业，由于处于不同的文化背景和地域环境中，必然将遇到前所未有的机遇与挑战。有效地进行跨文化管理，是国际企业在跨文化背景和地域下成功运营的保证，这对正在融入全球经济的中国企业来说更具有现实意义。

第一节　文化与文化差异

任何事物都有两面性，文化也是一把"双刃剑"。文化给企业开展国际运营带来了机遇，但更多的却是巨大的挑战。要了解企业跨国经营中为什么会产生文化冲突，并由此产生跨文化的人力资源管理问题，首先要从了解文化的内涵开始说起。

一、文化的内涵

如同其它社会科学类基本概念一样，关于文化的定义和内涵至今仍然是众说纷纭莫衷一是。这一方面是由于不同的认识主体的认知角度不同而引起的，另一方面也是由于文化本身的复杂性所导致的。相信这种认识上的差异，将随着文化本身的差异性而长期存在。但是，为了研究问题方便起见，在这里引入荷兰文化协作研究所所长霍夫斯特德（G. Hofstede）教授的观点：文化是一个环境中的人的"共同的心理程序"（collective mental programming）。因此，文化不是一种个体特征，而是具有相同的教育和生活经验的许多人所共有的心理程序。既然如此，不同的群体、区域、国家这种程序就互有差别。这是因为他们的心理程序是在多年的生活、工作、教育下形成的,因而具有不同的思维模式和行为方式。

在不同的文化地域、背景下进行跨国经营所形成的国际企业,作为"一种多文化的机构",必然会面临来自不同的文化体系的文化域的摩擦与碰撞。因此,有学者称跨国企业事实上处于一个"文化边际域"中,即处在不同文化交汇与撞击的区域内。在这个区域中,不同的文化环境,还有不同的经济、社会和政治等因素,必然会形成较大的文化差异。由于文化的演变是一个漫长的过程,这种文化差异对企业来讲,在一段时间内是不会消失的,并可在一段时间内保持稳定。文化差异的客观存在,势必会在企业中造成文化之间的冲突,并使企业经理人员与员工在心理上形成"文化休克"(cultural shock)的反应。其实,东西方文化既有冲突的一面,又有融合的一面。对于管理者来说,关键就在于如何跨越文化差异的障碍,在两种文化的结合点上,寻求和创立一种双方都能认同和接纳的、发挥两种文化优势的管理模式。

二、文化差异及其识别维度

(一)文化差异

1.中国文化的特点

大连理工大学的余凯成教授将中国文化对中国企业管理与交往行为的影响而呈现出的七个关键而敏感的因素归纳为"7P模型",即大家庭制(Patriarchal system);务虚先于务实(Principles first);爱国主义敏感性(Patriotically sensativity);礼貌(Politeness);关系导向(Politics-orientation);耐心(Patience);小生产者心态(Petty Producers' mentality)。中国的文化使得中国传统价值观在冲突处理方面体现为如下原则:重关系,和为贵;等级序,倡礼节;守原则,可灵活;循中庸,守信义;看长远,顾大局;给面子,有节制;讲分寸,喜含蓄。这种价值观在跨文化人力资源管理方面必定要产生一定的影响。

2.美国的文化精神

美国的文化精神主要表现在以下6方面:(1)个人主义精神;(2)创新精神;(3)勤奋工作和冒险精神;(4)物质追求与实用主义;(5)道德关心和人道主义;(6)民族主义和爱国主义。为此,以美国文化为根基的美国企业文化的特征主要表现为三个方面:以人为中心的价值追求;管理体制的开放性;强调顾客至上、树立企业形象。

3.日本文化的基本特点

日本文化的基本特点有:(1)民族的单一性与社会结构的同质性;(2)"文化滞后型"与兼容并蓄性;(3)日本企业文化的主要内容:一是"和"的观念。"和"是被运用到日本企业管理范畴中的哲学概念和行动指南,其内涵是指爱人、仁慈、和谐、互助、团结、合作、忍让,强调"和、信、诚",它是日本企业成为高效能团队的精神主导和联系纽带。二是终身雇佣制。终身雇佣制在第二次世界大战后的日本全面推广,目前已作为一种制度沿用下来。三是年功序列工资制,这种工资制是依据职工的学龄前历、工龄、能力、效率等确定职工工资历的工资制度。四是推行企业工会制度。日本企业工会的作用主要表现在:与资方商议职工福利、工资待遇、生产条件等问题,维护工会会员的利益。同时,积极参与企业管理的各项活动,协助资方贯彻完成各项生产任务。值得一提的是,近年来日本的终身雇佣制和年功序列工资制正受到挑战并呈现弱化的趋势。

(二)文化差异的识别

1.霍夫斯特德五维度文化价值观

对于文化差异和距离,荷兰文化协作研究所所长霍夫斯特德(G·Hofstente)的理论给我们提供了认识途径,对于分析国际企业组织中的文化冲突问题提供了理论依据。20世纪80年代初,他在对 IBM 公司的 50 种职业、66 种国籍的雇员所回答的 11.6 万份问卷(每份问卷大约有 50 个问题,涉及价值观、知觉和满足)进行分析的基础上,撰写了《文化的结局》(Culture Consequences–International Differences in Work-Related Values)一书,其中归纳出比较不同文化价值观的四个方面:个人主义与集体主义(Individualism–Collectivism)、权力差距(Power Distance)、不确定性的规避(Uncertainty Avoidance)、价值观念的男性度与女性度(Masculinity Dimension)。此后,他接受了有的学者用中国人的价值观(儒家文化的价值观)进行跨文化研究后对其理论的质疑,从中归结出他的文化价值观的第五个方面:长期观与短期观。

从霍氏的各文化维度指标值中,可以看出东西方的文化差异是十分明显的,就是在同为东方文化圈的中国大陆、日本、香港、新加坡等差异也是较明显的。就如中日两国文化都是一种集体主义导向,但两种集体主义却有较大的不同,日本企业中的集体主义更是一种团队主义,具有团队精神。文化差异是由各国的历史传统以及不同的社会发展进程所产生的,表现在社会文化的各个方面。此外,除了民族的、地域的文化差异之外,不可否认,还有投资合作伙伴公司"公司文化"的风格差异。可以说,公司内文化差异越大,产生文化冲突与困惑的可能性与强度就会越大。

2.莱恩与迪斯特芬诺的六文化维度系统

莱恩(H. W. Lane)与迪斯特芬诺(J. J. Distefano)是加拿大学者,他们长期从事国际组织行为的研究,对亚非拉美不少发展中国家进行过观察与调研,在此基础上提出了文化六维度系统,即人与自然间的关系;人的时间导向;管理人性观;人的活动导向;人际关系导向;对空间的态度。

表 14.1 六种文化因素不同形态的完整矩阵表

文化因素	对待不同问题的不同形态		
与自然的关系	臣服型	和谐共处型	主宰型
时间导向	面对过去	面向现在	面向未来
基本人性观	不可改变的		可以改变的
	性恶论	混合中性论	性善论
活动导向	自在型	自制自控型	自为型
人际关系导向	等级型	群体型	个人型
空间导向	私有型	混合型	公有型

资料来源:余凯成、程文文、陈维政《人力资源管理》[M].大连:大连理工大学出版社,1999,第251页。

3.斯特罗姆佩纳斯五文化维度系统

斯特罗姆佩纳斯(F. Trompenaars)也是荷兰跨文化管理专家,他对50个国家的15000余名员工做了调研后,开发出一套包含五个文化维度系统作为文化分析与比较的工具。这五个维度是:通用主义与特定主义;个人导向性与集体导向性;中立性与感情性;具体性与扩散性;成就导向与因袭导向。

第二节　跨文化管理

一、跨文化管理的内涵

跨文化管理又称交叉文化管理,就是在跨国经营中,对不同种族、不同文化类型、不同文化发展阶段的子公司所在国的文化采取包容的管理方法,其研究的是在跨文化条件下任何克服异质文化的冲突,并据此创造出公司的独特文化,从而形成卓越有效的管理过程。冲突管理是跨文化管理的核心,其目的在于如何在不同形态的文化氛围中设计出切实可行的组织结构和管理机制,在管理过程中寻找超越文化冲突的公司目标,以维系不同文化背景的员工共同的行为准则,从而最大限度地控制和利用企业的潜力与价值。

二、跨文化优势:企业跨国经营的动因与机遇

企业跨国经营主要是指企业以国际市场为导向,直接对外投资,在国外设立分支机构,广泛利用国内外资源,在一个或多个领域从事生产经营活动。它使一国的企业摆脱了单纯的地域界限,成为面向整个世界的国际企业。那么,企业为什么要进行跨国经营呢?正如自然界中存在"杂交优势"的现象一样,社会经济生活中也是同样表现。进行跨国经营是企业在全球范围内优化配置生产要素,充分利用人力资源与自然资源,实现"跨文化优势"的结果。著名的美国《国际商业周刊》(International Business Week)有文写道:在文化方面,19世纪工业革命的一个重大意义就是它把过去没有必要或没有机会彼此相互联系的人们联系到了一起,不同的语言、文化和价值都被国际商业的基本原理融合在一起,其结果是提高了生产力,增加了财富。

(一)邓宁的跨国经营三优势动因理论

被联合国跨国公司中心称为"被人们广泛接受的一个国际生产模式"的邓宁(John Dunning)的折衷理论就是体现为这种优势的理论。邓宁认为,企业只有同时具备所有权、内部化、区位的特定优势,才能从事对外直接投资(FDI)的。具体来说,邓宁的跨国经营的三优势动因理论可归纳为下述三点:一是为什么出去投资:企业拥有特殊优势(peculiar advantage)。这种优势主要指无形财产方面的优势,包括先进的生产技术、管理技能和产品特性、商标牌号等;二是怎样进行:内部化优势(internalization advantage)。企业拥有的财产通过内部化转让到国外子公司,可比通过市场转让给局外人得到更多的利益;三是到那里

去投资:区位优势(location advantage)。企业满足了前两点要求在利用上述优势时,至少要同当地某些生产要素投入相结合,即把投资企业的优势和当地的优势结合起来,以达到取得比单纯出口得到更多的利益。这就是企业在跨国经营中为什么选择一些国家而不选择其他别的国家的原因。

邓宁理论道出了在企业跨国经营中存在一种潜在的优势:在不同的文化背景下,不同的社会文化习俗、信仰传统、市场状况、技术水平、人力与自然资源的条件,能给国际企业创造丰富的市场机会和丰厚的利润回报。这就可以体现为企业在跨国经营中所带来的"跨文化优势"。如美国麦当劳公司(McDonald's)通过跨国经营,把它的"快餐文化"成功地辐射到不同文化背景的世界各国,包括在文化迥异的亚太地区。其在1997年共建了2110家餐厅,其中约有85%是在美国境外。此外,它目前在亚太地区17个国家拥有4500家以上的店面,其销售量占其全部销售量的16%左右。

从经营学的角度讲,企业在进行跨国经营之前,必须对东道国的投资环境做出具体的分析与评估,从而做出理性的决策。而在投资环境的因素中,文化是一个十分重要的因子,尤其是文化距离 (cultural distance)。这会给企业跨国经营带来一定的投资风险与经营阻碍,但从上述的分析中可知不同文化背景下的跨文化优势也是十分明显的。正确全面分析和评价跨国经营的文化风险,根据公司特性发掘文化优势而做出战略抉择,是企业把握机遇,实现成功跨国经营的保证。如美国肯德基公司(KFC)在中国的成功经营堪称是实现跨文化优势的典范。中美之间在政治制度、文化传统、信仰习俗等方面的文化差距很大,然而文化的互补性也潜藏着跨文化的巨大优势。德国、美国汽车公司在中国投资的成功也是利用跨文化优势的例证,而日本丰田在这方面却丧失了最佳机遇,至今还令公司的决策层后悔不已。可以说,有效分析利用跨文化优势,是企业跨国经营的动因与前提。跨国经营给企业提供了巨大的机遇,它是全球经济增长的关键要素,有力推动了世界各国的文化交流与技术合作,以实现全人类的共同繁荣。

(二)跨国经营的特点

跨国经营是当今高度社会化、现代化和国际化经营的必然趋势,是国际产业分工与合作、国际技术和资本流动的需要,代表着现代企业的发展方向。全世界很多大型企业都进行着跨国经营,据德国的一份统计报告,德国中小企业中进行跨国经营的企业约为7%,而大型企业约为36%,中小企业的相对比例远远小于大型企业,跨国经营似乎成了大企业的"专利"。其实,尽管在某些跨国经营的投资领域需要巨额资金,而中小企业最为缺乏的就是资金,但并非是所有的跨国经营都需要巨额资本。跨国经营形式是多种多样的,技术投资、设备投资、组建合资企业、补偿贸易等都是可以不需要巨额资金的跨国投资经营形式。像假日酒店就可以以品牌和管理进行跨国经营,其投资就相当少。中小企业可以根据自身的特点,选择灵活多样的形式进行跨国经营。

可见,跨国经营就是在国与国之间进行的经营活动,表14.2是世界一些著名跨国公司的分支机构在全世界的分布情况。从表中可以看出,跨国经营的范围遍及全世界的国家和地区。

出于在全球范围内进行经营活动,势必要考虑到面对国际经营环境中可能出现的各种风险,包括政治风险,如各东道国政治体制差异、政治局势不稳定以及政府政策变化等;财务风险,如汇率变化、通货膨胀、经济衰退或国际收支恶化而引起的进出口限制导致的企业损失等;法律风险,如司法制度差异、税收的歧视待遇、双重课税等;其他风险,如文化差异、社会对私人财产和公司财务的态度等。

表 14.2　跨国经营的范围

公司名称	总部地点	其他国家和地区的分支机构
慧智公司(Wyse Tech.Inc.)	美国	荷兰、中国台湾、香港等 14 个国家和地区
虹智电脑公司(AST Res.Inc.)	美国	中国大陆、台湾、香港、韩国等 17 个国家和地区
通用汽车公司(General Motors Inc.)	美国	加拿大、阿根廷、中国、法国等 190 个国家和地区
方大集团(Fanta Group Inc.)	巴西	印尼、泰国、中国等十几个国家和地区
善美集团(Semi-Tech Group Inc.)	加拿大	美国、日本、印度、中国香港等

(三)跨国经营战略

在国际市场上,跨国经营须针对不同的东道国市场制定与之相适应的经营战略。所谓"放之四海而皆准"的单一战略模式在跨国经营中是行不通的。在跨国经营战略的制定过程中,尤其在 SWOT 的分析时,要考虑对各东道国经营环境差异的适应性,低成本原材料来源和全球规模经济效率,全球性竞争条件,在一个东道国采取的战略行动可能在其他东道国中产生的影响,通过一体化领导对分散于世界各国的经济活动进行统一协调。要知道,国际市场上的竞争比国内市场上更激烈,需要协调、平衡的因素和关系更多。成功的跨国经营企业内部管理都比较完善,有高效的经营、生产和质量控制等部门,其国内经营管理已经进入正常的运行轨道,在跨国经营的过程中,可以集中主要精力对付外界环境的变化。

表 14.3 列出了国外小企业中已经有了出口业务的企业在出口工作中遇到的 "实际障碍"和从未搞过出口业务的企业管理人员的"想象中的出口障碍"。

表 14.3　国外小企业中出口企业与不出口企业面对的困难比较研究

出口企业遇到的实际问题	百分比	不出口企业决定不出口的理由	百分比
出口手续太繁琐	33%	缺乏出口信息	78%
买方付款太慢	23%	缺乏国外市场关系	77%
目标市场不景气	23%	产品在国内供不应求	72%
语言障碍	21%	还没有想过出口	48%
运输问题	11%	缺少外贸人才	33%
对方拒付	6%	出口手续太繁琐	27%
缺乏外贸人才	6%	所需投资太高	24%
其他(政治、外汇、商务风险等)	22%	产品不对路	20%

从表 14.3 中可以看出,阻碍许多中小企业进入国际市场的困难,很多时候并不是不可逾越的客观困难,而是由于出口恐惧感造成的心理障碍。例如,"缺乏信息"和"缺乏关系",实际上并不是在进入国际市场过程中实际遇到的主要困难。出口信息、海外关系的不足相对来说是一个暂时性的问题。而出口企业遇到的实际问题,至少就小企业而言,不仅仅在于海外市场的开拓,更在于海外市场开拓后的管理,诸如出口手续、应收款管.
理、国外市场预测等。出于预计困难与实际困难不符,使得企业的出口计划被迫"南辕北辙",碰到问题时措手不及。这种因为预期困难与出口开始后的实际困难的偏离,是很多中小企业浅尝辄止、半途而废的主要原因。

所以,跨国经营与国内经营的差异决定了跨国经营策略应不同于国内经营策略。

(四)跨文化管理,全球营销之必须

实行全球营销,满足全球消费者的需求,而全球的目标顾客所处的环境是不同的,包括交流沟通的第一要素的语言不同、所处国家的风俗习惯不同、各个国家的历史不同所导致的民族感情的不同,经济发展水平不同而导致的受教育的程度不同,以及宗教信仰和家庭构成等不同,从而导致购买模式、生活方式等的不同。而且这些就是在同一个国家内部也是千差万别的,何况是在全世界范围内呢?而这一切主要缘于各国的文化环境不同。

实行全球营销,跨国经营企业面临的是一个在诸多差异之间进行生产经营活动的经营环境,企业经营环境的跨文化差异是企业跨文化管理的现实背景。一般的说,跨国经营企业所面临的经营环境包括经济环境、政治环境、法律环境、社会环境、文化环境等。其中文化因素对企业运行来说,其影响力是全方位、全系统、全过程的。在跨国经营企业内部,东道国文化和所在国文化相互交叉结合,东道国和所在国之间以及来自不同国家的经理职员之间的文化传统差距越大,所需求解决的问题也就越多。在跨文化管理中,形成跨文化沟通和谐的具有东道国特色的经营哲学是至关重要的。

伴随着全球营销的发展,经济学家将文化因素引人了消费者行为模型,强调了文化对消费者行为的影响。主流的购买行为模型将文化定义为影响消费者行为的关键因素,科特勒认为文化因素将对消费者行为产生最广泛最深刻的影响。主流的消费者行为模型,如恩格尔-科拉特-布莱克威尔模式(Engel-Kollat-Blackwell,EKB)对文化变量的重要性给予了证明。在 EKB 模型中,环境影响、个体差异和心理过程是塑造消费者行为的三个核心力量,对这三个力量影响下的因素分析表明,大多数因素是直接或间接的文化范围的变量,如社会阶层、家庭、动机、态度、价值、生活方式以及学习。因此,他们得出文化因素在分析消费者行为中起到关键的作用。华纳曾指出:"在跨文化管理中,一个被普遍接受的观点是:在某个特定的文化中有效的办法在另一个文化里可能没有效果。"因此,进行跨文化管理是实行全球营销企业管理的核心任务。

(五)跨文化人力资源管理与竞争优势的获得

从管理的发展过程来看,不管泰罗的"科学管理"还是现代的管理过程理论、人类行为理论、决策理论等,管理研究的焦点都在于企业运行的经济因素。20 世纪 80 年代以后,西方企业界、管理界出现了一个令人注目的重大变化,研究的重点转向非经济因素,注重对不同文化背景下的管理进行比较研究,出现了"文化热"。随着全球经济一体化趋势的加强和跨国经营的蓬勃发展,人力资源的流动性也在加强。当企业跨国经营时,各国企业的组织结构、技术方法、决策方式、控制程序已基本趋同,但员工的不同文化背景使文化差异成为一个影响管理者的管理效果的重要因素,从而给管理者的管理提供了难度。国外许多管理学家的研究表明:跨国经营中凡是大的失败几乎都是因为忽略了文化差异所招致的结果。因此,对于跨国经营的企业而言,有效的跨文化人力资源管理也就意味着竞争优势的获得。相反,失败的跨文化人力资源管理则意味着冲突的突出与竞争优势的丧失。

(六)文化边际域(cultural marginal region):跨文化冲突与跨国经营挑战

文化边际域的存在是企业进行跨国经营所形成的国际企业所必须面对与重视的现实,它是企业中文化差异与文化距离的产物,是国际企业跨文化冲突与困惑的真正发端,从而成为企业跨国经营的重大挑战。戴维·A·利克斯就曾指出过这一挑战,他认为跨国公司大的失败,几乎都是因为忽视了文化差异——基本的或微妙的理解所招致的结果。在一个这样的企业中,处于不同文化背景的各方经理人员,由于不同的价值观念、思维方式、习惯作风等的差异,在对企业经营的一些基本问题上往往会产生不同的态度。如经营目标、市场选择、原材料的选用、管理方式、处事作风、作业安排及对作业重要性的认识、变革要求等等,从而就有可能给企业的全面经营隐藏下生存危机。

三、跨文化冲突在人力资源管理中的体现

(一)跨文化冲突的特征

在进行全球营销时,跨国公司由于加入了另一种文化的观念,势必会造成文化冲突(Culture shock)。跨国公司跨文化冲突的特征主要有:

1.非线性。不同质的文化像不同的水域,几片或多片水域的冲突与交融,常常表现出错综复杂的状态,因而具有非线性特征。

2.间接性。文化冲突一般都在心理、情感、思想观念等精神领域中进行,其结果是人们在不知不觉中发生变化。但是,这种变化需要通过较长的时间才会表现出来。

3.内在性。文化是以思想观念为核心的,因此,文化的冲突往往表现在思想观念的冲突上。比如,对于美国人而言,任何超过50年的建筑物都可以作为国家历史圣地,故许多美国人并不为拆掉这样的建筑而代之以现代化的办公大楼而感到丝毫遗憾。而在欧洲,人们为拥有数千年历史的圣地而感到自豪,这样冲突就发生了。1990年6月,麦当劳想在巴黎一家有180年历史的而且毕加索和其他一些著名艺术家曾经驻足过的建筑物中设立一个餐馆,尽管他拥有对位于香格里拉大街的建筑物的某些特许权,但巴黎市民宣称城市的历史纪念地不容侵犯,麦当劳最后屈服了。

4.交融性。文化冲突与文化交融始终相伴而行。跨文化管理的任务在于从不同的文化中寻求共同的能体现各种文化精髓的东西,这样才能在各种文化环境中生存。

(二)跨文化冲突在人力资源管理中的体现

跨文化冲突表现在国际企业管理的各个方面,其中某些特定的管理职能对文化更加敏感,主要表现在员工激励、协调组织、领导职权和人力资源决策等方面。

1.员工激励。在激励方面,工资是调动员工积极性的关键因素,但各个国家由于文化不同而导致对工资的态度和政策不同。当美国的海外经理给东道国墨西哥的工人长工资时,却适得其反,墨西哥的工人减少了工作时间而去享受闲暇。这是因为美国人和墨西哥人对诸如工作这样的基本概念所持的态度因文化不同而不同。美国文化中人们对工作的态度是积极热情,而墨西哥人对工作的态度则是工作仅是为了维持所期望的生活水平而采取的方法,是一种谋生的手段。

2.协调组织。在协调组织方面,跨文化冲突从日本企业进军马来西亚市场的苦衷可见一斑。在马来西亚时常发生工人"集体歇斯底里"的情况。因为区区小事,一个工人大喊大叫便会引发整个车间的骚动,造成停工。由于多数工人来自各个不同的地方,还不习惯于城市工厂的现代化劳动管理,这种心理压力增多就会发生歇斯底里现象。当遇到这种情况时,只能请当地的巫师来驱邪加以解决。

3.领导职权。在领导职权方面,中意合资企业迪玛公司陷入困境也是由于跨文化的冲突。这家拥有丝绸处理高新技术的企业市场前景是相当广阔的,但企业的中方董事长耐不住"大家长"脾气,对企业的产供销直接干预,甚至将企业从银行的贷款放在老厂的账户上,终于将外方总经理气回国,企业陷入困境。

4.人力资源决策。在人力资源管理方面,微软公司的原则是,需要人力时立即到市场上去找现成的,最短时间就能担当某个最具体的工作;培训5%的人员,另外的95%靠自学和在职"实习";公司业务成长而员工没能"跟着成长",就会被淘汰。其前任总经理吴士宏则主张帮助员工"跟着企业成长",在中国市场实施可持续发展的人力资源策略。由于不能克服这种跨文化的冲突吴士宏也辞职了。

四、跨文化冲突与跨文化人力资源管理的关键:文化融合

不论在什么文化背景之下,对人力资源取得最大的使用价值,发挥最大的主观能动性,培养全面发展的人,这一人力资源开发与管理的目标是相同的,这就是人力资源管理上的文化融合。同时,文化也是动态可变的,而不是一成不变的,这也为文化的融合提供了必要条件。在组织行为学中,冲突管理的策略,无非是汤玛斯模型中的五种:竞争、回避、妥协、体谅与合作。要使人力资源管理过程中的跨文化冲突得到及时有效的关注和解决,必须从文化整合做起。而要实现真正的文化整合,必须建立在以下前提和原则基础之上。

(一)文化融合的前提和原则

1.确认原则。没有大的基本原则就不能确定文化中哪些应该改进,哪些应该扬弃,哪些应该废除,哪些属于落后。不同文化背景下的人们在一起工作中,要能完成人力资源开发的任务,双方就必须先确定一些基本原则,在"求同存异"的基础上相互包容。

2.相互理解。在确定原则之后重要的态度和意识就是相互理解,在文化融合过程中没有所谓对错、先进与落后的概念,只有符合原则和不符合原则的问题。现实中往往是强势文化,弱势文化背景下的员工个性、情感、意志、态度、兴趣等会产生挫折感,并由此产生一些非理性行为,对于这些要事先予以充分重视。

3.相互尊重。"入乡随俗"是文化融合中一个重要原则。本土文化不论是处于强势还是弱势,在本土地域内依然具有很强的影响力。外来文化尽管可能是强势文化,也不能咄咄逼人,处处以自己的原则和规范行事,不能把自己的意识形态当成天下的真理,威逼别人接受。

(二)具体措施

在具体实施跨文化人力资源管理中,以下五个方面是需要格外重视和关注的问题:

1.派出人员的甄选和培训

在选择外派人员的时候,应该尽可能选择那些具有全球经理人技能和素质的人。他们应该喜爱新的问题,喜欢在国外工作的挑战,不断地寻找机会学习,乐于接受别人的意见,并有寻找反馈和利用反馈的行为。他们具有冒险精神,有很强的与人交往的能力,更为重要的是,他们对文化差异有较高的敏感性与来自其他文化融合的要求。当然,他们还要参加一系列关于派驻地语言、文化和个人职业生涯发展的培训,以期更好地适应今后的工作。在进行全球营销时很多公司都偏重于员工的纯技术培训,却忽视了对员工尤其是管理人员的跨文化培训。而跨文化培训恰恰是解决文化差异,搞好跨文化人力资源管理最基本最有效的手段。通常来讲,跨文化培训的主要方法就是对全体员工,尤其是对非本地员工进行文化敏感性训练。

敏感性训练(也叫 T 组法)是跨文化培训中一种重要方式。它是为了加强人们对不同文化环境的反应和适应能力,促进不同文化背景的人之间的沟通和理解。敏感性训练的目标一般包括:(1)使一个人能更好地洞悉自己的行为,自己在别人心目中是如何"表现"的;(2)更好地理解具体的活动过程;(3)在集体活动过程中培养判断问题和解决问题的技能。具体措施是把不同文化背景的人或在不同文化地区工作的经理和职员结合在一起进行多种文化培训,打破每个人对不同文化环境的适应性,加强不同文化之间的合作意识和联系。可见,这种训练的目的是加强人们对不同文化环境的反应和适应能力。具体做法包括具有不同文化背景的员工集中在一起进行专门的文化培训、实地考察、情景对话、角色扮演,以便打破员工心中的文化障碍和角色束缚。

在许多大型跨国公司中,文化敏感性培训通常采取多种方式。主要包括:

(1)文化教育。即请专家以授课方式介绍东道国文化的内涵与特征,指导员工阅读有关东道国文化的书籍和资料,为他们在新的文化环境中工作和生活提供思想准备。

(2)环境模拟。即通过各种手段从不同侧面模拟东道国的文化环境。模拟培训的目的是把在不同文化环境中工作和生活可能遇到的情况和困难展现在员工面前,让员工学会处理这些情况和困难的方法,并有意识地按东道国文化的特点思考和行动,提高自己的适应能力。

(3)跨文化研究。即通过学术研究和文化讨论的形式,组织员工探讨东道国文化的精髓及其对管理人员的思维过程、管理风格和决策方式的影响。这种培训方式可以促使员工积极探讨东道国文化,提高他们诊断不同文化交融中疑难问题的能力。

(4)语言培训。语言是文化的一个非常重要的组成部分,语言交流与沟通是提高对不同文化适应能力的一条最有效的途径。语言培训不仅仅要使员工掌握语言知识,还要使他们熟悉东道国文化中特有的表达和交流方式,如手势、符号、礼节和习俗等,组织各种社交活动,让员工与来自东道国的留学生和工作人员有更多的接触和交流机会。

2.管理人员的本土化

本土化策略是指要本着"思维全球化和行动当地化"的原则来进行跨文化管理。通常跨国企业在海外进行投资,就必须雇用相当一部分的当地职员。这主要是因为当地雇员熟悉当地的风俗习惯、市场动态以及政府方面的各项法规,而且和当地的消费者容易达成共识,雇用当地雇员无疑方便了跨国企业在当地拓展市场,站稳脚跟。同时,"本土化"有利于跨国公司降低海外派遣人员和跨国经营的高昂费用,能够与当地社会文化融合,减少当地社会对外来资本的危机情绪;有利于东道国在任用管理人员方面,主要考虑的是该雇员的工作能力及与岗位的匹配度,选用最适合该岗位的职员。但其缺点也是致命的。由于公司的各个成员都只重视自我的发展,无法形成一个集体价值的企业文化,使得企业对个体来说缺少长久的凝聚力。全球营销产品的快速创新和多样化,以及人类种族之间的空前交往和融合,"多向交叉文化"策略已经成为许多跨国公司采用的人事管理制度。

由于本土的管理者对本土文化有深刻的了解,容易为员工所接受,同时为本土员工的晋升提供了明显的渠道,具有很强的激励作用。因此,使用本土化管理者进行管理成为跨文化人力资源管理中的明显特征。在具体运用时,可采用以下方法来避免由于个体之间存在的巨大的文化差异而造成的"文化冲突":(1)尽量选用拥有当地国籍的母国人;(2)选用具有母国国籍的外国人;(3)选用到母国留学、工作的当地外国人;(4)选用到当地留学、工作的母国人等。

许多跨国公司如IBM、三洋、ABB等都是在中国积极推行本土化的人才战略才得以成功进入中国市场的。本地化战略除了包括尽可能雇用本地员工,培养他们对公司的忠诚之外,最重要的是聘用能够胜任的本地经理,这样可以很好地避免文化冲突,顺利开展业务。1996年,IBM中国公司在本地一线经理人员不到40个,一年以后已达到80个。三洋电机有限公司是日本在广东蛇口的独资公司,其董事长认为,管理人才本地化是成功的大前提。只有根据中国的国情,依靠中国员工实行本地化管理,让本地的优秀人才参与各种管理活动,并不断地提供机会提高这些人才的管理能力,公司才能充满生机与活力。三洋中国有限公司本地员工约4500人,其中高中层经营管理干部104人,基层督导301人,为了加快对高级人才本地化进程,公司每年都要选派厂长级、主任级干部去日本三洋研修中心接受培训。ABB公司也是实施本地化战略的典范。尽管它在世界各地拥有1300家子公司,但它却自称是一家"多国籍"的公司,它鼓励其子公司淡化其母公司的民族背景,完全按东道国本地公司的方式运作。

中国品牌的国际化必须走跨国公司相同的路。所不同的是他们走进来,而我们必须走出去,如此才能拥有与他们一样灵敏的市场触角和反应能力。海信公司深有体会地说:没有比当地人更了解当地人的了。也许更为重要的是中国品牌在国际上信任度不理想,为了表示我们的决心和诚意,也必须到海外去建立生产制造基地和分销网络,以逐步建立起当地顾客的信心和信任,而这才是品牌之本。总之,中国品牌国际化,必须走出去,而且迟早得走当地化和本土化之路。否则,永远都不可能树立起中国品牌的国际化形象和国际性信誉。

3.以宽容和容忍的态度对待文化冲突

即使准备再充分,跨文化管理中的冲突都不可避免。面对冲突,管理者需要一个平和的心态、宽容的态度和理智的处理方式。前面提到的文化融合的前提就非常重要,要相互理解和尊重,对本土文化要有分析,要对其优秀部分采取学习态度,而不可抱有成见,或一概排斥。作为文化重要组成部分的价值观,是一种比较持久的信念,它可以确定人的行为模式、交往准则,以及可以判别是非、好坏、爱憎等。"文化差异"通常是以价值文化为核心的社会文化的差异,容易引起文化冲突。不同的文化具有不同的价值观,人们总是对自己国家的文化充满自豪,大多数人总是有意无意地把自己的文化视为正统,而认为外国人的言行举止总是稀奇古怪的。而事实上,这些看似古怪的言行举止、价值观念对该国来说是再自然不过的了。因此,要尽可能地消除这种种族优越感,对对方的文化给予尊重和理解,以平等的态度进行交流。在此基础上,找到两种文化的结合点,发挥两种文化的优势,在企业内部逐步建立起统一的价值观。

4.逐步实施文化融合的策略,最终形成文化合金

文化融合是一个系统工程,要有计划、有步骤地分阶段实施,而文化融合的最终目标就是塑造文化合金了。所以,在人力资源跨文化管理过程中,管理者要时刻关注文化的变化,并积极主动地推动文化的变革和融合,以使企业真正成为兼收并蓄、集各种文化之所长的文化合金。在中西文化的冲突下,企业要想获得大的发展,必须高度重视文化差异。在相互尊重、理解的基础上,在企业内部逐步建立起共同的价值观,建立一个全新的管理模式,以期更好地实现企业的目标。

5.立足长远,实现"双赢"

"捞一把就走"和"打一枪换一个地方"等短视行为,势必会影响企业的发展。因此,企业要立足长远,实现"双赢"。这包含两层含义:一是合资企业生命周期内的"长期"。合资企业合营少则几年,多则几十年,作为自主经营、自负盈亏、自我发展的组织实体,在其合营期内制订的战略决策必然是长期的,否则会直接影响企业的发展。所以在管理中,双方要从企业的长期发展来考虑。尽管一开始企业可能处于亏损或微利阶段,但立足长期发展最终会有丰厚回报的。二是指超越单个合资企业生命周期的"长期"。对于外方来说,中国是个开发潜力很大的市场,是个有利可图的市场,要想开发这个大市场,获得丰厚利润,不是一朝一夕能够完成的。对于中方来说,成功兴办合资企业有利于进一步引进国外先进技术、管理知识,有利于吸引外资,也可以使我国获得长远利益。企业不仅要立足长期,还要实行双赢。合资企业内并不是一方的所得以另一方的损失为代价,相反企业兴旺,双方都会受益,而企业败落,谁也捞不着好处。因此,在经营活动中强调合作双方的相互利益非常重要。外国投资者为了谋求自己的利益而损害中国的做法是极不明智的。双方应该为了共同的利益,精诚合作,从整体利益出发,兼顾双方的需求,从而实现"双赢"目标。

五、我国企业的跨文化管理战略

我国企业的跨文化管理战略,要注重从以下几个方面入手:

(一)识别文化差异,发展文化认同

前面已论述了国际企业中的文化冲突与困惑源于企业中存在的文化差异。按美国人类学家爱德华·郝尔的观点,文化可以分为三个范畴:正式规范、非正式规范和技术规范。正式规范是人的基本价值观,是判断是非的标准,它能够抵抗来自外部企图改变它的强制力量。因此,正式规范引起的摩擦往往不易改变。非正式规范是人们的生活习惯和风俗等

形成的规矩,由它引起的文化摩擦可以通过较长时间的文化交流来克服。技术规范则可以通过人们技术知识的学习而获得,很容易被改变。可见,不同规范的文化所造成的文化差异和文化摩擦的程度和类型是不同的。只有首先识别文化差异,才能采取针对性的措施。发展文化认同,需要跨国经营的管理人员发展跨文化沟通与跨文化理解的技能与技巧,这些可体现在以下几个方面。

1.跨文化沟通

国际企业经营的经验表明,一个跨国企业的成功取决于该企业的"集体技能",即企业中存在着一个基于跨文化理解而统一的价值观体系条件下形成的"核心技能"(core skill),而跨文化沟通是促成该核心技能的中介。不同文化背景的人彼此相处,必须建立跨文化沟通的机制。企业领导集体需要有意识的建立各种正式的、非正式的、有形的和无形的跨文化沟通组织与渠道。

2.跨文化理解

理解是促成沟通成功的重要条件,它包含两个方面的意义:一是"要理解他文化,首先必须理解自己的文化"。对自己的文化模式,包括其优缺点的演变的理解,能够促使所谓文化关联态度的形成,这种文化的自我意识使我们在跨文化交往中,能够获得识别自己和有关他文化之间存在的类同和差异的参照系。二是善于"文化移情",理解他文化。文化移情要求人们必须在某种程度上摆脱自身的本土文化,克服"心理投射的认知类同",摆脱原来自身的文化约束,从另一个不同的参照系(他文化)反观原来的文化,同时又能够对他文化采取一种较为超然的立场,而不是盲目地落到另一种文化俗套之中。

我国企业跨国经营的对象主要在于发展中国家,跨国经营中的管理人员更要注重上述跨文化管理技巧与技能的培养。

(二)进行跨文化培训,造就一批高质量跨文化管理人员

企业跨国经营中,在东道国的文化环境中,要面临两种不同的适应策略。一是被人改变——追随文化策略,二是改变人——创新文化策略,即由被动适应转向能动改变。当然,比较友好的策略当属第一种,这样的结果是使企业的跨国经营成为东道国的"当地化经营"。在这一种过程中,最重要的环节是学习过程,即对东道国文化的学习。因此,追随文化策略又称为学习策略。对我国企业的跨国经营而言,其实远不能与西方大公司相比拟,学习策略无疑是友好而且有效率的方式。跨文化培训的主要内容有对文化的认识、敏感性训练、语言学习、跨文化沟通及冲突处理、地区环境模拟等。这样可以减少驻外经理人员可能遇到的文化冲突,使之较快适应当地环境并发挥有效作用;维持企业内良好的人际关系,保障有效沟通;实现当地员工对企业经营理念的理解与认同,等等。

对我国而言,胜任跨文化环境下的管理人才资源还相当有限。人才是跨国公司最宝贵的资源,已成为公司竞争力的核心。制约我国企业跨国经营的人才瓶颈主要是外语沟通能力差,对国外的文化(尤其是拉美、非洲等国家)了解偏少,这就需要加强与国外的文化交流与合作。为此,企业应多与国内、国外高校开展培训与交流计划。

对派出人员进行跨文化培训也是防治和解决文化冲突的有效途径。作为中外合资企业,要解决好文化差异问题,搞好跨文化管理有赖于一批高素质的跨文化管理人员。因此,

双方在选派管理人员时,尤其是高层管理人员,除了要具有良好的敬业精神、技术知识和管理能力外,还必须思想灵活,不守成规,有较强的移情能力和应变能力;尊重、平等意识强,能够容忍不同意见,善于同各种不同文化背景的人友好合作;在可能情况下,尽量选择那些在多文化环境中经受过锻炼的人及懂得对方语言的人。当前我国合资企业中,绝大多数都偏重对员工的纯技术培训,忽视了对员工尤其是管理人员的跨文化培训。而跨文化培训恰恰是解决文化差异,搞好跨文化管理最基本最有效的手段。通常来讲,跨文化培训的主要内容应包括:对对方民族文化及原公司文化的认识和了解;文化的敏感性、适应性培训;语言培训;跨文化沟通及冲突处理能力的培训。对于中方人员来讲,还需接受对方先进的管理方法及经营理念的培训。

(三)建立共同经营观,建设"合金"企业文化

通过文化差异的识别和敏感性训练,公司职员就可以提高对文化的鉴别和适应能力。在文化共性认识的基础上,根据环境的要求和公司战略的需求建立起公司的共同经营观和强有力的公司文化。同时,通过文化的微妙诱导,使个体与集体互动,如同一群人随着音乐起舞而不会相互碰撞。这样不断减少文化摩擦,使得每个职员能够把自己的思想与行为同公司的经营业务和宗旨结合起来,在国际市场上建立起良好的声誉,增强国际型企业的文化变迁能力。尤其对于开展跨国经营的我国企业而言,要在投资对象国建设"合金"企业文化,要加强跨文化参与。跨文化参与是跨文化沟通与理解所必须运用的重要方式。国际企业的跨文化参与,是指通过文化的交汇,达成跨文化和谐的具有东道国特色的经营管理模式,逐步建立跨国公司的管理文化,进而建立起以公司价值观为核心的企业文化。

总之,21世纪是全球化的世纪。中国企业国际化的序幕已经拉开,国际化的步伐将会越迈越大。掌握跨文化管理的艺术与技巧是我国企业能从容驰骋于国际舞台,实现成功经营的保证。

本 章 思 考 题

1.什么是文化?文化的差异如何识别?

2.什么是跨文化人力资源管理?

3.为什么要进行跨文化人力资源管理?

4.跨文化人力资源管理的途径有哪些?

5.跨文化人力资源管理的主要策略有哪些?

案 例 分 析

案例一：员工解雇是否可以求情？

1999 年 Richard Sanford 任杨森公司总经理，而 Peter Schuster 为他的助手。然而，这两位美国人对中国文化在认识和理解上相距甚远。Schuster 由于熟悉中国语言和文化，又娶了中国妻子，因此在工作中深受中国文化影响，管理中注重人际关系，甚至于为一位中国员工被解雇求情。而 Sanford 先生则认为，美国文化比较优越，它给中国带来了新思想和创新精神，跨国管理人员要以母国文化为准则，不能为当地文化所禁锢，否则将会丧失管理效率和工作效率。由此，两人在日常管理工作中就产生了许多文化冲突。

分 析 讨 论 题

如果你是一名资深的管理咨询顾问，请问在这种情形下你对 Richard Sanford 解决冲突有何良策？

案例二：摩托罗拉公司人才战略

人才本土化是摩托罗拉公司在华发展的人才战略之一，也是摩托罗拉中国公司取得辉煌业绩的根基。吸引和保留本地优秀人才，加强对他们的投资和培训，是本土化战略的重要环节。通过在中国 10 余年的发展，摩托罗拉中国公司管理人员中本土人才所占的比例已由 1994 年的 11% 上升到目前的 83.3%。

在人才的发展上，作为一家大型的跨国公司，摩托罗拉强调人才多元化，认为不同的性别、文化、才能等背景的人才会给公司带来更多的创造力。其中特别推出了性别多元化项目，倡导职业女性的发展，吸引和保留优秀女性人才。摩托罗拉中国性别多元化项目的目标是到 2004 年实现管理层及高级技术人员中女性的比例达到 40%。为此，摩托罗拉积极为女性员工开拓更广阔的发展空间，同时吸引更多的优秀女性加入管理及技术阶梯发展行列。

分析讨论题

1.摩托罗拉公司为什么要实施人才本土化战略？

2.请结合本案例阐述跨文化人力资源管理的必要性？

第十五章
战略性人力资源管理

"人力资源管理：一个战略观"一文是战略性人力资源管理研究领域诞生的标志，然而在这短短的 20 年里，关于战略性人力资源管理的研究一直在爆炸式的增长。1996 年，管理协会杂志（Academy of Management Journal）与产业关系杂志（Industrial Relations）均出版了以人力资源管理实践与公司绩效为主题的专刊。1997 年，人力资源管理国际杂志（International Journal of Human Resource Management）也出版了同类主题的专刊。人们发现，学者们对人力资源管理战略作用的研究兴趣正在以指数级增长。

战略性人力资源管理与人力资源竞争力密切相关，左右着组织战略的成败。根据美国《财富》杂志的调查，企业实施各种战略时所遭遇的失败，73%归因于人力资源无法与战略配套。因此，许多学者认为人力资源是企业持续竞争优势之源。但是，我国绝大多数企业的人力资源管理能力很弱，人力资源竞争力整体偏低。为在愈演愈烈的全球人才争夺战中占领一席之地，他们迫切需要从战略高度进行人力资源管理。本章正是从战略性人力资源管理提出的背景、内涵和特征出发，对实施战略性人力资源管理的对策与措施进行了阐述。

第一节　战略管理与人力资源管理

相对于传统人力资源管理而言，战略性人力资源管理涉及到对"什么是战略"和"什么是战略人力资源"的界定。虽然，多数学者已经认识到现代人力资源管理的重要性，但对于"战略"和"战略人力资源"的解释和界定，仍未能形成一个明确的概念。本节内容主要就从这两个战略性人力资源管理的基本问题展开。

一、战略的内涵与类型

（一）战略的内涵

"战略"（Strategy）一词原是一个军事术语，它指的是在一场战争或战斗背后所隐含的宏伟构想。韦伯斯特大词典中将其定义为："谋略的巧妙实施和协调"以及"艺术性的规划和管理"。战略管理就是"将组织的主要目标、政策和行为顺序整合为一个具有内在有机联系的整体的模式或规划"。这种战略既可以是一般性竞争战略,也可以是针对某种特定情况所采取的一些具体的调整性措施和行为。因此,战略管理是一个过程,也是一种为组织赢得竞争优势的手段。在我国古代的军事著作中不乏此类论述,如在《孙子兵法》中的许多谋略至今在企业管理领域仍应用广泛。总的来说,战略是组织为自己确定长远发展目标和任务,以及为实现这一目标而制定的行为路线、方针政策和方法,它主要包括两个主要内容:目标和方法。

目前在许多人力资源管理著作中,也都从不同的角度给出了"战略"的定义,可谓"仁者见仁,智者见智"。总的看,在人力资源管理领域,一些学者认为战略就是一种关系,即人力资源管理实践与组织绩效之间的关系(斯托瑞,1992)。另一些学者认为,战略就是适应性,即人力资源管理与组织战略之间的适应性(查德维克,凯培利,Chadwick & Cappele,1999)。

(二)战略的分类

关于战略的另一个难点是如何衡量战略,大多数学者和他们的文献,都倾向于用波特、迈尔斯的战略分类经典理论。但是,他们关于战略的分类,通常是在假定组织已经明确界定战略目标的前提下的一种外部性分类,未能充分考虑到环境变动与战略调整之间的关系。

企业战略一般分为三个层次:即总战略、事业(或部门级)战略和职能战略。企业的三个层次的战略相互配合、相互支持,形成了一个不可分割的整体。企业总战略是企业经营与发展的总体目标和方针政策,事业(或部门级)战略是企业下属在不同产业领域人事经营活动的战略事业单位(SBU)所制定的发展目标与规划,职能战略则是各战略事业单位里各职能部门的目标、方法和计划。如果一个企业规模很小,也可能只有企业总战略和职能战略。人力资源战略属于职能级战略。

不同的战略类型所需要的人力资源技能要求和角色行为也不同。采用成本领先战略的企业通常明确地界定出企业所需的技能,在有限的技能领域中进行培训,并且非常依赖以行为为中心的绩效管理系统,同时将报酬中很大的一块建立在绩效考核的基础之上。这一类型的企业往往实行内部晋升,并建立起级别之间差别很大的具有内部一致性的报酬系统,它们会通过对员工绩效考核来尽可能地提高生产效率。与此不同,采用差别化战略的企业却会利用内容较为一般的工作说明书来把工作界定的比较宽泛,以获得员工更大的创造性,培训和开发活动主要集中在强化员工的彼此合作能力,建立起以结果为基础的绩效管理系统,更多地从外部招募员工,其薪酬系统也更多地关注外部的公平性。这一类型的企业,通过对部门和公司的绩效进行评价来鼓励管理者们勇于承担风险。

二、战略管理过程

战略管理是一个过程,是一种为企业赢得优势的手段。它是"将组织的主要目标、政策和行为顺序整合为一个具有内在有机联系的整体的模式或规划。"这些战略可以是一般性竞争战略,也可以是针对某种特定的情况所采取的一些具体的调整性措施或行为。战略管理过程具有两个不同但却相互依赖的阶段:战略形成与战略执行,如图 15.1 所示。

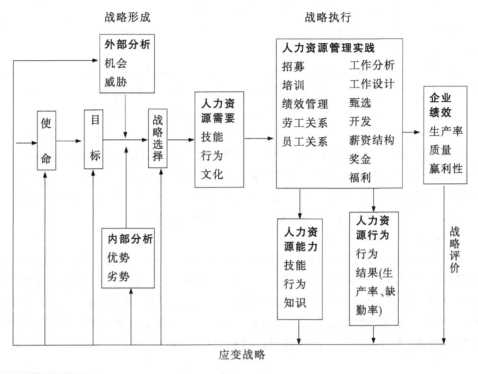

战略形成　　　　　　　　　　　战略执行

图 15.1　战略管理过程模型

（资料来源：[美]R.韦恩·蒙迪,罗伯特·M.诺埃.人力资源管理 [M].葛新权,郑兆红,王斌等译. 6 版.北京:经济科学出版社,1998.10,第 53 页。）

（一）战略形成过程:SWOT 分析

SWOT 分析法是一种综合考虑企业内部条件和外部环境的各种因素,进行系统评价从而选择最佳经营战略的方法。S 是指企业内部的优势 (strengths);W 是指企业内部的劣势 (weakness);O 是指企业外部环境的机会 (opportunities);T 是指企业外部环境的威胁 (threats)。

企业内部的优势和劣势是相对于竞争对手而言的,一般表现在企业的资金、技术、设备、职工素质、产品、市场、管理技能等方面。判断企业内部的优势和劣势一般有两项标准:一是单项的优势和劣势;二是综合的优势和劣势。为了评估企业的综合优势和劣势,应选定一些重要因素,加以评估打分,然后根据其重要程度加权确定。

企业外部的机会是指环境中对企业有利的因素,如政府支持、高新技术的应用、良好的购买者和供应者关系等。企业外部的威胁是指环境中对企业不利的因素,如新竞争对手的出现、市场增长率缓慢、购买者和供应者讨价还价增强、技术老化等。这些是影响企业当前竞争地位或影响企业未来竞争地位的主要障碍。对于组织所处的外部环境因素的分析可采用 PEST 环境分析法 ，即指将组织的外部环境因素分为政治环境 (Political Environment)、经济环境(Economic Environment)、社会环境(Social Environment)和科技环境(Technology Environment)等四大类来进行分析的一种方法。

SWOT 分析法依据企业的目标,对企业生产经营活动及发展有重大影响的内部及外部因素进行评价,按照因素的重要程度加权并求和。

实际上,组织竞争优势来源于价值链的各个环节。所谓价值链是指消费者心目中的价值由一连串企业内部物质与技术上的具体活动与利润所构成,当企业和其他企业竞争时,其实是内部多项活动在进行竞争,而不是某一项活动的单项竞争。通过价值链分析,企业可以知道在哪些活动占有优势,哪些处于弱势。企业只有比竞争对手更善于经营才能从活动中获得优势。20 世纪 80 年代,日本货之所以能够倾销美国市场,就是因为日本的产品有较高的品质和较低的价格,日本人利用"良好运营"的竞争优势将产品销售到全球,他们改善运营效益的做法有全面质量管理、即时系统、标杆营销、流程再造、组织虚拟化、变革管理等。其中有许多管理方法至今仍为世界各国企业广泛采用。

(二)战略执行过程:五要素分析

战略执行过程要考虑以下五项要素,如图 15.2 所示:组织结构;工作任务设计;人员的甄选、培训与开发;报酬系统;信息及信息系统的类型。可以看出,在战略执行阶段的五个重要变量中,人力资源对其中的三个基本变量负有责任:即任务、人员以及报酬系统。除此之外,还能够直接影响到其他两个变量:即结构与信息,以及决策过程。因此,我们可以清晰地得出结论:人力资源直接影响到组织战略目标的最终达成。

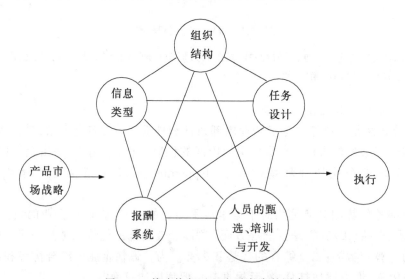

图 15.2　战略执行过程中需考虑的因素

(资料来源:[美]R.韦恩·蒙迪,罗伯特·M.诺埃.人力资源管理 [M].葛新权,郑兆红,王斌等译. 6 版.北京:经济科学出版社,1998.10,第 62 页。)

三、战略管理过程与人力资源管理职能的联系

(一)人力资源与战略管理过程的联系

战略选择实际上是由对与竞争有关的一系列问题所进行的回答构成的,例如企业或

组织怎样才能在竞争中努力实现自己的使命和目标。这些决策中包含了组织对以下几个方面问题的强调和回答：

1.在哪里去进行竞争？我们将要到哪一个或哪些市场上(行业、产品等)去进行竞争？

2.如何进行竞争？我们将在何种标准或者差异性特征上去进行竞争？是成本？是质量？是可靠性？还是产品或服务的提供过程？

3.我们依靠什么进行竞争？哪些资源使我们能够赢得竞争？我们如何获取、开发及使用这些资源去进行竞争？

尽管这些决策都是非常重要的,但是战略决策的制定者却很少注意到"依靠什么进行竞争"的问题,其结果将导致战略决策的水平低劣。

(二)人力资源在战略形成过程中所扮演的角色

正是"我们将依靠什么进行竞争"这一问题,为人力资源影响战略管理过程提供了一个理想的渠道。人力资源对于战略管理过程的影响,要么是通过对战略选择的限制来实现的,要么是通过迫使高层管理者们去考虑这样一个问题来实现的,即企业应当怎样以及以何种代价去获取或开发成功地实现某种战略所必须的人力资源。企业的战略决策通常是发生在其高层,即通常由包括首席执行官、首席财务官、总裁以及各位副总裁在内的战略规划小组所决定。然而如图 15.1 所示,在战略管理决策过程的每一个步骤中,都会涉及到与人有关的经营问题。在人力资源战略和战略管理职能之间存在四种不同层次的联系：行政联系、单向联系、双向联系以及一体化联系,如图 15.3 所示。

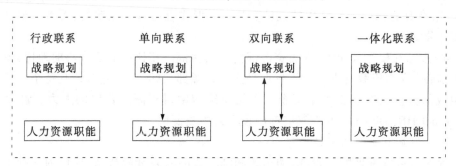

图 15.3　战略规划与人力资源管理之间的联系

(资料来源：[美]R.韦恩·蒙迪,罗伯特·M.诺埃.人力资源管理 [M].葛新权,郑兆红,王斌等译. 6 版.北京：经济科学出版社,1998.10,第 55 页。)

(三)人力资源在战略执行过程中所扮演的角色

如前所述,战略执行过程有赖于人力资源的职能发挥来完成。换句话说,在战略执行过程中人力资源职能所扮演的角色为：确保组织获得适当数量的雇员,同时要保证这些战略规划所需要的各种不同类型和层次的技能;建立起"控制"系统,从而确保这些雇员所采取的行为方式有利于推动战略规划中所确定的目标的实现。具体来讲,主要表现在以下几个方面：

首先,要想使战略能成功地得到执行,就必须对工作任务进行设计,然后再以富有成效的方式把这些任务进行归类,以形成各种不同的工作。

其次,人力资源职能必须确保组织能够得到适当的人员配备,这些人必须具备在战略执行过程中完成各自承担的工作所必须的各种知识、技能以及能力。这种目标主要是通过招募、甄选和配置、培训、开发以及职业管理来实现的。此外,人力资源管理职能还必须建立起组织的绩效管理和报酬管理系统,从而引导员工去支持战略规划并为战略规划的实施而努力工作。

综上所述,人力资源职能通过对工作分析与工作设计、招募和甄选系统、培训与开发计划、绩效管理系统、报酬和劳工关系计划等人力资源管理实践来实现上述目标。以中国而言,企业在发展过程中必须以各种不同的战略来适应市场的变化,要懂得谁能成功地掌握人力资源,谁将拥有未来的市场。前不久召开的全国人才工作会议明确提出的人才强国战略,正是体现了我国要将人口大国转变为人力资源强国的战略性人力资源管理思路。

四、人力资源战略

(一)人力资源战略的类型

1.前台式。人力资源管理在 Internet 时代必须从后台移到前台,对客户、业务和市场有必要进行深入的接触和了解,在此基础之上具备把握整个公司走向的洞察力和对整个行业走势的前瞻性预测。

2.动态式。唯有变化才是唯一不变的现象是信息时代的特征。因此,人力资源管理的模式也必须是动态的、变化着的,并且是实时的。从事人力资源的管理人员,也可以是经过岗位调换的,有其它部门工作经历的人员。其办公形式也可以是流动的,而不一定是静止地固定在办公室。

3.轴心式。在整个公司中,人力资源部门与其他部门相比应处于中心的地位,象一个机器中的轴心。人力资源管理工作不仅仅是人力资源部门的工作,它应该是每个部门经理工作的组成部分。已有不少大中型企业在组织结构中设立副总裁级的人力资源总监职务(CHO,Chief HR Officer),并在其它部门设立人力资源岗位。

(二)人力资源战略的实施

实现人力资源管理的前台式、动态式和轴心式的人力资源战略,应成为三种不同层次上的战略:即企业、跨部门及部门。

1.在企业层次上,人力资源管理需"一把手"的亲自参与。尤其对于人力资源规划与人力资源开发,公司的利益能与员工分享,直接回答"What's In It For Me"。企业必须注重和不断提高员工的满意度,帮助员工作职业生涯规划。并高薪招聘最优秀的人,倡导有活力、互动的、灵感激发式的企业文化。

2.在跨部门层次上,建立革命性的制度。如岗位调换制、跨部门团队建设、内部客户制等。

3.在部门层次上,又分为两种情况:

(1)人力资源部作为轴心的人力资源管理是提升整个公司管理水平的关键。人力资源部门要担任"导师"的角色,人力资源部门的员工要做人力资源专家、培训导师。人力资源部门不但应该有意识地通过岗位调换和培训,帮助非市场部门的员工了解客户和市场的走向。更重要的是人力资源部作为人力资源规划、招聘政策、培训计划、薪金制度的制定者和执行者,只有对企业、市场和行业发展的全局性的把握,才能真正实现人力资源管理上的各项功能。因此,人力资源部不应该仅仅埋头于内部事务,而应该了解业务和市场。并从外部来确立对人力资源部门的业绩评估标准,也就是让其他部门、顾客来评估人力资源部门的工作,并挖掘对人力资源部门潜在的期望。而且要把公司的外部顾客也作为企业的人力资源,因为他们同样是企业技术、产品创新的资源。

(2)其他部门人力资源管理工作应该是每个部门经理工作的组成部分。尤其对于新提拔的经理,人力资源部应给予培训,并把人力资源管理作为经理业绩考核的重要内容之一,特别是评估其领导下属员工业绩的能力。部门经理应该主动与人力资源部门沟通,共同实现管理的目标,而不仅仅在需要招聘或辞退员工时,才想到人力资源部门。

五、人力资源管理职能的战略性发展

(一)人力资源管理的战略性地位不断提升

1.人力资源真正成为企业的战略性资源,人力资源管理要为企业战略目标的实现承担责任。其表现就是人力资源管理在组织中的战略地位不断上升,并在组织结构的变革上得到了保证,如很多企业成立了人力资源委员会,使高层管理者关注并参与企业人力资源的管理活动。

2.人力资源管理不仅仅是人力资源职能部门的责任,而且也是全体员工及全体管理者的责任。过去只是人事部门的责任,现在企业高层管理者必须承担对企业的人力资源管理责任,关注人力资源的各种政策。目前的人力资源管理在某种程度上可以分为三个部分:一是专业职能部门的人力资源管理工作;二是高、中、基层领导者如何承担履行人力资源管理的责任;三是员工如何实现自我发展与自我开发。发展中的人力资源管理的一项根本任务就是:如何推动、帮助企业的各层管理者及全体员工去承担人力资源开发和管理的责任。

3.人力资源管理由行政权力型转向服务支持型。人力资源职能部门的权力淡化,直线经理的人力资源管理责任在增加,员工自主管理的责任也在不断增加。

4.由于目前组织变化速度很快(现在的组织是速度型组织、学习型组织、创新型组织),人力资源管理要配合组织不断的变革与创新,就需要创新授权,通过授权建立创新机制。同时,在企业中引入新的团队合作,形成知识型工作团队,将一个个战略单位经过自由组合,挑选自己的成员、领导,确定其操作系统和工具,并利用信息技术来制定他们认为最好的工作方法。这种被称之为 SMT(自我管理式团队)的组织结构已经成为企业中的基本组织单位。

(二)全球化条件下的人力资源管理战略

我们所处的世界是否正在迎来一个全球化的历史时代?这是一个有争议的问题。但我们的确在经历着世界经济的一体化,经历着知识经济在全球的发展,也经历着世界范围的消费社会的到来。人们越来越感到,全球化体现在资源的全球性、竞争的全球性、开发的全球性、配置的全球性等诸多方面。随着生产力的发展,世界经济一体化进程的加快,市场不再是某一个国家的内部市场,顾客也不再是某一个国家的内部消费者,所有的一切都是世界性的,是没有国界的。所以企业只有在世界市场上取得成功,才能算得上是真正的成功。《财富》杂志以营业收入为标准排序的 2001 年前 500 家最大的服务和制造公司中,日本电话电报公司(NTT)虽然具有最高的市场价值,但其营业收入却排在第 16 位,利润则排在第 129 位。无疑,一个国家的"外部市场"的潜量是如此的巨大!美国作为世界上最大的国家市场,吸纳着全世界市场约 25% 的产品和服务, 由此可以发现其余 75% 的市场存在于美国之外。对日本公司来说,尽管其本国市场的美元价值在西方国家排在第二,仅次于美国,但日本以外的市场要占世界市场潜量的 85%。因此,走向全球,谋求更大的发展和发挥最大的潜能才是根本。

从 20 世纪 60 年代后期、70 年代初期,国际政治经济的一体化不断发展,科学技术的发展使全世界在时间和空间上的距离缩短。"地球村"的预言(the global village prophecy)正在变为现实。人们再也不能互相回避或坚持闭关自守的孤立主义政策。不断增强的流动性,现代化的交通与电讯技术,国际政治经济一体化不断促使人们认识到跨文化沟通的重要性,在此背景下国际培训(international training)也日益发展。随着全球经济一体化和知识经济时代的到来, 世界人才资源的竞争将更加激烈。加入世贸组织后如何提高我国人才的国际竞争力,使人力资源开发体系更具有主动性、竞争性和前瞻性,是人们普遍关注的重要课题。

第二节　战略性人力资源管理

一、战略性人力资源管理的内涵及特征

近年来, 西方人力资源管理理论出现了一个新的概念, 即战略性人力资源管理(strategic human resource management,缩写为 SHRM),有的学者也将其翻译为"战略人力资源管理"或"战略化人力资源管理"。事实上,战略性人力资源管理产生于 20 世纪 80 年代中后期,十多年来这个领域的发展令人瞩目。对这一思想的研究与讨论日趋深入,并被欧、美、日企业的管理实践证明是获得长期可持续竞争优势的战略途径。相对于传统人力资源管理, 战略性人力资源管理定位于在支持企业获得竞争优势的战略形成与执行过程中人力资源管理的作用和职能。

(一)战略性人力资源管理的内涵

目前,学术理论界一般采用 Wright & Mcmanhan(1992)的定义,即战略性人力资源管理就是"为企业能够实现目标所进行和所采取的一系列有计划、具有战略性意义的人力资源部署和管理行为"。可见,这一概念主要强调三个方面的内涵:一是在企业战略管理过程中,人力资源管理战略不只是服从整体的企业战略,而且在企业战略制定时也要积极地考虑人力资源问题,即人力资源管理必须是"战略的"。二是企业要维持长期较高的经营业绩,必须具有优良的人力资源系统。人力资源是企业持续竞争力的源泉,必须从企业竞争

力的高度来看待人力资源管理的意义,改变传统的将员工及其管理视作"成本"的片面观点。三是从实证方面看,战略性人力资源管理系统对企业业绩具有明显的直接效果。

(二)战略性人力资源管理的基本特征

由上述定义可以看出,战略性人力资源管理具有以下四个基本特征:

1.人力资源的战略性。企业所拥有的这些人力资源是企业获得竞争优势的源泉。战略性人力资源(Strategic Human Resources,SHR)是指在企业的人力资源系统中,具有某些或某种特别知识(能力和技能),或者拥有某些核心知识或关键知识,处于企业经营管理系统的重要或关键岗位上的那些人力资源。相对于一般性人力资源而言,这些被称为战略性的人力资源具有某种程度的专用性和不可替代性。

2.人力资源管理的系统性。企业为了获得可持续竞争优势而部署的人力资源管理政策、实践以及方法、手段等构成了一个完整的战略系统。

3.人力资源管理的战略性。也即"契合性",包括"纵向契合",即人力资源管理必须与企业的发展战略契合;"横向契合",即整个人力资源管理系统各组成部分或要素相互之间的契合。

4.人力资源管理的目标导向性。战略性人力资源管理通过组织建构,将人力资源管理置于组织经营系统,促进组织绩效最大化。

(三)战略性人力资源管理的内在逻辑

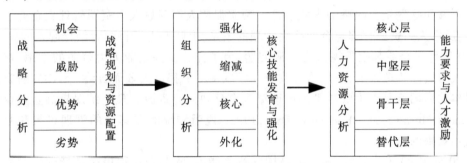

图 15.4　战略性人力资源管理的内在逻辑

(资料来源:李洪涛.分层分类的战略性人力资源管理模式[I]. 中人网,2003-10-22)

战略性人力资源管理的出发点和归宿都在于打造企业未来的核心竞争力,核心在于如何从企业现有人力资源存量中培养、凝炼出一支具有核心竞争力的员工队伍。如图 15.4所示。

二、战略性人力资源管理理论的产生背景

(一)时代背景

战略性人力资源管理的理念首先由美国人提出。20 世纪 80 年代以前,日本的企业实际上扮演着战略人力资源管理先驱实践者的角色。日本人力资源管理实践的精髓在于其人本主义理念,在这一理念指导下,日本企业将其管理重心集中在对"人的管理"之上,实行了一系列充分体现其人本主义思想的人力资源管理制度,例如终身雇佣制、年功序列制、教育培训制以及社会保障制,等等。这些制度的战略基础是:能力、品质、技能、教育程度、完成任务的适应性和岗位工作绩效等。

但在20世纪80年代以后,日本人力资源管理的弊端也日益暴露出来。约翰·沃洛诺夫在《日本管理的危机》、帕茨·史密斯在《日本:一种新的解释》、菲利普·安德森在《黑纱的里面:除去日本人商业行为的迷雾》等著作中,都深刻地分析了日本模式的弊端。他们指出,在日本企业中,人力资源管理在更大程度上陷入一般事务性职能,对人力资源的战略性、战略人力资源的工作绩效激励、核心雇员的配置等方面缺乏充分的界定、使用和激励,这使得日本企业"核心人力资源"(Core Human Resources)的"战略性"受到了极大削弱和限制。

(二)市场背景

战略性人力资源管理理论的产生源于以下几个市场背景:

1.企业在投资决策和市场营销等各个方面都推行并实现了战略管理,至少已经按照企业战略来指导。相反,人力资源管理尚未纳入企业战略的范畴,寓于企业战略之外使人力资源管理的地位和效果受到很大的制约。毫无疑问,人力资源管理受到现行惯例、工会、企业内外的利害团体等因素的影响,如果不从战略的角度考虑人力资源管理问题,必然导致人力资源的浪费,降低人力资源管理的效果,最终将对企业产生负面的影响。

2.企业战略没有人力资源的协助就不会取得成功,许多经验表明,正是由于对人力资源考虑不够而导致企业战略的失败。这一现实促使人们反思人力资源管理在企业管理中的地位,反思人力资源管理与企业战略管理的关系,由此产生了将两者结合起来的思想。

3.尽管许多企业都很重视人力资源问题,为了充分发挥企业人力资源的作用,都致力于改革人力资源管理系统,但是这些改革和尝试基本上都以失败而告终。SHRM研究者指出, 根本的原因就是人力资源管理的改革没有反映人力资源管理系统对提高企业业绩的作用(Jam & Murray,1984;Kochan & Dyer,1995),说明传统的和其他的管理思想和方式是缺乏实际效果的。

4. 20世纪80年代以后,为了提高国际竞争能力,欧美企业积极引进新的生产方式和技术,但是由于没有同时改革人力资源管理系统,这些新技术没有达到预期的效果。人们进一步认识到要使新的生产方式取得成功,探索新的人力资源管理战略就是十分重要的,也是很自然的。

(三)理论背景

SHRM的提出与企业战略理论有密切关系,SHRM受到企业战略理论的重要影响,将两者割裂起来容易导致对SHRM的错误理解。企业战略管理理论的发展经历了条件适应理论(contingency theory)、产业组织理论(industrial organization)等,目前企业战略理论的前沿和主流转向了资源基础理论。同样,SHRM也经历了不同的时期,其理论基础也发生过重要的转变。早期的SHRM是以条件适应理论为基础建立的,但近年来已转向资源基础理论。

企业战略理论的主要目的是通过分析企业成功与失败的原因,探讨企业维持良好业绩的战略选择,因为战略管理理论能够清楚地判明企业之间的差异性。

1.条件适应理论

长期以来,条件适应理论是企业战略分析的主要工具。条件适应理论认为,企业的差异性不是由企业内部决定的,而是由外部环境、产业结构决定的(Porter,1980)。该理论假定企业资源具有同质性和可移动性,由于资源是同质的并能够在不同的企业之间进行转移,因此它不能很好地解释企业差异性的根源(Barney,1991)。许多实证研究表明,企业战略差异并不完全取决于外部条件,相反由企业内部要素决定的组织特性是影响差异性的重要因素。

2.资源基础理论

资源基础理论把组织特性(企业内部积累的特殊资源)视作企业竞争力的源泉,这里所讲的资源是指通过战略实施,企业自身积累的可控制的所有资产、能力、信息、知识等。资源基础理论最重视的不是在市场中可以自由交易的物理资源,而是竞争者模仿需要花费相当时间和成本的无形资源,这种特殊的资源能够给企业带来超过资源所有者机会费用的收益(准租金)。

资源基础理论与条件适应理论和产业组织理论不同,它假定要素市场是不完全的,即在商品和服务过程中投入的资源的分布是有差异的,由于资源分布的差异性和移动的不完全性,拥有比竞争对手更有优势资源的企业可以通过这些资源获得连带租金和垄断租金。所谓连带租金是指通过掌握稀缺资源获得的超额利润,所谓垄断租金是指掌握稀缺资源的企业为了利润最大化有意识地通过限制资源输出而获得的超额利润。无论是连带租金还是垄断租金,竞争企业模仿这些稀缺资源需要花费相当的时间和成本,因此掌握这种资源就成为企业保持持续竞争力的源泉和基础,可以起到限制竞争的作用,企业之间的差异性就由此而长期保持下去。为了解释资源之所以作为限制竞争的要素而受到关注,资源基础理论提出了 "路径依赖性"(path dependency) 和 "因果关系的模糊性"(causal ambiguity)这两个概念。

从资源基础的观点看,受到特别重视的无形的资源,其积累过程与事先的学习、投资和开发活动有着密切的关系。换言之,无形的资源积累过程依赖于一定的路径,企业成长的历史过程发挥着非常重要的作用。正因为如此,竞争企业不可能正确把握这种积累过程,即使能够把握也不能完全重复那家企业的历史,因此不能获得这种资源。另一方面,因为积累过程依赖路径,究竟什么造成了企业之间业绩的差异也很难搞清楚,这就是所谓的因果关系的不明确性。这种不明确性使得竞争对手不知道应该模仿什么以及怎样模仿。路径依赖性和因果关系的模糊性对模仿产生了阻力,限制了竞争对手的模仿活动,企业的差异性被长期保持下去。资源基础理论由于较好地解释了企业战略差异的根源,因此提出特有资源是企业保持长久竞争力的重要因素。Barney(1991)通过对资源与竞争优势之间关系的进一步研究,认为作为企业持续竞争力基础的资源必须具备四个条件,即能够产生附加价值、具有稀缺性、竞争对手完全不能模仿或不能完全模仿,以及在战略上不存在具有相同价值的可替代的资源。

三、战略性人力资源管理与企业持续竞争优势的关系

如上所述,在 SHRM 发展上存在两种不同的观点。其一是基于条件适应论的 SHRM,

其二是基于资源基础理论的 SHRM。表 15.1 是对两种理论的比较。

表 15.1　两种不同理论下的 SHRM 观点比较

比较内容	条件适应理论下的 SHRM	资源基础理论下的 SHRM
企业战略理论	产业组织观点下的企业战略理论战略形成	资源基础观点下的企业战略理论战略形成
人力资源	假定人力资源是持续的竞争优势的源泉	是持续的竞争优势的源泉,并在理论上明确阐述
分析视角	单一功能	发挥系统功能
强调点	任务、行为	人力资源具有的机能、知识、能力
主要学者	Miles & Snow;Schuler & jackson	Barney,BeceHR　&　Gerhart,Huselid Kochan, Osrerman, Pfeffer, Wright
整合性	服从于企业战略的类型	外在的整合,内在的整合
实际情况	实现、不设想	事先设想

资料来源:蔡仁锡.人力资源管理理论的前沿:战略的人力资源管理.《组织科学》,1998,(4):82

(一)条件适应理论基础上的 SHRM

对早期 SHRM 产生较大影响的条件适应理论,认为企业战略和组织结构等企业特征和业绩主要取决于企业的经营环境。正因为如此,企业比较重视企业内部条件与外部环境的整合。SHRM 也就是意味着对层次较高的企业战略与层次较低的人力资源管理战略的整合。按照这种观点,企业战略是根据环境条件的类型划分的,人力资源管理再按照不同的战略类型与之相适应,很显然,企业战略选择不是企业自主的,人力资源及其管理又是服从于企业战略类型的。实际上,迄今为止,大多数企业都是按照这种思路进行人力资源管理的。但是,这种观点明显地带有若干局限性。

早期的理论虽然也使用了"SHRM"这样一个好的名称,但是仍然带有以成本看待人力资源的明显倾向,对人力资源的评价是消极的。在这种理论下,SHRM 说到底是要人服从于战略,而不是战略服从于人。其次,早期的理论缺乏系统的思想。构成人力资源管理系统的各项机能具有很强的相互关联性,不能孤立地发挥一个机能的作用。但是,正如在传统的人才选拔和教育培训等方面表现的那样,基于条件适应理论的 SHRM 的焦点依然放在如何将构成人力资源管理系统的某一方面的功能与企业战略联系起来。第三,由于按照企业战略类型的不同要求,需要将人力资源管理战略也划分为若干类型,但是这种划分未必是适当的,实证研究对这种划分的恰当性提出了疑问。

对以条件适应理论为基础的 SHRM 来说,最大的局限性是不能从理论上解释人力资源为什么是持续竞争优势的源泉之一,它仅仅假定人力资源是持续竞争优势的源泉。在该理论下,人力资源管理战略上存在的问题与人力资源本身存在的问题(如知识、技能等)是相互脱离的。

(二)资源基础理论基础上的 SHRM

以资源基础理论为中心的 SHRM 把阐明"人力资源为什么是持续竞争优势的源泉"作为自己的重要课题。Wright 等(1994)对资源要成为竞争优势的四个条件给予了比较充分的理论说明。

1.人力资源为什么能创造附加价值

围绕这个问题的研究主要包括人力资本理论、人力资源会计理论、效用分析等三个方面。人力资本理论主要是从资本角度研究人力资源拥有的技术、能力、知识等要素给企业带来的附加价值,明确了人力资源是企业的重要资源,重视人力资源综合评价系统的开发。效用分析偏重于以具体的、数字的方式表现人力资源储备、员工态度与行为给企业带来的附加价值。虽然这三种理论的假定和包含的变数各不相同,但是在论证人力资源为企业创造附加价值这一方面是共同的。

2.人力资源为什么是稀缺的资源

众所周知,认知能力是评价个人职务业绩最适合的尺度和工具,根据对员工认知能力的研究,个人之间存在诸多差异,且呈现正态分布。如果承认认知能力呈现正态分布,那么能力较高的人力资源只能是稀缺的。许多企业在员工选聘过程中都把高层次的人力资源作为自己选拔和雇佣的目标,就是因为这类人才是稀缺的,但关键是企业是否具有选拔高级人才的体系以及吸引高级人才的魅力。即使某家企业通过建立适当的选拔体系和企业魅力能够雇佣到能力不凡的员工,其结果也只能雇佣到正态分布上更靠左边的人力资源,因为高能力的人力资源是十分稀缺的。

3.人力资源为什么是竞争企业难以模仿的

从资源基础理论的观点出发,妨碍模仿的主要原因是路径依赖性和因果关系的模糊性,这也适用于对人力资源的分析。企业通过自身的历史不仅构建了独特的规范和组织文化,而且通过工作活动形成了一套适合该企业的日常惯例,这种日常惯例对内部员工而言是常识,没有什么疑问,但是对外部人员来讲难以看清其中的内容。即使竞争对手利用高薪等手段将掌握这些日常惯例的人力资源转移过来,但如果竞争对手不能重复相同的历史,也不能模仿,这说明人力资源的转移是不完全的。如果考虑到企业基本上都是以团队方式构建人力资源的,那么人力资源也就成为企业业绩因果关系不明确的直接原因了。因为在团队生产中,不同类型人力资源究竟对企业发挥了什么作用很难发现。比如,日本制造业竞争力较高,是因为生产现场蓝领员工的劳动生产率高,还是因为灵活的生产方式,以及因为管理者更有效地管理了蓝领员工,很难辨别出明确的关系。正因为人力资源模仿需要花费大量的时间和成本,才使之成为一种特殊的资源。

4.人力资源的不可替代性

解决这一问题有必要认识人力资源与其他资源的不同点,人力资源不会像其他资源那样轻易陈旧化,人力资源的价值可以转移到各种技术、市场、商品等广泛的领域。新技术经常被看作替代人力资源的替代物,但是它并不能真正地替代人力资源。原因是,即使通过技术革新使原有的技能失效,但是人力资源具有学习和创新能力,特有的知识、技能也能够很快地转移到新技术上。毫无疑问,关键的问题是人力资源是否具备灵活地对应技术革新和组织变动的能力。

总之,基于资源基础理论,SHRM 与企业持续竞争优势之间的关系获得了充分的理论证明。在现代市场体系中,虽然人力资源也被看成是构成市场的重要要素之一,但是与其他要素不同,它不是可以自由交易的商品,一方面人力资源的交易不能实现全部价值的转移,另一方面由于人力资源能够带来长期的经济利益,因此掌握人力资源的企业也不会轻易转移出去,而是作为维持自身竞争力的基础保留下来。由此可见,战略性人力资源管理改变了对人力资源的认识,不再是成本和消极意义的,相反是在企业中发挥着更积极作用的特殊资源。

四、人力资源管理系统与竞争优势

如果把人力资源看成是企业持续竞争优势的源泉,那么剩下的问题就是如何最大程度上发挥人力资源的作用。很显然,人力资源是有价值的,但是这种价值必须借助于一定的渠道和方式才能发挥出来,因为必须区分两个基本概念,即人力资源拥有的能力和人力资源发生的行为。前面我们讨论的仅是能力问题,而人力资源发生的行为则取决于人力资源管理系统。我们可以把人力资源的活动过程看成是与企业建立直接雇佣关系的人力资本的运动,那么人力资源管理系统就是指将人力资本的运动与企业目标结合起来,为激发人力资源旺盛的工作动力而实施的各种管理和组织活动。

企业通过人才选拔系统录用了一定数量的人力资源,随后企业一定试图加以管理和控制,这种管理和控制当然是针对人力资源发生的行为的,这就意味着人力资源虽然是保持竞争优势的必要条件,但不是充分条件,原因是人力资源的行为未必与企业的目标相一致。所以,为充分发挥人力资源的作用必须建立促进人力资源行为向企业目标努力贡献的管理系统。实际上,人力资源管理系统包括选拔、教育培训、福利待遇等广泛的领域,主要目标就是激励员工,提高人力资源努力的绝对水平以最终实现企业的目标。由此可见,关键问题是要将人力资源的能力转变为现实的竞争优势。

我们对上面的分析隐含着一个基本假定,即人力资源管理系统是实现企业持续竞争优势的基本途径。对此也有人提出不同观点,Wright(1994)等指出,人力资源管理系统容易被竞争对手模仿,不能成为持续竞争优势的源泉。实际也是这样的,很多企业在建立自己的人力资源管理系统时,往往会对照业绩良好企业的管理系统,并借鉴他们的做法,这说明人力资源管理系统的确是经常被模仿的。但是,一个卓越的人力资源管理系统的模仿性是有限的,正如人力资源在企业之间的转移是不完全的一样,人力资源管理系统也不会在企业之间进行充分的转移,其基本理由有以下两个方面:

1.人力资源管理系统具有内在的整合性。人力资源管理系统是一个高级的复杂系统,它的内部有许多要素构成,承担的功能也不是单一的,人力资源管理系统要发挥有效的作用离不开各种功能之间的整合。一般而言,为了模仿复杂的系统,必须准确地了解构成系统的各项要素和功能之间是怎样相互作用的,但是,做到这一点是非常困难的。在这一意义上,人力资源管理系统是导致因果关系不明确的重要原因。

2.人力资源管理系统具有外在的整合性。人力资源管理系统不仅表现在体系、框架、方法、制度等有形的东西上,而且还渗透在企业日常的运营系统中.一套有效的人力资源管理系统是根植于企业日常运营系统和组织文化之中的，它之所以能够对商品开发和顾客服务等具体的经营活动发挥作用是因为更贴近企业的实际。如果与外在的其他系统相脱离，这套系统的效果就难以发挥，因此外在的整合性要求使竞争者难以模仿。也许一些有形的东西可以被简单的模仿和抄袭，但竞争对手掌握不了这套系统的精髓，与日常运营的其他系统的配合不可能是和谐的，因此人力资源管理系统仍然是构建企业差异化的基本手段，它可以为企业的业绩提高做出贡献，是企业保持持续竞争优势的源泉之一。

在否定人力资源管理系统是保持企业竞争优势的诸多观点中，有一个引人关注的论点就是所谓的"最佳教育培训"的问题。该论点认为，存在一个普遍适用的能够最大限度地激发人力资源能力的人力资源管理系统，这种普遍的人力资源管理系统可以通过最佳的教育培训来实现。例如，Pfeifer(1994)在一些实证研究中确认了最佳教育培训的作用，他几乎无视内在和外在的整合性作用。这一论点的提出是一些美国学者在20世纪80年代考察美国企业之后得出的结论，即美国企业人力资源管理系统不是理想的，人力资源特有的能力只利用了一半，结果导致美国企业竞争优势的恶化。为了引导美国企业完善人力资源管理系统，他们提出最佳教育培训的问题。毫无疑问，人力资源管理系统与教育培训有密切关系，从单一角度上也可以承认有比较好的教育培训方式，但是最佳的教育培训只是人力资源管理系统构建中的一个方面，不可能通过最佳教育培训导致最佳的人力资源管理系统，在这里，内在整合性和外在整合性同样发挥重要的作用。

五、战略性人力资源管理前沿问题研究

(一)定位研究

人力资源管理的重要性日益增强，许多企业已经认识到人力资源是最具有竞争优势的资源。在外部环境不断变化的今天，企业要想取得可持续竞争优势，就不能仅仅依靠传统金融资本的运营，还必须靠人力资源优势来维持和培育竞争力。这种变化促进了人力资源管理的战略性定位研究，这种研究主要集中在以下两个方面：

1.对促进人力资源管理职能转型的主要因素的研究，揭示传统人力资源管理所面临的挑战。马托森、杰克逊(Mathis & Jackson,1999)等人侧重于人力资源管理对产业转型和组织重组的适应性方面的研究。他们认为：最主要的挑战来自于经济和技术的变化与发展；劳动力的可用性和质量问题；人口多样性问题；组织重组问题。戴维·沃尔里奇等从基于组织面临全球经济、如何维持自身优势的角度加以描述。他们认为，要想在激烈的全球经济竞争中保持优势，人力资源管理就必须要克服来自8个方面的挑战：全球化；价值链重组；创造利润增长途径的变化；以能力为本；组织竞争力模式的变化；技术创新和进步；教育创新；组织再造和重组。

2.对人力资源管理职能的"战略性定位"。其基本的观念是：当代人力资源管理是组织的"战略贡献者"(Strategy contribution)。马托森则从三个方面论述这种"战略贡献者"的作用，即提高企业的资本运营绩效；扩展人力资本；保证有效的成本系统。斯托瑞则认为战略人力资源管理的基本职能是：保证组织在"竞争力、利润能力、生存能力、技术优势和资源配置"等方面具有效率。舒勒、胡博等人则从组织战略目标实现方面论述战略性人力管理职能，他们认为战略性人力资源管理是统一性和适应性相结合的人力资源管理，必须和

"组织的战略"及"战略需求"相统一。他们将战略性人力资源管理分成几个不同的部分:人力资源管理哲学、政策、项目、实践和过程,认为每个部分都是一种"战略性的人力资源管理活动",同时又是企业发展的战略目标。

沃尔里奇则提出人力资源管理"战略性角色"的概念,认为当代人力资源管理已经从传统的"成本中心"变成企业的"利润中心"。在这种转变过程中,人力资源管理的角色也处于不断的转型中,正经历由传统的"职能事务性"向"职能战略性"的转变。他描述了四种主要的角色:管理战略性人力资源;管理组织的结构;管理员工的贡献程度;管理企业或组织正在经历的各种转型与变化。沃尔里奇认为,人力资源管理若要能够有效担当这四种基本角色必须掌握四类基本技能,一是掌握业务(Business Mastery),要求人力资源管理成为核心经营管理的有机组成部分,了解并参与企业基本的业务活动,具有强烈的战略业务导向。二是掌握人力资源(HR Mastery),确保基本的管理和实践相互协调,并担当起一定意义的行政职能。三是人力资源信誉(HR Credibility),人力资源管理部门及其管理人员必须具有良好的信誉体系,具备广泛的人际关系能力、问题解决能力和创新能力。四是掌握变革(Change Mastery),积极参与推动企业的变革,并提供有效的决策信息依据。

劳伦斯·S·克雷曼、乔森纳·斯迈兰斯基等人,侧重于从企业人力资源管理对企业价值链的重构、人力资源管理实践边界的扩展等角度,阐述人力资源管理职能的战略性定位。他们认为当代人力资源管理正日益突显其在企业价值链中的重要作用,这种作用就在于它能够为企业内部的各个部门提供"附加价值"(added value)。因此,人力资源管理部门必须积极加强与企业各业务部门的密切联系,支持配合企业的长期发展战略。为此,人力资源管理部门必须从过去传统的"权力中心"(power center)的地位转变为"服务中心"(service center)的地位。由于企业组织结构的创新和变革,必然引起人力资源管理职能的变化和扩展,人力资源管理将越来越多地参与企业战略制定、业务经营、技术创新、员工精神培育等战略性活动。总之,人力资源管理正日益成为企业建立竞争力优势的重要途径。

(二)方法研究

战略性人力资源管理是相对于传统事务性人力资源管理而言的一种新的人力资源管理形态,它在保证组织绩效、提升组织竞争力方面的战略性职能,促进了对战略性人力资源管理的本质性认识,建立了许多战略性人力资源管理的方法。由于对战略界定的多样性,也形成了战略性人力资源管理理论研究方法的多样性。目前,大致形成三种基本的研究方法体系:

1.关注人力资源管理对组织绩效贡献或企业财务行为的影响。这种方法为多数学者所接受,包括德莱利(Delaney)、莱文(Lewin)、奥斯特曼(Osterman)、伯菲(Pfeffer)、休斯里德(Huselid)、查德维克和凯培利等人。他们认为,战略性人力资源管理能够深度影响组织绩效,因此组织必须确定战略性人力资源管理的实践范围,并保证能够得以贯彻实施。当组织在人力资源管理的实施过程中,实践活动必须和组织的战略需求紧密相连,同时保证战略导向的一致性。

2.关注企业或组织在所处竞争性环境中采用的战略选择以及这些战略选择在企业人力资源管理中的运用。休斯里德(Huselid,1995)提出了被认为具有某种"通用性"战略人力资源管理方法。沿着休斯里德的思路,伯菲(Pfeifer,1996)提出16项人力资源管理工作。德莱利(Delaney,1996)确定了7项战略性人力资源管理工作:内部职业机会、正规培训系统、评价方法、利益共享、工作安全、投诉机制和工作定义。有些文献采用这七项工作来检验人力资源管理的三个主要理论观点:一般性、权变性和配置观,分析结果对这三个方面都提供了某种程度的支持。

3.考察企业战略与企业人力资源管理政策和实践之间的匹配程度,该研究方法假定"外部匹配"和"内部匹配"都对企业业绩有着深刻的影响。持有这种研究方法的大多数学者认为权变性的观点更适合于战略性人力资源管理,但不应忽视配置。实际上,人力资源管理工作与企业战略匹配与否是直接影响企业经营绩效的一个关键因素。

上述这些方法都存在许多相同的局限性,对于许多重要问题仍未作出科学合理的解释。例如,哪种人力资源管理工作最适合?是否存在最有效的人力资源管理系统的"理想模型"?怎样界定"战略性人力资源"范畴?怎样建立人力资源管理与企业发展战略的匹配机制?等等。因此,多数学者认为战略性人力资源管理领域仍存在许多有待解决的问题,需继续深入研究才能充分发挥人力资源管理的战略性作用。

(三)绩效研究

战略性人力资源管理贯穿于组织管理的每一个环节,绩效研究的目的在于通过有效管理的实践,为保证组织的发展和培育核心竞争力的战略制定提供机制和导向。从企业整体目标考察,战略性人力资源管理的核心在于保证和增进组织绩效。

战略性人力资源管理的绩效研究既包括战略性人力资源管理本身的管理绩效或实践绩效,也包括战略性人力资源管理对于组织(企业运营)的贡献绩效。前者涉及的内容主要是对组织人力资源管理的政策和方法实施效果的评价和分析,通过具体的人力资源投资、开发和利用的计划与规划,不断提高人力资源生产率或工作业绩;后者则是通过对组织状况、环境与特点的分析,力求组织的人力资源管理能够成为或实现组织"战略贡献者"的职能。两者相互联系,相互制约。

为获得并保证人力资源管理的管理绩效,与之相关的一个问题是"绩效是关于什么的?"是企业财务收益,或是股东收益,或是顾客满意。许多学者认为现行的人力资源管理绩效评价方法(如360度绩效评估、平衡记分卡、满意度调查等)未能深刻揭示人力资源管理与企业绩效之间的关系。米切尔·谢帕克(MichaelA·Sheppeck,2000)等人提出了一个关于战略性人力资源管理与组织绩效关系的概念模型。他们认为,组织绩效的提高是企业的环境、经营战略、人力资源管理实践和人力资源管理的支持因素等四个基本变量相互联系、相互作用的复杂系统行为的结果。人力资源管理不能单独对企业的绩效产生作用,必须与其他三个变量相互配合并形成一定的关系模式。菲里斯(Ferris,1998)提出了人力资源管理与组织绩效之间关系的"社会背景理论"(Social context theory),这一理论将人力资源管理放在一个更加广泛的背景中,通过引入多因素调查(政治、文化、技术和组织结构等)、中介联结和约束条件,建立了两者之间的动态关系模型。

然而,必须指出的是,为了充分实现战略性人力资源管理的绩效,还需进行人力资源绩效的定量分析研究。这方面的工作目前已经取得了一定的进展,发展了一系列的定量分析和定量研究的模型和方法。如人力资源指数问卷、人力资源案例研究、人力资源竞争基准、人力资源关键指标法、人力资源效用指数、人力资源声誉研究、会计学资产模式、人力资源成本模式等。这些定量研究和分析对于提高人力资源管理绩效,发挥人力资源管理的战略性职能具有重要意义。

（四）国际化研究

企业的国际化经营意味着其必须追求全球战略一体化,这就要求企业实行全球战略性人力资源管理(Geographic Strategic Human Resources Management)。经济全球化促进了企业的全球化视野和在全球范围内的人力资源配置。越来越多的文献强调面对经济全球化和世界经济一体化,企业必须培育全球人力资源的观念。这种观念要求企业全球性地思考(Geographic Thinking)、全球性地决策(Ceographic Decision)、全球性地整合(Geographic Integration)所有分布在不同区域、具有不同思想意识和文化观念的人力资源,通过全球一体化的开发利用,奠定全球经营的人力资源基础(Prahalad & Oosterveled,1999)。Cordero(1997)认为全球人力资源的配置效率取决于全球企业的组织制度和知识机制,因此,全球人力资源管理战略的实施要求企业具有组织柔性和文化柔性,全球经济效应取决于人力资源的变化能够在多大程度上满足柔性系统的需要。

在全球经济中,竞争能力将越来越多地依赖于创新能力,而创新能力的源泉在更大程度上依赖于企业的人力资源能力。Stewart(1991,1994)、Kamoche(1996)、Miller(1999)等人分别从"知识资本"、"智力资本"和"创新资本"的角度,论述了人力资源全球战略、全球激励和全球培训的重要性。因此,全球企业在建立面向21世纪的人力资源管理战略时,必须着力培养企业的全球观念、协作与团队精神、全球沟通、开发全球经理人员和全球知识工作者。但从目前国际人力资源管理的实践来看,明显地存在着不适应性。Adler(1983)调查后指出,有两项基本因素造成上述的不适应性:文化多元性(Multi culturelism)和地理扩散(Geographic dispersion)。但Adler同时也指出,这两项因素也使企业有机会获得利益并形成企业长期增长的基础:一是由于多元化人力资源的集聚,企业获得了巨大的创造性和创新精神的源泉;二是吸纳全球优秀人力资源;三是建立具有全球适应性的组织文化;四是实行战略性人力资源管理。Baumgater(1992)还提出国际化企业人力资源的三项技能:文化敏感性、技术技能和领导能力。

赫斯特(Hilster,1998)着重论述了全球化经济下新的职业生涯发展观,认为在新的环境下,人力资源管理应需培训新的技能和能力,如信息处理能力、学习能力、创造能力、团队能力等。其他一些学者如 Hunter,Beaumont&Sinclair (1996),Cordero (1997),Hitt,Keats&DeMarie(1998)等更加关注全球化趋势下,企业人力资源管理的战略作用和实施战略性人力资源管理的方法。另一些学者如 Boudreau,Loch,Bobey & Straud(1998)等人则对全球企业中人力资源知识管理、信息分享和激励制度给予了深刻的论述。

人力资源管理的全球化、信息化是由组织的全球化所决定的。组织的全球化,必然要求人力资源管理策略的全球化,主要体现在:

1.员工与经理人才的全球观念的系统整合与管理。这一方面是指通过人力资源的开发与培训使得我们的经理人才和员工具有全球的概念。另一方面则指人才流动的国际化、无国界。换言之,我们要以全球的视野来选拔人才,来看待人才的流动,尤其是加入 WTO 以后,我们所面对的就是人才流动的国际化以及无国界。

2.人才市场竞争的国际化。国际化的人才交流市场与人才交流将出现,并成为一种主要形式。人才的价值就不仅仅是在一个区域市场内体现,而更多的是要按照国际市场的要求来看待人才价值。跨文化的人力资源管理成为重要内容。人才网成为重要的人才市场形式,人才网要真正实现它的价值,就要最终走出"跑马圈地和卖地"的方式,真正通过利用网络优势来加速人才的交流与流动,并为客户提供人力资源的信息增值服务。

(五)虚拟人力资源

组织为了保持其竞争优势和核心能力,就必然对人力资源功能的战略性、柔性、效益和顾客导向性等四方面提出了更高的要求。人力资源要发挥"战略伙伴"功能,其关键业务是发展人力资本,从而使组织更具竞争力,达到战略目标。人力资源功能要在规划、政策、服务和业务等方面具有更多的柔性,人力资源和战略的协同常常不是固定的,人力资源管理不应是静态的。当然,实现人力资源功能要有成本限制,应合理安排人力资源管理费用,使时间、才智和资源得到最有效的利用。同时,人力资源要坚持以"顾客"为导向的服务功能,这些"顾客"包括直接从事人力资源服务的所有群体。

传统的人力资源管理,很难使人力资源功能同时满足上述要求。自从 20 世纪 80 年代提出了战略性人力资源管理的概念,此后它便成为研究的热点,并在理论和实践上已取得了突破性进展。作为战略性人力资源管理的前沿性课题,虚拟人力资源被提出并引起了研究者的高度重视,因为它可以满足对人力资源功能的上述要求。所谓虚拟人力资源,是指以伙伴关系为基础,充分利用信息技术,帮助组织获取、发展和筹划智力资本的一种基于网络的人力资源构架。虚拟人力资源的实际意义在于,可以充分利用外部资源,从事与组织竞争优势不直接相关的管理业务,降低人力资源成本。同时,人力资源管理部门就会把精力集中于具有高附加值的业务上。这样,往往会解决效益和战略支持间相互矛盾的问题。此外,利用外部资源,还可以对资源按照特殊性和及时性原则进行最佳配置,对那些利用率不高的资源,就不必花费大量的资金在组织内部建立和维持,而是借助于其他组织来获得。

第三节 战略性人力资源管理体系的构建

现代企业的竞争越来越集中于核心竞争力的较量。而构成企业核心竞争力的源泉在于核心人力资源。在未来市场竞争的较量中,企业如何将企业现有人才转变为提升企业核心竞争优势的源泉并予以开发,关键需要解决两个层面的问题。一是企业战略方向的引导并被员工认可;二是人才的合理使用并被"激活"。对此,构建一套战略性人力资源管理体系,是建设公司科学的经营管理体制的核心和基础。重构公司战略性人力资源管理的新体制,最重要的是把人看作企业中重要的战略性资源,按照企业战略要求,对企业现有人力资源进行分层分类的管理,并以此构建企业战略性人力资源管理体系。这是 80/20 法则,也称帕累托准则在人力资源管理领域的有效运用。其核心观点是:关键的少数(20%)决定次要的多数(80%)。有关战略性人力资源管理模式的研究,李洪涛的研究给我们提供了非常好的思路①,下文比较多的引用了他的观点。

一、战略性人力资源价值链

企业战略性人力资源管理解决方案的基础在于要对企业的人力资源进行分层分类的管理,核心是价值链管理,成败在于激励机制和沟通机制。如图 15.5 所示。

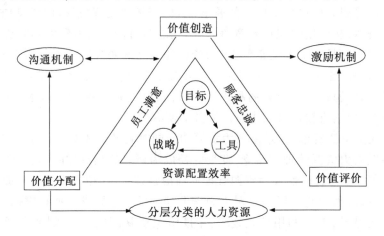

图 15.5 战略性人力资源价值链

从战略性人力资源管理的角度看,人力资源价值链的三个环节具有环环相扣的内在联系,可以说,激励的依据是价值评价,激励的手段是价值分配,而激励的目的在于使企业价值的创造者发挥主动性和创造力,从而为企业创造更多的利益。另一方面,价值评价和分配本身就是沟通机制的具体化形式。因此,只有在企业人力资源分层分类的基础上,建立起科学的价值评估体系和价值分配体系,才能形成有效的激励机制和沟通机制,从而推动企业各层级员工为企业创造更多的价值。

二、如何对企业人力资源进行分层分类

一个企业的核心能力就突出的表现为企业所具有核心的人力资源。核心人力资源是形成企业核心能力的基础,并已取代资金、技术、资本而成为企业重要的战略性资源,是构成公司核心竞争力的基本要素。作为知识和技能"承载者"的核心人力资源,代表了企业所拥有的专门知识、技能和能力的总和,是企业创造独占性的异质知识和垄断技术优势的基础。针对这一特殊的战略性资源必须进行分层分类的科学管理,以人为本,注重人和事的相互适应,注重对员工的培训和潜能的开发,建立有效的激励机制,才能充分发挥其创造

①李洪涛:分层分类的战略性人力资源管理模式,中人网,2003-10-22。

性和主观能动性,从而谋求企业与员工个人的共同发展。

与企业核心竞争力的衡量标准类似,可以用"价值性"和"唯一性"这两个标准来对人力资源分层分类,并以此界定企业的核心人力资源。首先有必要对这两个维度进行分析,然后利用"分层分类矩阵模型"将人力资源划分为四个象限加以界定。如表 15.2 和图 15.6 所示。

表15.2 人力资源分层分类的两个标准释义

分析纬度	人力资源的"价值性"	人力资源的"唯一性"
具体内涵	推动变革	在市场上没有得到广泛应用
	反映消费者需求	不能被购买或采购
	提供出色的客户服务	难以模仿和复制
	达成最优质量	特别的 KSA
	有助于流程完善	难以替代
	发展新的商业机会	在公司定做
	直接影响效率和生产率	通过有经验的人开发
	最小化产品成本、服务成本	差异性

图 15.6 战略性人力资源分层分类管理矩阵

因此,可以把企业中的各类人员依据这两个标准划分为图中的四个象限,形成人力资源分类图。在企业的具体操作中,对两个维度的界定还需要进一步深入考虑:(1)衡量现阶段人力资源的价值,还是衡量远期的人力资源价值,或者采用贴现的方式将两者结合起来。(2)企业的各个部门对企业的价值贡献如何衡量。我们知道每个企业都有自己的独特性,因此在价值衡量上也各不相同,尤其是对于管理部门很难科学界定其价值。(3)部门内也将职务进行分类,加以评价,确定其性质,这一点可以采用职位评价的方式进行。(4)为了确定人力资源的唯一性,要进行劳动力市场供求调查,可以确定现有人才的唯一性,且很容易操作。但针对于潜在人才的唯一性要建立一套系统的评估方法。(5)四种人力资源并不是一成不变的,它们之间的联系和相互转换也需要建立一套评估的方法。

表15.3　分层分类人力资源管理模式详解

职能体系	核心人力资源	义务性人力资源	辅助性人力资源	独特性人力资源
雇佣模式	知识工作	传统工作	合同工	伙伴
雇佣关系	组织为核心	工作为核心	交易	合作
工作设计	授权 用户导向	清晰定义 适度授权	准确定义 范围有限	团队为基础 自主
员工配置	才能、学习能力 提升	外部招募 短期目标	外部资源 特定的招聘	能够合作 成就
培训开发	现场培训 公司特色	限于具体情况 关注短期	局限于规章、流程	持续性培训 公司具体情况
绩效评价	关注战略贡献 培训	培训 关注短期绩效	行政管理	团队导向 完成目标
报酬激励	外部公平(高工资或持股 为知识经济、资历付薪)	外部公平(市场比例) 为绩效付薪	按小时或临时工 作付薪	团队的激励 合同、薪酬、为知识 付薪

图15.7　价值创造主体的分层分类模型

三、如何构建分层分类的人力资源管理体系

组织是公司目标实现的载体,构建分层分类的战略性人力资源管理体系首先要求在公司战略层面上调整组织定位与结构。其基本目标是在重新梳理公司目前的组织结构、部门职责与部门内部岗位结构的基础上,重新确定部门职能定位、内部结构,对于在管理职能上有交叉或内部管理职能失衡的部门要进行适当调整,同时考虑强化如战略研究、市场开拓、人力资源管理等方面的功能或部门。但前期调整尽可能以梳理为主,等到公司战略规划明晰后,再进行全面的组织结构调整。

(一)战略性人力资源管理的组织基础——对企业纵向与横向权责体系的理顺

公司建立创新授权机制的前提是对企业中不同层级人员职能的重新定位和再认识。从垂直分层上看:应当考虑"战略层—管理层—操作层"的分工;从横向分类看:应当考虑业务流程和工作职责的明晰化。

(二)战略性人力资源管理的定位——对企业长期发展战略的系统规划

战略性人力资源管理要求企业必须突破传统的"人事"定位,从一种维持和辅助型的管理职能上升为一种具有战略意义的管理职能。以此提高人力资源在公司中的战略价值,保证公司的人力资源政策与公司的发展战略相匹配,对人力资源进行系统规划。应该说,公司的价值创造主体是公司的领导层和核心业务类员工,价值创造主体的获取和业务能力的提升是公司人力资源规划的核心所在。人力资源规划是一种战略规划,着眼于为未来的企业生产经营活动预先准备人力,持续和系统地分析企业在不断变化的条件下对人力资源的需求,并开发制定出与企业组织长期效益相适应的人事政策的过程。它也是企业整体规划和财政预算的有机组成部分,是对人力资源的投入和预测。

(三)战略性人力资源管理价值评价体系——以关键业绩指标为核心的分层分类目标管理

建立符合企业战略性人力资源管理要求的员工业绩评价系统,是当前企业人力资源管理走向客观和理性的突破口,也是进行薪酬分配、调动员工积极性的重要内容。分层分类的绩效评价系统是在公司战略与业务定位的基础上,从战略分解和市场压力传导的角度,配合各部重新调整与定位,设计公司的 KPI 体系(KPI 是关键绩效指标 Key Preformance Index 的英文缩写),对各个部门进行分层分类管理。从收入增长(利润、规模)、收入的结构性调整、成长性(增长率、目标达成率)、资产安全性(资产负债率、应收账款、存货等)、资产收益率、新市场开拓与培育、制度执行情况、经营单位的组织建设、人才管理、客户资源管理等要素出发设计可量化的指标。总体思路为配合 KPI 目标管理的"分层分类"的考核体系,如表 15.4 所示。

表 15.4　以 KPI 为核心的分层分类考核体系

层级	考核办法	整体性考核思路
高层管理人员	采用平衡记分卡的方法综合考核	KPI 关键业绩指标目标管理
中层管理人员	采用 360 度考评办法进行考核	
一般员工	采用工作成绩评价、能力评价以及工作态度评价相结合的方式进行考核	

(四)战略性人力资源管理价值分配体系——以岗位工资为基础的薪酬管理

有效的薪酬制度是吸引、留住、激励高素质人才的必要条件。战略性人力资源管理中的"价值分配"的内容不仅包括工资、奖金、红利、股权,还包括职权、信息、机会、学习等,其中最重要的是企业薪酬体系的设计要体现分层分类的原则,薪酬管理模式要遵循下述基本思路：

1.必须贯穿"企业的战略目标—人力资源目标和战略—薪酬目标和战略"这条主线,强调提升企业竞争力。即要站在企业战略、组织和整个人力资源管理系统的高度来思考薪酬制度建立的目标、战略和基准,明确要实现企业的战略目标,需要什么样的人力资源(即关键成功要素分析),希望核心人才产生何种行为(即关键成功行为界定);要吸引和保留哪部分核心人才;通过什么来手段来吸引和保留、激励这部分核心人才;薪酬制度在其中起到什么样的作用。

2.必须围绕"价值创造—价值要素的分析—价值要素评价—价值分配"这一价值链条,即要明确是谁创造了公司的价值,哪些要素参与了价值的创造,如何来评价不同要素和不同的人在价值创造中的贡献, 谁是价值创造的主体, 从而确定价值分配制度应该向谁倾斜。价值链的引导过程体现组织对员工的期望,并通过合理的薪酬结构来体现。如表 15.5 所示。

表 15.5　以岗位工资为基础的分层分类薪酬体系

层级		薪酬体系	整体性薪酬思路
高层管理人员		采用年薪制和股票期权	以岗位工资为基础
中层管理人员		岗位工资+绩效工资+奖金分红	
一般员工	职能部门	以岗位分析和职位评价为基础,以岗位工资为主,绩效工资为辅。	
	业务部门	以任职资格和职位评价为基础,以绩效工资为主,以岗位工作为辅。	

(五)战略性人力资源管理培训开发体系——以在职培训为基础构建学习型组织

现代企业战略性人力资源管理必须树立人力资本投资观,要比投资物质资本更注重投资人力资本。构筑企业人力资源竞争力,就要高度重视人力资源的培训和开发,确立教育培训的战略性地位,建立"学习型企业",将教育培训制度化,根据企业发展战略,制定可行的培训开发规划,建立全员教育和终生教育体系,促使员工不断更新观念,优化知识结构,提高综合素质。尤其要加强中高级管理人员的培养,努力造就一批既精通市场运作规则,又能准确把握国内外行业发展趋势,具有国际化水准的专业管理人才队伍。同时,配合公司从业资格认证制度的推行,通过分期轮训、网上教育和参加社会培训等多种渠道,开展大规模的员工培训活动,逐步建设高素质的员工队伍。如表 15.6 所示。

(六)战略性人力资源管理配置异动体系——以竞聘上岗为基础的用工管理

战略性人力资源管理要求企业打破人才流动中的体制障碍, 保证人才市场主体充分到位。因此,在企业人力资源配置上,必须在严格的成本约束条件下,将那些劳动边际生产力低于社会平均边际生产力的员工即无效的劳动力置换出来, 才能实现企业人力资源的最佳配置,实现劳动力(员工)与其它生产要素的有机结合。能岗匹配原理是竞聘上岗的理论基础,干部任期制是竞聘上岗的制度基础。企业要按照公平、公正、公开、竞争、择优的选人用人标准,合理配置人员,建立能上能下、能进能出的用人机制。通过竞聘上岗的战略性人力资源配置模式,正是基于追求人才合理开发、合理配置、最佳使用的目的。通过公开竞聘的方式,搭建一个公平竞争、双向选择、人尽其能的人力资源配置平台,更好地满足业务发展和结构调整对人力资源的需求, 从符合任职条件的人群中挑选出最适合、最匹配的人,使职得其才,才得其用,能岗匹配,效益最佳。同时这又是极大地鼓舞斗志,广开才路的最好方法。如表 15.7 所示。

表 15.6　以在职培训为基础的分层分类培训开发体系

层级	学习体系	整体性培训思路
高层管理人员	EMBA、MBA 在职培训	以在职培训为基础
中层管理人员	MBA 在职培训、学历教育	
一般员工	岗前培训(入职培训)、在岗培训(在职培训)、转岗培训、社会继续教育、学历教育等	

表 15.7　以竞聘上岗为基础的分类用工管理

层级	竞聘体系	整体性配置思路
高层管理人员	通过董事会考察任免	以竞聘上岗为基础
中层管理人员	干部任期制+能岗匹配制的竞聘上岗	
一般员工	根据岗位要求和任职条件, 双向选择,竞聘上岗	

综上所述,无论是一个企业或其它类型的组织,能否在日趋激烈的国际国内竞争中争得一席之地,很大程度上取决于它能否快速构筑人力资源竞争力,并构建一套适应现代组织经营管理需要的战略性人力资源管理新体制。构建以分层分类的人力资源管理为基础的战略性人力资源体系是组织获得竞争优势、求得生存和发展的必然选择。

四、美国与日本人力资源管理的改革

SHRM 的提出对企业人力资源管理和战略管理形成了很大影响,因此,在 SHRM 的推动下,近年来,国外关于人力资源管理系统改革的讨论十分活跃。实际上,美国和日本两国关于人力资源管理系统改革的呼声也很强。但是,由于各国面临的问题不同,两国改革的内容和方向有相当的差异。人力资源管理系统是超越企业的,受到许多宏观因素的影响,因此,两国之间的差异是很自然的。表 15.8 是对两国人力资源管理系统改革方向和内容的比较。具体参看案例一、二。

表 15.8　美国与日本人力资源管理系统改革的比较

比较内容	美国	日本
改革的对象	科学管理	日本的劳动用工体系
改革的方向	从控制性模型转向关系性模型	从关系性模型转向创新性模型
工作小组	蓝领	白领
改革的背景	制造业国际竞争力的下降	高度成长的结束
主要研究者	美国劳工部,Kochan, Owterman, Pfeffer	JPIC,JPC,Hori
改革的内容	TQC,参与管理,灵活的职务配备	雇佣流动化,业绩主义,修改一元化的管理
研究方向	以实证研究为基础,没有实证研究	没有实证研究

本章思考题

1.什么是战略?战略有哪几个层次?
2.战略管理过程与人力资源管理的关系是如何演变的?
3.战略性人力资源管理的内涵和特征是什么?
4.战略性人力资源管理主要基于哪些理论观点?
5.什么是战略性人力资源管理的价值链?如何构建战略性人力资源管理体系?

案例分析

案例一:从控制性模式向关系性模式转变(美国的改革)

美国是科学管理思想的发源地,科学管理思想在美国影响十分广泛,是美国管理模式的基础。因此,美国人力资源管理系统不能不受到科学管理思想的支配。按照科学管理的思想,美国企业通常把员工看成是控制对象,强调职务划分和职责明确,每一个员工都固定在一个职务上,实行比较彻底的专业化分工。从 20 世纪的发展来看,科学管理对美国劳动生产率的提高的确做出了重要贡献,但它同时在人力资源管理上也导致了许多问题,如员工对工作不满,劳动生产率较低等。特别是20世纪70年代以后,科学管理带来的弊端已经成为一种社会现象。为了克服这些弊端,在1973年成立了特别委员会,该委员会在提交的报告中指出:"美国生产现场从事的所有工作都是由反复的、没有任何意义的岗位构成的,劳动者对工作的厌恶感非常强烈,这是导致有意识的缺勤、罢工和怠工的直接原因"。

为了减少工作不满及其伴随的生产率降低等社会问题,产业组织心理学提出了所谓工作生活质量(quality of work life,简称QWL)提高的计划。QWL的目的以工作多样化和自律性为中心对岗位进行再设计,通过员工参与决策同时提高工作生活质量和企业劳动生产率。QWL在福特和通用公司等所属的工厂进行了实验,结果员工对工作的满意度和劳动生产率同时获得了提高。但是,由于QWL在工作设计中没有考虑组织关系,局限在微观层面上的岗位改革,因此在美国企业广泛的普及中以失败告终;这种改革由于没有改变对人力资源的传统认识,以科学管理思想为支柱的传统人力资源管理系统依然保留在美国企业中。

20世纪80年代美国制造业国际竞争力的明显降低,美国国内出现了第二次对基于科学管理思想的传统人力资源管理的反思。为了恢复国际竞争力,美国企业开始尝试开发新的生产方式,但是新的生产方式并没有达到提高劳动生产率的预期目标。主要问题是生产方式的进步并没有获得新的人力资源管理系统支持,美国企业普遍存在错误地看待人力资源的问题。为了适应市场的多变性,美国企业的生产方式和技术逐步向柔性化方向转变,但是人力资源管理仍然是机械的、消极的和成本主义的,生产系统与人力资源管理系统相互冲突。在这种情况下,问题的焦点当然移向人力资源管理系统。如何对传统的以科学管理思想为中心的人力资源管理系统进行改革,以提高国际竞争力成为美国企业面临的最大课题。

在随后的改革中,美国提出许多人力资源管理系统改革的方法,如工作实务、创新性工作实务和创新性人力资源管理实务等。这些改革方法虽然名称不一,但是它们的共同点都是强调从控制性模式向关系性模式转变。具体的做法是弱化等级结构和员工地位的差别,在岗位工资、监督管理和岗位要求等方面减少对员工的影响,更广泛地定义岗位,实行岗位轮换,支付与其能力相对应的报酬,强调自我和同事的监督,将工作划分为小组,授予必要的权利,提倡参与管理等等。这些做法是日本企业长期奉行的,因此日本企业重视组织关系的经验为美国人力资源管理系统的改革提供了重要的启示和经验。

分析讨论题

为什么美国人力资源管理要从控制型模式向关系型模式转变?

案例二:从关系性模式向创新性模式转变(日本的改革)

日本企业人力资源管理系统的主要特征是对员工实行综合的一元化管理,与工作相比更重视组织关系,并不突出职务或个人,在日本企业内部员工的职责并不清楚地界定,提倡的是"大家一起赶"的工作风格。以关系性模式为代表的人力资源管理系统在二战后的经济起飞中发挥了积极作用,被看成是日本管理模式的重要代表之一。但是,20世纪90年代后,日本在技术创新中的迟缓和企业经营业绩的下滑,使日本国内出现了一股改革人力资源管理系统的呼声。提出人力资源管理系统改革的背景主要是两个方面:一是高度经济成长的终结,二是白领工作效率低下的问题比较深刻。

日本人力资源管理系统的基石是长期雇佣和年功序列制,该制度起源于20世纪20年代,以后逐步扩展到战后高速经济成长时期。按照高速经济成长的观点,日本劳动体系只是适应高速经济成长的制度,在迈入经济成熟化的今天,不能保证这套制度仍然发挥有效的作用。原因是,进入经济成熟化后,企业破产增加,工作职位减少,经济收益下降,由于没有经济增长的支持,可以想象必然出现劳动的流动化和工作岗位的不足。现实的出路只能是打破长期雇佣的思想,提倡能力主义和竞争性地选拔人才,对传统的雇佣系统进行根本的改革。

另一方面,随着经济成熟化,日本企业的竞争模式也从成本质量竞争转向高附加价值竞争,没有管理创新和技术创新难以用新的竞争方式取胜。但是,日本企业遇到的主要问题是传统的人力资源管理系统不能有效地达到技术创新和高附加价值化企业战略的目标。战后,日本经济主要是赶超欧美的"追赶经济",企业战略以模仿为主,对创新要求不高。因此,从经济成长的观点看,传统人力资源管理系统已不能适应新的条件了。

在以技术创新和高附加价值化为核心的新的竞争方式下,战略化人力资源从蓝领员工转向白领员工,白领的战略性日益重要。随着产业结构的变化,就业结构也在发生着很大的变化,20世纪80年代中期以来,白领化趋势日益显著,但是日本白领的工作效率不仅比蓝领低,而且比欧美的白领也要低。在1992年由JPC发表的国际劳动生产率比较报告中指出,在白领比重很高的第三产业中,日本的劳动生产率远远低于美国。白领劳动生产率低的问题不仅仅存在于第三产业,包括制造业在内的整个日本经济都存在这一问题。

日本在汽车和电气等若干制造业中保持着较高的国际竞争力,这是不争的事实,但是日本制造业总体的生产率低于美国也是不争的事实。特别值得关注的是,在经历赶超经济时代后,本来被缩小的与美国的差距再次扩大。而且,日本竞争力较高的制造业主要集中在传统产业,高技术产业的竞争力与美国有较大的差距,例如在利润很高的软件等产业美国保持着很高的国际竞争优势,这些产业今后的重要性越来越大。高新技术产业离不开白领的作用,这就意味着白领生产率低下的问题一直制约着日本国际竞争力的提高。然而,在一元化管理下,人力资源管理战略的重点是组织关系,它是否对白领业绩和创新能力的提高发挥作用值得怀疑。

对以组织关系为核心的人力资源管理系统持否定态度的最重要理由,是在现有的规范、惯例和目标下,容易培养过于忠实的员工,削弱了个人的成长性和创新能力,缺乏变革意识的员工会对组织变革产生抵抗感。重视组织关系的意识,也使大多数员工不太在意自己的工作业绩,这就有可能降低组织总体的业绩。在这种状况下,业绩平常的员工产生对组织的依赖感,他们的流动性很低,而业绩突出的员工得不到满足,最有可能流失,结果企业挽留不住想挽留的员工,不想挽留的员工却大量寄生在组织中。

近年来,日本社会关于人力资源管理系统改革也提出了许多新的看法,如从终身雇佣到契约雇佣,从忠诚企业的员工转向能够创造工作的员工,从同质型员工转向个性化员工,从组织人模式转向职业人模式,等等。目前最流行的说法称为"从关系性模式向创新性模式转变。"其基本内容是强调人力资源的创新能力,淡化传统的给员工提供平等成功机会的做法,改革年功序列制,建立将个人、工作和业绩紧密相联的人力资源管理系统。从日本企业采取的一些具体改革措施上看,主要包括强化日常人员录用,扩大临时录用和合同录用,实行彻底的业绩主义,引入目标管理和人事选拔制度,提高白领创新能力等等。一些改革正在突破日本传统的人力资源管理系统,人力资源管理战略发生了显著变化。

分析讨论题

1.日本为什么要实施人力资源管理模式的变革?

2.你从美国与日本在战略性人力资源管理方面的变革中得到了什么样的启示?

第十六章

网络化人力资源管理

随着网络技术的飞速发展和生产的日益专业化、社会化，人类社会逐步进入了信息经济时代。在信息经济时代，不仅人们的生产、生活发生了巨大变化，而且企业在生产、流通以及管理等方面也相应的发生了一系列重大变化，其中对高科技企业人力资源管理的影响尤其巨大。高科技企业应该充分利用自身网络技术的优势，进行人力资源管理体系的创新，让人力资源管理者从繁重的事务性工作中解放出来，以便有更多的时间去考虑如何进行创新，如何改进自己的工作，以适应时代的要求。本章主要是从网络化时代的人力资源管理出发，对于"e-HR"这一新生的人力资源管理命题进行一些探索性的思考和论述。

第一节　网络化时代的人力资源管理

一、网络对人力资源管理的影响

随着网络化的全方位发展(内部网、局域网、因特网)和应用于人力资源管理的相关环节的网络技术的不断更新，虚拟人力资源管理的出现标志着人力资源管理正在走向网络化。然而，网络化也是一把双刃剑，它对人力资源管理的影响既有正面的，也有负面的。一方面网络使人们摆脱了时间、空间和人力的束缚。另一方面，在网络的发展过程中必定会存在一些障碍，比如技术短缺，规划不完善，用户拒绝行为等等也使网络化的进程受到质疑。但无论如何，现实生活告诉我们，网络对人力资源管理的冲击和影响已成为网络化时代不容回避的事实。

在今天的网络化时代，必须及时认识到人力资源管理网络化的趋势，及时改变本企业的人力资源管理体系。实施了网络化人力资源管理的企业，就能适应时代的要求，就能节约管理成本，使管理再上一个新的台阶，使企业获得竞争优势的支撑点。可以预计，电脑和网络将成为企业、特别是高科技企业人力资源管理借助的主要手段，传统方法将退居次席。网络给社会带来了巨大的变革,通过网络可以集成虚拟的工作团队和人力资源;通过网络可以使小企业完成大型集团公司才能完成的职能;通过网络,各式各样的客户可以快速发布订单,并享受快速、方便和及时的配送服务。总之,网络使人们摆脱了时间、空间和人力的束缚。2003年的非典事件在促进电子商务发展的同时,也将网络化的人力资源变革历程大大向前推进了一步。

当然,由于网络技术故障,软件的不亲和性,受挫和不熟练的员工,dot-com 不成熟的规划,华丽灿烂的承诺,资金短缺,人与人之间的感情和人际交流显著减少等等问题,势必导致在网络的发展过程中也存在一些障碍。但是,随着人力资源外包的不断发展和服务项目的不断扩展与延伸,从薪资管理到福利管理,到聘用管理,一直发展到员工的自助服务项目,e 化人力资源几乎无所不包。它带来的不仅是员工个人生活或工作方式上的改变,而且增强了员工与公司之间的关系。除了能解放人力资源部门外,e 化人力资源将使公司成为一个联系更加紧密的整体,不仅使员工积极参与自己的管理,而且使公司能够更为有效、更为经济地聘用员工、管理员工、留住员工和合理的配置员工,从而在人力资源方面更具竞争力。

人力资源部门同样也发生了革命性的变化。在这里,传统的事务性工作不再只有人力资源部的员工承担,而是由企业所有的、具有网络技能的员工一起完成;技术升级和维修,不仅由公司的技术人员负责,而且由外部服务商提供技术支持;HR 部门的功能不再只是处理员工地址变更,而是更多关注公司的整体目标,并从战略角度进行人力资源的规划,以及招募管理、薪酬管理和人力资源的合理配置。

Hewitt 的 HR 专家 Laspisa 认为,"今天很多组织面对的挑战是,必须用客户观点来重新思考的 HR"。换言之,HR 顾客当然就是公司员工,他们"买"的产品和服务就是健康、薪酬、休假时间、教育与训练、职位变更等等。

二、人力资源管理的网络化趋势

人力资源管理的职能主要有招聘、培训、考评、薪酬福利、激励、沟通与员工关系、人力资源信息统计等许多方面。随着网络技术的应用,上述方面都将发生一些新的变化,出现一些新的发展趋势。

(一)招聘

传统的招聘工作总是由人事部门先在有形媒体上,主要是在报刊上发布需求信息,然后由相关部门(有用人需求的部门)和人事部门的工作人员接受求职简历,进行初步筛选后,在约见合适的求职者逐一进行现场面试,以决定是否聘用。这样做一方面需要耗费大量的人力、物力、财力和工时,另一方面则由于借助传统传播渠道的方式,相对应的信息处理、反馈的速度较慢,要么造成招聘时间拉得过长,要么导致信息交流不充分,这显然都不利于企业及时获得所需的高素质的人才。

而网络招聘手续简便,行动迅速,受众目标性强,提高了反馈、处理和录用的速度,已显示出巨大威力。许多认识到网络招聘效率的公司,都开始调整他们的招聘策略,许多企业都开设了"网上招聘会"。IBM1999 年底就宣布,今后将只进行网上招聘;北大方正、清华同方、联想集团、BISC 等国内高科技企业已意识到网络招聘的优势,它们已与 51job、中华英才网等专业人力资源网站常年合作,只需把职位要求输入电脑,很快就能得到符合要求的人才信息,并且还可得到人才测评、专业测试等在线招聘管理服务。可见,高科技企业应该充分利用网络技术,加快与公司外的专业人力资源网站合作的步伐,获得他们的多种服务,这样将大大提高效率。2003年11月、12月人事部、教育部分别通过中国高校毕业生就业服务信息网(www.myjob.edu.cn,简称"就业网")举办了全国大中型企业与高校毕业生网上招聘会。这为加强高校毕业就业信息服务和交流,为广大用人单位的招聘和高校毕业生的求职提供了一个方便有效的服务平台。

（二）培训

随着科学技术的发展,科学技术对教育培训的影响越来越大。其中信息处理技术在教育培训中的应用,促使教育培训更具好的前景。差不多所有的国家,计算机在培训教学的各个环节如资源管理、政策分析、资料处理、模拟教学等方面都发挥了重要作用。当然,信息技术运用于培训教育之中是否能取得成效还取决于许多因素,如具备用于开发必要的硬件以及更为重要的软件的开发及投资;拥有操作这些新技术的合格人员;教师、管理部门与技术人员的合作;保证存储信息的质量等等。对于新技术运用的前景,有人认为未来的培训教育将完全"非机构化",即学校和培训机构衰落,有人认为则不可能。但有一点是可以肯定的,视听技术和信息处理技术将日益在培训与教育中发挥越来越大的作用。

现代企业的竞争是人才的竞争,因此各大公司除采用各种吸引人才的措施外,更积极地采用了人才培训的方法。企业的人才培训可以请专家来公司讲课,也可以让员工脱产外出学习。但这两种方法都是小范围的,且费用较高。因此仅适用于公司高层人员。对于基层人员的培训,因人员较多,相应费用较高,企业一般不愿意承担。但由于经济的发展和为了适应竞争的需要,企业调整生产结构,导致员工所拥有的技术不适应新产品的要求,继而会产生结构性失业等社会问题。为此,西方一些国家的政府积极开展网络培训计划,如瑞典政府从1995年7月在财政预算中增加了用于员工培训的支出,1996年员工培训支出增加了8000万瑞典克朗(相当于1000万美元),其中70%用于网上员工培训。CISCO、摩托罗拉等跨国企业先后都将员工培训搬到了企业的局域网上。实践证明,网络使培训的形式更加丰富多彩,手段更有效,且门类齐全,能够满足企业的不同需要,网络培训可以实现跨地区、跨国联网,因此比较容易获得更多、更先进的知识和信息。尤其员工培训的形式已经不再是简单的我说你听的状况了。网络的资源极其丰富,鼓励员工充分利用网络资源,加强岗位培训,成为许多公司的长期战略之一。远程教育系统的开发,可以让人力资源部门选择最好的性能价格比最佳的培训公司来实施培训。在线培训使得学习成为一个实时、全时的过程,大大降低了培训的费用和培训过程中所需要的时间。当然,师傅带徒弟的方式在许多经验型的企业还是必不可少的,但师傅和徒弟之间的联络也已经越来越电子化了。国内的联想集团、北大方正等高科技企业也利用网络的形式进行e-learning。如图16.1所示。

根据实践,高科技企业应该充分利用自身优势,进行如下网络化员工培训:

1.公司强调员工要协作学习,自我管理,自我激励;

2.人力资源部门设计好及时有效的培训评估体系以保证培训的效果;

3.设计在线教育培训计划;

4.做一个内部局域培训网页;

5.在内部局域培训网上发布在线教育培训计划,选择自己想修的课程;

6.在内部局域培训网上发布一些培训材料(如公司培训制度、企业文化、员工手册、聘请的培训讲师所讲的内容、公司礼仪、其他相关培训教材,等等);

7.与公司外的专业人力资源培训网站合作,共同进行公司员工培训。

图 16.1　电子培训示意图

(三)薪酬福利

网络使薪酬福利的计划、统计、计算、更改、发放更加灵活,信息沟通更加方便。一些企业已经开始使用系统软件来进行这方面的工作,但是相对资源投入需要很多。

目前国内许多企业,在此方面存在一定差距,如信息的录入没有分工、信息的利用程度还不很充分,没有利用网络技术等等。为了适应发展的要求,我国的现代企业必须积极进取,不断创新,实施网络化薪酬福利管理。比如,将薪酬福利制度公布在内部局域网上;在内部局域网上发布工资发放通知;将公司的福利计划发布在企业内部局域网上;员工在一定期限内(如一年或更长时间段内)在局域网上进行福利项目的选择,然后由人力资源部相关人员在网上进行统计分析,以便做出各项决策等等。这样省时省力,节约成本,效率也高。当然,也可以运用网络技术了解其他企业的薪酬水平,进行薪酬分析和改革决策。

(四)考核

网络将遥远的距离拉近,主管可以很快的看到每个来自各地的下属定期递交的工作反馈。员工考核及述职也可以在网络中实现,在线评估系统实时录入公司所有员工的评估资料,其强大的处理功能将出具各种分析报告,为公司的管理提供及时决策的依据。在这方面,联想集团的经验很值得借鉴。联想集团的考核分为部门考核与个人考核,他们的考核信息由考核人员进行录入,这样为员工的信息管理提供了极大方便,可以随时了解员工的工作情况。具体来说,公司可以这样进行员工的在线考核工作:

1.在内部局域网上发布考核制度,这样员工很方便地知道自己是如何被考核的,公司对他们有哪些期望和要求。

2.在内部局域网上发布考核通知,这样使公司的考核行动很容易统一实施,也可以在内部局域网上发布考核结果,增强考核工作的透明度。

3.在内部局域网上进行各类员工的考核记录管理。

(五)员工沟通

网络使得员工沟通更为直接、广泛、有效。企业可以在公司内部局域网上建立员工的个人主页,可以有 BBS 论坛、聊天室、建议区、公告栏以及公司各管理部门的邮箱等,这样员工的不满有了发泄的地方,公司领导可以随时了解下级员工的各种心声,收集员工对企业的各种建议,等等。这样,部门内、部门外员工的沟通次数与效率无疑大大提高,良好的员工沟通是解决互相扯皮、缺乏团队精神等问题的灵丹妙药。

(六)人力资源信息网络

人力资源管理是信息量大、交互繁杂的一项工作,包括的业务广而多,从人员调入或应聘开始直至退休或死亡的整个过程中涉及到的人员基本情况、档案管理、职务任免、薪资管理、调动、退休等与人相关的一切信息都属其业务范畴,并且各种业务之间的信息共享和关联程度都比较高。随着网络技术的普及,如何有效地营造一个人力资源管理信息综合网络,是人力资源部门需要迫切解决的问题。为此,要做好以下工作:

1.引进人事信息综合网络管理系统,建立一个便于维护与更新的局域网数据库,它是实现高效率的人力资源统计分析的物质前提。

2.建立一个便于交流的内部 BBS 是推动实现人力资源统计分析工作集团化运作的重要渠道和保证。要完成庞大的集团公司人力资源统计分析工作,单靠电话、传真无法保证大量信息的及时交流与反馈。因此,要想保证该项工作按质按量完成,快捷的传媒渠道是必不可少的。

3.建立企业人力资源信息网络。各单位、各部门应有专人专岗负责该项工作,保证按时按要求完成,这是实现高效率的人力资源统计分析的人员基础。建立企业人力资源信息网络,不仅可以使管理人员摆脱那些繁琐重复的劳动,还可以使企业获得更及时更有效的信息,进而促进人力资源信息的共享。这些信息全部放在公司的内部局域网上(某些不可公开信息除外,如员工工资的数据等),这样公司领导可及时了解员工的工作情况,对员工的招聘、晋升、奖惩、培训等可起到一个良好的基础性作用。

三、构建人力资源管理新模式

企业要真正有效地运行,必须使人(people)、流程(process)、技术(technology)这三者形成最佳、最合理的组合,并使整个企业的经营从技术驱动(technology-driven)变为业务驱动(business-driven)。人力资源管理模式只有建立在人、流程和技术这三者形成最佳的组合及商务驱动的企业基础管理平台之上,才有可能真正实现"科技以人为本"的理念。

(一)传统的人事管理:后台式的人力资源管理现状

传统的人事管理把精力放在员工的考勤、档案、合同管理等事务性的工作上,被定位为后勤服务部门。到了 90 年代,随着企业基础管理模式的深刻变革,在管理中人作为一项资源,而且是重要的战略资源,人们所强调的"科技以人为本"的思想得到了越来越多的认同。在这一管理思想的指导下,以人才测评、绩效评估和薪资激励制度为核心的人力资源管理模式得以确立。

目前的人力资源管理往往注重于招聘、员工合同管理、考勤、绩效评估、薪金制度、调动、培训等与公司内部员工有关的事项,却忽略了与顾客的联系,没有关注顾客需求和市场的变化。这种后台式的人力资源管理,是指人力资源部门作为一个内部管理部门对业务部门提供服务和支持,而对公司所经营的业务缺乏深入了解的机会,缺乏对整个公司走向的洞察力。因此,人力资源管理所采用的管理方式也只能是事后的一些修补措施,而真正的人力资源规划成为一种想像,根本无法有效地实行。这种滞后于实践的管理模式,也注定了人力资源部门无法成为一个企业的轴心部门,从而难免成为一个无法与业务部门并列的、具有相等地位的部门。只有在业务部门提出需求以后,才能采取一些设法满足业务部门需求的静态的行动,是一种被动式的反应(reactive),对业务部门的真实需求缺乏深入的分析,更无法指导实践。

(二)网络化的人力资源管理模式:从后台走到前台

20世纪90年代以来,新经济一直是人们谈论的一个重要话题,而新经济的最主要特征就是网络化。网络化带给用户和企业的最大变化,就是个性化需求得以提出和满足。而企业要满足用户的个性化需求,现有的组织结构就必须进行调整。与传统的人事管理相比,新的人力资源管理模式无疑有了重大的飞跃。进入21世纪,对人力资源管理提出了更高的要求,只有对人力资源管理进行新的定位,从后台走到前台,才能真正使人力资源管理成为整个企业管理的轴心。

1.外部环境对人力资源管理提出的新需求

Internet的出现,信息高速公路的不断延伸,使地球变得更小,更像一个信息化的村庄。在信息时代,企业管理模式和经营模式面临各种新的挑战。唯有变化才是Internet时代唯一不变的现实。动态的变化的时代必然需要有与之相应的前瞻性的动态的企业管理模式。这种外部环境的巨大变化,已经直接影响到了企业的基础管理。20世纪90年代以来的企业业务流程重组、组织扁平化越来越被认同。信息技术的应用使虚拟组织、知识管理等成为企业管理者面临的日常事务。走动式管理(walk-around management)、开卷式管理(open-book management)等各种新的管理模式不断出现。面对企业基础管理的模式的革命性变革,而建立在基础管理模式平台之上的人力资源管理却缺乏革命性变革的动力和行动,这显然无法适应Internet时代对企业管理和人力资源管理的新要求。

人力资源管理的模式是建立在企业基础管理的平台之上的,而企业基础管理则随其外部环境的变化而变化。对于外部环境变化的嗅觉不灵敏,人力资源管理必然滞后于企业基础管理对外部环境的认知。因此,有必要大力提出人力资源管理必须从后台走向前台,从静态管理转到动态管理,从滞后于实践发展到前瞻于实践。只有这样,人力资源管理才能真正成为整个企业管理的轴心,并真正实现"科技以人为本"。同时,应使人力资源管理工作成为其他部门工作的一部分。进行人力资源的战略管理,需要对人力资源工作的重要性和紧迫性有真正的认识,并充分理解人力资源管理的决策性、全局性和长期性。

2. e时代人力资源流动性的显著增强对人力资源管理提出了新的要求

尤其在IT行业,人力资源管理的特殊性更是非常明显。从业人员普遍具有年轻化、流动性大、知识更新快、独立性、团队性、知识性强等特点,因此对人力资源管理提出了更高的要求。人才流动速率加快,流动交易成本与流动风险增加,人才流向高风险、高回报的知识创新型企业以信息网络为工具的虚拟工作形式呈不断增长趋势。

(1)员工由追求终身就业饭碗转向追求终身就业能力,通过流动实现增值,使人才流动具有内在动力。

(2)人才稀缺与日益增长的人才需求,使人才面临多种流动诱因和流动机会。

(3)人才流动的交易成本增加,且企业人才流动风险增加,需要强化人才的风险管理。在这种情况下,就需要企业留人策略由筑坝式防止人才跳槽流动转向整修渠道,即企业内部要有良好的人力资源环境,对人才流动进行管理,控制流量与流速。而且,人力资源部门要强化对流动人员的离职调查,除与个人面谈外,还要对其所在的群体和组织进行调查,找出流动原因以及所反映的组织运行上存在的问题,并提出改进措施。

3.虚拟团队的出现加速了网络化人力资源管理的进程

"虚拟(Virtual)"一词,出现在 20 世纪 90 年代,它与 Virtue(意指个人品德和优点)具有相同的拉丁词根,其原意指"因某种天生的美德或力量从而发挥效用",这也许正是对成功的虚拟团队最恰当的表述。John R. Katzenbach 把团队(Teams)解释为:具有互补技能的一些人组成,致力于共同的目标和任务,基于相互信任的共事。虚拟团队(Virtual Teams)是基于人力资源集群,借助计算机网络和现代信息通讯技术,以共同目标和任务为导向,跨越空间、时间和组织所形成的以核心团队为中心的虚拟结合体。其基本特征是:一是团队成员目标和任务的共同性;二是团队成员间的信任和协同;三是团队成员工作区域的离散性;四是团队成员沟通方式的网络化和信息化;五是跨空间和时间限制以及组织的超边界。虚拟团队的组成包括:小型的核心团队、紧密参与的兼职人员所形成的延伸团队以及按照需要招聘的人力资源组成的外部合作团队等。

虚拟团队的管理包括三个方面:人员、目标和联系。人员在所有团队和阶层中都存在,是虚拟团队最为基本的要素。目标是将所有人员凝聚在一起,对虚拟团队而言,完成具有共同愿景的任务便是真正的目标。联系是指人员之间沟通和交流的渠道和互动关系,正是联系使得虚拟团队不断展现出新的活力,传统团队和虚拟团队最大的差异亦在于联系的本质和变化。

(1)人员:虚拟团队由具备自治权、相互信任的独立成员组成。它的领导方式一般是非正式的,这是由组织超边界工作所要求的技术和管理多样性所决定的,意味着大多数团队成员在完成任务的过程中或多或少担负领导的角色,也就是说领导权的共享,在虚拟团队中是既定的准则。虚拟团队是由人力资源组成的人力系统,包括成员层级和团队整体层级两个层次。虚拟团队为了获得最终的成功,必须进行成员层级以及团队层级和组织之间的整合。

(2)目标:目标既是虚拟团队共同奋斗的理由,也是团队成员之间相互依存的最大诱因。虚拟团队远比其它形式的团队对目标的依赖性更强,因为团队成员组织超边界的工作,没有官僚组织中存在的一系列规章和制度作为指导,必须靠共同目标来维系成员间的合作关系。合作目标的达成、相互依存的任务以及团队工作完成后可度量的具体成果,使得虚拟团队具有共同的目标并可以发挥其最大潜能。

　　(3)联系:虚拟团队的独特之处在于联系方式的不同。计算机网络的迅速发展,持续改进的通讯方式的普及,提供了获取信息的新渠道以及前所未有的互动可能性。联系是人员与目标之间的桥梁,使得组织超边界的互动成为可能,成员之间的沟通活动和行为,构成了工作的实际过程,这也正是虚拟团队和其它团队的真正差别所在。

四、通过完善的人力资源管理信息系统促进人力资源管理的电子化

　　市场环境和客户需求的变化造就了电子化人力资源崛起的机遇。人力资源管理信息化给企业所带来的好处是不言而喻的:组织效率的提升、开支的节省、员工满意度的提高、员工能力的改进和企业利润的增加。但是, 可供选择的电子化人力资源管理系统有哪些呢? 怎样选择一套真正适合企业自身的人力资源系统呢? 是自行开发还是外部购买,是采用外国产品还是本土品牌,是一次到位还是分步实施? 纵观国内外人力资源市场,人力资源系统正在掀起一股新的竞争热潮。厂商中较为知名的有国外的 SAP、People soft,国内的有以金蝶为代表的企业资源规划厂商,他们把人力资源系统作为企业整体信息化的一部分来重点发展;以及专门从事人力资源管理的北京金益康、朗新软件和深圳的硕旺等。

　　(一)如何去选择一个有效的电子化人力资源系统

　　各厂商在产品战略和市场定位上各有侧重,如何去选择一个有效的电子化人力资源系统,必须遵循企业不同的需求及规划。总体而言,国外厂商 SAP、People soft 比较适用于跨国公司人力资源管理;国内厂商如金益康在中国人事信息管理方面标准化程度较高;而金蝶的 K/3 人力资源系统在整体规划,与其他应用系统的集成、人性化设计、基于.net 开发等方面占据优势。各软件厂商存在着多方面的差别。

　　1.一大趋势:与整体解决方案配套

　　现在国内市场上有专门开发人力资源系统的供应商, 也有提供整体解决方案的专业管理软件厂商,人力资源系统只是其整体解决方案的一部分。业内人士分析认为:整体解决方案的供应商将获得更大的发展。这是因为它已经拥有了一个广袤的客户资源,并通过不断丰富自身的产品线,为客户提供持续不断的服务和一体化的咨询。整体方案供应商可以尽可能结合已经成功实施的财务、物流、生产制造系统,在原有技术架构上构建新的应用子系统,从而消除信息孤岛,避免头痛医头、脚痛医脚带来的管理内耗和重复投资等问题。比如,国内知名的电脑软磁盘制造商——泰德富源科技在去年成功应用 K/3ERP 的基础上全面启用 K/3 人力资源系统,实现"人、财、物"三维信息管理平台流畅高效,既保护了企业现有投资又丰富发展了企业资源规划的内涵。有些专业人力资源软件也会留有数据接口,但毕竟不是同一个产品系列,如果以后采用别的系统在集成方面难免会陷入进退两难的境地。因此,提供全面解决方案的专业企业软件厂商,其软件系统之间的开发标准是一致的,系统的拓展就是一个很容易的事了。

　　2.两个误区:一味追求先进性;局限于人事管理的老观念

　　至于是国内厂商还是国外厂商,客观的说,像 SAP、People soft 它们的产品在先进性上是不言而喻的,但如果我们自身的人力资源管理水平不能上一个台阶,只一味追求系统的先进性就会犯了舍本逐末的错误。一些产品虽然在中国人事信息管理方面标准化程度较高,但其产品以传统的"人事管理"为中心,不能适应系统的人力资源管理的需求,也没有考虑到人力资源管理部门在组织中的作用已经由原先的事务性部门提升到了重要的管理伙伴的地位。显然,这样的产品很难适应当今的商业环境。

(二)建立电子化人力资源系统的基础和条件

1.决策者重视

实践证明,要建立有效的电子化人力资源系统,企业内必须有建立该系统的基础和条件。首先,企业决策人员要对人力资源管理工作高度重视。以金蝶为例,徐少春总裁自身就是人力资源工作最大的推动者。他提出了激情管理与数字化结合的管理模式,先后与合益、翰威特等国际著名管理顾问公司合作,致力于提升企业管理竞争力。这在很大程度上保证了电子化人力资源在金蝶的成功实现。

2.人力资源的基础管理

有了决策者的支持后,企业需要的是扎扎实实地做一些基础管理工作。目前中国人力资源管理还没有能形成一套真正与国内企业管理现状相结合的理论体系,在人力市场还没有成熟和有序的今天,企业做一些科学的基础管理工作是相当必要的。在金蝶,就是从与顾问公司合作制订人力资源战略开始的。第一步理顺了高层管理人员的思路,再逐层实现组织管理结构。在金蝶人力资源系统中的每一个员工都可以通过自己的职位自动确定自己在系统中所拥有的权限和范围,并可获取与之相关的资源,系统中的人力资源事务及培训体系也能得到很好的解决及建立。可见,人力资源的基础工作是实现电子化人力资源管理的一个根基,根基打得扎不扎实关系到整个电子化大厦的建立。

3.确定数字化的对象

企业需要针对其实际情况发掘自身存在的问题,并明确哪些问题是可以通过数字化方案解决的,哪些问题需要通过管理方法来解决。电子化人力资源的实现需要具备两方面的条件:一是企业自身人力资源管理水平的高度,二是企业信息化手段的实现程度。而两者之中人力资源管理水平对现今中国的大多数企业而言更为重要,只有管理水平具有一定高度后信息化的手段才能真正与之结合,从而进入通过信息化的手段提高企业绩效的阶段。企业管理信息化不是万能药,管理上的零滞后一直是管理者孜孜以求的理想状态,而数字化手段是降低管理滞后的最有效的辅助手段。随着管理信息化水平的发展,信息系统在企业中可发挥的作用也会越来越大。于是,一些管理者对企业信息化期望过高,误以为有了一套先进的人力资源信息系统之后,所有的管理问题就可以迎刃而解了。

实际上,管理软件之所以有价值,是在于它能将优秀的管理思想和方法通过数字化信息系统与企业自身实际情况相结合,从而提升企业的经营水平。但它本身只是一个管理的辅助用具,它所能体现出的效用跟企业的经营管理水平密不可分。

第二节　e人力资源(eHR)

进入信息时代以来,随着电脑网络的发达,电子商务空前发展,企业之间的竞争已经从有形的市场逐渐转向了网络。而相应的企业的管理也都进入了信息化的轨道,ERP(企业资源计划)这个英文缩写已经不再是一个新名词了。而在 ERP 所需要整合的资源中,人力资源无疑是最重要的一个, 因此专门针对人力资源管理的电子解决方案——eHR 就应运而生了。

所谓eHR,即电子人力资源,通俗地说,就是人力资源管理信息化或自动化,是指企业基于高速度、大容量的硬件和先进的 IT 软件的人力资源管理新模式。先进的软件配上高速的硬件,再与处于服务中心的专业化人员融为一体,就构成了 eHR 的基础:一个为人力资源服务的技术网络。这一网络使得向员工提供更高水准的服务成为可能。eHR 正成为一种日益发展的趋势,这是在知识经济时代企业面临削减成本、提高效率和改进员工服务模式的愿望而作出明智的选择。通过授权员工进行自助服务、外协及服务共享,人力资源部门正日益从琐碎的行政事务中解脱, 从而扮演起一个战略性的角色。SOHO (Some office & Home office 的简称,它是在信息化时代网络技术逐渐成熟的条件下一种办公的新模式,是指组织员工以相对分散在不同地域的小办公室或在家办公的工作方式取代集中于固定场所和大型办公场所的工作方式)一族的逐渐壮大,正好反映了 eHR 迅猛发展的势头。尤其是 IT 技术的运用,使人力资源管理的手段和过程发生了巨大的改变。这种改变不仅仅是用自动智能取代了人工操作,而且对传统人力资源的理念也产生了影响。不过,这种影响有其积极的一面,也有其消极的一面。

一、eHR 优势

由于大量 IT 技术的引入,eHR 可以通过集中式的信息库、自动处理信息、员工自助服务、外部协助以及服务共享等信息化手段,使人力资源管理达到降低成本、提高效率、改进员工服务模式的效果。它通过与企业现有的网络技术相联系,保证人力资源与日新月异的技术环境同步发展。因此,eHR 的优势是显而易见的。

信息技术对人力资源功能整合的影响主要有三方面:

(一)降低管理成本

eHR 降低管理成本是显而易见的。因为 eHR 可以通过减少 HR 工作的操作成本、提高操作的效率、减轻管理负荷、减少行政性 HR 人员、减少通讯费用等达到降低企业运作成本的目的。根据美国《1997 年人力资源趋势评价》分析,有 62%的美国企业使用信息技术改进人力资源管理,还有 22%也正在准备这样做。我们认为,eHR 在降低管理成本方面主要有以下好处:

首先,eHR 是企业信息化的组成部分,能使企业实现办公无纸化,在办公用品等开支方面的减少是显而易见的。

其次,eHR 可以成功地通过软件和网络来完成一些原本需要大量人手来做的行政性工作,使企业减少行政性管理人员的费用开支。

第三,对于一些网络及分支机构分布较广的企业,尤其是跨国公司来讲,eHR 通过网络实现 HR 管理,可以大大减少通讯费用。当然,可以直接节约的成本还有不少,都可以通过 eHR 的实施而较快地实现。统计数字表明,在美国公司实施人力资源管理信息系统,平均每位员工投入的成本是 35 美元,但在第一年就可以收到可观的回报,员工的电话询问也减少了 75%。戴尔公司 2000 年上半年通过互联网处理了 300 万美元的人力资源管理操作业务,思科公司通过 e-learning 系统一年节省了 2400 万美元。

（二）畅通信息传递

现代组织中,信息技术的广泛采用已经克服了人们活动的时空障碍,甚至可以操纵虚拟团队和网络组织。例如,美国的北方电信通过互联网电信会议和数据网络等形式,来协调分布在 60 多个国家的 350 多个地区人员的工作。类似地还有英国石油使用 People Soft、Oracle 和 Net Dynamics 来协调分布于 70 多个国家的人力资源管理活动。

事实证明,eHR 通过互联网络使 HR 管理的触角成功地延伸到了每一位员工的身边,使 HR 的信息传递畅通有效。传统的 HR 管理是层次推进的,一般是树型结构。所有 HR 政策与信息要从总部一级级传递贯彻到基层,速度比较慢,而且信息容易变形和衰减,往往会导致贯彻中的走样变形或是难以实现。而 eHR 的实施,使有关信息和资料可以直接传递到基层员工,有利于管理和政策的实施。另外 eHR 可以迅速、有效的收集各种信息,加强内部的信息沟通,员工也可以直接从系统中获得自己所需要的各种信息,并根据相关的信息做出决策和相应的行动方案,使 HR 信息服务实现自助式。

（三）技术促进关系变革

信息技术为雇主和雇员提供了直接沟通的渠道,他们可以通过共享信息和数据库,建立和维护需求关系,从而增加适时性,缩短响应时间和改进服务水平。而传统的人力资源管理中,人力资源工作人员往往必须花费大量的时间、精力在日常的行政事务性操作上,被繁琐的日常工作所束缚,无暇顾及更为重要的策略性工作。技术的进步最终解放了人力资源的"双手和大脑",使人力资源工作发生了较大的变革。eHR 中,行政事务上的工作可以由电子化系统完成,只需占用极少的精力和时间。HR 人员真正的工作重心可以放在服务员工,支持公司管理层的战略决策上,放在公司最重要的资产——员工和员工的集体智慧的管理上。eHR 的最终目的就是达到革新企业的管理理念,而不仅仅是改进管理方式,进而达到优化人力资源管理的目的。

应该说,实施 eHR 可以带来的好处是显而易见的。因此,很多企业都将 eHR 摆上了议事日程。尤其是加入 WTO 后,急需在管理方面尽快赶上外企的做法,就必须重视 eHR 的引入,不惜用重金改造硬件系统和软件系统。eHR 正成为一种日益发展的趋势,这是在面临削减管理成本、提高工作效率和改进员工服务模式的愿望而作出的划时代选择。通过授权员工进行自助服务、外协及服务共享,人力资源部门正日益从琐碎的行政事务中解脱,从而扮演起一个更具战略性的角色。

二、eHR 需要处理好的两个关系

无疑,eHR 的实施远不是买两台电脑,装一套软件,建一个网络这么简单的事情。应该说,eHR 中的"e"包含了两层含义:不仅仅是"Electronic",即电子化的人力资源管理,更重要的是"Efficiency",即高效的人力资源管理,提高效率是 eHR 的根本目的,而电子化则是实现这一目的的手段。因此,实施 eHR 中最难把握的难点,或者说决定 eHR 成败或实施水平的根本不在于电脑软硬件的档次,而是取决于 HR 人员本身,因为 eHR 需要处理好以下几个方面的关系。

（一）IT 技术与管理理念的关系

相对于传统的人力资源来说,eHR 对于 IT 技术的依赖是空前的。电脑硬件、网络、WEB 建站和数据库等等都是 eHR 实施的基本技术，这些技术的水平将直接影响到 eHR 能否顺利的实施。随着科技的发展,音频压缩与视频压缩技术等许多先进技术也被纷纷运用到 eHR 中来,现在 eHR 已经不再是简单追求无纸化办公这一目的了,呼叫中心、人工智能、互联网电话等技术的运用,使 eHR 可实现的功能更为强大。而且,目前新技术的出现和 eHR 对新技术的运用正在呈现一个加速态势。在这种情况下,很容易产生 eHR 的技术先导论,即技术决定 eHR 的实施水平与效益。由于基于先进技术的 eHR 系统其功能强大,可以实现更多的 HR 管理功能,所以人们往往会过份重视 IT 技术,把其作为 eHR 成败的关键。但事实上,真正影响 eHR 实施的是管理本身,IT 技术只是帮助实施管理的一种手段罢了。打个比方,IT 技术与管理理念之间的关系就好象是渠与水的关系。离开了管理理念这些活水,IT 技术这种道渠就变成了臭水沟;而宽畅的渠道则能帮助水更快地输送到目的地。因此,在实际操作中,既要重视 IT 技术的渠道建设,更要注重管理理念的更新和贯彻。"为渠哪得清如许,为有源头活水来",eHR 的根本还在于源源不断的活水——管理理念的贯彻。

（二）自助服务与专业服务的关系

实施 eHR 的优势之一就是可以实现员工的自助服务。员工可以根据自己的需要,自己去寻找和掌握信息。而且随着 eHR 功能的逐渐强大，这种自助服务已经不仅仅局限于政策咨询、信息传递等方面,甚至已经延伸到了薪酬福利、绩效考核等管理层面,看上去 eHR 好象已经使人力资源服务全部实现了自助化,其实不然。就象自助餐这种形势出现以后,非自助式餐馆还一样在生存和发展一样,eHR 的自助服务不是为了取代 HR 部门的专业服务,而是让 HR 人员腾出精力来研究和实施更高层次的专业服务。但是,这就象吃自助餐一样,想吃什么就拿什么,想吃多少就拿多少,餐厅可以在满足顾客对食品需求的情况下,大大减少服务人员,也能减少食品的浪费。同理,HR 的自助服务,一方面可以大大减少 HR 服务的行政性人员及开支,同时也能满足员工的基础性 HR 服务,但是对于企业战略、员工职业生涯发展等高层次的 HR 开发层面的服务,仍然需要 HR 人员实施一对多、一对一甚至是多对一的专业服务,以保证企业发展对高层次人才的需要。因此,eHR 的引入不是取代专业的 HR 服务，而是为了让 HR 人员进一步提高自己服务的档次和专业程度,以求在更高的层次上形成企业在人力资源方面的核心竞争力。这样人力资源方面的竞争往往不是取决于人力资源服务人员的多少,而是人力资源人员的水平。因此,在 HR 服务中,

既要着力于 eHR 自助服务功能方面的完善和补充，又要努力在专业服务方面有所建树和提高。

本 章 思 考 题

1.什么是网络化的人力资源管理？网络化对人力资源管理的影响何在？

2.网络化人力资源管理体现在哪几个方面？

3.什么是虚拟团队？其特点是什么？

4.什么是 eHR？eHR 的优势和劣势何在？

案 例 分 析

案例：飞碟科技的网络化人力资源管理整体解决方案

飞碟科技已经推出网络化人力资源管理软件和战略性人力资源管理软件。飞碟科技的战略、流程、技术人力资源集成解决方案服务模式如图 16.2 所示。

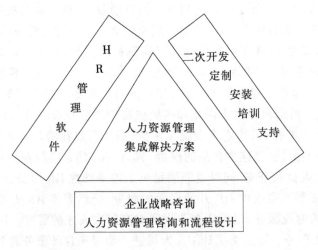

图 16.2　人力资源集成解决方案服务模式

飞碟科技和各大学、研究所、咨询公司、人力资源报刊等建立了长期的战略合作关系,主要合作方式分两种:一种是在人力资源管理软件产品开发过程中的合作,如合作研究、需求调研、构建人力资源数据库为企业提供决策支持的模型等;另外一种就是在软件项目或软件产品实施过程的合作,包括为企业提供战略咨询、人力资源咨询和流程设计等。

战略、流程、技术人力资源管理集成解决方案,是飞碟科技为我国企业的人力资源管理工作面对新世纪挑战提出的对策。企业可以人力资源管理软件为龙头,配合战略、人力资源管理咨询和培训,把传统的人力资源管理逐步提升到网络化的人力资源管理。

分析讨论题

1.结合本案例谈谈你对网络化人力资源管理的认识?
2.网络化人力资源管理实施的前提和保证是什么?

参考文献

1.[美]雷蒙德·A.诺伊、约翰·霍伦拜克、拜雷·格哈特等著,刘昕译:《人力资源管理:赢得竞争优势》(第3版),中国人民大学出版社2001年版。

2.[美]R·韦恩·蒙迪、罗伯特·M.诺埃著,葛新权,郑兆红,王斌等译:《人力资源管理》(第6版),经济科学出版社1998年10月版。

3.[美]劳伦斯S·克雷曼著,孙非等译:《人力资源管理:获取竞争优势的工具》,机械工业出版社2002年2月版。

4.[美]劳埃德·拜厄斯、莱斯利·鲁著,李业昆等译:《人力资源管理》(第6版),华夏出版社2002年3月版。

5.[美]加里·德斯勒著,刘昕、吴雯芳等译:《人力资源管理》(第六版),中国人民大学出版社1999年6月版。

6.赵曙明、[美]罗伯特·马希斯、约翰·杰克逊著:《人力资源管理》(第九版),电子工业出版社2003年8月版。

7.赵曙明、[澳]彼得·J.道林、[挪威]丹尼斯·E.韦尔奇著:《跨国公司人力资源管理》,中国人民大学出版社2001年10月版。

8.[美]萨尔·D.霍夫曼著:《劳动力市场经济学》,崔伟、张志强译,上海三联书店1989年1月版。

9.[美]C·A.摩尔根编著:《劳动经济学》,杨炳章、陈锡龄、曹贞敏等译,工人出版社1984年7月版。

10.[美]加里·S.贝克尔著:《人力资本——特别是关于教育的理论与经验分析》,梁小民译,北京大学出版社1987年5月版。

11.[美]理查德·B.弗里曼著:《劳动经济学》,刘东一等译,劳动人事出版社1987年版。

12.[日]LEC.东京法思株式会社:《怎样开发和管理人力资源》,复旦大学出版社出版。

13.张一德编译:《美国劳动经济学》,劳动人事出版社1986年6月版。

14.P·C.韦菲立、金占明著:《腾飞之路——人力资源的管理与开发》,中国轻工出版社出版。

15.余凯成、程文文、陈维政著:《人力资源管理》,大连理工大学出版社1999版。

16.张德主编:《人力资源开发与管理》(第2版),清华大学出版社2001年版。

17.安应民、吴菁编著:《人力资源管理学》,中共中央党校出版社1998年版。

18.余凯成、陈维政、张丽华编著:《组织行为学人力资源管理案例与练习》,大连理工大学出版社1999年版。

19.陈今森译:《管理人员培训与发展手册》,北京经济学院出版社出版。

20.单怀沧著:《人力资源开发概论》,中国劳动出版社1995年8月版。

21.杨君昌编著:《微观宏观经济学》,立信会计图书用品社1992年6月版。

22.马洪、孙尚清主编:《中国就业结构研究》,山西人民出版社、中国社会科学出版社1986年6月版。

23.杨文士、张雁主编:《管理学原理》,中国人民大学出版社1994年11月版。

24.安应民编著:《管理心理学新编》,中央党校出版社2002年1月版。

25.张玉璞、刘庆唐著:《宏观劳动力配置》,中国劳动出版社 1989 年版。

26.陈宇、王忠厚等著:《人力资源经济活动分析》,中国劳动出版社 1991 年版。

27.苏东水编著:《管理心理学》,复旦大学出版社 1996 年版。

28.高玉祥编著:《个性心理学》,北京师范大学出版社出版。

29.姚裕群著:《人口大国的希望——人力资源经济概论》,中国人口出版社出版。

30.潘金云著:《中国第一资源——人力资源开发利用理论与实践》,机械工业出版社出版。

31.阿姆扎德、赵履宽、潘金云著:《中国人力资源开发研究》,北京经济学院出版社出版。

32.《中国劳动人事百科全书》,经济日报出版社出版。

33.国家职业资格培训教程《企业人力资源管理人员》编写委员会:《企业人力资源管理人员(企业人力资源管理员、助理人力资源管理师)工作要求》,中国劳动社会保障出版社 2002 年版。

34.国家职业资格培训教程《企业人力资源管理人员》编写委员会:《企业人力资源管理人员基础知识》,中国劳动社会保障出版社 2002 年版。

35.国家职业资格培训教程《企业人力资源管理人员》编写委员会:《企业人力资源管理人员常用法律手册》,中国劳动社会保障出版社 2002 年版。

36.候风云著:《中国人力资本形成及现状》,经济科学出版社 1999 年版。

37.朱舟编著:《人力资源管理教程》,上海财经大学出版社 2001 年版。

38.姚裕群著:《职业生涯规划与发展》,首都经济贸易大学出版社 2003 年版。

39.戚鲁、杨华著:《人力资源能本管理与能力建设》,人民出版社 2003 年版。

40.安应民主编:《企业人力资本投资与管理》,人民出版社 2003 年 2 月版。

41.李洪涛:分层分类的战略性人力资源管理模式,中人网,2003-10-22。

42.安应民:企业人力资源业务外包的模式选择与实施,《新资本》2003.5.28。

43.董克用:浅论网络化人力资源管理,《中国人力资源开发》2001 年 5 月刊。

44.石典文、尚晓东、俞文钊:市场营销观念的结构及其影响因素的跨文化比较研究,《心理科学》2003(26)1。

45.白景文:e 企业购并后成功整合之道,《管理杂志》2000(318)12。

46.许庆瑞、刘景江:21 世纪的战略性人力资源管理,中人网,2002-8-19。

47. JEAN-MARIE HILTROP.The Quest for the Best:Human Resource Practices to Attract and Retain Talent[J].European Management Journal Vol. 17, No. 4, pp. 422~430, 1999.

48. Richard M.Hodgetts, Fred Luthans, John W.Slocum, JR. Strategy and HRM Initiatives for the 'oos Environment Redefining Roles and Boundaries, linking Competencies and Resources, Organizatonal Danamics.

49. Jayanth Jayaram a,), Cornelia Droge b, 1, Shawnee K. Vickery. The impact of human resource management practices on manufacturing performance.Journal of Operations Management 18 1999 1~20.

50. Godfrey Baldacchino Human resource management strategies for small territories:an alternative proposition. International Journal of Educational Development 21(2001)205~215.

51. Patrick M. Wright. I NTRODUCTION: STRATEGIC HUMAN RESOURCE MANAGEMENT RESEARCH IN THE 21st CENTURY Cornell UniversityHuman Resource Management Review, Volume 8, Number 3, 1998, pages 187~191.

52. IAN CLARK.STRATEGIC HRM AS A BUDGETARY CONTROL MECHANISM IN THE LARGE CORPORATION: A CASE STUDY FROM ENGINEERING CONTRACTING Critical Perspectives on Accounting (2001) 12, 797~815.

53.中国人力资源网 E-mail 邮件杂志《人力资源研究》2003 年 1~12 期。

54.中国人力资源网:www.hr.com.cn

55.中国人才热线:http://www.cjol.com

56.中人网:www.chinahrd.net